COLLECTION
FOLIO/HISTOIRE

Paul Bairoch

Victoires et déboires

Histoire économique
et sociale du monde
du XVIe siècle à nos jours

II

Gallimard

AVERTISSEMENT

L'ouvrage de Paul Bairoch se compose de trois tomes.

Le tome premier comporte un Prologue (« La révolution industrielle et les autres grandes ruptures ») et la première partie (« Les sociétés traditionnelles occidentales et la révolution industrielle 1500-1850 »).

Le tome deuxième couvre la deuxième partie (« Les pays développés au XIXe siècle — 1815-1914 ») et la troisième (« Les Tiers-Mondes face aux pays industrialisés — 1492-1913 »).

Le tome troisième traite du XXe siècle (quatrième partie : « Le XXe siècle chez les nantis » ; cinquième partie : « Le XXe siècle dans le Tiers-Monde »).

Chaque tome comprend sa propre bibliographie, mais l'index général se trouve à la fin du troisième tome.

À la fin de chaque tome, le lecteur trouvera la table des matières détaillée du tome, ainsi que le sommaire des deux autres.

Les remerciements de l'auteur figurent à la fin du tome III.

LES PAYS DÉVELOPPÉS
AU XIXe SIÈCLE
(1815-1914)

Le XIXᵉ siècle est, sans aucun doute, le siècle-charnière de l'histoire économique et sociale, non seulement des pays développés, mais aussi de l'ensemble du monde. Siècle-charnière car, comme nous y reviendrons au début du chapitre IX, il marque la transition entre le monde traditionnel (que le XVIIIᵉ siècle était encore) et le monde développé (que sera le XXᵉ siècle). Dans cette deuxième partie de notre étude, le monde développé sera privilégié, mais l'histoire du monde développé est, surtout durant le XIXᵉ siècle, largement l'histoire du monde. Par exemple, traiter de l'histoire technique des pays développés[1] c'est couvrir presque totalement l'histoire des techniques mondiales.

L'approche utilisée dans cette partie est essentiellement thématique ; car après un chapitre introductif consacré aux caractéristiques générales du XIXᵉ siècle, les sept chapitres qui suivent utilisent cette approche thématique, et vu le rôle qu'a joué la technique durant ce XIXᵉ siècle, nous commencerons par cet aspect, qui fera donc

1. Voir chap. X.

l'objet du chapitre intitulé : La technique au XIXe siècle : une marche vers la complexité. Puis viennent successivement : XI) La population : des mouvements naturels à l'urbanisation ; XII) La croissance économique, productivité et mutations des entreprises ; XIII) Politique commerciale, commerce extérieur et investissements internationaux ; XIV) La monnaie et les banques ; XV) Les fluctuations économiques : des crises de subsistance aux cycles économiques ; XVI) La vie sociale : de l'exploitation des ouvriers au syndicalisme.

Bien que cette partie soit essentiellement consacrée au XIXe siècle, nous élargirons, pour un grand nombre de cas, la couverture chronologique. Élargissement en ce sens que nous présenterons fréquemment des éléments se rapportant aux situations antérieures, avec notamment des comparaisons avec la situation des sociétés traditionnelles. Ce sera le cas de pratiquement tous les chapitres, et plus particulièrement de ceux consacrés à la technique, aux fluctuations et à la vie sociale dans lesquels une ou plusieurs sections seront chaque fois consacrées à la description de la situation des sociétés traditionnelles. Élargissement, encore, en ce sens que, pour de nombreux aspects sur lesquels nous ne reviendrons pas dans la quatrième partie, nous présenterons ici des éléments se rapportant au XXe siècle. Ce sera presque systématiquement le cas des tableaux statistiques où les séries sont prolongées jusqu'au milieu des années 1990. Élargissement enfin dans la mesure où, dans de nombreux cas où nous traitons des sociétés traditionnelles, nous ouvrons de brèves échappées sur les sociétés non traditionnelles européennes.

IX. CARACTÉRISTIQUES
DU XIXᵉ SIÈCLE
DANS LES PAYS
DÉVELOPPÉS

Comme dans la plupart des analyses historiques, le XIXᵉ siècle couvrira ici la période allant
de 1815 à 1913. En effet, il est habituel — et cela
se justifie pleinement — d'arrêter le XXᵉ siècle à la
veille de la Première Guerre mondiale et non à
l'année 1899. Comme il est coutumier — et les
raisons en sont tout aussi valables — de commencer ce XIXᵉ siècle seulement en 1815, c'est-à-dire à
la fin des guerres de l'Empire, qui ont affecté une
grande partie de l'Europe. Il va de soi que cette
chronologie est particulièrement valable pour les
pays développés (ou, si l'on préfère, les futurs
pays développés), c'est-à-dire, essentiellement
pour le XIXᵉ siècle, l'Europe. Hors de l'Europe,
hors du monde occidental, la rupture de 1815
ainsi que celle de 1914 ont été moins capitales.

Le XIXᵉ siècle occupe une place très importante
dans l'histoire économique générale du monde
développé et, par là, dans l'ensemble du monde.
C'est un véritable siècle-charnière entre les sociétés traditionnelles du XVIIIᵉ siècle et le monde
développé du XXᵉ siècle. Au début du XIXᵉ siècle,
la révolution industrielle n'avait touché qu'une
faible frange de l'Europe ; et, bien entendu, une

frange encore plus faible si l'on considère l'ensemble du monde. Il s'agit, rappelons-le, de l'Angleterre, de la France, de la Belgique, de la Suisse, ainsi que des États-Unis ; ensemble de pays qui ne représente même pas 4 pour 100 de la population mondiale. Or, dès la fin du XIXᵉ siècle, à la veille de la Première Guerre mondiale, les pays développés ont une population qui représente à peu près 36 pour 100 de celle de l'ensemble du monde. D'autre part, et cela est loin d'être marginal, la colonisation — qui, au début du XIXᵉ siècle, était très limitée à la fois géographiquement et surtout économiquement — est à son apogée à la veille de la Première Guerre mondiale. Les conséquences sur les sociétés non occidentales de cette colonisation, ainsi que l'histoire du développement et du sous-développement économique du Tiers-Monde, seront examinées dans les troisième et cinquième parties.

Certes, si ce XIXᵉ siècle constitue une charnière dans l'histoire du développement économique moderne, il n'est cependant pas la période qui puisse le mieux prétendre à semblable qualification. En effet, la période entre 1770-1780 et 1870-1880 conviendrait probablement mieux, puisque vers 1770-1780 on n'a pas encore atteint en Angleterre ce que l'on pourrait qualifier de stade de non-retour de la révolution industrielle, et que vers 1870-1880 tous les pays, qui, par la suite, feront partie du monde développé, ont déjà amorcé leur processus de démarrage. Mais comme, d'une part, nous avons déjà traité les principaux éléments de cette période et que, d'autre part, l'essentiel des pays qui se développent le font au cours du XIXᵉ siècle, le choix de cette périodisation devient clair. De surcroît, pour beaucoup d'aspects de la vie économique et sociale, on ne dispose d'indicateurs statistiques qu'à partir du début du XIXᵉ siècle. Enfin, comme nous l'avons vu, même vers 1870-1880 un bon nombre de futurs pays développés n'étaient qu'au tout début de leur processus de développement.

Dans ce chapitre nous chercherons à donner une description des caractéristiques générales de ce XIXᵉ siècle, l'analyse sectorielle faisant l'objet des chapitres suivants. Introduction indispensable, car la succession d'analyses sectorielles ne permet pas de dégager la véritable physionomie de ce siècle-charnière. En raison de l'accélération de l'histoire, il est difficile de caractériser valablement l'ensemble de ce XIXᵉ siècle. Afin de rendre la description plus fondée, nous avons décidé de partager ce siècle en deux, avec une période-charnière qui s'articule autour des années 1860-1880 (1870 faisant office arbitrairement d'année-charnière). Il est adéquat de parler d'année-charnière «arbitraire», puisque c'est une période où les phénomènes sont malgré tout difficiles à dater avec précision. De plus, les ruptures ne se font pas au même moment dans tous les secteurs. Toutefois, et la suite de l'analyse permettra de le mettre en relief, il est indiscutable que la période 1860-1870 est marquée par un certain nombre de ruptures importantes. Citons notamment l'introduction du libéralisme en politique douanière en Europe continentale (1860-1865), la chute des prix de transport (1850-1870), l'accélération de la colonisation (1860-1880), les débuts de la deuxième révolution agricole (1850-1870), le début de l'exportation massive de capitaux (1870-1880).

La conjoncture économique proprement dite du XIXe siècle sera décrite à la fois dans le chapitre XII dont une section est consacrée aux phases de la croissance économique, et dans le chapitre XV consacré aux fluctuations économiques. Même si la crise la plus grave se place au XXe siècle (en 1929-1932), le XIXe siècle est un siècle de fluctuations aussi bien de la production que, surtout, des prix et des finances. Enfin, relevons que les caractéristiques qui seront présentées ici ne seront pas toutes traitées avec le même luxe de détails. Certes, la place accordée à chacune d'elles le sera en fonction de son importance, mais aussi, et surtout, nous tiendrons compte du fait que nous aurons l'occasion de revenir, avec plus ou moins de précisions, sur certains des aspects présentés ici. À l'inverse, ce chapitre nous permettra de présenter, avec quelques détails, des aspects que ne seront plus, ou très peu, repris par la suite. Il s'agit notamment des changements rapides dans l'économie des transports ; de la prédominance accrue de l'économie britannique ; des nouvelles formes de distribution ; des modalités de l'extension de l'enseignement ; des transports urbains.

LES PRINCIPALES CARACTÉRISTIQUES DE LA PREMIÈRE MOITIÉ DU XIXe SIÈCLE (1815-1870)

Nous commençons donc par ce que l'on peut appeler la première moitié du XIXe siècle, c'est-à-dire la période qui va de 1815 à 1870. Nous examinerons d'abord cinq caractéristiques principales : la diffusion de l'industrialisation ; les changements rapides dans l'économie des transports ; les tendances vers le libre-échange ; la prédominance accrue de l'économie britannique ; le début de la protection sociale des ouvriers et de l'organisation de la classe ouvrière. Puis nous passerons, plus brièvement, à quelques autres caractéristiques moins fondamentales.

Diffusion de l'industrialisation

Nous avons vu que, vers 1815-1820, seulement cinq pays avaient commencé leur révolution industrielle : Angleterre, France, Belgique, Suisse et États-Unis. Or, vers 1870, non seulement ces cinq pays sont déjà fortement industrialisés par rapport à la situation de départ, mais, entre-temps, de nouveaux pays ont commencé à s'industrialiser. Citons l'Allemagne, l'Autriche, la Suède, l'Espagne, l'Italie, et un certain nombre de pays de peuplement européen. En fait, on peut considérer que tous les grands pays qui ont connu la révolution industrielle, à l'exception du Japon et de la Russie (nous y reviendrons), ont commencé cette industrialisation avant 1870. À la limite, on peut même considérer que le Japon et la Russie entrent dans cette classification. En effet, la révolution Meiji, qui marque le début de la politique de développement moderne, a eu lieu en 1869, et huit ans plus tôt en Russie a eu lieu l'abolition du servage, abolition motivée et nécessitée essentiellement par le désir de la modernisation économique du vaste Empire des tsars.

TABLEAU IX.1
PRODUCTION DE FONTE
(ET DE FER BRUT DIRECT)
(en milliers de tonnes ;
moyennes annuelles quinquennales)

	1800[a]	1830	1850	1900	1910
Allemagne	50	100	210	7 090	14 180
Autriche-Hongrie	30	30	200	1 450	2 080
Belgique	30	90	160	970	1 830
Espagne	15	20	40	305	410
France	120	225	450	2 520	4 080
Royaume-Uni	190	690	2 390	8 860	9 900
Russie	160	190	220	2 670	3 120
Suède	50	105	140	520	590
Total Europe	700	1 500	3 900	25 500	36 500
États-Unis	40	180	670	14 800	24 880
Total pays développés	800	1 700	4 600	40 500	62 700
Total Tiers-Monde	350	200	100	250	310
Total Monde	1 150	1 900	4 700	41 000	63 000

a Chiffres très approximatifs.

Sources : Calculs et estimations de l'auteur.

Et si l'on combine les effets de la diffusion spatiale de cette industrialisation avec les effets du niveau d'industrialisation croissant, on s'aperçoit que l'on est en face d'une expansion extrêmement rapide de la production manufacturière (voir tableau IX.1). Prenons d'abord un indicateur grossier, mais significatif, à savoir la production de fer. Si, entre 1750 et 1800, la production mondiale de fer passe de 0,6 à 1,0 million de tonnes, dès 1860 il s'agit de 7,2 millions de tonnes, et dès 1870 de 12,4 millions de tonnes ; soit 20 fois le niveau d'avant la révolution industrielle. Plus significatif encore, le volume global de la production industrielle des futurs pays développés [1] dont l'indice (base 100 = Royaume-Uni de 1900) était passé de 24 en 1750 à 27 en 1800, et double pratiquement au cours des 60 années suivantes pour atteindre l'indice 42 en 1860.

Si l'expansion de la production industrielle a été très rapide, en revanche, dans cette première moitié du XIXe siècle, on n'a pas assisté à des modifications fondamentales dans la nature des produits manufacturés, surtout au niveau des biens de consommation où pratiquement aucun produit nouveau important n'apparaît. La nature de la consommation demeure de type traditionnel, mais les quantités consommées progressent rapidement : davantage de vêtements, de chaussures, de poteries, etc. Certes, pour les biens de production, des nouveautés apparaissent, ne serait-ce que dans les transports.

---

1. Voir tableau V.1., chapitre V.

Changements rapides dans l'économie des transports

Jusqu'aux années 1830, l'essentiel des changements dans les transports a consisté en l'amélioration des moyens de communication relativement traditionnels. D'une part, il s'agit de l'amélioration du réseau routier grâce à de nouvelles techniques de construction de routes, dont le fameux macadam. Ce nom découle de celui de son inventeur écossais John Loudon McAdam (1756-1836) qui, une fois fortune faite à New York (dans le commerce), revint au pays natal où il tenta à ses frais des expériences afin d'améliorer les routes, et notamment leur revêtement. Ce qui, pour lui, était un rêve d'enfance, puisqu'il avait réalisé à l'école un modèle de route. L'élément essentiel du système de McAdam ne consiste pas seulement dans l'utilisation de pierres concassées de différentes grandeurs, mais surtout dans le drainage du sol qui supportera la route, ce qui, en le gardant sec, le rendait plus résistant. Il s'agit, d'autre part, de l'extension des réseaux de canaux, phénomène que l'on peut considérer comme étant à la fois ancien et nouveau. Ancien, puisque si les premiers canaux datent du XVe siècle en Europe, ils sont beaucoup plus anciens encore dans les civilisations extra-européennes ; notamment en Chine où le premier canal fut creusé au troisième siècle avant J.-C., et où le fameux grand canal, le plus long au monde (1 700 km), était déjà en grande partie achevé au VIIe siècle. Antérieurement à la Chine, de nombreux canaux avaient été creusés au Moyen-Orient, toutefois davantage pour l'irrigation que pour la navigation. La nouveauté dans l'établissement des réseaux des canaux du début de la révolution industrielle ne réside pas dans les techniques utilisées, mais surtout dans la rapidité de l'extension de ceux-ci et dans leur densité. La seule Angleterre possédait, en 1830, un réseau de 3 500 km, alors que son premier canal n'avait été mis en service qu'en 1761. En France, dans la décennie 1830, on creuse 1 700 km de canaux. Globalement, entre 1815 et 1857, toujours en France, on passe d'un réseau d'environ 1 200 km à près de 4 500 km. À titre de comparaison, cela se traduit par un réseau de 250 km par million d'habitants en Angleterre ; de 125 km en France ; mais seulement d'environ 20 à 30 km pour la Chine du XIIᵉ siècle.

LES CHEMINS DE FER

Les bouleversements dans l'économie des transports, liés plus directement à la révolution industrielle, commencent à partir des années 1825 grâce à l'application de la machine à vapeur dans les transports. Et, dans le cas présent, l'image d'Épinal correspond à la réalité : le fait capital est l'apparition du chemin de fer. La première ligne (32 km) est ouverte en Angleterre en 1825 ; le projet est de relier les villes de Stockton à Darlington. Certes, des rails avaient déjà été utilisés auparavant. En effet, en matière de transport, le but recherché est de diminuer la friction des roues afin de réduire la quantité d'énergie nécessaire au transport d'une quantité donnée de produits[1].

1. C'est dans ce contexte, d'ailleurs, que le procédé McAdam, dont nous avons parlé plus haut, a une importance.

TABLEAU IX.2

DATES DE MISE EN SERVICE DES PREMIÈRES LIGNES DE CHEMIN DE FER À VAPEUR DE 1825 À 1900 (frontières actuelles)

Année	Europe	Autres développés	Amérique latine	Afrique	Asie
1825	Royaume-Uni				
1830		États-Unis			
1832	France				
1834	Irlande				
1835	Belgique				
1836		Canada			
1837	Allemagne Autriche Russie		Cuba		
1839	Italie Pays-Bas Tchécoslo.				
1845	Pologne		Jamaïque		
1846	Hongrie Yougoslavie				
1847	Danemark Suisse				
1848	Espagne		Guyane	Guinée	
1850			Mexique		

1853 Portugal	1854 Australie	1851 Brésil / Chili / Pérou	1854 Égypte	1853 Inde
1854 Norvège	1860 Afrique du Sud	1855 Colombie / Panama	1862 Algérie	1860 Turquie
1856 Suède	1863 Nlle-Zélande	1857 Argentine	1864 Maurice	1864 Indonésie
1862 Finlande	1872 Japon	1861 Paraguay	1872 Tunisie	1865 Sri Lanka
1865 Roumanie		1866 Venezuela		1875 Chine[a]
1866 Bulgarie		1869 Honduras		1877 Birmanie
1869 Grèce		1871 Uruguay / Équateur		
		1873 Costa Rica		
		1876 Trinité & Tob.		

Europe	Autres développés	Amérique latine	Afrique	Asie
		1880 Guatemala		
		1882 Barbade	1882 Réunion	
1883 Malte			1883 Sénégal	
				1885 Malaisie
				1888 Iran[b]
			1893 Zaïre	1893 Thaïlande
			1894 Rhodésie	1894 Liban
			1897 Kenya	
			1899 Sierra Leo.	
			1900 Nigeria	1900 Corée

[a] Une première ligne a été ouverte en 1875, mais a été démontée après deux ans d'activité (suite à une dispute avec le Gouvernement) et l'équipement a été transféré à Formose. Le réel démarrage date de 1886.
[b] Seulement 10 kilomètres jusqu'en 1906.

Notes: En principe, ces dates concernent des lignes où circulaient des locomotives utilisant la vapeur. Dans certains cas, essentiellement avant 1840, les lignes de chemins de fer avec traction à cheval ont précédé de quelques années l'utilisation de la locomotive. Il y a probablement quelques omissions en ce qui concerne les pays du futur Tiers-Monde.

Sources: *Encyclopaedia Britannica*, 13ᵉ édition, vol. 31 (1926); Mitchell, B. R. (1992, 1993 et 1995); *Statistical Abstract for the Principal and Other Foreign Countries*, diverses livraisons; *Statistical Abstract for the Principal and Other Possessions of the United Kingdom*, diverses livraisons; Sfrurdler, G. (1872-1876); et *Universal Directory of Railways Officials and Railways Year Book, 1946-47* (1946).

Des rails en bois avaient été utilisés surtout dans les mines dès la première moitié du XVIᵉ siècle. Mais pour ce que l'on entend par chemins de fer dans l'acception du mot au XIXᵉ siècle, c'est la conjonction du rail en fer et de la machine à vapeur. Et, afin de rendre le tout techniquement et économiquement possible, il a fallu abaisser le prix du fer et accroître le rendement des machines à vapeur.

Comme on peut le voir dans le tableau IX.2, dès 1850, pratiquement tous les pays industrialisés avaient déjà commencé à établir un réseau de chemins de fer, et, dès 1870, c'est pratiquement l'ensemble du monde qui a connu cette phase. De surcroît, la croissance du réseau est extrêmement rapide. Si nous examinons la situation européenne, nous constatons que, dès 1870, l'Europe (sans la Russie) a quelque 90 000 km de voies ferrées. Ce qui veut dire (hypothèse théorique, bien sûr) que si ces lignes avaient été réparties d'une façon optimale, aucune partie du territoire de l'Europe ne se serait trouvée à plus de 12 km d'une ligne de chemin de fer. On notera également que, très tôt (voir le tableau IX.3), on assistera à l'installation de réseaux de voies ferrées dans le futur Tiers-Monde. Ce qui est un aspect important de la problématique du processus de sous-développement économique de cette région, problème sur lequel nous reviendrons. Certes, dans cette région, l'essentiel de l'établissement des réseaux de chemins de fer se place après 1870.

TABLEAU IX.3

LONGUEUR DES LIGNES DES CHEMINS DE FER EXPLOITÉES
(en milliers de kilomètres)

	1840	1850	1860
PAYS DÉVELOPPÉS	7,5	38,2	104,9
Europe	2,9	22,9	50,3
URSS[a]	-	0,6	1,6
États-Unis	4,5	14,5	49,3
PAYS DU TIERS-MONDE	0,2	0,4	3,1
Afrique	-	-	0,4
Amérique	0,2	0,4	1,3
Asie	-	-	1,4
TOTAL MONDE	7,7	38,6	108,0

a Y compris la partie asiatique; après 1913: URSS et Pologne.

Sources: Bairoch, P. (1987) et Bairoch, P. (1989b).

LES BATEAUX À VAPEUR

La seconde application de la machine à vapeur aux transports se situe dans le domaine de la navigation. Les débuts de la navigation à vapeur datent du commencement du XIXᵉ siècle; et l'on peut même trouver des précédents assez anciens, tels que celui du Français Claude François, marquis de Jouffroy d'Abbans, en 1783. Mais, en définitive, les progrès restent limités jusqu'aux années 1840-1850. Et le phénomène s'accélère réellement après 1869, date de l'ouverture du canal de Suez qui donna un avantage supplémentaire aux navires à vapeur. Cependant, déjà aux environs de 1870, la flotte à vapeur représentait quelque 50 pour 100 de la capacité de transport de l'ensemble de la flotte, ensemble qui avait vu sa

1880	1900	1913	1930	1985
339,3	669,2	878,3	946,8	747,5
143,9	233,8	286,3	291,0	228,3
24,0	57,0	74,4	94,4	169,3
150,7	311,1	407,9	422,2	244,6
33,1	120,9	223,4	295,5	351,0
3,0	11,3	26,7	47,5	65,0
12,9	62,4	112,0	135,8	117,0
17,2	47,1	84,6	112,1	168,0
372,4	790,1	1 101,8	1 242,5	1 098,5

capacité de transport multipliée par 6 entre 1800 et 1870.

La navigation à vapeur va favoriser le creusement de deux canaux maritimes importants : le canal de Suez et le canal de Panamá, dont l'ouverture se place près d'un demi-siècle plus tard, en 1914. Sur le plan des relations commerciales internationales, le canal de Suez est le plus important. Ce, non seulement en raison des gains de temps de trajet qui ont été considérables (par exemple, de Liverpool à Bombay, ce gain a été de l'ordre d'un peu plus de 41 pour 100), mais également en raison de l'importance du commerce entre l'Europe et l'Asie. D'ailleurs, pour 1923-1925, en moyenne 5 030 navires commerciaux transitaient chaque année par le canal de

Suez, alors que, pour le canal de Panamá, leur nombre ne s'élevait qu'à 4 550. Dans la période récente, en raison de la montée du commerce des États-Unis avec le Japon, les deux canaux ont à peu près la même importance.

CHUTE DES PRIX ET ÉNORMES GAINS DE VITESSE

La conjonction de ce développement des chemins de fer avec celui des navires à vapeur va entraîner une chute très marquée des prix de transport. Si l'on compare le début du XXᵉ siècle avec le début du XIXᵉ siècle, on peut aboutir aux ordres de grandeur suivants. Pour les transports terrestres, la baisse réelle (compte tenu du mouvement général des prix) a dû être de l'ordre de 15 à 1 et ce, en incorporant également les coûts de transport «non chemins de fer» (vers 1910, le coût du transport des céréales par wagon entier sur longue distance était inférieur à 0,1 kg d'équivalent-céréales par t.-km; soit, dans ce cas, une baisse de 50 à 1). Pour les transports maritimes, la baisse a été de l'ordre de 7 à 1. En ce qui concerne les rivières, les réductions sont moins grandes, mais le développement du réseau des canaux a conduit à des mutations importantes; de sorte que l'on peut estimer grossièrement la baisse comme étant de l'ordre de 3 à 1. Globalement, on peut estimer qu'entre 1800 et 1910 la baisse des prix réels moyens (pondérés) des transports a été de l'ordre de 10 à 1. On peut estimer qu'entre 1830 et 1870 les prix de transports terrestres ont baissé dans des proportions de 10 à 2 (en comparant le coût par chemin de fer à celui par route), et ceux de la navigation mari-

time de 10 à 4 (en comparant les coûts moyens).
Cette chute des coûts a été accompagnée par une
forte réduction des durées de transport. Bref,
une véritable révolution des transports dont les
conséquences seront très importantes aussi bien
pour le commerce international que pour la colonisation et le système économique de chaque
pays.

Tendances vers le libre-échange

Nous serons extrêmement brefs pour définir
cette caractéristique de la première moitié du
XIXe siècle, car la première section du chapitre XIII
est consacrée à ce phénomène. Ce qu'il convient
de signaler ici c'est que, au début du XIXe siècle, le
protectionnisme et, en réalité, un protection-
nisme très strict est pratiqué presque partout en
Europe et dans le monde en général. La première
rupture dans cette constante de l'histoire tarifaire
se situe en 1846, avec l'application d'une politique très libérale au Royaume-Uni. Dès le début
des années 1860, d'autres pays importants adop-
tent une politique voisine. Et, vers 1875, l'ensemble de l'Europe possède un système douanier
que l'on peut considérer — pour l'époque —
comme libre-échangiste. Hors d'Europe, l'évolution est différente, avec notamment la persistance
du protectionnisme aux États-Unis, pour lesquels
la victoire en 1865 des anti-esclavagistes du Nord
est aussi une victoire des partisans du protectionnisme des régions plus industrialisées du Nord.

Prédominance accrue
de l'économie britannique

Malgré la diffusion spatiale de l'industrialisation qui s'étend à l'essentiel des futurs pays développés, il apparaît que, durant la première moitié
du XIXᵉ siècle, la prédominance de l'économie britannique sur l'économie mondiale continue de
s'accroître. Les illustrations de cette affirmation
de la domination du Royaume-Uni sont visibles
dans le tableau IX.4 où nous présentons la part de
ce pays dans le monde pour certaines productions
ainsi que pour le commerce et la population.

Insistons d'abord sur le fait suivant : la population du Royaume-Uni ne représentait qu'une
faible fraction de la population mondiale. Certes,
et c'est là une résultante de la révolution industrielle, la part relative de ce pays double entre
1750 et 1840, passant de 1 à 2,2 pour 100. Toutefois, même 2,2 pour 100 constituent une proportion extrêmement faible de la population
mondiale. Dans cette perspective, signalons que,
plus tard, lors de l'apogée de la puissance économique des États-Unis — qui se situe au milieu du
XXᵉ siècle — ce pays représentera 6,1 pour 100 de
la population mondiale. La faiblesse numérique
de la population de ces deux pays dominant sur le
plan économique présente des analogies avec la
domination militaire de maintes nations ou tribus
qui, depuis l'Antiquité, ont réussi, malgré leurs
faibles populations, à soumettre ou influencer des
empires entiers. Prenons deux exemples, déjà
évoqués dans le prologue. Les Mongols, qui, au
cours du XIIIᵉ siècle, ont progressivement établi ce

TABLEAU IX.4
PART DU ROYAUME-UNI DANS LE TOTAL MONDIAL
(en pourcentage)

	1750	1800	1830	1860	1880	1900	1913	1995
POPULATION	1,0	1,6	2,1	2,2	2,4	2,5	2,5	1,0
INDUSTRIE								
Product. manuf. totale	1,9	4,2	9,5	19,9	22,9	18,5	18,4	3,9
Product. fonte & fer brut direct[a]	3,6	16,7	74,7	52,3	42,6	21,6	13,2	1,7
Consommation coton brut	0,3	4,5	15,9	46,8	32,3	25,2	18,5	1,3
Product. de houille	[b]	63,0	71,0	57,0	49,0	30,0	22,0	1,6
COMMERCE								
Exportations totales	13,0	19,0	18,0	20,0	16,5	14,6	13,8	4,8
Flotte marchande (tonnage)	[c]	42,0	29,0	28,0	32,0	45,0	38,0	7,0
STOCK DE CAPITAUX À L'ÉTRANGER[d]	-	-	42,0	50,0	49,0	48,0	42,0	11,7

a Après 1913 : acier brut.
b Probablement quelque 45-65 pour 100.
c Probablement quelque 13-20 pour 100.
d Après 1913 : investissements directs.

Sources : Calculs et estimations de l'auteur ; voir les tableaux relatifs à certaines rubriques.

que l'on a appelé l'« Empire du Monde » (couvrant
une grande partie de l'Asie et du Moyen-Orient et
une petite partie de l'Europe), ne représentaient
que quelques centaines de milliers de personnes,
comparé à des centaines de millions pour les territoires dont ils ont fait leur Empire. Avant eux,
les Vikings, qui, pendant près de trois siècles
(entre le début des années 790 et la fin des années
1060), ont ravagé pratiquement toute l'Europe et
conquis une partie de celle-ci, avaient leur base
dans une région qui ne comptait probablement
que quelques centaines de milliers d'habitants,
soit bien moins que 1 pour 100 de la population
de l'ensemble de l'Europe.

Reprenons l'analogie avec la puissance dominante britannique et commençons par le commerce, la flotte et la domination coloniale. Vers
1700, l'Angleterre n'assumait probablement pas
plus de 5 pour 100 du commerce mondial. Malgré
l'union avec l'Écosse et l'Irlande, qui réduit l'importance du commerce extérieur, puisque les
échanges entre l'Angleterre et ces deux régions
cessent d'être du commerce extérieur, le Royaume-
Uni de 1860 assure à lui seul 20 pour 100 des
exportations mondiales. Si l'on tient compte des
réexportations, notamment de produits coloniaux, la part du Royaume-Uni est encore plus
forte (de l'ordre de 23 pour 100). D'ailleurs, en ce
qui concerne la flotte commerciale, si nous res-
tons toujours à la situation vers 1860, celle-ci
représentait alors 28 pour 100 du total mondial.
Le domaine colonial de l'Angleterre de 1700
concerne des régions dont la population n'était
que de l'ordre du million, soit environ 15 pour
100 de celle de l'Angleterre ; et le domaine colo-

nial anglais ne représentait même pas le dixième
de celui de l'ensemble de l'Europe. Vers 1860, le
domaine colonial britannique avait une population de l'ordre de quelque 260 millions (soit 900
pour 100 de celle du Royaume-Uni) ; et le domaine
colonial anglais représentait les neuf dixièmes de
celui de l'ensemble de l'Europe.

Passons aux bouleversements de la production.
Le futur Royaume-Uni, qui représentait moins de
2 pour 100 de la production industrielle mondiale
vers 1750, atteignait 20 pour 100 de celle-ci vers
1860 (avec un sommet de 23 pour 100 vers 1880).
Encore plus spectaculaire, ainsi qu'on peut le voir
dans le tableau IX.4, est la part dominante prise
par les secteurs nouveaux, éléments moteurs de la
révolution industrielle : textile et sidérurgie. En ce
qui concerne la filature de coton, qui fut l'essentiel du textile au XIXᵉ siècle, l'Angleterre du début
du XVIIIᵉ siècle n'occupait qu'une place restreinte
en Europe (peut-être un sixième) ; Europe qui,
elle-même, occupait une place restreinte dans le
monde (peut-être un tiers pour l'ensemble des
textiles et bien moins d'un vingtième pour le
coton). Or, vers 1860, les filatures mécaniques
britanniques consommaient près de 60 pour 100
du coton brut des industries européennes, lesquelles consommaient probablement 75 à 80
pour 100 du coton produit dans le monde entier.
En d'autres termes, la part des Britanniques dans
la production mondiale de fils de coton est passée
de 4 à 47 pour 100 entre 1800 et 1860. Pour la
production de fonte (et de fer direct), vers 1860, le
Royaume-Uni représentait 52 pour 100 de la production mondiale ; et les 3,8 millions de tonnes de
métal produites par les hauts fourneaux britan-

niques représentaient une quantité 5 à 7 fois plus élevée que la production mondiale de 1750 (en 1880, il s'agissait déjà de 11 à 12 fois plus). Enfin, comme on peut le voir dans le tableau IX.4, la prédominance britannique est encore plus grande en ce qui concerne le charbon, cette prédominance existant déjà avant la révolution industrielle. C'est là une des spécificités de l'Angleterre traditionnelle, en tout cas dès le XVIIe siècle; mais pas auparavant, car, comme nous l'avons dit, c'est essentiellement la demande de combustible ménager de Londres qui entraîna un développement des mines de charbon. Or, vers 1500, Londres n'était encore qu'une ville de taille assez restreinte (50 000 habitants, ce qui la classait de la 14 à 23e place en Europe).

Début de la protection sociale des ouvriers et de l'organisation de la classe ouvrière

Le mot «début» est entendu ici dans le contexte du monde contemporain, de celui d'émergence des formes modernes de protection sociale. Précision nécessaire, car depuis l'Antiquité — et pour ne prendre que les civilisations occidentales — les aspects sociaux sont dominants dans les religions issues du monde biblique. La notion juive de sabbat — à savoir un jour[1] durant lequel il est totalement interdit pour l'ensemble de la population (y

---

1. Et même un peu plus : environ 25 heures, le sabbat commençant le vendredi au coucher du soleil pour s'achever le samedi à l'apparition des trois premières étoiles.

compris les esclaves et même les animaux) de travailler — est un acquis social considérable. Bien
que dans les autres religions bibliques le jour
de repos soit, en règle générale, moins strict, il
représente néanmoins une coupure qui, chaque
semaine, revient briser la monotonie et souvent
aussi le calvaire du travail. Cela n'est qu'un
aspect des nombreuses dispositions de nature
sociale contenues dans les pratiques religieuses
juives, chrétiennes et musulmanes.

Avec la révolution industrielle, les choses
deviennent très différentes. Différences déjà par
l'ampleur sans précédent historique de la classe
ouvrière ; puisque, comme nous l'avons vu,
l'importance relative (et, bien sûr, aussi absolue)
de cette classe s'accroît considérablement, passant de 20-25 pour 100 de la population active à
plus de 50 pour 100, voire plus de 60 pour 100
dans certains pays. Différences aussi en raison de
la forme du travail industriel qui n'est plus celle
des sociétés traditionnelles. C'est essentiellement
entre 1802 et le début des années 1870 que se
situe ce double mouvement décrit dans le titre de
cette section, d'une part, protection sociale venue
d'en haut, concédée par le patronat sous la pression d'élites éclairées libérales, d'autre part,
changements résultant de la pression de la base,
qui met en place des formes d'organisations destinées à ce que l'on peut, en simplifiant, appeler
la lutte des classes[1].

1. Nous ne citons ici cet aspect important que pour mémoire,
puisque le chapitre XVI est consacré entièrement à cette composante primordiale de l'histoire des sociétés modernes.

Quelques autres caractéristiques
de la première moitié du XIXᵉ siècle

Nous avons ainsi fait le tour des cinq principales caractéristiques de cette première moitié du XIXᵉ siècle. Ce ne sont évidemment pas les seules. Parmi d'autres relevons le début du phénomène de l'accélération de l'urbanisation[1]. Signalons aussi le début de la colonisation moderne, événement de première importance pour le monde extra-européen notamment, mais dont les retombées ont été importantes également pour les pays industrialisés. C'est là un phénomène capital sur lequel nous aurons, bien entendu, l'occasion de revenir beaucoup plus largement. Enfin, et sans être pour cela exhaustif, c'est dans cette période que se produit une véritable révolution des communications. Il s'agit d'abord, et surtout, de la transmission électrique des informations avec le télégraphe, dont la première utilisation effective se situe en 1839, et dont la diffusion massive se place dans les années 1845-1870. À la fin de cette période, on peut considérer que le monde entier était interconnecté. Le téléphone débute à la fin de la période qui nous intéresse ici, puisque le premier central téléphonique a été ouvert en 1878. Tout ceci sera plus largement développé dans le chapitre suivant. L'émergence de ces moyens de communications jointe aux progrès techniques des machines à imprimer va amener une véritable explosion de la presse; laquelle, déjà avant la révolution industrielle, occupait une

---

1. Nous y reviendrons dans le chapitre XI.

place relativement importante en Europe. Par
exemple, le tirage du *Times* (de Londres) passa de
5 000 exemplaires en 1815 à 70 000 en 1850. En
1872, neuf ans après sa fondation, *Le Petit Journal*
(de Paris) tirait à 212 000 exemplaires. En raison
de l'effet cumulatif de la forte augmentation du
nombre de journaux et de leur tirage, on estime
que le tirage quotidien global des journaux en
Europe a fortement augmenté au XVIIIe siècle et
encore davantage au XIXe siècle. D'ailleurs, les
grandes agences de presse furent également créées
dans cette période : Havas (Paris, 1835) ; Associa-
ted Press (New York, 1848) ; Reuter (Londres,
1851) ; Stefani (Rome, 1854).

LES EXPOSITIONS UNIVERSELLES
OU INTERNATIONALES

On peut également relever dans cette période
l'apparition des expositions universelles. Certes,
on peut rattacher l'histoire des expositions internationales aux foires du Moyen Âge (sans remonter plus loin). Cependant, la différence essentielle
entre les foires et les expositions réside dans le fait
que l'on n'effectue pas de transactions commerciales dans les secondes. La filiation avec les
expositions nationales est plus directe et justifiée.
La première exposition nationale a été, apparemment, celle de septembre 1798 à Paris, toutefois
précédée de la première exposition industrielle de
Londres de 1756. Dès 1806 à Anvers et 1808 à
Trieste, il y eut des expositions du même ordre. Le
phénomène s'accéléra après 1820. Entre 1800 et
1819, il y eut probablement 9 ou 10 expositions
nationales ; de 1820 à 1829, probablement 20 à

25 ; de 1831 à 1839, 23 à 28 ; de 1840 à 1849, 45 à
50. Plus de 95 pour 100 de ces expositions étaient
localisés dans des villes européennes. Si, dans
quelques cas, on note une faible tendance à
admettre des exposants non nationaux, la véritable internationalisation se place avec la Great
Exhibition de Londres de 1851.

Cette première exposition universelle s'inscrit
explicitement dans le cadre de la politique de libéralisation des échanges du Royaume-Uni. Elle fut
organisée par le prince consort Charles, qui
insista sur le caractère international de celle-ci.
Et ce qui, en fait, aurait dû être une grande exposition nationale devint la première exposition universelle. Outre son caractère international, on
passait à une autre échelle. En effet, alors que
dans les expositions nationales le nombre d'exposants atteignait un maximum de 4 500 (et une
moyenne de l'ordre de 2 000) et que le nombre
de visiteurs ne dépassait pas un maximum de
500 000, on est passé avec la Great Exhibition à
14 000 exposants (certaines sources indiquent
17 000) et à plus de 6 millions de visiteurs.

Sur une échelle plus réduite, Dublin et New York
organisèrent, en 1853, une exposition internationale. Cependant, la deuxième véritable exposition
internationale fut celle de Paris de 1855, qui s'inscrit dans le cadre de la politique libérale de Napoléon III. En fait, la forte expansion se situe après
1880. De 1851 à 1879, on peut estimer le nombre
d'expositions internationales de 12 à 15 ; entre
1880 et 1889, probablement à environ 25, ainsi
d'ailleurs qu'entre 1890 et 1898. Le mouvement
se ralentit nettement et l'on n'a compté que 10 à
12 expositions internationales entre 1900 et 1913.

LES CARACTÉRISTIQUES
DE LA SECONDE MOITIÉ
DU XIXe SIÈCLE
(1870-1914)

Nous nous intéresserons plus particulièrement ici à sept caractéristiques principales, et nous évoquerons brièvement quatre autres caractéristiques plus secondaires, mais non marginales. L'augmentation du nombre des caractéristiques principales est une illustration parmi d'autres de l'accélération de l'histoire. Les phénomènes deviennent de plus en plus complexes et leur description doit devenir plus nuancée et plus détaillée. Énumérons ces sept caractéristiques : intégration des sociétés non européennes dans le système économique européen ; apparition de nouveaux secteurs industriels ; apparition également de nouvelles formes de distribution ; débuts de l'enseignement primaire généralisé et de l'enseignement technique ; amorce du déclin des taux de natalité ; nouvelles vagues d'innovations agricoles ; et montée du protectionnisme et expansion des investissements internationaux et des multinationales.

Intégration ~~plus importante~~
des sociétés non européennes
dans le système économique européen

C'est peut-être là l'une des plus importantes caractéristiques de cette seconde partie du

XIXᵉ siècle. L'intensification des échanges à l'intérieur de l'Europe amène déjà, et c'est important,
une certaine intégration économique du continent. Néanmoins, nous sommes loin des phénomènes d'intégration économique proprement dits
qui sont le fait de la seconde moitié du XXᵉ siècle [1].
Mais l'ampleur des échanges est telle que l'autarcie, généralement de règle dans le XVIIIᵉ siècle,
disparaît presque totalement durant cette période.
Certes, il faut toujours tenir compte du contexte
de l'époque. Et puisque 1992 est en quelque sorte
une date-clé de l'unification d'une grande partie
de l'Europe occidentale, relevons que l'année
1892 a été, quant à elle, l'année-clé du retour (ou
du renforcement) des politiques protectionnistes
en Europe [2].

Toutefois, malgré ces obstacles douaniers, et
bien que ne devenant pas un marché unique,
l'Europe, par le biais des échanges accrus, devient
un grand marché. Et, voici le plus important :
durant cette période, le reste du monde commence à faire partie intégrante de ce que l'on
peut appeler le système économique européen.
Intégration commerciale d'abord par le biais de
l'augmentation du commerce avec le reste du
monde, ce qui, en fait, veut dire avec le Tiers-
Monde. Ce n'est pas tellement que la part relative de ces échanges augmente plus rapidement
qu'auparavant, mais les quantités échangées
deviennent très importantes en raison de la
forte expansion des échanges totaux de l'Europe.
Intégration financière également par le biais

1. Voir chapitre XXVI (tome III).
2. Voir chapitre XIII.

des investissements internationaux et la création d'entreprises multinationales qui apparaissent déjà à cette époque.

Intégration aussi, et cela explique en partie ce qui précède, grâce aux formidables extensions des réseaux de communication dans le domaine des transports. Plus haut, nous avons vu combien avait été rapide l'expansion de ce réseau des chemins de fer hors de l'Europe à partir des années 1870-1880. Intégration encore en raison de l'extension des télécommunications. À ce propos, signalons qu'en 1900 le réseau télégraphique mondial atteignait 1,9 million de km, réseau sur lesquels s'échangeaient annuellement quelque 500 millions de messages. En 1913, 14,5 millions d'appareils téléphoniques étaient en service. Intégration toujours dans le domaine socioculturel, dans la mesure où le modèle occidental de civilisation devient, bien entendu largement à tort, l'image même de la civilisation, par le biais de la modernité.

ligne

Apparition de nouveaux secteurs et de produits industriels : des aciéries au gramophone

La deuxième place décernée à cette caractéristique n'est pas due à un classement par ordre d'importance ; en effet, à partir de maintenant, toutes les caractéristiques que nous allons présenter ont une importance plus ou moins voisine.

Comme nous l'avons signalé, dans le domaine industriel on peut considérer que, entre le début du XIXe siècle et les années 1850-1870, on a été en présence surtout d'une expansion quantitative de la production. Les quantités de cotonnades et les quantités de fer produites étaient sans commune mesure avec celles produites auparavant, mais peu de produits nouveaux, notamment de produits de consommation, apparaissent. Par contre, à partir des années 1860-1870, on assiste à une modification qualitative, à une diversification des produits industriels. Par exemple, dans la sidérurgie, on passe du fer et de la fonte à l'acier, et ce grâce à des innovations techniques ; la baisse du prix de l'acier qui en résulte a des conséquences importantes sur la très vaste gamme d'utilisation des métaux ferreux qui, de loin, représentent la fraction dominante des métaux en usage. Vers 1900, sur le plan mondial, on est en présence des proportions suivantes : fer et autres métaux ferreux 97 pour 100 ; plomb 1,2 pour 100 ; cuivre 0,7 pour 100 ; zinc 0,7 pour 100 ; etc. La naissance même de l'industrie chimique moderne se place dans cette période ; industrie chimique moderne qui implique non seulement de nouveaux procédés pour la manufacture de produits chimiques déjà utilisés auparavant, mais aussi, et surtout, la mise au point de produits inexistants auparavant : surtout des colorants artificiels, de certains médicaments, de certains plastiques, et de certaines fibres artificielles. Industrialisation aussi dans l'industrie légère, telle que chaussure et confection. Tout un ensemble de secteurs, demeurés très traditionnels jusqu'alors, adopte des processus modernes de fabrication[1].

---

1. Nous aurons d'ailleurs l'occasion de revenir avec un peu plus de détails, dans le chapitre suivant, sur les changements technologiques intervenus dans les principaux secteurs.

Signalons que si les procédés de fabrication se modifient et se diversifient, cela concerne essentiellement, mais non uniquement, les biens de production. En revanche, au niveau des biens de consommation, les véritables changements dans la nature des produits manufacturés ne se produiront qu'après la Première Guerre mondiale. Dès lors, une gamme très large de produits de consommation issus de l'industrie va apparaître massivement. Cela va du ventilateur à la machine à laver, du gramophone à la radio, de la moto à l'automobile, etc. Nous disons «véritables», «massivement», car pratiquement tous ces produits, qui deviendront des produits de consommation courante entre les deux guerres, sont déjà présents dans les premières années du XXe siècle, surtout aux États-Unis. En 1914, ce pays produisait déjà 345 000 phonographes (et 2 230 000 en 1919) et 573 000 voitures (1 880 000 en 1919). Par contre, la production de réfrigérateurs, qui dépasse le million d'unités en 1931, ne débute que vers 1920, et celle des postes de radio, dont près de 5 millions sont manufacturés en 1929, ne commence qu'en 1920. Soulignons le fait que, vers 1913, les États-Unis étaient nettement en avance sur le reste des pays développés. Pour ne prendre qu'un exemple : la production d'automobiles représentait près des trois quarts de celle de l'ensemble des pays développés, alors que sa population n'en représentait que le septième.

Nouvelles formes de distribution : du colporteur au grand magasin

Durant le XIXᵉ siècle, trois facteurs ont conduit à une augmentation très forte de la masse des produits passant par les circuits du marché. Cela concerne d'abord l'augmentation du volume de la consommation résultant à la fois de l'augmentation du niveau de vie et de la croissance de la population. Le deuxième facteur étant la progression rapide de la population urbaine et l'augmentation de la taille des villes. Enfin, dernier facteur : la diminution de l'autoconsommation, surtout en milieu rural, mais aussi en milieu urbain. Cette forte augmentation des produits passant par le marché a suscité des bouleversements dans la distribution, bouleversements qui ont revêtu de multiples formes.

LES GRANDS MAGASINS

Historiquement, le premier élément important dans ce domaine est l'apparition et l'extension de ce qu'il est convenu d'appeler les grands magasins, c'est-à-dire des lieux de ventes situés au cœur de la ville, offrant une très large gamme de produits dont les prix sont affichés et où l'entrée est libre. Le premier de ces magasins correspondant à cette qualification est le Bon Marché qui s'ouvre à Paris en 1852 et qui deviendra un véritable «grand magasin» vers 1860. Les principes commerciaux de base de ces établissements sont, entre autres, un chiffre d'affaires élevé, une marge de distribution assez réduite, et la vente d'une très large gamme de produits : pratiquement tous les produits de consommation. L'augmentation du nombre de ces grands magasins et la forme même de vente est un stimulant à la production industrielle de série, puisque les commandes que passent ces grands magasins sont relativement massives et nécessitent une homogénéité assez forte des produits offerts au public.

Donc, premier grand magasin dès le début des années 1850. Mais l'extension commence à se faire réellement à partir des années 1860-1870. Les États-Unis copient assez tôt le « modèle français », et les grands magasins y prennent rapidement une grande extension. Les premiers de ceux-ci furent Stewart à New York en 1862, Marshall Field à Chicago en 1865, et Filene à Boston en 1881. L'Autriche suivit aussi très tôt, en 1865, avec un grand magasin à Vienne. Dans le reste de l'Europe le mouvement commença surtout à partir des années 1890 (notamment en Allemagne en 1892). Dans ce domaine, l'Angleterre fut assez en retard, puisque le premier des grands magasins Selfridge ne s'ouvrit qu'en 1909.

À la veille de la Première Guerre mondiale, on peut estimer que pratiquement toutes les grandes villes des pays développés disposent d'un ou de plusieurs grands magasins. Il y en a même alors en Argentine, en Égypte et au Mexique. La création des grands magasins, qui nécessitent une vaste clientèle, est en partie liée à la création de réseaux de transports urbains qui permettent aux citadins de l'ensemble de la ville d'accéder à ces magasins situés généralement au centre. C'est dans les années 1870 que commence réellement la mise en place de tels réseaux de transports urbains, laquelle constitue aussi une caractéristique importante de cette seconde partie du XIXe siècle[1].

Les grands magasins ont également eu un rôle non négligeable dans l'histoire de l'architecture, et essentiellement dans l'« Art Nouveau ». Ils sont souvent cités comme les œuvres maîtresses de nombreux grands architectes. Par exemple, l'architecte américain Louis Henry Sullivan (qui fut le professeur du célèbre Frank Lloyd Wright) construisit un grand magasin à Chicago. L'architecte belge Victor Horta construisit l'Innovation à Bruxelles. Citons encore les Allemands Joseph Olbrich et Alfred Messel; le grand magasin conçu par ce dernier devint le point de repère du centre de Berlin.

LES COOPÉRATIVES DE DISTRIBUTION

Parallèlement à cette extension des grands magasins, on assiste à un changement profond du reste de la distribution de détail. Il y a d'abord le phénomène, peut-être plus important sur le plan social que purement économique, de l'émergence et du développement du mouvement coopératif de consommation. Bien que les premiers magasins coopératifs datent de la seconde moitié du XVIIIe siècle, la première coopérative moderne de distribution fut celle des Equitable Pioneers of Rochdale, fondée en 1844.

Arrêtons-nous un peu sur ces « pionniers », car ils ont jeté les bases des principes même des coopératives à venir, principes connus sous le

---

1. Nous y reviendrons plus loin, p. 64 *sqq*.

qualificatif de «principes de Rochdale». C'est dans cette petite ville industrialisée que 28 pauvres tisserands de flanelle ouvrirent, en décembre 1844, un petit magasin coopératif. La nouveauté de cette coopérative, par rapport aux précédentes, tenait surtout au fait que les profits au lieu d'être distribués aux «propriétaires» de la coopérative allaient aux clients au prorata de leurs achats. Voici les autres principes-clés dits «de Rochdale»: le libre accès au statut de membre de la coopérative; chaque coopérateur a droit à une seule voix dans les votes quel que soit le nombre de parts qu'il détient; la qualité des produits; et l'accent mis sur des activités culturelles, notamment les bibliothèques. À propos du statut social des fondateurs des Equitable Pioneers of Rochdale, relevons que ce qui est considéré comme la plus ancienne (1761) coopérative, localisée dans la ville écossaise de Fenwick, a été également fondée par des tisserands. Cette coopérative se cantonnait dans la fourniture d'articles professionnels aux artisans et de farine d'avoine pour l'usage domestique.

La coopérative de Rochdale réussit brillamment, puisqu'elle compta 14 000 membres; et c'est sur ces principes que le mouvement s'étendit en Angleterre et dans d'autres pays européens. En 1906, le Royaume-Uni comptait 14 000 magasins coopératifs, avec plus de 2 millions de membres. En général, les partis socialistes jouèrent dans ce domaine un rôle prépondérant, mais non exclusif: l'Église et parfois l'État intervinrent également. On peut estimer que, vers 1911, les coopératives de consommation comptaient en Europe (sans la Russie) quelque 7 millions de membres, c'est-à-dire environ un ménage sur onze. Les taux les plus élevés étaient ceux de la Finlande et de la Suisse où ils atteignaient 35 pour 100. L'expansion se poursuivit dans l'entre-deux-guerres, et aussi après la Seconde Guerre mondiale. Vers 1924, toujours pour l'Europe sans la Russie, on comptait quelque 12 millions de membres de coopératives, ce qui représentait environ un ménage sur six.

Quittons cet aspect de la distribution en signalant que le mouvement coopératif s'est également répandu dans les institutions de crédit, notamment à l'agriculture et au logement.

LES CHAÎNES DE MAGASINS

Autre forme de distribution faisant son apparition durant cette période : les chaînes de magasins, c'est-à-dire des organisations ayant chacune une centrale d'achat, mais disposant de nombreux points de vente. Il peut s'agir de points de vente appartenant totalement à une (ou des) chaîne(s) de magasins, mais aussi de chaînes dont le gérant est également le propriétaire. La première chaîne de magasins est apparemment celle que créa la Great Atlantic and Pacific Tea Company (A & P) à New York en 1859. Bien entendu, ces types de distribution sont, eux aussi, facteurs de modernisation de l'appareil de production industrielle, puisque, là aussi, cela implique des achats en grandes quantités, favorisant la production en série. De toute façon, le principe même de la réduction de la marge de distribution accroît les possibilités d'extension de la consommation.

Tous ces changements néanmoins ne font pas disparaître toutes les formes traditionnelles de distribution. Si le rôle des colporteurs se réduit considérablement, les épiceries traditionnelles vont continuer à jouer un rôle primordial et croissant tant en milieu urbain qu'en milieu rural. En effet, il faut garder en mémoire que, durant cette période, on assiste à une augmentation du volume de la distribution plus rapide encore que celle du volume de la production. La différence résulte, comme nous l'avons noté, de la diminution de l'autoconsommation qui conduit au fait qu'une fraction croissante de la production agricole et industrielle passe par le marché. On ne dispose pas de statistiques valables sur le nombre d'épiceries, mais comme indicateur approximatif l'on peut se baser sur l'évolution de l'emploi dans le commerce. En Europe, en 1840 et 1913, on peut estimer que le nombre de personnes travaillant dans ces activités a été multiplié par sept environ.

Dans le chapitre suivant, consacré aux techniques, nous aurons souvent l'occasion de mettre en évidence que, pour pratiquement toutes les innovations, on peut trouver des précédents historiques, parfois très anciens, ce qui s'avère également exact pour les formes de distribution. Déjà quelques siècles avant J.-C., des chaînes de magasins auraient existé en Chine. En Europe, au XVe siècle, les célèbres marchands et banquiers allemands Fugger avaient créé de semblables entreprises, comme l'a fait au Canada la Hudson Bay Company à partir de 1670. Des prototypes de grands magasins ont existé dans le Japon du XVIIe siècle. Cependant, comme pour les innovations techniques, le véritable début d'une innovation est celui de l'origine du processus cumulatif et généralisé ; et l'emploi du conditionnel à propos des précurseurs extra-européens est justifié par la zone d'ombre qui existe encore dans l'histoire économique et technique de ces civilisations.

Débuts de la généralisation
de l'enseignement primaire obligatoire
et de l'enseignement technique

Commençons par l'enseignement primaire qui, bien entendu, est un des aspects prépondérants de la formation et de la culture des hommes, et qui constitue largement aussi un préalable à l'enseignement technique. La période de 1870 à 1914 est réellement celle où l'enseignement primaire obligatoire se répand à l'intérieur du monde développé. Certes, là aussi, des précédents ont existé, mais n'ont pas nécessairement survécu. C'est apparemment au Danemark que la première loi pour l'enseignement obligatoire fut promulguée (en 1739), toutefois elle ne fut pas complètement appliquée. D'autre part, et c'est le cas le plus notoire, en France, lors de la période révolutionnaire, un décret de 1791 rendit l'enseignement primaire obligatoire et gratuit. De même, durant la période révolutionnaire du milieu du XIXe siècle (1848-1850), plusieurs pays européens introduisirent de tels systèmes, mais ceux-ci furent éphémères. Précédant cette période révolutionnaire, il faut signaler entre autres la Suède où, en 1842, l'enseignement primaire obligatoire pour tous fut introduit. Mais c'est la décennie 1870 qui marque la vraie rupture en la matière, ce qui, comme nous le verrons, n'exclut pas des mesures moins globales au cours des décennies précédentes.

Rappelons qu'au début du XVIIIᵉ siècle, comme d'ailleurs au début du XIXᵉ siècle, la situation de l'Europe est loin d'être uniforme. Et certaines parties de l'Europe, notamment les régions protestantes, avaient un système scolaire assez développé : 60 à 90 pour 100 de la population savaient lire et écrire. À l'inverse, dans les autres régions de l'Europe, ce sont 60 à 90 pour 100 de la population qui ne savaient ni lire ni écrire. Autre élément à garder en mémoire, ces dates de début de l'enseignement primaire obligatoire ne sont pas nécessairement celles du début de l'extension de l'enseignement primaire. Si tel est le cas pour les pays peu développés d'Europe, en revanche dans les autres pays ces lois ne font qu'entériner un état de fait. En France, par exemple, le taux de scolarisation du primaire, qui était de l'ordre de 20 pour 100 en 1815, atteint les 49 pour 100 en 1850 ; en 1881, donc à la veille de la loi pour l'enseignement primaire obligatoire, ce taux était de 77 pour 100.

La modification essentielle dans la période 1870-1880 est la généralisation à travers les pays développés de l'enseignement primaire obligatoire. De surcroît, qui dit enseignement primaire obligatoire dit aussi enseignement gratuit et enseignement s'adressant autant aux filles qu'aux garçons, alors que dans les systèmes plus traditionnels les filles étaient souvent laissées de côté. En Europe, les premières lois en ce domaine sont celles de certains cantons suisses, notamment

Genève (1872), et de l'Italie (1877). D'autres pays
suivent très rapidement, notamment l'Angleterre
(1880) et la France (1882). Viennent ensuite des
pays où l'on retrouve à la fois un pays précocement industrialisé, à savoir la Belgique (1914), et
d'autres entrés très tard dans la modernisation :
Norvège (1889), Irlande (1892), Portugal (1911).
En Espagne, bien que dès 1857 une première
loi fut votée en ce sens, il fallut pratiquement
attendre 1909 pour l'adoption d'une nouvelle
législation enfin efficace. D'ailleurs, entre la fin
des années 1850 et 1910, le nombre d'élèves
n'avait progressé que de 50 pour 100 (la population totale de 32 pour 100) ; et, vers 1910, le taux
brut de scolarisation était de l'ordre du tiers. Par
taux brut de scolarisation, on entend la proportion d'enfants d'âge scolaire inscrits dans des
écoles, ce qui surestime légèrement la réalité, une
petite fraction de ceux-ci ne fréquentant pas réellement l'école.

Dans les pays de peuplement européen, l'introduction de la législation en la matière a été, en
règle générale, plus précoce qu'en Europe. Ainsi,
aux États-Unis, dès 1852 l'État du Massachusetts
adopta une loi rendant l'enseignement obligatoire. En Australie, l'État de Victoria fit de même
en 1872, et en 1877 c'est le tour de la Nouvelle-
Zélande. Dans les pays tempérés d'Amérique
latine, même si l'on a assisté à des mesures légis-
latives en faveur de l'enseignement primaire, les
réalisations ont été assez restreintes avant 1900.
Ainsi, en Argentine, vers 1880, il n'y avait que
quelque 100 000 élèves dans les écoles, ce qui
implique qu'un enfant sur six était scolarisé. Mais
les choses se sont rapidement améliorées après

l'introduction, en 1884, de l'enseignement primaire obligatoire gratuit : vers 1914, il y avait
860 000 élèves dans les écoles primaires, soit
presque un enfant sur deux. C'était, à peu de
chose près, la même situation en Uruguay, mais
au Chili cette proportion n'était que d'un enfant
sur trois environ. Enfin, et là nous sortons du
monde occidental, au Japon, l'instruction primaire obligatoire et gratuite fut introduite en
1890.

Bien entendu, cette chronologie est très schématique, car très souvent il y eut des étapes intermédiaires importantes. Par exemple, si nous
reprenons le cas de Genève que nous avons évoqué plus haut, la date citée pour l'enseignement
primaire obligatoire et gratuit est 1872. Or, dès
1834, l'État avait créé un réseau d'écoles primaires à côté de celui du secteur privé. En 1847,
les écoles de l'État devenaient gratuites et, en
1872, quand l'enseignement primaire devint obligatoire (pour les enfants de 6 à 13 ans), le double
réseau d'écoles était maintenu. Si, d'emblée, à
Genève, la scolarité obligatoire a couvert 8 ans
d'enseignement, dans de nombreux cas cette
durée était inférieure. C'est ainsi que, aussi tardivement que dans l'immédiat après-Seconde
Guerre mondiale et en se restreignant à l'Europe,
la durée des études obligatoires n'était que de
7 ans au Danemark et en Norvège, de 6 ans en
Grèce et en Espagne, de 5 ans au Portugal et de
4 ans en Bulgarie.

Cette instauration de l'enseignement primaire
obligatoire et gratuit résulte d'une conjonction
de trois facteurs : 1) besoin d'une main-d'œuvre
plus formée pour l'industrie et les services ;

TABLEAU IX.5
TAUX D'ANALPHABÉTISME
ET TAUX DE SCOLARISATION
DANS L'ENSEIGNEMENT PRIMAIRE EN 1910

	Analphabétisme[a]	Scolarisation primaire[b]
EUROPE		
Allemagne	1	72
Autriche-Hongrie	25	70
Belgique	15	62
Bulgarie	44	42
Danemark	1	67
Espagne	53	36
Finlande	1	26
France	12	86
Grèce	70	47
Italie	40	43
Norvège	4	69
Pays-Bas	7	70
Portugal	70	20
Roumanie	73	35
Royaume-Uni	6	79
Russie	69	14
Serbie	76	24
Suède	1	68
Suisse	2	70
AUTRES PAYS DÉVELOPPÉS		
Australie	5	91
Canada	14	89
États-Unis	8	90
Japon	10	57
Nouvelle-Zélande	7	92

a Dans la population de plus de 15 ans.
b En pourcentage de la population de 5-14 ans.

Sources : Taux d'analphabétisme : calculs et estimations de l'auteur.
Taux de scolarisation : Flora, P. (1983) ; complété par l'auteur pour tous les
pays extra-européens et pour quelques pays européens.

2) accroissement du niveau de vie, ce qui rend possible de soustraire les enfants du marché du travail ; 3) pression des couches libérales de la société, la pression provenant à la fois des Églises et des hommes de gauche, avec bien entendu des objectifs différents, pour ne pas dire opposés.

On peut considérer ainsi qu'à l'aube de la Première Guerre mondiale, pratiquement tous les pays industrialisés disposent d'un système d'enseignement primaire obligatoire et que, effectivement, à ce moment la quasi-totalité des enfants d'âge scolaire (obligatoire) sont scolarisés. En Russie, toutefois, le taux de scolarisation n'est que de l'ordre de 25 pour 100 ; il en est de même dans quelques pays des Balkans. D'autre part, la durée de l'instruction primaire obligatoire varie en général de 6 à 8 ans.

Enfin signalons que, dans nombre de pays, l'introduction de l'enseignement primaire obligatoire qui impliquait aussi une place croissante de l'enseignement laïque entraîna des conflits avec les autorités religieuses qui, auparavant, contrôlaient l'essentiel des systèmes d'éducation primaire et secondaire. D'ailleurs, l'enseignement primaire dispensé et/ou supervisé par les autorités religieuses a survécu presque partout jusqu'à la période contemporaine ; mais la place relative de celui-ci est très différente d'un pays à un autre. Ainsi, en France, à la veille de la Première Guerre mondiale, moins de 1 pour 100 des enfants fréquentait les écoles primaires religieuses (contre, il est vrai, encore 29 pour 100 en 1900). En Belgique, toujours à la veille de la guerre, cette proportion était proche de 50 pour 100.

L'ENSEIGNEMENT TECHNIQUE

Passons à présent à l'enseignement technique. On peut considérer ici qu'il y a une rupture fondamentale avec le ou les systèmes en vigueur auparavant. En fait, l'enseignement technique, tel qu'il sera pratiqué durant le XXᵉ siècle, naît dans la seconde moitié du XIXᵉ siècle. Comme nous l'avons montré dans le chapitre IV, jusqu'aux années 1850-1860 la technique était suffisamment simple pour permettre l'intégration des artisans traditionnels dans les processus de production et de réparation des machines même les plus modernes. Dans la phase qui précède les années 1850-1860, les changements intervenus dans la technologie étant rapides, il en découle tout naturellement une modification des besoins. En fait, comme le note une étude de E. Ashby (1958), «L'éveil au besoin d'une éducation technique» ne se situa pour l'Angleterre que dans les années 1851-1867. «Jusqu'à 1851, les écoles et les instituts techniques avaient très peu influé sur la technologie en Grande-Bretagne. Les universités encore moins.» La date si précise de 1851 a été choisie en raison de la grande exposition de Londres. La seconde date (1867) est également celle d'une exposition : celle de Paris.

L'exposition de Londres de 1851 favorisa la prise de conscience non d'un retard de l'Angleterre, mais de l'effritement de sa suprématie technique absolue. Ce qui stimula les mesures prises en faveur de l'enseignement technique et scientifique qui débuta réellement dans ce pays vers les années 1870. Notons cependant que la situation était paradoxalement meilleure à ce point de vue en Europe continentale, et surtout en Allemagne. Mais cette disparité ne réduit en rien la constatation essentielle suivante : le pays où les progrès techniques avancés étaient les plus largement utilisés, sinon créés, a pu, jusqu'en 1850-1870, s'accommoder d'un niveau d'instruction technique quasi inexistant pour ses ouvriers et même pour ses cadres. Citons encore une fois Ashby qui note que ce n'est que dans les années « 1880 que l'on vit la sortie de l'amateur du domaine de la science et de la technologie, et l'entrée du spécialiste. En Angleterre, le spécialiste n'émergea pas en réponse à une croissance des sciences, ce n'est qu'au tournant du siècle que l'industrie découvrit sa valeur. Maintenant, le spécialiste a remplacé l'artisan, car il a transformé l'invention et les métiers en sciences exactes ».

La création des écoles techniques n'implique nullement que la forme traditionnelle de formation, à savoir l'apprentissage, ait disparu, et ce surtout dans ce vaste domaine des activités « manufacturières » où les machines interviennent peu ou pas du tout, telles que boulangeries, cordonneries, menuiseries, confection, etc. En outre, il convient aussi de garder en mémoire que la révolution industrielle et le machinisme, tout en créant un besoin en personnel qualifié, ont également accru la demande d'ouvriers non qualifiés, de simples exécutants des tâches ne requérant aucune ou très peu de formation.

Le développement de l'enseignement technique se fait sur un double front. D'une part, des institutions formant des jeunes dès la sortie de

l'école primaire, et, d'autre part, des institutions
du niveau universitaire.

En ce qui concerne les jeunes à la sortie de
l'enseignement primaire, la conception de base la
plus répandue était la formation de contremaîtres
afin d'encadrer la main-d'œuvre. Ce type de formation a connu une chronologie différenciée et a
revêtu des modalités variées selon les pays, modalités dans lesquelles les « écoles » du soir ont aussi
joué un rôle non négligeable. En Angleterre,
même si, à la suite de la grande exposition de
1851, fut créé un Département des sciences et des
arts, ce n'est qu'au début des années 1880 que
l'on alloua des fonds aux écoles techniques. Mais
c'est l'Allemagne qui a pris le leadership en ce
domaine. Sans parler des *Realschulen* (écoles
secondaires de niveau inférieur) du début du
XVIIIᵉ siècle, dans lesquelles l'enseignement réser-
vait une grande place aux disciplines scientifiques,
l'élément-clé fut la création des *Fortbildungsschu-
len* (écoles d'éducation continue) conçues afin de
permettre aux enfants des classes ouvrières de
suivre trois années d'enseignement général et
technique après l'achèvement de leurs études primaires. C'est le Royaume de Saxe qui, en 1873,
inaugura ce système, que suivirent la plupart des
États allemands. L'école pouvait porter sur une
partie de l'année et pouvait aussi avoir lieu le
dimanche.

L'ENSEIGNEMENT TECHNIQUE
DU NIVEAU UNIVERSITAIRE

L'Allemagne jouera également un rôle pionnier dans les écoles techniques de niveau universitaire, que l'on englobera sous le nom d'écoles polytechniques. Certes, il ne faut pas oublier ici le rôle de précurseur joué par la France. Rôle qui, sans remonter à l'Académie royale d'architecture (ouverte en 1671), commence en 1747 avec la création, sous l'égide de la Royauté, de l'École des Ponts-et-Chaussées, et culmine en 1797, sous l'égide de la Révolution française, avec l'ouverture de l'École polytechnique. Mais ces institutions françaises s'inscrivent davantage dans le contexte traditionnel que dans celui de la société post-révolution industrielle. D'ailleurs, le but explicite de l'École polytechnique était de former des cadres scientifiques et techniques pour les grands corps de l'État.

L'histoire des écoles polytechniques modernes, où l'Allemagne jouera un rôle-clé, commence cependant dans l'Empire austro-hongrois. En effet, sous l'impulsion du professeur de mathématique de l'université de Prague Franz Gerstner, fut créée en cette ville, en 1806, une école polytechnique. Puis ce fut le tour de Graz en 1814 et Vienne en 1815. Les premières écoles polytechniques allemandes furent celles de Darmstadt (1822), de Karlsruhe (1825), de Munich (1827) et de Dresde (1828). Dès 1908, il y avait en Allemagne une douzaine de ces écoles, comptant 15 000 étudiants. La plus importante fut ouverte à Berlin en 1884, et c'est le succès remporté par

cette institution qui amena la création de l'Impe-
rial College of Science and Technology de
Londres, mais seulement en 1907.

Toutefois, auparavant, d'autres pays avaient
déjà imité l'Allemagne. Notamment la Suisse avec
l'École polytechnique fédérale de Zurich, fondée
en 1855 (et dans laquelle enseigna pendant
quelque temps Albert Einstein). En Italie, ce fut
Turin qui eut la primauté en ce domaine (en
1859); et, comme me l'a fait remarquer Giovanni
Busino, le grand économiste et sociologue Vil-
fredo Pareto y fit ses études. Dans ce domaine, la
Russie ne fut pas en retard. Signalons l'Institut de
technologie de Saint-Pétersbourg (en 1828), suivi
dans cette ville par d'autres institutions du même
type. À Moscou, une école technique supérieure
fut fondée en 1830 et l'Institut polytechnique de
Riga date de 1862. En France, il faut rappeler la
série de précédents qui ont joué un rôle important. Avant la Révolution française, outre la création de l'École des Ponts-et-Chaussées, il faut
mentionner celle de l'École des Mines en 1783 et,
après la Révolution, outre l'École polytechnique,
il faut relever la création du Conservatoire des
Arts et Métiers dès 1799, qui ne commença ses
fonctions de véritable institution supérieure d'enseignement technique qu'en 1820. Ces précédents
expliquent le caractère tardif et limité de l'enseignement technique supérieur mis en place dans la
seconde moitié du XIXe siècle. Quant au Japon,
l'ouverture des écoles polytechniques suit de près
la révolution Meiji. Dès 1872, celle de Tokyo est
créée et est rapidement devenue une des plus
grandes du monde.

D'une certaine façon, les États-Unis avaient précédé sinon l'Autriche-Hongrie, du moins l'Allemagne. Une des premières institutions d'enseignement technique supérieur a été créée à New York dès 1824. Mais la plus importante création a été celle, en 1861 à Boston, du fameux M.I.T. (Massachusetts Institute of Technology) qui, en raison de la guerre civile, ne commença à fonctionner qu'en 1865. Toujours aux États-Unis, en 1864 fut créée la School of Applied Science à l'Université de Columbia de New York. Toutefois, l'enseignement technique secondaire aux États-Unis a été influencé par le système allemand. Enfin, le retard britannique dans la création d'écoles d'ingénieurs signalée ci-dessus ne doit pas faire oublier que les universités ont commencé, dès les années 1830, à créer quelques chaires dans le domaine des techniques. Cela débuta par la décision prise par William Rithchie, un an après sa nomination en 1831, en tant que professeur de physique à l'Université de Londres, de donner également des enseignements dans le domaine des techniques. Oxford eut ses premiers cours dans ce domaine en 1838, et sa première chaire en 1841.

L'ENSEIGNEMENT SECONDAIRE ET UNIVERSITAIRE

Si nous avons insisté sur l'enseignement primaire et technique, ce n'est pas que l'enseignement secondaire général ni l'enseignement universitaire n'aient pas subi de modifications, mais que celles-ci ont été moins importantes. En fait, la véritable extension de l'enseignement supérieur se place après la Seconde Guerre mondiale[1].

1. Voir chapitre XXIX (tome III).

Mais voyons ici les tendances en ce qui concerne
le XIXe siècle. Pour l'enseignement secondaire, si
l'on excepte une progression certaine de la proportion de filles fréquentant les écoles secondaires, les progressions en ce domaine pour les
garçons sont relativement modestes jusqu'aux
dernières années du XIXe siècle. Ainsi, en France,
qui occupe en ce domaine, comme dans beaucoup
d'autres, une position assez moyenne, d'après les
calculs de J.-C. Toutain (1963) le taux de scolarisation des enfants de 10 à 19 ans est passé de 1,4
pour 100 en 1789 à 1,6 pour 100 en 1840, et à 2,9
pour 100 en 1898. Pour les seuls garçons, on
passe de 2,8 pour 100 pour 1789 à 4,9 pour 100
pour 1898. Les choses s'accélèrent tant en France
que dans le reste de l'Europe, surtout entre 1900
et 1913. Selon nos calculs, le taux brut de scolarisation dans le secondaire en Europe (sans la Russie), qui était passé d'environ 1 pour 100 vers
1840 à 2 pour 100 vers 1870, et à 3 pour 100 en
1900, avait atteint 5 pour 100 en 1913.

L'extension de l'enseignement universitaire a
été un peu plus rapide. D'après nos calculs, alors
que selon toute probabilité le nombre d'étudiants
dans les universités européennes n'avait pas doublé entre 1800 et 1850, entre 1850 et 1913 leur
nombre a été multiplié presque par 5, passant de
quelque 72 000 à environ 335 000. Cependant,
malgré cette multiplication par près de 10 du
nombre d'étudiants universitaires en Europe
durant l'ensemble du XIXe siècle, seule une infime
proportion de jeunes fréquentaient l'université.
Pour 1913, on peut estimer qu'en Europe, le taux
brut de scolarisation universitaire se situait à
quelque 0,8 pour 100. Le faible niveau de 1913 est

toutefois influencé par celui de la Russie ; pour l'Europe sans la Russie, ce taux de scolarisation universitaire était de l'ordre que de 1,0 pour 100, et pour l'Europe occidentale (sans le Royaume-Uni, où ce taux était très faible) de l'ordre de 1,5 pour 100 ; ce qui signifie une formation réservée à une petite élite, où non seulement la classe ouvrière mais aussi les classes moyennes étaient absentes. Aux États-Unis, la situation était alors déjà différente ; mais comme nous le verrons au chapitre XXIX, il s'agissait aussi d'une situation non strictement comparable. Dans l'enseignement universitaire, comme d'ailleurs dans celui du secondaire, la période de l'entre-deux-guerres n'a pas été marquée, ainsi que l'on aurait pu s'y attendre, par une réelle accélération du phénomène. La période par excellence de l'expansion de la formation secondaire et universitaire se place après la Seconde Guerre mondiale.

Début du déclin des taux de natalité

Quelles que soient les causes exactes qui ont amené cette évolution, nous avons vu que le début de la révolution industrielle a entraîné une baisse sensible de la mortalité. En revanche, la natalité est restée relativement stable. Dans la quasi-totalité des pays développés, ce n'est qu'à partir de 1870-1890 que commence la baisse de la natalité, conséquente à une baisse de la fécondité. La France, pour des raisons non encore élucidées, a amorcé ce virage crucial dès les premières décennies du XIXe siècle. Nous aurons l'occasion d'y revenir beaucoup plus longuement dans le chapitre XI.

*Nouvelles vagues
d'innovations agricoles*

Il s'agit ici en quelque sorte, et le terme est souvent utilisé, d'une deuxième révolution agricole. Numération en partie arbitraire, car si l'on compte l'invention de l'agriculture durant le néolithique comme étant la première révolution agricole, celle de la révolution industrielle devient la deuxième, et celle dont nous allons traiter ici devient la troisième. Mais comme le terme révolution implique, *ipso facto*, une présence du phénomène avant la révolution, les changements agricoles durant le XVIIIᵉ siècle peuvent être considérés à juste titre comme la première révolution agricole, le néolithique correspondant à l'invention de l'agriculture. La deuxième révolution agricole est essentiellement constituée par l'émergence du machinisme agricole proprement dit et par l'utilisation des engrais chimiques. Avec le machinisme, nous sommes en présence d'un des premiers cas importants où les États-Unis vont jouer un rôle moteur dans l'innovation technique. Par contre, avec les engrais, l'Europe reste encore dominante ; toutefois, ce n'est plus l'Angleterre, mais l'Allemagne, qui joue le rôle pionnier. Nous aurons l'occasion de revenir sur les modalités de ces deux aspects dans le chapitre suivant. Ici, il convient d'insister sur le fait que ces progrès ont permis une accélération du recul de l'importance relative de la population active agricole. Entre 1870 et 1910, on passe vraiment d'un monde où l'agriculture était dominante à un monde où elle commence à être relativement marginalisée tout

en restant importante. Ainsi, si nous prenons
l'Europe et les États-Unis, vers 1870 l'agriculture
occupe dans les deux cas à peu près 60 pour 100
de la population active ; en 1910, dans les deux
cas on est descendu au-dessous des 50 pour 100 :
48 pour 100 pour l'Europe et seulement 32 pour
100 pour les États-Unis.

Montée du protectionnisme
et expansion des investissements
internationaux et des multinationales

Nous ne citons ces aspects que pour mémoire
puisque nous examinerons, dans le chapitre XIII,
l'histoire tarifaire du XIXe siècle, ainsi que celle
des investissements internationaux. Relevons toutefois ici que, dès 1879, l'Allemagne est le premier
grand pays d'Europe à clore son intermède libéral. Cela fait partie de la *Realpolitik* de Bismarck.
Le retour en masse au protectionnisme de pratiquement tous les pays européens se situe dès
1892, les États-Unis n'étant pas passés à une politique libérale. Relevons encore que le retour au
protectionnisme n'est pas sans relation avec l'expansion des investissements internationaux, et
plus concrètement à la création d'entreprises
multinationales. Le rétablissement de barrières
douanières, souvent bien adaptées à la protection
des industries nationales, a poussé nombre d'entrepreneurs à installer des unités de production
hors des territoires où ils étaient déjà implantés.
Autre facteur d'expansion des investissements
internationaux, la poursuite des investissements
dans les réseaux de chemins de fer et dans les

infrastructures portuaires, auxquels s'ajoutent à
la fin du XIXe siècle les réseaux de transports
urbains et surtout de tramways. Enfin, sans être
exhaustif, il convient encore de signaler les investissements destinés au futur Tiers-Monde.

Les transports urbains

Nous évoquerons plus loin l'accélération de
l'urbanisation qui est également une des caractéristiques de la seconde moitié du XIXe siècle. Cette
accélération de l'urbanisation qui, avec la croissance de la taille des villes, rend plus aigu le problème des déplacements à l'intérieur de la ville et
amène au développement des transports urbains.

LES ORIGINES : DU FIACRE AU TRAMWAY

En raison de l'étroitesse des rues des villes traditionnelles, de la fragilité de leur revêtement et
aussi en raison du bruit, la voiture à roues fut,
pendant longtemps, soit interdite, soit peu utilisée. Qu'il s'agisse de la Rome antique ou des
villes chinoises, on réprouve l'usage des véhicules dans les villes. Les classes supérieures, qui
combinent à la fois les ressources et une plus
grande mobilité, utilisaient le cheval ou la chaise
à porteurs. Le premier transport en commun
urbain serait le fait du génie fertile du célèbre
mathématicien et philosophe français Blaise Pascal (1623-1662) qui eut l'idée de faire circuler
des carrosses sur des itinéraires fixes, avec des
arrêts fixes, et à un prix fixe : trois principes
essentiels des transports en commun urbains. Ce

système fut inauguré à Paris en mai 1662. Le succès de l'entreprise fut en quelque sorte sa perte, car on l'interdit aux «gens de petite condition» et le service fut supprimé en 1677 en raison des déficits.

Le véritable début des transports en commun urbains se situe 150 ans plus tard (en 1828) à Paris également. Paris qui, entre-temps, était passé d'environ 500 000 habitants à près de 800 000. Il s'agit de la création d'une ligne d'«omnibus» comportant 14 places. Véritable début à Paris... Oui, car c'est de là que le système s'est répandu à travers le monde occidental. Mais il apparaît que certaines villes françaises et américaines avaient précédé de quelques années la capitale française. D'autre part, dès 1829, impressionné par le succès du réseau parisien d'omnibus, un fabricant anglais de carrosses introduisit le système à Londres. En 1831, New York imita Londres, et, en l'espace d'une vingtaine d'années, les principales villes d'Europe et d'Amérique du Nord se dotèrent de ce moyen de transport en commun qui connut une expansion rapide[1]. Cependant, la clientèle restait essentiellement de classe moyenne ou supérieure : au milieu du XIXe siècle, un trajet d'omnibus coûtait l'équivalent d'une heure de salaire d'un manœuvre urbain, ce prix élevé s'expliquant par la faible capacité des omnibus et surtout par le coût élevé d'entretien des chevaux dont la durée de vie n'excédait pas 3 à 4 ans quand ils étaient utilisés pour ce travail intensif.

---

1. Par exemple, une quarantaine de millions de passagers par an à Paris comme à Londres à la fin des années 1850.

DU MÉTRO À L'AUTOMOBILE ET AU VÉLO

Tout naturellement le rail attira les entreprises de transport urbain ; dès 1832, New York eut la première ligne de « tramway », qui n'était somme toute qu'un omnibus sur rail. Mais ce n'est qu'à partir de 1852 que le système commença à prendre de l'ampleur, grâce à l'innovation d'un ingénieur français (Loubat) vivant à New York, consistant à placer les rails dans deux sillons afin que ceux-ci ne gênent pas le trafic. Dès lors, ce moyen de transport se répandit dans les grandes villes européennes et américaines. La première ligne de tramway électrique fut inaugurée en 1881, à Francfort-sur-le-Main, et, six ans plus tard, 9 villes d'Europe avaient des trams électriques qui devinrent progressivement le moyen de transport en commun urbain par excellence.

Avec l'augmentation de la taille des villes, la demande de transports urbains s'accrut encore. Mais, au-delà d'une certaine taille, la solution des transports en commun passe par ce que les spécialistes appellent le « transport en site propre », c'est-à-dire réservé uniquement aux véhicules des transports en commun. Le métro de Londres est considéré comme étant le premier en date. Dans cette ville, comme dans d'autres grandes métropoles, les compagnies de chemins de fer établirent des lignes urbaines qui, progressivement, furent intégrées dans un véritable réseau de transport urbain. La première portion de ligne vraiment souterraine fut ouverte en 1863. Cependant, en raison des problèmes de pollution (résolus dans certains cas grâce à la traction par câbles), il fallut attendre l'électrification pour que le réseau souterrain se développe réellement : la première ligne électrique fut ouverte à Londres en 1890. Et, avant que n'éclate la Première Guerre mondiale, 12 villes dans le monde avaient inauguré un réseau de transport en commun souterrain plus ou moins étendu (New York, 1868 ; Istanbul, 1875 ; Budapest et Glasgow, 1897 ; Vienne, 1898 ; Paris, 1900 ; Boston, 1901 ; Berlin, 1902 ; Philadelphie, 1907 ; Hambourg, 1912 ; Buenos Aires, 1913). Entre les deux guerres mondiales, 6 villes s'y ajoutèrent (Madrid, 1919 ; Barcelone, 1924 ; Athènes, 1925 ; Tokyo, 1927 ; Osaka, 1933 ; Moscou, 1935) ; et près d'une soixantaine depuis lors.

Si l'automobile privée et la motocyclette commencent à intervenir de façon limitée dans les transports urbains pendant les années 1920 (et, alors, essentiellement aux États-Unis), l'utilisation de véhicules à moteur à explosion pour les transports urbains date du tout début de l'aventure de l'automobile. Dès septembre 1904, la police de Londres accordait l'autorisation de faire circuler les pittoresques autobus à étage ; leur nombre atteignit le millier vers 1913. L'automobile s'implanta également dans d'autres villes avant la Première Guerre mondiale. Et terminons avec la bicyclette, dont le rôle a été plus important en Europe qu'en Amérique du Nord. Par exemple, en France, il y avait, en 1914, 3,6 millions de bicyclettes en circulation, soit 3 par 100 ménages, alors qu'aux États-Unis cette proportion était beaucoup plus faible (mais les statistiques pour cette période sont lacunaires). Vers 1940, les États-Unis disposaient de 12 millions de bicyclettes contre plus de 8 millions en France, alors trois fois moins peuplée. En Europe (sans la Russie), le nombre de bicyclettes en circulation était alors de l'ordre de 55 millions (contre 6 millions de voitures de tourisme).

Et encore d'autres caractéristiques de la seconde moitié du XIXᵉ siècle

Voyons maintenant pour terminer les caractéristiques moins importantes de cette deuxième moitié du XIXᵉ siècle. Moins importantes, mais pas tant s'en faut marginales, surtout pour certaines d'entre elles. D'une certaine façon, le choix que nous avons opéré est en partie arbitraire.

DÉCLIN DE LA POSITION DOMINANTE DU ROYAUME-UNI

Commençons avec le déclin relatif de la puissance économique du Royaume-Uni, ce qui n'est pas cependant la plus importante de ces caractéristiques « moins importantes ». Des indicateurs en la matière ont été fournis précédemment dans le tableau IX.4 [1]. Certes, ce déclin sera beaucoup plus important au XXᵉ siècle [2]. Ici, relevons simplement quelques indications fournies dans le tableau IX.4. La plus frappante est la consommation de coton brut et la production de houille. Vers 1880, le Royaume-Uni consommait 47 pour 100 du coton brut du monde ; vers 1913, ce

1. Voir p. 29.
2. Nous y reviendrons plus longuement dans le chapitre XXVIII (tome III).

n'était plus que 18 pour 100 et, en 1995, à peine un peu moins de 1 pour 100. Vers 1830, ce pays assurait environ 70 pour 100 de la production mondiale de houille; vers 1913, cette proportion était tombée à 22 pour 100 et, en 1995, à moins de 2 pour 100.

Le déclin relatif du Royaume-Uni au XIXᵉ siècle est concomitant à la montée des États-Unis et de l'Allemagne; bien entendu, les deux choses sont en partie liées. En fait, à la veille de la guerre de 1914, trois grandes puissances dominent l'économie mondiale à côté de quelques-unes secondaires mais non négligeables. Les trois grandes puissances économiques sont donc le Royaume-Uni, les États-Unis et l'Allemagne, les puissances secondaires étant la France, l'Autriche-Hongrie, la Russie et le Japon. La Russie commence à devenir importante en raison notamment de sa population. En 1913, la Russie compte 161 millions d'habitants, soit un peu plus que toute l'Europe (sans la Russie) vers 1800 (152 millions). Quant au Japon, il n'est certes pas encore une grande puissance industrielle. Mais, son industrialisation est déjà en marche et, de surcroît, en 1905 il est le premier pays d'Asie (avant le Viêt-nam en 1954) à avoir vaincu une puissance occidentale. En l'occurrence il s'agit de la Russie, qui s'est trouvée alors dans l'obligation de faire des concessions, devant notamment évacuer la Manchourie, laquelle plus tard deviendra une quasi-colonie du Japon.

CRÉATION DES PARTIS SOCIALISTES,
ACCÉLÉRATION DE L'URBANISATION,
MISE EN PLACE DU SYSTÈME BANCAIRE MODERNE, ETC.

Autre caractéristique de cette deuxième moitié du XIXᵉ siècle : l'émergence d'organisations syndicales. C'est également la période où le mouvement socialiste se met aussi en place.

Deux autres caractéristiques : l'accélération de l'urbanisation et le rôle accru du système bancaire. Accélération de l'urbanisation : on passe vraiment au cours de cette période à une société beaucoup plus urbanisée qu'auparavant. À lui seul, ce point mérite probablement un chapitre, puisque c'est à partir de ce moment-là que le mode de vie urbain devient le mode de vie dominant dans les pays développés. Mais peut-être en raison du fait que nous avons consacré un livre de 700 pages au passionnant problème qu'est l'urbanisation, nous ne lui consacrerons ici qu'une partie du chapitre XI. À ce propos, c'est dans la période que nous étudions que se mettent réellement en place les divers systèmes de transports urbains.

C'est également dans cette seconde moitié du XIXᵉ siècle que le système bancaire moderne apparaît. À peu près à la même époque, des changements importants interviennent dans le système monétaire avec la généralisation du *Gold Standard* (étalon or)[1]. Et l'on pourrait encore poursuivre avec d'autres changements moins

1. Nous aurons l'occasion de revenir sur tout ceci dans le chapitre XIV.

importants soit de la seconde moitié, soit aussi de
la première moitié du xxe siècle dans les pays
développés. Citons pêle-mêle l'instauration d'une
union monétaire : l'Union Monétaire Latine[1] ; la
première des négociations internationales à propos d'un produit de base : le sucre[2]. Bref, le
xixe siècle est, comme nous le notions au début,
un siècle-charnière.

1. Voir chapitre XXVI.
2. Voir chapitre XX.

X. LA TECHNIQUE
AU XIXᵉ SIÈCLE :
UNE MARCHE
VERS LA COMPLEXITÉ

Faut-il justifier le fait que nous commencerons l'analyse sectorielle du XIXᵉ siècle par l'histoire passionnante des techniques ? Nous pensons que non, tant est évident le rôle des techniques dans la formation du monde moderne (d'ailleurs, cela justifie l'ampleur du présent chapitre), qui comporte quatre sections distinctes, mais complémentaires. Dans la première, nous nous bornons à présenter un tableau brossant les grandes tendances de l'évolution de la technologie au XIXᵉ siècle. Dans la deuxième section, nous examinerons l'évolution sectorielle des changements techniques à l'intérieur des principaux secteurs de la vie économique. La troisième section concerne deux innovations techniques majeures (électricité et moteur à explosion) réalisées au XIXᵉ siècle, mais dont l'impact s'est surtout fait sentir au XXᵉ siècle. Enfin, la dernière section est consacrée aux innovations techniques moins fondamentales, mais dont les conséquences sur la vie économique du XIXᵉ siècle ont été très importantes.

Ce chapitre est donc axé sur le XIXᵉ siècle, ce qui ne nous empêchera pas de tracer souvent les

origines, parfois très lointaines, de maintes innovations techniques. Toutefois, nous ne reviendrons pas ici sur les innovations techniques du
XVIIIe siècle, et notamment sur celles qui ont été
des éléments importants de la révolution industrielle. Ce sont notamment : la mécanisation de la
filature, la modernisation de la sidérurgie, et,
sans être exhaustif, les importantes améliorations apportées à la machine à vapeur, celles des
transports et de l'imprimerie. Enfin, l'histoire de
l'armement en Occident depuis le milieu du
XVe siècle sera présentée dans le chapitre XVIII[1].

TENDANCE GÉNÉRALE
DE L'ÉVOLUTION
DE LA TECHNOLOGIE
AU XIXe SIÈCLE

Lors de l'examen de la révolution industrielle,
nous avons insisté sur un aspect fondamental
de la technique dans les premières étapes de
cette révolution : sa simplicité, et la quasi-absence
d'application des sciences aux techniques, ce qui
explique d'ailleurs cette simplicité. En fait, cela
menait à cette conséquence très importante pour
la diffusion de cette technologie, à savoir : l'information était suffisante pour permettre la diffusion
tant nationale qu'internationale des innovations.
À partir du début du XIXe siècle, cette caractéristique de la technologie se modifie, notamment à

1. Voir p. 378 *sqq.*

travers trois axes d'évolution. D'abord, la technologie devient de plus en plus complexe en raison
des multiples améliorations successives apportées aux machines et aux équipements. D'autre
part, on assiste à une interpénétration croissante
entre sciences et techniques : les sciences commencent à être intégrées de plus en plus dans
les techniques, et les techniques pénètrent les
sciences. Enfin, on constate un déplacement
des aires géographiques d'innovations majeures.
Voyons brièvement chacun de ces trois aspects.

Complexité croissante de la technique

L'histoire des techniques est une histoire épique
dont la liste des hauts faits est très longue et très
variée. Une succession accélérée d'inventions
majeures émaille le XIXᵉ siècle, elles seront évoquées dans la section suivante. Mais cette histoire
épique, cette épopée, comme toute histoire de ce
genre, laisse de côté la masse de faits apparemment anodins. Pourtant, l'ensemble de ceux-ci
est, en définitive, peut-être plus important que les
innovations majeures. Il s'agit de la multitude
d'améliorations mineures successives apportées à
presque chaque type de machine ou d'outillage,
qu'il s'agisse de la machine à vapeur ou de celle à
filer le coton, pour ne citer que deux « héroïnes
de l'histoire des techniques ». Les améliorations
s'ajoutant aux améliorations, de simple qu'elle
était au départ la machine se retrouve de plus en
plus complexe et, bien sûr, de plus en plus efficace,
puisque c'est le but de ces multiples changements.
Dans ce phénomène de complexité croissante,

les structures économiques ont joué leur rôle. Jusqu'aux années 1820-1840, l'essentiel de la fabrication des machines se faisait à l'intérieur même des secteurs qui les utilisaient. Par exemple, dans les filatures ou ateliers de tissage, il y avait, en règle générale, un atelier chargé de construire et de réparer les machines à filer ou à tisser. À partir des années 1820-1830, les ateliers de construction des machines deviennent progressivement des entreprises indépendantes, et surtout on assiste à l'émergence d'entreprises dont le but est la construction de machines. Ceci favorise une spécialisation de plus en plus grande en faisant appel à un personnel à qualification de plus en plus élevée. Dans ce contexte, ce que nous avons signalé à propos de l'enseignement technique mérite d'être rappelé. Le développement rapide de l'enseignement technique, issu des conditions nouvelles de la révolution industrielle, dont le début se situe dans les années 1860, est un élément important permettant une complexité croissante des machines puisqu'il devient possible de disposer d'une main-d'œuvre à qualification technique avancée.

Dans le même ordre d'idée, il faut souligner que l'utilisation croissante du fer dans la production des biens d'équipement permet une complexité plus grande des machines et de l'outillage. Un processus similaire concerne le passage, à la fin du XIXe siècle, du fer à l'acier comme métal de base. Dans ce processus de complexités il ne faut pas oublier, *last but not least*, l'intervention des grandes innovations de l'histoire des techniques que nous examinerons plus loin. Par exemple, le moteur à explosion implique une complexité plus grande que la machine à vapeur; l'électricité va amener une vaste gamme de produits et de machines, dont certaines extrêmement complexes. D'ailleurs, la mise au point du moteur à explosion implique l'utilisation de l'électricité; c'est là un exemple parmi tant d'autres des interactions des progrès techniques que nous retrouverons à maintes reprises.

Science et technologie

Le point de vue traditionnel, qui estime que de l'Antiquité au début de la révolution industrielle, la science et la technique étaient deux activités relativement indépendantes, reste assez valable. Bien entendu, comme toujours, il y a des exceptions; Galilée fabriquant une lunette en est un exemple illustre, mais non isolé. De plus, les travaux récents sur l'histoire des techniques et des sciences ont nuancé cette dichotomie trop simpliste, en tout cas pour la civilisation européenne. En Europe, peut-être davantage que dans les autres civilisations, et ce depuis la Renaissance, les contacts entre techniques et sciences ne sont plus de rarissimes exceptions. Ce qui est peut-être une autre spécificité européenne que l'on pourrait ajouter à celles présentées dans le chapitre II où nous nous interrogeons sur les causes qui ont conduit au fait que la révolution industrielle a débuté dans un pays européen. Sans qu'il y ait réellement interpénétration des deux domaines, la science et la technique entretenaient en Europe un dialogue plus étroit que dans d'autres civilisations avancées. Malgré cela, on peut considérer que l'évolution scientifique et l'évolution technique ont été, en règle générale, deux domaines assez séparés.

Le fait nouveau apporté par la révolution industrielle est celui-ci : à partir de la fin du XVIIIe siècle ou du début du XIXe siècle, l'importance même des secteurs mécanisés et les nombreux progrès de la technique suscitent l'intérêt des scientifiques. Il n'est plus possible d'avoir à l'égard des processus de production technique le même point de vue qu'avaient les scientifiques des XVIe et XVIIe siècles qui, dans leur majorité, considéraient ces objets indignes de leur intérêt. La technique est présente partout et force l'intérêt des scientifiques. Donc premier axe d'interpénétration plus grande entre sciences et techniques. Deuxième axe d'interpénétration déjà évoqué : les techniciens qui, en recevant une formation plus poussée, acquièrent une base scientifique beaucoup plus élaborée. Il ne s'agit plus d'empiristes, d'ouvriers sans formation comme quelques décennies auparavant.

Enfin, et sans pour autant être exhaustif, signalons que l'évolution même des sciences commence à faire appel aux techniques. Il est évident que, pour certaines expériences, les progrès de la technique permettent de procéder à des mesures, à des types d'expériences impossibles à concevoir auparavant. En définitive, il y a rapprochement des deux disciplines, notamment avec l'électricité et, bien plus tard et d'une façon encore plus marquée, avec l'électronique, domaine dans lequel il est de plus en plus difficile de dissocier la science de la technique et vice versa. Surtout à l'heure actuelle, que ce soit, par exemple, dans le domaine de la physique nucléaire ou de la biochimie, l'interpénétration des sciences et des techniques est si grande que, en présence de certaines sous-disciplines, on peut se demander s'il s'agit de science ou de technologie.

Changement des aires géographiques d'innovations

En fait, avec le changement des aires géographiques des innovations, nous sommes en présence de trois étapes successives et les choses sont assez simples. Au point de départ, disons à partir du début de la révolution industrielle (donc nous nous situons entre les années 1720-1760) le centre d'innovations techniques par excellence est l'Angleterre, pays qui gardera cette place dominante jusqu'à la fin des années 1830. On assiste ensuite à un glissement vers l'Europe continentale. Certes, l'Angleterre demeure un centre important d'innovations techniques, mais l'Europe continentale y participe largement. Des pays tels que la France, la Belgique, la Suisse et l'Allemagne contribuent massivement aux progrès techniques. Puis, progressivement, et cela commence dès le milieu du XIXe siècle mais ne deviendra frappant qu'après, ce sont les États-Unis qui reprennent le flambeau, en devenant la région où les innovations techniques sont mises au point, et, encore davantage, utilisées.

TABLEAU X.1
ÉVOLUTION GÉOGRAPHIQUE
DES INNOVATIONS TECHNIQUES
(en pourcentage du total des trois régions)

	Royaume-Uni	Europe continentale	États-Unis
1750-1779	68	28	4
1780-1799	42	48	10
1800-1819	52	32	16
1820-1839	46	35	20
1840-1859	34	38	28
1860-1879	20	46	33
1880-1899	21	44	34
1900-1913	14	42	44

Sources: Comptage de l'auteur sur la base des tableaux chronologiques four-
nis dans Bunch, B. et Hellemans, A. (1993); Derry, T.K. et Williams, T. (1960);
Gille, B. (1978); Taylor, G.R. et Rayen, J. (1983).
Une moyenne des proportions des quatre sources a été utilisée (sauf pour
1900-1913, période pour laquelle les données font défaut dans l'ouvrage de
Derry et Williams).

Le tableau X.1 est très parlant en ce domaine.
Pour la période 1750-1779, la prédominance britannique est incontestable, puisque, *grosso modo*,
près des trois quarts des innovations importantes
sont le fait de citoyens britanniques. La prédominance des États-Unis à la fin du XIXᵉ siècle est
beaucoup moins marquée que ne l'était celle du
Royaume-Uni à la fin du XVIIIᵉ siècle. Mais si
l'on pouvait calculer un indice de l'utilisation pratique des techniques nouvelles, cette prédominance américaine apparaîtrait alors plus accusée,
comme le font entrevoir notamment les données
présentées dans le chapitre précédent sur la place
de ce pays dans la production mondiale de voitures automobiles et de l'équipement ménager.

LE SYSTÈME AMÉRICAIN DE PRODUCTION

Dans le contexte de la contribution des États-Unis à l'histoire des techniques, il faut ouvrir ici une parenthèse sur ce que l'on appelle le « système américain de production » qui, en fait, est la base des procédés modernes de production de l'industrie manufacturière. Il s'agit de produire des objets grâce à des pièces standardisées et interchangeables. Système que l'on considère à juste titre comme une des innovations techniques majeures de la seconde moitié du XIXᵉ siècle. Cependant, si c'est effectivement aux États-Unis et dans la seconde moitié du XIXᵉ siècle que ce système de production a pris un réel essor, il a trouvé son origine dans l'Europe de la fin du XVIIIᵉ siècle où il était utilisé dans l'armement. D'ailleurs, c'est également dans l'armement que les Américains ont commencé à l'utiliser.

Aux États-Unis, le premier ayant eu recours à ce système fut Eli Whitney en 1818. Eli Whitney est l'un de ces nombreux inventeurs fertiles qui ont marqué maints secteurs industriels et joué, de ce fait, un rôle très important dans la technologie du XIXᵉ siècle (nous en retrouverons quelques exemples plus loin). Entre autres, il avait déjà inventé en 1793 la fameuse machine à égrener le coton dont les conséquences sur la géographie mondiale de la production de coton brut furent considérables, puisque l'on considère que c'est largement grâce à cette machine que les États-Unis ont pris une place dominante dans la production de cette fibre. Comme il retirait peu de profits de cette invention, il se mit à manufacturer

des armes, ce qui l'incita à utiliser le système de
pièces interchangeables. À cette occasion, il mit
au point la première machine industrielle à frai-
ser (1818). La fabrication d'armes grâce aux
pièces interchangeables fut améliorée par Samuel
Colt. Dans son entreprise de fabrication de revol-
vers (devenus célèbres), construite en 1853, il utilisa 1 400 machines-outils. Par la suite, le système
d'interchangeabilité fut utilisé notamment dans la
production des moissonneuses, des machines à
coudre et à écrire, et, bien sûr, pour la voiture
automobile.

Le rôle croissant de l'ingénieur

Rôle croissant de l'ingénieur ? Oui. Mais quand
on parle du XIXe siècle, il n'est pas superflu d'ajouter une précision : ingénieur civil. En effet, il est
significatif de rappeler ici qu'à l'origine le terme
d'ingénieur vient de « machine de guerre », et signifiait avant le XVIIIe siècle « constructeur, inventeur
d'engins de guerre », raison pour laquelle, plus
tard, on a créé le terme d'ingénieur civil. Comme
nous l'avons vu dans le chapitre précédent[1], si
l'on excepte le cas largement spécifique de l'École
polytechnique de Paris, ce n'est que dans les premières décennies du XIXe siècle que des institutions axées sur la formation supérieure technique
commencèrent à se mettre en place. Il s'agit de ce
que l'on qualifie généralement d'écoles polytechniques menant à des diplômes d'ingénieurs civils
à qualifications diverses. Même au Royaume-Uni,

1. Voir p. 57 *sqq.*

où les écoles polytechniques ont débuté tardivement, les ingénieurs civils possédant une formation scientifique acquise dans le réseau traditionnel des universités ont commencé à former un corps d'élite. Dès 1818 fut créé l'Institute of Civil Engineers. Et la petite histoire rapporte qu'avec le rôle croissant joué par les ingénieurs civils des chemins de fer, une rivalité opposa ces ingénieurs à ceux de l'« Institute », que dominaient les ingénieurs des canaux, qui avait refusé d'admettre en son sein le célèbre George Stephenson (concepteur de la première locomotive), à moins qu'il ne présentât un essai écrit prouvant ses capacités d'ingénieur. En 1847 fut créé l'Institution of Mechanical Engineers dont Stephenson devint le président.

D'ABORD UNE PETITE ÉLITE, MAIS AU RÔLE IMPORTANT

Si la première école polytechnique, au sens moderne de ce terme (et différant de celle de Paris que l'on doit rattacher à l'ancien régime économique), fut créée dès 1806 à Prague, la diffusion de ces écoles fut assez lente, et le nombre d'ingénieurs formés assez faible avant la seconde moitié du XIXe siècle. Encore vers 1860, on ne comptait dans l'ensemble des pays développés qu'un peu plus d'une vingtaine d'écoles polytechniques, dont plus de la moitié se trouvaient en Allemagne. Le nombre cumulé d'ingénieurs formés par l'ensemble de ces écoles jusqu'en 1860 devait être, selon nos estimations, de l'ordre de 16 000 à 20 000. Ce qui signifie que moins d'une personne sur 12 000 actifs était un ingénieur ; et même si l'on rapporte ces ingénieurs aux seules personnes travaillant dans les industries et les transports, cela représentait moins d'une personne sur trois mille.

Mais ces quelque milliers d'ingénieurs en activité vers 1860 avaient déjà joué un rôle important dans la transformation de l'économie, surtout dans deux secteurs. D'abord celui des chemins de fer, dont la construction a nécessité un savoir technique croissant, non seulement pour les locomotives, mais également pour la création de l'infrastructure des voies qui ont nécessité la construction de nombreux, et parfois très longs, ponts et tunnels. Le second secteur est celui des mines. La consommation croissante de charbon et d'autres minerais a également impliqué des besoins accrus d'ingénieurs des mines. Mais, même hors de ces deux secteurs, déjà avant 1860 les ingénieurs commençaient à jouer un rôle important dans l'industrie manufacturière, dont les équipements et les processus de production devenaient de plus en plus complexes.

UN LARGE CORPS D'ÉLITE AU RÔLE INCONTOURNABLE

Vers 1860, dans l'ensemble des pays développés, le nombre total annuel d'étudiants fréquentant les écoles polytechnique (et écoles assimilables à celles-ci) était de l'ordre de 4 000 à 5 000, dont plus de la moitié dans l'Empire austro-hongrois où les premières écoles avaient été créées. À la veille de la Première Guerre mondiale, leur nombre était de l'ordre de 140 000. Si l'on effectue le même calcul qu'auparavant, on aboutit au résultat que, vers 1914, on comptait en moyenne dans les pays développés un ingénieur sur cent personnes travaillant dans les industries et les transports, comparé à 1 pour plus de 3 000 vers 1860 ; donc une proportion multipliée par plus de 30. Certes, ceci est une moyenne qui, comme toute moyennes, masque des situations extrêmes. Et, dans ce contexte, citons deux grands pays ayant la même similitude d'avoir amorcé tardivement leur développement économique et de l'avoir fait sous une forte impulsion du pouvoir central : le Japon et la Russie. Vers 1913, le nombre d'étudiants recevant une formation technique supérieure était de l'ordre de 5 000 au Japon, contre environ 11 000 en Russie pourtant plus de trois fois plus peuplée.

Mais quelle que soit la diversité des situations, partout l'ingénieur joue un rôle important, à la fois dans le processus de production économique et dans celui de l'innovation technique. Même sur le plan social, « Monsieur l'ingénieur » a rejoint au sein des notables « Messieurs le Curé, le Pasteur, le Docteur ». Cependant, ceci ne veut pas dire que, à la fin du XIXe siècle encore, le rôle de l'empiriste dans les techniques ait totalement disparu, il était devenu l'exception et non la règle.

L'ÉVOLUTION
DE LA TECHNOLOGIE
PAR GRANDS SECTEURS
D'ACTIVITÉ

À présent, nous allons dresser les grandes
lignes de l'évolution de la technologie dans les
principaux secteurs d'activité, à savoir l'agriculture, les divers secteurs des industries manufacturières, les transports et communications, et les
industries extractives. En ce qui concerne les
autres secteurs, leur omission ici se justifie pour
des raisons spécifiques à chacun d'entre eux. En
ce qui concerne la construction, l'une des deux
innovations relativement importantes dans ce
domaine, à savoir le ciment de Portland, sera
évoquée dans la section consacrée aux innovations techniques moins fondamentales mais à
impact important pour le XIXe siècle. Enfin, en ce
qui concerne le vaste domaine des services (soit
l'ensemble des activités autres que celles mentionnées ci-dessus), il se caractérise par une
quasi-absence d'innovations techniques. Le seul
fait digne d'être mentionné en ce domaine est la
machine à écrire dont un des premiers prototypes date de 1833 et est l'œuvre d'un imprimeur
marseillais, Xavier Progin, qui présentait son
appareil comme étant capable «d'écrire aussi
vite que la plume». Mais ce n'est que 40 ans plus
tard que l'Américain Christopher Latham Sholes
met au point un modèle opérationnel qui fut produit en série par la firme Remington qui, déjà

auparavant, s'était lancée dans la production d'armes, d'équipements agricoles et de machines à coudre, types de produits que nous retrouverons plus loin. Il est intéressant de signaler, à propos de cette firme (dont le nom existe encore actuellement), que même après les machines à écrire elle a procédé à de multiples reconversions (rasoirs électriques, stylos à bille, etc.).

Nous venons de citer quelques dates, et nous aurons l'occasion ici, d'en mentionner encore une soixantaine d'autres. Il faut être conscient que, dans de nombreux cas, on se trouve en présence, selon les sources utilisées, de deux ou trois dates différentes. Ces imprécisions découlent notamment de deux causes. Il y a nécessairement divergence entre les dates de mise au point, de dépôt du brevet, et celles des premières réalisations pratiques; chaque fois que cela s'avérera possible, nous préciserons à quelles étapes se réfèrent aux dates citées. La seconde cause est liée à l'incertitude historique, sans oublier la possibilité d'erreur de certaines sources.

L'agriculture :
une deuxième révolution agricole ;
le machinisme et les engrais chimiques

Comme nous l'avons noté, on peut à juste titre parler (et on parle) d'une deuxième révolution agricole. La première révolution agricole, celle qui a précédé la révolution industrielle proprement dite, serait surtout celle des méthodes de travail et des variétés de plantes cultivées, la deuxième révolution agricole serait celle de l'introduction du machinisme agricole et des engrais chimiques. Cette deuxième révolution agricole correspond, en définitive, aux débuts de l'intervention de la technique et des sciences dans l'agriculture. Elle se place à un moment où, bien que réduite, l'agriculture occupe encore la place dominante dans les activités, c'est-à-dire le milieu du XIXᵉ siècle où, dans l'ensemble des pays développés, ce secteur occupait encore un peu plus de 60 pour 100 du total de la population active.

Dans ce domaine, les États-Unis ont joué un rôle précurseur et dominant et ce à une période, les années 1850-1860, où ce pays commençait à occuper une place prépondérante dans l'histoire de la technologie. L'explication de ce rôle précurseur et dominant réside dans le fait que les États-Unis réunissaient deux facteurs favorables à l'émergence de la plupart des machines agricoles : une large disponibilité de terres et un niveau de salaire agricole relativement élevé. Ce qui, tout naturellement, a suscité des efforts pour mécaniser une partie du travail agricole. Comme c'est toujours le cas, et nous avons vu ceci à propos du textile, les efforts se portent d'abord sur la partie du processus de production qui nécessite le plus de main-d'œuvre. Dans le cas du textile, c'est la filature ; dans celui de l'agriculture, c'est la récolte, puisque la plus grande partie du temps de travail de la main-d'œuvre utilisée dans l'agriculture (environ les deux tiers) lui est consacrée (notamment pour les céréales).

DE LA MOISSONNEUSE ET DE LA BATTEUSE
À LA MOISSONNEUSE-BATTEUSE

Il est donc normal que les recherches aient porté sur l'invention ou, plutôt, la mise au point de machines capables de moissonner. Mais si les États-Unis ont joué un rôle-clé en ce domaine, il ne faut pas croire que les tentatives ont eu lieu uniquement dans ce pays. Dès 1780, certains modèles sont mis au point en Angleterre, cela sans parler de précédents historiques lointains : les archéologues ayant mis en évidence l'utilisation, déjà à l'époque de la Gaule romaine, d'une espèce de moissonneuse tractée par un cheval ou un bœuf. Et il est intéressant de noter que dans la description que donne Pline l'Ancien de ces moissonneuses, il signale que celles-ci étaient utilisées « dans les grandes propriétés des Gaules ». Dans une description faite dans *Palladius*, il est dit notamment : « Un petit nombre d'allées et venues en l'espace de quelques heures suffit à expédier toute une récolte. Cette méthode est bonne pour les terrains de plaine ou unis, et pour les régions où on peut se passer de paille. » Mais sautons deux millénaires. Si l'on se place au début des années 1830, on s'aperçoit qu'un grand nombre de brevets avaient été déposés pour des moissonneuses. En effet, on peut recenser, avant 1831, 33 brevets anglais, 22 brevets américains, 2 brevets français et 1 brevet allemand. Donc, ici comme partout, une maturation lente et très foisonnante.

Mais, en définitive, l'histoire de la moissonneuse, comme l'histoire de nombre d'inventions techniques, reste liée au nom de la personne qui a réussi à produire et à vendre une machine réellement efficace ; dans ce cas, le nom est celui de l'Américain McCormick. Cyrus McCormick était le fils d'un fermier qui, dès le début des années 1830, avait mis au point une moissonneuse. Cyrus améliora la machine de son père. Cette machine se heurta à la concurrence de celle d'Obed Hussey (brevetée en 1833 ; celle de McCormick le fut en 1834). Le succès de la moissonneuse de McCormick est largement dû à l'ouverture, en 1849 à Chicago, d'une usine très moderne ; usine qui, dès 1880, produisit annuellement environ 4 000 machines. À côté du succès commercial (car embryon de ce qui, actuellement, est l'International Harvester Company), McCormick acquit une large renommée. Il fut même élu membre correspondant de l'Académie française comme ayant fait «plus pour la cause de l'agriculture qu'aucun autre homme vivant». La moissonneuse de McCormick est en fait la première invention américaine importante à connaître une très large diffusion internationale.

Avant l'arrivée de la moissonneuse, il fallait à peu près 5 à 6 jours/homme de travail pour moissonner (et lier) la production d'un hectare de céréales. Vers 1850, la moissonneuse de McCormick avec un homme et deux chevaux était capable de faire le travail journalier de 2 à 3 hommes. L'étape importante suivante fut la moissonneuse-lieuse qui apparut dans les années 1870, et, là, le gain de productivité par rapport à la faux était de l'ordre de 10 à 1.

Une autre composante prépondérante du travail agricole, et notamment de la production de

céréales, est la séparation du grain des épis appelée
« battage ». Par les moyens traditionnels, il fallait
environ 12 à 17 jours de travail pour battre une
tonne de blé. Composante importante donc, mais
aussi travail pénible ; de ce fait, il est normal que
très tôt des tentatives aient été effectuées pour
mécaniser cette activité assez simple. On peut
même considérer que cette activité a été mécanisée
plus tôt que la moisson. Dès 1784, l'Écossais
Andrew Meikle met au point une batteuse opérationnelle ; et, dès les premières années de la décennie 1840, des essais furent entrepris en vue
d'utiliser la machine à vapeur pour faire fonctionner les batteuses. Ce type de machines (mais pas
nécessairement celles mues par la vapeur) se
répandit très rapidement, entraînant des gains
importants de productivité. Ainsi, au début du
XXe siècle, des batteuses à vapeur étaient capables de
traiter environ 2 tonnes de blé par heure, et encore
davantage pour l'avoine et l'orge. Donc, *grosso
modo*, une productivité multipliée par 120 à 180 par
rapport à la situation des sociétés traditionnelles.

Combinant le travail de la moissonneuse-lieuse
et de la batteuse, la moissonneuse-batteuse représente la machine agricole par excellence. Bien
que les premières moissonneuses-batteuses fussent mises au point très tôt (autour de 1875), ce
n'est qu'à partir des années 1920 que débuta
réellement leur utilisation dans les grandes
plaines à blé des États-Unis, et dans le début des
années 1950 en Europe. Cependant, dans le cas
de l'Australie[1], une variante locale des moissonneuses-batteuses fut utilisée dès les années 1880.

---

1. Voir chapitre VI (tome I).

TABLEAU X.2
HEURES DE TRAVAIL POUR PRODUIRE
UNE TONNE DE BLÉ AUX ÉTATS-UNIS

	Total	Avant récolte	Récolte
1800	137,2	39,2	98,0
1840	85,7	29,4	56,3
1900	39,7	18,5	21,2
1920	32,0	14,6	17,3
1935-1939	25,3	12,8	12,5
1950-1954	9,8	5,5	4,3
1965-1969	3,9	2,4	1,5
1980-1984	2,6	–	–

Sources : D'après US Bureau of the Census (1975) ; et US Bureau of the Census, *Statistical Abstract of the United States*, diverses livraisons ; et US Department of Agriculture, *Agricultural Statistics*, diverses livraisons.

DE LA CHARRUE À VAPEUR
AU TRACTEUR À MOTEUR À EXPLOSION

La diffusion des moissonneuses n'a pas été étrangère à la mise au point du tracteur qui allait progressivement détrôner l'animal de son rôle primordial comme force de traction dans l'agriculture. Mais c'est dans le labourage que le tracteur a fait ses premiers pas ; des premiers pas assez précoces car commençant dès les années 1830-1840. Ces machines furent souvent appelées « charrues à vapeur ». En fait, il s'agissait d'une machine immobile à treuil tirant à elle une charrue. Par la suite, la machine devint mobile entraînant la charrue, puis la moissonneuse. Et, bien sûr, ce tracteur était toujours mû par un moteur à vapeur.

Ainsi, si le tracteur agricole à vapeur a précédé l'automobile, il fallut néanmoins attendre la généralisation du moteur à explosion pour assister à la véritable diffusion du tracteur dans l'agriculture. Bien que les premiers tracteurs à vapeur datent donc de 1830-1840, plus d'un demi-siècle plus tard leur nombre était encore restreint. Il est probable que, vers 1910, leur nombre ne dépassait pas les 110 000. Les tracteurs à moteur à explosion voient leur production démarrer à la fin des années 1890, le premier ayant été construit par un vendeur d'équipements agricoles aux États-Unis (John Froelich) dès 1881. Les étapes suivantes, toujours aux États-Unis, furent : en 1901, le début de la production du tracteur Hart-Parr (du nom de son constructeur) et, en 1917, l'introduction du Fordson (par Ford), que caractérisait son faible prix. La diffusion fut surtout rapide aux États-Unis où l'on assista, déjà au cours de la Première Guerre mondiale, à une croissance rapide de la production qui passa de 10 000 unités par an en 1914 à 136 000 en 1919. En 1938, il y avait, rien qu'aux États-Unis, environ 1,2 million de tracteurs en utilisation, et près de 2 millions dans le monde ; soit, en l'espace de 40 ans, 20 fois plus qu'en 60 ans de diffusion du tracteur à vapeur. Signalons enfin que d'autres innovations agricoles importantes sont nées aussi aux États-Unis. C'est notamment le cas de la charrue à disque inventée par les frères Cravath en 1842.

LES ENGRAIS CHIMIQUES (DITS AUSSI «ARTIFICIELS»)

En ce qui concerne les engrais chimiques, c'est l'Europe, et surtout l'Allemagne, qui a joué un rôle moteur et qui en a été pendant longtemps le principal producteur et consommateur. Avec cette innovation, nous sommes en présence d'un cas typique d'application des sciences dans les processus techniques et économiques. L'utilisation des engrais chimiques nécessite comme préalable la connaissance des besoins des plantes. Une fois cette étape franchie, il est possible de déterminer quels sont les produits chimiques qui peuvent redonner aux sols une partie de leurs éléments nutritifs, absorbés par la production agricole.

L'analyse des besoins des sols aboutit autour des années 1840, avec notamment la publication des travaux de l'Allemand Justus von Liebig. Mais ses travaux se sont largement appuyés sur ceux de deux Français, sans parler de Bernard Palissy qui, dans la seconde moitié du XVIᵉ siècle, avait jeté les premières bases. D'abord Antoine Laurent de Lavoisier (1743-1794) qui, parmi ses multiples recherches dans des domaines très divers, fit progresser dans les années 1780 les travaux en ce domaine. Notons incidemment que Lavoisier a une place non négligeable dans l'histoire de la pensée économique grâce, entre autres, à ses travaux sur la répartition des revenus. Personnage sincère que préoccupait le sort des paysans, il occupa des fonctions importantes sous la Révolution, ce qui ne l'empêcha pas d'être guillotiné en tant que « fermier général » en mai 1794 après un très bref et sommaire procès. Le lendemain de la mort de Lavoisier, le grand mathématicien et astronome Joseph Lagrange déclara : « Cela ne prit qu'un instant pour trancher la tête, mais cent ans ne suffiront pas pour en produire une nouvelle qui l'égalât. » Beaucoup moins célèbre, Jean-Baptiste Boussingault (1802-1887) : mais, dans la mise au point des besoins nutritifs des plantes (notamment des nitrates), son rôle est plus important que celui de Lavoisier. Il commença ses recherches en 1834.

C'est à partir de la fin des années 1830 que l'on a commencé à utiliser des engrais chimiques (ou artificiels). Ces engrais se composent essentiellement de trois types de produits : les engrais azotés, les engrais phosphatés et les engrais potassiques. En termes de quantité, ce sont les engrais azotés qui sont les plus importants, représentant, par exemple, actuellement, en éléments fertilisants 55 pour 100 du total (26 pour 100 pour les engrais phosphatés et 19 pour 100 pour les engrais potassiques). La production de ces engrais commença par les phosphates pour la fabrication desquels, dès 1843, une usine fut installée en Angleterre, extrayant cet engrais des os ou des minéraux. Les autres engrais seront également extraits de minéraux. Ce qui va entraîner des flux massifs en provenance du Tiers-Monde où sont localisés des dépôts riches en nitrates et phosphates.

En fait, on peut faire débuter l'histoire des engrais chimiques à 1772, date de la découverte de l'azote, ce gaz qui représente 78 pour 100 de l'air. Découverte faite simultanément par quatre chimistes, dont Henry Cavendish et Joseph Priestley. Ce dernier ayant aussi découvert l'oxygène (21 pour 100 de l'air) en même temps que le chimiste suédois Carl Wilheim Scheele, qui était un grand savant mais un homme très modeste. Priestley, qui était aussi un théologien, dut fuir l'Angleterre après qu'une foule hostile à ses points de vue radicaux eut détruit son église et son laboratoire. La possibilité de produire de l'azote à partir de l'atmosphère fut déjà entrevue dès 1784 par le chimiste britannique Henry Cavendish. Mais il fallut attendre le XXᵉ siècle pour voir des réalisations pratiques.

Finalement, l'étape fondamentale est l'ouverture, en 1913, de la Badische Anilin und Soda Fabrik (BASF) qui, grâce aux travaux de Fritz Haber (futur Prix Nobel), était capable de produire de l'ammoniaque par synthèse directe à partir de l'azote de l'air ; l'ammoniaque est utilisée pour produire les engrais azotés. Comme l'ammoniaque est aussi utilisée pour les explosifs, on comprend aisément l'importance de ce produit pour une Allemagne coupée de ses approvisionnements en provenance des mines chiliennes. D'ailleurs, comme on l'aura peut-être noté, c'est aussi le point de départ de la firme BASF bien connue du grand public pour ses bandes magnétiques et qui, actuellement, reste une des grandes entreprises chimiques du monde. À la veille de la Seconde Guerre mondiale, les engrais azotés chimiques représentaient plus des trois quarts de la production mondiale d'engrais azotés.

La consommation d'engrais des pays développés, qui atteignait déjà quelque 0,3 million de tonnes vers 1880, passa à 1,3 million de tonnes vers 1900, et à 3,7 millions de tonnes en 1913. Le niveau de 1913 implique déjà, pour les pays gros utilisateurs, tels que l'Allemagne, les Pays-Bas et la Belgique, 200 kg par actif masculin travaillant dans l'agriculture. C'est un facteur non négligeable dans l'accroissement des rendements, surtout en Europe, les États-Unis n'ayant jusqu'à récemment utilisé que très peu d'engrais chimiques. Ainsi, en Allemagne, les rendements de blé sont passés entre 1878-1882 et 1908-1912 de

11,6 à 18,5 quintaux à l'hectare (en Belgique, de 15,8 à 25,1).

À côté de ces deux innovations essentielles — machinisme et engrais — on note, dans cette période, une continuation de ce qui était la révolution agricole proprement dite (ou première révolution agricole), qu'il s'agisse des améliorations dans les méthodes de culture ou des outillages, et également la poursuite de la sélection des animaux et des semences. Bien entendu, tout cela se poursuit et même, d'une certaine façon, s'accélère justement avec l'extension des recherches scientifiques. Ainsi, par exemple, les théories sur l'hérédité énoncées en 1865 par le moine autrichien Gregor Johann Mendel permirent, à partir du début du XXᵉ siècle, de donner une base scientifique à la sélection des plantes. Les outillages que l'on peut qualifier de traditionnels, tels que la charrue, attirent eux aussi l'attention des «chercheurs» et techniciens, et, de ce fait, se perfectionnent continuellement.

Le textile : peu de révolutions, mais une évolution continue

Nous commençons l'historique des innovations techniques dans les industries manufacturières par le textile qui, en termes d'emploi, est l'activité dominante de l'industrie manufacturière[1]. Dans ce secteur, les innovations fondamentales ont été introduites durant la seconde moitié du XVIIIᵉ siècle et, comme nous l'avons vu, ont surtout consisté en la mécanisation de la filature.

1. Voir le prochain chapitre, p. 186 *sqq*.

POURSUITE DE LA MÉCANISATION DE LA FILATURE

La mécanisation de ce secteur a d'ailleurs constitué une des plus importantes innovations techniques par ses conséquences durant la première phase de la révolution industrielle. L'activité textile était, rappelons-le, très largement dominante dans les activités non agricoles, puisque, dans les sociétés traditionnelles, elle représentait environ 60 à 70 pour 100 de l'ensemble des activités de nature industrielle. Or, dès 1830, le gain de productivité par rapport à la filature traditionnelle pour les fils courants a été de l'ordre de 10-15 à 1, et de l'ordre de 400 à 1 pour les fils fins. Au cours du XIXe siècle, et surtout dans le premier tiers de celui-ci, les améliorations des machines à filer ont été nombreuses. Cela concerne notamment la mise au point de machines plus automatisées entraînant, de ce fait, des gains additionnels de productivité. Parmi ces types de machines, la *self-acting* de Roberts, du nom de son inventeur (Richard Roberts), a occupé une place prépondérante, car très efficace. Cette machine commença à se répandre à partir des années 1830. Dans la seconde moitié du XIXe siècle, la machine de Roberts fut sérieusement concurrencée par la machine à filer à broches à anneaux (*ring spindles*). La *ring spinning frame* fut inventée dès 1828 par l'Américain John Thorp ; mais ce n'est qu'en 1913 que le nombre de ces machines égala celui des self-acting.

LE TISSAGE : DES AMÉLIORATIONS TARDIVES

De même, le tissage devient de plus en plus automatique à la suite de multiples innovations qui viennent compléter celles de la seconde moitié du XVIIIe siècle [1]. Cependant, vers 1850, le tissage était loin d'être aussi mécanisé que la filature. L'innovation la plus importante se place tout à la fin du XIXe siècle. C'est en 1895 que l'Américain J.H. Northrop inventa le métier à tisser, dit « mécanique », dont l'innovation consistait en la possibilité du changement des bobines de fil sans arrêter le métier. C'est le point de départ des machines à filer du XXe siècle, première innovation importante dans le textile proprement dit réalisée aux États-Unis. Toutefois, cette machine fut, dans un premier temps, surtout utilisée dans ce pays.

LA MACHINE À COUDRE :
PREMIER ÉQUIPEMENT MÉNAGER

En fait, c'est dans un domaine associé au textile qu'une innovation, majeure par sa nature, mais mineure par sa taille, est introduite au milieu du XIXe siècle : la machine à coudre dont les conséquences ont été très grandes pour la confection des vêtements. C'est aussi la première machine devenue un bien d'équipement ménager, bien avant la machine à laver ou le réfrigérateur. Pour la machine à coudre, nous avons également une multitude de précédents. La première des multiples tentatives est apparemment celle de l'Anglais

1. Voir chapitre III (tome I).

Charles Wiesenthal qui, en 1755, a breveté une machine à coudre qui n'eut pas de suite. Une étape-clé fut franchie, en 1830, par un modeste tailleur français, Barthélemy Thimonnier, qui installa, en 1841, une quarantaine de ses machines dans un atelier de couture d'uniformes militaires, atelier qui fut détruit par une foule de tailleurs.

La première machine opérationnelle, qui, surtout, a été le point de départ de l'utilisation massive de ce type de produits, est la machine mise au point par l'Américain Isaac Singer, et la date retenue est 1851. La machine de Singer était très proche de celle d'un autre Américain, Elias Howe, qui déposa son brevet en 1844. Il y eut d'ailleurs une très longue série de procès qui, en définitive, furent réglés à l'avantage de Howe qui reçut des royalties toute sa vie. Singer, qui quitta la maison paternelle à l'âge de 12 ans et commença un apprentissage de mécanicien à l'âge de 19 ans, créa en 1853 une entreprise pour la production de ses machines. Cette entreprise utilisait des méthodes modernes de production (notamment un système proche du taylorisme) et de commercialisation (ventes à crédit et publicité importante). D'ailleurs, même en Europe, les placards publicitaires pour la machine à coudre Singer ont orné pendant plus d'un demi-siècle les murs des villes et des villages. La Singer Company devint une multinationale et, par la suite, s'est diversifiée : appareils électroménagers, radios, machines à écrire, etc. Dès 1860, plus de 110 000 machines à coudre furent construites dans les seuls États-Unis. Sur le plan mondial, vers 1913, la production devait s'élever à des dizaines de millions.

La machine à coudre amena la création d'ateliers de confection, et entraîna une forte réduction du nombre de femmes qui travaillaient à domicile à des travaux de couture exécutés à la main. Une bonne couturière (ou couturier) pouvait faire 30 à 40 points de couture à la minute, la machine Singer de l'époque 900. Ce qui contribua à la baisse des prix des vêtements, mais contribua aussi à la prolétarisation des femmes. Ainsi, en Grande-Bretagne, le nombre de femmes travaillant dans l'habillement est passé de 490 000 à 760 000 entre 1851 et 1891.

Si, pour terminer, nous revenons au textile proprement dit, il convient de mettre en relief que même le XXe siècle n'a pas été (encore) témoin de changements profonds dans le travail textile. Néanmoins, il faut signaler, comme nous le verrons à propos de l'industrie chimique, l'arrivée massive de fibres artificielles. Cependant le système technique ne s'est pas modifié : on fabrique des fils que l'on tisse. Or, en ce qui concerne les fibres artificielles, on pourrait concevoir que la fabrication se fasse directement sous la forme de tissus au lieu de fils à tisser par la suite. C'est ce que l'on appelle actuellement les tissus non tissés, dont la fabrication est encore très faible et réservée à des usages spécifiques, la mise au point de tels tissus pour un usage courant n'étant pas encore au point.

La métallurgie : de l'acier bon marché aux nouveaux métaux

Dans la sidérurgie, l'innovation fondamentale de la révolution industrielle a été celle liée à l'utilisation du charbon pour la production du fer ; innovation qui se place donc nettement dans le XVIIIᵉ siècle. Au cours du XIXᵉ siècle, les innovations les plus importantes sont d'abord (dans l'ordre chronologique) celles liées au soufflage à air chaud et surtout celles rattachées à de nouveaux procédés de fabrication de l'acier, notamment ceux permettant au prix de l'acier de se rapprocher du niveau du prix du fer. Comme le note Bertrand Gille (1968) : « L'idée d'utiliser du vent chaud au lieu du vent froid dans le haut fourneau est venue sans doute assez vite à l'esprit des métallurgistes : on pouvait ainsi espérer diminuer la combustion de combustibles. La réalisation pratique de la chose n'allait pas sans de sérieuses difficultés. » Le procédé ne commença à aboutir qu'en 1829 et a été, au début, la résultante des travaux de James Neilson, qui, au départ, était contremaître dans une usine à gaz à Glasgow. Cette innovation permit une forte réduction de la consommation d'énergie, puisque dans les entreprises qui l'utilisait on passa de plus de 10 tonnes par tonne de fer à moins de 3 tonnes au début des années 1830.

Plus importants ont été sur le plan technique et économique aussi les procédés de fabrication d'acier. Et, dans ce cas-là, on trouve une présence assez massive d'ingénieurs formés scientifiquement. Le premier procédé est le procédé Besse-

mer, mis au point par l'Anglais Henry Bessemer,
introduit dès 1856. Les autres systèmes sont
notamment les systèmes des Allemands, les frères
Friedrich et Wilhelm Siemens, mais mis au point
au Royaume-Uni où résidait Wilhelm, et des
Français Émile et Pierre Martin qui ont mis au
point leur procédé dès 1866 mais qui, en termes
pratiques, ne démarra qu'à partir de 1878. Enfin,
il faut aussi signaler le procédé Thomas, dû à
l'Anglais Sidney Thomas qui le breveta en 1887.
Procédé qui permit d'utiliser des fontes à forte
teneur de phosphore. Au tournant du siècle, un
procédé très différent fut mis au point : les fours à
arc électrique. C'est en 1900 et en France que
débuta cette forme de production, qui prendra un
essor entre les deux guerres mondiales. À propos
des remarques émises plus haut sur la formation
scientifique des innovateurs dans ce domaine,
signalons néanmoins que, selon toute probabilité,
Bessemer n'aurait eu d'autre éducation spécifique que la lecture d'un dictionnaire technique.

Le but essentiel de ces procédés était donc de
réduire le prix de l'acier : ils y parvinrent très largement. Ainsi, par exemple, le prix de l'acier vers
1860 équivalait 11 fois le prix du fer brut ; vers
1913, ce n'était plus que 3 fois (actuellement, bien
entendu, l'écart est très faible : seulement de 1,5 à
1,8). Ainsi, vers 1913, on a retrouvé à peu près le
rapport de prix qui existait avant les bouleversements de la période 1750-1850, lesquels avaient
conduit à une baisse du prix du fer beaucoup plus
accusée que celle du prix de l'acier. Dès la fin des
années 1870, ces nouveaux procédés de fabrication de l'acier ont entraîné une extension très
large de la production d'acier, lequel prend une

place croissante dans l'ensemble de la production sidérurgique. Sur le plan mondial, en 1850 la production d'acier s'élevait à quelque 70 000 tonnes ; ce qui représentait moins de 2 pour 100 de celle du fer. En 1913, la production atteint 77 millions de tonnes, soit 97 pour 100 de celle du fer.

LES « NOUVEAUX » MÉTAUX

Parmi les autres innovations importantes dans le domaine des métaux, il faut signaler l'utilisation plus grande de ce que l'on appelle souvent les «nouveaux» métaux. Certes, cette appellation est abusive, car ces métaux existaient avant leur utilisation industrielle ; mais dans le contexte économique, on peut parler de «nouveaux» métaux. Si, dans ce domaine, la place primordiale est prise par l'aluminium, il ne faut cependant pas oublier le nickel, le zinc, le manganèse et le chrome. Le zinc commence à être utilisé plus massivement à partir des années 1830 ; le nickel à partir des années 1860 ; l'aluminium et le manganèse à partir des années 1880 ; et enfin le chrome encore plus tard : vers le début du XXᵉ siècle. Ce métal d'ailleurs ne fut isolé la première fois qu'en 1859.

Mais voyons d'abord ce qui s'est passé dans le cas de l'aluminium. Parmi ces cinq nouveaux métaux, il est le plus connu du grand public et celui dont la production dépasse largement celle des quatre autres métaux réunis. En fait, en termes de volume de production, l'aluminium vient immédiatement (mais très loin) après le fer. En 1990, par exemple, la production mondiale de métaux ferreux est de l'ordre de 1 305 millions de

tonnes, alors que pour l'aluminium il s'agit de
22 millions de tonnes. Le troisième métal en
importance quantitative est le cuivre, avec 11 millions de tonnes, suivi par le zinc (7) et le plomb
(5). L'ensemble du reste des métaux (nickel, étain,
manganèse, chrome, tungstène, etc.) ne représente qu'environ 1 million de tonnes. Signalons
que le minerai d'aluminium est l'un des minerais
les plus largement répandus sur cette terre ;
cependant, parmi les diverses variétés de ces
minerais, seule la bauxite est, pour des raisons
techniques, utilisée. Le problème essentiel que
pose la production d'aluminium est la transformation du minerai en métal. Les procédés utilisés
dans un premier temps étaient des procédés chimiques extrêmement onéreux. Procédés à ce
point onéreux que l'aluminium était considéré
comme un métal précieux. D'où l'anecdote apparemment véridique de cuillères en aluminium
offertes en 1869 à Napoléon III.

Avec l'aluminium, nous sommes en présence
d'un exemple supplémentaire de l'interaction
entre le développement des différentes technologies. En effet, le développement de la production
d'aluminium a été rendu possible grâce à la
disponibilité de grandes quantités d'électricité
nécessaires pour le procédé d'électrolyse du
minerai d'aluminium mis au point à partir de
1886. Ce procédé permet une chute du prix de ce
métal dès que les disponibilités en électricité se
font plus grandes ; par conséquent, une augmentation de la consommation. L'évolution est symé-
trique : forte baisse des prix, montée parallèle
de la production. Les prix passent d'environ
mille dollars le kilo vers 1850, l'or coûtait alors

610 dollars le kilo, à moins d'un dollar vers 1914 ; et, entre ces deux dates, la production passa de 2 tonnes à 70 000 tonnes.

La production de zinc débuta vers 1730 ; toutefois, ce n'est qu'à partir de son utilisation dans la galvanisation que la production de ce métal prit de l'importance. La galvanisation (mise au point dans les années 1830) est un procédé qui fait adhérer le zinc au fer, rendant ainsi ce dernier largement inoxydable. De 6 000 tonnes vers 1830, la production mondiale de zinc passa à 101 000 tonnes en 1860, et à 1 050 000 tonnes en 1913. L'histoire du chrome, du nickel et du manganèse présente des similitudes avec celle du zinc car leur utilisation principale réside dans leur alliage avec des autres métaux : le nickel avec le fer et le cuivre, le chrome et le manganèse avec le fer. Parmi ces alliages, signalons l'invar, qui combine 36 pour 100 de nickel au fer et qui est insensible aux effets de la température, ce qui facilita la fabrication d'étalons de longueur. Inventé en 1865, par le physicien suisse Charles-Edward Guillaume, ce type d'alliage eut plus tard des applications variées, allant des cuves des méthaniers aux grilles des écrans de téléviseurs et aux pâtes de connexion des puces de micro-électronique. Guillaume fut honoré du prix Nobel en 1920. La production mondiale de chrome était de l'ordre de quelques milliers de tonnes vers 1900, mais atteignit déjà les 300 000 tonnes vers 1929. Celle de nickel est inférieure au millier de tonnes jusqu'au début des années 1880, mais atteint 31 000 tonnes en 1913. Enfin le manganèse représente, quant à lui, des quantités plus importantes, mais qui demeurent très en deçà

des métaux plus communs : pour 1913, la production mondiale était de l'ordre du million de
tonnes.

La chimie : un foisonnement d'innovations techniques

Là, nous sommes en présence d'un foisonne-
ment d'innovations et de l'apparition de la chimie moderne. Ce qui ne veut pas dire que la
chimie traditionnelle cessa de faire des progrès.
En fait, nous sommes en présence de deux axes
de développement : une amélioration des techniques de production pour des produits chimiques
traditionnels et la mise au point de nouveaux
produits chimiques. Voyons ces deux axes de
développement.

AMÉLIORATIONS DES PROCÉDÉS DE FABRICATION DE PRODUITS TRADITIONNELS

Améliorations des procédés de fabrication de
produits traditionnels... Ces produits sont nombreux, mais nous nous bornerons à évoquer le cas
des deux plus importants d'entre eux : la soude et
l'acide sulfurique. La soude est un produit dont
l'usage est très répandu dans le cadre de la production industrielle du XIXe siècle et même du
XXe siècle, puisque la soude est utilisée à la fois
dans les savonneries, dans l'industrie textile, dans
la papeterie, etc. Pour ce produit, certains procédés modernes avaient déjà été mis au point au
XVIIIe siècle. C'est ainsi que le procédé dit
« Leblanc » (du Français Nicolas Leblanc) date de

1787. Ce procédé, qui impliquait le traitement du sel avec de l'acide sulfurique, entraîna, en Angleterre surtout, une forte augmentation de la production. En France, l'expansion fut plus faible, car la taxe sur le sel handicapa cette production. Le procédé de fabrication, dégageant de grandes quantités de gaz chlorhydrique, entraîna ce qui fut probablement le premier cas grave de pollution industrielle de l'air. Beaucoup plus importante est la mise au point par deux Belges, les frères Ernest et Alfred Solvay[1], d'un procédé de production très économique. Le brevet fut déposé en 1861 et leur première usine construite en 1863. Ce fut le point de départ d'une véritable explosion de la production de ce produit, ce qui allait d'ailleurs donner naissance à une des plus grandes multinationales belges, implantant des unités de production dans pratiquement tous les pays du monde développé.

Deuxième produit chimique traditionnel très largement utilisé : l'acide sulfurique. Son emploi est important tant pour les engrais que pour les explosifs, pour les colorants que pour maints autres aspects de l'industrie manufacturière. L'acide sulfurique est cet acide qui est connu sous le nom générique de vitriol et qui a connu (et connaît encore) un usage criminel. À telle enseigne que le verbe « vitrioler » existe et que le terme est passé dans le vocabulaire courant comme synonyme de mordant corrosif. Comme pour la soude, il y eut de nombreux développements de procédés de

---

1. Signalons qu'Ernest Solvay fut aussi un précurseur en sociologie, fondant même (en 1902) le premier institut de sociologie du monde, consacré entièrement à la recherche dans cette discipline.

fabrication. Dès 1831, un fabricant de vinaigre, le Britannique Pelegrine Philips, dépose un brevet qui implique un procédé de production très différent de celui utilisé jusqu'alors. En 1860, un Allemand, Rudolf Menzel, donne encore une impulsion supplémentaire à ces techniques de production. L'acide sulfurique devint très rapidement le produit chimique le plus manufacturé ; la production mondiale était très proche des 8 millions de tonnes en 1913. D'ailleurs, Benjamin Disraeli aurait déclaré : « Il n'existe pas de meilleur baromètre de la santé d'une nation industrielle que la consommation d'acide sulfurique par habitant. »

LES NOUVEAUX PRODUITS CHIMIQUES :
DES COLORANTS AUX MÉDICAMENTS

La mise au point de nouveaux produits chimiques… Là, c'est une véritable explosion. Commençons par les colorants synthétiques qui démarrent vers 1856 ; les explosifs, notamment la dynamite en 1875 inventée par le célèbre chimiste suédois Alfred Nobel ; l'iode et d'autres médicaments, dont les processus de fabrication commencent dès les années 1822, mais s'accélèrent dans le dernier tiers du XIXe siècle. Enfin, deux secteurs sur lesquels il faut s'arrêter un peu plus longuement, car plus proches de la vie économique : les textiles synthétiques et les matières plastiques.

Mais auparavant quelques précisions sur les colorants s'imposent, puisque c'est grâce à eux que la chimie moderne apparaît. Des recherches sur des sous-produits résultant de la distillation du charbon pour la fabrication du gaz d'éclairage

amenèrent le Britannique William Henry Perkin
à mettre au point en 1856 un colorant, l'aniline (mauve), dont le succès fut grand. Perkin
construisit une usine et, fortune faite, se retira des
affaires à l'âge de 35 ans afin de se consacrer à
la recherche chimique. L'aniline remplacera la
cochenille, petit insecte dont le Mexique fut
d'abord le principal exportateur, mais dont, au
XIXᵉ siècle, les Caraïbes devenaient les principaux
fournisseurs. D'autres couleurs suivirent rapidement, et la gamme fut complétée avec la mise au
point en 1880 de l'indigo (bleu) synthétique. Pendant de nombreux siècles, l'indigo (une plante)
avait été un produit onéreux exporté par le Tiers-
Monde, notamment par l'Inde et, en quantités
moins grandes, par l'Indonésie et le Guatemala.
Vers 1830, l'indigo représentait près de 4 pour
100 des exportations totales du Tiers-Monde (6
pour 100 de celles de l'Asie).

Les colorants ont donc été les premiers produits de synthèse faisant l'objet d'une production
importante ; puis la mise au point s'est progressivement étendue aux médicaments et même aux
aliments. Parmi les premiers médicaments chimiques, citons la teinture d'iode et les anesthésiques. La teinture d'iode, un des antiseptiques les
plus utilisés pendant un siècle, fut réalisée dès
1822 mais introduite en tant que médicament
seulement en 1878. Les antécédents des anesthésiques remontent encore plus loin, puisque c'est
Humphry Davy, chimiste et physicien, dont les
travaux furent multiples (on lui doit aussi la
fameuse lampe de sécurité qui porte son nom),
qui, dès 1799, avait découvert les propriétés de
l'inhalation de protoxyde d'azote dans la suppres-

sion des douleurs. Mais ce composé fut d'abord
utilisé pour ses propriétés hilarantes et ce n'est
qu'à partir du milieu des années 1840 que l'on
commença à l'employer en médecine. Un peu
plus tard, intervint le chloroforme ; et le premier
anesthésique local fut la cocaïne, introduite à partir de 1884.

L'histoire du médicament « miracle », dont on
découvre encore aujourd'hui de nouvelles applications, à savoir l'aspirine, a commencé dès 1838,
quand un chimiste italien, R. Piria, isola l'acide
salicylique, et a abouti en 1893, quand l'Allemand
Felix Hoffman, qui travaillait dans l'entreprise
Bayer, améliora un procédé de production qui
existait depuis 1859 mais qui aboutissait à un
médicament très mal toléré par l'estomac. Avant
d'ouvrir une parenthèse sur la médecine, signalons que la vanille artificielle est le premier de ces
nombreux additifs chimiques, dont aujourd'hui,
on cherche à réduire la présence dans l'alimentation ; elle fut mise au point dès 1875 et l'Allemagne
devint le principal producteur de ce que l'on
appelle la vanilline. En ce qui concerne les édulco-
rants (produits remplaçant le sucre), relevons que
la mise au point de la saccharine date de 1879.

UNE PARENTHÈSE SUR LA MÉDECINE

S'il est exact de prétendre que, au cours du
XIXe siècle (et aussi durant la première moitié du
XXe siècle), la médecine est devenue de plus en
plus chimique, néanmoins il ne faut pas négliger les progrès survenus dans d'autres domaines.
Ici, nous nous bornerons à citer une douzaine
d'étapes importantes du XIXe siècle, en adoptant

l'ordre chronologique. Rappelons d'abord un fait
de la plus grande importance des dernières années
du XVIIIᵉ siècle : nous pensons bien entendu à la
vaccination contre la variole, proposée dès 1797
par Edward Jenner. En 1810, se situe une innovation qui n'a pas encore été acceptée par une
grande partie du monde médical officiel. Il s'agit
de l'introduction de l'homéopathie par l'Allemand Christian Friedrich Samuel Hahnemann.
En 1816, un médecin français, René Laennec,
inventait le stéthoscope, dont il présenta les nombreuses utilisations dans un ouvrage qu'il rédi-
gea en 1826. Le combat contre la douleur franchit
une étape importante quand, en 1841, l'Américain Charles Thomas Jackson découvrit les propriétés anesthésiques de l'éther, qui fut utilisée
dès l'année suivante lors d'une opération chirur-
gicale, et en 1844 pour la dentisterie.

L'hygiène médicale accomplit, elle aussi, un
progrès décisif à la même période quand, en 1843,
un médecin américain, Oliver Wendell Holmes,
suggéra à ses collègues de se laver les mains et de
revêtir des vêtements propres afin d'éviter la propagation de la fièvre puerpérale, qui causait de
terribles ravages lors des accouchements, pratiqués de plus en plus souvent en milieu hospitalier.
En Europe, c'est en 1847 que le Hongrois Ignaz
Philipp Semmelweis fit la même suggestion. Le
diagnostic médical s'est enrichi, à partir de 1850,
avec la prise de la température suggérée par
l'Allemand Carl Reinhold Wunderlich. Mais il fallut attendre 1866 pour que le médecin anglais
Thomas Clifford Allbutt mette au point le ther-
momètre médical. En 1865, l'Allemand Joseph
Baron Lister introduisait le phénol comme désin-

fectant en chirurgie, ce qui réduisit de 45 à 15 pour 100 la mortalité moyenne lors des opérations chirurgicales.

Une des plus importantes étapes se situe dans les années 1880. Grâce aux travaux du Français Louis Pasteur et de l'Allemand Robert Koch, on découvrit l'origine microbienne de maintes maladies, ce qui ouvrit la voie à de nombreux vaccins, dont le plus célèbre à l'époque fut celui contre la rage, mis au point par Pasteur en 1885. Cinq ans plus tard, Koch mettait au point une cure de la tuberculose, dont de larges couches de la population étaient alors frappées. Le diagnostic de la tuberculose allait être grandement facilité par l'utilisation de la radiographie. C'est en 1895 que Wilhelm Konrad Roentgen découvrait la propriété des rayons X; leur utilisation médicale se répandit très vite. Et en 1903 leur utilisation dans le traitement du cancer était découverte par le chirurgien allemand Georg Perthes. L'attaque contre la syphilis a reçu une impulsion à partir de 1906 quand un bactériologiste allemand, August von Wusserman, a commencé à mettre au point un test. Quatre ans plus tard, Paul Ehrlich et Sahachiro Hata introduisaient un des médicaments efficaces contre cette maladie.

LES FIBRES SYNTHÉTIQUES

Passons aux textiles, ou plutôt aux fibres synthétiques. Cela concerne essentiellement la rayonne, la première des fibres de synthèse et dont histoire remonte très loin. En fait, dès 1764, on avait prévu la possibilité de fabriquer des fils à partir de la caséine du lait. En termes pratiques, c'est le Français Hilaire Bernigaud, comte de Chardonnet de Grange qui à Besançon, en 1891, monte la première usine de production de rayonne (appelée à l'époque «soie artificielle»). Et, dès lors, la production commence à croître rapidement; mais les quantités ne seront vraiment significatives qu'avant la Seconde Guerre mondiale où la rayonne représentait 5 pour 100 de l'ensemble des fibres textiles. Il faudra attendre l'après-Seconde Guerre mondiale pour que, grâce à la mise au point d'autres fibres artificielles (nylon, perlon, etc.), ces produits soient largement utilisés. Ainsi, alors que la production de rayonne ne s'élevait à la veille de la Première Guerre mondiale qu'à 0,5 million de tonnes, dès 1970 la production de l'ensemble des fibres artificielles autres que la rayonne s'élevait à 4,9 millions de tonnes, pour atteindre 16,3 millions de tonnes en 1990.

LES MATIÈRES PLASTIQUES

Dans le domaine des matières synthétiques (appelées souvent «matières plastiques»), ce sont essentiellement trois produits qui sont concernés pour la période qui nous intéresse ici. Ce qui ne veut pas dire qu'ils ont été les seuls mis au point à cette époque, mais qu'ils sont des produits dont la production a atteint des niveaux appréciables. Il s'agit d'abord du celluloïd, inventé en 1855 par le Britannique Alexander Parkes et perfectionné en 1869 par l'Américain John Wesley Hyatt. Il fallut cependant attendre 1889 pour qu'une firme américaine produise du celluloïd assez flexible pour permettre de transformer les plaques des appareils de photo en rouleaux ; ceci allait largement favoriser la diffusion de ces appareils et la naissance du cinéma. Le celluloïd est une matière transparente, mais, hélas, hautement inflammable. Néanmoins, c'est le premier produit qui à la transparence du verre ajoutait la flexibilité, ce qui en étendit l'usage.

Deuxième matière synthétique, et c'est un produit qui a pris progressivement une place croissante, le caoutchouc synthétique. Les recherches théoriques en ce domaine commencèrent dans les années 1830 ; mais ce n'est qu'en 1909 que les Allemands Fritz Hofmann et Carl Coutelle déposèrent un brevet pour un procédé opérationnel, qui permit à l'Allemagne d'en produire pendant la Première Guerre mondiale 2 500 tonnes. Mais la véritable production industrielle ne commença que dans les années précédant la Seconde Guerre mondiale, surtout en Allemagne où ce produit s'appela «buna» [de *bu*(tadiène) et *Na* «sodium»]. La production mondiale de caoutchouc artificiel se développa rapidement à partir du début des années 1950, atteignant le million de tonnes dès 1953, et dépassant pour la première fois, en 1960, le volume de la production de caoutchouc naturel.

Troisième matière synthétique importante : la bakélite. Laquelle, au fond, est l'ancêtre de ce vaste ensemble de produits appelés plus communément aujourd'hui «plastique», c'est-à-dire ces différents polymères dont sont faits une multitude de nos objets actuels. La bakélite ressemblait beaucoup à ces plastiques, mais elle était moins résistante et plus cassante que les plastiques actuels. Inventée par le chimiste américain d'origine belge Leo Hendrick Baekeland en 1907, elle va prendre, déjà avant la Première Guerre mondiale, une très grande place. Entre les deux guerres, l'expansion de la production va se poursuivre avec son utilisation dans la fabrication d'une gamme de produits très vaste, allant des isolateurs électriques aux boîtiers de postes de radio, en passant même par les bijoux de fantaisie.

Baekeland, qui avait fait ses études à l'université de Gand, était venu aux États-Unis grâce à un premier prix remporté dans un concours de chimie. Avant la bakélite, il avait inventé le vélox, un papier photographique, qu'il vendit en 1894 à George Eastman, fondateur (en 1881) de la Eastman-Kodak Company. Aux États-Unis, Baekeland est considéré comme le «père de l'industrie des plastiques», et a été même retenu par le magazine *Fortune* du 11 mars 1991 dans la liste des 120 personnalités américaines dignes de figurer dans le Business Hall of Fame, côtoyant des personnalités allant de Benjamin Franklin à John Rockefeller, en passant par des innovateurs du domaine technique, tels que Cyrus McCormick, Eli Whitney, Thomas Edison, etc.

Signalons encore qu'en 1858, l'Anglais Alexander Parkes mit au point à la fois du faux marbre et du faux ivoire (ivorine). Mais comme pour les fibres textiles et le caoutchouc, il faudra attendre après la Seconde Guerre mondiale pour que, grâce à une nouvelle génération de plastique, ces matériaux envahissent la vie courante. La production mondiale de ce que les statistiques qualifient de plastiques et résines est partie de moins de 0,2 million de tonnes en 1953, pour dépasser le million de tonnes en 1963, atteindre les 18 millions en 1968, et s'établir vers les 40 millions de tonnes au début des années 1990, c'est-à-dire environ 10 kg par an pour chaque habitant du monde. D'où le problème de pollution, puisque beaucoup de ces plastiques ne se décomposent pas, contrairement au bois et à la plupart des métaux qu'ils remplacent.

On ne peut quitter le domaine de la chimie sans revenir un peu sur la dynamite qui, sans être une invention capitale, est toutefois devenue célèbre grâce à son inventeur Alfred Nobel. Jusqu'au milieu du XIXe siècle, le seul explosif, largement utilisé, était la vieille poudre à canon découverte par les Chinois (ou peut-être par les Indiens) probablement au IXe siècle et introduite en Europe au milieu du XIVe siècle (et un peu plus tôt au Moyen-Orient). L'histoire de la dynamite commença en 1846, quand l'Italien Ascanio Sobrero obtint, par l'action de l'acide nitrique sur la glycérine, la nitroglycérine, un composé organique extrêmement explosif, et beaucoup trop sensible aux chocs pour être utilisé. En fait, la contribution essentielle d'Alfred Nobel a été de rendre ce produit moins difficile à manier, en l'incorporant notamment dans un type d'argile. Les années 1850 et 1860 voient un accroissement des besoins en explosifs puissants, notamment pour la construction de tunnels pour les chemins de fer. En 1875, Alfred Nobel apporta encore d'autres innovations à cet explosif, et, dix ans plus tard, la production démarrait. Grâce à ce produit et aussi à l'exploitation de puits de pétrole dans la région de Bakou (Russie) il devint très riche. En 1896, il fonda le fameux prix qui porte son nom.

Les industries extractives : un secteur à faibles innovations techniques

La demande croissante des industries manufacturières a conduit à une forte expansion des industries extractives et, surtout, des mines de charbon. D'ailleurs, vers 1910, le secteur charbonnier représentait, dans les pays développés, environ 70 pour 100 de l'emploi total des industries extractives. Toutefois, sur le plan de l'ensemble de l'emploi, les industries extractives sont relativement marginales puisqu'elles n'occupent (toujours vers 1910) qu'un peu moins de 2 pour 100 de la population active totale.

Dans ce secteur, le XIXᵉ siècle a été marqué par très peu d'innovations techniques majeures. Certes, et cela est très important sur le plan humain, il convient de signaler la mise au point de la lampe de sécurité qui réduit les risques d'explosion dus au grisou (méthane) dans les mines de charbon. Le premier de ces types de lampes, mis au point en 1818, fut celui appelé « Davy », du nom de son inventeur britannique qui, d'ailleurs, joua un rôle important dans la chimie de l'époque. D'autre part, les techniques d'aération des mines ont été sensiblement améliorées, réduisant les risques d'explosion et améliorant les conditions (très difficiles) de travail. Également importantes pour les conditions de travail furent les améliorations apportées dans les appareils pour descendre (et remonter) dans les mines, car cela se faisait à l'aide d'échelles et nécessitait même la montée du charbon ou autres produits miniers sur le dos par des ouvriers, dont des femmes et des enfants.

Dans un premier temps, l'innovation a consisté en de simples tonneaux tirés par des câbles, qui devinrent en quelque sorte des ascenseurs et dont les premiers furent installés au Pays de Galles en 1833. Le remplacement des câbles de fer par ceux d'acier accrurent leur sécurité. Mais l'installation de ces ascenseurs (appelés «cages») était très coûteuse et ne se généralisa que dans le dernier tiers du XIXe siècle. Une solution intermédiaire fut utilisée, celle dite des «échelles mobiles», c'est-à-dire des échelles qu'animait un mouvement d'aller et retour. En Belgique, ce système fut assez largement répandu des années 1840 aux années 1880; il était connu sous le nom de *warocqueries*[1] et était capable, dans un puits de 200 m de profondeur, d'assurer un flux de 160 mineurs par heure.

Dans les domaines plus directement liés à la production, l'innovation la plus importante est celle des appareils à perforation mécanique (ou plus communément appelés «marteaux piqueurs») dont les premiers furent brevetés en 1858 par le Français Germain Sommeiller. Il s'agit de machines à forer à air comprimé et que l'on utilisa pour la première fois en 1860 lors du forage du tunnel du Mont-Cenis. Dans ce cas également, on peut trouver des précédents, car, par exemple, dès 1761, un certain Michael Menzies proposait de réaliser des pics mus par un moteur à la surface dont la force motrice serait transmise par un système de courroies et poulies. Les perforatrices à air comprimé (donc pas de risques de grisou) furent très rapidement adoptées dans les mines

---

1. Du nom de leur promoteur : Abel Warocque.

de charbon, faisant réaliser une certaine poussée de la productivité[1].

Cette absence d'innovations techniques importantes dans l'industrie extractive a pour conséquence une progression très modeste de la productivité de ce secteur. Donc une progression plus faible que celle de la productivité du reste de l'économie. Paradoxalement, de ce fait le XIXe siècle, qui est celui d'une augmentation rapide de la consommation d'énergie, est aussi celui d'une hausse relative des prix de l'énergie. Ce d'autant plus que l'autre combustible prédominant, à savoir le bois, était exploité à l'aide de techniques pratiquement inchangées impliquant une progression encore plus lente de la productivité que celle du charbon. En effet, avant l'apparition de la scie mécanique ou tronçonneuse, peu avant la Seconde Guerre mondiale, la production quotidienne d'un bûcheron du XIXe siècle ou de la première moitié du XXe siècle était, à peu de chose près, la même que celle d'un bûcheron du Moyen Âge ou de la Rome antique.

Les transports et les communications : un total bouleversement

L'histoire du bouleversement des transports et des communications est probablement le domaine de l'histoire des techniques le plus connu. L'histoire de la locomotive, du télégraphe, des navires à vapeur, etc., est présente dans toutes les mémoires. De ce fait, cette section sera assez

1. Nous y reviendrons dans le chapitre XII.

brève et ce d'autant plus que certains aspects des innovations techniques de ce secteur ont été déjà évoqués dans le précédent chapitre. Nous avons déjà présenté les antécédents et les principales étapes du développement des canaux. Soulignons ici que sur le plan technique le XIXe siècle, comme d'ailleurs le XXe siècle, n'apporte pas d'innovations importantes. D'autre part, les principales étapes de la mise en place des chemins de fer ayant déjà été présentées[1], nous indiquons ici brièvement les premières étapes techniques de la locomotive ; puis nous passerons à la naissance des télécommunications.

LES CHEMINS DE FER

La première véritable locomotive fut celle construite en 1804 par Richard Trevithick, qui, d'ailleurs, a joué un rôle important dans l'amélioration des machines à vapeur, notamment pour les machines à vapeur à haute pression. La mise au point de machines à vapeur à haute pression a été capitale pour l'usage de cette machine dans les transports, car elle permit une réduction du poids de celle-ci ; ou, si l'on préfère, une augmentation de la puissance produite par unité de poids. La locomotive des Stephenson, père (George) et fils (Robert), est plus connue : c'est la Rocket (fusée) mise au point en 1829, dont la reproduction figure dans presque tous les livres d'histoire et qui fut le réel départ de ce type d'engin dont plus de 200 000 descendantes circulaient dans le monde en 1913.

1. Voir chap. IX.

Parmi les clichés émaillant l'histoire des techniques, il y a celui, largement erroné, du rôle des guerres comme facteur de progrès. En définitive, ce n'est que dans le domaine des transports que cette thèse est la plus valable. L'automobile et surtout l'avion ont reçu des impulsions durant la Première Guerre mondiale. Dans ce contexte, relevons que les tentatives de Stephenson ont été, ainsi que le notent dans leur histoire des techniques T.K. Derry et T. Williams (1960) : « stimulées, en partie du moins, par la montée des prix des aliments pour chevaux en raison de la guerre ». En fait, le rôle des guerres sur la technique ne deviendra important qu'à partir de la Première Guerre mondiale, en faisant appel à une forte mobilisation des ressources industrielles.

D'une parenthèse sur la guerre, passons à une autre sur la pollution. Il a fallu attendre les années 1960, alors que plus de 120 millions de voitures étaient en circulation dans le monde, pour que le problème de la pollution automobile incite à la prise des mesures antipollution ; en revanche, déjà dans les années 1860, alors que seulement 50 000 locomotives étaient en circulation dans le monde, on obligea en Angleterre les locomotives à utiliser du coke au lieu du charbon afin de réduire la pollution.

LES NAVIRES À VAPEUR

Bien que le réel début de la navigation à vapeur se place deux décennies après celui des chemins de fer, les premiers essais d'utilisation de la machine à vapeur pour la navigation ont précédé de beaucoup ceux pour les déplacements

terrestres. Nous laisserons de côté la tentative,
sur laquelle on a d'ailleurs peu de détails, d'un
Espagnol, Blasco de Garray, tentative qui aurait
eu lieu en 1543. Denis Papin qui, entre autres
choses, a été l'inventeur de la marmite à pression, qu'il qualifiait de digesteur, et précurseur
de la machine à vapeur à piston, eut, dès 1685,
l'idée d'un navire à vapeur. Contrairement à ce
qui est généralement présenté, il n'a jamais
construit un tel navire ; le soi-disant navire à
vapeur qu'il fit naviguer en 1707 sur la Fulda
(Allemagne), et que des bateliers détruisirent,
était, en fait, mû par une manivelle actionnée
avec les bras. Le moyen de propulsion était la
roue à aubes. À ce propos, signalons que des
navires à aubes (mus par la force humaine)
ont longtemps été utilisés par les Chinois. Ils
auraient été inventés à la fin du ve siècle par
l'ingénieur et mathématicien Zu Chong Shi.

Les premiers essais concluants de navigation
à vapeur furent l'œuvre du marquis français
Claude de Jouffroy d'Abbans en 1783. Et le premier navire à avoir couvert une longue distance
(390 km) fut, en 1807, le *The Steamboat* de Robert
Fulton. Il fallut cependant attendre l'hélice pour
que la navigation à vapeur puisse prendre son
plein essor, la roue à aubes résistant mal aux
intempéries des océans. L'histoire de l'hélice est
très ancienne, passant notamment par Archimède
(IIIe siècle av. J.-C.), par la Chine (vers 500), et par
Léonard de Vinci (1480). Son utilisation pratique
dans la navigation à vapeur commença avec la
construction, en 1837, dans des ateliers anglais,
d'un navire à vapeur à hélices. L'année suivante,
deux navires traversèrent l'Atlantique entière-

ment à la vapeur (mais sans hélices). Et, dès 1840,
la flotte mondiale des navires à vapeur comptait quelque 3 000 navires, ce qui représentait
370 000 tonneaux, comparé il est vrai à 9 millions
de tonneaux pour les navires à voiles. Il fallut
attendre les années 1890 pour que le tonnage des
navires à vapeur dépasse celui des navires à voiles
et il s'agissait alors presque exclusivement de
bateaux à hélices.

Le lent dépérissement de la flotte à voile
s'explique par la grande efficacité atteinte dans
la technique de ces bateaux. Prenons l'exemple
de la vitesse. Les clippers, navires à voiles, sont
mis au point dans les toutes premières années du
XIXe siècle. Ils pouvaient atteindre 19 à 24 km/h
par vents favorables (le record pour 24 heures
était de 29 km/h) et avaient une vitesse commerciale de l'ordre de 15 à 17 km/h. Il fallut attendre
les années 1860 à 1870 pour que les plus rapides
des navires à vapeur puissent atteindre cette
vitesse. D'ailleurs, c'est l'ouverture du canal de
Suez, en 1869, et les coûts croissants des salaires
qui allaient donner, dans les années 1870 à 1880,
le réel avantage à la vapeur. Mais tout ceci ne
veut pas dire que les gains de temps réalisés par
les navires à vapeur aient été négligeables. Ainsi,
sur le trajet New York-Liverpool, les navires à
voiles rapides mettaient au début du XIXe siècle
trois semaines à l'aller et cinq à six semaines au
retour, en raison des vents contraires. Le *Great
Western* ne mit que 19 jours en 1837 ; le *Britannia*
14 jours et demi en 1840 et le *City of Berlin*
moins de 8 jours en 1875 (en 1938, le *Queen
Mary* descendra au-dessous des 4 jours). Certes,
en termes de vitesse moyenne, les progrès ont été

moins spectaculaires. Néanmoins, d'après les estimations de l'ouvrage très intéressant de Carl Pirath (1949), on est passé pour les navires sur mer d'environ 16 km/h vers 1840 à environ 46 km vers 1910 (mais stagnation entre 1910 et 1930 où il s'agit de 50 km). Donc un triplement de la vitesse, alors que pour les chemins de fer ce n'était qu'un doublement de celle-ci, qui aboutit cependant, vers 1910, à environ 100 km/h. Durant cette période, la vitesse moyenne était de 7 km/h sur les canaux, de 70 km pour les camions et de 80 km pour les avions. Par conséquent, le train était plus rapide.

Paradoxalement, les progrès de la métallurgie donnèrent, au même moment, un nouvel atout aux navires à voiles, amenant ce que l'on a parfois appelé l'«âge d'or» des «cathédrales de toiles». Le remplacement progressif du bois par l'acier a permis de construire de très grands navires à voiles, et notamment des quatre à cinq mâts. Le plus grand de ces voiliers, le *France II*, fut mis en service en 1915 et mesurait 129 mètres de long. Cela permet de comprendre pourquoi, vers 1910, le tonnage mondial des navires à voiles était encore plus élevé que vers 1800 (mais trois fois plus faible que vers 1860). La Première Guerre mondiale, au cours de laquelle des centaines de navires à voiles furent coulés car plus vulnérables que les autres navires, accéléra le déclin de la flotte à voile, et marqua aussi le début des navires à moteur (à explosion). Entre 1914 et 1927, le tonnage net de la flotte marchande mondiale à voiles passa de 3,7 millions à 1,7 ; celle des navires à moteur de 0,1 à 2,6 ; et celle des navires à vapeur de 28,1 à 35,3. C'est en 1964 que la flotte à moteur dépassa celle à vapeur, et ce n'est qu'à partir de 1978 que commença le déclin de la flotte à vapeur.

Avant de quitter cette section consacrée aux moyens de transport, signalons que les étapes relatives à l'automobile seront présentées plus loin[1], puisque l'impact économique (et social) de la voiture concerne surtout le XXᵉ siècle. En revanche, le télégraphe et le téléphone, qui ont déjà influencé la société du XIXᵉ siècle, seront traités ici.

LES TÉLÉCOMMUNICATIONS

La transmission optique des informations a précédé de beaucoup l'usage de l'électricité. Sans parler des signaux de fumée des Indiens d'Amérique, il est certain que dans la Grèce antique, des procédés optiques ont été utilisés. Dans ce domaine, un pas important fut franchi à peu près à l'époque où les méthodes électriques étaient en expérimentation. Il s'agit du procédé mis au point par Claude Chappe, ardent défenseur de la Révolution française, qui utilisait des bras articulés établis sur des tours éloignées les unes des autres d'environ 15 kilomètres. Ce système fut mis en place à partir de 1794 et, à son apogée, il compta des « lignes » d'une longueur de près de 5 000 km.

Bien que les tentatives de transmettre l'information grâce au courant électrique datent du milieu du XVIIIᵉ siècle — la première expérience pratique étant celle de Georges-Louis Lesage à Genève en 1774 (qui se servait de l'électricité sta-

1. Voir p. 146 *sqq.*

tique) —, il fallut attendre 1839 pour l'ouverture
de la première liaison télégraphique opérationnelle, laquelle était destinée à une ligne de chemin de fer. Un fait divers attira l'attention du
public sur cette nouvelle technique et favorisa
ainsi sa diffusion. En 1845, un homme soup-
çonné de meurtre fut aperçu dans un train en
partance. L'information fut transmise par le télégraphe de la compagnie du chemin de fer, et
l'homme fut appréhendé dans une gare sur le
trajet. Mais pour rendre le télégraphe vraiment
opérationnel, il a fallu trouver au préalable un
moyen afin de transmettre efficacement les informations. Ce fut le système «morse», qui s'imposa
à partir des années 1840. Samuel Morse, un
peintre américain, inventa en 1832 ce système de
code par signaux longs et courts, toujours utilisé.
Et, après 1845, on assiste à une véritable explosion du télégraphe, surtout en Grande-Bretagne
et aux États-Unis.

Très vite, on passa des communications internes
aux communications internationales et même
intercontinentales. Le premier câble sous-marin
opérationnel, reliant le pays berceau de la révolution industrielle au continent, date de 1851 ; le
premier câble opérationnel reliant le Vieux Monde
au Nouveau Monde date de 1866. L'Afrique du
Nord fut reliée à l'Europe dès 1865. Entre 1869 et
1871, l'Europe et donc l'Amérique aussi furent
reliées aux principaux points d'Asie et d'Océanie.
En Afrique, au sud du Sahara, le télégraphe suit à
peu près la chronologie de la colonisation : à partir des années 1880, les liaisons s'établissent.
D'autre part, des lignes terrestres reliant l'Asie à
l'Europe furent établies. Ainsi, en 1870, une ligne

reliant Londres, Berlin et Odessa à Téhéran, Karachi et Calcutta est achevée. À l'intérieur des colonies, les liaisons télégraphiques s'implantent rapidement : ainsi l'Inde est pratiquement entièrement couverte dès 1855. La longueur du réseau télégraphique mondial atteignit 240 000 km en 1860 et 1,9 million de km en 1900. Et, en 1900, le nombre annuel de messages télégraphiques échangés dans le monde était de l'ordre de 500 millions.

Mais, déjà, le téléphone commençait à détrôner le télégraphe. Dès 1861, les premières démonstrations valables étaient faites en Allemagne. Mais ce n'est qu'en janvier 1878 que le premier réseau commercial téléphonique, desservant 21 « abonnés », fut installé à New Haven aux États-Unis. Très rapidement, d'autres villes suivirent : Londres en 1879, Oslo et Zurich en 1880, Paris et Stockholm en 1881, Genève en 1882, Vienne en 1887. La rapidité de l'extension a été largement favorisée par l'intervention de la multinationale Bell Telephone.

Dès le début des années 1880, des lignes interurbaines furent établies et le raccordement entre Boston et New York (340 km), réalisé en 1883, marque le début des liaisons à plus grande distance. Cette possibilité accélérera le succès du téléphone. D'ailleurs, aux États-Unis, patrie par excellence du téléphone, dès mars 1880, 138 centraux étaient déjà en activité, totalisant 30 000 abonnés. Dès 1885, il y avait déjà quelque 260 000 appareils téléphoniques en usage dans le monde, dont 156 000 aux États-Unis. Le réseau s'internationalise, notamment dès avril 1891 avec l'ouverture de la ligne Paris-Londres.

La Grande-Bretagne est reliée à la Belgique en 1911 et à l'Irlande en 1913. Les États-Unis sont reliés au Mexique en 1921. Et l'Atlantique fut franchi en 1927. Le total mondial d'appareils téléphoniques est passé de 2,5 millions en 1900 (dont 1,4 aux États-Unis) à 14,5 millions en 1913 (dont 9,5 aux États-Unis et dans les autres pays développés). Certes, l'expansion sera encore grande par la suite (272,7 millions en 1970 et 547,7 millions en 1990). Toutefois, dès 1913, l'ampleur du réseau téléphonique était assez importante pour que plus de 20 milliards de conversations soient échangées chaque année. Et, en 1913, on était déjà entré depuis peu (1897) dans l'ère de la communication par ondes hertziennes, c'est-à-dire ce qui deviendra la radio[1].

DEUX INNOVATIONS TECHNIQUES MAJEURES À IMPACT ÉCONOMIQUE IMPORTANT POUR LE XXe SIÈCLE : L'ÉLECTRICITÉ ET LE MOTEUR À EXPLOSION

Il s'agit donc ici de deux innovations importantes mises au point durant le XIXe siècle, mais dont l'impact économique se fera surtout sentir au XXe siècle. Ce qui ne signifie pas pour autant que l'électricité ou le moteur à explosion n'aient

1. Voir p. 135 *sqq.*

pas eu des conséquences importantes avant la Première Guerre mondiale.

De l'électricité à l'électronique

L'électricité, connue depuis longtemps, était produite grâce aux piles et constituait en quelque sorte une curiosité scientifique. À maintes reprises, on a modifié les métaux et les produits chimiques dont la réaction générait de l'électricité, et amélioré l'efficacité de ces réactions. Une des plus importantes améliorations du XIXe siècle fut celle apportée par le comte Alessandro Volta que l'on considère comme l'inventeur (en 1800) de la pile. On utilisait pour cette pile du cuivre et du zinc que séparait du tissu imprégné d'un liquide salin. Les besoins du télégraphe notamment ont entraîné un effort intense de recherches en ce domaine dans les années 1830-1860 ; efforts qui ont amené de nombreuses solutions. Cependant, tant que l'énergie électrique était produite par des procédés chimiques, elle demeurait extrêmement faible et extrêmement coûteuse. Même actuellement, le prix de la production de l'électricité à partir des piles les plus efficaces est considérablement plus élevé (environ 1 000 fois) que celui de l'électricité produite par des procédés magnéto-mécaniques. Dans le domaine connexe de la production d'électricité par cellules photo-électriques, en dépit des efforts intensifs fournis ces deux dernières décennies, le prix de revient demeure encore élevé, mais se rapproche de plus en plus de celui des sources traditionnelles.

LA PHOTO-ÉLECTRICITÉ : DÉJÀ CONNUE
DANS LA PREMIÈRE MOITIÉ DU XIXᵉ SIÈCLE

Arrêtons-nous un peu sur cette technologie prometteuse qui résoudrait une grande partie des problèmes de la pollution. L'effet photo-électrique, c'est-à-dire la transformation de la lumière en électricité, a été découvert dès 1839 par le Français Antoine Becquerel. Le phénomène intéressa fortement les physiciens de la seconde moitié du XIXᵉ siècle et ne fut pleinement expliqué que par Albert Einstein, ce qui, en 1921, lui valut le prix Nobel. L'effet photo-électrique fut utilisé dès les années 1920 dans de nombreuses applications tant pour la radio, pour la télévision, que pour le cinéma parlant.

Un demi-siècle plus tard, ce procédé de production d'électricité reçut un coup de fouet grâce à la forte hausse du prix de l'énergie de 1973, consécutivement au quadruplement du prix du pétrole. Entre 1973 et 1990, le coût du mètre carré de cellules photo-électriques est tombé d'environ 5 000 dollars à environ 1 200 dollars (soit, en termes de prix réels, une baisse de 12 à 1). Dans le même temps, l'efficacité est passée de 6-7 pour 100 à 12-13 pour 100. En raison de cette évolution, le coût du kilowatt heure est passé de 8 dollars à un peu plus de 1 dollar. Tous ces paramètres (approximatifs) concernent la situation (notamment pour les prix) aux États-Unis où le coût moyen de production de l'électricité est de l'ordre de 5 *cents* le kilowatt heure. C'est dire que l'électricité photovoltaïque revient encore 22 à 24 fois plus cher que l'électricité produite par les moyens conventionnels. Mais cette comparaison n'inclut pas les coûts écologiques de la plupart des moyens utilisés pour produire l'électricité « classique ».

Mais revenons au XIXe siècle et aux procédés mécaniques de production d'électricité qui supposent, bien entendu, des sources d'énergie pour faire « tourner » les générateurs électriques. Énergie qui provient essentiellement de deux types de machines qu'alimentent essentiellement trois sources d'énergie. Les deux types de machines sont la machine à vapeur et la turbine hydraulique. Les trois principales sources d'énergie sont les combustibles (charbon, pétrole, gaz, etc.), l'énergie hydraulique et l'énergie nucléaire (l'énergie éolienne peut également être utilisée afin de faire tourner les générateurs).

L'ÉTAPE FONDAMENTALE : LA PRODUCTION MÉCANIQUE DE L'ÉLECTRICITÉ

Donc l'innovation fondamentale en matière de production électrique est le procédé de production mécanique de celle-ci. On utilise la propriété de l'aimant qui génère de l'électricité grâce au mouvement et l'inversion de ce procédé permet, à partir de l'électricité, de produire du mouvement en aimantant successivement des pièces de métal. À ce propos, rappelons que l'idée d'utiliser l'électricité pour concevoir un moteur était présente depuis longtemps. Dans les années 1830 furent mis au point (à peu près simultanément) les premiers moteurs électriques ; mais ce qui nous intéresse ici ce sont les premiers générateurs d'électricité. D'ailleurs, tant que l'électricité était chère, l'utilisation des moteurs électriques restait très marginale[1].

C'est un Français, Hippolyte Pixii, qui, en 1832, construisit le premier générateur électrique. Toutefois, il fallut attendre les années 1860 pour qu'une autre alternative magnétomécanique, à savoir la dynamo, soit mise au point. Celle-ci fut perfectionnée dans les années 1870-1880 ; et la liste des «inventeurs» est très longue et très cosmopolite. Un peu arbitrairement, citons trois grands noms. L'Allemand Ernest Werner von Siemens tout d'abord, à qui l'on doit apparemment le mot «dynamo» ; en 1856, il breveta son système de générateur d'électricité, point de départ de la plus grande entreprise de construction électrique d'Allemagne, laquelle compte encore aujourd'hui au nombre des plus grandes entreprises de ce type dans le monde. Le Belge Zénobe Gramme, dont la dynamo, mise au point en 1870, était spécialement conçue pour être mue par une machine à vapeur et qui constitue l'étape fondamentale. Signalons, afin de démontrer une fois encore le caractère cosmopolite de ces inventions, que la dynamo de Gramme fut très rapidement améliorée par le Suisse Emil Bürgin, le Britannique R.E.B. Crompton et le Suédois Jonas Wenström.

Très rapidement cette électricité, produite par les dynamos, est utilisée à la fois pour l'éclairage et sous forme d'énergie faisant mouvoir des moteurs. La Gare du Nord à Paris fut éclairée à l'électricité dès 1875, avec des lampes à arc peu efficaces. Déjà en 1844, une expérience d'éclai-

---

1. Nous reviendrons sur le moteur électrique dans la prochaine section.

rage électrique de la place de la Concorde était
réalisée. Les deux premières usines qui utilisent
de l'électricité pour le même usage sont apparemment l'usine Menier (chocolat) et une entreprise de textile à Mulhouse (dans les deux cas
également en 1875). Nous avons vu, à propos du
démarrage italien, que l'éclairage de la Scala de
Milan ainsi que celui d'un restaurant de cette
ville avaient été également très précoces. Autre
date importante, celle du début de la création de
réseaux de distribution d'électricité destinée au
grand public. Et c'est là l'entrée en scène des
États-Unis grâce notamment à la fameuse centrale électrique construite par Thomas Edison à
New York et qui fut mise en service en 1882. La
compagnie Edison va d'ailleurs jouer un rôle
prépondérant dans la diffusion de l'électricité sur
le plan international et dans les recherches de
nature technique. Cette société fut créée et diri-
gée par Thomas Edison, inventeur très fertile (il a
déposé plus de mille brevets), à qui l'on doit
notamment le phonographe et la lampe électrique à incandescence (tous deux vers 1878).
Cette dernière permit le véritable démarrage de
l'éclairage électrique.

L'ÉNERGIE HYDRO-ÉLECTRIQUE

Si les premières centrales électriques sont mues
par des machines à vapeur, l'idée d'exploiter la
source principale d'énergie utilisée auparavant
dans l'industrie, à savoir l'énergie hydraulique,
s'impose rapidement. Et ce d'autant plus que les
techniques des « moulins à eau » avaient été boule-
versées au cours du XIXe siècle par la mise au point

de turbines hydrauliques très efficaces. On considère généralement que la première centrale
hydraulique de production d'électricité d'une
grande importance est celle qui fut mise en service par Thomas Edison en 1895 aux grandes
chutes du Niagara. Cette centrale comportait
10 unités, chacune d'une puissance de 5 000 CV,
ce qui était 20 à 33 fois plus élevé que les plus
grandes centrales hydro-électriques installées
auparavant (la moyenne des huit centrales les
plus importantes était de 1 100 CV). Les trois premières centrales hydro-électriques de quelque
importance furent mises en service en Suisse dès
1886-1887, dont celle destinée à fournir du courant aux travaux de la région Vevey-Montreux
avait une puissance de 1 500 CV. Il fallut attendre
1892 pour voir dépasser cette puissance (2 500 CV
à Tivoli, près de Rome). D'ailleurs, la Suisse a
joué un important rôle de pionnier dans de nombreux aspects de l'électricité. Ce fut également le
cas pour l'électrification des chemins de fer et
celui du transport de l'électricité, qui se posait
avec plus d'acuité avec l'électricité hydraulique,
les régions de production étant, et pour cause,
généralement peu peuplées. C'est ainsi qu'en 1891
la fabrique suisse de machines Oerlikon trans-
porta du courant sur une distance de 175 km, ce
qui pour l'époque était très inhabituel.

Si, effectivement, l'essentiel du développement
de la production et de la consommation d'électricité se place après la Première Guerre mondiale,
il ne faut pas pour autant négliger l'avant-guerre.
On peut estimer que, vers 1913, la production
mondiale d'électricité a atteint les 54,9 milliards
de kWh, dont 49 pour 100 d'origine hydraulique.

Dans les pays développés, il s'agit de 53,6 milliards de kWh; ce qui peut paraître faible eu égard aux 251,6 milliards qui sont produits seulement 25 ans plus tard. Cependant cette production de 1913 était suffisante pour fournir théoriquement à chaque ménage des pays développés de quoi faire fonctionner une ampoule électrique de 40 watts pendant plus de 8 heures par jour (ou plutôt par nuit). Bien entendu, l'électricité servait également à d'autres usages.

RADIO ET TÉLÉVISION :
DÉJÀ AVANT LA PREMIÈRE GUERRE MONDIALE

Nous avons déjà traité du télégraphe et du téléphone; toutefois, il n'est pas superflu de relever ici que tant la radio que la télévision sont également nées avant la Première Guerre mondiale. La radio, appelée à ses débuts «télégraphe sans fil» (d'où le nom de TSF demeuré longtemps en usage en France), a débuté en 1897 grâce à l'Italien Guglielmo Marconi. Sur le plan scientifique, l'existence d'ondes électromagnétiques doit beaucoup aux travaux des Britanniques Michael Faraday et James Clerk Maxwell; et c'est l'Allemand Heinrich Hertz qui, en 1887, prouva expérimentalement leur existence. La distance de la première transmission n'était que de 5 km. Deux ans plus tard, en 1899, Marconi établissait une liaison entre l'Angleterre et la France; en 1901, c'est l'Atlantique qui est «traversé». Même s'il ne s'agissait alors que de simples signaux émis en morse, cela nécessita le développement de l'électronique, avec les premiers amplificateurs (les tubes de radio) que l'on retrouvera (modifiés il est vrai) dans les premiers ordinateurs en 1946[1]. En 1907 eut lieu en Allemagne la première transmission sans fil de la parole et, sans doute en 1916 aux États-Unis. Enfin, immédiatement après la Première Guerre mondiale, débutèrent les stations d'émissions régulières (tout au début hebdomadaires) destinées au grand public. Dans pratiquement tous les pays développés, cette phase se place entre 1922 et 1928. La Grande-Bretagne avec la *BBC* a été la plus avancée dans ce domaine[2].

Bien que la diffusion réelle de la télévision débute à peu près trois décennies après la radio, le tube à rayons cathodiques, qui sert encore à former les images de nos téléviseurs, fut expérimenté très tôt : dès 1906. À cette date les Allemands Max Dieckman et Gustav Glage réussirent à faire apparaître des silhouettes en 20 lignes. En fait, le premier qui ait mis au point un appareil à découper les images en lignes fut l'ingénieur allemand Paul Nipkow. En 1884, il fit breveter son «télescope électrique». Et l'idée, que pour transmettre électroniquement une image il fallait la décomposer en lignes, remonte à 1843, à l'Écossais Alexander Bain. Actuellement, on tente de passer de 625 lignes (système dominant en Europe continentale) à plus de 1 000 lignes. Auparavant, l'Allemand Paul Nipkow, que l'on cite souvent comme étant l'inventeur de la télévision, avait réussi, en 1884, à transmettre des images par un autre système (mécanique) : un disque avec des

---

1. Voir chapitre XXX (tome III).
2. Nous verrons dans le chapitre XXIV (tome III) la fulgurante diffusion de l'équipement des ménages en postes de radio.

trous ; système que l'on utilisa d'ailleurs lors des premières émissions de TV. Les premières émissions régulières ont commencé en 1929 en Allemagne, suivie en 1932 par la France où Paris-Télévision était reçu par une trentaine de destinataires (la diffusion était de 30 lignes). L'Angleterre suivit en 1936 (avec deux standards : 240 et 405 lignes) et les États-Unis en 1941. Le retard de la télévision par rapport à la radio s'explique essentiellement par la quantité beaucoup plus grande d'informations que nécessite une image par rapport au son. À la veille de la Seconde Guerre mondiale, il n'existait seulement que quelques milliers d'appareils de réception dans le monde, comparé à 97 millions d'appareils de radio.

Le moteur à explosion

Passons au moteur à explosion, dont nous ne donnerons que quelques étapes clés. Le moteur à explosion, qui, pour nous, est évidemment le moteur à essence, a deux ancêtres. Le premier est le moteur à explosion proprement dit, c'est-à-dire un moteur utilisant la poudre dont le physicien inventif néerlandais Christiaan Huygens suggéra l'utilisation en 1680, mais qui ne fut jamais suivi de réalisations pratiques en raison des dangers qu'il comportait. Ce qui incita son assistant, le Français Denis Papin, à se tourner vers la vapeur. Le second ancêtre, le moteur à explosion à gaz, fit l'objet d'un brevet en 1794. Cela donna lieu à la fabrication d'un nombre restreint de ces moteurs jusqu'au moment où, en 1859, l'ingénieur français Étienne Lenoir et sur-

tout, en 1876, l'Allemand Nikolaus Otto améliorèrent le système. Des dizaines de milliers de ces
machines furent alors construites.

Bien que des moteurs à essence aient été
construits avant 1885, le véritable pionnier en la
matière fut l'ingénieur allemand Gottlieb Daim-
ler. À partir de ce moment, c'est une suite d'innovations fertiles tant en Europe qu'aux États-Unis
qui donneront naissance à cette industrie dominante du XXᵉ siècle qu'est l'automobile. Industrie
dont on peut situer la véritable naissance à la
fondation, en 1903, des usines Ford, et surtout à
l'année 1908 où Ford lança son fameux modèle T
(touring), dont 15 millions d'exemplaires furent
produits au cours des dix-neuf années suivantes.
La diminution du prix de ce modèle T donne une
idée du gain de productivité réalisé. En 1900, la
voiture coûtait 850 dollars. En 1926, malgré des
salaires multipliés par 4, et des coûts de matières
premières multipliés par 2, le modèle T ne coûtait
que 310 dollars.

Le bon rapport poids/puissance va tout naturellement conduire à chercher à utiliser le moteur à
explosion dans l'aviation. Ce que l'on considère
comme le premier vol d'un appareil plus lourd
que l'air, mû par un moteur à explosion, se situe
en 1903. C'est le 13 décembre de cette année que
les frères Wright (anciens constructeurs de bicyclettes) effectuent un vol de douze secondes au
cours duquel ils parcourent 52 m. En octobre 1905,
ils parcourent 39 km. En 1909, le Français Louis
Blériot traverse la Manche, ce qui, à l'époque, fut
considéré comme un formidable exploit, presque
aussi capital que sera, soixante ans plus tard, le
débarquement du premier homme sur la Lune.

L'utilisation de l'avion dans la Première Guerre mondiale fit passer cet «engin» du statut d'objet de sport à celui de véritable moyen de transport, d'abord pour le courrier, puis pour les personnes, et plus tard pour les marchandises[1].

LES INNOVATIONS TECHNIQUES MOINS FONDAMENTALES, MAIS À IMPACT ÉCONOMIQUE IMPORTANT

Il n'est pas question ici d'établir un inventaire tant soit peu exhaustif de la multitude d'innovations, parfois secondaires, qui ont émaillé le XIXe siècle, mais de présenter des innovations moins importantes, moins fondamentales sur le plan technique mais qui, toutefois, ont eu des conséquences importantes sur le plan économique durant le XIXe siècle.

Les innovations assez importantes

Nous traiterons surtout de cinq innovations qui rentrent très bien dans cette catégorie : le sucre de betterave, la vulcanisation du caoutchouc, la réfrigération, le ciment de Portland et le moteur électrique. Puis nous ferons mention de près d'une

1. Nous reviendrons sur l'histoire de l'aviation dans le chapitre XXX (tome III) consacré aux techniques du XXe siècle. Mais notons ici qu'à cette occasion, nous évoquerons également les ballons et les dirigeables «nés» avant le XXe siècle.

dizaine de cas voisins mais moins importants, sans épuiser, bien sûr, tant soit peu la très longue liste des inventions qui ont jalonné ce XIXe siècle.

LE SUCRE DE BETTERAVE

Avec le sucre de betterave, nous sommes à l'aube du XIXe siècle, puisque la première usine produisant du sucre à partir de cette plante fut construite en Allemagne dès 1801 par le chimiste allemand Franz Karl Achard. C'est un exemple, parmi d'autres, d'une innovation technique suscitée par un événement politique. Nous sommes alors dans la période des guerres de l'Empire au cours desquelles l'Angleterre a établi un blocus naval des territoires français, qui, alors, incluaient une grande partie de l'Allemagne. Ce blocus pousse Napoléon à donner une prime pour la production du sucre de betterave; décision logique somme toute, la canne à sucre n'étant pas, et de loin, le seul produit végétal ayant une concentration relativement élevée de saccharose. D'ailleurs, la mise en évidence d'une betterave riche en sucre avait été faite dès 1747 par le chimiste allemand Andreas Marggraf.

N'impliquant que très peu de procédés nouveaux de fabrication, la production de sucre de betterave va être une innovation capitale sur le plan économique, puisqu'elle va bouleverser de fond en comble le marché international de ce qui était jusqu'alors, et de loin, le principal produit tropical d'exportation[1].

1. Nous aurons l'occasion de fournir des éléments à ce propos dans le chapitre XX, chapitre consacré à l'Amérique latine qui, depuis le XVIe siècle, a été le principal exportateur de sucre de canne.

LA VULCANISATION DU CAOUTCHOUC

La vulcanisation du caoutchouc débute, en termes pratiques, en 1841 avec le procédé mis au point par l'Américain Charles Goodyear. La vulcanisation est un procédé technique qui rend le caoutchouc moins cassant au froid et moins visqueux à la chaleur ; elle permet à celui-ci de garder plus longtemps ses caractéristiques d'élasticité. Innovation évidemment très importante, non seulement par ses premières applications dans les textiles surtout (vêtements imperméabilisés), mais aussi, bien sûr, par le rôle que le caoutchouc va jouer dans le développement de la bicyclette d'abord et de l'automobile ensuite.

Comme assez fréquemment, et davantage aux États-Unis qu'en Europe, les inventeurs de produits de large consommation firent fortune, il est intéressant de signaler que, malgré le fait que le nom de Goodyear soit associé à une des plus grandes entreprises multinationales de fabrication de produits en caoutchouc, Charles Goodyear mourut pauvre. Il tenta vainement de créer un peu partout des entreprises afin d'exploiter son invention. En France, où son entreprise fit faillite, il fut même emprisonné pour dettes.

LA RÉFRIGÉRATION

La réfrigération prendra deux orientations technologiques différentes : les procédés par évaporation, qui se mettent en place dès 1830-1850, et, ce qui est plus important, les procédés par compression qui débutent vers 1851. En effet, si l'on néglige l'utilisation de la glace naturelle, qui était soit stockée l'hiver dans des glaciaires, soit descendue des montagnes, il existe deux procédés principaux pour «produire» du froid. Dans le procédé par évaporation, ou si l'on préfère le terme plus technique d'absorption, le froid résulte de la transformation en vapeur d'un liquide (l'ammoniaque essentiellement) qui, par la suite, est retransformé en liquide par chauffage. Notons que, là aussi, on retrouve la grande figure de Michael Faraday, puisqu'il est le premier à avoir remarqué certaines propriétés de liquéfaction du gaz, qui ont été à la base de la première machine frigorifique brevetée en 1859 par le Français Ferdinand Carré. Dans le procédé par compression, la vapeur est transformée en liquide par l'effet mécanique d'un compresseur. Mais c'est le procédé à compression beaucoup plus bruyant qui, progressivement, l'a emporté. Récemment, l'ancien procédé par évaporation a fait un retour modeste grâce aux petits réfrigérateurs des chambres d'hôtels.

Cependant, sur le plan économique, avant de servir à notre «confort» domestique, le procédé par compression va amener des changements notoires dans les possibilités du commerce international de la viande. En effet, jusqu'à la construction, en 1877, du premier navire frigorifique, les transports maritimes de viande se faisaient avec du bétail sur pied ; cela impliquait le chargement à bord du navire du fourrage nécessaire à maintenir en vie les animaux, ce qui, sur des trajets de longue durée, impliquait des quantités très importantes, tant en volume qu'en poids (les bovins adultes en consomment en moyenne

20 kg par jour). Certes, il existait d'autres alternatives (toutefois moins intéressantes), à savoir les conserves de viande et les viandes fumées qui faisaient effectivement l'objet d'un commerce international, mais relativement modeste.

La réfrigération va amener la naissance d'un flux massif d'échanges internationaux dans le commerce de la viande, surtout en provenance de l'Argentine dont, par exemple, les exportations de viande réfrigérée, nulles avant les années 1880, dépassèrent les 100 000 tonnes la première fois en 1901, et les 200 000 tonnes en 1905. Les exportations de fruits, notamment des bananes, furent également rendues possibles par la réfrigération. L'utilisation des navires à vapeur (et, plus tard, à moteur) sera évidemment une condition nécessaire à l'installation de machines frigorifiques dans les navires, car celles-ci avaient besoin d'une force motrice que la voile ne pouvait pas fournir.

LE CIMENT DE PORTLAND

Venons-en à présent à une invention qui, en définitive, a été la principale innovation technique dans la construction, c'est-à-dire au ciment de Portland. Celui-ci est inventé dans les années 1820, et la précision de « Portland » est nécessaire, car les Romains avaient déjà trouvé un type de ciment intermédiaire entre le plâtre et le ciment. D'ailleurs la formule du « ciment » romain s'était perdue, et il est symptomatique que lorsque, en 1796, deux Britanniques améliorèrent le mortier (de glaise) utilisé, ils le nommèrent ciment romain. Le but était surtout de rendre le ciment plus liant et plus résistant à l'effet de l'eau ; et c'est en mélangeant l'argile et la chaux que les progrès ont été réalisés. Le ciment de Portland (nom d'un type de pierre que l'on trouve dans la région anglaise de Portland) fut inventé en 1824 par un maçon anglais, devenu entrepreneur de construction, Joseph Aspdin. Celui-ci, soit par hasard, soit intentionnellement, a « calciné » son mélange de chaux et d'argile à une température plus élevée afin de mieux l'amalgamer. Comme la technique du ciment de Portland est assez simple, et qu'il s'agit d'un produit très pondéreux, la production s'est rapidement diffusée, même dans les pays du Tiers-Monde. La combinaison du ciment de Portland et du fer va fournir cet élément essentiel qu'est le ciment armé (à partir de 1880) qui combine les qualités de la pierre et du métal. Lequel ciment armé va permettre la construction de bâtiments, tant d'habitation que pour d'autres usages, élevés et de grande ampleur. Auparavant, dès le début des années 1850, le ciment était associé au fer dans la construction de bâtiments plus simples.

LE MOTEUR ÉLECTRIQUE

Nous avons signalé plus haut que le principe des moteurs électriques et des générateurs d'électricité est, *grosso modo*, le même, puisque dans le cas du moteur on se sert de l'effet magnétique pour transformer l'électricité en mouvement et non vice versa. Nous ne remonterons pas ici aux travaux scientifiques et empiriques, et notamment à ceux de Michael Faraday, dont la vie fut un véritable roman. Fils de forgeron pauvre, il travailla dès l'âge de 14 ans et jusqu'à celui de 22 ans comme ouvrier relieur. Suite à l'intervention de Humphry Davy — dont il avait suivi les conférences de chimie — qui avait remarqué l'intérêt et les dons pour les sciences de Faraday, celui-ci fut employé comme assistant de laboratoire. Autodidacte, c'est grâce à une chaire sans obligation d'enseignement, obtenue à l'âge de 42 ans (à la Royal Institution de Londres), qu'il put poursuivre, en menant une vie modeste, ses travaux scientifiques et aussi de vulgarisation scientifique dont il est un des maîtres.

En termes pratiques, le précurseur du moteur électrique est paradoxalement un homme aux origines très différentes de celles de Faraday, puisque Moritz Hermann von Jacobi était conseiller d'État russe et académicien. Physicien de formation, il construisit dès 1834 un moteur électrique qu'il développa, et, en 1838, il utilisa un tel moteur afin de propulser un petit bateau. La même année, l'Allemand Johann Wagner propulsait une petite voiture avec un moteur électrique. Par la suite, la mise au point du moteur électrique est entièrement liée à celle des générateurs. L'autre précurseur en ce domaine est le Français Gustave Froment, qui, dès 1844, mit au point de tels moteurs, dont le modèle le plus opérationnel fut réalisé en 1855 (notamment en vue de remonter automatiquement les poids qui entraînaient des mécanismes d'horlogerie de certains types de télégraphe), exemple de plus des innombrables interactions des progrès des différents aspects de la technique. L'utilisation massive des moteurs électriques dans l'industrie débuta dans la dernière décennie du XIXe siècle.

*Les innovations à impact
moins important*

Nous passons à présent à quelques autres
inventions non fondamentales, et dont l'impact
économique n'a pas été aussi important que les
précédentes. C'est là un choix forcément en partie
arbitraire parmi les dizaines, voire les centaines
d'inventions de ce type, qui vont de l'allumette au
stylo, en passant par la bicyclette, la photo, la
rotative, etc. Le critère de choix a été tout naturellement celui de l'importance des répercussions
économiques.

DEUX CORPS GRAS : LA BOUGIE ET LA MARGARINE

Pendant des siècles, un des principaux moyens
d'éclairage était la chandelle de suif dont l'odeur
dégagée était désagréable. La bougie ou, plus
précisément, la bougie stéarique (car utilisant
l'acide stéarique) est pratiquement au point dès
1830, et, à part une amélioration en 1841, elle
devient un moyen commode et bon marché
d'éclairage individuel. La genèse de son invention ne remonte pas très loin, puisque c'est en
1816 que le chimiste français Henri Braconnot
obtint les premiers résultats en la matière. Mais
ce sont davantage les travaux d'un autre chimiste
français, Eugène Chevreul, qui permirent de
connaître la composition des matières grasses,
permettant ainsi la mise au point de la bougie
stéarique. Chevreul est aussi l'inventeur du procédé de fabrication d'une mèche imprégnée
d'acide borique, qui, en fondant dans la flamme,

opérait son mouchage au fur et à mesure de la combustion.

On peut aussi considérer Braconnot comme un précurseur de l'invention de la margarine, dont le processus de production est très voisin. Mais, dans ce cas, l'avantage était moins net, puisque, somme toute, la margarine a remplacé en partie le beurre ; cependant, en raison de son goût moins fin, elle est devenue en quelque sorte le beurre du pauvre. D'ailleurs, en Angleterre, où ce produit fut d'abord lancé sous le nom de «butterine», on vota une loi afin d'imposer le nom de margarine afin d'éviter les confusions. En Belgique notamment, et probablement ailleurs, toute épicerie qui vendait (avant la Seconde Guerre mondiale) de la margarine était obligée de l'afficher. En fait, ce sont des procédés mis au point en 1869 par le chimiste français Hippolyte Mege-Mouries qui donnèrent le démarrage à cette industrie qui eut des répercussions non seulement dans les pays développés, mais aussi et surtout dans ceux du Tiers-Monde. En effet, pour sa fabrication on peut utiliser des huiles tropicales (palme, etc.) qui, auparavant, avaient peu de valeur. Cet élément précipita la colonisation de certaines régions d'Afrique[1].

LA BOÎTE DE CONSERVE

La boîte de conserve, si omniprésente aujourd'hui, résulte de la conjonction de deux inventions réalisées dans le but de mieux nourrir les armées des deux principales puissances euro-

1. Nous y reviendrons dans le chapitre XXI.

péennes du début du XIXᵉ siècle. En France, le
Directoire avait offert, en 1795, un prix pour la
première personne qui mettrait au point une
méthode fiable pour conserver les aliments. Ce
prix fut décerné, en 1810, par Napoléon à Nicolas Appert. Son invention consistait à chauffer
dans un bain d'eau très chaude des bocaux de
verre remplis d'aliments, et fermés aussi hermé-
tiquement que possible. En 1812, Appert établit,
avec l'argent du prix, la première entreprise de
fabrication de conserves du monde, restée en
activité jusqu'en 1933. La Société d'encouragement de l'industrie nationale lui décerna le titre
de «bienfaiteur de l'humanité», et le célèbre gas-
tronome du début du XIXᵉ siècle, Antoine Brillat-
Savarin, dira qu'il «a permis au printemps, à
l'été et à l'automne de vivre en bouteille».

La même année où Appert recevait son prix, de
l'autre côté de la Manche, Peter Durand prenait
un brevet, dont le processus de conservation était
le même, mais le récipient était en fer-blanc, c'est-
à-dire en fer recouvert d'une fine couche d'étain.
Cela donna naissance à la première fabrique
anglaise de conserves, qui approvisionna la marine
britannique lors de la guerre de 1812 avec les
États-Unis, où, paradoxalement, ce n'est qu'en
1839 que commença la production de boîtes de
conserve en fer. Auparavant (à partir de 1820), il
s'agissait de pots en verre. Moins d'un siècle plus
tard, les États-Unis produisaient annuellement
quelque 10 milliards de boîtes de conserve (surtout fruits, légumes et lait), soit près de 80 boîtes
par habitant.

Signalons, et ceci se retrouve dans d'autres
cas d'inventions pratiques, que la raison de la

conservation des aliments par le chauffage n'a été élucidée que dans les années 1860, après la découverte fondamentale du Français Louis Pasteur quant au rôle des bactéries dans le processus de détérioration des aliments et le fait que ceux-ci ne peuvent vivre que dans le vide créé par le procédé «Appert». Relevons que le procédé de conservation de la viande par séchage date de trois ou quatre millénaires, et que les procédés de conservation d'aliments grâce au sel, aux épices et au vin, et par le fumage sont dus aux Chinois et remontent à deux millénaires. En revanche, la première mention à la possibilité de conservation par la chaleur avant Appert ne daterait que de 1765, et n'eut pas de suites pratiques.

LE FIL DE FER BARBELÉ

Puisque avec le procédé Appert nous sommes dans le domaine des produits alimentaires et aussi dans celui des produits de l'élevage (conserves de viande), relevons que certains historiens des pays de peuplement européen ont considéré le fil de fer barbelé comme une invention capitale. Certes ceci est une exagération; cependant son rôle a été important dans l'extension de l'élevage dans les régions à faible densité de population. Le fil de fer barbelé (en fait fil d'acier) fut inventé en 1867 quand deux brevets furent déposés presque au même moment par Lucien Smith de l'Ohio et William Scott de New York. Mais le véritable départ fut donné par le brevet de 1874 de Joseph Gliden qui, en tordant les fils, empêchait les pointes de bouger. Sa production commence aux États-Unis en 1874 avec 5 tonnes; elle atteint

40 000 tonnes en 1880, 200 000 tonnes en 1907
(une tonne représentant environ 10 km de barbelés, par conséquent la production de 1907 représente environ 670 000 km de clôture à raison de
3 rangs de barbelés). À partir de 1899, on commence à produire des treillis de fils de fer (non
barbelés) ; et ce type de clôture mieux adaptée aux
moutons fit aussi de rapide progrès.

Il est indiscutable que les clôtures de fils de fer
barbelé ont concouru à l'efficacité à la fois de
l'élevage et de l'agriculture en général et pas seulement aux États-Unis, mais aussi dans pratiquement tous les pays de peuplement européen (en
1905 le petit Uruguay importait 14 000 tonnes
de barbelés). Ce qui, bien sûr, entraîna maints
conflits, notamment dans les régions d'élevage
où s'établirent par la suite des colons cultivateurs. Est-ce un éleveur ou un cultivateur qui
lança le dicton : « Dieu inventa la terre, Satan les
fils de fer barbelé » ? En tout cas, même si par la
suite les éleveurs utilisèrent des barbelés, au
début ils y étaient farouchement opposés. Mal-
heureusement, les barbelés eurent aussi très tôt
des utilisations militaire et oppressives.

LE GAZ : UN DES PREMIERS SYSTÈMES DE RÉSEAUX

Passons à une innovation que, en fait, nous
aurions peut-être dû inclure parmi les plus importantes : le gaz. Pendant près d'un siècle, entre les
années 1820 et le début du XXe siècle, l'éclairage
au gaz fut la principale source de lumière
publique et privée des villes du monde développé.
Dans maints pays, pour l'éclairage public, cette
phase se poursuivit jusqu'à la Seconde Guerre

mondiale. Le gaz comme moyen d'éclairage ne
fut détrôné que par l'électricité — d'ailleurs l'histoire de l'ampoule électrique mériterait aussi
d'être traitée. La fabrication par distillation du
gaz (de charbon) ne pose pas de problèmes scientifiques. La première compagnie (à Londres) de
production et distribution de gaz date de 1807.
Paris suivit en 1817, ville où, d'ailleurs, la première démonstration de cette possibilité fut faite
en 1799 par Philippe Lebon que l'on peut considérer comme l'inventeur du gaz de houille.

Sur le plan technique, l'industrie du gaz atteignit sa maturité dès les années 1825-1830. Sur le
plan économique, dès le milieu du XIXe siècle, la
quasi-totalité des grandes villes des pays du
monde développé étaient équipées d'un réseau
de distribution de gaz. La distribution de gaz est
considérée, à juste titre, comme l'un des premiers systèmes de réseaux nécessitant une planifi-
cation de type moderne. Elle a aussi impliqué
des problèmes techniques plus complexes que
ceux de la distribution d'eau et ce pour des raisons évidentes liées à la toxicité, à la plus grande
fluidité et aux dangers d'explosion du produit, et
à son prix élevé qui nécessitait l'emploi de comp-
teurs peu utilisés dans le cas de l'eau. Les systèmes de réseaux jouèrent un rôle important par
la suite, notamment dans la distribution de l'électricité et du téléphone.

DE L'ARGENT MOINS CHER

Enfin, *last but not least*, dans le chapitre XIV,
nous aurons l'occasion de montrer comment des
progrès, somme toute mineurs sur le plan tech-

nologique, ont bouleversé l'équilibre financier de maints pays. Il s'agit de procédés d'extraction de l'argent réduisant le prix de ce métal, et surtout du procédé dit de *washoe* (nom d'un district des États-Unis) mis au point en 1861 par A.B. Paul et qui se passe de produits chimiques. La production mondiale d'argent, qui, entre le début du XIXe siècle et 1856-1860, n'avait progressé que de 2 à 3 pour 100, fit un bond de 560 pour 100 entre 1856-1860 et 1891-1896. Le prix de l'argent, demeuré stable jusqu'à 1872-1874, diminue de plus de la moitié entre cette date et 1900. D'où un bouleversement pour les pays ayant gagé (totalement ou partiellement) leur monnaie sur l'argent, bouleversement sur lequel nous reviendrons ultérieurement avec plus de détails.

En guise de conclusion sommaire

En définitive, ce qui apparaît le plus déterminant, c'est le caractère crucial de ce XIXe siècle dans l'évolution technologique. Dans le domaine technologique, le monde tel qu'il existe aujourd'hui, ou, en tout cas, jusque dans les années 1970, était, à quelques exceptions près, déjà présent avant 1914. Les exceptions étant peut-être justement ce qui prend une place croissante actuellement, c'est-à-dire les ordinateurs. Mais toutes les autres innovations importantes sont mises en place et certaines d'entre elles déjà exploitées commercialement avant 1914. Donc, à la veille de la Première Guerre mondiale, le monde technique qui sera celui de la première moitié, et disons même des deux tiers, du XXe siècle est déjà présent.

De même qu'était alors présent un aspect très important de l'organisation du travail industriel que l'on peut considérer comme une composante des nouvelles techniques : le taylorisme et le fordisme. Dès 1900, l'Américain Frederick Winslow Taylor appliquera son système qui, à partir de l'analyse du temps d'exécution des diverses tâches, permet, en y incorporant un système de rémunérations différenciées, d'augmenter grandement le rendement des machines. Bien que l'on puisse trouver des antécédents très anciens aux principes des pièces standardisées et interchangeables, il est certain qu'en l'associant au travail à la chaîne, dès 1913, pour la production du fameux modèle de voiture T, Henry Ford a bouleversé les méthodes de production. Ces systèmes d'organisation du «travail en miettes», du travail à la chaîne, vont être la forme presque exclusive d'organisation du travail des grandes entreprises industrielles jusqu'aux années 1970[1].

Certes, beaucoup des fruits des progrès techniques du XIXe siècle, mais aussi beaucoup de retombées négatives de ceux-ci, n'ont été récoltés que dans l'entre-deux-guerres, et même seulement dans les trois-quatre dernières décennies de l'après-Seconde Guerre mondiale. Nous aurons l'occasion de le voir dans le chapitre XXX (tome III), dans lequel nous poursuivons cette passionnante histoire des techniques, qui bouleversent positivement et négativement notre vie quotidienne.

---

1. Nous reviendrons à cet aspect important dans la section intitulée «Les mutations des entreprises» du chapitre XXVIII.

XI. LA POPULATION :
DES MOUVEMENTS
NATURELS
À L'URBANISATION

Nous allons passer en revue les principales modifications qui, au cours du XIXᵉ siècle, ont touché la composante la plus importante de l'histoire économique, à savoir l'homme : point de départ et d'aboutissement de la vie économique et sociale. Comme on peut le déduire du titre, nous commencerons par les mouvements naturels, à savoir par la natalité et la mortalité, ou, en d'autres termes, le début et la fin de la vie ; et nous terminerons par les changements dans la localisation de la population qui, de plus en plus, s'est concentrée en ville. Mais nous ne laisserons pas de côté les autres aspects importants liés aux changements intervenus dans la population : à savoir la structure des activités et les migrations.

LES MOUVEMENTS NATURELS :
UN BOULEVERSEMENT
FONDAMENTAL

Les deux faits majeurs de l'évolution des mouvements naturels du XIXe siècle sont la poursuite du recul de la mortalité, déjà amorcé dans certains pays dès la seconde moitié du XVIIIe siècle, et le déclin de la natalité qui débuta, elle, généralement un siècle plus tard.

La mortalité : un recul très accusé

Si les discussions persistent au sein des spécialistes quant aux causes de la baisse de la mortalité au XVIIIe siècle, en revanche pour le XIXe siècle les choses sont plus claires. Il n'y a pas de doute que la baisse de la mortalité dans les pays développés au cours du XIXe siècle résulte de la conjonction des trois facteurs suivants : augmentation des ressources alimentaires ; progrès de la médecine et de l'hygiène ; et extension de l'éducation. Ce dernier élément jouant davantage durant la seconde moitié du XIXe siècle et ayant le plus d'impact sur la mortalité infantile.

On trouvera dans le tableau XI.1 l'évolution des taux bruts de natalité, de mortalité, et de mortalité infantile pour les trois derniers siècles. Par taux brut de natalité, on entend le nombre de naissances d'enfants vivants par rapport à la population totale ; le taux brut de mortalité est le

nombre de décès rapporté, lui aussi, à la population totale. Ces deux taux étant en règle générale
exprimés par mille habitants. L'adjonction du
terme brut, d'ailleurs souvent omis dans les analyses destinées aux non-spécialistes, trouve sa
justification dans le fait que ces calculs ne tien-
nent pas compte des différences de structures
par âge de la population. Dans un pays où la
population comporte une plus forte proportion
de personnes âgées (toutes choses étant égales
par ailleurs), le taux de mortalité sera plus élevé
et le taux de natalité plus faible que dans un pays
où prédominent davantage de jeunes. La mortalité infantile est le nombre d'enfants décédés
avant l'âge d'un an par mille naissances vivantes.

Comme on peut le voir dans ce tableau, déjà au
début du XIXe siècle l'Angleterre avait un taux brut
de mortalité sensiblement plus faible qu'avant la
révolution industrielle. En effet, celui-ci était de
l'ordre de 24 pour 1 000, alors que dans le cadre
des conditions des sociétés traditionnelles celui-ci
était de l'ordre de 35 à 41 pour 1 000. Au début du
XXe siècle, pour 1911-1913 on se situe à 14 pour
1 000 en Angleterre et à 16 pour 1 000 pour la
moyenne de l'Europe occidentale.

Si l'on arrête l'analyse à la veille de la Première
Guerre mondiale, les différences internationales
de mortalité sont alors beaucoup plus faibles que
ne le laissent supposer les différences de niveau
de développement économique. Ainsi, pour 1911-
1913, les divers pays développés se situent à
l'intérieur d'une fourchette assez étroite, allant de
14 à 15 pour 1 000 pour des pays tels que l'Angleterre, la Suisse et les pays scandinaves, de 21 à 25
pour 1 000 pour des pays tels que le Portugal,

TABLEAU XI.1
TAUX BRUTS DE NATALITÉ,
DE MORTALITÉ ET DE MORTALITÉ INFANTILE
(moyennes annuelles)

	Natalité[a]	Mortalité[a]	Mortalité infantile[b]
Sociétés traditionnelles d'avant le XVIIIe siècle	environ 36-42	environ 35-41	environ 230-250
ANGLETERRE			
1781-1790	37,7	28,6	152[d]
1801-1810	37,5	23,9	–
1821-1830	36,6	22,6	–
1841-1850	32,6	22,4	154
1871-1880	35,4	21,4	155
1911-1913	24,1	13,9	111
EUROPE OCCIDENTALE[c]			
1841-1850	29,6	23,3	190[e]
1871-1880	31,6	22,8	190
1911-1913	24,7	15,8	133
1949-1951	17,9	11,9	44
1969-1971	15,6	11,9	19
1979-1981	12,6	11,0	11
1989-1991	12,5	10,3	7
1995	11,4	10,3	5

a Par mille habitants.
b Par mille naissances vivantes.
c Définie ici comme comprenant les pays suivants: Allemagne (République fédérale d'Allemagne à partir de 1949-1951), Belgique, Danemark, France, Norvège, Pays-Bas, Royaume-Uni (Grande-Bretagne avant 1949-1951), Suède et Suisse; moyennes pondérées.
d Donnée approximative.
e Chiffre plus approximatif.

Sources: D'après Mitchell, B.R. et Deane, P. (1962); partie rétrospective internationale de l'*Annuaire statistique de la France*, diverses livraisons; Mitchell, B.R. (1992); Nations Unies, *Population and Vital Statistics Report*, diverses livraisons; et Nations Unies, *Bulletin mensuel de statistique*, diverses livraisons.

l'Espagne (pour la Russie il s'agit d'environ 25 à 26 pour 1 000). La cause essentielle de cet écart relativement faible est que certains aspects de la médecine se sont diffusés plus rapidement et plus complètement que le processus du développement économique. Donc des pays encore peu touchés par le développement économique, mais qui, en revanche, appliquaient un ensemble de pratiques et de techniques médicales concourant à réduire la mortalité, et notamment la mortalité infantile. Il s'agissait surtout de la vaccination contre la variole (sur laquelle nous reviendrons) et aussi de certaines règles d'hygiène.

Ce qui n'implique pas du tout que les différences internationales, ni même les différences régionales et surtout les différences sociales aient disparu. C'est ainsi, par exemple, que si le taux de mortalité (ajusté pour l'âge) aux États-Unis est, pour 1911-1913, de 15,0 pour 1 000 pour l'ensemble de la population, il est de 14,6 pour la population blanche et de 23,2 pour la population noire. Mais même ce dernier taux est la résultante des progrès de la médecine et de l'éducation. Bref, une évolution voisine de celle que nous retrouverons pour le Tiers-Monde[1]. Par contre, comme nous le verrons plus loin avec davantage de détails[2], ce qui a pratiquement disparu à la veille de la Première Guerre mondiale, c'est la forte surmortalité urbaine. Surmortalité qui touchait bébés, enfants et adultes, hommes et femmes, riches et pauvres.

Ci-dessus, nous notions que les progrès médi-

1. Voir chapitre XXXII (tome III).
2. *Infra*, p. 206 *sqq*.

caux avaient surtout permis une réduction de la mortalité infantile ; cela est non seulement valable pour les pays touchés précocement par le développement économique, mais aussi pour l'ensemble des futurs pays développés. Un des premiers et plus importants progrès en la matière a été la vaccination contre la variole qui a permis de réduire, puis de supprimer totalement, le lourd tribut que les enfants payaient à cette terrible maladie, dont les épidémies touchaient périodiquement la population. Bien que des formes d'inoculation, utilisées en Occident dès les premières décennies du xviiiᵉ siècle et connues depuis des siècles en Orient, aient permis de réduire l'incidence de ce fléau, c'est la vaccination, mise au point en 1796-1798 par le Britannique Edward Jenner, qui a joué un rôle fondamental. D'ailleurs, l'histoire des vaccinations commence par celle contre la variole, vaccination qui fut introduite très rapidement dans d'autres pays. Elle fut d'ailleurs rendue très rapidement obligatoire dans beaucoup de pays européens : Bavière, 1807 (autres États allemands, 1818) ; Danemark, 1810 ; Suède, 1814 ; Prusse, 1835 ; Royaume-Uni, 1853 ; Roumanie, 1874 ; etc. Dans les pays où cette vaccination n'était pas obligatoire au xixᵉ siècle (notamment la France, la Belgique, l'Italie, etc.), l'État a fait pression et a facilité cette vaccination.

Si le procédé de vaccination a commencé par celle de la variole, elle est aussi restée une technique utilisée uniquement pour cette maladie pendant fort longtemps. L'*Encyclopaedia Britannica*, encore dans sa 11ᵉ édition de 1910, ne définit-elle pas le terme vaccination par « a method of protective inoculation against smallpox » (une méthode d'inoculation protectrice contre la variole). Si l'on exclut la vaccination des animaux contre la rage (Louis Pasteur, 1885), la deuxième maladie humaine contre laquelle un vaccin fut mis au point est la typhoïde (en 1897); puis vinrent les vaccins contre le tétanos et la diphtérie juste avant la Première Guerre mondiale; etc. Mais relevons que, contrairement à la variole qui est une maladie d'origine virale, les autres infections sont d'origine microbienne. Il faudra attendre la fin des années 1930 pour qu'un vaccin efficace contre une autre maladie d'origine virale (la fièvre jaune) fasse son apparition, vaccin suivi en 1945 par un vaccin contre la grippe, et plus important, en 1954, par celui contre la poliomyélite.

Enfin, la variole est une des maladies que l'Organisation Mondiale de la Santé a réussi à éradiquer complètement. Alors qu'en 1967 cette maladie avait encore causé 2 millions de morts, depuis 1977 pratiquement aucun cas n'a été rapporté. En revanche, en ce qui concerne la fièvre jaune, il y a eu récemment une recrudescence de cette maladie, avec 4 700 morts entre 1986 et 1990, la pratique de la vaccination ayant été largement abandonnée. C'est d'ailleurs ce qui s'est également produit dans certains pays développés pour la variole au cours de la seconde moitié du XIXe siècle, sans parler des épidémies durant ou suivant la Première Guerre mondiale. Relevons des épidémies de variole survenues aux États-Unis aussi tard qu'en 1901 et 1903. Mais revenons au XIXe siècle et à l'évolution de la mortalité infantile.

LA MORTALITÉ INFANTILE : UNE PREMIÈRE VICTOIRE
SUR L'HÉCATOMBE DE BÉBÉS

En Europe occidentale, dans le cadre des sociétés traditionnelles, la mortalité infantile était probablement en moyenne de l'ordre de 230-260 pour 1 000, avec d'importantes variations dans le temps et l'espace. Après la généralisation de la vaccination contre la variole, disons vers 1830, ce taux s'est probablement situé vers 150 à 170 pour 1 000. Par la suite, les progrès furent assez modérés jusqu'aux années 1880, puis s'accélérèrent quelque peu pour atteindre 140 pour 1 000 en 1913. Certes, avec un tel taux (qui implique qu'un bébé sur 7 mourait avant d'atteindre son premier anniversaire), on est encore dans une situation dramatique (aujourd'hui un bébé sur 150). À cela s'ajoute encore le lourd tribut que payaient à la mort les enfants en bas âge (après un an) ; bien que dans ce domaine les progrès aient été plus marqués que pour la mortalité infantile. À la fin du XVIIIe siècle, en moyenne un enfant sur 10 à 13 mourait entre 1 et 5 ans ; vers 1913, il ne s'agissait plus (ou plutôt, car ceci demeure dramatique, il s'agissait encore) de 1 sur 50 à 70 (actuellement, dans les pays développés occidentaux, il s'agit de 1 sur plus de 2 000). Mais si, vers 1913, le tribut que payaient à la mort les bébés et les enfants en bas âge restait encore très élevé, cela impliquait néanmoins de profondes conséquences et sur l'augmentation de l'espérance de vie et sur les possibilités de modification du comportement de la population eu égard à la natalité.

La baisse de la mortalité infantile est très largement à l'origine de l'augmentation très importante de l'espérance de vie qui a caractérisé le XIXe siècle. Augmentation qui concerne davantage l'espérance de vie à la naissance qu'à l'âge adulte. On peut estimer qu'en moyenne l'espérance de vie à la naissance des habitants des pays d'Europe occidentale a progressé de 12 à 15 ans entre 1820 et 1913, passant pour les hommes de 36 à 39 ans à 50-52 ans. Par contre, l'espérance de vie à 20 ans n'a progressé que de 6 à 7 ans, passant de 35-38 ans à 43-45 ans. Si l'espérance de vie a augmenté dans tous les pays développés, cette augmentation n'a pas été uniforme, et les niveaux de départ étaient très différents. De ce fait, à la veille de la Première Guerre mondiale, on constate des écarts assez importants. Reprenons l'exemple de l'espérance de vie des hommes à 20 ans. Celle-ci était de l'ordre de 47 ans dans des pays tels que la Nouvelle-Zélande, le Danemark, la Suède et les Pays-Bas ; mais seulement de l'ordre de 41 ans en France, en Autriche, et même inférieure à 39 ans dans des pays tels que l'Espagne, la Grèce ou la Russie.

Contrairement à la situation actuelle, à la veille de la Première Guerre mondiale, l'écart entre l'espérance de vie des hommes et celle des femmes était assez restreint. Si l'on prend à nouveau la situation à 20 ans, l'espérance de vie des femmes ne dépassait que de deux à deux ans et demi, celle des hommes. Vers 1990, cet écart était de l'ordre de 6 à 7 ans. Mais aujourd'hui, comme à la fin du XIXe siècle, dans ce domaine il y a également des différences internationales sensibles. Vers 1913, par exemple, l'écart était de l'ordre de près de 6 ans en Finlande, mais inférieur à une demi-année aux Pays-Bas. Toutefois, pour la plupart des pays développés, on était proche de la moyenne de deux ans. Actuellement, si l'on prend les trois pays d'Europe occidentale les plus importants, ceci va de 5,4 ans pour le Royaume-Uni à 7,8 pour la France, en passant par 6,3 pour l'Allemagne. Nous aurons l'occasion d'y revenir dans le chapitre XXVIII (tome III), dans lequel nous verrons que la tendance en ce domaine a commencé à s'inverser en raison du fait que notamment la proportion des femmes qui fument s'est accrue, alors que c'est l'inverse pour les hommes.

En sus des différences par pays et par sexe, il faut souligner les différences par classe sociale et occupation, différences qui sont une constante de l'histoire, subsistant aujourd'hui encore et qui constituent un aspect des déboires des sociétés avancées. Une des premières études scientifiques en la matière a concerné les villes danoises pour la période 1865-1874. En ajustant les données afin de tenir compte des différences de structure par âge, il apparaît que la mortalité était pratiquement deux fois plus forte pour les hommes âgés de plus de 20 ans dans les classes défavorisées (ouvriers, domestiques, etc.) que dans les classes « supérieures » (capitalistes, grossistes, officiers, hauts-gradés, etc.).

La natalité : le bouleversement
des années 1870-1890

Passons à présent à la natalité. Comme on peut le voir dans le tableau XI.1, celle-ci reste relativement stable jusqu'aux années 1870-1890, période où se produit, pour la plupart des pays développés, un bouleversement capital. En simplifiant les choses, on peut dire que, pour la première fois dans l'histoire de l'humanité, on assiste à une baisse de cette ampleur de la natalité, baisse consécutive à la généralisation de pratiques de contraception à de très vastes couches de la population. Une grande partie du chemin vers la généralisation de la contraception, qui a abouti à la pilule dans la seconde moitié du XXe siècle, s'est faite grâce à la pratique du « coït interrompu ». En l'espace de trois décennies et demie, entre 1871-1880 et 1911-1913, on est passé en Europe occidentale d'un taux brut de natalité de 32 pour 1000 à 25 pour 1 000. Réduction d'autant plus significative que, durant la même période, la proportion de femmes en âge de procréer a quelque peu progressé dans la plupart des pays. Donc une baisse de la fécondité encore plus marquée que celle de la natalité. Cependant, encore une fois, des différences internationales subsistent. Ainsi, si dans un premier temps on se limite à l'Europe occidentale, on a le cas de la France où le taux de natalité était de 19 pour 1 000, et celui de l'Allemagne où il était de 28 pour 1 000. Mais comme nous l'avons déjà signalé, le cas de la France est très spécifique, ce pays ayant amorcé cette baisse de la fécondité

dès les premières décennies du XIXe siècle. Les
raisons n'en sont pas encore fermement établies ; parmi celles-ci figure la Révolution. Hors
d'Europe occidentale, on trouve encore (pour
1911-1913) des taux de natalité relativement élevés, par exemple, de 42 pour 1 000 en Roumanie,
et de 46 pour 1 000 en Russie.

La prise de conscience du recul de la mortalité
infantile a été un élément-clé dans ce changement
de comportement. D'ailleurs, pas seulement de la
mortalité infantile proprement dite (c'est-à-dire
celle d'enfants de moins d'un an), mais aussi de
celle des enfants de 1 à 5 ans qui, elle aussi, a
sensiblement reculé. Mais, comme toujours, les
modifications du comportement n'ont pas touché
uniformément toutes les classes sociales. En règle
générale, les citadins ont modifié plus précocement leur attitude envers la fécondité que les
campagnards, et les classes «supérieures» plus
rapidement que les classes «inférieures».

Avec cette baisse de la fécondité, nous sommes
en présence de l'une des deux composantes
essentielles de ce qu'il est convenu d'appeler la
«transition démographique», à savoir le passage
d'un système démographique d'ancien régime à
un système démographique actuel. Donc le passage d'une situation caractérisée par des taux de
mortalité et de natalité élevés à des taux de mortalité et de natalité très faibles. Dans cette «transition démographique» européenne, la mortalité
commence à baisser dès la fin du XVIIIe siècle ;
mais il faut attendre un siècle environ, attendre
les années 1870-1880, pour que la natalité suive
la même tendance. Dans cette chronologie de la
transition démographique du monde occidental,

on constate quelques cas de typologies différentes : des transitions plus ou moins rapides, et
aussi des dates non uniformes, notamment en
France, et aussi, mais d'une façon moins marquante, en Irlande, où la natalité commence à
décroître dès la fin du XVIIIe siècle. Les causes
d'une telle précocité, quelle que soit la méthode
employée pour y parvenir (notamment contraception ou élévation de l'âge au mariage), ne font
toujours pas l'unanimité des chercheurs.

LA PLACE CROISSANTE DES PAYS DÉVELOPPÉS
DANS LA POPULATION MONDIALE

Malgré la baisse de la natalité, l'écart entre
mortalité et natalité subsiste durant tout le
XIXe siècle ; ce qui signifie que la population des
pays développés continue à progresser à un
rythme rapide. Rapide bien sûr dans le contexte
de l'époque. La population de l'ensemble des
futurs pays développés (sans le Japon) passe d'environ 210 millions en 1800 à 300 millions en 1850
et atteint les 600 millions en 1913. Comme dans le
reste du monde, à savoir le futur Tiers-Monde, on
est presque partout encore dans un régime démographique ancien, c'est-à-dire à très faible croissance à long terme, les pays développés prennent
durant le XIXe siècle une place croissante dans le
total mondial. Cette part (Japon exclu) dans la
population mondiale passe de 22 pour 100 en
1800 à 33 pour 100 en 1913. Le sommet sera
atteint vers 1930 avec 36 pour 100. Puis comme
l'inflation démographique commence à affecter le
Tiers-Monde, et comme on constate aussi un certain ralentissement dans le monde développé, ce

dernier commence à occuper une place plus restreinte dans le monde. En 1950, il s'agit de 30 pour 100 ; et en 1995 de 22 pour 100, soit à peu près la même proportion que vers 1750, c'est-à-dire avant le démarrage économique de l'Occident. Toutefois, vers 1500, c'est-à-dire avant l'effondrement de la population américaine, il ne s'agissait probablement que de 16 à 20 pour 100 ; l'imprécision de cette fourchette provient surtout de l'incertitude du niveau de la population américaine et africaine de l'époque, dont les estimations vont de 40 à 80 millions pour l'Amérique et de 35 à 80 millions pour l'Afrique. Nous aurons l'occasion de revenir sur la dramatique histoire de la population américaine durant le XVIe siècle, et sur l'incertitude du niveau de la population africaine, pour laquelle il a même été avancé des chiffres de plusieurs centaines de millions, ce qui est manifestement exagéré.

LES MIGRATIONS :
UN XIXe SIÈCLE EXCEPTIONNEL

Traditionnellement, on distingue deux types de migrations : les migrations internes et les migrations internationales. Nous suivons cette distinction, car, durant le XIXe siècle, ces deux types de migrations ont revêtu des caractéristiques très spécifiques. Toutefois, relevons la part d'arbitraire qu'il peut y avoir dans une telle distinction où une frontière politique est le critère de partage. Émigrer d'un village (ou d'une ville) à un

autre distant de quelques kilomètres, mais que
sépare une frontière, est une migration internationale ; émigrer à 800-900 km à l'intérieur de la
France ou de 4 000-5 000 km à l'intérieur des
États-Unis sont des migrations internes ! Néanmoins, une frontière politique est très souvent
aussi une frontière linguistique, économique, et
sociale, même si, au XIXᵉ siècle, la liberté de mouvement était beaucoup plus grande qu'après la
Première Guerre mondiale.

Les migrations internes

Dans le cadre des sociétés traditionnelles,
étant donné que l'importance relative de la population rurale évoluait très peu, une plus grande
partie des migrations internes était le fait de
mouvements entre villes, et davantage des petites
vers les grandes villes. Ce qui ne veut pas dire
que les migrations des campagnes vers les villes
étaient inexistantes ; bien au contraire, car en
règle générale, en raison de la forte mortalité
urbaine, les villes avaient un déficit de population[1]. D'autre part, de tout temps, une partie de
la population effectuait au cours de la vie plusieurs migrations, de sorte que les mouvements
migratoires des villes comportent un nombre
presque aussi grand d'émigrants que d'immigrants. En revanche, au XIXᵉ siècle, comme d'ailleurs au XXᵉ siècle, les migrations internes sont
très largement des migrations des régions rurales
vers les villes : c'est ce que, à la fin du XIXᵉ siècle,

1. *Infra*, p. 206 *sqq*.

on a qualifié d'exode rural. C'est en quelque sorte la traduction spatiale des glissements de la structure de la population active que nous décrirons dans la prochaine section ; car passer de l'agriculture aux industries ou aux services veut dire, presque toujours, passer de la campagne à la ville.

Les migrations internationales du XIXe siècle : un phénomène d'une ampleur sans précédent

Les migrations internationales ne sont certainement pas un phénomène nouveau. Depuis l'aube de l'histoire de l'humanité, des groupes de population ou des individus ont migré à longue distance. Les mondes traditionnels n'ont pas été des mondes immobiles en ce qui concerne aussi bien les marchandises que les hommes.

VOYAGEURS ET MIGRANTS
DES SOCIÉTÉS TRADITIONNELLES

Dans l'Europe du Moyen Âge, et davantage encore dans celle des XVIe, XVIIe et XVIIIe siècles, on constate des mouvements migratoires qui sont le fait tant des artisans que des commerçants, des financiers ou des intellectuels. D'ailleurs, le lecteur des biographies de ces intellectuels ne peut être que frappé de leur extrême mobilité géographique.

Voyons, par exemple (exemple plutôt extrême, mais pas unique), les itinéraires de Desiderius Érasme. Desiderius (le Désiré, l'Aimé) est le prénom qu'il se donna après la mort de ses parents en 1484 lors d'une épidémie de peste. Il était le fils d'un curé et naquit probablement en 1469 à Rotterdam. Il fit des études entre 1475 et 1485 à Deventer, cette petite ville du nord des Pays-Bas qui fut l'une des premières à être touchée par l'influence de la Réforme. Après avoir passé des années dans un monastère près de Gouda (où il fut ordonné prêtre en 1492), il le quitta pour devenir, en 1494, le secrétaire de l'important évêque de Cambrai (Belgique), qu'il quitta en 1495 afin de poursuivre des études à Paris, études rendues possibles grâce à une petite pension que lui versait cet évêque. Après plusieurs aller et retour entre la France et les Pays-Bas, il visita, pour la première fois, l'Angleterre en 1499 où un de ses compagnons d'études, le prince Henry, l'invita en lui faisant miroiter ce pays « où coulent le lait et le miel et gouverné par un monarque divin ». Par la suite, il fit de nombreux séjours dans ce pays. En 1506, il partit pour l'Italie où il poursuivit des études et y vécut jusqu'à 1509. Après de nombreux déplacements et séjours, et notamment à Bruxelles où il séjourna en 1521 et où sa maison est devenue un charmant petit musée, il s'établit définitivement en 1521 à Bâle, où il devint l'éditeur général et le conseiller littéraire de la fameuse maison d'édition Froben. Cette maison d'édition joua un rôle considérable dans l'édition des livres en langue allemande, faisant de Bâle le centre par excellence du commerce de livres de cette langue.

Une autre forme de mouvements de personnes et d'une grande ampleur a été les nombreux pèlerinages sur de longues distances. Qu'il s'agisse de Saint-Jacques de Compostelle, de Rome, de

Lorette, tous ces pèlerinage drainent des milliers
de personnes, entraînant de ce fait des échanges
culturels et économiques, mais aussi des maladies. Dans le monde chrétien, la première référence dont on dispose remonte à l'an 217 et
concerne un pèlerinage à destination de Jérusalem. Depuis quelques années, les historiens étu-
dient les pèlerinages sous l'angle quantitatif.
Les pèlerinages européens dépassent le cadre du
continent, puisque Jérusalem a été l'un des lieux
privilégiés de destination. D'ailleurs, dans les
autres civilisations, les pèlerinages ont aussi existé,
mais l'on ne dispose apparemment pas d'estimations quantitatives pour les siècles antérieurs.

Une forme importante de migration des sociétés traditionnelles dont on retrouve d'ailleurs des
séquelles même aux XIXᵉ et XXᵉ siècles : celles
consécutives aux guerres. Il s'agit d'une double
composante. D'une part des populations fuient les
conflits, les envahisseurs ou les persécutions religieuses, bref, ce que l'on qualifie de réfugiés.
L'autre composante est celle du peuplement agricole ou urbain des régions soumises à une
nouvelle autorité par des populations d'origine de
cette autorité. De même, depuis l'Antiquité, on a
procédé à des transferts assez massifs d'esclaves,
dont les deux principaux ont eu l'Afrique
Noire comme région d'« émigration ». Ce sont des
« transferts », organisés par le monde musulman,
de l'Afrique Noire vers l'Afrique du Nord et le
Moyen-Orient ; ces « transferts » ont duré du VIIᵉ
au XIXᵉ siècle ; et des « transferts », organisés par le
monde chrétien, de cette même Afrique vers le
Nouveau Continent entre le XVIᵉ et le XIXᵉ siècle.
Ces transferts, organisés tant par le monde chré-

tien que par le monde musulman, sont largement liés au phénomène de la colonisation, et aussi tragiques l'un que l'autre, ce qui peut surprendre car on a tendance à oublier parce que plus lointain de nous dans l'espace le flux organisé par le monde musulman d'une ampleur voisine. Environ 14 à 15 millions d'hommes arrachés à leurs foyers dans le cas «musulman», et 11 à 12 millions dans le cas «chrétien»[1].

Enfin, avant de revenir plus longuement au XIXe siècle, il faut signaler l'autre versant des migrations dues aux aventures coloniales : à savoir le départ des Européens pour les colonies. À l'exception notable de la France — où moins d'une trentaine de milliers de personnes se sont installées dans son Empire — toutes les autres métropoles coloniales ont été le théâtre d'un flux assez important. Certes, on est loin, comme nous le verrons, des masses de la seconde moitié du XIXe siècle, mais on peut estimer que, entre 1500 et 1800, un peu moins d'un million d'Européens sont partis outremer, essentiellement vers les colonies d'alors.

LE XIXe SIÈCLE :
SIÈCLE DES MIGRATIONS INTERNATIONALES

Le XIXe siècle, et surtout la seconde moitié de celui-ci, est la période par excellence des migrations internationales. Et ces migrations se distinguent de celles des siècles antérieurs par la conjonction de trois caractéristiques : 1) la forte ampleur du phénomène ; 2) la destination de ces

1. Nous reviendrons sur cette tragique histoire dans le chapitre **XXI**.

migrants. Non seulement ce sont des migrations
entre pays européens, mais surtout à destination
des pays d'outre-mer dont certains étaient même
situés aux antipodes ; 3) le caractère volontaire de
ces migrations. Notons d'emblée que le terme de
volontaire doit être quelque peu nuancé, car des
contraintes économiques et parfois religieuses ont
joué un rôle non négligeable. Une autre différence
par rapport aux siècles antérieurs, mais différence
plus marginale, est liée au fait que les Européens
qui émigrent outre-mer avant le XIXᵉ siècle (et, en
fait, avant la seconde moitié du XIXᵉ siècle) se dirigent davantage vers les régions à climat tropical
ou semi-tropical que vers les régions tempérées,
alors qu'il s'agit de l'inverse par la suite : les Européens se dirigeant vers les régions tempérées.

LES MIGRATIONS INTRA-EUROPÉENNES

La grande période des migrations intra-européennes n'a pas été le XIXᵉ siècle, mais la seconde
moitié du XXᵉ siècle, nous y reviendrons. Toutefois, dans la seconde moitié du XIXᵉ siècle, et plus
particulièrement après 1860, on assiste à une évolution qui préfigure celle de la seconde moitié du
XXᵉ siècle, à savoir un flux migratoire de la main-
d'œuvre (et des familles) quittant les pays moins
développés pour s'installer dans ceux qui l'étaient
davantage. Donc, en termes pratiques, de l'Europe de l'Est et du Sud vers l'Europe occidentale.
Ce qui n'exclut pas du tout des migrations à l'intérieur de ces régions ; par exemple, un flux d'émigration de la Belgique vers la France et les
Pays-Bas, avant que ce pays ne devienne lui aussi
un pays d'immigration.

TABLEAU XI.2

PROPORTION DE POPULATION

RÉSIDENTE DE NATIONALITÉ ÉTRANGÈRE

(en pourcentage de la population totale)

	1860	1880	1910	1920	1930
PETITS PAYS					
Belgique	2,2	2,6	3,4	2,0	3,8
Danemark[a, b]	-	2,1	2,9	3,0	2,6
Finlande	-	0,5	0,4	1,3	0,8
Norvège	1,4	1,4	1,1	2,4	1,9
Pays-Bas[c]	-	1,8	1,0	1,6	2,2
Portugal	-	0,8[e]	0,7	0,5	0,1
Suède	-	0,1	0,4	0,9	0,3
Suisse	4,6	7,4	14,7	10,7	8,7
GRANDS PAYS					
Allemagne[d]	-	0,6	1,9	2,5	1,2
Espagne	-	0,2[e]	0,3	0,8	0,4
France	1,4	2,7	2,9	3,9	6,9
Italie	-	0,2	0,2	0,3	0,3
Royaume-Uni[a]	-	0,8	2,1	1,8	1,6
EUROPE (sans la Russie)	0,8[f]	1,1	1,8	2,1	2,0
États-Unis[a]	20,0	18,9	21,7	18,4	15,5

a Proportion de personnes nées à l'étranger.
b Nous avons rectifié les données (pour la période 1880-1930) en considérant que les personnes nées dans la province de Slesvig (rattachée à l'Allemagne en 1864) étaient danoises.
c En 1880 nées à l'étranger.
d Le chiffre de 1920 a été interpolé à partir des données de 1910 et 1925 en postulant de plus faibles changements durant la guerre.
e Données proches de 1890.
f Donnée approximative.

Note : Dans certains cas il s'agit de données se rapportant à une ou deux années avant ou après la date citée.

Sources : Chiffes par pays d'après :
1860 : sources nationales (annuaires statistiques).
1880-1930 : *Annuaire statistique de la France,* diverses livraisons ; Bertillon, J. (1899) ; et Office permanent de l'Institut international de la statistique (1916).
Europe : calculs de l'auteur (les totaux incluent les quelques pays non repris dans le tableau).

Bien que les statistiques ne soient pas complètes, ni homogènes, le flux d'émigration le plus massif fut celui de l'Italie, dont environ 1,2 million de personnes ont émigré vers d'autres pays européens entre 1870 et 1913 (dont près d'un million entre 1891 et 1913); ceux-ci se sont dirigés essentiellement vers la France et la Suisse. C'est d'ailleurs ce petit pays qui, en termes relatifs, a accueilli le plus (et de loin) d'immigrants, comme on peut le voir dans le tableau XI.2. En 1910, la Suisse comptait 14,7 pour 100 de population étrangère, alors que la moyenne pour l'Europe était de 1,8 pour 100; et de 3,4 pour 100 pour le pays où cette proportion était la plus élevée après la Suisse, à savoir la Belgique. Parmi les grands pays dont, en règle générale, la proportion d'étrangers est plus faible que dans les petits pays, la France figure en tête avec 2,9 pour 100. Au niveau de l'ensemble de l'Europe sans la Russie, on peut estimer que, vers 1860, la proportion d'étrangers n'était que de l'ordre de 0,7 pour 100; ce qui représentait quelque 1,5 million, alors que, vers 1910, il s'agissait de 5,6 millions.

LE FLUX MIGRATOIRE DE L'EUROPE VERS L'OUTRE-MER

Comme pour les migrations intra-européennes, c'est la seconde moitié du XIXe siècle qui est la période par excellence de l'émigration européenne. Dans le tableau XI.3, nous parlons d'émigration brute, terme par lequel on entend le nombre de personnes quittant un territoire sans tenir compte du mouvement en sens inverse. Cette deuxième composante des mouvements migratoires européens sera évoquée plus loin. En six décennies et demie, entre 1851 et 1915, environ 41 millions d'Européens ont quitté les rivages (les «anciens parapets» pour citer Arthur Rimbaud) de la vieille Europe pour aller s'installer surtout dans le Nouveau Monde. Sur ces 41 millions, les huit dixièmes, soit quelque 32 à 33 millions, l'ont fait dans les trois décennies et demie précédant 1915. Chiffre à comparer à moins du million pour le total durant les trois siècles précédants le XIXe siècle, et aux quelque 12 à 13 millions durant les trois décennies et demie suivantes (entre 1915 et 1950). Ce recul après 1915 n'est pas dû à une diminution des candidats à l'émigration, mais essentiellement à une série de mesures limitant, de façon plus ou moins draconienne, l'entrée des migrants dans les pays d'accueil. Comme nous l'avons vu dans le chapitre VI, certains pays, et notamment l'Australie, ont freiné l'immigration dès les premières années du XXe siècle, et, comme nous le verrons au chapitre XXIV (tome III), cette tendance se généralise et se renforce dans les années 1920 et 1930. Dans les quatre décennies qui ont suivi la Seconde Guerre mondiale, on note une certaine reprise, mais le mouvement (surtout en termes relatifs) n'a pas l'ampleur de celui de la seconde moitié du XIXe siècle.

À présent, il convient de répondre à cinq questions se rapportant à ce flux massif: Quand plus précisément a-t-il commencé? D'où sont venus ces migrants? Où sont-ils allés? Pourquoi sont-ils partis? Combien sont revenus?

TABLEAU XI.3

ÉMIGRATION BRUTE TOTALE DE L'EUROPE
(RUSSIE COMPRISE) (en millions de personnes
pour les périodes considérées)

Périodes	Émigrants (millions)	Périodes	Émigrants (millions)
Avant 1850 (total)	environ 1,0	1911 à 1915	6,7
1851 à 1860	2,2	1916 à 1920	2,1
1861 à 1870	2,8	1921 à 1930	6,9
1871 à 1880	3,2	1931 à 1940	1,2
1881 à 1890	7,8	1941 à 1950	2,3
1891 à 1900	6,8	1951 à 1960	5,3
1901 à 1910	11,3	1961 à 1970	4,2

Note : On ne dispose pas de données pour les décennies suivantes. D'après des données communiquées par la Division de la Population des Nations Unies, le nombre d'Européens arrivés dans les trois principaux pays (Australie, Canada, États-Unis) de destination des migrants européens a été de 1,8 million de 1971 à 1980 et de 1,4 million de 1981 à 1990.

Sources : D'après Ferencz, I., vol. I (1929) ; Woodruff, W. (1966) ; et Nations Unies (1975).

LA CHRONOLOGIE DE L'ÉMIGRATION EUROPÉENNE

Quand plus précisément a commencé ce flux massif ? Nous avons déjà décrit, dans le chapitre VII, le drame irlandais. Cette famine qui a touché ce pays dans les années 1845-1849 et qui, non seulement a fait plus d'un million de morts, mais a poussé à l'émigration une masse d'Irlandais (environ 5 millions) qui forment aujourd'hui un segment important de la vie des États-Unis. Et, même vu du côté du pays d'accueil, le brusque afflux est très visible. Déjà, entre 1841 et 1845, en moyenne 37 000 immigrants irlandais débarquent chaque année aux États-Unis, et ils représentent déjà 45 pour 100 de l'ensemble des émigrés d'Europe (la population de l'Irlande représente alors 3 pour 100 de celle de l'Europe). Mais, entre 1847 (date du début de la famine) et 1853, ce sont 155 000 Irlandais qui immigrèrent annuellement aux États-Unis, avec un sommet en 1851 de 221 000 (soit 60 pour 100 des Européens et 58 pour 100 du total des immigrants). C'est donc là le véritable début de l'émigration de masse d'Européens qui, au XIXᵉ siècle, ont constitué l'écrasante majorité des immigrants débarquant aux États-Unis.

L'ORIGINE GÉOGRAPHIQUE DES ÉMIGRANTS

D'où sont-ils venus ? Si l'on prend l'ensemble de la période 1845-1915, le Royaume-Uni (et, à l'intérieur de celui-ci, l'Irlande) occupe la première place, avec près de 40 pour 100 du total des émigrants européens. Le deuxième pays en importance est l'Italie, avec 16 pour 100, et le troisième l'Allemagne, avec 13 pour 100. Viennent ensuite, avec 4 à 7 pour 100, l'Autriche-Hongrie, l'Espagne, la Russie et les pays scandinaves. Cependant, ces proportions sont très différentes selon les périodes : de 1846 à 1865, le Royaume-Uni fournit près de 70 pour 100 des émigrants et l'Allemagne environ 20 pour 100. En revanche, de 1891 à 1915, ce sont les Italiens qui prédominent (26 pour 100) ; alors que les Britanniques ne représentent plus que le quart des émigrants et l'Allemagne 4 pour 100. Les autres pays fournissant beaucoup d'émigrants dans cette période (1891 à 1915) sont l'Autriche-Hongrie (12 pour 100), l'Espagne (11 pour 100) et la Russie [y compris la Pologne] (8 pour 100).

On aura remarqué l'absence dans cette énumération d'un seul grand pays : la France. En effet, ce pays, dont la population croît très lentement au XIXe siècle, se caractérise par une émigration très faible, plus que compensée par une immigration en provenance de l'Europe du Sud et de l'Est. Entre 1870 et 1910, la France gagne en moyenne, en raison des migrations, 5 pour 1 000 habitants par décennie. À l'autre extrémité, ce sont les pays scandinaves qui perdent le plus d'habitants, en raison de migrations. Par exemple, pour la même période, il s'agit d'une perte de 60 habitants pour 1 000 pour la Norvège, et de 45 pour la Suède. Parmi les grands pays, ce sont le Royaume-Uni et l'Allemagne qui se caractérisent par une perte relative importante : 31 pour le Royaume-Uni, et 16 pour l'Allemagne (mais, dans ce dernier pays, la période 1890-1910 est caractérisée par un quasi-équilibre entre émigrations et immigrations).

LA DESTINATION DES ÉMIGRANTS

Où sont allés ces émigrants européens ? Là, l'image d'Épinal est valable. Les États-Unis sont (et de loin) la principale destination. Aller en Amérique (sous-entendu États-Unis) était presque synonyme d'émigrer. Environ 70 pour 100 des Européens qui émigrent (entre le milieu des années 1840 et 1914) se dirigent vers ce pays. Le deuxième pays est l'Argentine, avec 10 pour 100, suivie par l'Australie, le Canada et le Brésil, avec environ 6 pour 100 chacun. On le remarquera : peu d'Européens ont émigré vers l'Afrique et l'Asie. Si l'on excepte les pays tempérés d'Amérique latine de forte immigration (Argentine, Brésil, Chili et Uruguay), le flux d'Européens vers le futur Tiers-Monde a été très restreint. Durant l'ensemble de la période 1800-1914, si l'on exclut le Brésil, ce sont moins de 2 millions d'Européens qui sont partis vers ce futur Tiers-Monde.

Dernier mouvement migratoire non marginal — qui, théoriquement, entre sous la classification de migration interne mais qui constitue pratiquement une migration internationale — celui des Russes, ou, plutôt, des habitants de l'Empire russe d'Europe vers la partie asiatique de cet empire. Près de 5 millions de personnes ont emprunté ce long chemin entre 1850 et 1915. Mais, dans ce cas, le mouvement est plus important au XXe siècle, et notamment entre 1939 et 1954 où 9,2 millions de citoyens de l'Union soviétique sont venus s'installer dans la partie asiatique de cet Empire. Dans cette double phase de migration, la composante « forcée » ne doit pas être oubliée. Dans l'ensemble, cette migration russe vers l'Asie a été un des plus importants flux métropole-colonies. D'ailleurs, la composante « forcée » a également existé dans d'autres flux vers les colonies.

POURQUOI SONT-ILS PARTIS ?

La quatrième question à propos de ce flux migratoire sans précédent historique se rapporte aux causes de celui-ci. Là, on retrouve le cas classique de la théorie du *push and pull factors* ; ou, si l'on préfère la traduction, de facteurs de répulsion et d'attraction. Le principal facteur de répulsion est essentiellement la résultante de déséquilibres régionaux dans le processus de développement économique de l'Europe. Comme nous l'avons signalé au début de ce chapitre, la diffusion des progrès médicaux et d'autres éléments, ayant favorisé la croissance rapide de la population, a été plus rapide que la diffusion du progrès économique proprement dit. D'où des déséquilibres poussant surtout de jeunes ruraux à l'émigration. Le second facteur de répulsion important, mais qui n'est pas spécifique au XIXᵉ siècle, ce sont les problèmes d'intolérance religieuse. Les facteurs religieux jouaient également un rôle non négligeable avant le XIXᵉ siècle, notamment dans le cas des « sectes » protestantes. Durant le XIXᵉ siècle, ce facteur ne joua que très peu pour les religions chrétiennes, mais davantage pour les juifs. Enfin, et sans pour cela être exhaustif, parmi les facteurs d'émigration il faut inclure la détérioration des conditions sociales de la première phase de la révolution industrielle. En effet, comme nous l'avons vu, on a assisté à l'augmentation de la pauvreté et à l'aggravation de l'inégalité de la distribution des revenus dans nombre de pays d'Europe et ce jusqu'à tard dans le XIXᵉ siècle.

Les *pull factors* (facteurs d'attraction) sont essentiellement constitués par les conditions supérieures de vie économique et aussi religieuse et politique qui règnent dans la plupart des pays de destination, et notamment aux États-Unis. Dès 1840-1850, le niveau de vie aux États-Unis dépasse celui de tous les pays européens, Royaume-Uni excepté. Dès 1870-1880, le Royaume-Uni est dépassé, et l'écart par rapport aux pays pauvres d'Europe (Russie, Europe méditerranéenne) est de l'ordre de 2 à 1, voire de 3 à 1. La situation est

un peu moins favorable au Canada, et sensiblement moins positive dans les pays de peuplement
européen d'Amérique latine. Cependant, même
pour ces derniers pays, et notamment en Argentine, le niveau de vie dépassait nettement celui
des pays pauvres d'Europe.

La conjoncture différenciée dans les décennies
1870 et 1880 a également contribué à favoriser
l'émigration européenne. Comme nous le verrons dans le chapitre suivant, ces deux décennies
ont été caractérisées en Europe par une quasi-
stagnation économique, par ce que l'on appelle
la grande dépression européenne. En revanche,
aux États-Unis et dans les pays de peuplement
européen en général, on constate une accélération de la croissance économique ; les États-Unis
connaissant même une des meilleures périodes
de leur histoire.

Enfin, dans les décisions d'émigrer durant la
seconde moitié du xixe siècle, il ne faut pas négliger les effets de la propagande des compagnies
de navigation qui se spécialisaient dans le transport des émigrants. C'était là une activité assez
importante, puisque l'on peut estimer que vers la
fin du xixe siècle, des centaines de navires étaient
réservés à ce type de transport. La propagande
insistait sur les niveaux de salaire outre-mer,
sans mentionner souvent les niveaux des prix
qui, parfois, pouvaient être aussi ou plus élevés
qu'en Europe. De surcroît, de nombreux émigrants ne découvraient qu'une fois sur place que,
par exemple, Buenos Aires n'était pas à côté de
New York comme on le leur avait laissé entendre
lors de l'achat du billet. En fait, la distance Buenos Aires-New York (environ 11 000 km) dépasse

celle Hambourg-New York (environ 6 000 km).
D'ailleurs on a assisté à un mouvement d'émigration d'Argentine vers l'Amérique du Nord.

COMBIEN SONT REVENUS?

Venons-en à la dernière question : le retour.
Combien sont revenus ? Certes, l'image d'Épinal
du retour du riche oncle d'Amérique est une réalité, mais une réalité qui ne couvre qu'une faible
fraction des retours. La cause principale de la
majorité des retours est la déception ou la difficile
adaptation à un nouvel environnement économique, social, linguistique et culturel. L'ampleur
réelle de ce mouvement de retour n'a pas encore
été établie, notamment pour les États-Unis.
Voyons donc d'abord les indications pour le peu
de pays dont on possède des données en la
matière. En Argentine : entre 1851 et 1910 l'immigration brute représente 4,90 millions de personnes et l'immigration nette 2,51 millions ; donc
théoriquement un taux de retour de 49 pour 100.
Suivant le même type de calcul, mais portant sur
des données plus fragmentaires, le taux de retour
serait beaucoup plus faible en Australie et au Brésil. Ainsi, en Australie, le taux de retour aurait été
de 14 pour 100 entre 1901 et 1920, mais de
l'ordre de 33 pour 100 de 1921 à 1930. Pour les
États-Unis, on serait proche des 40 pour 100.
Notons que ces proportions incluent l'élargissement des familles pendant leur séjour outre-mer ;
donc la proportion d'émigrants qui retournent
est en fait plus faible. C'est un vaste domaine
d'études où les travaux en cours ne sont pas
encore suffisamment avancés pour permettre

la présentation de données générales valables. Cependant, comme ordre de grandeur très approximatif on peut considérer que le taux de retour a été en moyenne de l'ordre de 40-45 pour 100.

LES CONSÉQUENCES DE CE FLUX MIGRATOIRE

La conséquence la plus évidente de ce flux massif d'Européens vers les pays d'outre-mer a évidemment été un glissement du centre de gravité démographique. Vers 1850, la population d'Europe était de 275 millions de personnes, et celle des six principaux pays d'immigration (États-Unis, Canada, Australie, Nouvelle-Zélande, Argentine et Brésil) de 34 millions. Vers 1913, il s'agissait respectivement de 481 et de 135 millions, c'est-à-dire que les pays d'accueil représentaient 28 pour 100 de la population de l'Europe, contre 12 pour 100 vers 1850. Les autres conséquences, toutes aussi importantes sinon davantage, sont plus difficiles à cerner avec précision. Ces migrations ont certainement été un des facteurs explicatifs de la croissance économique rapide des pays de peuplement européen. Mais ont-elles affecté négativement les pays de départ, cela paraît difficile à déterminer, et cela est moins probable. Car, en règle générale, les pays de départ commençaient à souffrir d'un trop-plein de population active, essentiellement en milieu rural. De ce fait, on peut considérer que ces migrations ont optimalisé les possibilités de développement, en permettant l'installation de cette population active dans des régions aux plus grandes disponibilités en ressources, et notamment en terres agricoles. Enfin, en facilitant une forte expansion de la production et des exportations agricoles dans les pays neufs, les migrations ont participé à l'extension des échanges internationaux.

Sur le plan social, la grande interrogation a été celle de l'impact sur le monde ouvrier, notamment sur l'évolution des salaires et sur le chômage. Le cliché actuel de l'étranger volant le pain de l'ouvrier autochtone était déjà présent dans la seconde moitié du XIXᵉ siècle. Les États-Unis sont le seul pays pour lequel on dispose d'études tant soit peu approfondies. L'étude récente de T.J. Hatton et J.G. Williamson (1995) confirme en quelque sorte les études menées au début du XXᵉ siècle (et notamment celle de l'Immigration Commission de 1911) afin de justifier la prise de mesures limitant l'immigration [1]. L'afflux des migrants au XIXᵉ siècle aurait eu un impact négatif sur le chômage et «aurait conduit, entre 1870 et 1910, à une réduction d'environ 9 pour 100 des salaires réels» (qui, bien sûr, ont dans l'ensemble augmenté). Les ouvriers immigrants «auraient pris la place d'ouvriers locaux peu qualifiés mais auraient eu peu d'impact sur l'offre d'emplois qualifiés vacants entraînée par l'industrialisation rapide».

1. Voir chap. XXIV (tome III).

LA STRUCTURE DES ACTIVITÉS :
DÉCLIN DU PRIMAIRE
ET PROGRESSION
DU SECONDAIRE
ET DU TERTIAIRE

Depuis les travaux de Colin Clark (1940) et, plus tard, ceux de Jean Fourastié (1949), on a coutume, pour résumer les changements structurels de la répartition des activités, de partager celles-ci en trois grands secteurs : le primaire, le secondaire et le tertiaire, les critères de classification étant surtout la nature des activités. Le primaire comprend l'ensemble des activités agricoles (y compris pêche, chasse et exploitation forestière). Quelques rares chercheurs incluent dans le primaire les industries extractives : la logique est alors de regrouper l'ensemble des activités qui produisent des produits bruts. Mais ici nous suivrons la règle dominante qui exclut du primaire les industries extractives. Le secondaire comprend l'ensemble de ce que l'on peut appeler les industries, soit les industries extractives, les industries manufacturières, la construction et la production et distribution d'eau, gaz et électricité, donc surtout des activités qui transforment les produits bruts. Enfin, le tertiaire comprend le reste des activités, c'est-à-dire essentiellement des activités non liées à des produits physiques. Ainsi le tertiaire comprend les activités suivantes : transports, commerce, banques, administration, enseignement, etc. Pour Fourastié, une caractéristique complémentaire, mais importante, de cette classification est le rythme différent de croissance de la productivité de ces trois secteurs. Le primaire se caractérisant par une croissance modérée, le secondaire par une croissance rapide, et le tertiaire par une quasi-absence de croissance de la productivité. Nous reviendrons sur cet aspect important dans le chapitre suivant et dans le chapitre XXV (tome III) qui mettra en relief le fait que ces tendances ne sont pas stables.

Comme toute classification, celle-ci comporte une part d'arbitraire ; cependant elle constitue un excellent instrument d'analyse des changements intervenus dans la structure des activités durant le XIXe siècle et même dans l'essentiel du XXe siècle. Il y a une vingtaine d'années, certains chercheurs ont préconisé la création d'un quatrième secteur : le quaternaire ; celui-ci aurait regroupé les activités davantage liées à la recherche, l'enseignement et la médecine ; mais il n'y a pas eu de suite concrète. Plus récemment, A. Toffler (1991), auteur de best-sellers sur les grandes mutations de notre société, préconisait de classer dorénavant les emplois en primaire, moyen et supérieur en fonction de la complexité intellectuelle du travail qu'ils nécessitaient.

L'analyse de l'évolution de la structure des activités a mis en évidence le glissement suivant consécutif au processus du développement économique ; glissement dont précédemment nous avons déjà signalé les principales composantes : une diminution continue de l'importance relative du primaire ; une progression de l'importance relative du secondaire, mais qui, après la Seconde Guerre mondiale, atteint un certain seuil (36 à 39

TABLEAU XI.4

RÉPARTITION PAR GRANDS SECTEURS
DE LA POPULATION ACTIVE DES PAYS DÉVELOPPÉS
À ÉCONOMIE DE MARCHÉ, JAPON NON COMPRIS
(en millions et en pourcentage
de la population active totale occupée)

	Population active totale (millions)	Répartition en pourcentage de la population active totale		
		Agriculture (primaire)	Industrie (secondaire)	Services (tertiaire)
1500	29	environ 80	environ 10	environ 10
1750	53	environ 76	environ 13	environ 11
1800	56	74	16	11
1913	155	40	32	28
1950	210	23	37	40
1970	287	10	38	52
1980	331	7	34	58
1990	374	5	29	66
1995	388	5	27	68

Sources : 1500-1913 : Bairoch, P. (1971).
À partir de 1950 : d'après BIT (1996) ; OCDE, *Statistiques de la population active*, diverses livraisons ; OCDE, *Statistiques trimestrielles de la population active*, diverses livraisons ; et évaluations complémentaires de l'auteur.

pour 100) à partir duquel il se stabilise ou même régresse ; enfin le tertiaire qui, lui, subit une progression continue de son importance relative. Comme on peut le voir dans le tableau XI.4, pour les pays développés (sans le Japon) on est passé d'une situation où le primaire représente environ 74 pour 100 des activités vers 1800 à 40 pour 100 pour 1913 (actuellement il représente 5 pour 100). Durant la même période, le secondaire passe de 16 à 32 pour 100 ; il se situait à 27 pour

100 en 1995, après avoir atteint un sommet de 38 pour 100 vers 1970. Quant au tertiaire, toujours entre 1800 et 1913, il passe de 11 à 28 pour 100, et a atteint 66 pour 100 en 1990.

On a souvent utilisé le recul de l'importance relative de l'emploi dans le primaire comme indicateur du niveau de développement économique. Comme tout indicateur unique, il est utile, mais imparfait, notamment pour deux raisons. La première tient aux différences dans l'importance relative de la balance commerciale des produits agricoles. Les pays qui importent une part importante de leur alimentation ont évidemment tendance — toutes choses étant égales par ailleurs — à avoir un pourcentage sensiblement plus faible d'agriculteurs que les pays qui, au contraire, ont un excédent de produits agricoles. La seconde raison tient aux modalités différentes de pays à pays et également de recensement à recensement de la prise en considération des femmes comme actives dans l'agriculture.

Mais il n'en reste pas moins vrai que cet indicateur a une valeur certaine. Sur la base de données homogénéisées (Bairoch, 1996b), pour 1910 le primaire, ou l'agriculture, représente 56 pour 100 des actifs de l'ensemble de l'Europe. Et ce taux global résulte d'une fourchette assez large. Le taux le plus faible est celui du Royaume-Uni qui se situe à 14 pour 100 ; et le plus élevé celui de la Russie : 78 pour 100. Proche de la situation du Royaume-Uni, on trouve la Belgique (22 pour 100), la Suisse (30 pour 100), deux pays précocement industrialisés et, comme le Royaume-Uni, fortement importateurs de céréales. L'Allemagne et la France, un peu moins industrialisées et aussi

importatrices plus modérées de produits agricoles,
ont respectivement 32 pour 100 et 43 pour 100 de
leur population active dans l'agriculture. Les
autres grands pays d'Europe, qui sont tous faiblement industrialisés, ont encore 60 à 70 pour 100
d'agriculteurs. Hors d'Europe, dans les pays de
peuplement européen développés, la proportion
est très proche du tiers. Signalons que le recul de
l'importance relative des emplois dans l'agriculture est, en Europe, accompagnée, à partir du
début du XXᵉ siècle, d'un recul du nombre absolu
d'actifs travaillant dans l'agriculture. Ce recul
s'amorce quelques décennies auparavant dans les
pays ayant connu un démarrage précoce, et plus
tard dans les pays développés d'outre-mer où la
population et le territoire agricole augmentent
plus rapidement qu'en Europe.

LES CHANGEMENTS À L'INTÉRIEUR
DES TROIS SECTEURS

Parallèlement à ces bouleversements au niveau
des trois grands secteurs, on constate évidemment
des changements importants à l'intérieur de chacun de ces secteurs, notamment dans le secondaire
et le tertiaire. Dans le secondaire, on constate,
d'une part, une progression des industries extractives et manufacturières et une relative stagnation
de la construction. Mais les changements les plus
profonds se sont réalisés à l'intérieur des industries manufacturières qui, d'ailleurs, représentaient
environ 95 pour 100 du secondaire. Dans l'industrie manufacturière, le fait le plus marquant est la
régression de l'importance relative du textile au
profit de secteurs tels que la chimie, les fabrica-

tions métalliques et électriques. Au début du
XIXᵉ siècle, on peut estimer que le textile (et l'habillement) occupait environ 55 à 65 pour 100 de
tous les actifs de l'industrie manufacturière. Vers
1910, on peut estimer que le secteur textile, bien
qu'encore largement prédominant, ne représentait plus qu'environ 36 pour 100 du total, dont 16
pour 100 pour le textile proprement dit (filature,
tissage, etc.) et 20 pour 100 pour l'habillement.
Viennent ensuite les fabrications métalliques et
électriques (16 pour 100), l'alimentation (15 pour
100) et le bois (10 pour 100). En termes d'emploi,
la sidérurgie et la chimie ne représentaient que
peu de chose : respectivement 4 et 2 pour 100.
Tout ceci donc à l'intérieur des industries manufacturières qui ne représentaient que 18 pour 100
de l'emploi total, et tout ceci au niveau de l'ensemble des pays développés. Au niveau de chaque
pays, il existe évidemment des différences marquées en fonction de la spécialisation des activités. Ainsi, par exemple, en raison de l'horlogerie
et aussi de la fabrication de machines sophistiquées en Suisse, le secteur des fabrications métalliques et électriques y représentait une proportion
à l'intérieur des industries manufacturières deux
fois plus grande que dans l'ensemble des pays
développés (32 et 16 pour 100 respectivement).

Dans le tertiaire, l'essentiel des changements
réside dans le recul relatif (surtout après 1880-
1890) des domestiques, recul plus que compensé
par la progression de l'importance d'activités
telles que les transports, le commerce (de gros et
de détail), l'éducation, l'administration, les services financiers, etc. Vers 1910, et toujours pour
l'ensemble des pays développés, à l'intérieur du

tertiaire les services étaient encore très dominants : environ la moitié (48 pour 100) ; suivis par
le commerce et les finances (36 pour 100) ; et,
finalement, par les transports (18 pour 100). Là
aussi des différences selon les pays et les régions
existaient. Ainsi, par exemple, dans les pays de
peuplement européen, les transports occupaient
23 pour 100 des actifs du tertiaire, alors que
pour l'ensemble de l'Europe ce taux était de 17
pour 100.

L'URBANISATION :
UNE FORME NOUVELLE
D'UN PHÉNOMÈNE ANCIEN

Comme nous l'avons vu dans le prologue, dès sa
naissance le phénomène urbain est étroitement
lié à l'agriculture. Non seulement l'agriculture a
été un préalable absolu à l'émergence de véritables systèmes urbains, mais il existe aussi une
liaison inverse : l'agriculture a conduit, presque
inéluctablement, à la ville. Pratiquement partout,
tant dans l'Ancien que dans le Nouveau Monde,
2 000 à 3 000 ans après la révolution néolithique,
après la diffusion de l'agriculture dans une société,
la ville émerge. Et ainsi apparaît cette forme révolutionnaire d'organisation de la vie économique
et sociale qui est le propre de l'homme : ville d'un
côté, campagne de l'autre. D'un côté la production de biens manufacturés, les activités commerciales, intellectuelles, et aussi presque toujours le
pouvoir. De l'autre côté cette campagne qui four-

nit non seulement la nourriture et des matières
premières sans lesquelles la ville ne pourrait sur-
vivre, mais aussi les hommes, puisque l'une des
constantes de l'histoire des mondes traditionnels
est que la ville n'arrive pas à assumer le maintien
de sa population et, moins encore, la croissance
de celle-ci.

Dès lors, il est normal que la révolution agricole
entraîne ce que l'on peut qualifier de révolution
urbaine. Pendant plusieurs millénaires, sur le
plan de l'ensemble du monde, comme sur celui
des grandes régions, l'importance relative de la
population urbaine est restée limitée. Pour les
très grandes régions, si l'on fixe arbitrairement la
limite d'une ville à partir de 2 000 habitants, le
seuil supérieur se situe vers les 16 à 18 pour 100
et le seuil inférieur vers les 12 à 14 pour 100. Et,
comme les autres grandes civilisations, l'Europe
a connu des périodes de poussées et de reculs de
l'urbanisation. La première grande période de
poussée urbaine de l'Europe traditionnelle a été
celle du Moyen Âge. Les années 1000 à 1340 sont
d'ailleurs cruciales pour la mise en place du
réseau urbain qui sera celui de l'Europe, au moins
jusqu'au début du XIXᵉ siècle : plus de 90 pour 100
des villes qui, vers 1800, auront 20 000 habitants
et plus, existaient en tant que villes vers 1300.
Cependant quand on parle de poussée urbaine
dans le cadre des sociétés traditionnelles, il ne
s'agit pas de réel bouleversement comme celui
qui s'est produit au XIXᵉ siècle. Entre 1000 et
1340, la proportion de citadins n'a progressé que
d'un point de pourcentage. C'est également
l'ordre de grandeur de la deuxième poussée
urbaine qui, *grosso modo*, se place durant la

période de 1470-1490 à 1700-1730. Mais, là aussi,
comme pour la période précédente, les structures
spatiales, la localisation géographique, subissent
des changements. Par exemple, dans cette dernière période, même si le réseau urbain ne subit
pas de profonds bouleversements, le centre de
gravité de l'Europe urbaine bascule de la Méditerranée vers l'Atlantique. La découverte de l'Amérique et de la route directe (à travers l'Atlantique)
vers l'Asie amènent une croissance plus rapide
des villes de ce littoral.

Voyons ce basculement du centre de gravité, ainsi que l'évolution assez spécifique du
XVIIIe siècle. La population urbaine de l'Europe
de l'Ouest et du Nord progressa entre 1470-1490
et 1700-1730 plus de deux fois et demie plus rapidement que celle de l'Europe du Sud. D'ailleurs,
au XVIIe siècle, la population stagna en Europe du
Sud. Plus significatif encore est le fait que, vers
1500, sur les 4 plus grandes villes d'Europe on
trouve 3 villes d'Italie (Naples, Milan et Venise),
dont deux ports. Vers 1700, il ne restait plus que
Naples ; Londres et Amsterdam ayant pris la
place de Milan et Venise, ces deux villes ayant
même été dépassées par Lisbonne et Madrid. La
révolution industrielle conduisit à une forte poussée de l'urbanisation britannique ; mais le reste
de l'Europe est marqué par une stagnation et
même un léger recul du taux d'urbanisation.
C'est là une indication d'un certain blocage des
possibilités de développement qui se seraient
peut-être aggravés sans les progrès de la révolution industrielle.

Le XIXe siècle : un siècle charnière
dans l'urbanisation des pays développés

Tout comme l'expansion urbaine du Moyen
Âge a marqué toute la structure urbaine de
l'Europe jusqu'au début du XIXe siècle, celle du
XIXe siècle a façonné le visage urbain du monde
développé tel qu'il existe aujourd'hui. Mais la
poussée urbaine du XIXe siècle est sans commune
mesure avec celles du Moyen Âge ou des XVIe et
XVIIe siècles. Sans conteste, le XIXe siècle est le
siècle-charnière de l'urbanisation du monde
développé. Ce monde développé (sans le Japon
qui n'en fera réellement partie qu'après 1918) a,
vers 1800, environ 21 millions d'habitants dans
les villes de plus de 5 000 habitants ; vers 1914, il
y en a dix fois plus, soit environ 212 millions.
Certes, entre-temps, la population totale a, elle
aussi, fortement progressé, mais n'a été multipliée que par moins de trois (212 à 606 millions).
On passe ainsi d'un taux d'urbanisation de 10
pour 100 vers 1800 à 35 pour 100 vers 1914. Si
l'on reprend le critère de 2 000 habitants (utilisé
pour les siècles antérieurs) car plus adéquat pour
cette période, on est passé en Europe de 16 pour
100 vers 1800 à 41 pour 100 en 1900 (et respectivement de 12 à 38 pour 100 selon le critère des
5 000 habitants et plus). Cette explosion urbaine
résulte à la fois d'une croissance des villes existantes et de l'éclosion de villes nouvelles. Le
tableau XI.5 dépasse le cadre historique étudié
ici et inclut de ce fait le Japon dans les pays développés ; ce qui, pour le XIXe siècle, ralentit les tendances décrites ci-dessus.

TABLEAU XI.5
POPULATION URBAINE*ᵃ* ET NOMBRE
DE GRANDES VILLES DES PAYS DÉVELOPPÉS

	Population urbaine	
	En millions	En % de la population totale
1500	9	9,5
1750	19	10,5
1800	26	10,8
1850	52	15,5
1900	163	29,7
1950	388	46,1
1980	658	66,0
1990	847	68,0

a Population urbaine définie comme étant celle habitant les localités (ou autres limites administratives) de plus de 5 000 habitants.

Sources : D'après Bairoch, P. (1985) ; Bairoch, P., Batou, J. et Chèvre, P. (1988) ; avec mise à jour des données.

Nous parlions de villes nouvelles. En effet, sur les quelque 268 villes de plus de 100 000 habitants que possède vers 1910 le monde développé (sans le Japon), 98 environ (ou 37 pour 100) n'existaient pas du tout ou étaient de simples villages au début du XIXᵉ siècle (ou, pour l'Angleterre, au milieu du XVIIIᵉ siècle). La proportion doit être encore plus élevée pour les villes de taille plus faible, et l'on peut estimer que 40 pour 100 environ des villes de plus de 50 000 habitants existant vers 1910 étaient des villes nouvelles surgies durant le XIXᵉ siècle. L'émergence de ces villes nouvelles s'explique essentiellement par l'industrialisation qui, avec l'agriculture, est l'élément explicatif fondamental de l'urbanisation du XIXᵉ siècle. En effet,

Nombre de grandes villes réparties par taille (milliers d'habitants)					
100 à 200	*200 à 500*	*500 à 1 000*	*1 000 à 5 000*	*5 000 et plus*	*Total*
5	2	–	–	–	7
13	5	3	–	–	21
17	9	1	1	–	28
35	18	3	2	–	58
101	61	24	8	1	195
288	186	68	47	5	594
491	376	121	101	9	1 098
573	409	132	99	9	1 222

si les progrès de l'agriculture permettent de nourrir un plus grand nombre de citadins, c'est l'industrie qui fournit l'essentiel des emplois urbains nouveaux. De ce fait, progressivement, l'essentiel de l'emploi urbain est devenu surtout un emploi manufacturier.

Dans les villes de l'Europe traditionnelle, on peut estimer qu'en moyenne les activités correspondant à l'industrie manufacturière devaient représenter environ 35 à 45 pour 100 de la population active. Nous disons bien en moyenne, car il faut rappeler ici l'existence de villes spécialisées dans certaines fonctions. Au début du XXe siècle (vers 1913), il est probable que l'industrie représentait en moyenne environ 50 à 55 pour 100 de l'emploi des villes. Encore une fois, nous disons en moyenne, car la spécialisation n'a pas disparu, même si elle s'est atténuée. Et, d'autre part, il faut souligner les fortes différences nationales et inter-régionales. C'est ainsi, par exemple, qu'en Russie, au recensement de 1897, l'industrie manufacturière ne représentait que 25 pour 100 de l'emploi urbain. Et même si l'on se limite aux villes de plus de 10 000 habitants, seulement un cinquième de celles-ci avaient une proportion d'emplois dans l'industrie manufacturière dépassant les 30 pour 100, et la majorité d'entre elles était de petites villes spécialisées (en milieu rural l'industrie manufacturière occupait 10 pour 100 de la population active). En revanche, en Allemagne, d'après le recensement de 1882, 53 pour 100 au moins de la population active des villes de 5 000 à 100 000 habitants étaient occupés dans l'industrie et les mines. Si l'on tient compte des catégories d'emplois mal définis, cette proportion doit pro-bablement dépasser les 60 pour 100.

Ainsi que ce fut le cas dans les mondes tradi-tionnels, les voies de communication ont aussi joué un rôle non négligeable dans l'émergence des villes nouvelles au XIXe siècle. Et, dans cette perspective, les chemins de fer ont enfanté de nombreuses cités. Un des cas les plus intéressants étant celui de Chicago où le chemin de fer s'est conjugué avec la voie de communication par excellence des sociétés traditionnelles : l'eau. Nous reviendrons à ce cas plus loin, car Chicago est devenue une très grande métropole, mais une parmi des dizaines d'autres.

Des villes industrielles différentes
de celles des sociétés traditionnelles

Si l'industrialisation est largement responsable
de l'augmentation du taux d'urbanisation, elle
entraîne une mutation profonde dans la condition sociale des personnes occupées dans ce secteur. Car qui dit industrie dit, en tout cas à partir
du XIXᵉ siècle, salariés. En outre, la proportion
des salariés s'accroît dans le commerce. Or, au
XIXᵉ siècle, le monde rural est un monde où
les petits agriculteurs indépendants dominent.
Somme toute, une situation inverse de celle qui a
caractérisé l'Occident durant la période d'économie traditionnelle : la ville du XIXᵉ siècle est, par
maints aspects, un monde moins libre que la
campagne, alors que depuis le Moyen Âge les
villes avaient été des espaces de liberté, et souvent d'autonomie. On a même pu qualifier les
villes du Moyen Âge européen de centres d'apprentissage de la démocratie. Autre changement,
mais celui-ci plus positif : la diminution du
nombre relatif des domestiques, tendance compensée il est vrai par l'augmentation du nombre
des travailleurs dans les services et notamment
dans le commerce. Dans les villes européennes
du XVIIIᵉ siècle, les domestiques représentaient
un cinquième, voire un tiers, de la population
active. Cependant, au niveau de la population
totale, cette proportion était plus faible, une forte
proportion de domestiques étant célibataires.

Mutation également dans l'habitat. Car, dans
de nombreuses villes, surtout après le milieu du
XIXᵉ siècle, on assiste à la construction de loge-

ments destinés spécifiquement aux ouvriers de
l'industrie, et surtout des mines. Cela allait du
simple pâté de maisons à de véritables cités
ouvrières, qui, dans certains cas, étaient de véritables villes, et parfois à des cités ou villes
luxueuses. En règle générale, et ce jusqu'aux
années 1920-1930, l'initiative provient du milieu
patronal. Le logement ouvrier fait en quelque
sorte partie de l'entreprise et constitue ainsi un
moyen de pression supplémentaire sur la classe
ouvrière, même si des considérations humani-
taires étaient souvent à l'origine du projet. Quitter
l'entreprise impliquait l'abandon du logement,
donc souvent la nécessité de changer de quartier
avec toutes les conséquences pénibles qu'un tel
changement pouvait amener. Ce qui impliquait
parfois que l'ouvrier se retrouvait sans logement
ou était obligé de vivre dans un taudis.

L'industrialisation au XIXᵉ siècle implique
également l'usine, qui fait partie intégrante de
l'espace urbain. Dans les premières phases,
l'industrie s'installe dans des bâtiments préexis-
tants : écuries, granges, anciens édifices religieux
et aussi, surtout en raison des besoins d'énergie,
dans des moulins. D'ailleurs, il est significatif
comme nous l'avons vu que le terme anglais *mill*
signifie, depuis la révolution industrielle, à la
fois « moulin » et « usine ». Mais, dès la fin du
XVIIIᵉ siècle en Angleterre et les années 1830-
1850 en Europe continentale, les choses changent. L'utilisation de la machine à vapeur libère
l'« usine » du cours d'eau et les développements
techniques et commerciaux amènent des entreprises de plus forte taille : d'où la construction de
bâtiments spécifiques destinés à abriter l'usine.

Dans les petites villes, cela conduit souvent à concentrer autour de l'usine des logements et les bâtiments de services ; dans les grandes villes, l'usine doit s'installer près de l'habitat afin de réduire les trajets des ouvriers. Donc, dans les deux cas, l'usine occupe une place centrale dans l'espace urbain, et parfois on cherche à la rendre belle. *Les Châteaux de l'industrie,* tel est le titre d'une étude sur l'architecture de la région lilloise de 1830 à 1930 (Grenier et Wieser-Benedetti, 1979) ; les photos qui illustrent cet ouvrage nous montrent, en effet, des usines déguisées en véritables châteaux de tout style.

Enfin, sans pour autant prétendre à l'exhaustivité, notons que la nature différente du secteur dominant de l'industrie de chaque ville entraîne aussi des conséquences sociales parfois importantes : prédominance des emplois féminins dans le cas des villes du textile, salaires plus élevés dans le cas de villes ayant des industries qui nécessitent une main-d'œuvre très qualifiée (par exemple secteur des machines), etc.

Nous avons parlé précédemment des contraintes qu'impliquent les logements ouvriers octroyés par le patronat. Contraintes certes, mais de tels logements constituaient toutefois un progrès considérable par rapport aux conditions d'habitation d'une grande fraction de la classe ouvrière urbaine des premières décennies du XIXe siècle. Logement exigu, sans équipement sanitaire, insalubre, dans lequel s'entassaient parfois plusieurs familles, le témoignage de Villermé est très parlant. Et c'est un des éléments explicatifs de la surmortalité urbaine que nous traiterons dans la dernière section de ce chapitre. Toutefois il

convient de parler auparavant d'une autre modification qui, d'ailleurs, n'est pas étrangère à cette
surmortalité, à savoir l'accroissement fantastique
de la taille des villes.

L'émergence des mégalopoles

Peu importe le terme que l'on utilise pour
décrire les très grandes villes (mégalopole,
métropole, ville plurimillionnaire, conurbation,
nébuleuse urbaine, etc.), avec la révolution industrielle apparaît un phénomène entièrement nouveau caractérisé à la fois par une élévation
considérable de la limite supérieure qu'atteignent les villes et par la forte augmentation du
nombre des très grandes villes. Certes, on peut
retrouver, soit dans les civilisations occidentales,
soit encore davantage dans celles d'Asie, des
exemples de villes ayant dépassé le demi-million
d'habitants, ce qui est déjà énorme. Mais il s'agissait alors uniquement d'un nombre restreint de
villes qui sont des capitales ou des métropoles de
très grands empires : notamment Rome, Paris,
Londres, Istanbul, Peking et Bagdad (et peut-être
encore 2 ou 3 autres villes) qui, au moment de
leur apogée, de plus ou moins longue durée, ont
eu une population de l'ordre de 0,5 à 1,0 million
d'habitants et parfois même un peu plus. L'apogée de ces villes s'étant situé à des époques différentes, on peut estimer qu'avant la révolution
industrielle il n'y a jamais eu, dans l'ensemble
du monde, plus de 5 à 7 villes qui, au même
moment, ont dépassé les 500 000 habitants, ni
plus d'une ou deux ayant atteint le million. Or,

dès 1910, on peut relever dans la seule Europe (à l'exclusion de la Russie), c'est-à-dire dans un sixième de la population mondiale, quelque 29 villes de plus de 500 000 habitants, dont 4 de plus de 1 million d'habitants. On peut, avec assez de certitude, avancer qu'aucune ville n'a dépassé avant la révolution industrielle une population de 2 millions d'habitants (et probablement même pas 1,5 million); or, dès 1860, Londres a plus de 3 millions d'habitants, et elle dépasse les 7 millions avant 1910. Et avant que n'éclate la Première Guerre mondiale, on compte en Europe — outre Londres — 4 villes de plus de 2 millions d'habitants : Berlin (4,0) ; Saint-Pétersbourg (2,4) ; Paris (4,9) ; et Vienne (2,2). Hors d'Europe, il faut encore ajouter 3 autres villes à cette liste : New York (5,6), Chicago (2,5) et Tokyo (2,8). Il est intéressant de noter que la population cumulée de ces 8 villes (31,6 millions) est d'un tiers supérieure à celle de l'ensemble des quelque 3 500 villes (de plus de 5 000 habitants) que comptait l'Europe vers 1800, et supérieure à l'ensemble de la population des villes du monde vers 1200.

LE RÔLE DES CHEMINS DE FER

Dans l'émergence de ces grandes villes, les chemins de fer ont joué un rôle non négligeable. Il est en effet certain que, en l'absence de ce moyen de transport efficace, l'approvisionnement en nourriture surtout, mais aussi en énergie pour le chauffage et en matières premières pour l'industrie, aurait posé des problèmes pratiquement insolubles. Quand on se chauffait essentiellement

au bois, cela impliquait une consommation totale
de produit brut de l'ordre des 2 tonnes par an
et par habitant. Même en supposant un trajet
moyen de 100 km afin d'apporter ces produits
en ville, dans l'hypothèse d'un transport par
charrette cela impliquerait, pour une ville de
5 millions d'habitants, l'emploi annuel de quelque
100 000 personnes, et un nombre encore plus
grands d'animaux de trait. Sans qu'il s'agisse évidemment du seul facteur explicatif, il est cependant intéressant de signaler que la population de
Londres, par exemple, commence à s'accroître
plus rapidement dès que cette ville est largement
intégrée aux réseaux britanniques des chemins de
fer (vers 1840).

Destinés surtout à relier les villes entre elles,
les chemins de fer vont aussi être un facteur nouveau de localisation des villes. Les chemins de fer
rejoignent ainsi les moyens naturels de transport
dans leurs fonctions de création de villes. Le croi-
sement de deux lignes constitue une localisation privilégiée, et beaucoup de villes nouvelles
devront à ce facteur leur création et/ou leur
croissance rapide. Dans les pays de peuplement
européen, le rôle des chemins de fer a été beaucoup plus important qu'en Europe. Beaucoup de
villes, notamment des États-Unis, doivent leur
expansion rapide à ce moyen de communication.
Le cas le plus typique est celui de Chicago, qui
montre à la fois l'influence des transports par
voie d'eau et par chemin de fer. En 1804, il fut
établi un fort sur la rivière du même nom qui
servait au trafic commercial de Canadiens français surtout. Le fort fut abandonné une première
fois en 1814 et totalement en 1837. Les colons,

qui s'étaient installés près du fort et au bord du
lac Michigan, n'étaient que quelque centaines
jusqu'au début des années 1830. La ville naquit
réellement des améliorations de l'infrastructure
des transports. Les travaux du canal de l'Illinois
et du Michigan, l'amélioration du port de Chicago (situé sur le système des Grands Lacs), amènent une explosion de la population de cette
bourgade qui passa de moins de 5 000 habitants
en 1840 à quelque 30 000 habitants en 1850. En
1852, le chemin de fer atteignit la ville ; et, dès
1860, celle-ci comptait 109 000 habitants pour
dépasser le million moins de 30 ans après (vers
1887) et 2 millions vers 1907. D'ailleurs, Chicago
est devenue la seconde ville des États-Unis vers
1890, après avoir dépassé Philadelphie (qui,
jusque vers 1810, était la plus grande ville).

Mais si l'on retrouve à la veille de la Première
Guerre mondiale de très grandes villes tant dans
l'Angleterre de la reine Victoria que dans la Russie des tsars, que dans la République française ou
la République américaine, les niveaux d'urbanisation atteints alors sont loin d'être uniformes.
Puisque nous retrouvons ici (*grosso modo*) l'image
inversée des différences dans l'importance relative de la population active agricole. Ainsi, vers
1910, sur la base du critère des 5 000 habitants,
on trouve au bas de l'échelle la Russie (avec
14 pour 100 de citadins) et le Portugal (15 pour
100). À l'autre extrémité, on trouve évidemment
l'Angleterre, pays berceau de la révolution industrielle, avec déjà 75 pour 100 de sa population
dans les villes ; mais aussi la Belgique (57 pour
100), les Pays-Bas (51 pour 100), l'Allemagne (49
pour 100) et les États-Unis (42 pour 100).

La démographie spécifique des villes

Habiter la ville impliquait au XIXe siècle, encore davantage qu'aujourd'hui, des différences fondamentales dans le mode de vie, différences qui vont de l'habitat proprement dit aux possibilités de distractions. Nous avons commencé ce chapitre par la mortalité, nous débuterons cette section en mettant en évidence la terrible surmortalité qu'ont impliquée les villes non seulement des sociétés traditionnelles, mais aussi de celles du XIXe siècle. Aussi loin que les études en ce domaine puissent remonter, on est en présence en ville de taux de mortalité supérieurs à ceux des campagnes avoisinantes, qu'il s'agisse de la mortalité infantile ou de celle des adultes. Donc la mort frappait bien davantage les citadins que les campagnards, et davantage encore les citadins des grandes villes que ceux des petites. Ce qui, d'ailleurs, conduit à une croissance naturelle négative de la population de la plupart des villes. Dès lors, depuis l'aube des temps, la ville, afin de croître et, souvent, de maintenir simplement sa population, a dû faire appel à de jeunes campagnards. Il existe d'ailleurs un vieux dicton anglais : « The city is the graveyard of the country man » (La ville est le cimetière du campagnard). Il faut cependant aussi tenir compte, ainsi que me le faisait remarquer justement le démographe italien M. Levi-Bacci, et ceci est surtout valable pour les sociétés traditionnelles, que la ville reçoit un certain nombre de migrants, dont les caractéristiques conduisent à accroître la mortalité et à réduire la fécondité de sa population, tout en causant l'effet inverse dans celle de la campagne. Des campagnes, la ville reçoit des mendiants, des malades, des enfants abandonnés, etc., qui concourent à accroître la mortalité et aussi à abaisser la fécondité. Autres immigrants qui, eux, réduisent la fécondité, sans nécessairement augmenter la mortalité : les religieux qui pratiquent le célibat, les servantes, les militaires et les prostituées.

UNE SURMORTALITÉ URBAINE
QUI PERSISTE TRÈS LONGTEMPS

Pendant près de deux siècles, la révolution industrielle n'a pas entraîné de véritable répit dans la surmortalité urbaine. Le couple de jeunes campagnards, qui, au milieu du XIXe siècle, allait s'installer dans une ville industrielle, ne se doutait pas que, de ce fait, il réduisait son espérance de vie d'environ 6 à 9 ans, et ce à une époque où l'espérance de vie à l'âge de 20 ans était de l'ordre de 40 à 45 ans ; donc une perte d'un sixième de leur espérance de vie. De même qu'il ne se doutait pas que ses futurs enfants (probablement moins nombreux que s'il était demeuré en milieu rural) auraient une fois et demie plus de risques de mourir avant d'avoir atteint leur première année. Il a fallu attendre les années 1900 à 1930 pour que l'écart entre mortalité urbaine et mortalité rurale devienne négligeable dans les pays développés. À ce propos, il est intéressant de signaler qu'en 1924, dans un pays aussi opulent qu'au Canada (figurant alors parmi les deux ou trois pays les plus riches du monde), on ait pu écrire dans l'annuaire officiel : «C'est un des plus grands triomphes de notre temps que, à notre époque, si le milieu urbain n'est pas aussi sain que le reste du pays, il ne soit plus nécessairement plus dangereux pour la vie humaine et spécialement pour celle des enfants. » Il est d'ailleurs probable que la surmortalité urbaine du XIXᵉ siècle a été plus forte que celle des siècles antérieurs. Mais il faudra une masse de recherches pour être plus affirmatif en ce domaine.

Quelles causes, autres que celles mentionnées plus haut, expliquent cette surmortalité urbaine ? Nous avons déjà laissé entrevoir celle liée aux conditions déplorables de logement d'une grande partie de la classe ouvrière, donc indirectement à l'industrialisation. Mais ce n'est qu'une cause partielle et indirecte. Donnons la parole au démographe anglais Tony Wrigley (1969) qui, après avoir analysé l'impact de l'industrialisation sur la mortalité urbaine, conclut : « Il est peut-être plus exact d'affirmer que la mortalité était due à l'urbanisation bien plus qu'à l'industrialisation. C'était dans les plus grandes villes que la mortalité était aussi importante. Certaines de ces grandes cités n'étaient pas du tout consacrées à ces nouvelles industries, mais constituaient des centres administratifs et commerciaux. Paris, Berlin, Marseille et Liverpool avaient en commun des taux de mortalité élevés et de médiocres espérances de vie, sans être pourtant un produit typique de la révolution industrielle proprement dite, même si leur développement n'était devenu possible que par les améliorations du transport et l'accroissement de la capacité de production qui caractérisent la révolution industrielle. La mortalité dépendait toujours beaucoup, mais désormais dans un contexte différent, de la densité de la population. Partout où se dressaient de grandes cités, elles avaient des zones de taudis surpeuplés où l'entassement des familles favorisait la propagation de maladies comme la tuberculose et exposait les enfants et la jeunesse à de multiples causes de contagion élevée. »

Ce rôle de la grande ville avait déjà été mis en relief dès 1772 par Richard Price, philosophe et précurseur de la démographie, qui concluait qu'en règle générale « alors que dans les grandes villes la proportion d'habitants mourant annuellement est de l'ordre de 1/19 ou 1/20 à 1/22 ou 1/23, et dans les villes de taille modérée de 1/23 à 1/28, dans la campagne celle-ci est de 1/30 ou 1/35 à 1/50 ou 1/60 ». Et Price était aussi conscient du caractère individuel des villes, car il ajoute : « Ceci doit être interprété comme comportant des exceptions. Il peut y avoir des villes de taille modérée si mal localisées, ou dans lesquelles des habitants sont tellement serrés, qu'elles entraînent des proportions de décès supérieures à celles des plus grandes villes. »

LES CITADINS ONT ANTICIPÉ LA BAISSE
DE LA FÉCONDITÉ

Passons à présent aux autres composantes — non dramatiques celles-ci — de la spécificité de la démographie urbaine. La deuxième composante fondamentale de la démographie urbaine concerne la fécondité. Il apparaît que les villes ont anticipé de quelques dizaines d'années le mouvement de la baisse de la fécondité que nous avons décrit plus haut, creusant un écart qui n'est pas encore comblé à l'heure actuelle. Cela veut dire que, dès 1840-1860, non seulement on meurt plus en ville qu'à la campagne, comme c'était déjà le cas durant les siècles antérieurs, mais aussi que l'on naît moins en ville. L'ampleur de cet écart fait encore l'objet des discussions des spécialistes. Le problème n'est pas simple, car une partie de la différence provient, par exemple, de la plus forte proportion de célibataires dans les villes.

Et comme pour la mortalité, cette baisse de la fécondité touche davantage les grandes que les petites villes. Et comme pour la mortalité, le facteur proprement urbain n'est pas le seul en cause. Des facteurs tels que la laïcisation des mentalités de la population et l'éducation ont joué un rôle. Mais ces deux facteurs, ainsi que bien d'autres, sont bien sûr influencés par le mode de vie urbain. En entraînant une forte augmentation de la proportion de citadins, la révolution industrielle a de ce fait contribué à modifier les comportements et les attitudes de l'ensemble de la population. Changements qui, à leur tour, ont eu des répercussions sur l'industrialisation, dont un exemple est le fait de plus en plus prouvé que, durant le XIXe siècle, la ville a été favorable aux innovations techniques.

XII. CROISSANCE ÉCONOMIQUE, PRODUCTIVITÉ ET MUTATIONS DES ENTREPRISES

Sans conteste, ce chapitre est le plus orienté sur l'économie, au sens strict du terme, de ceux consacrés au XIXᵉ siècle. Nous y examinerons d'abord les principales tendances sectorielles de la production. Puis nous passerons à la productivité, cet élément-clé du développement économique et dont les évolutions peuvent être différentes de celles de la production. La troisième section s'attachera à la croissance économique sous un triple aspect : les grandes tendances, les phases conjoncturelles et les différences internationales. Enfin, nous changerons totalement de registre, puisque la dernière section est consacrée à la présentation des changements importants intervenus dans le domaine des entreprises, entreprises qui conditionnaient largement la vie économique.

LA PRODUCTION:
LES TENDANCES SECTORIELLES
DE LA CROISSANCE

À plusieurs reprises, nous avons mis en relief l'ampleur des modifications quantitatives de la production, à la fois sur le plan global et sur le plan sectoriel. Ici, nous regrouperons ces éléments et préciserons les tendances sectorielles, les différences de croissance des secteurs d'activité. Puis nous passerons à ce qu'il est convenu d'appeler les industries motrices. Il s'agit donc d'une vue d'ensemble qui, délibérément, va négliger les différences au niveau des pays. Cet aspect sera abordé plus loin, lors de l'analyse des rythmes de croissance économiques par pays et régions. Bien évidemment, en règle générale, les pays à croissance très rapide ont vu pratiquement tous leurs secteurs progresser plus vite que ceux des pays à croissance très lente. Ce qui ne veut pas dire qu'il y ait parfaite homogénéité. D'ailleurs, dans les chapitres V à VII des spécificités découlant des conditions naturelles ont été mises en relief. Par conséquent, ce sont les grandes tendances au niveau sectoriel qui seront présentées ici. Elles concernent l'entité «ensemble des pays développés».

Des rythmes de croissance sectorielle très différents

La distinction fondamentale en ce domaine est évidemment le fait qu'au XIXe siècle le rythme de croissance de la production de l'agriculture a été sensiblement plus faible que celui de l'industrie. Les données des premières décennies du XIXᵉ siècle étant lacunaires et très fragiles, et la période 1800-1815 étant perturbée par les guerres, nous nous baserons sur la période allant de 1830 à 1913 en utilisant des moyennes triennales ou quinquennales afin d'éliminer les fluctuations à court terme. En ne prenant que des ordres de grandeur, on peut estimer que la production agricole de l'ensemble des pays développés a progressé durant ces huit décennies de 1,6 pour 100 par an, alors que pour l'industrie il s'agit de 3 pour 100. La différence peut paraître faible ; mais traduite en termes de croissance par habitant (et c'est cela qui est plus significatif), on obtient un peu moins de 0,7 pour 100 et de 2 pour 100 respectivement. Ce qui signifie qu'en un siècle et demi la production agricole par habitant a été multipliée par 2,7, alors que celle de l'industrie a été multipliée par 19,5. C'est d'ailleurs un des éléments qui a poussé à l'utilisation du qualificatif d'«industrielle» pour la révolution économique commencée en Angleterre au début du XVIIIᵉ siècle.

L'AGRICULTURE : DIFFÉRENCES PAR PRODUITS,
COMMERCIALISATION
ET SPÉCIALISATIONS RÉGIONALES

À l'intérieur de l'agriculture (comme des autres secteurs), l'évolution n'a pas été uniforme selon les produits. La production de biens dont la consommation augmente avec le niveau de vie progressant plus rapidement que celle des autres.

C'est le cas notamment de la viande, des produits laitiers, des fruits; alors que la progression de la production de céréales a été plutôt modérée. D'autre part, on assiste à une stagnation, voire à un recul, de la production de certains produits alimentaires liés à un type de consommation inhérent à un faible niveau de vie; notamment certaines céréales secondaires utilisées pour la fabrication du pain (telles que l'épeautre); certaines légumineuses (telles que les pois chiches et les lentilles); et certains fruits (tels que les châtaignes).

Un autre axe de changement important dans l'agriculture concerne la commercialisation croissante de la production et la spécialisation des aires géographiques de production de certains produits. La commercialisation croissante résulte essentiellement des gains de productivité qui ont conduit au fait que les paysans produisirent une quantité de produits agricoles dépassant de beaucoup leurs besoins. La spécialisation des aires géographiques de production a été surtout rendue possible grâce à la baisse des coûts de transport, et aussi aux disponibilités monétaires plus grandes des pays qui pouvaient acheter certains produits agricoles au lieu de les produire. L'exemple le plus simple étant celui du vin que l'on produisait même dans les régions se prêtant peu à la culture de la vigne. Ainsi, en France, les trois régions (Aquitaine, Midi-Pyrénées et Languedoc) qui, vers 1929 produisaient 61 pour 100 du vin de la France, n'en produisaient que 35 pour 100 vers 1840.

LES MINES ET LA CONSTRUCTION :
UNE CROISSANCE RAPIDE

En ce qui concerne les industries, des différences très importantes existent entre les rythmes
de croissance de ce secteur vaste et si diversifié.
Voyons d'abord les industries extractives. Dans
cette branche, la croissance de la production
a été très rapide, en raison notamment de la
forte progression du charbon. D'ailleurs, à la fin
du XIXe siècle, les charbonnages représentaient
l'essentiel de ce secteur : en 1910, environ 70
pour 100 des actifs travaillant dans les industries
extractives sont occupés dans les charbonnages.
Or, entre 1830 et 1913, la production de charbon
des pays développés a progressé en moyenne de
4,6 pour 100 par an. Comme une partie de cette
production se substitue au bois, il en est résulté
un transfert de l'agriculture au sens large vers
l'industrie au sens large. Pour l'ensemble du secteur minier, qui comprend aussi des activités à
progression plus lente que le charbon, la progression annuelle (toujours pour le XIXe siècle) a
été de l'ordre de 3 à 4 pour 100.

On ne dispose que de très peu de données sur
le rythme de croissance de la construction. La
quasi-totalité des études sur l'industrie néglige
totalement ce secteur. Si l'on se base sur les
données concernant l'urbanisation, et en postulant arbitrairement que, vers 1913, le logement
par habitant était de 30 pour 100 supérieur à
celui vers 1800, cette partie déterminante de
ce secteur aurait connu une progression de 2,8
à 3,0 pour 100 par an. Il est probable, vu notam-

ment le développement rapide de l'infrastructure de transport, que pour l'ensemble du secteur «construction», on se situe autour des 3
pour 100.

LES INDUSTRIES MANUFACTURIÈRES :
UN SECTEUR HÉTÉROGÈNE

À l'intérieur des industries, ce sont les industries manufacturières qui occupent, et de loin, la
place la plus importante. Rappelons que, vers
1910, pour l'ensemble des pays développés,
celles-ci occupent 18 pour 100 de la population
active totale, comparés à 1,9 pour 100 pour les
industries extractives et à 4,7 pour 100 pour la
construction. Mais si les industries extractives et
la construction ont une certaine homogénéité, il
n'en est pas de même pour les industries manufacturières, dont la diversité des activités est très
large. La classification actuelle des activités économiques répartit la branche industries manufacturières en 8 secteurs (et 27 sous-secteurs).
Certes, au début du XIXe siècle la diversité était
moins grande, quoique néanmoins importante.
Cette diversité entraîne des différences marquées
dans la croissance. En règle générale, les nouvelles industries, telles que la chimie ou les fabrications électriques, connaissent une expansion
plus rapide que les industries traditionnelles,
telles que l'alimentation ou les meubles, pour ne
prendre que quelques exemples.

Faute de données comparatives valables au
niveau de ces trois secteurs et sous-secteurs et vu
l'intérêt limité d'une telle énumération, nous
nous bornerons à fournir le rythme de croissance

de l'ensemble de la branche «industries manufacturières». De 1800 à 1913, la production des
industries manufacturières a progressé à un
rythme de l'ordre de 2,6 pour 100 par an. De
1830 à 1913, il s'est même agi de 3,0 pour 100.
Au niveau sectoriel, les écarts ont été importants
et, sans retenir des cas exceptionnels, la fourchette a été probablement de l'ordre de 1 à 5
pour 100.

LE TERTIAIRE :
UNE CROISSANCE PLUS MODÉRÉE

Passons enfin à cet ensemble si disparate que
constitue le tertiaire. Si disparate... Oui, car
allant de l'éducation aux transports urbains, des
domestiques aux banques, des activités liées aux
cultes aux services pénitenciers, etc. Même si,
comme nous le verrons, les gains de productivité
ont été très modérés dans le tertiaire (transports
exceptés), la croissance de ce secteur a été sensible, mais probablement plus modérée que celle
de l'industrie. Nous disons probablement, car on
doit admettre que l'on ne dispose pas encore de
séries valables et surtout comparables internatio-
nalement sur l'évolution de la production de ce
secteur. Les seules séries globales relativement
fiables et comparables sont celles de l'emploi.
Pour les pays développés occidentaux (sans le
Japon), on peut estimer que, entre 1800 et 1913
(voir le tableau XI.4), l'emploi dans le tertiaire a
progressé d'environ 500 pour 100 (comparé à
450 pour 100 pour l'industrie). Mais comme la
productivité s'est accrue au moins trois fois plus
lentement dans le tertiaire que dans l'industrie,

la progression de la production du tertiaire a été plus lente que celle de l'industrie, et même un peu plus faible que celle de l'agriculture. Nos estimations aboutissent à un taux annuel de l'ordre de 1,5 à 2,0 pour 100.

Les industries motrices

Il est d'usage de parler, surtout à propos du XIXe siècle, de secteurs moteurs ou d'industries motrices. Par là, on entend une activité qui, à la fois par son importance et surtout par son développement rapide et grâce à la demande qu'elle suscite dans d'autres activités, entraîne l'ensemble de l'industrie. Nous retrouvons ainsi la problématique d'une croissance équilibrée ou déséquilibrée. Nous n'entrerons pas ici dans un débat qui, longtemps, a divisé les spécialistes des problèmes du Tiers-Monde, à savoir : quelle est la meilleure stratégie pour le démarrage et le développement économiques de ces pays ? Une croissance équilibrée, c'est-à-dire une évolution où tous les secteurs d'activités ou de classes sociales démarreraient à peu près au même moment et suivraient un rythme voisin de croissance, ce qui risque de poser des problèmes de manque d'investissements, d'autant plus que cette approche postule également une croissance équilibrée du niveau de vie des différentes couches sociales, ce qui ne facilite pas l'accumulation du capital. Ou une croissance déséquilibrée, c'est-à-dire une évolution qui favoriserait certains secteurs ou régions (et certaines classes sociales) qui, par la suite, entraîneraient le reste de l'économie, avec bien entendu le risque qu'un tel rattrapage ne se matérialise pas, ou trop tard, un tel retard occasionnant de graves problèmes sociaux. En ce domaine, les leçons du passé sont difficiles à interpréter. C'est l'existence même au XIXᵉ siècle de ces secteurs moteurs qui alimente les arguments en faveur d'une croissance déséquilibrée, bien que, par le passé, les secteurs moteurs n'aient pas eu les mêmes effets bénéfiques dans tous les pays.

Signalons, avant de revenir aux secteurs moteurs, que la problématique d'une croissance, équilibrée ou non, a aussi une autre composante : celle du déséquilibre des revenus. Dans quelle mesure la croissance économique se trouve-t-elle encouragée par une plus grande inégalité des revenus ? Le consensus des économistes a penché du côté de l'inégalité, source de croissance économique. Nous y reviendrons dans le dernier chapitre consacré au Tiers-Monde, et nous verrons que ce point de vue est en train d'évoluer. Chez les économistes libéraux, auparavant les seuls à préconiser une croissance déséquilibrée et à trouver des avantages dans l'inégalité de la distribution des revenus, on est en train de découvrir des avantages tant à la croissance équilibrée qu'à une distribution des revenus plus égale, pour ne pas dire plus équitable. Mais revenons aux secteurs moteurs et au XIXᵉ siècle.

DE LA FILATURE DE COTON,
INDUSTRIE MOTRICE PAR EXCELLENCE...

Du début de la révolution industrielle et jusqu'aux années 1830-1840, la filature du coton a

été l'industrie motrice par excellence, le prototype même de cette notion. Commençons par
l'Angleterre. Entre les années 1780 — où la
mécanisation est déjà largement en place — et
les années 1830, la consommation de coton brut
pour cette industrie a été multipliée par 36, soit
une progression annuelle moyenne de 7,4 pour
100, alors que pour le reste de l'industrie cette
progression n'a été que de 2 pour 100 à peu près.
La demande de machines et de forces motrices
de ce secteur a contribué grandement au développement des fabrications métalliques et des
machines à vapeur, ce qui, bien sûr, entraîne la
sidérurgie et les charbonnages. Vers 1830, la filature textile anglaise devait occuper à peu près un
cinquième de l'emploi de l'industrie manufacturière. Le même phénomène, mais décalé dans le
temps, est présent dans les autres pays qui se
développèrent au XIXe siècle. Ainsi, par exemple,
la consommation de coton brut a progressé
annuellement, entre 1800 et 1840, de 5,5 pour
100 en Belgique et aux États-Unis, de 7,2 pour
100 en France, de 5,3 pour 100 en Suisse, de probablement 5 pour 100 en Allemagne, et de probablement 7 pour 100 en Russie, etc.

Entre les années 1840 et 1880-1890, à la filature de coton s'ajoute la construction des chemins
de fer. Dans cette période, la filature de coton
conserve sa place prééminente et continue à enregistrer des taux de croissance élevés. Ainsi, entre
1840 et 1880, ce secteur (toujours en se basant
sur la consommation de coton brut) progresse
annuellement de 6,5 pour 100 en Allemagne, de
4,0 pour 100 en Autriche-Hongrie, de 6,0 pour
100 en Italie, de 4,1 pour 100 en Espagne, mais de

2,9 pour 100 au Royaume-Uni, de 3,3 pour 100 en
Belgique et de 2,5 pour 100 en Suisse. (La perte
de l'Alsace-Lorraine rend difficile l'analyse de la
France en ce domaine.) Ces différences s'expliquent évidemment par la chronologie du début du
développement. L'impact des chemins de fer a été
très important, puisque, entre 1850 et 1890, le
réseau des chemins de fer des pays développés
était passé de 38 000 à 533 000 km, soit une
adjonction de 495 000 km, alors qu'au cours des
40 années suivantes l'adjonction ne sera plus que
de 414 000 km. Vers 1910 (milieu de la seconde
période) la production sidérurgique était 5 fois
plus élevée qu'en 1870. Donc, en simplifiant
beaucoup : un impact relatif des chemins de fer
6 fois plus important pour la période 1850-1890.
Sur le plan international, l'introduction des chemins de fer s'étant réalisée plus uniformément
que la mécanisation du travail textile, ou que la
modernisation de la sidérurgie, son impact se
place à peu près à la même période dans tous les
pays. De ce fait, l'influence des chemins de fer a
été proportionnellement plus importante dans les
pays ayant démarré leur industrialisation plus
tardivement, tels que l'Allemagne.

... À CELLE DE L'AUTOMOBILE QUI INTERVIENT
AU XXᵉ SIÈCLE

Après 1880 et jusqu'aux années 1920, il est plus
difficile de parler d'industries motrices. Certes, la
chimie se développe rapidement, mais son importance relative demeure très faible. Il en est de
même de l'électricité. À partir des années 1920
aux États-Unis et des années 1950 en Europe,

l'industrie automobile joue le rôle d'industrie motrice. Et ce d'autant plus qu'à la production s'ajoutent les activités d'approvisionnement en essence et celles de l'entretien et des réparations[1].

LA PRODUCTIVITÉ :
ENTRE L'IMMOBILITÉ
ET L'EXPLOSION

À plusieurs reprises, nous avons insisté sur l'importance de la productivité. Après tout, la composante essentielle de la révolution industrielle est le rythme de croissance beaucoup plus élevé qu'auparavant de la productivité de l'ensemble de l'économie, et notamment de l'industrie, de l'agriculture et des transports. Rappelons que le concept de productivité a été défini dans le prologue et que, pour simplifier les choses, on peut la définir par la quantité de biens ou de services produite par unité de facteur de production. Parmi ces facteurs, le plus important est, de loin, le travail ; c'est d'ailleurs la seule notion de productivité qu'il est possible de mesurer valablement pour la quasi-totalité des secteurs durant le XIXe siècle, et pour beaucoup d'entre eux au XXe siècle. D'ailleurs, la plupart des mesures de productivité, même pour la période actuelle, concernent la productivité du travail ; et ce qualificatif est presque toujours implicite (et donc non précisé). Par conséquent, sauf indica-

1. Nous y reviendrons dans la quatrième partie (tome III).

tion contraire, il s'agira aussi ici de productivité du travail.

Donc, comme nous l'avons déjà signalé à plusieurs reprises, le rythme de croissance de la productivité est beaucoup plus significatif et beaucoup plus important dans ses conséquences que celui de la production. Et il n'est peut-être pas superflu d'illustrer ceci par un exemple qui touche un des problèmes essentiels de notre temps. Entre 1950 et 1990, la production agricole du Tiers-Monde à économie de marché a progressé de 2,8 pour 100 par an, c'est-à-dire à un taux très supérieur de celui des pays développés occidentaux durant la même période qui, lui, a été de 1,8 pour 100, et près de deux fois plus rapide que le taux de ces mêmes pays développés durant le XIXe siècle qui nous concerne ici. Puisque c'est la première fois que nous utilisons le terme «à économie de marché», il faut bien sûr relever que cette notion est anachronique actuellement (1996), puisque tant dans le Tiers-Monde que dans les pays développés pratiquement aucun pays ne prétend être (et n'est) une économie planifiée[1]. Mais reprenons le fil de notre réflexion. Donc apparemment, avec de tels taux de croissance, pas de problème en ce qui concerne l'agriculture du Tiers-Monde, alors qu'en réalité, c'est un des secteurs les plus mal en point. Secteur mal en point pour une double raison. Alors que, entre 1950 et 1990, dans les pays développés la population s'est accrue à un rythme de 0,9 pour 100 par

1. Pour la définition du terme, qui a été pertinente avant (et pendant longtemps), voir notamment l'introduction de la cinquième partie consacrée au Tiers-Monde durant le XXe siècle.

an, conduisant à une progression de 0,9 pour 100 par an de la production par habitant (ou, globalement, de 44 pour 100), dans le Tiers-Monde, en raison de l'inflation démographique (la population s'y est accrue d'un peu plus de 2,4 pour 100 par an), il y a une quasi-stagnation de la production agricole par habitant (environ 0,3 pour 100). Mais plus grave encore est le fait que durant la même période la productivité agricole n'a progressé dans le Tiers-Monde que de 0,6 à 0,7 pour 100 par an, alors que dans les pays développés occidentaux elle a progressé de 5,5 pour 100 par an.

La productivité dans l'agriculture

Voyons à présent ce qui s'est passé dans ce domaine au XIXe siècle. Comme nous l'avons déjà noté, parmi les critères de la détermination des grands secteurs d'activité (primaire, secondaire, tertiaire), les rythmes différents de productivité ont été évoqués, notamment par Fourastié. Pour cet auteur, le primaire se caractérise par un rythme moyen de croissance de la productivité ; le secondaire par un rythme rapide ; et le tertiaire par une quasi-absence de gain de la productivité. *Grosso modo*, cette généralisation est valable en ce qui concerne le XIXe siècle et une partie du XXe siècle. Toutefois, il convient d'insister d'emblée sur ce que l'on peut qualifier de rupture historique ou fondamentale en ce domaine, rupture historique souvent ignorée. Si, effectivement, depuis le début de la révolution industrielle et jusqu'au milieu du XXe siècle, le rythme de croissance de la productivité de l'industrie a été près de deux fois plus rapide que celui de l'agriculture, depuis les années 1930-1940 aux États-Unis et les années 1950 en Europe c'est l'inverse qui s'est produit[1].

Mais revenons au XIXᵉ siècle et fournissons des ordres de grandeur du rythme de croissance de la productivité dans l'agriculture. Pour ce secteur et pour les pays développés, on dispose de séries relativement valables sur l'évolution de cette productivité (Bairoch, 1996b). Si l'on prend l'ensemble des futurs pays développés (à l'exclusion du Japon et de l'Afrique du Sud), entre 1800 et 1910 la productivité du travail agricole s'est accrue à un rythme annuel de 0,8 pour 100 (1,0 pour 100 entre 1830 et 1910). Ce taux (de 0,8 pour 100) peut paraître faible, notamment eu égard aux taux actuels ; mais, par rapport au passé, il implique une rupture[2]. Les rares estimations dont on dispose pour les siècles antérieurs montrent que, même durant les phases les plus positives, il a dû s'agir de 0,1 à 0,2 pour 100 par an. D'ailleurs si, entre 1500 et 1800, la productivité agricole avait progressé au même rythme qu'au XIXᵉ siècle, et en tenant compte des disponibilités alimentaires de 1800, cela signifierait une disponibilité de l'ordre de 120 calories par habitant en 1500, soit seulement 6 pour 100 ou un dix-septième du minimum physiologique.

Le rythme de 0,8 pour 100 cité ci-dessus pour l'ensemble des pays développés est fortement

1. Nous évoquerons plus longuement cette rupture dans le chapitre XXV du tome III.
2. Voir chap. VIII (tome I).

influencé par le fait que, pour une grande partie de cet ensemble (notamment la Russie), la productivité stagne pendant la plus grande partie du XIXᵉ siècle. Si l'on se limite aux pays développés occidentaux, groupement qui exclut la plupart des pays ayant amorcé très tardivement leur révolution agricole, on aboutit à un rythme annuel de croissance de la productivité agricole de 1,1 pour 100 pour la période 1800-1910 et de 1,4 pour la période 1830-1910.

À plusieurs reprises, nous avons insisté sur le danger qu'il y avait à assimiler rendement agricole à productivité agricole, que ce soit sur le plan des niveaux ou sur celui des évolutions. Si en Amérique du Nord les gains de productivité doivent très peu de chose aux progrès des rendements, il en va autrement en Europe. D'autre part, les conséquences de l'accroissement des rendements sur les disponibilités de terre ne sont pas négligeables. Enfin, les changements en matière de rendements, surtout en Europe, ont été très importants. Pour ces raisons il est bon de jeter un coup d'œil sur l'évolution en ce domaine, ce qui est l'objet du tableau XII.1.

Au niveau de l'Europe (sans la Russie), les progrès des rendements au cours de la première moitié du XIXᵉ siècle ont été, dans l'ensemble, deux à trois fois plus faibles que ceux de la productivité, alors que dans la seconde moitié du même siècle il y a eu presque parité. Aux États-Unis, l'évolution la plus intéressante est celle de la seconde moitié du XIXᵉ siècle où la stagnation (et même une régression) des rendements de blé (ainsi que de certaines autres productions) a été concomitante avec une forte progression de la producti-

TABLEAU XII.1
RENDEMENTS ET PRODUCTIVITÉ DE L'AGRICUL-
TURE DES PAYS DÉVELOPPÉS AU XIXe SIÈCLE
(moyennes annuelles quinquennales)

	Rendements du blé[a]			Productivité[b]		
	1800	1870	1910	1800	1870	1910
EUROPE						
Allemagne	10,0	11,6	18,5	6,5	15,1	30,6
Autriche-Hongrie	–	9,8	12,7	5,0	6,7	11,9
Belgique	13,5	15,8	25,1	7,0	11,8	21,3
Bulgarie	–	–	10,3	5,0	7,0	10,4
Danemark	–	21,2	31,0	8,0	25,5	39,8
Espagne	5,5	–	9,4	4,3	6,0	9,1
Finlande	–	9,0	13,5	4,1	6,5	8,7
France	8,5	11,1	13,2	6,5	13,3	17,7
Grèce	–	–	7,0	5,1	5,0	4,7
Italie	7,3	8,0	9,6	5,0	5,6	6,8
Norvège	–	15,5	16,6	4,5	7,7	9,6
Pays-Bas	14,0	17,7	23,9	9,0	12,1	19,0
Portugal	6,0	–	6,0	3,2	3,8	3,7
Roumanie	–	8,2	11,7	6,0	6,8	13,9
Royaume-Uni	13,6	16,5	21,4	13,2	19,2	24,1
Russie	5,4	5,3	6,6	5,6	5,9	7,4
Serbie	–	–	10,0	6,1	7,3	9,2
Suède	–	14,2	21,2	4,2	9,0	15,3
Suisse	11,0	14,0	21,5	5,8	9,9	13,9
AUTRES PAYS DÉVELOPPÉS						
Australie	–	7,7	7,6	14,7	26,6	50,4
Canada	–	8,5	9,4	8,6	11,9	33,0
États-Unis	10,0	8,4	9,7	20,5	27,5	47,0
Nlle-Zélande	–	19,2	20,5	20,0	38,6	59,4

[a] Quintaux à l'hectare.
[b] Production agricole en millions de calories nettes par actif agricole masculin.

Sources : Bairoch, P. (1996c).

vité. Ces évolutions contradictoires s'expliquent largement par l'utilisation plus massive d'engrais chimiques en Europe et la mise en culture de terres plus marginales aux États-Unis.

La productivité dans les industries :
le secteur manufacturier en tête

On dispose de beaucoup moins de données de synthèse sur l'évolution de la productivité dans les industries. D'ailleurs, c'est un secteur beaucoup plus hétérogène que l'agriculture. Nous nous arrêterons plus longuement sur la composante dominante, à savoir l'industrie manufacturière. Mais il n'est pas superflu au préalable de passer en revue les deux autres secteurs des industries (la construction et les industries extractives), qui, tous deux, connurent un rythme plus lent de progression de la productivité. Pour des raisons évidentes, nous laisserons ici de côté le secteur de l'électricité (parfois d'ailleurs inclus dans les industries manufacturières).

LA CONSTRUCTION : UNE QUASI-STAGNATION

Dans les industries extractives et la construction, les gains de productivité ont donc été sensiblement plus faibles que ceux de l'industrie manufacturière. Dans ces deux secteurs, les systèmes et les modalités de travail ont peu évolué au cours du XIXᵉ siècle. Commençons par la construction où les techniques n'évoluent pratiquement pas jusqu'aux années 1870-1880. Et même alors les changements n'impliquent pas de

gains notoires de la productivité, ces changements étant essentiellement ceux de l'utilisation
du béton. Et encore, le béton n'a été que peu utilisé durant les dernières décennies du XIXe siècle.
Dans les travaux d'excavation, les méthodes de
travail sont non seulement inchangées durant
tout le XIXe siècle, mais aussi jusqu'après (et parfois bien après) la Seconde Guerre mondiale. Il en
est de même de la manutention des briques et des
tuiles (ou autres produits de construction). Le
travail des charpentes reste, lui aussi, quasi
immuable. Par conséquent, il est tout à fait prévi-
sible que la productivité de ce secteur n'ait pas
réellement évolué ; on peut parler d'une quasi-
stagnation (il en est de même d'ailleurs au
XXe siècle).

LES INDUSTRIES EXTRACTIVES

En ce qui concerne les industries extractives,
les gains de productivité ont été plus importants,
mais modestes. Le seul domaine pour lequel on
possède des données assez valables est celui du
charbon qui, d'ailleurs, a constitué l'activité largement dominante (rappelons une fois encore que
vers 1910 l'emploi dans les charbonnages représentait environ 70 pour 100 de l'emploi total des
industries extractives). Au chapitre X, consacré à
l'histoire des techniques, nous avons vu que ce
n'est qu'à partir du milieu des années 1860 que
l'on commence à utiliser dans les mines des perforatrices mécaniques à air comprimé. Cependant,
les gains de productivité ont été très modestes. Du
début des années 1860 aux années 1870, la production par ouvrier a progressé d'environ 1,3

pour 100 par an en Allemagne, en Belgique et en France ; mais est demeurée stable ou a même reculé au Royaume-Uni et aux États-Unis. Des années 1890 jusqu'à la Première Guerre mondiale, il y a eu stagnation, et même recul chez pratiquement tous les grands producteurs de charbon.

Signalons qu'en ce qui concerne l'autre source principale d'énergie, à savoir le bois, la scie mécanique ou tronçonneuse n'est intervenue que juste avant la Première Guerre mondiale ; par conséquent, peu de progression de la productivité jusqu'alors. En outre, la nouvelle source d'énergie du XIXe siècle, à savoir l'énergie électrique hydraulique, n'intervient que très tard dans le XIXe siècle. Même en 1913, cette source d'énergie ne représentait que 4 à 5 pour 100 de la production de l'ensemble des énergies. Par conséquent, on a assisté au cours de ce siècle à une évolution paradoxale de consommation croissante d'énergie : un coût relatif de l'énergie allant en s'accroissant.

LES DIVERSES INDUSTRIES MANUFACTURIÈRES

Commençons par un aperçu général. Si l'on prend la même entité géographique significative (futurs pays développés moins le Japon et l'Afrique du Sud) que nous avons utilisée pour l'agriculture, on peut estimer qu'entre 1830 et 1910 la productivité dans l'industrie manufacturière s'est accrue à un rythme presque exactement deux fois supérieur à celui de l'agriculture (en chiffres non arrondis nous avons obtenu 1,94 pour 100 pour l'industrie manufacturière et 0,96 pour 100 pour l'agriculture). Comme pour l'agriculture, cette progression rapide de la productivité industrielle constitue une rupture profonde par rapport au passé. Les estimations sur l'évolution de la productivité industrielle dans les périodes traditionnelles sont très rares et très fragmentaires. Il est probable que les gains ont été plus importants que dans l'agriculture, mais qu'ils n'ont certainement pas dépassé 0,3 pour 100 par an, même au cours des périodes les plus positives.

Revenons au XIXᵉ siècle et voyons les données sectorielles à l'intérieur de cette grande diversité d'activités que constitue l'industrie manufacturière, qui englobe aussi bien la fabrication du pain dans de petites boulangeries que celle du fer dans des hauts-fourneaux implantés dans des entreprises occupant des centaines d'ouvriers. C'est peut-être pour la sidérurgie que l'on dispose des séries les plus longues en ce qui concerne la productivité, en tout cas la productivité du travail. Dans le cadre des sociétés traditionnelles, à la veille de la révolution industrielle, la production de fer (brut) par ouvrier était de l'ordre de 5 à 6 tonnes par an. Vers 1850, en Europe continentale, on atteignait les 50 tonnes, et, à la veille de la Première Guerre mondiale, les 300 tonnes. Donc une multiplication par 55 environ, ou à peu près 2 à 3 pour 100 par an. Jetons un coup d'œil au-delà du XIXᵉ siècle. Actuellement, dans les usines intégrées modernes, qui, à partir du minerai, produisent de l'acier, il suffit de 3 à 4 heures de main-d'œuvre pour produire une tonne d'acier. Actuellement, la durée annuelle de travail étant d'environ 1 750 heures, cela équivaut à quelque 550 tonnes annuellement par actif ; soit pour

l'équivalent de la durée de travail du milieu du
XIXᵉ siècle environ 1 200 tonnes par an. Il est vrai
que, dans ces aciéries modernes, le coût de la
main-d'œuvre représente moins de 15 pour 100
du coût de production, vu l'importance de l'équipement. Dans le cadre des sociétés traditionnelles,
cette proportion était probablement supérieure à
50 pour 100. Et puisque l'on dispose pour les
États-Unis d'un calcul d'un indice de la productivité des hauts fourneaux (production par homme
et par an), relevons qu'il s'agit d'une croissance
annuelle de 11,1 pour 100 entre 1880 et 1914.

Passons au textile et prenons le cas très important de la filature du coton, le secteur moteur de
cette branche. Dans le cadre des sociétés traditionnelles, la production de fils de qualité moyenne
était de l'ordre d'un quart de kilo par jour de travail. À la veille de la Première Guerre mondiale, il
s'agissait d'environ 160 kg, donc une productivité
multipliée par 650 environ (ou à environ 4,5 à 5
pour 100 par an). Pour les filés très fins, le bon de
la productivité était encore plus grand : probablement multipliée par plus de 1 000.

Dans le bilan de la révolution industrielle
dressé dans le chapitre VIII, nous avons souligné
l'existence d'enclaves traditionnelles non seulement géographiques, mais aussi sectorielles. Il est
évident que les gains de productivité dans les activités demeurées traditionnelles ont été, même
pendant le XIXᵉ siècle, pratiquement nulles. Ce qui
explique pourquoi, malgré des taux annuels de
progression de productivité extrêmement rapides
dans certains secteurs (allant de 3 à 11 pour 100),
la moyenne de l'industrie manufacturière était
plutôt de 2 pour 100. Dans beaucoup de secteurs

traditionnels, ce n'est que tout à la fin de ce XIXe siècle que, grâce notamment à l'utilisation de moteurs électriques, quelques changements sont survenus dans le rythme de croissance de la productivité.

La productivité dans le tertiaire

Faisons un bref retour en arrière en évoquant une fois encore les critères de classification des activités en trois grands secteurs. Comme nous l'avons déjà signalé, Jean Fourastié avait associé le secteur tertiaire à une croissance très faible, voire nulle, de la productivité. L'exemple qu'il citait étant celui du coiffeur qui, aujourd'hui, met pratiquement autant de temps pour une coupe de cheveux qu'à l'époque romaine. Au XIXe siècle (contrairement à ce qui se passera dans la seconde moitié du XXe siècle) le tertiaire était caractérisé par une progression pratiquement nulle de la productivité. On ne dispose pas d'estimations valables en ce domaine, mais on peut estimer que, dans la meilleure hypothèse, le gain annuel moyen de la productivité du travail pour l'ensemble du tertiaire a dû être inférieur à 0,5 pour 100, et peut-être même 0,25 pour 100. Voyons les quelques rares estimations disponibles. Pour les États-Unis, on possède une série se rapportant à la distribution qui montre une forte progression entre 1869 et 1879, mais qui, de 1879 à 1909, ne se traduit que par un gain annuel de la productivité par heure de travail de 0,4 pour 100 (et de 0,8 pour 100 de 1909 à 1929). Pour l'ensemble du tertiaire et pour le XIXe siècle, le

rythme annuel de progression de la productivité
du tertiaire a dû être inférieur à 0,5 pour 100.

Il faut cependant mentionner l'exception
notoire des transports qui, au contraire, ont
connu durant le XIXe siècle des gains de productivité peut-être aussi rapides que ceux de l'industrie, mais dont l'importance relative dans le
tertiaire est marginale : vers 1910, l'emploi dans
les transports ne représentait que 18 pour 100 de
l'emploi dans le tertiaire des pays développés (et 4
pour 100 de l'emploi total).

Les données sur l'évolution et la productivité
dans les transports sont très rares, surtout pour la
période-clé des changements, à savoir 1830-1870.
Dans notre première étude (Bairoch, 1963), nous
avons fait une estimation du nombre de charrettes attelées d'un cheval qu'il aurait fallu, dans
les conditions prévalant au XVIIIe siècle, pour
transporter le volume du trafic terrestre de la
France du début des années 1960, le nombre de
charrettes s'élève à environ 60 millions. Et encore
ce calcul ne tient-il compte que des transports terrestres effectués par les chemins de fer et par les
camions à charge utile de plus d'une tonne, à l'exclusion des véhicules d'une tonne et moins. Or,
pour la même date, on peut estimer que les activités de transport terrestre employaient environ
500 000 personnes. La comparaison de ces deux
chiffres nous fournit une mesure grossière de l'accroissement de la productivité intervenu entre ces
deux périodes dans ce secteur qui est donc de
l'ordre de 1 à 120. Et même si, entre le début des
années 1960 et le milieu de la décennie 1990, la
productivité des transports terrestres n'a progressé que d'environ 1 à 2 pour 100 par an, cela

amène le gain global à un ratio de 1 à 200 du XVIIIᵉ siècle à nos jours. Pour les États-Unis, un indice de productivité (des transports), qui ne débute qu'avec 1889, aboutit, entre cette année et 1913, à un gain annuel de productivité de 1,6 pour 100 seulement.

Une autre indication des gains de productivité réalisés dans le domaine des transports peut être trouvée dans la baisse des coûts de ceux-ci. On peut estimer que, pour l'ensemble des transports, entre 1800 et 1910 les prix réels avaient diminué dans une proportion de 10 à 1[1]. Semblable baisse suppose, si l'on postule pour l'ensemble de l'économie un gain de productivité annuelle de 1,5 pour 100, une progression de l'ordre de 3,6 pour 100 pour ces transports. Certes, c'est là un calcul sommaire, puisqu'il ne tient pas compte des possibilités d'affectations différentes des gains de productivité ; cependant il doit aboutir à un ordre de grandeur acceptable.

Avant de passer à la productivité de l'ensemble de l'économie, il est bon d'insister une fois encore sur la non-permanence historique des différences de rythme de croissance de la productivité des divers secteurs. Certes, la hiérarchie de la croissance de la productivité, qui va du tertiaire (faible croissance) à l'industrie manufacturière (forte croissance), a été une réalité pendant deux siècles : du début de la révolution industrielle jusqu'au milieu du XXᵉ siècle. Mais, depuis lors, le bouleversement en ce domaine a été profond[2].

---

1. Voir chap. IX.
2. Nous y reviendrons dans le chapitre XXV (tome III).

La productivité de l'ensemble de l'économie

En définitive, le rythme de croissance de la productivité de l'ensemble de l'économie n'est pas très différent de celui de la croissance de la production économique globale par habitant, et ce, surtout si l'on s'en tient à la productivité du travail de l'ensemble de l'économie qui est la seule que l'on puisse mesurer valablement pour le XIXe siècle. En effet, la progression de la population active a été, *grosso modo*, la même (quoique un peu plus rapide) que celle de la population totale. Ainsi, si l'on prend la période 1830-1910, pour l'ensemble des pays développés la progression de la population active a été de l'ordre de 25 pour 100, et celle de la population totale de 24 pour 100. Donc, dans ce cas, la seule différence importante entre la production par habitant et la productivité est qu'il s'agit de la production par heure de travail, et que celle-ci a sensiblement baissé durant le XIXe siècle, et notamment durant la seconde moitié de celui-ci. L'estimation internationale la plus récente, par conséquent basée sur les acquis des recherches de ces dernières années, est celle de A. Maddison (1995); mais celle-ci ne débute qu'à partir de 1870. De 1880 à 1913, la productivité par heure de travail a augmenté à un taux annuel variant de 1,1 à 1,2 pour 100 pour des pays tels que l'Australie, la Belgique, les Pays-Bas et le Royaume-Uni; de 1,7 à 1,9 pour 100 pour l'Allemagne, l'Autriche, le Danemark, les États-Unis, la Finlande et le Japon. Le taux qui semblerait aberrant est celui du Canada, avec 2,3 pour 100. Pour l'ensemble des seize pays, pour lesquels les calculs ont pu être réalisés, on aboutit à une moyenne de 1,6 pour 100 (mais font notamment défaut l'Espagne et la Russie).

Les données sur la durée du travail pour la période précédant 1870 sont trop aléatoires pour que l'on puisse tenter une estimation tant soit peu valable du gain de productivité par heure de travail. Par conséquent, comme il y a une adéquation presque complète entre l'évolution de la productivité de l'ensemble de l'économie et la croissance du PNB par habitant, les différences régionales et temporelles de l'évolution seront abordées à propos des données sur la croissance, auxquelles nous passons à présent. Cela se justifie d'autant plus que les données sur la croissance économique sont plus nombreuses et plus fiables que celles qui concernent la productivité.

LA CROISSANCE ÉCONOMIQUE

Ouvrons d'abord une double parenthèse. La première concerne la notion même de croissance économique. Il est évident que l'on ne peut valablement parler d'une croissance économique qu'en termes de croissance par habitant. Par exemple, un pays ou une région où la progression de la production globale serait de 3 pour 100 par an mais où la population augmenterait également de 3 pour 100 ne peut pas être réellement caractérisé comme étant en phase de croissance. En revanche, dans l'hypothèse d'une progression de·2 pour 100 de la production et de 1 pour 100 de la population, on est en présence d'une croissance. Quand on parle de croissance économique, on sous-entend généralement croissance du volume du Produit ou Revenu National par habitant. Le qualificatif de volume est utilisé (et souvent sous-entendu) pour signifier que l'on tient compte des quantités réelles qui éliminent les effets des hausses (ou des baisses) des prix.

LA NOTION DE PNB ET SES CARENCES

La notion de produit (ou revenu) national a été déjà mise au point à la fin du XVIIᵉ siècle, mais les méthodes (et les possibilités) de calcul se sont affinées dans les années 1930, et, à partir des années 1950, on s'efforce de les utiliser aussi pour des calculs rétrospectifs. L'idée de base est de faire la somme de l'ensemble des productions de tous les secteurs, en y incluant également l'autoconsommation. Parmi les nombreux concepts faisant partie de la comptabilité économique le produit national brut (PNB) est le plus largement utilisé pour les comparaisons de la croissance et des niveaux de développement. Récemment, toutefois, on a tendance à utiliser davantage la notion de PIB (Produit Intérieur Brut) qui se distingue du PNB par la défalcation de ce PNB des « revenus nets versés au reste du monde ». D'ailleurs, depuis la fin de la Seconde Guerre mondiale, les services statistiques ont tenté d'harmoniser ce que l'on appelle le « système de comptabilité nationale », dont une première révision a été faite en 1968, mais qui n'implique pas de bouleversements. En 1994, un nouveau système a été annoncé, qui cherche à contrer une partie des critiques adressées à la conception générale, notamment l'omission de certaines activités « souterraines » (essentiellement des activités non déclarées au fisc). Notons cependant que les calculs cherchent en principe à incorporer dans la comptabilité économique les activités souterraines (qualifiées aussi d'économies parallèles); mais, par la force des choses, ce type d'estimation ne peut être très précis. Sur le plan international, il y a de fortes différences en la matière, puisque actuellement, par exemple, les taux (par rapport au PNB) varient d'un maximum pour des pays aussi divers que l'Italie (23 pour 100), la Belgique (20 pour 100), la Grande-Bretagne (19 pour 100) et la Suède (18 pour 100) à un minimum pour la Suisse (un peu moins de 7 pour 100), l'Autriche (7 pour 100) et les États-Unis (9 pour 100); la France (14 pour 100) se situant vers la moyenne.

Mais tout le principe de la comptabilité économique, tel qu'il est pratiqué, est soumis à des critiques justifiées. D'une part, et c'est la carence la plus grave, la comptabilité nationale tient compte d'une façon inadéquate de ce que l'on qualifie de coûts externes de la croissance. L'exemple le plus significatif de ces coûts est la pollution. D'ailleurs, certains coûts externes sont comptabilisés positivement dans les calculs du produit ou revenu national. Par exemple, les dépenses impliquées par la congestion des villes, à savoir consommation accrue d'essence, usure des voitures, agents de circulation, etc., tout cela est porté au crédit du revenu national, alors que les effets négatifs sur la santé et le bien-être des habitants ne sont pas débités.

Autre carence importante : l'omission (en tout cas avant la réforme du système préconisée en 1994) du travail des femmes au foyer qui représente, et surtout représentait au XIXᵉ siècle, une fraction significative de l'activité humaine, probablement 30 à 40 pour 100 du total des activités des hommes et des femmes. Et un économiste, qui avait le sens de l'humour, préconisait, sous forme de boutade, un moyen simple et rapide d'accroître le revenu national : il suffirait que tout homme marié, dont la femme ne travaille pas à l'extérieur, divorce et engage sa femme comme gouvernante et lui octroie la moitié de son revenu comme salaire. Cela ferait augmenter d'environ un quart le niveau du produit par habitant ! Mais, là encore, les choses ne sont pas simples. Car si la proportion de femmes actives augmente et, de ce fait, conduit à l'augmentation du PNB, on ne comptabilise pas non plus dans ce cas les coûts externes d'une telle évolution : moins bonne éducation des enfants ; stress des femmes devant s'occuper du ménage après le travail ; diminution de la qualité des repas ; etc.

Malgré toutes ces carences et quelques tentatives pour proposer des concepts alternatifs, la notion de produit ou de revenu national (ou intérieur) brut reste le moins mauvais des indicateurs uniques pour mesurer le rythme de croissance des économies et les différences des niveaux de développement de celles-ci. Et comme c'est le cas de pratiquement tous ceux qui se penchent sur la mesure de la croissance économique, nous utiliserons cette notion pour examiner les trois aspects suivants qui seront traités ici à propos du XIXᵉ siècle ; à savoir : 1) le niveau général de la croissance ; 2) les phases de croissance ; 3) les différences internationales.

Le niveau général de la croissance au XIXe siècle

La croissance économique des pays développés durant le XIXe siècle peut être qualifiée à la fois de très rapide et de très lente. Très rapide, et même véritable explosion si la comparaison s'établit par rapport aux siècles qui ont précédé. Très lente par rapport à ce qui s'est produit dans ces pays développés depuis la fin de la Seconde Guerre mondiale, soit depuis près d'un demi-siècle. Si on limite la comparaison à la période dite des «trente glorieuses», à savoir de 1945 à 1973, l'écart est encore plus marqué, car il y a eu un certain ralentissement de la croissance de 1973 à 1995.

Donnons des ordres de grandeur. De 1800 à 1913, pour l'ensemble des pays développés, le volume du PNB par habitant s'est accru à un rythme annuel de l'ordre de 1,1 pour 100. Bien que nous ayons l'occasion de revenir sur les différences internationales, signalons que pour l'Europe il s'est agi d'un peu moins de 1,0 pour 100, alors que pour l'Amérique du Nord il s'agissait d'un peu plus de 1,5 pour 100. Pour le demi-siècle allant de 1945 à 1995, et pour l'ensemble des pays développés occidentaux, la croissance annuelle du volume du PNB par habitant a été de l'ordre de 2,6 pour 100. De 1945 à 1973 il s'est même agi de 3,5 pour 100. Donc une croissance durant le XIXe siècle deux fois et demie plus lente que dans le dernier demi-siècle. De ce fait, actuel-

lement, lorsque la croissance descend vers 1 pour
100, on parle généralement de stagnation, voire
de dépression.

Voyons à présent quel a été le rythme de croissance durant les siècles qui ont précédé 1800. Les
données sont évidemment très aléatoires, même
si on se limite à la période 1500 à 1800. Mais, en
tout état de cause, vu le faible niveau de 1800, la
croissance n'a certainement pas pu être conséquente. En procédant avec le même type de rai-
sonnement par l'absurde que pour l'agriculture,
on peut être sûr que la croissance annuelle durant
ces trois siècles n'a même pas atteint 0,2 pour 100
par an, car cela impliquait pour 1500 un PNB de
moitié de celui de 1800 qui, lui, se situait à peine à
environ 25 à 35 pour 100 au-dessus du minimum
vital. Donc si la croissance avait été de cet ordre,
le niveau de 1500 se serait situé au mieux à un
quart au-dessous du minimum vital, ce qui évidemment est une impossibilité. Selon toute vraisemblance, la croissance a même été inférieure
en moyenne durant ces trois siècles à 0,15 pour
100 par an. Si l'on remonte encore plus loin,
disons à l'aube de l'ère chrétienne, un calcul par
l'absurde montre très bien, si besoin en était, qu'à
très long terme la croissance avant la révolution
industrielle a été négligeable. Un rythme annuel
de croissance 0,1 pour 100 seulement impliquerait en 18 siècles une multiplication par 14,8. Or,
si à l'aube de l'ère chrétienne, le niveau de vie en
Europe s'était situé au plus bas niveau possible,
c'est-à-dire au minimum vital, cela impliquerait
pour 1800 un niveau de vie près de 11 fois supérieur à celui effectivement atteint. En définitive,
on peut parler d'une quasi-stagnation à long terme

avant la révolution industrielle, même si l'on assiste à des siècles de progrès et de recul, ceci toutefois dans des limites très étroites. Donc une croissance durant le XIXe siècle au moins 10 fois plus rapide qu'au cours des siècles positifs précédents.

Phases de croissance
durant le XIXe siècle

Avant de passer à l'analyse des phases de la croissance économique de ce XIXe siècle, signalons que l'analyse des fluctuations économiques fera l'objet du chapitre XV. Ici, nous sommes concernés par les grandes phases, par les périodes d'une durée supérieure à 10 à 20 ans. Dans l'analyse des phases de la croissance économique des pays développés, il convient de distinguer d'emblée les pays de peuplement européen de ceux de l'Europe. En effet, ces pays de peuplement européen ne connaissent pas cette phase très importante de l'histoire du XIXe siècle qui a été qualifiée de «la grande dépression», qui se place entre 1867-1869 et 1889-1891 et a été marquée par une quasi-stagnation de l'économie européenne. Une des principales raisons de ce manque de synchronisme est liée au fait que, en grande partie, ce sont les exportations accrues de céréales en provenance de ces pays de peuplement européen qui ont été à la base de cette grande dépression européenne, et qui ont été, par contre, un facteur de croissance de ces pays de peuplement européen. Voyons donc d'abord les phases en Europe.

L'EUROPE ET LA GRANDE DÉPRESSION

De 1815 à 1867-1869, on est en présence d'une phase d'expansion économique assez rapide. Rapide, bien entendu, dans le contexte du XIXᵉ siècle, puisque la croissance du volume du PNB par habitant a été de l'ordre de 1,2 pour 100 par an, ce qui, aujourd'hui, pourrait être considéré presque comme une récession. On peut partager ces quatre décennies en deux périodes. La première, de 1810-1815 à 1843-1845, est plutôt caractérisée par une croissance moyenne, alors que la seconde, qui va jusqu'en 1867-1869, est marquée, quant à elle, par une croissance rapide.

«La grande dépression», qui dure de 1867-1869 à 1889-1891, a d'abord été mise en relief pour l'économie britannique, car c'est pour ce pays que l'on disposait de plus d'études. Mais, au fur et à mesure que les données et leurs analyses se sont étendues à d'autres pays européens, on s'est aperçu alors que ce que l'on appelait «la grande dépression britannique» était, en fait, une grande dépression européenne ; donc le phénomène touchait pratiquement tous les pays européens. Durant ces 21 à 23 années, on est en présence d'une quasi-stagnation du PNB par habitant, celui-ci n'ayant progressé que de 0,1 pour 100 par an. Selon toute probabilité, cette forte dépression a été largement causée par l'afflux des céréales bon marché d'outre-mer. Cet afflux a été favorisé par la conjonction d'un changement des politiques tarifaires[1], qui, à partir de 1860-1862,

---

1. Voir chapitre XIII.

introduisit pratiquement le libre-échange pour les produits agricoles, et par la baisse des coûts de transport, qui s'accélère à partir des années 1850-1860. La guerre civile (guerre de Sécession : 1861-1865) aux États-Unis a un peu retardé cet afflux ; mais, de 1866-1870 à 1890-1894, les exportations de céréales des pays de peuplement européen sont passées de 1,5 à 8,3 millions de tonnes. Ce qui a conduit à un déficit céréalier important en Europe et a déprimé les prix agricoles, et, par conséquent, le revenu des agriculteurs qui, à l'époque, constituaient encore la majorité de la population.

De 1889-1891 à 1914, la croissance a été même plus rapide qu'avant 1867-1869 : 1,5 pour 100 par an. Un des paradoxes de l'économie politique libérale et néolibérale est que cette période de croissance rapide a été aussi celle d'un retour à un protectionnisme douanier de plus en plus strict. S'il n'est pas certain que ce protectionnisme ait aidé l'industrialisation, en revanche son effet sur l'agriculture a été important, entraînant une reprise de la croissance du revenu de cette fraction encore significative des économies européennes.

LES PAYS DE PEUPLEMENT EUROPÉEN :
L'ACCÉLÉRATION D'UNE CROISSANCE RAPIDE

Dans les pays de peuplement européen, le XIXᵉ siècle peut être partagé en deux pour ce qui concerne les grandes tendances de la croissance économique. Du début du XIXᵉ siècle jusqu'à 1860-1870, on est placé devant une croissance moyenne : 1,4 pour 100 ; ce qui, néanmoins, est plus rapide qu'en Europe durant la même période

(1,2 pour 100). De 1860-1870 à 1914, on est en présence d'une croissance très rapide, de l'ordre de 1,9 pour 100 par an. Dans une large mesure les possibilités d'exportation accrues de céréales et d'autres produits agricoles en Europe expliquent cette accélération de la croissance économique. À quoi s'ajoute, ainsi que nous l'avons vu dans le chapitre VI, l'afflux de main-d'œuvre et de capitaux.

Différences de croissance par pays

Dans les chapitres V à VII, nous avons parlé de la chronologie du démarrage des divers pays. Ici, l'approche est différente : il s'agit de voir quel a été le rythme de croissance dans les périodes du XIXᵉ siècle où les différents pays sont déjà rentrés dans le processus de développement. L'analyse comparative de la croissance impliquant encore trop d'incertitudes, nous ventilerons simplement les pays développés en trois groupes : pays à croissance économique rapide, moyenne et lente (on trouvera *infra* dans le tableau XII.2 des données à ce propos).

Le groupe «pays à croissance économique rapide» (de l'ordre de 1,2 à 1,7 pour 100 par an et par habitant) comprend l'ensemble des pays de peuplement européen, y compris probablement même ceux qui, par la suite, ne feront pas partie des pays développés (Argentine, Chili, Uruguay). À ces pays, il convient d'ajouter l'Allemagne, la Belgique, le Danemark, la France, la Suède et la Suisse. Le cas de la France est un peu différent, en ce sens que c'est le pays d'Europe dont la croissance démographique a été la plus faible durant le XIXᵉ siècle (0,2 pour 100 par an de 1830 à 1913, comparée à 0,9 pour 100 pour le reste de l'Europe). De ce fait, si l'on établissait la classification selon le critère de la croissance globale, la France se trouverait dans le groupe à faible performance.

Le groupe «pays à croissance économique moyenne» (de l'ordre de 1 à 1,1 pour 100 par an et par habitant) comprend l'Autriche-Hongrie, les Pays-Bas, la Norvège, la Roumanie, le Royaume-Uni et la Russie. Il s'agit ainsi d'un ensemble très hétérogène, puisque incluant à la fois le pays berceau de la révolution industrielle et des pays ayant démarré très tardivement.

Enfin, le groupe «pays à croissance économique lente» (inférieur à 1 pour 100 par an et par habitant) est composé essentiellement de l'Europe du Sud (Espagne, Italie et Portugal) et des Balkans (Bulgarie, Grèce et Yougoslavie). Dans le cas des Balkans, il faut tenir compte du caractère très tardif de leur démarrage économique qui réduit considérablement la période d'analyse.

Ce classement montre à l'évidence que la période de démarrage n'a pas déterminé le rythme de la croissance. C'était là un point de vue assez répandu au début des années 1960, point de vue qui trouvait son fondement dans les très bonnes performances économiques d'alors de pays ayant démarré tardivement, tels que l'Italie ou le Japon, et que l'absence de séries historiques permettait d'accréditer. Point de vue également réconfortant pour la problématique du sous-développement, dont on prenait alors conscience, et qui permettait ainsi de postuler un rattrapage rapide du Tiers-Monde. D'ailleurs[1], les objectifs de la Première Décennie du développement des Nations Unies proposaient une croissance annuelle du PNB par habitant de 2,8 pour 100, c'est-à-dire près de trois fois plus rapide que celle de la moyenne des pays développés au XIXᵉ siècle et deux fois plus si l'on se limite à la croissance globale et non par habitant. Il convient donc de s'interroger quant aux raisons des différences internationales de croissance durant le XIXᵉ siècle.

Comment expliquer les différences de rythme de croissance économique ?

Comment expliquer alors ces différences des rythmes de croissance ? À l'heure actuelle, on ne dispose d'aucune étude comparative approfondie du genre de celles qui existent pour la seconde moitié du XXᵉ siècle. Ce qui implique que les raisons évoquées pour expliquer soit les succès, soit les échecs, ne sont qu'approximatives. Dans la première partie, consacrée à la révolution industrielle, nous avons donné les causes probables qui expliqueraient les différences dans la chronologie du démarrage économique. Parmi ces causes, la distance par rapport au pays berceau de la révolution industrielle et des éléments tels que les ressources en matières premières et les ressources humaines (notamment éducation) ainsi que le climat occupent une place importante. À l'exception du facteur distance par rapport à l'Angleterre, il

---

1. Voir chap. XXXI (tome III).

n'y a pas de doute que les facteurs énumérés ci-dessus interviennent également pour expliquer les différences de rythme de croissance que, bien sûr, il ne faut pas confondre avec les différences de période de démarrage. Il s'agit donc d'expliquer sommairement les succès et les échecs de la croissance après le démarrage.

Les succès... Ceux des pays de peuplement européen ont certainement une explication — déjà présentée précédemment — et que l'on peut résumer par une très bonne adéquation du ratio hommes/ressources naturelles, auquel se sont ajoutés l'apport d'une main-d'œuvre formée et d'abondants capitaux. Pour l'Allemagne, le Danemark, la Suède et la Suisse, parmi les facteurs les plus évidents, on peut retenir le haut niveau d'éducation de la population. En ce qui concerne la France, qui, d'ailleurs, se trouve à la limite inférieure de ce groupe de pays à croissance rapide, le seul facteur que l'on puisse avancer avec quelque certitude est le bon ratio hommes/ressources. Après tout, parmi les grands pays d'Europe, la « doulce » France est très probablement le seul pays qui combine à la fois des ressources plus qu'honorables en matières premières à de très bonnes terres agricoles et à une situation géographique privilégiée. D'autre part, la France est le pays d'Europe (Irlande exceptée) qui a connu la croissance démographique la plus faible, ce qui est un élément de présomption qu'une croissance démographique lente n'est pas nécessairement un facteur susceptible de constituer un frein à la croissance économique.

D'ailleurs, pour ce qui est de l'Europe, ce sont généralement les pays à croissance démographique lente qui ont connu les meilleures perfor-

mances, et l'inverse se vérifie également. Il ne
faut cependant pas tirer trop de conséquences de
cette relation, l'intervention d'autres facteurs
étant probablement plus déterminante.

Les échecs... Pour l'Italie et l'Espagne, nous
avons déjà évoqué des éléments explicatifs du
retard de leur démarrage et dont l'impact a évidemment persisté. Rappelons ici ces éléments :
ces deux pays souffrent du poids de leur rôle économique et, surtout, commercial précédent. Ils
ont hérité notamment d'un système urbain trop
important pour leur fonction économique du
XIXᵉ siècle, ce qui implique une ponction trop
lourde de ressources économiques. De plus, l'Italie est assez dépourvue de matières premières ; et
l'Espagne a connu, au milieu du XIXᵉ siècle, une
véritable crise agricole. Le fait que ces deux pays,
ainsi que pratiquement tous les pays à croissance
lente, soient localisés dans le sud de l'Europe
peut constituer un élément explicatif dans la
mesure où la diffusion des progrès agricoles issus
de la révolution agricole anglaise ont été plus
aisément transférables dans les parties plus tempérées d'Europe. C'est d'ailleurs là un problème
à portée plus large auquel nous reviendrons lors
de l'étude des Tiers-Mondes.

En outre, ces deux pays, comme pratiquement
tous ceux qui ont connu une croissance lente, se
caractérisent par un fort taux d'analphabétisme.
Si l'on se place vers 1880, c'est-à-dire avant la
généralisation de l'enseignement primaire obligatoire qui a eu tendance à égaliser les situations, on
est en présence des taux d'analphabétisme suivants : Italie et Espagne, par hasard les mêmes
taux : 66 pour 100, comparés à moins de 10 pour

100 pour l'Allemagne, la Suisse et les pays nordiques ; et à 32 pour 100 pour la Belgique et la France. Du côté des cas négatifs, relevons des taux d'analphabétisme de l'ordre de 80 pour 100 pour le Portugal, la Roumanie et la Russie, et de l'ordre de 85 pour 100 pour les pays balkaniques.

Le cas du Portugal s'apparente à celui des deux pays traités ci-dessus pour ce qui est du poids du système urbain, et partiellement à l'Italie pour ce qui concerne les matières premières (et plus spécifiquement l'absence de charbon). Ce à quoi s'ajoutent encore deux handicaps. En termes pratiques, dès 1808, le Portugal a perdu sa principale colonie : le Brésil ; et son principal produit d'exportation, à savoir le vin, s'est vu concurrencer par d'autres producteurs (France et Espagne notamment). De tous les pays d'Europe, c'est le Portugal qui a connu durant le XIXe siècle l'évolution la plus défavorable. En effet, vers 1800, ce pays figurait probablement parmi le groupe des 3 ou 4 pays les plus riches d'Europe ; or, en 1913, il figure parmi les 3 pays les plus pauvres. À ce propos, il est significatif de signaler que le Portugal est le seul pays d'Europe dont le taux d'urbanisation (c'est-à-dire la proportion de citadins) n'a pas progressé durant le XIXe siècle.

Enfin, en ce qui concerne les Balkans, il faut tenir compte, bien entendu, du fait que ceux-ci ont été, jusqu'au milieu du XIXe siècle, des colonies faisant partie de l'Empire ottoman. Toutefois les analyses dont on dispose jusqu'ici ne permettent pas de voir si c'est là le principal facteur explicatif, ni les modes d'action de ce facteur. D'ailleurs, malgré leurs passés assez voisins, ils ont connu des rythmes de croissance différents.

TABLEAU XII.2

NIVEAUX DU PNB PAR HABITANT DES PAYS DÉVELOPPÉS
(exprimé en dollars et prix des États-Unis de 1960)

	1800	1830	1850	1870	1890	1900	1913
EUROPE	199	240	285	350	400	465	550
Allemagne	200	240	305	425	540	645	790
Autriche-Hongrie	200	240	275	310	370	425	510
Belgique	200	240	335	450	555	650	815
Bulgarie	175	185	205	225	260	275	285
Danemark	205	225	280	365	525	655	885
Espagne	210	250	295	315	325	365	400
Finlande	180	190	230	300	370	430	525
France	205	275	345	450	525	610	670
Grèce	190	195	220	255	300	310	335
Italie	220	240	260	300	315	345	455
Norvège	185	225	285	340	430	475	615
Pays-Bas	270	320	385	470	570	610	740
Portugal	230	250	275	290	295	320	335
Roumanie	190	195	205	225	265	300	370
Royaume-Uni	240	355	470	650	815	915	1 035

	1800	1830	1850	1870	1890	1900	1913
Russie	170	180	190	220	210	260	340
Serbie	185	200	215	235	260	270	300
Suède	195	235	270	315	405	495	705
Suisse	190	240	340	485	645	730	895
AUTRES PAYS DÉVEL.							
Australie	189	223	304	402	632	770	970
Canada	250	290	380	665	970	875	1 095
États-Unis	220	280	370	470	710	810	1 110
Japon	240	325	465	580	875	1 070	1 350
Nouvelle-Zélande	180	180	180	180	240	290	310
	–	–	380	480	590	620	800
TOTAL PAYS DÉVEL.	195	235	290	360	455	540	660

Note : Pour passer en dollars et prix des États-Unis de 1995 il convient de multiplier ces chiffres par 5.

Sources : D'après Bairoch, P. (1976b) et Bairoch, P. (1997a).

Sur le plan de l'ensemble des pays développés, les rythmes différents de croissance et les dates très différentes de démarrage conduisent à un écart grandissant des niveaux de développement. Et ce d'autant plus que, parmi les pays partis tardivement, on compte une forte proportion de pays plutôt pauvres que riches. Comme on peut le voir dans le tableau XII.2, vers 1830, entre le groupe de pays à PNB par habitant le plus faible et celui à PNB le plus élevé, l'écart n'est que de 1,0 à 1,5. Vers 1910, il s'agit d'un écart de l'ordre de 1,0 à 4,0.

UNE PARENTHÈSE SUR LA NÉCESSAIRE CORRECTION
DES DONNÉES DU PNB

Comme c'est la première fois que nous procédons à une comparaison systématique des données sur le PNB par habitant, précisons que ce sont des données qui sont corrigées afin de tenir compte autant que possible des distorsions introduites par les méthodes généralement utilisées pour de telles comparaisons. Le problème essentiel étant, comme nous l'avons déjà signalé dans le prologue, qu'en comparant les données d'un pays à un autre, on convertit les monnaies nationales en utilisant le taux de change en vigueur. Or ce taux ne correspond presque jamais au pouvoir d'achat. Exemple : un dollar américain échangé en monnaie locale permet d'acheter deux à trois fois plus de produits dans certains pays du Tiers-Monde qu'aux États-Unis ; à l'inverse, actuellement le dollar américain peut « acheter », par exemple, moins de produits en Suisse qu'aux États-Unis. La méthode généralement utilisée pour les com-

paraisons historiques est de partir des données
actuelles (ou récentes) corrigées afin de tenir
compte des différences du pouvoir d'achat des
monnaies.

Afin de corriger ces distorsions, on a surtout
recours à des comparaisons de prix d'une gamme
homogène et aussi vaste que possible de produits.
Une autre approche utilisée, notamment pour la
comparaison des niveaux du PNB est celle qualifiée d'« indicateurs physiques ». Il s'agit de rassem-
bler pour les pays considérés le plus grand nombre
d'indicateurs qui traduisent les niveaux de vie ou
de développement ; par exemple, des indicateurs
généraux (tels que l'espérance de vie, le niveau de
la structure de la consommation alimentaire et
d'articles manufacturés, le niveau d'urbanisation,
etc.), également des indicateurs plus spécifiques
(tels que la consommation d'acier, de papier,
d'énergie, d'engrais, etc.) et des données telles
que la disponibilité en équipements ménagers,
médicaux, de loisir, etc. Tout ceci subissant un
« traitement » statistique plus ou moins élaboré.
Pour des raisons notamment de larges disponibilités de données, nous avons choisi d'exprimer ces
données rendues comparables en prix et dollars
des États-Unis de 1960. Afin de les traduire en
prix et dollars des États-Unis de 1990, il faut multiplier les chiffres par environ 4,35 (pour passer
aux prix de 1995 le coefficient est d'environ 5,00).

Revenons à présent à nos comparaisons historiques. À ces données corrigées est appliqué pour
chaque pays le taux de croissance tel qu'il ressort
des études disponibles les plus valables. Or, il est
certain que ces taux de croissance comportent des
biais très différents d'un pays à un autre. Et même

une légère différence de croissance entraîne sur le long terme des écarts importants (par exemple, même 0,2 pour 100 sur 150 ans implique une variation de 35 pour 100). C'est la raison pour laquelle dans nos estimations j'ai rectifié les données historiques en utilisant la méthode dite d'«indicateurs physiques».

Et revenons à présent à la comparaison vers 1910. Le pays le plus riche n'est plus le pays «berceau de la révolution industrielle», ce sont les États-Unis. De surcroît, les États-Unis étant alors déjà un pays très peuplé (92 millions d'habitants), ils sont aussi, et de loin, la principale puissance économique du monde, représentant à eux seuls près d'un cinquième du potentiel économique mondial. Mais ils ne sont pas encore vraiment conscients de cette situation, somme toute très récente. Quarante ans auparavant, vers 1870, les États-Unis n'avaient que 40 millions d'habitants et leur potentiel économique ne représentait qu'un quinzième de celui du monde. Or, les politiciens gardaient souvent en mémoire les données acquises durant leurs études, c'est-à-dire généralement 30 ou 40 ans avant leurs plus grandes responsabilités.

LES ENTREPRISES : DE PROFONDES MUTATIONS

Ici, nous traiterons essentiellement des entreprises industrielles qui, d'ailleurs, sont celles qui connaissent les changements les plus importants, qui comportent cinq axes principaux : les modifications des formes juridiques des entreprises ; l'augmentation de la taille de celles-ci ; le processus de concentration ; la gestion des entreprises ; et, enfin, la multinationalisation (ou, si l'on préfère, l'émergence des multinationales). À ces cinq changements, on pourrait encore ajouter les formes d'organisation du travail. Dans le chapitre IX, nous avons présenté les profondes modifications enregistrées par le secteur de la distribution, où l'on est passé du colporteur aux grands magasins et aussi aux coopératives (évolution assez spécifique à ce secteur), par conséquent nous n'y reviendrons pas. Notons seulement que la forme d'entreprises coopératives, qui a joué un rôle non négligeable dans la distribution et que nous retrouverons aussi dans les banques, est pratiquement absente des secteurs industriels au XIXe siècle.

Comme ceci est déjà apparu à propos des techniques, dans le domaine des entreprises les États-Unis suivirent souvent des voies différentes de celles de l'Europe. Dans la mesure où l'Europe imita, mais avec un grand retard, le ou les modèles américains, on peut considérer que les États-Unis ont joué dans de nombreux pays un rôle de précurseur.

Formes juridiques des entreprises

Il s'agit essentiellement ici de la mise au point de la législation qui va permettre et favoriser la création d'entreprises sous la forme de sociétés anonymes, et notamment de sociétés anonymes à actions. Certains historiens sont allés jusqu'à considérer que l'on était en présence d'une des inventions les plus importantes dans l'histoire de l'organisation des entreprises. Comme toujours, il ne s'agit pas d'une nouveauté absolue : des sociétés anonymes ont existé dans nombre de législations des siècles antérieurs. Apparemment les premières entreprises ayant œuvré sous cette forme d'organisation ont été certaines compagnies de commerce avec les futurs Tiers-Mondes, compagnies qui se développent dès la fin du XVIᵉ siècle. Mais la nouveauté est l'adaptation de ce système qui permet une nette dissociation entre la responsabilité de telles entreprises et la fortune des personnes qui y ont investi. L'engagement ne dépasse pas ces investissements. Un actionnaire d'une telle entreprise peut perdre tout ce qu'il a investi, mais pas plus.

Cette forme de législation spécifiquement adaptée aux entreprises se met en place surtout dans la seconde moitié du XIXᵉ siècle, avec souvent des étapes intermédiaires. Ainsi, en France, si la possibilité juridique de créer des entreprises par actions était déjà présente dans le très « moderniste » Code Napoléon (1804), néanmoins, jusqu'en 1867, pour fonder une telle société il fallait obtenir l'autorisation préalable de l'État. Au Royaume-Uni, cela commença plus tard (1825) ; mais dès 1844, et surtout dès 1855-1856, le système fut plus flexible. Les dates d'instaurations de juridictions permettant effectivement la création de sociétés par actions, et surtout de sociétés à responsabilité limitée, sont variables selon les pays.

La création des sociétés par actions n'a pas du tout fait disparaître la propriété familiale. Et cela

s'est opéré par une double modalité. La première
est simplement le maintien de la propriété familiale des entreprises qui donc n'adoptaient pas
cette nouvelle possibilité. La seconde modalité
est celle du contrôle familial d'une société par
actions grâce à la détention de la majorité des
actions. Là, comme dans tous domaines structurels, on a assisté à des différences internationales, parfois accusées, la propriété familiale
étant, par exemple, plus importante en France
que dans les autres grands pays industrialisés
bien que les comparaisons internationales en la
matière soient très délicates.

Une des conséquences directes de l'émergence
des sociétés anonymes pour des entreprises est la
création de bourses traitant des actions de ces
sociétés. Les bourses ne sont pas une innovation
du XIXe siècle; celles-ci existaient déjà, d'une
façon embryonnaire, au Moyen Âge, et d'une
façon structurelle dès le XVIe siècle comme nous le
verrons dans le chapitre XIV. Les bourses qui trai-
tent principalement des actions notamment d'entreprises industrielles se développent, quant à
elles, à partir de la seconde moitié du XIXe siècle.
À la veille de la Première Guerre mondiale,
l'Association des Bourses (localisée à Amsterdam)
comptait environ 800 membres. Il est vrai que
cette association acceptait, en tant que membres,
certaines banques qui faisaient le commerce d'actions; mais il est non moins vrai que la plupart
des grandes villes du monde développé possédaient une bourse.

Augmentation de la taille
des entreprises

En simplifiant beaucoup les choses, on peut
dire qu'avec la révolution industrielle, on est
passé de l'atelier à l'usine. En simplifiant beaucoup... En effet, si dans le cadre des sociétés
traditionnelles l'essentiel de la production manufacturière était effectué par des artisans qui dans
leurs ateliers travaillaient soit seuls ou avec
quelques ouvriers et/ou quelques apprentis, il
existait également de véritables usines comptant
des centaines d'ouvriers. Même hors d'Europe, il
a existé des entreprises de forte taille. Ainsi, au
Japon, à la fin de l'ère Tokugawa, qui a précédé
l'ère Meiji, la plus importante des familles mar-
chandes, les Mitsui, était à la tête d'un millier de
salariés, répartis il est vrai entre de nombreuses
entreprises ; par conséquent, on peut davantage
parler de concentration. D'ailleurs, les Mitsui
devinrent au XXe siècle le plus important *zaïbatsu*,
qui, à la fin de la Seconde Guerre mondiale,
contrôlait 270 entreprises.

Mais revenons aux conséquences de la révolution industrielle sur la taille des entreprises. On
ne dispose pas de données valables et homogènes
pour l'ensemble du monde développé, ni pour la
plupart des pays individuels. D'ailleurs, la taille
moyenne des entreprises s'est trouvée tirée vers
le bas par l'arrivée de nouveaux secteurs de production ; en effet, une des caractéristiques de ces
secteurs est la faible taille des entreprises lors des
premières phases de leur développement. Par
conséquent, il est plus significatif de suivre l'évo-

lution par secteur. Donnons deux exemples. En
Belgique, l'effectif par entreprise des producteurs de fonte est passée de 10 vers 1760 à 54 en
1860 et à 234 en 1910. Dans les filatures de coton
britanniques, vers 1875 l'entreprise moyenne
devait compter 5 à 10 ouvriers; un siècle plus
tard on était passé à 191. Donc, dans les deux
cas, une multiplication par environ 25 de la taille
moyenne en un siècle. Il est évident que la taille
des plus grandes entreprises s'est accrue encore
plus fortement.

Cette augmentation de la taille des entreprises
résulte essentiellement des changements technologiques. Mais d'autres facteurs sont également
intervenus. C'est ainsi que la baisse des coûts de
transport permet à une entreprise d'avoir un
rayon de distribution beaucoup plus étendu. À
cela s'ajoute encore la possibilité d'une meilleure
organisation commerciale, sans parler des possibilités plus larges de publicité par le biais notamment des annonces dans les journaux.

La concentration: des trusts
aux cartels, des comités aux zaïbatsus

Il s'agit ici d'un phénomène, différent de celui
décrit plus haut, différent de l'accroissement de la
taille des entreprises. La concentration est un
processus de regroupement d'entreprises sous le
contrôle d'un même centre de décision. Cette
concentration a revêtu deux modalités: la concentration horizontale, qui regroupe des entreprises
fabriquant un même produit ou un même groupe
de produits, et la concentration verticale, qui

regroupe des entreprises intéressant des stades différents de la fabrication. Les mouvements de concentration revêtirent des formes assez variées selon les pays.

C'est d'abord aux États-Unis que se créèrent les premiers trusts, tant horizontaux que verticaux. Cela débuta après la guerre de Sécession, et dans un grand nombre de cas il en résulta de véritables monopoles. Les trois plus importants furent la Standard Oil (qui contrôlait 85 pour 100 de la production du pétrole raffiné), la Sugar Refining Company (qui contrôlait 90 pour 100 des raffineries de sucre) et la Western Union Telegraph Company (qui contrôlait 85 à 90 pour 100 des lignes). Ces réelles formes de monopoles furent progressivement interdites dans la plupart des pays. Aux États-Unis, ce fut le *Sherman Antitrust Act* en 1890 qui, dans ses grandes lignes, est resté en vigueur jusqu'à aujourd'hui. Dans les autres pays, ces formes de législation furent plus tardives ; il est vrai que le phénomène y avait pris moins d'ampleur, sauf peut-être en Allemagne où l'on s'est trouvé en face d'un type de monopole un peu différent : le cartel.

Le *cartel* est un groupement d'entreprises qui, en principe, conservent leur indépendance mais qui s'entendent entre elles pour limiter les effets de la concurrence. Les cartels (en allemand, *Kartel*) prirent leur essor en Allemagne à partir des premières années du XXe siècle. Un des plus importants cartels fut celui fondé en 1904 dans l'industrie chimique. Pendant la Première Guerre mondiale, le gouvernement favorisa d'une certaine façon la création de cartels afin de mieux assumer les besoins militaires, et de ce fait-là exercer également un contrôle. La fin de la guerre entraîna la disparition de cette forme d'organisation.

Mais, dans les années 1920, se reformaient ce que l'on appelle les *konzern*s qui furent des concentrations verticales très poussées. Les premiers des *konzerns* importants émergèrent dans la sidérurgie avec les maisons Krupp et Thyssen, qui, à partir des années 1860, commencèrent un processus d'intégration verticale. Vers 1939, près de la moitié des sociétés par actions étaient intégrées à des entreprises diverses dans des *konzerns* qui contrôlaient près de 85 pour 100 du capital de l'industrie allemande. L'exemple le plus fameux de ces *konzerns* étant celui créé par Hugo Stinnes à partir de 1893, et qui à la veille de sa mort (1924) regroupait plus de 1 600 entreprises employant 600 000 personnes, et comprenant des activités aussi diverses que mines de charbon et de fer, aciéries, unités de production d'électricité, entreprises de transport, fabriques de papier, maisons d'édition de journaux, etc.

En France, le processus de concentration fut moins important que dans les deux grands pays industrialisés que nous venons d'évoquer, et qu'au Royaume-Uni. Mais cela ne veut pas dire que la France a ignoré le phénomène de création de quasi-monopoles. Le prototype de ceux-ci est le Comité des forges créé en 1864 (et supprimé seulement en 1940) qui regroupait les sidérurgistes. Des groupements et entités moins structurés et plus éphémères ont existé, notamment dans les secteurs suivants : aluminium, charbon, lin, rails.

Le *zaïbatsu* (signifiant « clique financière ») est une forme de concentration assez spécifique au

Japon, qui n'est ni horizontale ni verticale, mais qui peut être qualifiée de «généralisée». Il s'agit de groupes centrés sur des familles qui englobent des activités variées, non seulement dans le domaine industriel, mais aussi dans ceux des communications, du commerce et des finances. Les quatre principaux, et plus caractéristiques *zaïbatsus* sont ceux des familles Mitsui, Mitsubishi, Sumitomo, et Yasuda. Les *zaïbatsus* se mirent en place et prirent de l'extension dès le début de l'ère Meiji, notamment dans les années 1870. Certaines de ces familles avaient déjà joué un rôle important au cours de la période antérieure. C'est ainsi que la diversification des Mitsui commença en 1673 quand Mitsui Takatoshi, fils d'un distillateur de saké, ouvrit des magasins de textiles. L'origine industrielle des Sumitomo remonte à 1590 pour le raffinage du cuivre. L'apogée des *zaïbatsus* se situe dans les années 1930, où ils soutinrent la militarisation du pays, ce qui explique leur dissolution par le gouvernement américain. Mais, en fait, ceux-ci continuent, sous une forme un peu différente, à dominer l'économie japonaise.

La «*main visible*» ou l'organisation de la gestion des entreprises

The visible hand est le titre d'un ouvrage, devenu classique, d'Alfred Chandler Jr. (1977) sur l'histoire de la gestion des entreprises américaines. Le titre renvoie au principe de la «main invisible» d'Adam Smith, le fondateur de l'économie politique classique, qui, dans son œuvre maîtresse *(La Richesse des nations*, qui date de

1776), l'a mise au centre de sa défense du libéralisme. Selon Adam Smith, chaque individu, en
poursuivant son intérêt, est comme mené par une
main invisible à promouvoir l'intérêt de tous.

Les nouvelles formes de gestion débutèrent aux
États-Unis dans les années 1850-1875. Dans un
premier temps, cela concerna les chemins de fer
et les services télégraphiques, puis s'étendit progressivement à l'ensemble des entreprises industrielles et commerciales. Il s'agissait pour les
grandes entreprises d'instaurer un système de
multiples divisions largement autonomes. Ce qui
implique une distinction fonctionnelle entre les
différents types de cadres, et l'émergence de ce
que l'on qualifie de «managers», c'est-à-dire des
cadres salariés chargés de gérer l'unité. En outre
(toujours durant le XIXᵉ siècle), cela aussi ne
concerna presque exclusivement que les États-
Unis ; on constate un processus d'intégration
verticale des entreprises, allant des matières premières à la commercialisation. De même, on
assista à un processus d'intégration horizontale
des entreprises, c'est-à-dire l'acquisition d'unités
de production de produits semblables ou voisins.

Dans son ensemble, l'Europe ne suivit ce modèle
américain de gestion des entreprises que très tardivement après la Seconde Guerre mondiale.

L'émergence des entreprises multinationales

L'histoire des premières phases de l'émergence
des entreprises multinationales (appelées aussi
«transnationales») reste à écrire. Mais les éléments

dont on dispose permettent de tracer les grandes
lignes de celle-ci. C'est essentiellement entre les
années 1880 et 1929 que fut mis en place ce système. C'est durant cette période que pratiquement
toutes les grandes entreprises qui, actuellement,
sont des multinationales ont commencé cette mutation. En ce qui concerne les multinationales européennes, le système est en place dès 1914. Aux
États-Unis, les années 1920-1929 ont permis de
compléter la multinationalisation, cependant déjà
largement amorcée avant 1914. Le seul cas spécifique est celui du Japon qui n'a pas vu jusqu'aux
années 1970 de création de véritables entreprises
multinationales. D'ailleurs, comme nous l'avons
mentionné, le Japon s'est toujours refusé à accepter soit des investissements étrangers sur son sol,
soit même la participation de capitaux étrangers
à ses entreprises, donc, *ipso facto*, pas ou très peu
de présences de multinationales au Japon. Ce
n'est que depuis les années 1960 que quelques
entreprises japonaises ont commencé à installer
des unités de production à l'étranger et que l'on
a supprimé, certes timidement, une partie des
entraves à la pénétration du capital étranger au
Japon.

Si l'on prend les 60 plus grandes multinationales du milieu des années 1970 (voir le
tableau XII.3), 31 d'entre elles avaient déjà cette
structure avant 1915. En Europe, le procès des
multinationales a d'abord touché les petits pays
où ce phénomène a débuté dans les années 1880,
précédant de 10 ou 20 ans les autres pays. Les six
plus grandes multinationales suisses sont créées
avant la Première Guerre mondiale. Il en est de
même de deux des trois plus grandes des Pays-

Bas et de la seule en Belgique. Par contre, en Suède, il ne s'agit que de deux sur cinq.

En général, ce processus a résulté principalement du nouveau contexte technologique et de l'évolution des politiques commerciales. La complexité croissante des processus de production industrielle donne aux entreprises existantes des avantages très substantiels vis-à-vis des nouveaux venus dans les cas d'implantation d'entreprises. D'ailleurs, cette multinationalisation s'est faite surtout dans les nouveaux secteurs, ceux de la fin de la deuxième phase d'industrialisation et notamment dans la chimie. En outre, le retour au protectionnisme, à partir des années 1879, de la plupart des pays qui avaient tenté une expérience libérale, a favorisé le déplacement des unités de fabrication. Celles-ci ont eu tendance à se relocaliser en partie dans les lieux où l'écoulement de leurs produits était rendu difficile par l'élévation des barrières douanières. À partir de 1892, le protectionnisme se renforce dans tous les pays développés, à l'exception du Royaume-Uni et des Pays-Bas, ce qui accélère le processus de multinationalisation.

Sur la base de données fragmentaires et de données indirectes, nous avons pu estimer qu'en ce qui concerne l'ensemble du monde, la production manufacturière des entreprises multinationales à l'étranger devait présenter vers 1913 environ 3 à 6 pour 100 de la production mondiale. Proportion qui ne se modifie pas sensiblement dans la période 1920-1939. Le retrait de la Russie du système économique libéral est, avec la dépression des années 1930, une des explications de cette stagnation. À titre de comparaison,

TABLEAU XII.3

PRINCIPALES ENTREPRISES INDUSTRIELLES
MULTINATIONALES DU MILIEU DES ANNÉES 1970
(ampleur et date du début de la multinationalisation)

	Chiffre affaires 1977 (milliards de $)	Pourcentage activités à l'étranger vers 1975	Début de la multinationalisation		
			avant 1915	1915-1929	après 1929
ÉTATS-UNIS					
General Motor	55,0	20	x		
Ford	37,8	50	x		
IBM	18,1	40		x	
General Electric	17,5	35	x		
Chrysler	16,7	45		x	
ITT	13,1	40		x	
Procter & Gamble	7,3	30		x	
Union Carbide	7,0	45		x	
Goodyear Tire	6,6	45	x		
Dow Chemical	6,2	40			x
Intern. Harvester	6,0	35	x		
Kodak	6,0	35	x		
Xerox	5,1	50			x

	Chiffre affaires 1977 (milliards de $)	Pourcentage activités à l'étranger vers 1975	Début de la multinationalisation		
			avant 1915	1915-1929	après 1929
Colgate	3,8	60		x	
Coca-Cola	3,6	55	x		
ALLEMAGNE					
Siemens	10,6	35	x		
Volkswagen	10,4	35			x
Hoechst	10,0	45	x		
Bayer	9,2	60	x		
BASF	9,1	40	x		
Bosch	3,9	30	x		
BELGIQUE					
Solvay	2,6	60	x		
FRANCE					
Saint-Gobain	6,5	50	x		
Rhône-Poulenc	4,8	35		x	
Michelin	3,5	50	x		

	Chiffre affaires 1977 (milliards de $)	Pourcentage activités à l'étranger vers 1975	Début de la multinationalisation		
			avant 1915	1915-1929	après 1929
ITALIE					
Fiat	4,5	20	x		
Olivetti	0,6	50		x	
PAYS-BAS					
Philips	12,7	75	x		
Akzo	4,3	70	x		
DSM	4,1	30	–	–	–
ROYAUME-UNI					
Unilever	16,0	45	x		
BAT industries	6,6	80	x		
Dunlop-Pirelli	4,2	75	x		
Guest, Keen	2,9	35			x
Reed International	2,6	35			x
Tate & Lyle	2,1	40		x	
BICC	1,7	45			x
Cadbury-Schweppes	1,5	40	x		
EMI	1,5	50	x		
J. Lyons	1,3	55			x

	Chiffre affaires 1977 (milliards de $)	Pourcentage activités à l'étranger vers 1975	Début de la multinationalisation		
			avant 1915	1915-1929	après 1929
SUÈDE					
Volvo	3,6	30			x
Electrolux	2,1	65		x	
LM Ericsson	1,8	60	x		
SKF	1,8	80	x		
Svenska Tändsticks	1,1	70		x	
SUISSE					
Nestlé	8,4	95	x		
Ciba-Geigy	4,2	70	x		
Brown, Boveri	3,4	80	x		
Roche-Sapac	2,3	75	x		
Sandoz	2,0	75	x		
Sulzer	1,5	45	x		

Sources : Bairoch, P. (1979b).

signalons que l'on peut estimer que, à la veille de la dépression de 1974-1975, 13 pour 100 de la production industrielle manufacturière des pays à économie de marché étaient élaborés dans des sièges à l'étranger d'entreprises multinationales. Sur le plan mondial, vu l'extrême faiblesse de la pénétration des entreprises multinationales dans les pays de l'Est, cette proportion tombe à 10 pour 100.

Cependant, même à l'intérieur du monde à économie de marché, on note des différences sensibles. D'abord, il faut insister sur l'inégalité, aussi dans ce domaine, entre monde développé et Tiers-Monde. Dans le monde développé, toujours vers 1973, 11 pour 100 de la production manufacturière sont le fait d'entreprises étrangères (4 pour 100 aux États-Unis et au Japon, 18 à 19 pour 100 en Europe). Dans le Tiers-Monde, cette proportion est de l'ordre de 28 à 31 pour 100 (33 à 36 pour 100 en moyenne en Amérique latine, 16 à 19 pour 100 en Asie)[1]. Mais, avant de terminer cette trop schématique histoire des multinationales, relevons encore l'existence de cas non marginaux de migrations proprement dites d'entreprises ; en effet, il faut rappeler (chapitre VII du tome I) les très intéressantes émigrations des filatures et autres entreprises suisses de textiles du coton vers l'Italie.

Dans les années 1860 et 1870, l'Italie était devenue un important débouché pour les fila-

1. Dans le chapitre XXVIII (tome III), nous fournirons des données plus détaillées sur l'évolution récente des investissements directs. Nous aurons également l'occasion de revenir au chapitre XIII sur l'évolution générale des transferts internationaux de capitaux.

tures suisses de coton. La libéralisation du système douanier italien, qui s'inscrit dans le cadre général de l'adoption du libéralisme en Europe continentale à partir de 1860-1865, a grandement favorisé une telle évolution. En 1887, à la veille du réel retournement de la politique douanière italienne, ce pays absorbait 9,7 pour 100 des exportations totales suisses et cette proportion était passée à 5,3 pour 100; la baisse a encore été plus accusée pour les fils de coton. Le fort relèvement des droits de douane entraîna en effet la création d'une véritable diaspora des entreprises suisses. Vers 1900, on comptait en Italie 72 entreprises suisses dans le textile du coton, dont 28 filatures. La capacité de production de ces filatures représentait environ 50 pour 100 de celles installées en Suisse. Et, pour les 26 entreprises de tissage, il s'agissait même de 100 pour 100.

Une situation voisine a d'ailleurs existé pour le tissage mécanique de la soie. En Italie, la capacité de production (toujours vers 1900) d'installations propriété de Suisses représentait 13 pour 100 de celle existant en Suisse. Mais, bien entendu, l'Italie n'était pas, dans ces cas, comme dans d'autres, le seul pays d'implantation d'entreprises suisses. Dans le cas du tissage de la soie, l'Italie venait à la 2e ou 3e place; et les entreprises suisses à l'étranger avaient, dans ce secteur, une capacité de production représentant 78 pour 100 de celle existant en Suisse (taux qui est même passé à 104 pour 100 en 1912).

L'organisation du travail : du taylorisme au fordisme

Dans les conclusions du chapitre X, nous avons évoqué très brièvement les débuts des nouvelles formes d'organisation du travail qui naissent à peu près avec le XXe siècle. En effet, c'est un peu avant 1900 que l'industrie commence à appliquer le taylorisme, et c'est un peu après 1900 que naît le fordisme, deux systèmes d'organisation du travail auxquels on a donné le nom de l'«inventeur», et que l'on englobe sous la dénomination d'organisations scientifiques du travail.

Comme toujours, il ne s'agit pas de quelque chose d'entièrement nouveau, puisque déjà l'historien et chef militaire de la Grèce antique, Xénophon, avait étudié le travail d'une activité industrielle et celui de la ménagère. Autre précurseur important : le célèbre maréchal français du XVIIIe siècle, Sébastien Le Prestre de Vauban, auquel nombre de villes doivent leurs fortifications. Il fit chronométrer les travaux de terrassement, et en déduisit que «la surveillance coûte moins cher que la diminution du travail qui résulte de son absence». Plus directement, on peut considérer comme véritable précurseur de Taylor le physicien français Charles Coulomb, immortalisé par l'unité électrique qui porte son nom et qui, à la fin du XVIIIe siècle, étudia l'efficience et le rendement du travail. Il établit notamment l'utilité de fréquentes et brèves périodes de repos, et fixa à 7 ou 8 heures la durée maximale de travail pour les travaux de force, et à 10 heures pour les autres travaux. Mais ses travaux n'ont pas eu beaucoup d'échos, ni de suites; il en sera tout autrement de ceux de Taylor.

Frederick Taylor, fils d'un avocat, dut pour des problèmes de vue abandonner ses études à Harvard. Il fit un apprentissage de fabricant de moules de fonderie. Par la suite, il gravit les échelons dans une usine sidérurgique où il avait commencé à travailler comme ouvrier. Sa vue s'étant améliorée, il fit des études d'ingénieur aux cours du soir. C'est à partir de 1890 qu'il mit au point ce qui deviendra le taylorisme, c'est-à-dire un système d'organisation du travail basé sur la parcellisation des tâches et la division du travail. Ce système repose sur une analyse du temps d'exécution des diverses tâches et implique aussi un système de stimulation financière ou de sanctions. Il se traduit aussi par une mise en cause du pouvoir des ouvriers professionnels; et un des objectifs majeurs était la chasse «à la flânerie des ouvriers». On le comprend aisément, le taylorisme fut attaqué par les milieux ouvriers; il a été notamment qualifié de système «d'organisation du surmenage». Malgré ceci, le taylorisme se répandit rapidement non seulement aux États-Unis, mais aussi, avec un certain décalage, en Europe. Bien qu'essentiellement destiné aux activités industrielles, le système fut également utilisé dans les tâches administratives.

Henry Ford, dont nous avons présenté le rôle-clé qu'il a joué dans la naissance de l'industrie automobile moderne, fut le premier à utiliser le système du travail à la chaîne, qui est une prolongation en quelque sorte du taylorisme. Il cherchait à réduire les gestes de l'ouvrier au strict minimum, et à «apporter le travail à l'ouvrier au lieu d'amener l'ouvrier au travail »; et « l'ouvrier devait parvenir autant que possible à faire une seule chose d'un seul mouvement ». C'est ce que le sociologue français Georges Friedmann (1956) a qualifié de « travail en miettes », et que Charlie Chaplin a si bien parodié dans son film *Les Temps modernes*.

Le système fut mis en place à partir de 1912; à partir de 1913, la chaîne mobile fut introduite, c'est-à-dire que la pièce à monter se déplaçait au lieu que ce soit l'ouvrier. Bien entendu, le travail à la chaîne impliqua l'utilisation de pièces inter-changeables. Tout cela marque le véritable début de la production de masse, si acclamée et si décriée.

Mais il ne faut pas négliger l'autre composante importante des innovations mises en œuvre par Ford, et c'est la combinaison des deux qui fait le fordisme. Peu après avoir introduit le travail à la chaîne, Ford introduisit, à partir de 1914, un salaire de 5 dollars par jour. Or, à l'époque, les salaires moyens dans l'industrie manufacturière s'établissaient autour des 2,4 dollars. Et quand 24 ans plus tard le gouvernement fédéral fixa un salaire minimum, celui-ci fut établi à 25 cents. Pour Ford, les hauts salaires ouvraient les débou-chés aux industries de masse dans le système de travail, permettant d'améliorer la qualité, même avec une main-d'œuvre très peu qualifiée. Cette composante du fordisme fait en quelque sorte entrer Henry Ford dans l'histoire du *Welfare State* (« État-providence »), par conséquent nous le retrouverons dans le chapitre XIX (tome III).

XIII. POLITIQUES COMMERCIALES, COMMERCE EXTÉRIEUR ET INVESTISSEMENTS INTERNATIONAUX

Le XIXᵉ siècle, siècle de transition par excellence au monde contemporain, donc à un monde caractérisé à la fois par le développement et le sous-développement, est aussi le siècle par excellence d'un décloisonnement total du monde. Ce décloisonnement se réalise essentiellement à travers trois éléments assez différents mais ayant des liens très étroits les uns avec les autres. Trois éléments importants de la vie économique et qui, tous trois, subissent durant le XIXᵉ siècle de profonds bouleversements. Ce sont les politiques commerciales, le commerce extérieur et les investissements internationaux. Nous laisserons ici de côté la monnaie et les banques, autres éléments de décloisonnement non moins importants, qui seront examinés dans le prochain chapitre. Enfin, n'oublions pas le rôle en ce domaine des progrès considérables des transports (chemins de fer et navires à vapeur) et des communications (télégraphe et téléphone). À juste titre, on peut considérer que des trois éléments présentés ici, c'est le commerce extérieur qui a tenu le rôle le plus important, raison pour laquelle nous lui accorderons le plus de place. Mais nous débuterons avec l'analyse de l'évolution des politiques commerciales qui ont conditionné ce commerce extérieur.

UN SIÈCLE D'HISTOIRE DES POLITIQUES COMMERCIALES : DU MERCANTILISME AU RETOUR DU PROTECTIONNISME

Commençons par un très bref aperçu de la situation en matière de politique commerciale des pays européens aux XVIIᵉ et XVIIIᵉ siècles. Politiques qui peuvent être résumées par le mercantilisme, dont la doctrine de base était de réduire au minimum les importations et d'accroître au maximum les exportations. Tout cela dans le but de concentrer dans le pays le maximum de métaux précieux qui étaient considérés comme étant la base de la richesse nationale. Si, en schématisant, on peut dire que les XVIᵉ et XVIIᵉ siècles, à savoir ceux du mercantilisme, étaient, par conséquent, des siècles de protectionnisme, le XVIIIᵉ siècle, lui, est un siècle de transition. Sa première moitié peut encore être rattachée au mercantilisme, mais sa physionomie change après 1760. Avec les physiocrates d'abord, Adam Smith par la suite, et surtout avec le traité de commerce anglo-français de 1786, le libéralisme en matière de commerce international, partie intégrante du « laisser-faire » économique, se concrétise, sinon en Europe, du moins dans les échanges entre deux de ses principales puissances. Mais les espoirs non réalisés du traité de 1786 et surtout la guerre feront s'achever ce XVIIIᵉ siècle avec un retour au protectionnisme.

Les guerres qui ont marqué la période 1790-1815, et surtout les blocus (anglais et français), qui débutèrent en 1806, renforcèrent les tendances protectionnistes de l'Europe au niveau des politiques commerciales des États. Cependant, dans la pensée économique, le libéralisme progressait. Le livre IV de *La Richesse des nations* de Smith est essentiellement une défense du libre-échange en matière de commerce international. Or le livre de Smith devient, à la fin du XVIIIᵉ siècle, l'œuvre dominante en économie. Les éditions en anglais (la première date de 1776) se succédèrent rapidement (huit éditions furent publiées avant 1800), et des traductions dans les principales langues européennes suivirent très rapidement. Avant 1796, il était déjà édité dans pratiquement toutes les langues européennes.

De 1815 à 1914, l'histoire des politiques douanières des pays développés, et surtout européens, peut se diviser en cinq phases : 1) 1815-1846 : adoption graduelle du libre-échange au Royaume-Uni, mais maintien du protectionnisme dans le reste de l'Occident ; 2) 1846-1860 : efforts du Royaume-Uni afin d'étendre la politique libérale à l'Europe continentale ; 3) 1860-1879 : adoption et phase libre-échangiste dans la plupart des pays européens ; mais maintien ou accentuation du protectionnisme dans les pays développés d'outre-mer ; 4) 1879-1892 : retour de l'Europe continentale au protectionnisme ; 5) 1892-1914 : accentuation de la pression protectionniste au Royaume-Uni et renforcement du protectionnisme en Europe continentale et dans les pays de peuplement européen.

1815-1846 : adoption graduelle
du libre-échange au Royaume-Uni,
mais maintien du protectionnisme
dans le reste de l'Occident

Au Royaume-Uni, le combat politique entre partisans du libre-échange et ceux du protectionnisme débuta pratiquement avec la fin des hostilités avec la France, c'est-à-dire en 1815. C'est alors que la *gentry* fit voter la première loi sur les grains (Corn Law) du XIXe siècle destinée à protéger l'agriculture locale contre l'importation de céréales étrangères.

LES CORN LAWS : UNE PROTECTION DU MARCHÉ LOCAL
DES CÉRÉALES REMONTANT AU MOYEN ÂGE

La Corn Law de 1815 faisait partie d'un système de pratiques existant depuis longtemps dans de nombreux pays européens. Le principe de base était des droits de douane sur les céréales qui variaient en fonction des prix locaux, d'où le nom d'échelle mobile des céréales. Lors de bonnes récoltes, qui entraînaient des baisses des prix, on établissait les droits à des niveaux qui rendaient prohibitives les importations. Au contraire, lors des mauvaises récoltes, qui faisaient grimper les prix intérieurs, les droits de douane étaient réduits afin de permettre des importations. On évitait ainsi les disettes et les famines, tout en préservant le marché intérieur. La première Corn

Law anglaise a été introduite dès 1436 et permettait d'exporter des céréales sans autorisation quand les prix locaux étaient au-dessous d'un certain niveau. Cette législation a été modifiée à plusieurs reprises au cours des siècles qui suivirent.

La Corn Law de 1815 ayant eu pour conséquence de maintenir à un niveau relativement élevé le prix des produits alimentaires et, de ce fait, des salaires, cela entraîna le mécontentement des industriels désireux d'élargir encore leur marché extérieur, grâce à la combinaison d'une industrie mécanisée et des salaires peu élevés. Ainsi débuta le conflit entre les intérêts de l'agriculture, dont l'importance relative dans la vie économique déclinait, et ceux de l'industrie manufacturière qui était en train de devenir le principal secteur d'activité. Dans ce conflit, le rapport des forces des deux secteurs et le degré de convergence de leurs intérêts détermineront les modifications des politiques douanières, non seulement du Royaume-Uni, mais de pratiquement tous les États européens.

Les intérêts de l'industrie, donc du libre-échange, avaient au Royaume-Uni des alliés convaincus et convaincants parmi les économistes les plus prépondérants. Dès 1820, la pression des partisans du libre-échange s'accentue et se concrétise par la pétition dite des « marchands ». Il s'agit d'une pétition rédigée par l'économiste Thomas Tooke et remise à la Chambre des communes par l'influent banquier Baring, et dont les véritables promoteurs étaient les membres du Political Economy Club, fondé par le célèbre économiste David Ricardo et ses amis afin de promouvoir la « nouvelle » pensée économique. Il appartiendra à

William Huskisson — influencé, semble-t-il, par le contact qu'il eut dans sa jeunesse passée à Paris avec les physiocrates — d'introduire, à partir de 1822, les premières mesures libérales : réduction des droits de douane sur les matières premières et les produits industriels, suppression des prohibitions d'importation et surtout réforme (mais en faveur des colonies surtout) des fameux *Navigation Acts* introduits à partir du milieu du XVIIe siècle afin de monopoliser en faveur de la flotte anglaise le commerce extérieur anglais.

En 1828 est votée une nouvelle échelle mobile des céréales qui réduisit un peu le protectionnisme agricole. Cette échelle mobile constitua une certaine réduction du protectionnisme agricole, car les limites inférieures des droits de douane étaient nettement au-dessous du niveau général des Corn Laws antérieures. En 1833, quelques nouvelles réductions douanières sont introduites.

Mais le principal obstacle au libre-échange effectif resta cette protection substantielle accordée à l'agriculture. Et comme celle-ci impliquait des prix plus élevés des produits alimentaires, donc des salaires très bas, la stratégie des industriels, et surtout de ceux engagés dans le secteur cotonnier, consista à se servir de la misère des ouvriers pour renforcer leur action contre les Corn Laws. Les libre-échangistes insistaient également sur le fait qu'en réduisant les importations de produits alimentaires en provenance des pays à excédents agricoles, les Corn Laws réduisaient ainsi les possibilités d'exportation vers ces pays d'articles manufacturés britanniques.

L'ANTI-CORN LAW LEAGUE ET L'ADOPTION
DU LIBRE-ÉCHANGE

En 1836 fut fondée à Manchester la fameuse
Anti-Corn Law League animée par des hommes
très dynamiques comme John Bright et surtout
Richard Cobden, véritable « apôtre » du libre-
échange. L'*Anti-Corn Law League* devint très rapidement un groupe de pression très actif et
l'artisan principal de la lutte pour l'introduction
du libre-échange. L'Anti-Corn Law League fut,
sinon le premier, disons l'un des premiers groupes
de pression économique modernes. La League
organisait des conférences, éditait des publications, et possédait même un bâtiment. Un des
principaux axes de propagande était celui-ci :
l'abolition des Corn Laws améliorerait les conditions de vie des ouvriers par la baisse du prix du
pain. Ce qui, bien entendu, postulait un maintien
du bas niveau des salaires.

À côté de ces aspects socio-économiques dominants, il ne faut pas négliger les implications de
politique internationale mises en avant par l'Anti-
Corn Law League qui voyait dans le libre-échange
un facteur puissant de paix internationale grâce à
la prospérité et, surtout, à l'interdépendance des
nations. Richard Cobden a des accents lyriques à
ce propos et va jusqu'à rêver à la « Commune ».
Dans son discours de janvier 1846 à Manchester il
déclare notamment : « Je regarde plus loin ; je vois
le principe du libre-échange jouant dans le monde
moral le même rôle que le principe de la gravita-
tion dans l'Univers : attirant les hommes les uns
vers les autres, rejetant les antagonismes de race,

de croyance et de langue ; et nous unissant dans le lien d'une paix éternelle. »

Cette vision d'un rôle positif du commerce international sur le plan politique a persisté à travers l'histoire contemporaine. Un éditorial de l'influent hebdomadaire américain *Business Week*[1] était intitulé «To Spur (éperonner) Human Rights, Spur Trade». Mais il ne faut pas négliger non plus la composante «impérialiste» de ce mouvement. Ainsi, le politicien Joseph Hume ne déclarait-il pas qu'en élargissant son commerce extérieur l'Angleterre pourrait rendre le monde tributaire d'elle ? Ce qui n'empêchait pas le même Hume — d'origine très modeste mais ayant fait des études de médecine — d'être un défenseur des droits des ouvriers. Par ailleurs, c'est grâce à son action que la levée de l'interdit d'émigration des artisans fut votée (de même que celle des exportations de machines).

En avril 1842, Robert Peel (Premier ministre) introduisit une réforme douanière assez libérale qui non seulement réduisit sensiblement les droits de douane, mais abrogea totalement l'interdiction d'exporter des biens d'équipement, interdiction qui avait été introduite dès 1774. Toutefois, bien qu'atténué, le principal obstacle au libre-échange subsistait et c'est «grâce» aux mauvaises conditions climatiques de 1845 auxquelles s'ajouta la récolte catastrophique de pommes de terre en Irlande, que, le 6 juin 1846, fut adoptée la loi abrogeant les Corn Laws. Comme l'écrivit Morley (1882), dans son livre sur la vie de Cobden, «it was the rain that rained away the Corn Laws»

1. Numéro du 7 mars 1994.

(c'est la pluie qui emporta les lois sur les grains). Sur le plan météorologique, ce fut effectivement une très mauvaise période, dans laquelle s'est inscrite la terrible et très meurtrière famine en Irlande.

Ce 6 juin 1846 est considéré, à juste titre, comme marquant le début de l'ère libre-échangiste au Royaume-Uni. Cette politique entraîna d'ailleurs une scission du parti conservateur et, de ce fait, la démission de Peel un peu plus tard. Et, par une de ces coïncidences dont l'histoire est fertile, l'année 1846, mais cinq mois plus tard, est celle du suicide de Friedrich List (malade et en butte à des ennuis financiers), le théoricien le plus influent du protectionnisme du XIXᵉ siècle. Mais si des événements climatiques ont été largement à la base de l'abrogation des Corn Laws, ils n'ont fait qu'accélérer une inflexion de la politique commerciale que les modifications des rapports des forces auraient, de toute façon, entraînée. Car si, vers 1810, la valeur ajoutée de l'agriculture du Royaume-Uni dépassait encore de 70 pour 100 celle du secondaire, vers 1840 c'était celle du secondaire qui dépassait de 60 pour 100 celle de l'agriculture.

EN EUROPE OCCIDENTALE :
UNE NOUVELLE FORME DE PROTECTIONNISME

Mais, en même temps que l'Angleterre, prenant conscience de son avance industrielle, tirait des conséquences sur le plan de sa stratégie des échanges internationaux en adoptant le libre-échange, l'Europe continentale dans son ensemble prenait conscience de son retard et cherchait dans un mercantilisme de forme nouvelle, un mercantilisme plus défensif qu'offensif, bref, dans ce que l'on appellera dès les années 1840 le protectionnisme, une voie pour rattraper son retard économique. Notons, et ceci est important, que pour la première fois dans l'histoire on commence à raisonner en termes de niveaux de développement qu'il faut gravir plus ou moins rapidement, et non en termes de richesses totales dont il faut s'approprier la plus grande part.

Dans la quasi-totalité des grands pays européens les législations douanières furent, à plusieurs reprises, modifiées dans le sens du protectionnisme. Ainsi, en 1819, la France réintroduisit l'échelle mobile des céréales et renforça à plusieurs reprises sa législation protectionniste, notamment en 1822 et 1826. L'Autriche-Hongrie, quant à elle, était même plus proche du mercantilisme. En Russie, la présence du comte Kankrin à la tête du ministère des Finances de 1823 à 1844 impliqua de nombreux aménagements afin de rendre le protectionnisme plus efficace car, comme nous l'avons vu, il était favorable à l'industrialisation du pays. Dans ce contexte, il convient également de mentionner le *Zollverein*, c'est-à-dire l'union monétaire allemande, qui implique un protectionnisme vis-à-vis des autres pays[1].

Par la nature même de leur taille, les petits pays d'Europe avaient des tendances protectionnistes un peu moins marquées. Mais, à part les Pays-Bas, le Danemark et le Portugal, libéraux de longue date, car spécialisés dans le commerce

1. Nous reviendrons sur cette union dans le cadre de l'analyse des antécédents de l'UE (chapitre XXVI du tome III).

international, ceux qui adopteront des politiques libre-échangistes le feront surtout après 1846. Rappelons que, depuis le fameux traité de Methuen (1703), le Portugal était politiquement et surtout commercialement très lié à l'Angleterre. Par ce traité, les produits textiles britanniques entraient librement au Portugal, et le vin portugais était admis avec de faibles droits en Angleterre. La Belgique, qui s'était détachée des Pays-Bas en 1830, se dota d'une législation commerciale plus protectionniste, à la fois pour protéger son industrie et pour s'adapter aux conséquences négatives de la perte du marché colonial néerlandais. Dans l'ensemble, les pays scandinaves, et surtout la Suède, étaient très protectionnistes; quant à la Suisse, chacun de ses cantons possédait ses propres politique et législation commerciales.

LES ÉTATS-UNIS : DÉBUTS D'UN CLIVAGE NORD-SUD

Hors d'Europe, il faut surtout rappeler ce que nous disions dans le chapitre VI sur le rôle primordial qu'a joué la politique protectionniste dès l'indépendance des États-Unis et sur le fait que la doctrine moderne du protectionnisme est née aux États-Unis avec Alexander Hamilton. La période 1815-1846 voit la cristallisation de l'opposition entre le Sud libéral, car exportateur de produits agricoles (coton, tabac) et le Nord protectionniste, car s'industrialisant. Le mouvement protectionniste, que soutenaient des économistes, tels que Daniel Raymond et, plus tard, Henry C. Carey, sera favorisé par des poches de sous-emploi et des crises cycliques. Et, à partir de 1819, se créèrent des associations qui militaient en faveur d'une industrialisation grâce à un protectionnisme douanier. Cela se traduisit en pratique par une phase de protectionnisme de 1816 à 1826, et une phase très protectionniste de 1826 à la fin des années 1830. Dans cette dernière phase, les droits de douane pour les produits manufacturés étaient en moyenne de l'ordre de 40 pour 100, et pour maints produits agricoles de 60 pour 100.

1846-1860 : efforts du Royaume-Uni afin d'étendre la politique libérale

Pendant qu'au Royaume-Uni, le libéralisme devenait encore plus intégral, abolissant notamment, en 1849, les fameux *Navigation Acts* (en vigueur depuis 1651), sur le continent le protectionnisme, soumis aux assauts de la propagande libre-échangiste, résistait. Certes, les partisans du libéralisme avaient obtenu, grâce à la poursuite de l'avance britannique, un atout de poids : le pays le plus développé était le pays le plus libéral. Dès lors, il était facile de lier la puissance économique au libre-échange. C'est ainsi que Michel Chevalier qui, comme nous le verrons plus loin, fut l'artisan de l'introduction du libéralisme en France écrivait au début des années 1850 : « Quand une nation aussi puissante et aussi éclairée donne l'exemple de l'application d'un grand principe, et qu'il est notoire qu'elle a lieu de s'en féliciter, comment les autres nations, ses émules, n'entreraient-elles pas dans la même voie ? » Ce type d'analyse ignorait totalement le fait que cette puissance avait été acquise à l'abri d'une protection qui avait persisté pendant près d'un siècle, depuis le début de la révolution industrielle anglaise, et surtout que cette puissance pouvait être un danger pour les pays moins développés.

LES ÉCONOMISTES EUROPÉENS
SÉDUITS PAR LE LIBRE-ÉCHANGE

Dès août 1846, la réussite assurée de ses idées dans son pays, Cobden commençait ses tournées européennes. Il vécut pratiquement à l'étranger jusqu'en juin 1859, poursuivant sa croisade commencée à Manchester en octobre 1838. Un peu partout en Europe, des groupes de pression, généralement animés par des industriels et des économistes, se constituaient en vue de lutter contre certains tarifs jugés prohibitifs. En France et en Belgique, il s'agit surtout des saint-simoniens, avec la Société d'Économie politique et le *Journal des économistes* pour la France, et avec l'Association belge pour la Liberté commerciale et l'*Économiste belge* pour la Belgique. En Allemagne, se créa un grand nombre d'associations favorables au libéralisme, dont notamment la Freihandelsverein. Et c'est généralement à l'instigation de ces groupes nationaux de pression et parfois aussi sous l'influence plus directe des Britanniques que quelques réductions tarifaires furent effectuées dans la plupart des grands pays d'Europe. Mais celles-ci ne furent pas très importantes, de sorte qu'elles n'ont fait qu'atténuer légèrement le caractère nettement protectionniste des législations douanières des grands pays d'Europe continentale.

En revanche, parmi les pays de faible taille, le libéralisme en matière de commerce extérieur progressait. Ainsi la Belgique signa, à partir de 1850, une série de traités de commerce, notamment avec le Royaume-Uni en 1851. Au Danemark, en 1853, les douanes intérieures étaient levées ; et, en 1857, se place la suppression de la séculaire perception des droits de douane de passage dans le détroit du Sund qui est la voie d'accès de la Baltique. Les Pays-Bas, qui, déjà à la fin des années 1840, étaient le pays le plus libéral du continent, renforcèrent entre 1846 et 1860 le caractère libéral de leur système tarifaire.

LES AMÉRICAINS : PLUS RÉTICENTS

Aux États-Unis, c'est davantage la pression des États du Sud qui conduisit à une certaine libéralisation de la politique douanière que le précédent britannique. En fait, le renforcement du protectionnisme avait amené une véritable crise entre le Nord et le Sud, crise qui fut résolue par l'adoption, en 1832, du *Compromise Bill* qui prévoyait une réduction progressive des hauts tarifs. Cette libéralisation de la politique commerciale culmine avec le tarif du 30 juin 1842 qui ramena à une moyenne de l'ordre de 25 pour 100 les droits pour les articles manufacturés, et élargit la liste des produits qui entraient librement. Mais, et c'est là une des caractéristiques de l'histoire douanière américaine, ce tarif ne resta en vigueur que deux mois. L'arrivée du parti « whig » (fortement protectionniste) et la crise de 1841-1842 aboutirent au tarif d'août 1842 par lequel on retrouve à peu près le niveau de 1832. Mais, en 1844, le retour des Démocrates allait entraîner une nouvelle modification du système douanier, et cette fois-ci une libéralisation qui durera en pratique jusqu'en 1861. Toutefois libéralisme relatif, puisque les droits de douane étaient de l'ordre de 30 pour 100 en moyenne, et qu'il faut aussi tenir compte de l'éloignement du pays par rapport aux concurrents européens à une époque où les coûts de transport jouaient encore un rôle important.

1860-1879 : adoption
et phase libre-échangiste
dans la plupart des pays européens

Malgré l'adhésion de la très grande majorité des économistes au principe du libre-échange, hors du Royaume-Uni et de quelques petits pays, le protectionnisme demeurait pratiquement intact. Et cette percée du libéralisme était somme toute de portée très limitée, puisque ces quelques petits pays, que l'on peut considérer comme libre-échangistes, ne représentaient que 4 à 5 pour 100 de la population totale d'Europe continentale. La période libre-échangiste ne débuta réellement qu'en 1860 avec le traité de commerce franco-britannique.

LE NOUVEAU COUP D'ÉTAT DE NAPOLÉON III,
OU LA BRÈCHE FRANÇAISE
AU PROTECTIONNISME CONTINENTAL

Ce que les tenants du protectionnisme, c'est-à-dire la grande majorité des membres de la Chambre des députés, qualifièrent de « nouveau » coup d'État fut révélé par la publication dans *Le*

Moniteur (journal officiel de l'État français) d'une lettre de Napoléon III au ministre d'État. Cette lettre rendait publiques les négociations officieuses en vue de la signature d'un traité de commerce avec le Royaume-Uni, négociations menées par Michel Chevalier, professeur d'économie et ancien saint-simonien, devenu membre du Conseil d'État. Grâce à une disposition législative, le gouvernement français évita l'écueil parlementaire qui aurait été probablement fatal au projet. Ainsi, fort du soutien de Napoléon III, acquis aux idées libre-échangistes lors de ses longs séjours (deux et six ans) en Grande-Bretagne, un groupe de théoriciens parvint à introduire en France, et par là indirectement sur le continent européen, le libre-échangisme, et cela contre la volonté de la grande majorité des responsables des divers secteurs économiques.

La France supprima toutes les prohibitions et les remplaça par des droits de douane qui ne devaient pas dépasser 30 pour 100 *ad valorem*. Le traité franco-britannique comportait la clause de la nation la plus favorisée. Clause qui jouera un grand rôle dans l'histoire douanière de la seconde moitié du XIXᵉ siècle et qui, aujourd'hui encore, continue d'occuper une place importante en politique commerciale comme en politique étrangère. Par la clause de la nation la plus favorisée, on entend le principe que tout avantage qu'un pays accorde à n'importe quel autre pays doit être automatiquement accordé aussi au pays avec lequel on a signé un traité comportant une telle clause. Exemple : si la France est liée à la Suisse par un traité comportant la clause de la nation la plus favorisée, et si elle réduit ses droits de douane sur le fromage hollandais, elle est tenue d'accorder les mêmes tarifs au fromage suisse.

LA CONTAGION DU LIBÉRALISME
EN EUROPE CONTINENTALE

Ce traité franco-britannique, d'ailleurs suivi très rapidement par d'autres traités liant la France à un grand nombre de pays, précipita le désarmement douanier de l'Europe continentale, notamment par le biais de la clause de la nation la plus favorisée. L'Allemagne, ou plus exactement la Prusse (au nom du *Zollverein*), ratifia le traité avec la France en août 1862. Mais, déjà auparavant (mai 1861), le traité franco-belge avait été signé. Et, entre 1863 et 1866, la plupart des pays européens, par le biais de traités avec la France, entrait dans le réseau du libre-échange, dans ce que l'on a appelé le «réseau du traité de Cobden». En fait, seule la Russie est restée à l'écart du réseau du traité de Cobden, puisque ce pays ne signa un traité de commerce avec la France qu'en avril 1874, c'est-à-dire trois ans seulement avant de prendre des mesures protectionnistes.

Cependant, il convient d'insister sur le fait que, si le désarmement douanier est réel en Europe par comparaison avec la situation prévalant avant 1860, il est loin d'être aussi complet que celui effectué par le Royaume-Uni. Le tableau XIII.1 permet de suivre l'évolution approximative des droits de douane des principaux pays, et, comme pour un certain nombre de tableaux, nous prolongerons les séries jusqu'à la période contemporaine car nous n'aurons guère plus l'occasion de revenir à ces problèmes.

TABLEAU XIII.1

DROITS DE DOUANE MOYENS SUR LES ARTICLES
MANUFACTURÉS D'UN CHOIX DE PAYS
(moyennes pondérées ; en pourcentage de la valeur)

	1820[ab]	1875[b]	1913	1925	1931	1950	1980	1990
EUROPE								
Allemagne[c]	8-12	4-6	13	20	21	26	8,3	5,9
Autriche[d]	*	15-20	18	16	24	18	14,6	12,7
Belgique[e]	6-8	9-10	9	15	14	11	8,3	5,9
Danemark	25-35	15-20	14	10	–	3	8,3	5,9
Espagne	*	15-20	41	41	63	–	8,3	5,9
France	*	12-15	20	21	30	18	8,3	5,9
Italie	–	8-10	18	22	46	25	8,3	5,9
Pays-Bas	6-8	3-5	4	6	–	11	8,3	5,9
Royaume-Uni	45-55	0	0	5	–	23	8,3	5,9
Russie	*	15-20	84	*	*	*	*	*
Suède	*	3-5	20	16	21	9	6,2	4,4
Suisse	8-12	4-6	9	14	19	–	3,3	2,6
AUTRES PAYS								
DÉVELOPPÉS								
États-Unis	35-45	40-50	44	37	48	14	7,0	4,8
Japon	*	5	30	–	–	–	9,9	5,3

* Situations caractérisées par de nombreuses et importantes restrictions à l'importation d'articles manufacturés rendant non significatifs tous calculs des droits moyens.
a Droits très approximatifs.
b Fourchettes des droits moyens, mais non droits extrêmes.
c En 1820 : Prusse ; et après 1931 République fédérale d'Allemagne.
d Avant 1925 Autriche-Hongrie.
e En 1820 : les Pays-Bas.

Sources : 1820 et 1875 : calculs de l'auteur. Bairoch, P. (1976a) ; excepté pour les États-Unis et le Japon : Bairoch, P. (1989a).
1913 et 1925 : Société des Nations (1927) ; excepté pour le Japon : Bairoch, P. (1989a).
1931 : Liepmann, H. (1938) ; excepté pour les États-Unis et le Japon ; Bairoch, P. (1989a).
1950 : Woytinsky, W.S. et Woytinsky, E.C. (1955).
1980 et 1990 (ou pré et post-Tokyo Round) : données communiquées par le Secrétariat du GATT.

LE RENFORCEMENT DU PROTECTIONNISME
EN OUTRE-MER

En totale opposition avec le virage libéral de
l'Europe, pratiquement tous les pays développés
d'outre-mer renforcèrent ou adoptèrent le protectionnisme dans les années 1860-1880. Aux États-
Unis, la guerre de Sécession (1861-1865) entre le
Nord anti-esclavagiste et le Sud favorable au système esclavagiste est aussi une guerre entre le
Nord protectionniste et le Sud libre-échangiste.
Par conséquent, la victoire du Nord fut aussi celle
du protectionnisme. Le tarif, déjà protectionniste,
de 1861 fut renforcé en 1866, et il n'est pas exagéré de prétendre que de 1866 à 1913 les États-
Unis furent le pays le plus protectionniste des
pays avancés. La moyenne des droits de douane
sur les articles manufacturés était, vers 1875, de
l'ordre de 40 à 50 pour 100, alors que la moyenne
de l'Europe continentale se situait vers 9 à
12 pour 100, avec pour la France 12 à 15 pour 100
et pour l'Allemagne 4 à 6 pour 100. En 1913, il
s'agissait, selon les calculs de la SDN (Société des
Nations ; en anglais LON) de 44 pour 100 pour les
États-Unis, de 20 pour 100 pour la France, de
13 pour 100 pour l'Allemagne.

Dans les dominions britanniques, et surtout en
Australie et au Canada, cette période est celle de
la mise en œuvre de politiques d'industrialisation
grâce à des barrières douanières. En Australie,
cette politique, qui date de 1867, s'explique très
largement par le chômage et le sous-emploi qui
caractérisaient cette région dans le début des
années 1860 en raison de l'épuisement de nom-

breuses mines d'or. Au Canada, le grand tournant
se place en 1879 par l'adoption de la National
Policy qui avait été le cheval de bataille du parti
conservateur aux élections de 1878. Il s'agissait
d'une véritable politique d'industrialisation par le
biais d'une protection des secteurs susceptibles
de prendre racine dans le pays. Ce fut largement
un succès, au point que, après 1896, date de l'arrivée des Libéraux au pouvoir, il n'y eut pas de
changement réellement significatif dans la politique commerciale, malgré la position idéologique libre-échangiste de ce parti. Cependant,
comme nous l'avons signalé dans le chapitre VI
(tome I), en raison notamment de la proximité de
ce qui était alors déjà la plus grande puissance
industrielle, l'industrialisation du Canada a été
largement le fait d'entreprises des États-Unis.

Dans les pays d'Amérique latine, l'évolution ressemble assez à celle des dominions britanniques.
Arrêtons-nous uniquement au cas de l'Argentine,
le plus important des trois pays tempérés latino-
américains (les autres étant le Chili et l'Uruguay)
et commençons par le début. Durant le premier
demi-siècle d'indépendance (1810-1859), l'histoire des politiques commerciales de l'Argentine
est celle d'un conflit d'intérêts entre la région de
Buenos Aires et les autres provinces. Buenos
Aires, dont l'activité principale était d'ordre commercial, était en faveur d'une politique très libérale, alors que les autres provinces, notamment
celles du Nord et de l'Ouest, qui s'étaient dotées
dès le XVIIIᵉ siècle d'un secteur manufacturier sub-
stantiel, étaient en faveur du protectionnisme.
D'ailleurs, jusqu'en 1880, Buenos Aires chercha à
plusieurs reprises à se séparer de l'Union fédé-

rale; et, de 1853 à 1859, ce fut un État indépendant. Dans l'ensemble, à partir de la seconde moitié du XIXᵉ siècle, la tendance des politiques commerciales bascula vers le protectionnisme.

Le tarif qui fut adopté en 1854 (il ne concernait pas Buenos Aires) comportait déjà des aspects protectionnistes. Si sa nomenclature était encore sommaire (60 rubriques), les droits *ad valorem* d'importation étaient relativement progressifs : 5 pour 100 pour les matières premières et les produits semi-manufacturés et 15 à 20 pour 100 pour les articles manufacturés (à l'exception des machines imposées à 5 pour 100). La protection concernait également les produits agricoles, dont la plupart étaient soumis à des droits de 20 pour 100. Un certain nombre de droits spécifiques touchaient principalement les exportations de produits d'origine animale, qui, jusqu'aux années 1880, formèrent l'essentiel des exportations argentines.

Le véritable virage vers une politique axée sur l'industrialisation se situe dans les années 1870. Dès 1873-1875, des primes étaient offertes aux premières entreprises qui s'établissaient dans certains secteurs. Parmi les trois motifs de la révision tarifaire de 1876 figuraient la protection des industries naissantes et le désir de réduire les importations (le troisième motif était d'accroître les recettes fédérales). Les articles manufacturés étaient taxés à 40 pour 100 *ad valorem* ; les semi-manufacturés soit à 10 pour 100, soit à 20 pour 100. Cependant, la plupart des biens d'équipement étaient exempts de droits et la plupart des matières premières étaient taxées à 20 pour 100. En 1880, en accroissant les droits sur les

matières premières et en diminuant certains
droits sur les articles manufacturés, on réduisit
la protection effective du système douanier. C'est
là un des multiples cas des alternances de la politique économique qui marquèrent l'Argentine
jusqu'à la période contemporaine.

1879-1892 :
retour de l'Europe continentale
au protectionnisme :
l'Allemagne montre la voie

L'Allemagne fut, en fait, le premier pays important à modifier sensiblement sa politique douanière ; elle le fit avec le nouveau tarif de juillet
1879. Ce fut un événement important, et, tout
comme le traité franco-britannique de 1860
marque le début de la véritable période libre-
échangiste, ce nouveau tarif allemand marque la
fin de cette période et le retour progressif du protectionnisme en Europe continentale. Certes en
1877 la Russie, l'Autriche et l'Espagne, et en 1878
l'Italie, avaient précédé l'Allemagne, mais ces
pays ne jouaient qu'un rôle mineur dans les
échanges internationaux d'articles manufacturés.
Le retour au protectionnisme de l'Allemagne faisait partie intégrante de la *Realpolitik* (politique
réaliste) du chancelier Bismarck. Dans son discours, lors de la discussion du projet de loi sur la
réforme des tarifs, il déclarait notamment : « Jusqu'ici les ports largement ouverts à l'importation
ont fait de nous un lieu de dumping de la surproduction des pays étrangers. »
En Europe continentale, le triomphe des idées

protectionnistes résulta très largement de la coalition des intérêts agricoles avec ceux de l'industrie. Les agriculteurs, déçus par l'accroissement modéré de leurs ventes au Royaume-Uni et fortement handicapés par l'afflux de céréales et autres produits alimentaires en provenance des pays d'outre-mer à peuplement européen, apportaient ainsi leur soutien aux industriels peu convaincus dès le départ par l'expérience libre-échangiste. C'est ainsi que la décision allemande est motivée par la pression conjointe des agriculteurs de l'Est, fortement affectés par les importations de céréales, et des industriels, qui avaient été en quelque sorte contraints au libéralisme mais ne l'avaient jamais adopté.

La France, quant à elle, ne retourna au protectionnisme réel qu'avec le tarif dit «de Méline» de 1892. À l'Allemagne, l'Autriche, l'Espagne et la Russie, s'ajoutèrent encore sur la liste des pays ayant accru fortement leurs droits de douane, notamment : en 1887, la Belgique (mais surtout dans l'agriculture), la Suisse et l'Italie, et, en 1888, la Suède (en matière agricole). Cette modification des politiques commerciales est concomitante avec une sophistication croissante des tarifs douaniers. Rappelons ici que l'on distingue deux types dominants de tarifs. Le premier, qualifié d'autonome (*autonomus*) ou de statutaire (*statutary*), est un tarif établi et modifié uniquement par voie législative. Le second type est qualifié de conventionnel (*conventional*), c'est-à-dire qu'il peut être établi et surtout modifié à la suite de traités et de conventions établis avec d'autres pays. Dans le cas du type de tarif conventionnel on parle du taux général pour les droits appliqués à des pays avec lesquels il n'existe pas de traités et de taux conventionnel pour les droits appliqués aux pays avec lesquels il existe des conventions.

L'année 1892 fut marquée, dans de nombreux pays déjà retournés plus ou moins nettement vers le protectionnisme, par de nouveaux renforcements des législations douanières, et ce, en raison du fait qu'une forte proportion de traités de commerce avait cette date comme échéance (et la plupart d'entre eux en février). Par exemple, si l'on établit la statistique des traités en vigueur en Europe, en 1889, et conclus avec une date d'échéance, sur un total de 53 traités 27 sont venus à échéance en 1892 (dont 21 en février), 3 en 1890, 9 en 1891, 3 en 1893. L'année 1892 est aussi celle de l'adoption en France du tarif dit « de Méline ». Jules Méline fut un homme politique qui marqua son époque, notamment dans le domaine agricole ; il fonda le Mérite agricole et lança, en 1905, l'idée du « retour à la terre », repris près de quatre décennies plus tard, pendant la Seconde Guerre mondiale, par le gouvernement de Vichy dans le cadre de sa politique de collaboration avec l'occupant nazi. Chaque pays justifiait ses mesures par celles déjà prises par certains autres pays.

1892-1914 : les tentations
du « Fair Trade » au Royaume-Uni
et le renforcement du protectionnisme
dans le reste du monde développé

Disons-le d'emblée, le Royaume-Uni restera libre-échangiste jusqu'au début de la Première Guerre mondiale. Ce n'est qu'en février 1932, après la très mauvaise décennie des années 1920, qui contrastait avec le développement rapide de la plupart des autres pays développés, et la crise économique persistante, que le Royaume-Uni a opté à son tour pour le protectionnisme. D'ailleurs, une nouvelle Corn Law a même été introduite alors. Si la pression de ceux que nous appelons par commodité les protectionnistes s'accroît à partir du début des années 1890, elle ne date cependant pas de là. Dès 1881, cette pression se concrétise par la fondation de la National Fair Trade League et, sur le plan politique, à Richard Cobden, l'apôtre du libre-échange, succède Joseph Chamberlain, l'apôtre du *fair trade*, qui adopte d'ailleurs ses méthodes de propagande (publications et discours publics). Face aux Européens qui ne jouent pas le jeu, il faut opposer le fair trade (*fair* qu'il convient de traduire plus par « équitable » que par « loyal » comme on le fait généralement) au *free trade*, car les autres ne sont pas *fair-play*.

En septembre 1903, exclu du gouvernement à majorité libre-échangiste, Chamberlain consacra les dernières années de santé de sa vie (il avait alors 67 ans) à continuer sa croisade qui s'intégrait dans le cadre de la Tarif Reform League fondée en 1903 justement pour soutenir sa politique. Mais les élections de 1906, placées à un moment conjoncturel favorable (après le déclin de 1903, le volume du produit brut avait progressé de 8 pour 100 entre 1903 et 1906) amenèrent à la Chambre une majorité favorable à la poursuite de la politique économique traditionnelle d'ailleurs soutenue par la plupart des économistes anglais. Tombé malade en 1906, Chamberlain cessa le combat et mourut en 1914.

Pendant ce temps, en Europe continentale, le protectionnisme se renforçait. Et la période de 1892-1914 est par là même celle de nombreuses « guerres tarifaires » qui résultaient des difficultés à harmoniser à la fois tous les intérêts contradictoires des divers secteurs nationaux et ceux de la politique commerciale extérieure et de la politique extérieure tout court. En général les pays qui, dès avant 1892, avaient déjà opté pour le retour vers le protectionnisme renforcent cette tendance après 1892. Cependant, le clan des pays protectionnistes, déjà très largement dominant en Europe, ne s'élargit plus. En fait, les Pays-Bas, premier bastion du libre-échange, restèrent le seul pays d'Europe continentale à avoir des droits extrêmement faibles sur les articles manufacturés.

Dans l'ensemble on peut estimer que la hausse réelle des tarifs des pays d'Europe continentale a été pour les articles manufacturés, entre 1892 et 1914, de l'ordre de 100 %. Pour les produits textiles, elle a été un peu plus forte que la moyenne citée ci-dessus, et, pour les articles en métal, un peu plus faible que cette moyenne. Mais, comme dans la plupart de ces pays la révision des tarifs s'est accompagnée d'un accroissement du nombre de positions tarifaires et d'une différenciation des droits de douane selon le degré d'élaboration des produits, cette hausse des droits de douane ne traduit qu'insuffisamment l'accroissement très sensible de la protection réelle ou effective intervenue.

À la même époque, hors d'Europe la tendance est, *grosso modo*, la même : renforcement du protectionnisme, mais non accroissement significatif en raison même des hauts niveaux déjà atteints auparavant. La mesure la plus protectionniste concerne l'Australie, où les élections de 1906 ont amené une majorité non libérale, grâce notamment à la position protectionniste du Labour Party. La même année fut voté l'*Australian Industries Preservative Act* qui était une loi anti-dumping ; et, en 1908, un nouveau tarif encore plus nettement protectionniste fut mis en place, avec toutefois des préférences pour les produits britanniques.

En général, dans le monde développé, le renforcement de la protection agricole a été encore plus draconien que celui des articles manufacturés. À la veille de la Première Guerre mondiale, la moyenne des droits de douane sur les articles manufacturés des divers pays développés variait de 0 pour 100 pour le Royaume-Uni à plus de 40 pour 100 pour beaucoup de pays développés. En ce qui concerne les produits agricoles, la situation variait fortement d'un pays à l'autre ; par exemple, les droits sur le blé s'établissaient entre 0 pour 100 et 43 pour 100, avec même une prohibition dans le cas du Portugal. On trouvera dans le tableau XIII.2 les différents éléments disponibles sur la situation en matière de politique commerciale vers 1913.

Ainsi, dans le monde développé, le XIXe siècle se termine comme il a commencé : par un niveau élevé et très généralisé du protectionnisme. Seul le Royaume-Uni et les Pays-Bas peuvent être considérés comme libre-échangistes. Dans l'autre monde, à savoir le Tiers-Monde, la situation était très différente. À l'exception de quelques pays d'Amérique latine (surtout Brésil), qu'il s'agisse de pays politiquement indépendants ou de colonies, la pression occidentale avait imposé partout

TABLEAU XIII.2

QUELQUES INDICATEURS DES DROITS D'IMPORTATIONS EN 1913 (en pourcentage de la valeur)

	Droits d'import. en % des importations spéciales (1909/1913)	Indices de la Société des Nations		Indices de Liepmann[a]		Art. manuf. britanniques[b] (1914)	Blé
		Total[c]	Art. manuf.	Total[c]	Art. manuf.		
EUROPE							
Allemagne	7,9	12	13	17	13	17	36
Autriche-Hongrie	7,6	18	18	23	20	35[d]	35
Belgique	15,8	6	9	14	9	10	0
Bulgarie	15,1[e]	–	–	23	22	–	3
Danemark	5,8	9	14	–	–	18[d]	0
Espagne	14,3	33	41	37	34	42	43
Finlande	12,1[e]	–	–	35	28	–	0
France	8,7	18	20	24	21	22	38
Grèce	26,6	–	–	–	–	19[d]	37[d]
Italie	9,7	17	18	25	20	18	40
Norvège	11,4	3	–	–	–	12[d]	4
Pays-Bas	0,4	3	4	–	–	3	0
Portugal	23,7	–	–	–	–	–	prohib.
Roumanie	12,1[e]	–	–	30	28	14[d]	1
Royaume-Uni	5,6	0	0	0	0	–	0

	Droits d'import. en % des importations spéciales (1909/1913)	Indices de la Société des Nations[c]		Indices de Liepmann[a]		Art. manuf. britanniques[b] (1914)	Blé
		Total[c]	Art. manuf.	Total[c]	Art. manuf.		
Russie	29,5[e]	–	–	73	84	131[d]	0
Serbie	14,8	–	–	22	20	–	27
Suède	9,0	16	20	28	25	23	28
Suisse	4,4	7	9	11	8	7[d]	2
AUTRES PAYS DÉVELOPPÉS							
Australie	18,2	18	18	–	–	6	22
Canada	18,7	18	15	–	–	15	0
États-Unis	21,4	33	44	–	–	19	f
Japon	9,1	–	–	–	–	19	18

a Indices «potentiels», en ce sens que ceux-ci ont été calculés sur base d'une liste standard de 144 produits importés; donc, incluant certains produits non importés dans certains pays.

b Droits de douane appliqués aux articles manufacturés britanniques dans les pays importateurs.

c Excluant les boissons alcooliques, le tabac et les huiles minérales (en général fortement imposés).

d 1904, et non strictement comparables avec les données de 1914; en règle générale elles devraient être réduites de quelque 30 % afin de les rendre plus comparables.

e En pourcentage des importations générales.

f 10 % pour les pays où le blé américain est imposé.

Sources: Première colonne: estimations de l'auteur sur la base de sources nationales. Société des Nations (1927). Liepmann, H. (1938). Articles manufacturés britanniques 1914: Great Britain Committee on Industry and Trade (1925); et 1904: Board of Trade (1905). Blé: calculs de l'auteur basés sur les droits fournis dans Board of Trade (1913). Nous avons postulé des prix d'importation uniformes du blé de 36 dollars par tonne qui a été calculé sur la base des prix d'importation d'un choix de pays européens.

une très large ouverture. Dans les pays indépendants, la règle des 5 pour 100 de droits maximum est pratiquement partout présente, et dans les colonies l'ouverture est encore plus grande avec cependant, dans de nombreux cas, une préférence importante pour les produits en provenance de la métropole [1].

LE COMMERCE EXTÉRIEUR : UNE EXPANSION TRÈS RAPIDE, MAIS PEU DE BOULEVERSEMENTS STRUCTURELS

Malgré la dominante protectionniste des politiques commerciales, le commerce extérieur des pays développés (et du monde) connaît durant le XIXᵉ siècle une progression sans précédent historique. La seule période qui se rapproche un peu de ce XIXᵉ siècle est peut-être le XVIᵉ siècle durant lequel, grâce aux grandes découvertes, il est probable que le volume du commerce mondial a été multiplié par deux ou trois ; ce qui est rapide, mais nettement plus faible que durant le XIXᵉ siècle où ce commerce a été multiplié par 25. De surcroît, cette progression a même été plus rapide que durant le demi-siècle suivant, puisque de 1913 à 1956 le volume du commerce mondial n'a été multiplié que par 2, soit respectivement près de 3 pour 100 par an au cours du XIXᵉ siècle et un peu plus de 1 pour 100 par la suite.

1. Nous y reviendrons dans les troisième et cinquième parties.

L'évolution du commerce extérieur

Commençons donc par situer l'ampleur des modifications du commerce extérieur des pays développés par rapport aux autres domaines de l'activité économique. Nous rappellerons que nous avons vu que la production agricole s'était accrue d'environ 2 pour 100 par an, ce qui signifie en un siècle une production agricole multipliée par sept, et que la production industrielle s'était accrue, quant à elle, d'environ 3 pour 100 par an, ce qui signifie une production multipliée par 20 environ en un siècle. Le volume du PNB, lui aussi, s'est accru de 2 pour 100 par an. Quant au volume des exportations, il s'est accru durant le XIXe siècle de 4 pour 100 par an, ce qui signifie un volume multiplié par 50. En termes de progression par habitant, l'écart est évidemment encore plus marqué puisque, par exemple, on aboutit à 1 pour 100 par an (multiplication en un siècle par 2,7) pour le PNB et à 3 pour 100 (multiplication en un siècle par 19,2) pour les exportations.

Donc une croissance très rapide qui implique que la part relative des échanges internationaux dans la production s'est accrue fortement puisque le rythme de croissance des exportations a été deux fois plus rapide que celui de la production globale. À la veille de la Première Guerre mondiale, la part relative des exportations dans le PNB atteint un sommet historique, qui ne se retrouvera qu'après les années 1970, à la suite des effets de la forte augmentation des prix du pétrole. Ainsi, si l'on se limite à l'Europe, on peut estimer que, vers 1830, les exportations devaient

représenter environ 2 pour 100 du produit national brut. Vers 1860, il s'agit d'environ 9 pour 100,
et, en 1913, de 14 pour 100. Or, en raison du
retrait de la Russie soviétique du réseau
d'échanges, de la chute du commerce extérieur
lors de la dépression des années 1930, et malgré

TABLEAU XIII.3

EXPORTATIONS DE MARCHANDISES

POUR QUELQUES PAYS DÉVELOPPÉS EN 1910[a]

(dollars courants)

	Exportations totales (millions $)	Exportations par habitant (en $)	Exportations en pourcentage du PNB
EUROPE	8 650	18	13
Allemagne	1 760	27	15
Autriche-Hongrie	480	9	7
Belgique	630	85	35
Danemark	130	45	27
Espagne	185	9	9
France	1 160	29	15
Italie	395	11	11
Portugal	36	6	8
Royaume-Uni	2 050	48	18
Russie	770	5	6
Suède	155	28	17
Suisse	230	60	24
AUTRES PAYS DÉVELOPPÉS	2 620	16	7
Australie	330	75	9
Canada	265	38	15
États-Unis	1 790	19	6
Japon	240	5	12

[a] Moyennes annuelles pour 1909-1911.

Sources: Bairoch, P. (1973a) et Bairoch, P. (1976a); avec calculs et estimations complémentaires pour les pays extra-européens.

l'expansion rapide des échanges dans l'après-guerre, vers 1970 le taux d'exportation de l'économie européenne n'est que de 12 pour 100.

L'expansion rapide des échanges au XIXᵉ siècle touche de façon inégale les divers pays. Ce fait, se combinant avec le caractère plus ou moins extraverti des économies, conduit à une forte dispersion de l'importance du commerce extérieur des divers pays. Comme on peut le voir dans le tableau XIII.3, pour 1909-1911 les exportations par habitant varient entre un minimum de 5 à 6 dollars, pour des pays tels que le Japon, la Russie et le Portugal, à 60 à 85 dollars pour des pays tels que la Suisse, l'Australie et la Belgique. En termes des exportations exprimées en pourcentage du PNB, cela va de taux voisins ou supérieurs à 25 pour 100 pour de petits pays développés, tels que la Belgique, la Suisse, le Danemark, à des taux de moins 7 pour 100 pour de grands pays peu développés, tels que la Russie. Cette dispersion est aussi l'expression d'une règle assez stable en ce domaine : l'importance relative du commerce extérieur est en relation directe avec le niveau du développement et en relation inverse avec la taille du pays. En d'autres termes, plus un pays est grand, moins grande est l'importance relative de son commerce extérieur (et vice versa) ; plus un pays est développé, plus grande est l'importance relative de son commerce extérieur (et vice versa).

Si l'expansion du commerce extérieur a été rapide, il n'y a que peu de relations avec les phases des politiques douanières. Le paradoxe déjà souligné est que l'expansion du commerce extérieur a été en règle générale plus rapide pendant les phases de protectionnisme que durant les phases de libéralisme. L'explication fondamentale de ce paradoxe est que la croissance économique a été plus rapide durant ces phases-là. D'autre part, il apparaît de plus en plus que la croissance économique a été davantage un moteur du commerce extérieur que le commerce extérieur n'a été un moteur de la croissance économique.

En ce qui concerne la balance commerciale, c'est-à-dire la différence entre les montants des importations et ceux des exportations, le fait marquant du XIXe siècle pour les pays développés est l'augmentation progressive d'un déficit de l'Europe dû en grande partie à un excédent croissant des États-Unis (et des pays de peuplement européen en général). Le déficit de l'Europe est passé d'environ 7 pour 100 des importations vers 1830 à 20 pour 100 vers 1880, pour fluctuer autour des 17 à 21 pour 100 de 1880 à 1913. Dans son commerce avec l'Amérique du Nord, le déficit européen est passé de moins de 20 pour 100 vers 1850 à 70 pour 100 vers 1910. Ce déséquilibre s'explique par l'extrême protectionnisme américain qui a mené à des achats réduits d'articles manufacturés européens malgré leurs ventes croissantes de produits agricoles.

La structure géographique
du commerce extérieur

Quelle est la structure géographique et par produit des échanges des pays développés et comment se modifie-t-elle ? La principale caractéristique est l'importance dominante des échanges entre pays développés et donc, par conséquent, le faible niveau des relations commerciales avec le reste du monde, avec ce qui est, en fait, le futur Tiers-Monde. On peut considérer que jusqu'aux années 1880-1890 environ 80 pour 100 des échanges des pays développés se faisaient avec d'autres pays développés et seulement 20 pour 100, et même un peu moins, se faisaient avec le reste du monde, c'est-à-dire le futur Tiers-Monde. Entre les années 1880 et 1913, l'importance du commerce avec le Tiers-Monde s'accroît rapidement en termes absolus, mais ne s'accroît que faiblement en termes relatifs, puisque les échanges avec les autres pays développés continuent à s'accroître rapidement de sorte qu'à la veille de la Première Guerre mondiale le commerce avec le futur Tiers-Monde ne représentaient qu'un peu moins de 20 pour 100 du commerce extérieur total des pays développés. Et cette proportion est valable, à très peu de chose près, tant au niveau des exportations que des importations.

À l'intérieur des pays développés, la place de l'Europe est largement dominante. Pour les pays européens (à l'exception du Royaume-Uni), environ 80 pour 100 des exportations étaient destinées à d'autres pays européens. Dans les échanges avec le Tiers-Monde, l'Asie et l'Amérique latine occupent une place assez voisine, chacune absorbant 8 à 10 pour 100 des exportations en provenance des pays développés. En revanche, l'Afrique, surtout jusqu'en 1890, n'a eu qu'une place très restreinte, autour de 2 pour 100, mais qui a augmenté par la suite, et surtout entre les deux guerres mondiales.

Bien que nous ayons l'occasion d'y revenir plus

longuement dans la partie (cinq) consacrée au
Tiers-Monde, il convient de faire remarquer que
la quasi-stabilité de l'importance relative du commerce avec les régions du Tiers-Monde n'implique pas du tout que cela s'est traduit par un
impact stable de ces échanges sur leurs économies. En fait, l'importance des échanges extérieurs des pays du Tiers-Monde, par rapport à
leurs économies, a même progressé plus rapidement que ce même ratio dans les pays développés,
la croissance de leurs économies ayant été plus
lente. Comme nous le verrons au chapitre XVIII,
la part des exportations du Tiers-Monde en proportion de son PNB est passée, entre 1830 et
1913, de 2 à 4 pour 100 à 19 à 24 pour 100 ; soit
une multiplication par 8 à 10, alors que pour les
pays développés il s'est agi, ainsi que nous l'avons
vu, d'une multiplication par 7.

Après cette parenthèse hors du cadre géographique ici passé en revue, revenons à l'analyse
de la structure géographique des échanges. À
l'exception du Royaume-Uni, et au niveau des
grandes régions, la structure géographique des
échanges est assez voisine pour tous les pays
développés. Cela est même valable pour les pays
développés d'outre-mer, à l'exception évidente du
Japon, celui-ci étant tout naturellement davantage tourné vers l'Asie à la fois pour ses importations et pour ses exportations. Ainsi, à la veille de
la Première Guerre mondiale, 42 pour 100 des
exportations du Japon allaient vers le continent
asiatique, proportion qui atteindra même 65 pour
100 à la veille de la Seconde Guerre mondiale ;
alors que la proportion n'était que de 10 pour 100
pour l'Europe (à la même période). Quant à la

spécificité du Royaume-Uni, l'importance de son domaine colonial l'explique. C'est ainsi que ses échanges avec le reste de l'Europe ne représentaient qu'un peu plus du tiers de ses exportations (contre plus de 80 pour 100 pour l'Europe continentale).

*La structure par produit
du commerce extérieur*

Comme pour la structure géographique, la structure par produit se modifie assez peu dans le courant des XIXᵉ et XXᵉ siècles. La structure des exportations, comme celle des importations, est caractérisée par une prédominance des articles manufacturés qui représentent environ les deux tiers du commerce des pays développés, l'autre tiers étant les produits bruts. Au niveau des destinations régionales, il y a évidemment des différences. Le commerce extérieur avec le Tiers-Monde se caractérise du côté exportations (vers le Tiers-Monde) par une prédominance encore plus grande des articles manufacturés, alors qu'en ce qui concerne les importations en provenance du Tiers-Monde, ce sont les produits bruts qui prédominent très largement. Mais, étant donné la faible importance des échanges avec le Tiers-Monde cela n'influence pas sensiblement la structure générale du commerce des pays développés.

On ne dispose pas encore de séries sur l'évolution durant le XIXᵉ siècle de la structure détaillée du commerce extérieur de l'ensemble des pays développés. La seule chose que l'on peut avancer avec assez de certitude, c'est qu'en raison de la forte baisse des coûts de transport, on a assisté à un accroissement des échanges de produits pondéreux à la fois pour la production agricole, avec notamment les céréales, et les produits miniers, avec le charbon notamment. Quant à la situation d'après 1900, pour laquelle les données sont déjà meilleures, on constate une prédominance des textiles dans les exportations des pays développés. Vers 1913, ceux-ci représentaient environ le quart des exportations totales, contre 10 pour 100 pour les articles manufacturés en métaux et 5 pour 100 pour les produits chimiques.

Au niveau des pays individuels, les différences sont beaucoup plus marquées que pour la structure géographique des échanges. Nous avons déjà signalé que les produits agricoles prédominaient très largement dans les exportations des pays de peuplement européen. Autre élément de différenciation : la dotation en matières premières des différents pays européens. C'est ainsi, par exemple, que les textiles et vêtements représentaient en 1913 un peu plus de 50 pour 100 des exportations des articles manufacturés de la Suisse, alors que pour la Suède cette proportion n'était même pas de 3 pour 100.

LES INVESTISSEMENTS
INTERNATIONAUX

Bien qu'étant essentiellement un phénomène issu de la révolution industrielle, les mouvements de capitaux, comme beaucoup d'autres éléments, ne sont pas un phénomène sans précédent historique. Les mouvements internationaux de capitaux, et leurs corollaires que sont les investissements internationaux, existaient avant la révolution industrielle, mais l'ampleur de ceux-ci était très limitée. En fait, ils le resteront jusqu'en 1840-1860. Nous disons que les investissements internationaux étaient les corollaires des mouvements internationaux de capitaux, il convient toutefois d'introduire une nuance. En effet, il n'y a pas identification absolue entre les deux concepts, car, dans certains cas, des capitaux importés pouvaient être consacrés à la consommation (publique ou privée) et non utilisés à des investissements. Mais la part des mouvements internationaux des capitaux consacrée à la consommation étant très faible, et comme le terme investissement est généralement plus employé, nous nous conformerons à la pratique.

LES FLUX ET LES STOCKS, LES DÉFINITIONS

Avant de passer aux étapes et aux causes de l'expansion des investissements internationaux, quelques éléments explicatifs concernant les définitions, et notamment concernant la distinction entre stock des capitaux et flux de capitaux. Distinction facile à établir mais qu'il faut garder en mémoire lorsque l'on analyse ce type de données. Le flux de capitaux est la somme annuelle (ou mensuelle) de capitaux qui est «importée» ou «exportée» d'un pays (ou d'une région). Le stock de capitaux est la somme globale des avoirs que possède un pays dans un autre pays. Autre élément de définition utile et important : la distinction entre stock brut et stock net. Le stock brut, notion la plus utilisée, est le montant de capitaux étrangers se trouvant dans un pays sans tenir compte des capitaux que ce pays possède à l'étranger. Le stock net tient compte des deux agrégats. Par exemple, si l'on se place à la veille de la Première Guerre mondiale, les investissements à l'étranger des États-Unis se montent à 3,5 milliards de dollars (voir le tableau XIII.4) ; mais les États-Unis ont accumulé sur leur territoire quelque 6,8 milliards de dollars d'investissements en provenance de l'étranger. Donc le stock net des investissements étrangers est de moins 3,3 milliards de dollars.

Les grandes tendances
des investissements internationaux
et leurs causes

En ce qui concerne les séries historiques, on se préoccupe, à juste titre, davantage du stock que des flux et essentiellement des stocks bruts et non nets. Par conséquent, les données du tableau XIII.4 présentent l'évolution du stock brut des investissements à l'étranger. Relevons que, sur le plan mondial, le stock des capitaux nets à l'étranger est nul, puisque, par principe (sauf erreurs et omissions, ainsi qu'on le précise dans les statistiques) il y a nécessairement compensation. En effet, ce que le pays A possède comme capitaux étrangers en positif dans le pays B, ce dernier le possède en négatif vis-à-vis du pays A. Donc, conventionnellement et surtout pour les données

globales, on parle de stock brut. D'ailleurs, ceci
est aussi valable pour les flux.

TABLEAU XIII.4
STOCK BRUT DES INVESTISSEMENTS
À L'ÉTRANGER PAR PAYS
ET RÉGIONS EXPORTATEURS DE CAPITAUX
(en milliards de dollars courants)

	Vers 1825[a]	Vers 1840[a]	Vers 1870	Vers 1900	Vers 1913	Vers 1930	Vers 1938
Allemagne	–	–	1,0	4,8	5,8	1,1	0,7
Belgique	–	–	–	–	2,0	–	1,3
France	0,1	0,3	2,5	5,2	9,0	3,5	3,9
Pays-Bas	0,3	0,2	0,5	1,1	1,2	2,3	4,8
Royaume-Uni	0,5	0,7	4,9	12,9	20,0	18,2	22,9
Suède	–	–	–	–	0,1	0,5	0,4
Suisse	–	–	–	–	2,7	–	2,3
TOTAL EUROPE	1,2	1,5	9,5	26,0	43,0	29,0	38,0
États-Unis	–	–	0,1	0,5	3,5	14,7	11,5
TOTAL DU MONDE	1,2	1,5	9,6	27,0	47,5	45,0	55,0

a Chiffres très approximatifs.

Sources: D'après Feis, H. (1965); Woodruff, W. (1966); et quelques estimations complémentaires de l'auteur.

Quelles sont les constatations essentielles que
permet de dégager ce tableau? La première est
celle d'une croissance rapide, surtout à partir des
années 1840-1850, du volume du stock brut des
capitaux à l'étranger qui est encore plus rapide
que celle du commerce extérieur mondial. Entre
1825 et 1913, les exportations mondiales sont
passées de 0,9 à 18,5 milliards de dollars; alors
que le stock brut de capitaux à l'étranger passait
d'un peu plus de 1 à 48 milliards de dollars. Dans

le premier cas une multiplication par 20 environ, et dans le second cas une multiplication par 40 environ. En tenant compte de l'évolution des prix, on peut estimer que, entre 1825 et 1913, le stock brut de capitaux a été multiplié par 50. Cette rapide expansion a eu lieu surtout après les années 1850-1860.

LE RÔLE PRÉDOMINANT DU ROYAUME-UNI

Seconde constatation très importante : le Royaume-Uni est largement prédominant puisque, vers 1913, plus de 40 pour 100 des capitaux à l'étranger étaient des capitaux britanniques. Et cette proportion était même de 48 pour 100 vers 1900. En fait, la position du Royaume-Uni à la veille de la Première Guerre mondiale était à peu près la même que celle des États-Unis dans les années 1960-1970 au moment où leur part était de l'ordre de 50 pour 100. Le deuxième investisseur en importance est la France, mais celle-ci ne possède vers 1913 que 19 pour 100 du stock mondial de capitaux à l'étranger. La France est suivie de loin, elle aussi, par l'Allemagne (12 pour 100), et encore de plus loin par la Suisse (6 pour 100). Mais cette dernière comptait, en 1913, 10 fois moins d'habitants que la France et 12 fois moins que le Royaume-Uni ; on peut en déduire aisément que, en termes de capitaux à l'étranger par habitant, la Suisse dépassait le Royaume-Uni et occupait, en fait, dans ce domaine, et dans beaucoup d'autres, la première place dans le monde.

On remarquera aussi qu'au début du XIXᵉ siècle, les Pays-Bas sont probablement le deuxième investisseur de capitaux en termes absolus et le premier par habitant. C'est là une survivance du rôle prépondérant joué par ce qui avait été jusqu'au début du XVIIIᵉ siècle la principale puissance commerciale de l'Europe, et, de ce fait, du monde. À la fin du XIXᵉ siècle, les Pays-Bas n'occupaient plus qu'une place marginale (2,5 pour 100 du total mondial vers 1913). D'ailleurs, ils sont dépassés alors par leur ancienne province, à savoir la Belgique, qui a près de deux fois plus de capitaux à l'étranger (environ 4 pour 100 du total mondial). Comme il s'agit aussi d'un petit pays, en termes de stock par habitant la Belgique occupe la 3ᵉ place dans le monde, après la Suisse et le Royaume-Uni. Globalement, les six pays européens que nous venons d'évoquer possédaient, vers 1913, 86 pour 100 du total des capitaux à l'étranger (95 pour 100 de ceux de l'Europe). On l'aura remarqué : à part les Pays-Bas, ce sont là cinq pays les plus industrialisés d'Europe ; ce qui nous amène à s'interroger sur les causes de ces flux de capitaux.

LES CAUSES DE L'EXPANSION
DES INVESTISSEMENTS INTERNATIONAUX

Passons à présent aux causes de l'expansion rapide des investissements à l'étranger. Nous sommes en présence d'une double série de causes : la première liée aux pays qui exportent des capitaux, la seconde liée aux pays qui importent. En quelque sorte, un peu comme nous l'avons vu pour les migrations internationales, des facteurs de répulsion et des facteurs d'attraction.

Du côté des pays exportateurs de capitaux, en ce qui concerne les facteurs de répulsion, on

insiste généralement, à juste titre, sur la large
disponibilité de capitaux, elle-même liée au processus de développement économique. D'une
part, en l'espace de 60 ou 70 ans de développement moderne, le niveau moyen du PNB par
habitant se trouve à un niveau d'environ 60 à
90 pour 100 plus élevé que dans le cadre des
sociétés traditionnelles.

D'autre part, la croissante inégalité des revenus conduit à augmenter encore plus rapidement
les disponibilités des classes supérieures. Dès
lors, il apparaît même une possibilité de manque
d'opportunités d'investissements locaux profi-
tables. Ce qui est apparemment le cas, dès les
années 1840-1850, du Royaume-Uni, et plus tard
d'autres pays européens ayant commencé assez
précocement leur industrialisation. Les thèses en
présence pour expliquer ce que l'on qualifie parfois de surplus de capitaux insistent soit sur le
manque d'entrepreneurs, soit sur une baisse des
profits, soit sur la conjonction de ces deux facteurs. Ces pays développés sont, pour la plupart,
les pays les plus industrialisés.

L'IMPACT DU RELÈVEMENT
DES BARRIÈRES DOUANIÈRES

Du côté des pays importateurs de capitaux,
donc en ce qui concerne les facteurs d'attraction,
on est également en présence d'une multiplicité
d'éléments explicatifs. En premier lieu, il convient
de souligner l'importance qu'a joué le relèvement
des barrières douanières à partir des années 1879-
1892. Effectivement, à partir de cette époque,
pour certains entrepreneurs il était plus profi-

table d'installer des entreprises dans les pays qui avaient relevé leurs barrières douanières que de payer les droits additionnels de douane, ce d'autant plus que la période libérale (1860-1863 à 1879-1892) a vu s'opérer, dans beaucoup de pays, un rapide accroissement des importations d'articles manufacturés en provenance surtout des pays plus avancés. D'ailleurs, c'était là une des justifications de l'établissement de ces barrières douanières. Un des cas les plus intéressants de l'effet des relèvements des droits de douane est celui de l'émigration d'une partie de l'industrie suisse de la filature de coton qui a transféré une partie significative de son appareil de production (machines et ouvriers) en Italie. Mais étant donné que les investissements directs ne représentaient qu'une faible fraction du flux des capitaux, ce facteur n'a joué qu'un rôle accessoire.

Parmi les autres facteurs explicatifs importants de la progression des investissements internationaux, il faut faire intervenir les vastes disponibilités en ressources agricoles ou minières des pays d'outre-mer qui se sont révélées être des facteurs puissants d'attraction de capitaux tant pour les activités de production que, surtout, d'infrastructure de transport; il s'agit ici aussi bien des colonies que, surtout, des pays de peuplement européen. Pour ces derniers, qui ont absorbé la proportion dominante des investissements européens du reste du monde, il faut se rappeler qu'ils ont commencé leur véritable processus de développement et de peuplement au milieu du XIXe siècle.

Le développement des nouveaux moyens de communication, notamment à partir des années

1835 des chemins de fer et à partir des années 1885 des tramways, favorisa le flux international des capitaux, en raison notamment de la masse et de la concentration des investissements nécessaires. Pratiquement tous les pays ont bénéficié d'investissements étrangers en la matière, avec bien entendu un flux plus important vers les pays techniquement moins avancés. Dans un domaine connexe, soulignons que les infrastructures portuaires ont également bénéficié d'investissements internationaux.

Bien entendu, à côté de ces causes principales, il faut aussi faire état de l'environnement international, et notamment le développement des télégraphes qui amène une unification du système mondial qui permet de mieux communiquer d'un continent à un autre. D'autre part, l'importance même des échanges qui s'accroissent suscite des informations et des désirs de changement. Dans le même ordre d'idées, il est évident que le développement du système bancaire et la généralisation de l'étalon or ont été des facteurs qui ont grandement facilité les transferts internationaux de capitaux. Et comme c'est très souvent le cas, il y a interactions : ainsi l'augmentation des flux de capitaux a été un facteur qui a favorisé le système bancaire. Enfin, sans être exhaustif, il ne faut pas négliger le fait que certains émigrants (une minorité, il est vrai) sont partis avec des ressources financières non négligeables. La présence outre-mer de ces émigrants a été, bien sûr, plus importante.

Destinations et formes
des investissements à l'étranger

Voyons à présent quelles sont les régions où se sont investis ces capitaux. Si nous prenons la situation vers 1913, période pour laquelle les données sont assez valables (voir le tableau XIII.5), nous constatons que la plus grande partie de ceux-ci a été investie dans les pays de peuplement européen, qu'il s'agisse de l'Amérique du Nord, de l'Océanie, ou des pays tempérés d'Amérique latine. Ces trois régions possédaient, à elles trois, 37 pour 100 du stock de tous les investissements internationaux ; et si l'on excepte les investissements intra-européens, on atteint même les 50 pour 100. Or, en termes d'habitant, les pays de peuplement ne représentaient, vers 1913, que 8 pour 100 de la population extra-européenne. En termes d'investissement par habitant, les pays de peuplement européen ont reçu 10 fois plus de capitaux que le Tiers-Monde (sans les trois pays tempérés d'Amérique latine), soit respectivement environ 137 dollars pour le premier groupe, et environ 13 dollars pour le second.

L'Europe qui est le continent d'origine d'environ 86 pour 100 des capitaux investis à l'étranger[1] est aussi une région accueillant une proportion importante de capitaux. Vers 1913, elle absorbe environ 26 pour 100 des capitaux étrangers, et à l'intérieur de l'Europe la Russie absorbe une fraction importante de ceux-ci (le tiers environ). Comme nous avons pu le voir

1. Voir le tableau XIII.4.

TABLEAU XIII.5
RÉPARTITION GÉOGRAPHIQUE DES RÉGIONS
ET PAYS DESTINATAIRES DES INVESTISSEMENTS
INTERNATIONAUX
(en pourcentage du total mondial)

	1913	1938
PAYS DÉVELOPPÉS	59,4	55,1
Europe	*26,4*	*18,7*
dont Russie	8,9	0,1
Amérique du Nord	*24,1*	*24,8*
Canada	8,5	12,1
États-Unis	15,6	12,7
Japon	0,7	1,0
Océanie	4,6	8,1
Afrique du Sud	3,6	2,5
TIERS-MONDE	41,6	45,9
Afrique (sauf Afrique du Sud)	5,3	5,0
Amérique latine	18,0	20,6
dont pays peuplement européen[a]	8,3	8,6
Asie (sans le Japon)	15,0	20,3
TOTAL MONDE	100,0	100,0
en milliards de dollars courants	47,5	55,0

a Argentine, Chili et Uruguay.

Sources : D'après Feis, H. (1965) ; Woodruff, W. (1966) ; et quelques estimations complémentaires de l'auteur.

lorsque nous avons étudié les spécificités du
développement économique de la Russie, une
très large fraction de l'industrie naissante a été
financée par des capitaux étrangers, et notamment français et belges. Enfin, relevons la faible
présence de capitaux étrangers au Japon qui
résulte d'une décision du pouvoir central. Ceci

contraste avec la situation de l'autre pays qui est un peu en marge des pays développés, c'est-à-dire l'Afrique du Sud qui se situe parmi les pays dont les investissements étrangers par habitant sont les plus élevés du monde ; la présence de l'industrie extractive, et notamment les mines d'or, explique cette situation.

Les exportations de capitaux ont revêtu (et revêtent) des formes variées. Variété selon l'origine : il peut s'agir de capitaux privés ou de capitaux publics. Variété aussi selon la forme : il peut s'agir d'investissements de portefeuille ou d'investissements directs. Variété enfin, au sens où les secteurs d'activité ont bénéficié très inégalement des investissements. Pour le XIXe siècle, il s'est agi principalement de capitaux privés et non de capitaux publics. On peut même estimer que les investissements publics internationaux étaient pratiquement inexistants avant la Première Guerre mondiale. En fait, c'est au cours de cette guerre que commencent réellement les flux massifs de capitaux publics, par le biais notamment de prêts des États-Unis aux Alliés. Ce phénomène prendra une importance encore plus grande pendant la Seconde Guerre mondiale ; à partir du début des années 1950, ce sera l'aide au Tiers-Monde qui va conduire à des flux massifs de capitaux publics.

Autre caractéristique des investissements internationaux du XIXe siècle : il s'agit surtout d'investissements de portefeuille, c'est-à-dire d'actions ou d'obligations détenues par des particuliers, des banques, des entreprises ou des organisations. Il est probable que 80 à 90 pour 100 environ des investissements internationaux ont eu cette forme. Cela implique que les investissements directs n'ont représenté que 10 à 20 pour 100 environ de ce flux. Par investissements internationaux directs, on entend des montants transférés d'un pays à un autre, soit par une personne, soit par une entreprise (industrielle, bancaire, ou autre) et destinés spécifiquement à une entreprise dont le bailleur de fonds a aussi un accès, total ou partiel, à la propriété de cette entreprise. La création d'entreprises multinationales est la composante essentielle de cette forme d'investissement international. Cette forme dominante d'investissement (donc de portefeuille) a d'ailleurs permis une plus large participation des particuliers aux investissements ; en effet il est possible de n'acheter qu'un nombre restreint d'actions ou d'obligations, alors que les investissements directs supposent des disponibilités en capitaux beaucoup plus élevées, parfois même très élevées [1].

Vers quels secteurs sont allés ces investissements au XIXe siècle ? En ce domaine, les données sont également incomplètes ; toutefois, comme nous l'avons déjà signalé, elles laissent apparaître que l'essentiel des investissements, surtout de portefeuille, était destiné à l'infrastructure des transports, à la fois chemins de fer, aménagement des ports, mais aussi transports urbains (surtout tramways). Le secteur minier a également profité largement de ces capitaux. Quant à l'industrie manufacturière, elle a surtout bénéficié des investissements directs ; donc d'une faible fraction du total des investissements.

1. Pour ce qui est des investissements directs, se rapporter à la section du chapitre XII concernant les entreprises multinationales consacrée à un historique de la multinationalisation des entreprises.

XIV. LA MONNAIE
ET LES BANQUES

L'argent et la banque sont probablement deux instruments de la vie économique dont l'image dans le grand public est la plus chargée de passions. Adulé ou décrié, leur rôle dans l'histoire du développement a été moins grand que dans l'imagerie populaire. En fait, le rôle de l'argent, ou, si l'on préfère, de la monnaie et des banques s'accroît dans la seconde moitié du XIXe siècle, et ces instruments économiques y subirent de profonds bouleversements. Ici, davantage que dans les autres chapitres, nous commencerons par remonter loin dans le passé, bien avant le XIXe siècle, beaucoup des mutations importantes s'étant produites très tôt ; à propos de l'argent, nous commencerons au IIIe millénaire avant J.-C. Cet argent si présent et si absent dans l'histoire.

Argent, nerf de la guerre ; argent, facteur d'échanges ; mais aussi argent presque absent dans l'essentiel du monde économique, à savoir le monde rural. Argent, nerf de la guerre, mais aussi tribut de paix. Le terme «payer» provient du latin *pacare* : pacifier, apaiser. Et, actuellement, l'argent est en train de se vider de sa substance matérielle en se muant en un flux électronique d'écritures.

Les bouleversements du système monétaire ayant
au XIXe siècle précédé ceux du système bancaire,
et comme la monnaie a en quelque sorte historiquement précédé la banque, nous commencerons
par cet aspect, bien que les deux phénomènes
soient liés. Nous terminerons par une brève section consacrée aux assurances, dont on a trop
tendance à oublier l'important rôle, direct ou indi-
rect, qu'elles ont joué et jouent encore.

LA MONNAIE : DES PIÈCES D'OR
ET D'ARGENT À L'ÉTALON OR

Commençons par des définitions. Citons d'abord
un dictionnaire général, le *Robert*, selon lequel la
première définition est « pièce de métal, de forme
caractéristique, dont le poids et le titre sont
garantis par l'autorité souveraine, certifiés par
des empreintes marquées sur sa surface, et qui
sert de moyen d'échange… ». Sur le plan économique, toujours selon le *Robert*, il s'agit de « tout
instrument de mesure et de conservation de la
valeur, de moyen d'échange des biens ». Et dans
cette définition, qui est celle qui nous intéresse ici,
la monnaie peut aussi être une monnaie de papier
ou même une monnaie de banque (notamment
chèque), ce qui résume très schématiquement
l'évolution historique qui plonge ses racines très
loin dans le temps et est en train d'aboutir à la
monnaie purement électronique ou une partie des
transactions passent par l'Internet. Cependant, la
monnaie a aussi un rôle plus vaste et pour cela

citons un dictionnaire économique (*The New Palgrave*), dans lequel l'article « Money in economic activity » commence par la phrase lapidaire : « Money is a social relation ».

De l'or et de l'argent
aux billets de banque

Deux des trois métaux qualifiés de précieux en raison de leur valeur élevée, à savoir l'or et l'argent (le troisième étant le platine), ont joué un rôle clé dans l'histoire plusieurs fois millénaire de la monnaie. En Égypte, au IIIe millénaire avant J.-C., l'or servait de monnaie de compte, en Mésopotamie c'était l'argent. Ce ne sont pas là les seules unités de compte, dont les plus répandues dans les civilisations antiques étaient des unités de céréales. Comme nous l'avons vu dans le prologue, les historiens s'accordent pour situer la véritable invention de la monnaie, « monnaie standardisée et certifiée », aux VIIIe-VIIe siècles avant J.-C. Par monnaie standardisée et certifiée, on entend une monnaie dont le contenu en métal (précieux ou autre) est uniforme, et dont surtout le contenu métal (et son titre) est certifié par une autorité politique. Cette invention se place à la fois en Chine et dans le Bassin méditerranéen.

Une étape supplémentaire et importante pour l'Occident se place au VIe siècle avant J.-C. en Lydie (État de l'extrémité occidentale du plateau « anatolien »), où le fameux roi Crésus (passé dans le langage comme synonyme de richesse) créa ce qui, apparemment, est le premier système bimétallique en frappant des pièces de

monnaie de ces deux métaux. Le rapport entre
les deux métaux était fixé 1 à 13,33 (c'est-à-dire
l'or valant 13,33 fois plus que l'argent). C'est là,
apparemment, la première fixation «officielle»
de cette parité, qui fluctua certes pendant longtemps, à la fois géographiquement et historiquement, mais dans des limites relativement étroites
avant le bouleversement de la seconde moitié du
XIXe siècle. Par la suite, la drachme, émise par
Athènes à partir du VIe siècle avant J.-C., devint,
grâce à son contenu (en argent) très constant, la
pièce de monnaie utilisée pratiquement partout
en Europe et dans le Bassin méditerranéen pendant plus de 5 siècles. Le contenu d'argent fin de
la drachme était de 4,34 grammes jusqu'au règne
d'Alexandre le Grand (336-323 av. J.-C.), et de
4,15 grammes après.

Pour le monde occidental, l'étape suivante la
plus importante est la réforme monétaire de 781
introduite par Charlemagne. Réforme qui introduisit le monométallisme (argent); monométallisme qui allait être, en quelque sorte, la règle
jusqu'en 1717. Une livre (monnaie de compte)
correspond à une livre (poids) d'argent, et elle est
divisée en 20 sous, chaque sou étant lui-même
divisé en 12 deniers. On le voit ce sont là des
termes qui vont traverser toute l'histoire, le terme
argent étant même devenu dans maintes langues
(dont le français évidemment) synonyme de monnaie. Et le système monétaire britannique conser-
vera ces divisions jusqu'en 1971. Après la réforme
de Charlemagne, la circulation des monnaies d'or
était très peu importante, ce métal étant très précieux en Occident. L'expansion économique et
surtout commerciale, qui s'amorce au XIe siècle,

va entraîner des besoins croissants de numéraire.
Ce qui sera en partie résolu, à partir du début du
XIIIᵉ siècle, par la frappe de grosses pièces d'argent. Venise fut la première à procéder ainsi en
1202, suivie par Florence en 1237, puis par
d'autres cités italiennes. En France, la pièce «gros
tournoi», valant 12 deniers, n'apparut qu'en 1266.

Mais, entre-temps, se place un tournant plus
important : celui de la reprise de la frappe de
pièces d'or. Si on laisse de côté le précédent de
Sicile, très proche de Byzance, et les pays musulmans, le fait le plus marquant est la frappe du florin (d'or) à Florence, qui débute en 1252. Le florin
eut beaucoup de succès, et à l'instar du ducat
(d'or aussi, bien sûr) fut copié longtemps à travers
l'Europe. Cette reprise de la frappe de pièces d'or
fit resurgir le problème de la parité des deux monnaies, et entraîna aussi la préséance des monnaies
royales sur celles des barons. Ce surtout en
France et en Angleterre.

L'INVENTION DU PAPIER-MONNAIE

À peu près au même moment, mais et cette fois-
ci cela concerne l'histoire universelle de la monnaie, se place l'étape fondamentale de l'«invention»
du papier-monnaie. La Chine est apparemment la
première civilisation à avoir utilisé effectivement,
et durant une longue période, ce type de monnaie.
La première émission de papier-monnaie se placerait au IXᵉ siècle, mais plus certainement en
1107 quand des billets de banque furent émis en
six couleurs. Des quantités énormes furent émises
en 1126 et comme ces billets n'étaient pas gagés
sur des métaux précieux, il s'ensuivit une forte

inflation. Entre le IXᵉ et le XVᵉ siècle, où le papier-
monnaie était utilisé pour les règlements intérieurs, l'or et l'argent étant réservés aux règlements
internationaux. C'était là une des «merveilles»
racontées par Marco Polo qui, comme bien
d'autres, s'est heurté à l'incrédulité des Occidentaux. D'ailleurs, il apparaît que la Chine aurait été
la seule civilisation non occidentale ayant réellement eu recours pendant une large période au
papier-monnaie.

En Europe, il faut attendre 1661 pour que la
Banque de Stockholm émette les premiers billets
de banque. Cinq ans auparavant, Hans Wittma-
cher, originaire des Pays-Bas et anobli sous le
nom de Johan Palmstruch, obtint l'autorisation
exclusive de créer une banque privée : la Banque
de Stockholm ; cette banque, en 1661, reçut le
droit d'émission, ce qui lui permit de mettre en
circulation des billets imprimées aux porteurs.
L'expérience fut cependant de courte durée,
puisque, en 1664, suite à des difficultés liées à ces
billets, la banque ferma ses portes. Par la suite, la
Banque de Suède renouvela l'expérience ; et, au
cours du XVIIIᵉ siècle, le papier-monnaie, ou, si
l'on préfère, le billet de banque, se généralisa en
Suède, de sorte que l'on peut considérer 1661
comme la date de naissance de cet instrument-
clé de paiement en Occident.

Entre cette date et le début du XIXᵉ siècle,
d'autres expériences de circulation de papier-
monnaie furent tentées avec plus ou moins (plutôt moins) de succès. En France notamment, il y
a l'échec de ce que l'on appelle le «système financier de John Law». Law, fils d'un orfèvre-ban-
quier écossais, avait en 1705 publié un mémoire

sur «Money and Trade». En 1716, il réussit à convaincre le régent de France de mettre en pratique son système, qui impliquait notamment la circulation de papier-monnaie. Ce fut un échec en raison d'une trop grande émission qui entraîna une hausse des prix. Malgré une série de mesures prises en mai 1720, les billets de banque avaient perdu 60 pour 100 de leur valeur par rapport aux métaux précieux et, à la liquidation du système au début de 1721, la population subit un lourd préjudice. Cet échec marqua longtemps la conscience française car elle fut échaudée une seconde fois par la très forte perte de valeur des assignats, autre forme de papier-monnaie qui furent mis en circulation pendant la Révolution, notamment à partir de 1790 et jusqu'en 1796.

Cette méfiance, qui n'était d'ailleurs pas le propre des Français, explique le caractère tardif de la généralisation du papier-monnaie, généralisation largement liée à l'étalon or. À partir de la seconde moitié du XVIIIᵉ siècle, en raison de la montée de la puissance économique commerciale, et par là financière, du Royaume-Uni, c'est l'histoire du papier-monnaie britannique qui est déterminante, et, par conséquent, celle de la Banque d'Angleterre. En fait, bien que la Banque d'Angleterre n'ait reçu explicitement l'autorisation d'émettre des billets de banque qu'en 1709, dès ses débuts, c'est-à-dire 1684, elle émit des billets transférables et négociables en échange de certaines de ses dettes. Par la suite, ces billets furent remis à des déposants (il existait des coupures de 5, 10, 20, 50 et 100 livres).

Ce sont là les ancêtres des billets de banque que la Banque d'Angleterre émettra donc à partir de

1709. En 1797, suite à des difficultés engendrées par la guerre, la Banque d'Angleterre, ainsi que les banques provinciales, commencèrent à émettre des coupures de moins de 5 livres. Ce qui implique évidemment un usage plus étendu, puisque 5 livres sterling de l'époque correspondent à près de 415 dollars de 1995, ou, ce qui est plus significatif, 5 livres sterling de l'époque correspondaient à peu près à 60 jours de salaire d'un ouvrier non qualifié ou encore à environ 4 500 dollars dans les pays les plus développés. Donc, en émettant des billets de moins de 5 livres on était, *ipso facto*, confronté à une méfiance plus grande.

Au début du XIXᵉ siècle, comme le décrit très bien Ginette Kurgan-Van Hentenryk (1991), « le problème qui se posait à l'émetteur de billets de banque, à savoir faire face à toute demande de remboursement en métal et par conséquent de disposer en permanence d'une encaisse métallique suffisante, est à l'origine de la grande controverse qui agite l'Angleterre dans la première moitié du XIXᵉ siècle, opposant les partisans de la Banking School à ceux de la Currency School. Pour les premiers, le billet de banque est un instrument de crédit. Par conséquent l'émission doit être libre de manière à s'ajuster au volume des affaires, étant entendu que la banque conserve une couverture suffisante des billets émis. Pour les seconds, le billet de banque est une monnaie et son émission doit être couverte par une encaisse-or correspondante. »

Au Royaume-Uni, à la suite des crises financières, principalement celles de 1816-1817 et de 1839, le *Peel Act* de 1844 consacra la thèse de la Currency School, c'est-à-dire la couverture en métal précieux, en l'occurrence, dans ce cas, en or. Donc un pas de plus vers l'étalon or et vers un rôle plus grand des banques d'émission. Il est donc temps de passer à l'histoire de celles-ci. Mais, auparavant, comme l'on peut considérer que l'histoire du papier-monnaie en Occident a débuté en quelque sorte avec la lettre de change, il convient d'ouvrir une parenthèse sur cette histoire.

LA LETTRE DE CHANGE :
LE PREMIER PAPIER-MONNAIE EUROPÉEN

Celle-ci, également nommée «traite», est un document par lequel une personne demande à une autre personne, qui lui doit de l'argent, de payer une certaine somme à une tierce personne désignée. La personne qui doit effectuer le paiement peut également être une banque ou une autre institution de crédit. Et, dans la mesure où cette lettre de change peut être transférée à une autre personne que celle désignée, il s'agit pratiquement d'une forme de papier-monnaie ; ainsi elle est, en quelque sorte, l'ancêtre du chèque.

La lettre de change a été utilisée dès l'Antiquité. Dans le monde méditerranéen et occidental, elle a été utilisée largement par les marchands arabes et juifs dès le VIIIᵉ siècle, Mais c'est en Italie qu'elle a reçu son application la plus large ; ainsi que des améliorations importantes qui lui donnèrent une forme plus opérationnelle. Les premières de ces améliorations se placent au XIIIᵉ siècle et il s'agit, en fait, de la lettre de change telle que décrite ci-dessus. Ces lettres de change furent d'abord utilisées par les marchands de Florence et de Sienne, et, un demi-siècle plus tard (vers 1350), par ceux de Gênes et de Venise. Au XVIᵉ siècle, à Anvers, devenue entre-temps capitale du commerce international, la lettre de change joue un rôle décisif dans les transferts d'argent, et reçoit une amélioration importante, que l'on a qualifiée de «révolution financière anversoise». Il s'agit de la lettre obligatoire qui implique la clause au porteur, laquelle oblige le débiteur à effectuer le paiement à toute personne en possession de la lettre de change. Ce qui facilita le transfert de la lettre, la rapprochant davantage de la monnaie.

À partir de là, l'histoire de la lettre de change rejoint plus étroitement celle des banques ; nous allons donc la retrouver plus loin. Mais, entre la lettre de change et le billet de banque, il y a cette importante différence, lourde d'implications, que la première est limitée à un cercle restreint d'usagers — généralement avertis —, alors que le billet est censé être utilisé par l'ensemble de la population. Dès lors, on peut comprendre les difficultés ainsi que les méfiances qu'il a pu engendrer.

La naissance et la généralisation des banques centrales ou le monopole de l'émission de la monnaie

Dans le monde d'aujourd'hui, où au nombre des prérogatives de l'État, rarement sinon jamais remises en question, figure le monopole d'émission de la monnaie, il est difficile de réaliser combien tardive a été la mise en place de ce système. Certes, par le passé, les monarques ou autres pouvoirs centraux ont souvent revendiqué le monopole de la frappe des monnaies, qui pouvait être une source de profits dans la mesure où le cours de la pièce pouvait être supérieur à la valeur de son contenu de métal précieux.

D'ailleurs, l'observation de la circulation de ce que l'on qualifie de « mauvaise » monnaie a donné naissance à une des premières lois économiques touchant à la monnaie et à sa circulation. C'est la loi énoncée par l'économiste Sir Thomas Gresham (1519-1579), qui fut « marchand du Roi » à Anvers, puis chargé des finances de la Couronne britannique. Cette loi était formulée ainsi : « Lorsque deux monnaies circulent dans un pays, l'une étant considérée par le public comme bonne, l'autre comme mauvaise, la mauvaise chasse la bonne : le public préférant garder (et/ou thésauriser) la bonne monnaie et donc cherchant à se défaire de la mauvaise. » La mauvaise monnaie n'était pas nécessairement, et même pas souvent, ni de la fausse monnaie ni de la monnaie « officielle » dont on aurait réduit la teneur en métal précieux. Le plus souvent, il s'agissait de véritables pièces de monnaie qui avaient perdu du poids, soit par un usage prolongé, soit volontairement, notamment par le procédé appelé « tondage » (*sweating*) qui consiste à secouer vigoureusement dans un sac en cuir des pièces d'or ou d'argent afin d'en recueillir la poussière du précieux métal tout en conservant un aspect « normal » aux pièces. Parfois on utilisait aussi un couteau ou un ciseau. L'invention anglaise, au XVIIe siècle, d'orner les pièces, notamment les tranches, a réduit les possibilités de tondage.

Au cours des XVIe et XVIIe siècles, beaucoup de banques privées se mirent à émettre de la monnaie, brisant en quelque sorte le monopole du pouvoir central. Monopole qui, d'ailleurs, était très relatif, ne serait-ce qu'en raison du fait qu'une partie non négligeable des pièces en circulation n'étaient pas des monnaies «locales», mais des pièces frappées ailleurs qui circulaient dans des vastes espaces géographiques. La circulation de pièces étrangères a d'ailleurs duré assez longtemps. Ainsi, par exemple, aux États-Unis jusqu'à la fin des années 1730, la circulation des pièces d'un dollar était assurée par le peso mexicain. Ainsi, en Suisse, aussi tard que dans les années précédant 1850, sur une circulation monétaire de 1 150 millions de francs, 100 millions étaient le fait de pièces étrangères, mais il est vrai qu'il n'y avait pas encore de banque centrale dans le «pays des banques». Comme nous le verrons, cette banque n'a été créée qu'en 1907. En 1900, il existait en Suisse 35 instituts d'émission de monnaie.

LA BANQUE D'ANGLETERRE

L'histoire de l'établissement de banques centrales commence pratiquement avec celle d'Angleterre. À la fin du XVIIIe siècle, la Banque d'Angleterre devint progressivement de fait la banque d'émission du pays, fonction que confirma et renforça le *Bank Charter Act* de 1844. Renforcement nécessaire, car entre 1821 et 1844 on assista à une véritable prolifération d'établissements bancaires émettant de la monnaie : à la veille de la loi de 1844, ce type de banques était au nombre de 72. Les autres pays suivent avec un retard parfois assez important, et l'on peut estimer que ce n'est que vers la fin du XIXe siècle que le système est réellement généralisé. Voyons-en les principales étapes.

La création de la Banque de France remonte à 1800, et dès 1803 elle recevait (conséquence assez directe de la Révolution) le «privilège exclusif d'émettre des billets de banque». Toutefois, comme beaucoup d'autres choses de la période révolutionnaire, cette exclusivité disparut; et ce n'est qu'en 1848 que la Banque de France devint réellement une banque centrale, avec non seulement cette caractéristique essentielle des banques centrales, à savoir le monopole de l'émission de la monnaie, mais aussi avec ce que les spécialistes appellent le rôle de «prêteur en dernier ressort», c'est-à-dire qu'elles assurent le refinancement d'une certaine partie des créances détenues par d'autres banques.

Aux Pays-Bas, en 1814, c'est la très ancienne Banque d'Amsterdam qui devient la Banque des Pays-Bas. Il en est de même en Suède où, en 1845, la Banque des États du Royaume se transforme en Banque royale de Suède. Parmi les autres pays où le processus fut précoce, citons le Danemark (1818) et la Belgique (1850).

Pour l'Allemagne et l'Italie, on ne saurait parler de banques centrales avant l'unification (respectivement 1861 et 1871). En Italie, ce n'est qu'en 1893 qu'une première étape fut franchie, avec la fusion de la Banca Nazionale et de la Banca Romana, deux banques qui, à l'instar de la Banque de Naples et de celle de Sicile, avaient le privilège d'émettre de la monnaie. La seconde étape se place en 1907, date à laquelle la Banca d'Italia, issue de la fusion susmentionnée, prédomine réellement. En Allemagne, la Reichsbank fut fondée en 1875 ; mais elle ne se cantonna pas dans son rôle de banque d'émission, car elle créa notamment un réseau dense de succursales et pratiqua une politique assez libérale d'escompte. La Reichsbank a résulté de la fusion de la Banque de Prusse avec celle de Hambourg, mais elle ne détenait pas le monopole d'émission. Celui-ci s'établit progressivement, mais lentement.

Citons à présent les dates de création de banques centrales dans quelques autres pays européens où elles furent plus tardives : Russie, 1860 ; Espagne, 1874 ; Autriche-Hongrie, 1878 ; Roumanie, 1880 ; Bulgarie, 1882 ; Finlande, 1886 ; Portugal, 1891 et Norvège, 1897.

Achevons ce tour d'horizon de la chronologie de la création des banques centrales européennes par le cas le plus tardif, le pays dont la monnaie, actuellement et depuis environ un siècle et demi, est une des plus stables ; nous voulons, bien sûr, parler de la Suisse. Bien que la Constitution fédérale de 1848 ait attribué à la Confédération le privilège de battre monnaie, les banques cantonales continuèrent d'émettre de la monnaie, et notamment du papier-monnaie. Après de multiples péripéties, ce n'est qu'en 1907 que la Banque nationale devint une réelle banque centrale.

Hors d'Europe, il faut évidemment traiter d'abord des États-Unis, la future puissance financière mondiale. Commençons par signaler que tant aux États-Unis qu'au Canada, il y eut assez tôt des tentatives d'émission de papier-monnaie. Au Canada, ou plutôt au Québec (alors français), ceci se réalisa en 1685. Aux États-Unis, ceci se réalisa cinq ans plus tard, et le procédé fut utilisé plus largement lors de la lutte d'indépendance. Dès 1791, la Banque des États-Unis fut créée, mais elle n'eut pas le monopole d'émission de la monnaie. Ce qui aboutit à une prolifération de monnaies, à telle enseigne que, à la veille de la guerre de Sécession (1861), on comptait 7 000 modèles différents de billets en circulation. En fait, la situation ne fut réellement éclaircie qu'avec le *Federal Reserve Act* de 1913.

Notons, pour terminer, qu'aussi paradoxal que cela puisse paraître, pendant très longtemps — et, pour de nombreux cas, aujourd'hui encore — les banques nationales n'étaient pas des banques appartenant à l'État. Sans entrer ici dans un historique tant soit peu détaillé, relevons que la Banque de France ne fut nationalisée qu'en 1945, et celle d'Angleterre une année plus tard, alors que celle de Russie le fut évidemment dès le début des années 1920. Au milieu des années 1950, si l'on exclut les pays de l'est de l'Europe, neuf pays avaient des banques centrales appartenant à l'État, quatre étaient totalement privées et trois partiellement. Parmi les pays développés non européens, en Australie, au Canada, et en Nouvelle-Zélande, les banques centrales appartenaient à l'État, alors qu'aux États-Unis et au Japon, ce sont des banques privées[1]. Bien entendu, qu'elles soient privées ou semi-privées, toutes ces banques centrales sont soumises à un contrôle plus ou moins strict de la part des autorités gouvernementales.

---

1. Pour le Japon, un peu moins de la moitié du capital appartient à la Maison impériale.

Le Gold Standard (l'étalon or)

Comme le laisse présager l'utilisation généralisée de l'anglais pour décrire ce système monétaire, l'Angleterre a joué en ce domaine un rôle déterminant. Le rôle des métaux précieux comme base des normes d'échanges remonte à l'Antiquité, et pendant des millénaires la fonction monétaire de l'argent a été prépondérante. Comme nous l'avons vu, « argent » est synonyme de monnaie et c'est ce métal qui a été le plus largement utilisé pour la frappe des monnaies. Mais, à partir du début du XIXe siècle, l'or commence à tenir un rôle croissant dans le système monétaire, avec la décision, en 1821, de l'Angleterre d'adopter l'étalon or, c'est-à-dire de gager la valeur de sa monnaie uniquement sur l'or. La fixation de la valeur-or de la livre avait déjà été faite un siècle auparavant : en 1717.

LA DÉFINITION OR DE LA LIVRE
FIXÉE PAR UN CÉLÈBRE... PHYSICIEN

Et anecdote intéressante, c'est le célèbre physicien Isaac Newton qui fixa le poids d'or auquel correspondait la livre. En 1695, en guise de récompense pour son importante découverte scientifique, un de ses amis et ancien collègue d'université, devenu chancelier de l'Échiquier, lui offrit un poste à l'Hôtel des monnaies (« ancêtre » de la Banque centrale). Il en devint le directeur quatre ans plus tard et le demeura pendant 28 ans, jusqu'à sa mort en 1727. Il se consacra totalement à cette tâche, démissionnant même de l'Université (Cambridge). Newton fixa la valeur de la livre sterling sur la base d'une once troy (31,1035 grammes) d'or de 22 carats équivalent 3 livres, 17 shillings et 10,5 penny. L'or, en raison de sa grande malléabilité, est presque toujours allié à un autre métal (surtout le cuivre), et la mesure de cet alliage se fait par carat, 24 carats signifiant l'or pur ; donc, par exemple, 12 carats signifie 50 pour 100 d'or pur. L'or à 22 carats est qualifié d'or fin et est, en quelque sorte, l'unité standard pour les monnaies et les bijoux de valeur. Donc, une livre sterling équivalant 7,99 grammes d'or fin (22 carats) ou 7,32 grammes d'or pur (24 carats). Cette définition a été choisie après étude afin d'empêcher la fuite de métaux précieux.

À l'origine, au Xe siècle, quand le système monétaire de Charlemagne fut introduit par les Normands en Angleterre, la livre (monnaie) y était également l'équivalent de la livre (poids) d'argent. Mais, au début du XVIIIe siècle, la livre monnaie avait perdu les trois quarts de sa valeur, puisque n'étant plus que l'équivalent de 111 grammes d'argent. Le système anglais du début du XVIIIe siècle était ce que l'on appelle un bimétallisme parallèle (*unrated* en anglais) ; en ce sens que des pièces d'or étaient également émises, et notamment la guinée de 20 shillings (donc d'une livre), frappée après 1660, considérée comme l'équivalent de 20 shillings d'argent. Ce qui amena la surévaluation de l'argent et fit que la guinée (d'or) fut acceptée à un taux variant entre 22 et 30 shillings (d'argent). D'où la nécessité de la réforme de Newton qui introduisit le bimétallisme sur la base d'une parité or-argent fixée à 15,25.

Les principes du *Gold Standard*, qui fut donc introduit pour la première fois en Angleterre en 1821, sont les suivants : possibilité de convertir l'or métal en or monnaie sur des bases identiques ; possibilité d'échanger le papier-monnaie contre de l'or ; liberté d'importer et d'exporter de l'or monnaie, de l'or métal et des devises. Même limitée pendant quelques décennies à la seule Angleterre, cette adoption a des conséquences internationales importantes vu le rôle dominant joué par ce pays à la fois dans le commerce international, les finances et la production.

LA PARITÉ OR-ARGENT ET LA GÉNÉRALISATION
DE L'ÉTALON OR

Après la décision anglaise de 1821, l'argent continue à être utilisé dans beaucoup de pays qui gardent soit un système de monnaie basé uniquement sur l'argent, soit un système bimétallique. À ce propos, ouvrons ici une parenthèse sur l'autre unité monétaire qui, par la suite, jouera un rôle-clé dans le système monétaire international. Bien entendu, nous voulons parler du dollar des États-Unis. À l'origine en 1792, sa valeur fut fixée sur la base de 371,25 grains (ou 24,06 g) d'argent pur ; et, implicitement, vu l'existence de pièces en or, la valeur du dollar or fut fixée à 1,604 g, soit un ratio de 1 à 15. En 1834, ce ratio, s'étant avéré trop faible et ayant conduit à la fuite des pièces d'or, fut amené à 1 à 16, donc un dollar valant 1,505 g d'or fin. Le dollar des États-Unis, comme bien d'autres monnaies, illustre très bien le caractère cosmopolite, et, à longue durée, historique, de la monnaie. Le dollar fut basé sur une pièce d'un

peso espagnol appelé «dollar» qui circulait largement dans les Amériques, y compris aux États-
Unis. L'origine du terme dollar vient de pièces de
monnaies allemandes, notamment le thaler utilisé
largement dans ce pays dès le XIVᵉ siècle, et le terme
«dale» fut utilisé pour une pièce à partir de 1517.

Le bimétallisme ne comportait pas d'inconvénients significatifs, aussi longtemps que le rapport existant entre la valeur de l'argent et la
valeur de l'or demeurait relativement stable.
Cette stabilité relative dura jusqu'au milieu du
XIXᵉ siècle, autour du ratio avoisinant 1 à 15. Ce
ratio d'ailleurs n'est valable en Occident qu'à
partir de la seconde moitié du XVIIᵉ siècle. Au
début du XVIIᵉ siècle, il était de l'ordre de 11,5 et
au début du XVIᵉ siècle un peu inférieur à 11.
D'ailleurs, comme nous avons eu l'occasion de le
voir à propos du Japon, dans d'autres systèmes
économiques sans relations économiques importantes avec l'Occident, le ratio pouvait être très
différent, en fonction notamment des ressources
locales de ces deux métaux. Ainsi, au début du
XVIᵉ siècle, ce ratio était de l'ordre de 9 en Chine
et en Inde et même inférieur à 9 en Égypte. Dans
ces civilisations, des variations sont également
importantes. Ainsi, en Chine, entre l'an 1000 et
1500, le ratio est descendu aussi bas que 4 (dans
la dernière décennie du XIVᵉ siècle) et a dépassé
13 (dans les années 1120-1130).

Mais revenons au XIXᵉ siècle où les découvertes
de mines d'or et d'argent, dont l'ampleur est différente pour ces deux minerais, et surtout la
découverte en 1861 d'un procédé d'extraction
plus efficace de l'argent du minerai vont amener
un bouleversement considérable dans le ratio du

prix de ces deux métaux. Très rapidement, entre
1857-1860 et 1902-1903 (qui constitue un sommet de l'avant-Première Guerre mondiale), on va
passer d'un ratio de 1 à 15,3 à un ratio de 1 à
38,6. En fait, le phénomène s'accélère surtout
après 1875 : pour 1873-1875 il s'agit encore de 1
à 16,2, ce qui, néanmoins, était déjà d'un niveau
sans précédent historique ; mais en 1885-1888 on
atteint 21,3. Après un palier très court, l'ascension reprend en 1891.

Or, en raison de ce bouleversement historique
du rapport entre la valeur de ces deux métaux
précieux, progressivement entre les années 1853
et 1900, pratiquement tous les pays abandonnè-
rent le bimétallisme et sont passés à l'étalon or. Le
premier à l'avoir implicitement fait, donc à avoir
suivi l'Angleterre, fut les États-Unis en 1853 ;
mais, comme nous le verrons, ce ne fut qu'une
demi-mesure. Le Portugal, explicitement, suivit
en 1854. L'étape importante suivante fut celle marquée par le passage à l'étalon or de l'Allemagne,
du Danemark et de la Suède en 1873. Ces trois
pays furent suivis par les pays de l'Union Monétaire Latine (c'est-à-dire alors la Belgique, la
France, l'Italie, la Grèce et la Suisse). Nous
aurons l'occasion de revenir sur cette union dans
le chapitre XXVI (tome III) qui traite des antécédents de l'UE et dans lequel nous ferons également
l'historique des quatre conférences qui tentèrent de
sauver le système bimétallique. En fait, la création
même en 1865 de l'Union Monétaire Latine fut
motivée par les problèmes du bimétallisme, et la
convention de 1865 décida de réduire le contenu
argent des monnaies. Mais afin de ne pas trop
dérouter la population, c'est le titre de l'argent

qui fut réduit (de 900 à 835 pour 1 000) et non le poids du contenu argent des pièces. Ce n'est qu'en 1878 que la frappe des pièces d'argent fut supprimée. L'Union scandinave (Danemark, Norvège et Suède) adopta l'étalon or en 1875-1876. Les Pays-Bas le firent en 1875. En Europe, les deux grands empires, l'Autriche-Hongrie et la Russie, furent très tardifs : respectivement 1892 et 1897. Ceci leur causa évidemment des problèmes de change, entraînant des dévaluations de leurs monnaies.

Les États-Unis, qui avaient donc rencontré des problèmes de parité or-argent, traversèrent une longue période assez troublée. La décision de 1834 (ratio amené à 1 à 16) entraîna la fuite de pièces en argent. Et une série de mesures fut prise, notamment en 1853 et 1873, satisfaisant tour à tour les partisans et les adversaires de la monnaie d'argent. Ce n'est qu'en 1900 que le vote du *Gold Standard Act* fit abandonner le bimétallisme ; et le dollar ne fut plus défini que par rapport à l'or, et ce au niveau défini en 1834, soit 1,505 g d'or fin. Et, comme nous le verrons au chapitre XXIV (tome III), presque exactement un siècle plus tard (en 1933), le dollar était dévalué.

En dehors d'Europe, les États-Unis avaient été précédés, notamment par l'Inde en 1893 et le Japon en 1897. On peut considérer que le tout début du xxᵉ siècle marque la fin de l'argent en tant qu'étalon monétaire. Mais le règne absolu de l'or ne durera que quelques décennies, puisque le *Gold Standard* ne survivra pas à la Première Guerre mondiale, et que le *Gold Exchange Standard* aura une durée de vie très brève. Tout ceci est très peu de chose eu égard aux millénaires de la suprématie de l'argent.

On considère généralement que c'est au début des années 1870 que le *Gold Standard* devint quasi universel vu l'importance des pays européens l'ayant adopté et le rôle commercial encore restreint des États-Unis. Les dates-clés en la matière sont 1873 et 1874 auxquelles respectivement l'Allemagne et la France rejoignent les pays ayant adopté l'étalon or. Le système de l'étalon or a impliqué une stabilité monétaire quasi parfaite qui n'a pas été étrangère à la croissance rapide à la fois du commerce extérieur et des investissements internationaux. Et c'est pour cela que l'on a coutume de qualifier ce XIXe siècle comme un siècle de stabilité monétaire.

Bien entendu, comme très souvent, cette généralisation est un peu abusive, puisqu'il y a eu beaucoup de pays qui ont connu des problèmes, non seulement des pays européens qui ont persisté longtemps à l'étalon argent ou au bimétallisme mais aussi des pays d'Amérique latine qui ont plus connu des problèmes de dépréciation très forte de leur monnaie. C'est notamment le cas en Europe, comme nous l'avons vu, de l'Autriche-Hongrie. Mais, en ce qui concerne les grandes puissances économiques, c'est effectivement et surtout dans la seconde moitié du XIXe siècle une période de stabilité monétaire. Avant de passer à l'aspect suivant, signalons que la démonétarisation de l'argent et par la suite de l'or a conduit à des fluctuations très accusées du rapport des prix de ces deux métaux après la Seconde guerre mondiale. De 1953 à 1995, le minimum a été un ratio de 1 à 18,2 (en 1968) et le maximum un ratio de 1 à 89,4 (en 1991).

La monétarisation de l'économie
au XIXᵉ siècle

Au cours du XIXᵉ siècle, la monnaie va jouer un rôle croissant dans la vie économique. Ce siècle a été le siècle par excellence de la monétarisation de l'économie. Celle-ci résulte surtout de l'effet combiné de quatre facteurs. La place croissante prise par le mode de vie urbain, qui implique, *ipso facto*, une place croissante des échanges nationaux et internationaux. Le milieu rural, qui était un monde où prédominait l'autoconsommation, voit une augmentation des échanges, puisque le surplus de production des paysans s'accroît grâce à la progression de la productivité. De surcroît, l'évolution de la production agricole conduit à une spécialisation croissante, ce qui pousse les paysans à écouler une plus grande proportion de leurs produits sur le marché et à acheter une plus large part de leur alimentation. L'augmentation du niveau de vie implique une augmentation générale de la circulation des marchandises. Enfin, la modification des systèmes de distribution, qui se place surtout dans la seconde moitié du XIXᵉ siècle, renforce ces tendances.

Comme indication de l'ampleur des changements en la matière, relevons que, rien qu'entre 1849-1851 et 1913, la valeur des billets en circulation a été multipliée par 11 en France, 21 en Suisse, 28 en Allemagne, 46 en Espagne, mais seulement par 6 aux Pays-Bas et par moins de 2 en Grande-Bretagne. L'accroissement de la circulation des pièces de monnaie a été, en règle

générale, moins fort. À quoi s'ajoute encore le
fait que la vitesse de circulation monétaire s'est
accrue durant le XIXᵉ siècle. Par vitesse de circulation, on entend le rythme d'utilisation de la
monnaie, c'est-à-dire le nombre de fois qu'une
unité monétaire est échangée. Certes, l'expansion
de la monétarisation a été moins spectaculaire
que celle du billet en circulation, car, au cours du
XIXᵉ siècle, on a assisté à une généralisation de la
circulation du papier-monnaie qui a supplanté en
partie les pièces de monnaie, et ce phénomène a
été inégal dans le temps. Selon nos calculs, on
peut estimer globalement que pour les pays développés la masse monétaire (pièces et billets) a été
multipliée par 15 environ entre 1850 et 1913
(avec une forte dispersion selon les pays).

LA BANQUE : DES ORIGINES
AUX BOULEVERSEMENTS
DU XIXᵉ SIÈCLE

Comme l'écrit Jean Rivoire, auteur de bonnes
et brèves synthèses sur l'« histoire de la monnaie »
(1986) et sur l'« histoire de la banque » (1992) :
« L'histoire de la monnaie et l'histoire de la
banque se rejoignent souvent, mais ne se confon-
dent jamais. » Ajoutons que ce sont des histoires
qui, toutes deux, remontent très loin, comme l'a
laissé présager l'historique de la monnaie. Dans le
monde occidental, qui a joué un rôle primordial
dans l'histoire universelle des banques, la religion est intervenue fortement, puisque dès 325 le

Concile de Nicée interdit aux membres de l'Église le prêt à intérêt, interdiction que Charlemagne étendit, en 789, dans l'Empire d'Occident aux laïcs.

L'histoire de la banque est une histoire qui commence il y a plus de 5 000 ans et qui est riche en péripéties. Elle commence avec les temples de la civilisation babylonienne, dont certains jouaient ce rôle et dont le premier cas serait celui de la cité d'Ourouk vers 3400-3200 avant J.-C. Même si l'on resserre un peu mieux le concept de la banque, le véritable début reste très ancien, puisqu'il se place vers la fin du Ve siècle avant J.-C. en Grèce, à la suite de l'invention de la véritable monnaie. Si pratiquement toutes les civilisations ont apporté des contributions originales aux rôles, formes et techniques bancaires, celle d'Europe est sans aucun doute la plus importante et aussi la plus variée. Voyons-en les principales étapes.

Quelques étapes de l'histoire bancaire et des bourses dans les sociétés traditionnelles

Cela commence dès le Xe siècle avec l'expansion méditerranéenne des banques italiennes qui supplantent alors les banques arabes. En raison de l'interdiction religieuse du prêt à intérêt, le rôle des juifs et des Lombards est très important ; ils étendirent leur action de l'Italie vers le reste de l'Europe. Les croisades donnent directement naissance, en 1118, à l'ordre religieux des Templiers qui deviennent en quelque sorte les banquiers de la Chrétienté. Ils auraient notamment

mis au point la comptabilité double, amélioration
fondamentale de la gestion économique, puisque
indiquant à la fois l'origine et l'emploi des capitaux.

La reprise de la monétarisation de l'économie
et la reprise du commerce international du
monde occidental, joints à l'éclatement du système monétaire de Charlemagne, vont entraîner,
dès le IXe siècle et au cours du Xe siècle, une multiplication des monnaies. Dès le XIIe siècle, on note
un développement important de ce que l'on
appelle des marchands-banquiers en Italie du
Nord, surtout à Gênes et à Florence. Ils se spécialisaient dans les opérations de change des monnaies, mais pratiquaient aussi d'autres opérations
financières, ce qui, progressivement, amena à des
banques de dépôt et de virements, sans oublier le
prêt à gage.

Et puisque nous avons mentionné Gênes, relevons que l'on crédite également cette ville de
cette innovation capitale en comptabilité qu'est
la comptabilité à partie double. Cela se serait
placé vers 1340 et consiste à tenir pour chaque
client et fournisseur le «doit» et l'«avoir». Donc
chaque transaction nécessite un double jeu
d'écriture.

Mais poursuivons l'historique des banques.
Dès le début du XVe siècle (en 1401) fut créée la
première banque publique par la municipalité de
Barcelone en vue notamment de briser le quasi-
monopole des banquiers juifs. Le système s'étendit à d'autres villes d'Europe. Ceci n'empêcha
pas le développement des banques privées, et, de
ce fait, la naissance de grandes familles, dont
certaines ont traversé des siècles. Les Médicis à

Florence en sont, en quelque sorte, l'un des exemples.

LES MONTS-DE-PIÉTÉ

Mais si la banque était surtout l'affaire des riches marchands, des princes, et des grands de l'Église, il faut noter l'émergence des monts-de-piété destinés à permettre aux humbles d'avoir accès au crédit à des conditions favorables. L'antécédent est la création, en 1431, approuvée par le pape Eugène IV, de 9 institutions en Espagne qui, sous la surveillance de l'Église, accordaient gratuitement des prêts à gage. Trente ans plus tard, le premier mont-de-piété était ouvert en Italie à Pérouse. Dans le siècle qui suivit, ces institutions se répandirent dans la plupart des régions d'Europe. On pourrait les considérer comme des ancêtres lointains des caisses d'épargne, avec cependant cette différence importante que les caisses d'épargne recevaient, en quelque sorte, le «surplus» des revenus et payaient des intérêts, alors que les monts-de-piété servaient à traverser des périodes où les revenus étaient insuffisants et ne versaient pas d'intérêts sur les gages déposés en garantie.

LES FOIRES ET LES BANQUES

Le rôle international des foires du Moyen Âge va susciter une extension des banques et un sensible perfectionnement de la lettre de change. Ainsi que nous l'avons vu, c'est en quelque sorte l'étape précurseur du papier-monnaie et du chèque et qui permet aux marchands d'éviter le transport d'argent. Dans ce contexte, notons, comme le souligne Herman Van der Wee (1991), «l'importance des foires de Genève dans le domaine des règlements internationaux», surtout entre 1425 et 1465. Mais, déjà avant cette période, «l'hégémonie financière de l'Italie» était en place et le resta sans concurrence majeure jusqu'au XVIᵉ siècle, siècle au cours duquel le déplacement du centre de gravité économique de la Méditerranée à l'océan Atlantique va permettre aux villes du Nord de jouer un rôle accru.

Anvers effectue, nous l'avons déjà vu, une véritable révolution financière au XVIᵉ siècle grâce à de nouvelles techniques financières monétaires, dont notamment la cession (transmission) de la lettre de change. Techniques financières et aussi bancaires sont encore améliorées à Amsterdam au XVIIᵉ siècle ; elles aboutiront en quelque sorte à Stockholm où la Banque de Stockholm émet en 1661 ce que l'on considère comme le premier billet de banque moderne européen ; ou, si l'on préfère, le véritable papier-monnaie européen. Enfin, et ceci nous amène à la fin du XVIIᵉ siècle et à Londres où en 1684, le Parlement approuve une proposition de créer la Bank of England, qui deviendra progressivement la première banque d'émission moderne, préfigurant les banques centrales.

LA NAISSANCE DE LA BOURSE

Se situant entre le domaine des banques et celui du commerce international, il faut signaler la naissance des bourses. En Occident, les bourses émergent, dans une forme embryonnaire, dès la fin du Moyen Âge, notamment à Venise et à

Bruges. C'est d'ailleurs de Bruges que proviendrait le mot «bourse». Aux XIVᵉ et au XVᵉ siècles, il s'agissait d'une auberge que tenait la famille Van der Buerse (de la bourse), auberge qui servait de lieu de réunion à des marchands, et notamment à des marchands italiens. La première véritable bourse est celle d'Anvers, ouverte en 1531 et qui, dès 1592, publia la liste des différents cours pratiqués.

L'économiste anglais Thomas Gresham (dont nous avons déjà cité une «loi» devenue célèbre) utilisa la bourse d'Anvers comme modèle pour celle qu'il concourut à établir à Londres en 1571. Cette bourse eut l'honneur d'être inaugurée par la reine Élisabeth Iʳᵉ qui la proclama Bourse royale. Ces bourses et les (nombreuses) suivantes, réparties à travers l'Europe, traitaient essentiellement des valeurs mobilières, des marchandises et des monnaies. Parmi les bourses créées au XVIIᵉ siècle, citons encore celle d'Amsterdam (décidée en 1607 et ouverte en 1611). De nombreuses autres suivirent au cours des XVIIᵉ et XVIIIᵉ siècles.

La formation du système bancaire moderne

Mais laissons-là l'histoire passionnante et mouvementée des banques avant la révolution industrielle. Banques largement liées aux succès et aux déboires aussi de la vie économique. Déboires qui, d'ailleurs, sont passés dans le langage économique proprement dit par le terme de banqueroute synonyme de faillite, et qui fait allusion aux grandes faillites des banques des XVIᵉ et

XVIIᵉ siècles. Le terme français date de 1466 et
vient de «banca rotta» ou banc rompu, car l'on
brisait le comptoir du banquier en faillite (le
terme faillite n'étant utilisé qu'à partir de 1566).
Le terme de banque provient lui-même de banc.
Dans la société traditionnelle européenne, comme
probablement aussi dans celles des autres civilisations, le système bancaire était pratiquement
absent du vaste monde rural. Dans ce dernier, ce
sont les élites ou plutôt les classes supérieures
(nouvelle bourgeoisie, clergé) qui souvent rem-
plissent le rôle des banques, surtout en ce qui
concerne le prêt hypothécaire (aussi bien pour
les maisons que pour les terres).

Les caractères originaux du système bancaire,
tel qu'il va se développer au XIXᵉ siècle, résident
surtout dans l'émergence de nouveaux types de
banques et dans l'élargissement considérable du
nombre de déposants et d'emprunteurs. On assiste
également à la réorientation des opérations bancaires qui se tournent davantage vers le long
terme et vers le soutien aux activités économiques. Toutefois, tout ceci ne commence pas dès
le début du XIXᵉ siècle. En fait, durant la première
moitié du XIXᵉ siècle, ce sont les banques privées
qui prédominaient encore largement, mais déjà
elles réorientaient leurs activités davantage vers
des investissements introduits ou bouleversés par
la révolution industrielle : chemin de fer et industries manufacturières.

LES BANQUES MODERNES
ET LES MINORITÉS RELIGIEUSES

Parmi ces banques privées et notamment familiales, dont l'origine est antérieure au XIX⁰ siècle
mais qui ont traversé (et prospéré) ce siècle d'expansion, celles appartenant à des familles juives
et protestantes occupent une place privilégiée.
Parmi les banquiers juifs, descendant en quelque
sorte de ce que l'on a appelé les «juifs de cour»
car finançant les maisons royales, citons évidemment les Rothschild, mais aussi les Mendelssohn,
les Lazard, les Warburg, les Errera, etc. Parmi
les banquiers protestants (et notamment suisses),
citons les Mallet, les Delessert, les Hottinguer.

Toutefois, on a eu tendance, comme c'est le cas
avec toutes les minorités, d'exagérer le rôle des
banquiers juifs, surtout au XX⁰ siècle. C'est ainsi
qu'en 1939, sur les 93 000 cadres des banques des
États-Unis seulement 0,6 pour 100 étaient juifs, et
même dans la ville de New York, où alors 28 pour
100 de la population était juive, seulement 6 pour
100 du personnel exécutif des banques était juif.
Certes, dans le cadre des sociétés traditionnelles,
où les liens familiaux jouaient un rôle important,
la dispersion des juifs a favorisé leur rôle de banquiers. Il en a été de même des protestants disper-
sés, notamment par la révocation de l'édit de
Nantes (1685) qui a conduit à un flux massif (environ 200 000) d'émigrants de la France vers le reste
de l'Europe (surtout du Nord). Il apparaît que
l'apogée du rôle des juifs et des protestants dans
le monde bancaire se situe au début du XX⁰ siècle.

Dans ce contexte, il est intéressant de noter

que les juifs d'aujourd'hui s'intéressent davantage à leurs coreligionnaires du monde des sciences ou des arts qu'à ceux de la banque ou des finances. Par exemple, il est symptomatique de signaler que la plus importante encyclopédie juive actuelle, l'*Encyclopaedia Judaica*[1], consacre un bref article au juriste Paul Joseph Errera, membre de l'Académie de Belgique et recteur pendant trois ans de l'Université libre de Bruxelles, alors que son père, Jacques Errera, fondateur (en 1871) de la Banque de Bruxelles, qui devint la deuxième banque de Belgique, n'a droit à aucun article. Article auquel a droit, en revanche, un autre fils du banquier, le botaniste Léo Errera qui a notamment fondé l'Institut botanique de Belgique. Il en est de même du musicien Félix Mendelssohn et du philosophe Moses Mendelssohn qui ont droit ensemble à 9 pages, alors que leurs parents banquiers doivent se contenter d'un article collectif d'une page consacré à la «Family of Scholars, Bankers and Artists» des Mendelssohn.

LA BANQUE ET L'INDUSTRIALISATION :
LA BELGIQUE PIONNIÈRE

Mais l'avenir n'appartenait pas aux banques familiales. Parmi les formes revêtues par les banques qui joueront un rôle important dans l'industrialisation, il faut d'abord revenir sur le rôle de pionnier de la Société générale (la Générale de Banque actuelle) que nous avons évoquée brièvement dans le chapitre V. La Société générale a précédé de plus de 20 ans la naissance des

1. 16 volumes, 1972.

banques modernes orientées sur l'industrialisation. Fondée en 1822 — par Guillaume Iᵉʳ, roi des Pays-Bas — comme société par actions, elle ne commence à assumer un rôle nouveau qu'après l'indépendance (1830) de la Belgique, alors que, pour des raisons financières, elle est obligée en quelque sorte de prendre des participations dans des entreprises industrielles du sud de la Belgique ; entreprises dont la Société générale suscitera la transformation en sociétés anonymes. Malgré, et aussi à cause de la position dominante de la Société générale, un autre roi (mais de Belgique cette fois-ci), le roi Léopold Iᵉʳ, appuya la création, en 1835, d'une autre banque par actions : la Banque de Belgique où intervint la haute banque juive, notamment James Rothschild et Jonathan Bischoffsheim. Cette banque s'intéressa également fortement à l'activité industrielle.

La Belgique sera ainsi le pays d'origine des banques dites «mixtes», que le *Dictionnaire des sciences économiques* publié par Jean Romeuf (1956) définit comme une banque « qui, à l'aide de ses ressources propres et de ressources empruntées sous des formes diverses, pratique des opérations de crédit à court terme, concurremment avec des opérations de crédit à moyen et long terme ».

Par la suite, l'histoire bancaire se complique ; car les différences nationales devenant plus grandes, on oppose notamment le type britannique au type français. Comme il s'agit, avec le cas des banques mixtes de la Belgique, des modèles dominants, il convient de s'arrêter un peu sur l'historique de ces deux modèles.

LE MODÈLE BRITANNIQUE :
SPÉCIALISATION ET CONCENTRATION

Le modèle bancaire britannique, caractérisé par
une forte spécialisation des activités, commence à
se mettre en place dans les années 1830. Une loi
de 1826, qui autorise la création de banques par
actions, et des mesures prises en 1833, amènent
un rapide développement de ce que l'on appelle
les «Joint-Stock Banks». En 1840, elles sont au
nombre de 150. Ces banques se spécialisent dans le
crédit à très court terme. Également dans les
années 1830, on note la création de banques qualifiées de «Colonial Banks», car se spécialisant
dans les opérations financières de ces régions. Si
les «Colonial Banks» ont pris leur essor dès les
années 1830, pour les «Foreign Banks» cette étape
se situe une trentaine d'années plus tard. En effet,
c'est au cours des années 1860 que vinrent s'ajouter les «Foreign Banks», spécialisées dans des opérations à l'étranger mais hors du domaine colonial.

À côté de ces trois types de banques, on trouve
encore deux autres catégories très différentes
l'une de l'autre. D'un côté les «Bill Brokers» et
les «Discount Houses» qui se spécialisent dans
l'escompte des effets de commerce, de l'autre
côté les «Merchant Banks» qui se spécialisent
dans le financement du commerce international
et dans l'émission d'emprunt pour l'étranger. On
compte parmi celles-ci les grandes banques privées (notamment Baring, Rothschild et Hambro).

La seconde étape du développement bancaire
anglais est essentiellement caractérisée par la
concentration progressive des Joint-Stock Banks et

le déclin des banques privées. Entre 1855 et 1913, le nombre des Joint-Stock Banks passa de 100 à 41. Mais, en même temps, les banques ouvrent un nombre accru de succursales qui passent, au cours de cette période, de 630 à 6 480. Le mouvement de concentration aboutira, en 1918, à la création de ce que l'on appelle les « Big Five » (National Provincial ; Westminster ; Lloyds ; Midland et Barclays).

LE MODÈLE FRANÇAIS : BANQUES D'AFFAIRES ET BANQUES DE DÉPÔT

En France, l'élément essentiel est la division très nette des fonctions qui va s'établir progressivement entre les banques dites « d'affaires » et celles dites « de dépôt ». Ces dernières ont une ressemblance avec les « Big Five » britanniques, avec la grande différence que la Banque centrale va entraver leurs actions pour le crédit à long terme. La spécificité des banques d'affaires est qu'elles opèrent essentiellement avec des capitaux importants qui leur appartiennent ; et qu'elles privilégient les opérations financières, telles que les émissions d'actions et d'obligations, constitutions de syndicats de placement, opérations financières de l'État ou de grandes collectivités. Mais elles prennent aussi des participations dans les affaires industrielles. En France, la première de ces banques (la Caisse générale du Commerce et de l'Industrie) fut fondée en 1837 par Jacques Laffitte, alors âgé de 70 ans, qui avait notamment été gouverneur de la Banque de France. D'autres établissements suivirent ; mais la plus importante de ces banques d'affaires fut le Crédit mobilier, fondé en 1852 par d'anciens saint-simoniens

groupés autour des frères Pereire et dont la voca-
tion explicite était de commanditer l'expansion
des chemins de fer et de l'industrie lourde[1]. Le
Crédit mobilier constitue en quelque sorte le chaî-
non entre les banques d'affaires et celles de dépôt,
car il fit largement appel aux moyens et petits
dépositaires pour accroître son capital, et ouvrit
la propriété de la banque au grand public par
l'émission de titres.

En 1867, certains déboires obligent les frères
Pereire à se retirer de l'activité bancaire, mais ils
avaient ouvert la voie qui amènera la fondation
de ce que l'on appellera les banques de dépôt, car
l'essentiel de leurs ressources provient de ce
mode de financement. Il s'agit notamment du
Crédit industriel et commercial (1859), de la
Société générale (française, 1864), et surtout du
Crédit lyonnais (1863). Le paradoxe de ces
banques de dépôt est que, bien qu'étant les héri-
tières du Crédit mobilier (et donc du saint-simonisme), elles se dégagent assez rapidement de la
fonction de soutien au développement industriel.

Les banques d'affaires se modifient aussi à partir du dernier tiers du XIX⁰ siècle, s'engageant
également davantage dans le crédit à long terme.
Dans ce contexte et surtout en France — ou, plutôt, dans le contexte franco-néerlandais, belge et
suisse — il faut signaler la création en 1872 de la
Banque de Paris et des Pays-Bas (la Paribas
actuelle), dont la succursale de Bruxelles joua,
dès la fin du XIX⁰ siècle, un rôle de premier plan
sur la marché financier belge ; comme il faut éga-

---

1. Nous aurons l'occasion de traiter du rôle important que
joua le saint-simonisme dans le chapitre XVI consacrée à la
vie sociale.

lement signaler la Banque de l'Union parisienne (1904) associée en partie à la «haute banque» protestante (suisse) et à la Société générale de Belgique. La Banque de l'Union parisienne a joué un rôle important notamment dans les exportations de capitaux vers la Russie.

LE RESTE DE L'EUROPE : DES MODÈLES VARIÉS

Dans le reste de l'Europe (notamment en Allemagne et en Autriche-Hongrie) le système bancaire suit, dans ses grandes lignes, un développement qui s'inspire de ce qui s'était passé au Royaume-Uni, en Belgique et en France, mais avec un décalage de deux ou trois décennies. Ce qui, bien entendu, n'exclut pas des spécificités dans lesquelles il est impossible d'entrer en détail sans trop surcharger cette section. Disons seulement ici que le modèle allemand est plus proche de celui de la Belgique par son soutien aux industries, et même aux industries à leurs débuts. C'est ainsi, par exemple, que l'ingénieur Ernest Werner von Siemens reçut l'appui de la Deutsche Bank, dont la direction, il est vrai, était assumée par un cousin (Georg von Siemens). Mais les banques allemandes sont aussi des banques de dépôt, ce qui fait de l'Allemagne (avec la Belgique) un pays aux banques dites «mixtes». Banques mixtes, comme le note Ginette Kurgan-Van Hentenryk (1991), «dont l'observation inspirera les théories de Hilferding et de Lénine sur le capital financier». Et puisque l'on cite Lénine, signalons que dans le domaine bancaire — comme dans la plupart des autres domaines — le pouvoir central de la Russie tsariste est fortement intervenu.

Enfin, puisque pour le monde contemporain une des plus communes images d'Épinal concernant la Suisse est celle d'un « pays des banques », et que l'auteur de ce livre y enseigne depuis près de vingt-cinq ans, achevons cette analyse européenne par le cas de ce pays très spécifique. Commençons par noter que l'image d'Épinal correspond à la réalité actuelle, puisque la Suisse — qui n'est que la 17e ou 23e puissance économique du monde — en est la 3e puissance financière.

Dans le domaine bancaire proprement dit, sans posséder de très grandes banques, la Suisse occupe une place non négligeable mais non prédominante. Ainsi, d'après le classement effectué par la revue *Fortune* pour les 500 plus puissantes entreprises (corporations), pour 1995, sur les 64 plus grandes banques commerciales du monde, trois seulement étaient suisses (se situant aux 15e, 36e et 39e places) ; ce qui constitue cependant le nombre le plus élevé parmi les petits pays ; car sur ces 64 banques, les Pays-Bas (2,2 fois plus peuplés) et la Belgique (1,4 fois plus peuplée) n'en comptaient qu'une seule, et la Suède (1,3 fois plus peuplée) aucune. Et sur le plan suisse, parmi les 16 plus grandes compagnies, on trouve 3 banques et 4 compagnies d'assurances.

Dès le début du XVIIIe siècle, les Suisses jouent un rôle important, eu égard à la taille du pays, dans le système bancaire européen. Les grandes banques privées, qui occupent encore une place privilégiée dans la Suisse contemporaine (notamment dans la gérance des fortunes) et qui ont

fait sa renommée en matière bancaire, émergent
entre les années 1740 et le début du XIXe siècle.
Ce sont surtout des banques localisées à Genève
et à Bâle. D'ailleurs, aujourd'hui encore, la Pré-
sidence de l'Association suisse des banques est
toujours assurée par un banquier privé d'une de
ces deux villes. Comme exemple, citons les plus
importantes de ces banques privées qui existent à
Genève, avec leur date de fondation : Ferrier et
Lullin (1795), Hentsch (1796), Lombard et Odier
(1798), Pictet (1805).

La nouvelle génération des banques modernes
apparaît dès 1856 avec la création du Crédit
suisse, une des trois grandes banques actuelles ;
les deux autres de ces grandes banques étant
l'Union de banques suisses — née de la fusion (en
1912) de la Banque de Winterthur (fondée en
1866) avec la Banque du Toggenbourg (fondée en
1866) — et la Société de banque suisse (fondée
en 1872). Dans l'ensemble, le XIXe siècle correspond à un effacement relatif du rôle international
des banques suisses, rôle qui sera progressivement retrouvé dans les années 1930 et surtout
après la Seconde Guerre mondiale.

LES ÉTATS-UNIS ET LE RESTE DU MONDE
NON EUROPÉEN

Pour beaucoup d'historiens, surtout américains,
le système banquier moderne se partage en deux
catégories principales : d'un côté celui des États-
Unis, qualifié d'*Unit Banking*, et de l'autre celui
du Royaume-Uni, appelé *Branch Banking*, les
autres pays ayant des systèmes hybrides. L'*Unit
Banking* se caractérise essentiellement par un

grand nombre d'établissements autonomes, dont la plupart d'entre eux n'ont pas de succursales. Cela résulte du fait que, sur le plan législatif, les banques américaines, quels que soient leurs statuts, ne pouvaient pas avoir de branches dans un autre État de l'Union et que certains États interdisaient le système des succursales même aux banques de l'État. Ceci a conduit à une forte dispersion du système bancaire : à la veille de la Première Guerre mondiale, il y avait 28 000 banques, dont moins d'un demi-millier possédaient un nombre très réduit de succursales.

Dans les autres pays de peuplement européen, et essentiellement dans les dominions britanniques, le système bancaire a été assez proche de celui du Royaume-Uni. Au Japon, le système bancaire a connu un développement rapide dès les premières années de l'ère Meiji : entre 1880 et 1910, le nombre de banques à capitaux privés y est passé de 190 à 1 800. Mais, comme dans le reste de l'économie, le pouvoir central a jugé utile d'intervenir afin de favoriser l'émergence de certaines banques, notamment celles jouant un rôle dans le commerce extérieur et dans des prêts aux secteurs agricole et industriel. Comme ce fut le cas pour les entreprises industrielles (voir chapitre VI), ces banques furent cédées, par la suite, à des actionnaires privés.

Des caisses d'épargne aux banques populaires

En Europe, jusqu'au début des années 1960 et même des années 1970, il était extrêmement rare qu'un membre de la classe ouvrière, voire de la classe moyenne, utilisât les services d'une banque. En revanche, il en allait tout autrement des caisses d'épargne. Ainsi, par exemple, en France en 1953, il y avait 25,6 millions de livrets d'épargne, soit 1 pour 1,7 habitant. En revanche, le nombre de comptes de particuliers dans les banques ne s'élevait qu'à environ 4,4 millions, soit 1 pour 9,7 habitants ; parmi ceux-ci il y avait extrêmement peu d'ouvriers et de membres des classes moyennes. D'ailleurs, déjà en 1900, il y avait, toujours en France, 10,7 millions de livrets de caisses d'épargne, soit 1 pour 3,6 habitants et, à l'époque, la quasi-totalité des ménages n'avait qu'un seul livret ; donc, pratiquement, tous les ménages possédaient un compte à une caisse d'épargne.

DE DANIEL DEFOE À JEREMY BENTHAM

Apparemment, l'idée des caisses d'épargne a été préconisée pour la première fois en 1698 par Daniel Defoe. En effet, il convient de noter que l'auteur du si célèbre *Robinson Crusoé* a été pendant de nombreuses années un homme d'affaires et un fonctionnaire des Commissions financières royales. C'est au cours de sa période de fonctionnaire qu'il a écrit, en 1698, son *Essay on Projects* où il fait une série de suggestions très en avance sur son temps : suggestions non seulement sur la banque et la « caisse d'épargne », mais également sur des aspects sociaux, tels que les asiles, les écoles militaires, les collèges de jeunes filles, etc. Le principe des caisses d'épargne est de recevoir de petits dépôts et de servir des intérêts aux déposants grâce à des investissements «sûrs» réalisés par la caisse.

C'est dans les dernières décennies du XVIIIe siècle et les premières du XIXe, que le mouvement a pris de l'ampleur. En Grande-Bretagne, Jeremy Bentham, le philosophe et économiste anglais, s'inspira de Defoe en créant, en 1797, sa Frugality Bank. Mais, apparemment, c'est en Allemagne que se sont ouvertes les premières caisses d'épargne : en 1765 à Brunswick, suivie en 1798 par Hambourg (caisse encore en activité). La Suisse suivit très tôt : 1792 à Bâle, et 1794 à Genève. Mais cette dernière eut une courte existence et il fallut attendre 1816 pour la naissance de la Caisse d'épargne de la République et du Canton de Genève (caisse encore en activité). En 1816, Boston et Philadelphie voient la naissance de caisses d'épargne, et celle de Paris fut ouverte en 1817. À partir de cette période, ces institutions se répandirent à travers tous les pays développés. Dans un certain nombre de pays, notamment en Allemagne et en Suisse, certains monts-de-piété se transformèrent en caisses d'épargne.

LES CAISSES D'ÉPARGNE POSTALES

Une étape-clé de la diffusion des caisses d'épargne fut l'intervention des États par le biais de la création de caisses d'épargne utilisant l'infrastructure des bureaux de la Poste. Un projet en se sens fut déjà soumis au Parlement britannique en 1807, mais il se heurta à l'opposition des banques. C'est le Grand-Duché du Luxembourg qui créa le premier ce système en 1856, suivi dès 1861 par la Grande-Bretagne, en 1865 par la Belgique, et par un grand nombre d'autres pays par la suite. Tout cela entraîna, dans la seconde moitié du XIXᵉ siècle, une nouvelle accélération du nombre des déposants des caisses d'épargne. D'après nos calculs, pour l'ensemble de l'Europe, leur nombre est passé de 2,9 millions en 1850 à 12,2 en 1870, et à 96,4 millions en 1913. En termes de nombre de livrets de dépôt par 100 habitants, la Suisse occupe alors la première place (avec 72), suivie par les pays scandinaves (autour de 46); la moyenne européenne s'établissant à 20 (à 27 sans la Russie).

Hors d'Europe, la création des caisses d'épargne postales est très inégale. Très précoce au Canada (1867), et surtout, vu le stade de développement, au Japon où celles-ci furent créées en 1875, soit six ans seulement après la révolution Meiji. Aux États-Unis, il fallut attendre 1910; mais, apparemment, ce pays est le premier à avoir ouvert des caisses d'épargne dans les écoles. Cela débuta en 1885, et en 1910, le système couvrait 1 168 écoles dans 118 villes et localités; et près d'un tiers des élèves de ces écoles possédait un compte dans ces caisses d'épargne scolaires. Pour l'ensemble des pays développés hors d'Europe, le nombre de livrets est passé de quelque 0,3 million en 1850 à 1,8 en 1870, et à 35,3 en 1913, le Japon et l'Australie ayant par cent habitants le chiffre le plus élevé, exactement le même : 44.

LES BANQUES POPULAIRES

Pour terminer cet historique des systèmes bancaires, il convient de signaler une série d'institutions de nature bancaire destinées, comme les

caisses d'épargne, au grand public, et notamment aux ouvriers et aux paysans. Il s'agit essentiellement des banques dites «populaires», des
caisses de crédit hypothécaires, et des banques
agricoles. Comme ces dernières ont été les plus
précoces, commençons ce bref aperçu par elles.

L'objectif des banques agricoles est de fournir
des crédits aux paysans afin de leur permettre
d'améliorer leurs exploitations (équipement, drainage, etc.). La plus ancienne de ces institutions
serait celle créée en Prusse en 1769 grâce à une
subvention de Frédéric II le Grand. Ces banques
se répandirent en Allemagne, notamment à partir
de la création, en 1846-1847, de la première
banque agricole coopérative. Il s'agit de l'embryon de ce que l'on appellera banques ou caisses
Raiffeisen du nom de leur fondateur (voir ci-dessous). Ces types de caisses se répandirent également en Suisse ; et, en général, les banques
agricoles se diffusèrent dans d'autres pays. Le
Crédit foncier de France, fondé en 1852, donna
une grande impulsion à ce type d'institutions. Le
Crédit foncier avait été précédé, en 1820, par la
Caisse hypothécaire, et, d'ailleurs, beaucoup de
ces banques agricoles se transformèrent en
caisses hypothécaires. Toutefois, c'est en milieu
urbain que les caisses hypothécaires jouèrent le
plus grand rôle.

Les banques populaires, dont certaines jouèrent aussi le rôle de caisse de crédit hypothécaire,
se sont surtout développées en Allemagne, en Italie et en Suisse. Ce système de banque a été surtout
l'œuvre de l'économiste Franz Herman Schulze-
Delitzsch qui se consacra au développement d'entreprises coopératives et fonda sa première banque

populaire en 1850 dans sa ville natale de Delitzsch.
D'ailleurs, Schulze avait ajouté à son nom celui
de sa ville afin de se distinguer du politicien Max
Schulze. À côté de Franz Herman Schulze, il faut,
en Allemagne, citer aussi Friedrich Wilhelm Raiffeisen. Cet ancien officier, devenu bourgmestre
d'une petite ville rhénane, y créa, en 1855, une
caisse de crédit agricole mutuel. En Italie, ce fut
l'homme d'État Luigi Luzzatti qui, sur le modèle
allemand de Schulze, créa, en 1864, la banque
populaire d'Italie (il a aussi créé le premier magasin coopératif de ce pays). En France, le crédit
coopératif fut créé en ordre dispersé ; mais un certain regroupement eut lieu en 1894, quand une
législation leur conféra un statut spécifique.

Hors d'Europe, le cas le plus intéressant est
celui au Canada des Caisses populaires Desjardins, du nom du philanthrope catholique Alphonse
Desjardins, à partir desquelles ce type de banque
se répandit dans tout le pays et même aux États-
Unis. La première de ces caisses fut créée en 1900
dans la petite ville de Levis, dans la province du
Québec où la diffusion de ces institutions fut la
plus précoce et la plus large.

LES ASSURANCES :
DES NAUFRAGES AUX TABLES
DE MORTALITÉ

Les besoins de se prémunir contre les conséquences de phénomènes aléatoires, mais récur-
rents, se sont apparemment manifestés d'abord

dans le domaine de la navigation. Les naufrages de navires (et ceux-ci étaient fréquents) entraînaient des conséquences graves non seulement pour les personnes directement touchées, mais également pour le ou les propriétaires des navires. Des formes d'assurances maritimes auraient déjà été pratiquées dans l'ancienne Babylone, il y a 5 000 à 6 000 ans, ainsi qu'en Grèce vers 400 avant J.-C. et aussi en Inde vers 600 avant J.-C. La Rome antique aurait connu des formes d'assurances dans le cadre de sociétés financières. Des organisations chargées d'enregistrer les contrats d'assurances maritimes ont même été créées en Europe dès le XIIIe siècle (à Bologne), et en Flandre dès le XIVe siècle (Bruges en 1310).

La Lloyds de Londres va évidemment jouer un rôle-clé en ce domaine. À l'origine, dès le XVIIe siècle, il s'agissait d'un café, lieu de rencontre et d'information sur la navigation, tenu (au moins dès 1689) par un certain Edward Lloyd. En 1754 commence la publication de la *Lloyd's List* devenue, par la suite, le *Lloyd's Register of Shipping* qui, jusqu'à présent, est la «référence» en matière de statistiques des navires. Et, à partir de 1774, la Lloyds devint la pierre angulaire de l'assurance dans le monde et non seulement sur le plan maritime car assurant aussi d'autres biens.

Un autre domaine important d'assurance trouve aussi son origine moderne en Angleterre, à savoir l'assurance-incendie qui reçut une impulsion à la suite du grand incendie de Londres de 1666. Enfin, sans être exhaustif, un troisième domaine important de l'assurance est l'assurance-vie. Bien que remontant aussi à l'Antiquité, cette forme d'assurance devait attendre le développement de la statistique concernant la mortalité pour prendre sa forme moderne (notamment une prime en fonction de l'âge). C'est l'Equitable Society de Londres qui, en 1762, adopta ce système en se basant sur des données incomplètes des villes de Londres et de Breslau (Allemagne).

Mais, comme toutes les autres, ces formes d'assurance ont été tributaires du calcul des probabilités, qui a pris son essor, sinon son origine, au milieu du XVIIᵉ siècle, avec cette personnalité aux multiples facettes qu'a été Blaise Pascal. D'ailleurs, afin d'assurer les hommes, il a fallu l'intervention d'un autre personnage, l'astronome et mathématicien anglais Edmond Halley, célèbre pour avoir calculé l'orbite de la plus connue des comètes qui porte son nom, et qui «inventa» la table de mortalité qui donne par âge les probabilités de décès. Incidemment, cette comète étant très visible et revenant chaque 76 ans (son prochain passage est prévu pour 2062), cela a permis de dater maints événements historiques.

Avant de passer au XIXᵉ siècle, rapportons l'intéressante anecdote qui ajoute une facette aux activités multiples du physicien et grand homme d'État américain Benjamin Franklin. Non seulement il est considéré comme un des auteurs majeurs de la Déclaration d'indépendance (1776), mais il inventa, en 1752, le paratonnerre et créa, la même année, la première compagnie d'assurances des États-Unis. La première compagnie d'assurance-vie fut créée, quant à elle, en 1756 et, dès 1820, il y avait dans le seul État de New York 12 de ces compagnies.

Si la seconde moitié du XVIIIᵉ siècle constitue

en Angleterre la période de mise en place des
compagnies d'assurances, cette phase se situe
sur le continent au cours du XIXe siècle. Ainsi la
première compagnie d'assurance-vie importante
fut fondée en 1819 en France, et en 1828 en Allemagne, précédées par l'installation de succursales des compagnies britanniques. À leur tour,
les compagnies françaises et allemandes installèrent des succursales dans d'autres pays, où se
créèrent également des compagnies locales. Mais
la véritable internationalisation des compagnies
d'assurances se place au XXe siècle.

XV. LES FLUCTUATIONS ÉCONOMIQUES : DES CRISES DE SUBSISTANCE AUX CYCLES ÉCONOMIQUES

Comme le laisse entendre le titre de ce chapitre, le XIXᵉ siècle voit l'apparition d'une nouvelle forme de cycles économiques, parmi lesquels le plus important est celui dans lequel s'insèrent les «crises» économiques proprement dites, qui en ont profondément marqué la seconde moitié ainsi que la première moitié du XXᵉ siècle. Crises dont la plus grave est celle de 1929, qui a profondément et pendant très longtemps marqué la conscience tant des populations que celle des économistes et que nous étudierons dans la quatrième partie.

D'ailleurs, l'imaginaire, aussi bien l'imaginaire populaire que celui des élites économiques et politiques, a tendance à être frappé par les fluctuations économiques, qu'il s'agisse de fluctuations de la production ou de fluctuations des prix. Peut-être est-ce la survivance dans la mémoire collective des terribles famines périodiques qui ont ponctué l'histoire de l'humanité et font partie des crises de subsistance évoquées dans le titre ; en effet, l'histoire des cycles et des crises est peut-être aussi vieille que l'agriculture. D'une certaine façon, on peut prétendre que Joseph est le premier «économiste» à avoir noté la régularité de certains cycles agricoles, puisqu'il avait mis en évidence le cycle de 14 ans : 7 années de bonnes crues du Nil (et, de ce fait, de bonnes récoltes) suivies de 7 années de crues déficitaires (et, de ce fait, de mauvaises récoltes). Dans le prologue, nous avons vu que la révolution néolithique, en introduisant l'agriculture, avait entraîné un système alimentaire plus instable. Il n'y a aucune raison qui puisse laisser supposer que l'ampleur des fluctuations agricoles d'il y a disons cinq mille ans aient été plus faibles que celles d'il y a cent ans.

Dans ce contexte se pose l'intéressant problème du synchronisme ou de l'absence de synchronisme de ces fluctuations à l'intérieur des hémisphères Nord et Sud. Quoi qu'il en soit, il apparaît que la plupart des régions tropicales ou semi-tropicales, et surtout les régions à régime de mousson, sont plus instables que les régions tempérées, et donc sujettes à des famines plus nombreuses et plus graves : nous aurons l'occasion d'y revenir dans la troisième partie consacrée au Tiers-Monde. Rapportons simplement ici, ainsi que nous l'avons fait pour l'Europe, l'ampleur des fluctuations pour un pays pour lequel on possède d'assez bonnes séries annuelles pour la seconde moitié du XIXe siècle : la production de riz au Sri Lanka. Alors qu'en France on constate en l'espace de 99 ans deux baisses supérieures à 30 pour 100, au Sri Lanka on en constate trois en l'espace d'une soixantaine d'années ; donc, en termes de période de même durée, deux fois et demie plus « instable ».

Mais, au-delà de ces fluctuations de courte durée et de nature agricole, qui de temps à autre entraînèrent même des famines meurtrières, les sociétés traditionnelles ont connu des cycles de longue durée qualifiés généralement de *trends* séculaires. Le *trend* séculaire se caractérise par une succession de phases positives et négatives d'une durée de deux ou trois siècles. Par phase positive (ou *trend* positif) on entend une évolution de la société caractérisée essentiellement par une progression de la production par habitant et par les conséquences de cette évolution. Progression certes très lente, pour ne pas dire extrêmement lente, puisque nous sommes dans le cadre des sociétés traditionnelles, mais qui, néanmoins, entraîne à long terme des changements dans les sociétés où elle se produit : notamment une progression (modérée) de la population et du taux d'urbanisation, et une extension des échanges tant locaux qu'à plus grande distance.

Anne-Marie Piuz, dans le premier chapitre a bien décrit cette succession de *trends* en Europe depuis le XIIe siècle. Dans le présent chapitre, nous reprenons en quelque sorte la suite en examinant le passage des anciens cycles aux nouveaux cycles. Ce sera l'objet de la première section de ce chapitre. La seconde section dressera l'inventaire des divers cycles des sociétés industrialisées et de leurs causes probables.

DES ANCIENS CYCLES
AUX NOUVEAUX CYCLES

Après la révolution industrielle, on constate
dans les pays développés de profondes modifications des fluctuations économiques, caractérisées
par les quatre éléments suivants : 1) atténuation
des fluctuations des rendements agricoles ; 2) disparition des famines périodiques ; 3) disparition
probable du cycle à très longue durée, du *trend*
séculaire ; 4) apparition de nouveaux types de
cycles spécifiques aux sociétés modernes, post-
révolution industrielle ; ce quatrième point est
évidemment le plus important.

Atténuation des fluctuations
des rendements agricoles

Une remarque générale d'abord, et qui est
d'ailleurs valable pour les autres modifications, il
s'agit, bien entendu, d'un phénomène graduel
et à chronologies différenciées en fonction des
périodes du début de modernisation des divers
pays. Puisque nous avons déjà évoqué l'exemple
français, reprenons-le ; en effet, outre la bonne
disponibilité de statistiques, le cas français, par sa
position géographique, est assez proche d'une
moyenne européenne. Ainsi, de 1815 à 1913, il y a
eu 20 années de recul des rendements de blé,
recul supérieur à 15 pour 100, et 14 années où ce
recul a été supérieur à 24 pour 100. Déjà, dans le

milieu des années 1870, on constate une atténuation de l'ampleur de ces fluctuations, avec
cependant encore 2 années de baisse de ces rendements supérieure à 24 pour 100 entre 1876 et
1913, soit une année sur 18, comparé à une année
sur 9 pour la période 1815-1875. Passons sur
l'entre-deux-guerres et soulignons le fait que, de
1948 à 1995, on n'a constaté qu'une seule baisse
de 15 pour 100 (1975), soit une année sur 38 seulement. De surcroît, ce recul est largement dû à la
diminution (20 pour 100) de la consommation
d'engrais consécutive à la forte hausse de leurs
prix, elle-même consécutive au quadruplement
du coût du pétrole. L'atténuation des fluctuations
ne veut cependant pas dire leur disparition.

Même au niveau de l'ensemble de la production
agricole, et au niveau de l'ensemble des pays
développés occidentaux, il subsiste dans la période
contemporaine une forte irrégularité dans la
courbe annuelle de la production. Ainsi, par
exemple, on a assisté, d'après les calculs de la
FAO (Organisation des Nations Unies pour l'Alimentation et l'Agriculture), en 1983 à une baisse
de 7,4 pour 100 de la production agricole des pays
développés occidentaux. Et, contrairement au cas
de la baisse des rendements fran-çais de blé de
1975, la consommation d'engrais n'avait pas
diminué, elle avait même augmenté.

L'élément explicatif de l'atténuation des fluctuations des rendements n'est apparemment pas
d'origine climatique, mais résulte principalement
de progrès techniques. L'élément essentiel est le
machinisme agricole qui permet à la fois de
récolter plus rapidement, ce qui réduit les aléas
du temps, et éventuellement de procéder à un

ensemencement supplémentaire dans le cas où la première opération se trouve compromise par des conditions défavorables. L'amélioration des semences intervient également. La possibilité de traitements efficaces et rapides de cultures affectées par des parasites joue un rôle non négligeable à partir de la fin de la Seconde Guerre mondiale. Et, plus récemment encore, l'amélioration des prévisions météorologiques commence à porter des effets.

Disparition des famines périodiques

Dans ce cas, l'élément explicatif essentiel est la conjonction de l'augmentation de la productivité agricole et la diminution de l'ampleur des fluctuations des rendements. Comme nous l'avons montré dans le chapitre III, l'augmentation de la productivité agricole résultant de la révolution industrielle a permis un accroissement de la consommation de produits alimentaires élaborés (viande, lait, etc.). Ceci permet de maintenir, pendant les années de mauvaises récoltes, un niveau de consommation alimentaire suffisant, car il suffit alors de réduire l'importance du cheptel. En effet, la pratique, quasi universelle, d'abattre pendant les années de très mauvaises récoltes une fraction du cheptel entraîne une disponibilité plus grande de viande, et une diminution de la consommation en produits agricoles du cheptel. Inutile de revenir ici sur la réduction de l'ampleur des fluctuations, celle-ci ayant été mise en relief ci-dessus. À cela, il faut évidemment ajouter les possibilités et la rapidité plus grandes de transport de nourriture grâce notamment aux chemins de fer, mais aussi aux navires à vapeur. Ce facteur joue à la fois sur le plan international et sur le plan national car, comme nous avons eu l'occasion de le voir à plusieurs reprises, avant l'intervention de la machine à vapeur dans les transports, même à courte distance les coûts étaient très élevés et la durée des déplacements fort longue.

LES DERNIÈRES FAMINES EN EUROPE

Il va de soi que, lorsque l'on parle de disparition des famines, cela exclut les cas de famines essentiellement dues à des facteurs exogènes, notamment à la suite de troubles consécutifs à une guerre ou découlant d'événements exceptionnels. Ainsi, par exemple, comme nous le verrons au chapitre XXVII, en Union soviétique il y a eu, en 1921-1922, une famine qui a causé la mort de peut-être 5 millions de personnes. Bien que ce soit une sécheresse qui soit le point de départ de ce phénomène, la situation politique et militaire a largement contribué à l'ampleur de la catastrophe. Le coût humain a été également très lourd pour la famine de 1932-1934, mais là le climat était absent, le seul coupable étant les excès commis lors de la collectivisation des terres. Certes, et cela concerne le même pays, il convient de signaler les famines russes aussi tardives que celles de 1891-1892 et 1905. Toutefois, elles se placent dans le contexte d'une société à agriculture encore très traditionnelle, mais dont le rythme de croissance de la population était déjà «affecté» par la médecine moderne.

De même, comme nous l'avons vu, des conditions spécifiques ont encore amorcé deux cas de grande famine. Celle en Irlande (1845-1849), causée par une maladie de la pomme de terre, et celle en Finlande (1867-1868) causée par une réduction de l'élevage, qu'aggravèrent les conséquences d'une succession de mauvaises récoltes. À ce propos, signalons qu'en Finlande et probablement aussi dans d'autres pays, pendant les périodes de mauvaises récoltes, on incorporait des écorces d'arbres dans la fabrication du pain. Rappelons que la famine finlandaise a causé la mort d'environ 8 pour 100 de la population.

La disparition des famines ne veut pas dire que les fluctuations agricoles, même atténuées, n'affectent plus la vie économique des sociétés industrialisées même avancées. Nous aurons l'occasion d'y revenir, notamment à propos des années de l'entre-deux-guerres. Mais exception faite des cas signalés ci-dessus, il ne s'agit plus de famine, mais de facteurs influençant la conjoncture générale. Enfin, dernière réserve, si donc les famines disparaissent au XIXe siècle, cela n'exclut pas que la conjoncture économique et la conjoncture agricole surtout cessent d'avoir un impact sur la mortalité, et notamment sur la mortalité des classes les plus défavorisées. Même au niveau de la mortalité générale, une simple comparaison de la courbe des rendements de blé et du nombre de décès le démontre d'une façon très évidente. Prenons encore une fois le cas de la France, qui se trouve être privilégiée par la disponibilité de larges séries agricoles et par sa situation géographique moyenne. De 1815 à 1860, pratiquement chaque baisse sensible des rendements est concomitante à une hausse du nombre de décès, soit

durant l'année concernée, soit l'année suivante.
Après 1860, en raison de l'ouverture des frontières aux importations de céréales, l'impact des
reculs des rendements est moins fort mais ne disparaît pas.

Disparition probable
du trend séculaire

Nous disons «probable»; car, à deux reprises
au moins, on a assisté à l'éclosion d'écoles de
pensées qui, dans des aléas conjoncturels plus ou
moins importants, ont vu l'indice du retournement du *trend* positif qui avait débuté avec la
révolution industrielle. La première de ces écoles
apparaît lors de la dépression des années 1930,
avec ce que l'on a qualifié de théorie de la stagnation ou d'état stationnaire. Théorie qui estimait que le développement économique avait
atteint un palier. D'ailleurs, déjà au XIXe siècle on
peut retrouver l'idée d'un état stationnaire chez
le grand économiste anglais Stuart Mill. La
seconde éclosion majeure d'une école, ou plutôt d'un courant de pensée, prévoyait que le
retour d'un *trend* négatif se placerait à la suite du
ralentissement conjoncturel consécutif aux chocs
pétroliers de 1973 et 1980. Dans un contexte voisin, mais précédant le premier choc pétrolier, il
faut rappeler ici le grand retentissement qu'avait
eu le rapport du Club de Rome (1972) intitulé
Limits to Growth, qui non seulement prévoyait un
blocage de la croissance résultant de l'épuisement des ressources naturelles, mais souhaitait
un arrêt de la croissance, ce qui est évidemment

très différent et mérite certainement d'être considéré.

Mais force nous est de constater que jusqu'en 1995, on ne peut pas parler (dans les pays développés) du début d'un cycle même de durée moyenne caractérisé par une réduction durable du niveau de vie. Certes, et nous y reviendrons dans le chapitre XXV, la dépression commencée à la fin de 1990 a été la plus longue depuis la fin de la Seconde Guerre mondiale. Au niveau de l'ensemble des pays développés occidentaux, il n'y a jamais eu de recul tant soit peu accusé du PNB par habitant. De 1948 à 1995, c'est-à-dire sur 48 années, il n'y a eu que 4 années où le PNB par habitant a reculé et la baisse la plus importante fut celle de 1975, qui s'inscrit lors du premier choc pétrolier et où ce recul a été de l'ordre de 1,1 à 1,3 pour 100 (la seconde baisse en importance s'inscrit lors du deuxième choc pétrolier, avec un recul de l'ordre de 0,8 à 1,0 pour 100 en 1982).

D'ailleurs, ce ne sont non seulement les trois dernières décennies suivant la fin de la Seconde Guerre mondiale qui ont été caractérisées par l'expansion la plus rapide jamais enregistrée pour une période de semblable durée (et, même, de durée moindre), mais également les deux dernières décennies. Même si, afin de minimiser sciemment la croissance des deux dernières décennies, on part du sommet conjoncturel de 1973 pour aboutir au creux conjoncturel de 1993, on s'aperçoit que le volume du PNB de l'ensemble des pays développés occidentaux s'est accru de 64 pour 100 durant ces 20 ans, soit en moyenne 2,5 pour 100 par an, et 1,8 pour 100 par an par habi-

tant. Un taux de 1,8 pour 100 représente une
croissance presque deux fois plus rapide que
durant le XIXᵉ siècle. D'ailleurs, de récession à
récession, soit de 1975 à 1993, la croissance par
habitant a été supérieure à 2,0 pour 100. Ainsi le
dernier *trend* séculaire positif compte, actuellement, au moins deux siècles et demi ; et aucune
projection sérieuse à long terme disponible actuellement ne prévoit un recul, même modéré et même
à moyen terme, du niveau du PNB par habitant.
Et plus important encore est, bien sûr, le fait que
durant ce *trend* l'expansion de la population et de
la richesse par habitant a été sans commune
mesure avec les faibles progressions des *trends*
positifs antérieurs.

Dans le titre de cette section, nous utilisons
le terme « disparition probable », l'incertitude
réside uniquement dans l'impossibilité de disposer de certitudes quant à l'avenir à long terme.
Car si, à l'heure actuelle, rien ne permet d'entrevoir une longue période de déclin de l'économie,
rien non plus ne peut permettre d'affirmer qu'il
s'agisse d'une impossibilité. En outre, rien n'exclut la possibilité d'une décision future en faveur
d'un arrêt de la croissance économique. Cela
relève du vaste débat sur le caractère souhaitable
de la croissance sur le plan social et aussi écolo-
gique.

LES CYCLES
DANS LES SOCIÉTÉS MODERNES

Il est normal qu'une rupture aussi importante que la révolution industrielle entraîne des changements importants également dans la nature des fluctuations économiques. Certes, cette évolution ne débute pas partout au même moment. Elle commence d'abord dans les pays plus précocement industrialisés pour s'étendre ensuite aux pays plus tardivement industrialisés. Notons néanmoins que le transfert de ces types de cycles est plus rapide que le développement lui-même, donc il apparaît plus précocement à l'intérieur de la phase de développement dans les pays industrialisés plus tardivement.

Grosso modo, on peut considérer que ces nouveaux cycles commencent en Angleterre dès les années 1820, et même, selon certains chercheurs, dès le milieu du XVIIIᵉ siècle. En ce qui concerne les autres pays touchés par la révolution industrielle, le consensus est que ces cycles commencent dans les années 1840. Pour ce qui est de l'analyse du phénomène des fluctuations économiques modernes celle-ci commence au début des années 1860 avec les travaux de Clément Juglar (1860), le plus important chercheur du XIXᵉ siècle, ayant mis en évidence l'existence, dans les sociétés industrialisées, de cycles réguliers avec une périodicité voisine de celle des crises de subsistance, mais de nature et de cause très différentes. Son étude sur *Les Crises commerciales et leur* retour périodique en France, en Angleterre et aux États-Unis fut publiée en 1861. Cependant, même si Juglar a joué un rôle si important, puisque son nom a été donné à ce type de cycle, il n'est apparemment pas le premier à les avoir mis en relief. Ainsi, un certain W. Langton a publié, dans une revue britannique de décembre 1857[1], un article en ce sens. Et, déjà en 1802, Henry Thorton avait publié une étude (*An Enquiry into the Effects of the Paper Credit of Great Britain*) qui laissait entrevoir une périodicité des crises. On pourrait allonger la liste.

Les recherches dans le domaine des fluctuations économiques se sont poursuivies à la fin du XIXe siècle et au début du XXe siècle et cet approfondissement a permis de faire apparaître toute une série de cycles différents. À l'heure actuelle, on considère que nous sommes en présence de cinq types de cycles de durées très différentes, en excluant le *trend* séculaire. Exclusion qui se justifie pour une double raison : la première tient au fait qu'il est raisonnable de postuler que ce cycle n'existe plus après la rupture de la révolution industrielle. D'autre part, même en admettant qu'un renversement se produira un jour, il ne s'est pas encore produit jusqu'ici, par conséquent il est impossible d'en décrire les éventuelles modalités dans le cadre des sociétés industrialisées. Voici ces cinq types de cycles dans l'ordre décroissant de leur durée : 1) le cycle long ou cycle Kondratiev d'une durée de 50 ans environ ; 2) les cycles intermédiaires d'une durée de 18 à 22 ans ; 3) le cycle court (ou appelé aussi «majeur»)

---

1. *Transactions of the Manchester Statistical Society.*

ou cycle de Juglar d'une durée moyenne de
9 ans ; 4) le cycle mineur (ou cycle de Kitchin)
d'une durée de 3 ans et demi ; 5) les fluctuations
saisonnières.

Le cycle long (ou cycle Kondratiev) d'une durée d'environ 50 ans

Nicolai Kondratiev est un économiste russe, né
en 1892 et sans doute mort (probablement exé-
cuté) en 1931. L'incertitude de la date de sa mort
provient de ce que, après avoir été démis, en
1928, de ses fonctions à la direction de l'Institut
de la situation économique, il fut arrêté en 1930
et vu pour la dernière fois en mars 1931 en tant
que détenu et témoin à un procès. Dans le cadre
de ses travaux sur l'évolution économique à long
terme, il mit en relief, dès 1921, l'existence d'un
cycle d'environ 50 ans, cycle partagé en deux
avec une période d'environ 25 ans de hausse de
prix suivi d'une période d'environ 25 ans de
baisse de prix. Dans le tableau XV.1 on trouve la
chronologie de ces cycles de Kondratiev (1926) à
partir de la fin du XVIIIe siècle, en prolongeant
l'analyse jusqu'à la période actuelle.

Comme on peut le voir dans ce tableau, en se
plaçant au début des années 1920 (c'est-à-dire au
moment de l'analyse de Kondratiev), on est effectivement en présence d'un cycle assez régulier de
l'évolution des prix. On notera qu'en règle générale, à la fin d'un cycle de hausse et/ou de baisse,
on se retrouve à peu près au même niveau des
prix qu'auparavant. En effet, il faut garder en
mémoire que, par exemple, une baisse de 50 pour

TABLEAU XV.1
CHRONOLOGIE DU CYCLE KONDRATIEV :
PÉRIODES DE HAUSSE ET DE BAISSE DES PRIX[a]

Dates des phases du cycle	Durée (ans)	Sens de la variation des prix	Variation des prix sur période considérée (%)	Variation annuelle (%)
1789-1814	25	Hausse	100	2,8
1814-1849	35	Baisse	− 50	− 2,0
1849-1873	24	Hausse	40	1,4
1873-1896	23	Baisse	− 50	− 3,0
1896-1920	24	Hausse	40	1,4
1920-1936	16	Baisse	− 30	− 2,2
1936-1995	59	Hausse	600	3,4

a Dans les pays développés.

Sources : Calculs et estimations de l'auteur.

100 suivant une hausse de 100 pour 100 ramène exactement les choses au point de départ. On notera également que, à l'exception de la phase 1814-1849 qui dure 36 ans, les autres varient de 23 à 25 années, entraînant une moyenne de 24 ans pour la période 1789-1920.

Le point de vue de certains chercheurs qui estiment que le cycle de Kondratiev se poursuit toujours est mis en cause par l'observation de la conjoncture des prix. Première et importante observation : il n'a certainement pas la même durée, puisque si l'on arrête l'analyse à 1995 la plus récente phase de hausse des prix a déjà duré 59 ans, c'est-à-dire, *grosso modo*, le double des phases antérieures. En outre, le rythme de croissance des prix s'est considérablement accéléré. Au cours du XIXᵉ siècle et jusqu'au début des années 1920, les taux moyens annuels de hausse étaient de l'ordre de 2 pour 100, alors qu'il s'agit de près de 3,5 pour 100 pour la période récente. Ceci conduit à une progression totale des prix durant l'éventuelle phase ascendante actuelle beaucoup plus important que dans les phases précédentes. Comme on peut le voir dans le tableau XV.1, la hausse la plus importante avant la hausse récente a été de l'ordre de 100 pour 100 (ou de 2,8 pour 100 par an pour la période 1789-1814), contre 600 pour 100 pour la hausse récente (ou de 3,4 pour 100 par an pour la période 1936-1965).

De surcroît, durant le XIXe siècle, on constate de nombreuses années de baisse générale des prix dans les phases ascendantes et de nombreuses années de hausse générale des prix dans les phases descendantes. Or, dans la longue phase ascendante actuelle, même si l'évolution n'a pas été (loin de là) uniforme, on ne constate pas d'années de baisse générale des prix[1]. Il est donc très difficile d'admettre la poursuite des cycles Kondratiev après la Seconde Guerre mondiale.

Kondratiev a aussi cherché à relier ces cycles de prix à des cycles de production. Selon lui, la période de hausse de prix serait une période de croissance économique rapide alors que la période de baisse de prix serait concomitante avec un ralentissement de l'activité économique. Le plus grand nombre de renseignements dont on dispose à l'heure actuelle ne confirme pas cette liaison aussi simpliste. Apparemment, cette

---

1. Pour un aperçu de l'évolution contemporaine des prix, voir le tableau XXV.3 du tome III.

liaison ne joue que pour un seul cycle : celui qui va de 1873 à 1914 où, effectivement, nous avons une période d'une vingtaine d'années (entre 1873 et 1895-1896) de baisse de prix et aussi de croissance lente (qui elle va de 1867-1869 à 1889-1891) et une période (entre 1895-1896 et 1914) d'augmentation des prix et aussi de croissance rapide (qui débute donc en 1889-1891). D'ailleurs, Kondratiev étant assez prudent déclarait que l'existence de ces cycles de production était « très probable ». L'explication qu'il a fournie en 1926 fait intervenir les problèmes d'investissement de biens de capitaux à longue durée de vie. Cette liaison du cycle des prix à celui de la production nous amène tout naturellement aux cycles intermédiaires, car si Kondratiev a été le premier, il n'est pas le seul à avoir cherché à dégager des cycles intermédiaires de croissance.

Les cycles intermédiaires d'une durée de 18 à 22 ans

Afin d'éviter certaines confusions, notons que les cycles que nous allons examiner ici sont souvent qualifiés de cycles longs, notamment par opposition au cycle de Juglar qualifié de cycle court. Si nous parlons de cycle intermédiaire (comme c'est souvent la règle), c'est afin d'éviter la confusion avec le *trend* séculaire. Effectivement, dans la mesure où les deux phases de ces cycles couvrent une période de 36 à 44 ans, cela fait partie, en tout cas pour les économistes, du long terme ; alors que pour les historiens ce serait plutôt une durée moyenne. Le pluriel utilisé dans

le titre de cette section se justifie, car, en définitive, nous sommes bien en présence de trois types
de cycles de durée intermédiaire. Il s'agit de ce
que l'on qualifie généralement de cycle de Schumpeter, de celui de Kuznets, et du cycle (qui n'a pas
reçu de nom «officiel») induit par les effets démographiques des guerres mondiales. Et, d'une certaine façon, on aurait pu inclure le cycle de
Kondratiev dans ce groupe, auquel cas il s'agirait
de quatre cycles. Si nous ne l'avons pas fait, c'est
que ce dernier dure un peu plus longtemps (en
moyenne, pour la période 1789-1920, un peu plus
de 26 ans) et qu'il est essentiellement un cycle de
prix et non de production, à l'encontre de ceux qui
seront examinés ici. Néanmoins, il convient de
noter que le cycle de Schumpeter est en définitive
une tentative de ce grand économiste pour expliquer les retournements du cycle de Kondratiev.

LE CYCLE DE SCHUMPETER

Joseph Aloïs Schumpeter, Autrichien ayant émigré en 1935 aux États-Unis, est un économiste et
historien économiste de premier plan ayant fortement influencé ces deux disciplines. Pour Schumpeter (1934), nous serions en présence d'un cycle
économique d'une quarantaine d'années, caractérisé par une période d'une vingtaine d'années à
croissance économique rapide suivie (et précédée
de) par une période de même durée de croissance
lente. Les points de rupture sont à peu près ceux
du cycle de Kondratiev (voir plus haut). Selon
Schumpeter, chaque début de période de croissance rapide serait associé à la diffusion d'une
ou plusieurs nouvelles technologies importantes,

telles que la machine à vapeur (pour le début de la phase 1849 à 1873), ou l'électricité (pour le début de la phase 1896-1920). Pour Schumpeter (1942), la croissance du système capitaliste n'était pas accompagnée par des changements techniques ou organisationnels, mais était la résultante de ces changements. À la fin de cette section nous examinerons, sur la base des séries statistiques récentes, la réalité de ces cycles intermédiaires.

LE CYCLE DE KUZNETS

Simon Kuznets, prix Nobel d'économie, a été peut-être plus historien économiste qu'économiste. En fait, Kuznets est le premier — et le plus célèbre — d'un ensemble d'économistes anglosaxons qui, analysant statistiquement les données devenues de plus en plus nombreuses sur le développement économique des divers pays, ont décelé des phases de croissance rapide et lente d'une durée variant, selon les chercheurs, entre 14 et 22 ans. De plus, contrairement aux autres cycles, ceux-ci ne seraient pas chronologiquement les mêmes dans tous les pays. Les facteurs explicatifs des retournements varient selon les auteurs. Pour Kuznets (1930 et 1958) se sont notamment ceux liés aux interactions entre prix et taux de profits, alors que, par exemple, A.K. Cairncross (1953) fait intervenir des aspects dus aux rythmes inégaux de surproduction des articles manufacturés et des produits bruts. Plus récemment, R.A. Easterlin (1966) intègre des éléments démographiques qui rejoignent ceux exposés ci-après à propos des cycles induits par des effets des guerres mondiales.

LE CYCLE INDUIT PAR DES EFFETS DÉMOGRAPHIQUES
DES GUERRES MONDIALES

Bien que ce cycle concerne essentiellement la période après 1914, pour des raisons de cohérence nous l'examinerons ici. Le point de départ de ce cycle étant les effets des guerres sur la natalité et la mortalité, il est naturel que son importance dépende de l'ampleur différente qu'ont eue les guerres mondiales dans les différents pays. Ainsi, dans la plupart des pays européens, les effets de la forte baisse de natalité due à l'absence des hommes au foyer et aux décès dus à leur présence au front ont insufflé dans la conjoncture une série de vagues d'environ 18 à 22 ans. La réduction du nombre des naissances pendant la Première Guerre mondiale a conduit à un creux dans la pyramide des âges, qui se traduit, une vingtaine d'années plus tard, par un nombre plus restreint de mariages, et donc de besoins de logements et d'équipement de ceux-ci (et aussi un nombre plus restreint de naissances). Or la réduction des naissances durant la Première Guerre mondiale a été très forte, notamment en France où, entre 1915 et 1918, on a compté en moyenne annuellement 436 000 naissances, contre 735 000 pour la période 1910-1913.

De même, dans le sens opposé, le fameux *baby boom* d'après la Seconde Guerre mondiale, notamment et principalement aux États-Unis, d'où l'utilisation de l'anglais. Nous traiterons du *baby boom* dans le chapitre XXV (tome III). Ces irrégularités induites dans la démographie par les grandes guerres sont d'un effet assez durable, puisque dans les années 1980 l'effet du creux de la Seconde Guerre mondiale a été ressenti dans de nombreux pays.

L'ANALYSE RÉCENTE DES CYCLES INTERMÉDIAIRES

C'est depuis les années 1974-1975, depuis la première récession liée essentiellement au choc pétrolier, que l'on a commencé à s'interroger à nouveau de façon plus intensive sur la réalité du cycle de croissance économique d'une durée de l'ordre de 20 ans. De nombreux chercheurs, tant libéraux que marxistes et néo-schumpétériens, ont vu, dans les années suivant 1974, le début d'une phase négative d'un cycle de 20 ans. Effectivement, si l'on se place vers 1974-1975, et si l'on considère que les années 1946-1953 étaient simplement des années de reconstruction d'après-guerre et perturbées par la guerre de Corée (juin 1950-juillet 1953), on se trouverait alors placé devant une période de 20 ans de croissance rapide. Croissance suivie d'un certain ralentissement et, en tout cas, de récessions certaines en 1974, en 1981, et en 1991-1993. Cette période intermédiaire de ralentissement de 20 ans serait celle d'où nous venons juste de sortir, puisque si l'on accepte la théorie, elle serait censée se terminer vers 1994-1995. Qu'en est-il en réalité ? Puisque l'on dispose de meilleures données sur la conjoncture économique, regardons la durée des phases de croissance de l'Europe occidentale au cours du XIXᵉ siècle[1].

1. Nous reviendrons, bien sûr, sur le XXᵉ siècle dans les chapitres XXIV et XXV (tome III) et plus spécifiquement dans la troisième section du chapitre XXV. Ici, c'est le XIXᵉ siècle qui sera à l'ordre du jour.

Pour ce dernier, il convient encore de rappeler
que ces cycles de croissance économique concernent l'Europe et non les pays de peuplement européen. En effet, nous avons vu que la grande
dépression de 1867-1869 à 1889-1891 n'avait pas
touché les pays de peuplement européen, pour
lesquels, au contraire, ces deux décennies s'inscrivent dans une période d'expansion rapide. Si
l'on examine l'évolution annuelle du volume du
PNB par habitant de l'Europe occidentale de
1830 à 1913, l'exclusion des pays de l'Europe de
l'Est est motivée à la fois par la moins bonne qualité (voire l'inexistence) des données pour ces
pays et par leur démarrage plus tardif. Il apparaît
que, à part la grande dépression européenne, la
croissance est marquée par une accélération progressive. Si l'on cherche à définir des phases de
croissance, celles-ci sont au nombre de quatre ; et
nous avons repris les données dans le tableau XV.2
où nous avons ajouté également les données pour
le XXᵉ siècle.

Si on limite ici l'analyse au XIXᵉ siècle, les
quatre phases sont loin d'être de durée voisine. La
première, qui, dans le tableau XV.2, pour des raisons statistiques et politiques (les guerres napoléoniennes) commence en 1815, débute, en fait,
beaucoup plus tôt : certainement dans les années
1770-1780 quand l'Angleterre est déjà bien engagée dans sa révolution industrielle et que les pays
précoces commencent également à se développer.
Donc une phase de croissance lente qui a duré
environ 60 à 80 années. La phase suivante est
celle d'une croissance rapide (dans le contexte
historique) qui dure 35 ans. Suit alors une période
de croissance lente (la grande dépression), dont

TABLEAU XV.2
PHASE DE CROISSANCE ÉCONOMIQUE
DE L'EUROPE OCCIDENTALE

	Durée (ans)	Caractéristique de la croissance[a]	Taux annuel de croissance du PNB par habitant
1815 à 1834	20[b]	Lente	0,4
1835 à 1870	35	Rapide	1,1
1870 à 1888	18	Lente	0,9
1889 à 1913	24[b]	Rapide	1,1
Première Guerre mondiale et reconstruction (1914-1923)	10	–	–
1924 à 1929	6	Rapide	2,3
1930 à 1939	10[b]	Lente	1,3
Seconde Guerre mondiale et reconstruction (1939-1948)	8	–	–
1949 à 1973	25	Très rapide	4,1
1974 à 1995	21[b]	Rapide	1,8

a La définition de la caractéristique des phases de la croissance tient compte du contexte de la période plus large dans laquelle elles s'insèrent.
b Durée minimale de la période en raison soit d'un point de départ d'une guerre (1815 à 1834), soit d'un point d'arrivée d'une guerre (1889 à 1913, et 1930 à 1939), soit de la donnée finale (1974 à 1995).

Sources : Bairoch, P. (1976b) et Bairoch, P. (1997a).

les données récentes permettent de mieux cerner la durée : 18 ans. Puis, enfin, une période de croissance rapide qui dure 24 ans, puisque arrêtée par la guerre mondiale. Nous disons bien arrêtée, car rien ne laisse supposer qu'en l'absence de cette guerre la croissance ne se serait pas poursuivie.

D'ailleurs, contrairement à ce que l'on lit parfois, les années d'immédiat avant-guerre, ne sont
pas une période de récession, bien au contraire,
puisque la décennie qui précède 1914 a été une
des meilleures enregistrées jusqu'alors.

Si l'on inclut le XXe siècle, ainsi que l'on peut le
remarquer dans le tableau XV.2, il est certainement difficile de parler d'une régularité même
relative des cycles de 20 ans. En effet, la durée de
ces cycles, même en excluant la longue période
qui a précédé 1815, varie d'un minimum de 6 ans
à un maximum de 35 ans. Et sur 11 phases de ces
cycles, seules 4 ont une durée de plus de 20 ans
ou proche. Et sur ces 4 cas, 3 sont conditionnés
par un facteur exogène. Mais ce qui peut-être est
le plus important : il faut aussi constater que
nous ne sommes en présence que de deux suc-
cessions où alternent phase de croissance rapide
et phase de croissance lente (celle qui va de 1870
à 1913, et celle qui va de 1924 à 1939). Donc
l'histoire ne permet en aucune façon de laisser
supposer l'existence d'un cycle régulier d'environ 40 ans où se succéderaient deux périodes de
20 ans caractérisées par une croissance rapide et
une croissance lente.

Le cycle court (appelé aussi « majeur »)
ou cycle de Juglar
d'une durée moyenne de 9 ans

Il est très différent du cycle de Kondratiev de
même qu'il est très différent des cycles intermédiaires, ce non seulement en raison de sa durée
qui est plus faible mais aussi, et surtout, car il

implique une brève période de recul de la production. À propos de sa durée, relevons qu'il est souvent présenté comme étant d'une durée moyenne de 7 ans ; en fait, comme nous aurons l'occasion de le voir, il s'agit plutôt de 9 ans (avec une dispersion assez grande autour de cette moyenne).

Le cycle de Juglar se caractérise par trois phases : 1) une période d'expansion qui dure cinq à sept ans ; 2) une crise économique qui dure de quelques mois à une année caractérisée par une chute de la production ; 3) une période d'une à trois années de dépression puis la courbe reprend. L'essentiel de ce cycle, et c'est ce qui a polarisé l'attention, c'est l'existence de la crise économique. L'histoire du XIXe siècle peut aussi être écrite à travers l'histoire de ces crises économiques qui ont ponctué toute la conjoncture du XIXe siècle et, aussi, d'une grande partie du XXe siècle [1]. La chronologie généralement retenue pour les crises est la suivante pour le XIXe siècle : 1825, 1836, 1845, 1857 1866, 1873, 1882, 1890-1893, 1900, 1907 et enfin 1913. Les cycles sont donc ceux qui vont d'une crise à l'autre ; comme on peut le voir, le cycle de Juglar dure en moyenne 9 ans, mais avec un minimum de 7 ans et un maximum de 12 ans.

Voici, en quelque sorte, l'image acceptée, l'image traditionnelle des crises. Mais il faut bien être conscient que, au fur et à mesure où l'on dispose de meilleures données historiques, la chronologie peut se modifier ; de même l'utilisation de méthodes d'analyse plus sophistiquées

1. Voir chap. XXIV du tome III.

peut également modifier cette chronologie. Ainsi, par exemple, si l'on prend le cas des États-Unis, probablement le pays où les données sont les meilleures, une récente étude de C.D. Romer (1992) a montré que l'application d'une nouvelle méthode d'analyse conduit systématiquement à placer plus tard les sommets des cycles, et plus tôt les creux. Ce qui a comme effet de raccourcir la durée du cycle et de le rendre moins sévère.

D'ailleurs, et ceci est encore plus important, une analyse que nous sommes en train de réaliser (qui sera probablement publiée après 1997) sur la base des données économiques dont on dispose actuellement (notamment Produit national brut et indices de la production industrielle) permet de mettre en évidence que les crises de la première moitié du XIXᵉ siècle (et même au-delà) sont davantage des crises financières qu'économiques, et surtout que l'agriculture a encore un rôle dominant dans la conjoncture générale. Néanmoins, il convient de relever que, à part quelques rares exceptions, qui, d'ailleurs, ne concernent que les dernières années du XIXᵉ siècle, les données disponibles le sont sur une base annuelle et non mensuelle. De ce fait, des reculs de la production de courte durée échappent à l'analyse statistique. Il en est bien sûr de même pour des phénomènes très localisés géographiquement : une crise même très grave dans une petite région n'aura qu'un impact très marginal sur les statistiques nationales.

Néanmoins, il est utile de procéder à un historique de ces crises qui nous permettra de bien discerner l'évolution de la nature de celles-ci. La plus large place accordée au cycle de Juglar se justifie non seulement par son rôle au XIXe siècle, mais aussi, et peut-être surtout, par ce que l'on pourrait appeler sa résurgence : depuis 1974, à trois reprises jusqu'ici, on a été en présence de crises espacées respectivement de 8 et 9 ans (1974-1982-1991). Résurgence depuis 1974, disions-nous ? Oui, parce que, de 1946 à 1973, c'est-à-dire pendant 28 ans, on ne peut pas déceler de crise réelle. De surcroît, tant la crise de 1974 que celle de 1982 sont clairement liées aux chocs pétroliers.

LA CRISE DE 1825 : LA PREMIÈRE ?

Peut-on dire que la première crise, celle généralement considérée comme la première véritable crise économique moderne, est celle de 1825 ? Ainsi que nous l'avons déjà signalé, selon certains chercheurs, on pourrait discerner en Angleterre des crises du type Juglar déjà au milieu du XVIIIe siècle. La chronologie de celles-ci serait la suivante : 1753, 1763, 1772-1773, 1783, 1793 et 1815. Ce sont là effectivement des années où, en Angleterre, on a constaté des conditions financières et commerciales très négatives, avec notamment de plus nombreuses faillites que dans les autres années. Il est cependant difficile de parler de crise économique au sens actuel du terme. D'ailleurs, pendant longtemps, les chercheurs ont qualifié ces crises et les suivantes de crises commerciales et financières. La plupart des chercheurs de ce dernier demi-siècle ont ignoré ces crises du XVIIIe siècle et commencent la chronologie des crises économiques (crises du type de

Juglar) avec celle de 1825. Ce qui, bien entendu, rend la recherche de la «première» difficile; donc accordons à celle de 1825 le bénéfice du doute. Bénéfice du doute d'autant plus que la crise de 1815 occupe une très large place dans la littérature concernant les crises. Mais 1815 est aussi la date de la fin des «guerres napoléoniennes».

La crise de 1825 concerne presque uniquement le Royaume-Uni. Elle débute en mai par une forte baisse de la bourse de Londres. De nombreuses banques firent faillite. Le seul autre pays apparemment affecté par des problèmes du même ordre fut les États-Unis où, en juillet 1825, on constate une crise monétaire. On insiste généralement sur les conséquences économiques de cette crise, et notamment sur le chômage. À la lueur des données statistiques dont on dispose actuellement, qu'en est-il effectivement? En ce qui concerne l'ensemble de l'économie, on ne dispose pas encore d'estimation de l'évolution du PNB. En tout état de cause, comme nous le verrons pour les crises ultérieures, vu l'importance qu'avait encore à l'époque le secteur agricole, ce dernier déterminait très fortement l'ensemble de l'économie. Par contre, on dispose d'un indice de la production industrielle qui laisse apparaître, en 1826, une forte baisse de la production (− 9 pour 100). Ceci peut justifier l'assertion d'une hausse du chômage, bien que les données en la matière ne débutent qu'en 1855.

On peut ainsi conclure superficiellement que nous sommes en présence d'une véritable crise économique, donc peut-être de la première crise au sens moderne du terme. Cependant, la baisse

de la production industrielle peut avoir été causée par une évolution défavorable de l'agriculture. Bien que l'on ne dispose pas de données en
la matière, le fait qu'en France (seul pays avec la
Suède pour lequel on possède des données pour
cette période) l'année 1825 ait été marquée par
une mauvaise récolte et qu'il en fut de même en
Suède en 1826, peut laisser supposer qu'il en a
peut-être été de même au Royaume-Uni. En tout
cas, et c'est là un très bon indicateur, les prix des
produits agricoles, et surtout des végétaux, progressent fortement en 1825 (20 pour 100) et se
situent au niveau le plus élevé depuis 1819
(et jusqu'en 1839). Donc possibilité d'une crise
industrielle à responsabilité agricole. En tout état
de cause, même si c'était la première véritable
crise économique au Royaume-Uni, on ne peut
certainement pas encore parler d'une crise généralisée dans les pays développés, car elle n'est
apparemment présente qu'aux États-Unis. Il est
vrai que cette période a fait l'objet de peu
d'études dans d'autres pays.

LA CRISE DE 1836 : UNE CRISE MINEURE

La deuxième crise, dans la «chronologie classique», est celle de 1836. Le point de départ fut la
décision prise, en juillet 1836, par le président
américain Andrew Jackson de subordonner la
vente des terres d'État à un paiement en métaux
précieux, ce qui donna un brusque coup de frein
à une forte spéculation foncière, et au retrait
massif des déposants dans les banques occasionnant de nombreuses faillites. Comme les banques

américaines avaient contracté des emprunts à
Londres, la crise financière toucha le Royaume-
Uni, notamment l'Irlande. L'Allemagne, et notamment Hambourg, ressentit également les effets de
cette crise financière.

Sur le plan économique, on constate en 1836
un léger recul, de l'ordre de 1 pour 100 du
volume du PNB de l'Europe occidentale, mais la
production industrielle ne recule, quant à elle,
seulement qu'en 1837. Toutefois, il faut signaler
que la production industrielle avait déjà baissé
en 1831, et qu'elle baissera également en 1839
(cette dernière année un peu plus fortement
qu'en 1837). D'autre part, la plus forte baisse du
volume du PNB de cette période se place en 1841
et non pas en 1836.

LA CRISE DE 1845-1847 :
UNE CRISE TYPIQUE D'ANCIEN RÉGIME

Crise d'Ancien Régime ? Effectivement, le rôle
de l'agriculture a été fondamental pour la crise
de 1845-1847. Dans une très large mesure, on
peut considérer cette crise comme une crise
d'Ancien Régime attardée au XIXᵉ siècle. Comme
nous avons vu, la maladie de la pomme de terre
avait causé une très grave famine en Irlande,
avec plus d'un million de morts. Cette maladie
fut favorisée par les conditions météorologiques
qui, presque partout en Europe, ont causé un
recul de la production de céréales. En France,
par exemple, où les statistiques agricoles sont les
meilleures, l'année 1846 fut marquée par le plus
bas niveau des rendements de blé depuis 1820.
Vu le rôle encore dominant de l'agriculture, on

assiste à un recul général de la production. Pour l'Europe occidentale, le PNB par habitant baisse en 1846 de 5 à 6 pour 100; la plus forte baisse depuis celle de 1833 (aussi une mauvaise année sur le plan agricole). Et si la croissance reprend en 1847, les années 1848-1851 et 1853 sont, quant à elles, également négatives, de sorte que l'on pourrait presque parler d'une dépression des années 1846-1853, qui n'est certainement pas étrangère aux troubles politiques que traverse l'Europe de cette période, troubles qui, à leur tour, ont pu influencer l'économie.

LA CRISE DE 1857: LA PREMIÈRE CRISE ÉCONOMIQUE
INTERNATIONALE?

La crise de 1857 est considérée comme étant la véritable première crise économique moderne, en ce sens qu'elle toucha la quasi-totalité du monde industrialisé. Encore une fois, le point de départ se situe aux États-Unis. En juillet 1857, une banque, engagée dans des opérations financières liées à la construction des chemins de fer, fait faillite. En octobre, les banques de New York sont obligées de suspendre leurs paiements, et, en quelques semaines, la crise bancaire toucha pratiquement tous les principaux pays européens. Le mécanisme de transmission des crises bancaires, aussi bien sur le plan national qu'international, réside essentiellement dans la diffusion d'un climat de méfiance qui incite à effectuer des retraits. D'autre part, dans de nombreux cas, les banques étant en relations financières entre elles, l'industrie, et notamment le textile, fut affectée dans la quasi-totalité des pays développés. Pour les six pays développés pour lesquels on dispose de données sur la production industrielle couvrant ces années, un seul (la France) voit en 1857 une baisse de sa production. En revanche, sur le plan de l'ensemble de l'économie, on ne constate dans aucun pays ni en 1857, ni même en 1858, une baisse du PNB. Ceci s'explique par une évolution très favorable de la production agricole en 1857, et bonne en 1858.

Notons cependant que, en ce qui concerne le commerce mondial (pour lequel on dispose, grâce aux travaux d'Arthur Lewis [1981], de bonnes séries à partir de 1850), on constate, en 1858, une baisse de la valeur des exportations mondiales (de 6,6 pour 100), mais cela est dû essentiellement à une baisse des prix car le volume du commerce mondial progressa d'un peu plus de 1 pour 100.

LA CRISE DE 1866 :
ENCORE UNE SPÉCULATION DES CHEMINS DE FER

Encore une fois, ce sont les spéculations liées aux chemins de fer qui sont à l'origine de la crise de 1866 ; mais, cette fois-ci, le lieu d'origine est l'Angleterre. La faillite de deux banques (anglaises) en avril, et surtout la cessation des paiements (début mai) d'une grande banque entraînent une véritable panique. Le système était devenu d'autant plus fragile que, à partir de 1862, la législation avait permis la création de sociétés par actions. Le 11 mai, des retraits massifs furent faits à la Bank of England. Entre le 9 et le 16 mai, les réserves de cette banque passaient de 5 à 0,7 million de livres. La crise financière toucha les principaux pays la même année. Mais, une fois encore, cette crise financière ne se traduisit pas par une véritable crise économique. Certes, dans un certain nombre de pays, le PNB recula, surtout en 1867, mais ce recul doit être imputé surtout à l'agriculture. En effet, comme nous l'avons vu dans la partie précédente, l'année 1867 a été très mauvaise dans certaines régions, amenant même des famines.

LES CRISES DE 1873 ET DE 1882 :
ENCORE DEUX CRISES FINANCIÈRES

Cette fois-ci, c'est à Vienne que se produisit le krach boursier qui causa la crise de 1873. Trois grandes banques firent faillite en mai, et la crise financière toucha très tôt l'Allemagne, et en septembre les États-Unis. Dans ce pays, elle entraîna la faillite de nombreuses compagnies ferroviaires. Quant à la crise de 1882, elle eut son origine à Lyon où, en janvier, plusieurs banques firent faillite, et la bourse dut même être fermée. La diffusion internationale fut assez limitée et lente. On rattache à cette crise les nombreuses faillites bancaires et de sociétés des chemins de fer aux États-Unis au printemps 1884.

Comme pour la crise précédente, on ne peut parler, à propos de ces deux crises, de véritables crises économiques, et certainement pas de crises généralisées. En 1873, le seul pays industrialisé qui enregistre un recul de son PNB est la France (– 7 pour 100), essentiellement en raison d'un recul accusé de sa production agricole (– 13 pour 100). Par contre, le PNB progressa notamment de 2,3 pour 100 au Royaume-Uni, de 4,3 pour 100 en Allemagne et probablement (les données sont moins sûres) de 6 pour 100 en Suisse. De surcroît, en ce qui concerne l'industrie, l'année 1873, bien que n'étant pas aussi positive que les trois années précédentes, est marquée partout (sauf aux États-Unis) par une progression.

Pour la « crise » de 1882, les choses sont encore plus nettes, puisque aucun pays ne voit un recul de son PNB ; et pour la moyenne des pays industrialisés, l'année 1882 est la quatrième meilleure année dans la période 1875-1887 (l'année 1883 étant la deuxième). En matière de production industrielle, l'année 1882 est, au niveau des mêmes pays, la troisième meilleure dans la période 1872-1886. Si, en termes relatifs, les choses sont un peu moins positives pour les États-Unis, en 1882 la production industrielle a néanmoins progressé de plus de 7 pour 100. Certes, et ceci est important et valable pour tout le XIXe siècle (et pour le PNB comme pour l'industrie), l'absence de données mensuelles conduit, *ipso facto*, à ignorer d'éventuelles baisses de production très brèves et, dès lors, insuffisantes pour influencer les données annuelles.

LA CRISE DE 1890-1893 :
L'AMÉRIQUE OUI, L'EUROPE NON

C'est l'échec du lancement d'un grand emprunt, destiné à financer des travaux publics à Buenos Aires, qui conduisit à la faillite, en novembre 1890, de la Banque Baring. Cela entraîna une panique qui fut de brève durée grâce notamment à la décision de la Banque d'Angleterre (soutenue par la Banque de France) d'assurer la liquidation de la Banque Baring. Beaucoup plus grave fut la crise qui, 3 ans plus tard, frappa les États-Unis.

Encore une fois, ce furent les déboires de compagnies des chemins de fer qui entraînèrent des faillites en chaîne et une crise économique très profonde et d'assez longue durée. Le taux de chômage, qui était en moyenne de 4 pour 100 pour les 3 années précédentes, grimpa à 12 pour 100 en 1893, et à 18 pour 100 en 1894, pour ne baisser au-dessous de 10 pour 100 qu'en 1895. Jamais on n'avait assisté à un tel recul de la production industrielle ; jusqu'alors les baisses les plus marquées étaient celles de 1874 (– 4 pour 100) et de 1862 (– 7 pour 100), mais dans ce dernier cas la cause en est la guerre de Sécession.

En Europe, par contre, sur le plan économique la crise de 1890 a eu peu de répercussions. Au Royaume-Uni, où elle est censée avoir été la plus grave, la production industrielle progresse de 1,6 pour 100 en 1890 et de 0,9 pour 100 en 1891. Ce qui n'est pas très éloigné de la moyenne de cette période. En outre, l'Europe enregistre, en 1891, une mauvaise récolte, ce qui, bien entendu, influença l'industrie et entraîna, en 1892, un recul de la production.

LA CRISE DE 1900 : LA SEULE VENUE DU FROID

Cette crise est la seule dont on attribue l'origine à la Russie où, en automne 1899, on assista à une panique boursière et financière. Dans ce cas, nous sommes en présence d'une crise économique qui touche, soit en 1900, soit en 1901, les trois plus grandes puissances industrielles de l'époque (États-Unis, Royaume-Uni et Allemagne).

Mais alors que la baisse en 1876 a résulté d'une très forte diminution (– 8 pour 100) de la production agricole, en 1901 le recul de la production agricole n'a été que de 2 pour 100. Selon les rares indices disponibles, on assiste, en 1901, et surtout en 1902, à une montée du chômage dans les trois pays européens pour lesquels cette donnée existe (France, Allemagne et Royaume-Uni). Cependant, la croissance du chômage a été plus forte en 1904 (en France et au Royaume-Uni) et en 1897 (en France et en Allemagne). De plus, aux États-Unis où, avec 4 pour 100 de chômage, l'année 1901 voit le plus faible niveau du taux de chômage depuis 1893. Toujours aux États-Unis, qu'il s'agisse de l'industrie ou de l'ensemble de l'économie, les années 1901 et 1902 ont été positives. On le voit, même au début du XXe siècle, le synchronisme international des crises est loin d'être total ; et, en ce qui concerne donc cette crise de 1900, force est de constater qu'elle a été mineure sur le plan économique.

LA CRISE DE 1907-1908,
PREMIÈRE CRISE ÉCONOMIQUE INTERNATIONALE

Encore une fois, la crise trouve son origine aux États-Unis, et plus particulièrement dans la faillite d'une entreprise engagée dans la spéculation sur le cuivre dont les prix avaient chuté. La fermeture, le 22 octobre, des guichets d'une grande banque entraîna une série de faillites. Une véritable panique s'ensuivit qui entra dans l'histoire sous le nom de « Roosevelt Panic ». Très rapidement, la crise financière toucha un grand nombre de pays européens, et notamment l'Allemagne et le Royaume-Uni. Aux États-Unis, la crise financière se traduisit dans les mois qui sui-

virent par une grave crise économique. En 1908,
la production industrielle recula de 8 pour 100 ;
le chômage passe de 3 pour 100 en 1907 à 8 pour
100 en 1908 ; et le PNB par habitant recula d'un
peu plus de 10 pour 100. Il s'agit donc d'une véritable crise économique, telle qu'on l'entend dans
l'analyse contemporaine, et ce d'autant plus que
l'agriculture n'a subi qu'un faible recul en 1907
(– 4 pour 100), et une progression (2 pour 100)
en 1908.

Qu'en est-il de cette crise de 1907-1908 en
Europe ? Malgré le fait que les années 1907-1909
furent relativement favorables du point de vue
agricole, le PNB par habitant recula en 1908 dans
beaucoup de pays européens, notamment dans les
pays suivants : Autriche, Belgique, France, Pays-
Bas, Royaume-Uni, Suède. Toujours en 1908,
la production industrielle baissa fortement au
Royaume-Uni (– 7 pour 100). Ceci constitue le
recul le plus accusé depuis celui de 1826 (– 9 pour
100) ; mais les données de 1826 sont évidemment
plus fragiles. Si l'on excepte 1826, le recul le plus
accusé a été celui de 1892 (– 5 pour 100). Plus
ou moins fortement, la production industrielle
recule également (soit en 1907 ou en 1908) dans
au moins les pays suivants : Allemagne, États-
Unis, France, Suède. Dans la mesure où on assiste
également à une année négative en 1908 en Australie et au Canada et à un recul de production en
1909 en Espagne, au Japon et en Suisse (c'est-à-
dire la quasi-totalité des pays pour lesquels on dispose de séries annuelles assez valables), on peut
parler, pour la première fois, d'une véritable crise
économique du monde développé.

Sur le plan du commerce international, l'année 1908 fut marquée par un fort recul des exportations mondiales et ce surtout au niveau de la valeur, laquelle baissa de 7,8 pour 100, ce qui était la plus forte baisse depuis 1850 (date du début de la série). La plus accusée enregistrée auparavant avait été celle de 1885 (7,4 pour 100), mais elle se plaçait hors d'une année de crise. En termes de volume le recul des exportations mondiales a été de 2,5 pour 100.

UNE CRISE EN 1913 ?

À propos de la crise de 1913, il convient de rappeler que très souvent on présente la Première Guerre mondiale comme étant en partie la résultante de cette crise et des années difficiles la précédant. Or, comme toujours, la réalité est beaucoup plus complexe.

La période précédant 1913 est pratiquement partout, et notamment dans les futurs pays belligérants, une phase positive, une des plus positives du XIXe siècle. En ce qui concerne l'année 1913, on ne peut certainement pas parler de crise. En effet, cette année n'est marquée ni aux États-Unis ni dans les autres pays développés par un recul du PNB. C'est même une très bonne année, puisque aussi bien aux États-Unis qu'en Europe le PNB par habitant progresse d'environ 2 pour 100 — ce qui est supérieur à la moyenne de la période — et que le chômage est plus faible qu'en 1912. Enfin, et c'est important, 1913 est une année exceptionnellement favorable pour pratiquement tous les pays développés en ce qui concerne la production industrielle. C'est notamment le cas des trois grands pays les plus industrialisés, qui enregistrent même de fortes progressions de la production : Allemagne, 4 pour 100 ; États-Unis et Royaume-Uni, 7 pour 100. En revanche, pour les quatre autres pays fortement industrialisés, deux enregistrent des reculs (France, – 2 pour 100 ; Suède – 3 pour 100), et deux des progressions (Belgique, 3 pour 100 ; Suisse 10 pour 100). Il est difficile d'imaginer que ce soient les deux cas de recul qui ont accrédité l'idée d'une crise en 1913.

En ce qui concerne le commerce international, la valeur des exportations des pays développés progresse de 6 pour 100 et le volume de celles-ci de 5 pour 100. Et sur les vingt-cinq entités qui composent ces pays développés, seulement cinq ont enregistré un recul en 1913 (Australie, Belgique, Bulgarie, Grèce et Serbie) ; et parmi ceux-ci, le recul des pays balkaniques doit être attribué aux troubles politiques. Bien évidemment, l'année 1914 est très différente ; mais n'oublions pas que l'Allemagne a déclaré la guerre à la Russie le 31 juillet 1914, et que les hostilités éclatent la nuit du 4 août quand les Allemands franchissent les frontières de la Belgique. Un mois plus tôt, le 28 juin, le nom d'une petite ville fut porté à l'attention du monde, puis oublié jusqu'à la fin 1991 : Sarajevo. En effet, l'assassinat de l'archiduc François-Ferdinand d'Autriche dans cette cité a été l'étincelle qui a fait éclater la Première Guerre mondiale. D'ailleurs, selon les données disponibles, la première moitié de 1914 a été aussi une très bonne période. Donc pas de facteur économique conjoncturel à cette terrible guerre.

Bien que nous ayons l'occasion d'y revenir[1], il

1. Voir chap. XXIV du tome III.

convient de signaler ici que, dans l'entre-deux-guerres, la crise de 1920-1921 et celle de 1929 se suivent à un intervalle qui correspond à la moyenne des cycles de Juglar. La crise de 1920-1921 est généralement, et à juste titre, considérée comme étant une crise de réadaptation après la Grande Guerre. Elle fut la plus grave crise enregistrée jusqu'alors, et eut des conséquences importantes sur les décisions qui furent prises au cours de la Seconde Guerre mondiale. La crise de 1929 a été, et de loin, la crise la plus grave de toutes celles qu'ont connues les pays développés avant et après cette date. Il faudrait préciser : pays développés capitalistes, car l'URSS a échappé à cette grave crise. D'une certaine façon, on peut conclure que l'entre-deux-guerres est caractérisé par une aggravation de l'ampleur des crises.

Il convient également de signaler encore ici que l'après-Seconde Guerre mondiale a été marqué par une longue phase d'expansion ininterrompue qui dura jusqu'en 1958. Par conséquent, une période d'à peu près 13 ans, donc la période sans crise la plus longue jamais enregistrée depuis la première crise de 1825. De surcroît, il est difficile de qualifier de crise économique celle de l'année 1958, car il ne s'est agi que d'une légère récession. En revanche, on peut considérer comme crises relativement importantes (bien que beaucoup plus modérées que celles de l'entre-deux-guerres) celles de 1974, de 1982 et de 1991. On le remarquera, une fois encore l'intervalle est là aussi de l'ordre de 8 à 9 ans, donc d'une certaine façon un «retour» des cycles de Juglar, mais après une absence de près de 30 ans. Cependant, comme nous l'avons signalé au début de cette section, tant la crise de 1974 que celle de 1982 sont directement liées aux chocs pétroliers.

CAUSES DES CRISES ÉCONOMIQUES
OU DES CYCLES DE JUGLAR

Il est évidemment impossible ici de faire un exposé, même succinct, des différentes théories qui ont été présentées pour expliquer les crises économiques, et difficile d'accorder un crédit total à n'importe laquelle de ces théories, en tout cas en ce qui concerne le XIXᵉ siècle. Une telle position se trouve renforcée par la nouvelle vision que l'on peut avoir de ce XIXᵉ siècle grâce aux séries élaborées ces trois-quatre dernières décennies.

Ce qui apparaît, à la lueur des éléments dont on dispose aujourd'hui, ce sont les quatre constatations suivantes : 1) le rôle de l'agriculture a été le facteur dominant dans les reculs de la production totale durant pratiquement tout le XIXᵉ siècle ; 2) progressivement les crises financières sont devenues de plus en plus internationales ; 3) ces crises financières ne débutaient pas toujours dans le même pays ; 4) selon toute probabilité, chaque crise a une origine ou un déclenchement spécifique. On peut donc considérer de ce fait l'absence de périodicité d'origine endogène.

Si l'on tient compte de ces faits, il est difficile, pour ne pas dire impossible, d'avancer une théorie généralisée. Toutefois, ce que l'on peut avancer, c'est la notion d'une économie en déséquilibre, déséquilibre financier qui conduit à des effondrements de la production de temps en temps. Ceci n'est que très partiellement satisfaisant car ne résolvant pas le problème de la rela-

tive régularité des crises ; d'où nécessité de
recherches complémentaires. Nous disons bien
recherches complémentaires, car la liste des
chercheurs qui se sont attelés à cette tâche est
fort longue et comprend de nombreux et prestigieux économistes. Mais, d'autre part, il faut bien
reconnaître que la grande période de stabilité
que l'on a connue entre 1945 et 1973 a amoindri
l'intérêt de ces problèmes ; et il faudra de nouveaux travaux basés sur les nombreuses données
nouvelles dont on dispose actuellement pour
aboutir peut-être à des explications plus satisfaisantes et plus valables.

Du côté des économistes, les explications dominantes actuelles distinguent les crises classiques
(*grosso modo* celles d'avant la Première Guerre
mondiale) des crises dites « keynésiennes » Pour
les premières, l'explication réside surtout du côté
de l'offre (ou, si l'on préfère, de la production). Ce
sont les coûts trop élevés et en particulier les
salaires qui sont la cause d'une baisse des taux de
profits. Baisse qui entraîne une diminution de
l'investissement et, de ce fait, de l'embauche, ce
qui aboutit à une crise de surproduction. Pour les
crises keynésiennes, l'explication réside surtout
du côté de la demande. Dans ces cas, c'est la
faiblesse des dépenses, et en particulier des
dépenses de consommation des salariés et des
agriculteurs, qui entraîne, par un effet d'anticipation, les entrepreneurs à réduire leurs dépenses
d'investissement, ce qui conduit à une crise des
débouchés. Donc, dans les deux cas, ce sont les
rythmes d'investissement qui sont finalement
considérés comme jouant un rôle central.

Le cycle mineur (ou cycle de Kitchin) et les fluctuations saisonnières

Commençons par le cycle de Kitchin, du nom de l'économiste américain qui, en 1923, a analysé cette fluctuation, en se basant surtout sur les mouvements des stocks d'entreprises industrielles. Il semble que ce cycle (qualifié aussi de «mineur») ne concerne que le XXᵉ siècle (et essentiellement ses 5 ou 6 premières décennies). C'est un cycle qui apparaît comme étant beaucoup plus régulier que le cycle de Juglar. Il durerait en moyenne 40 mois, et c'est un cycle sans crise, en ce sens qu'il y a un certain ralentissement de la production mais non un recul. Il est essentiellement lié au problème de stockage et de déstockage ; et, selon certains chercheurs, il y aurait une relation entre le cycle de Kitchin et le cycle de Juglar, ce qui expliquerait peut-être le manque de régularité parfaite du dernier. On aurait une crise du type de Juglar chaque deux ou trois cycles Kitchin.

Le mécanisme explicatif réside dans les pratiques de gestion des stocks qui, conduisant à des opérations d'augmentation ou de liquidation de ces stocks, affectent la production. Dès que ces stocks atteignent un niveau jugé excessif, on procède à une diminution de ceux-ci, ce qui ralentit la production et les demandes auprès des autres entreprises. Le cycle de Kitchin postule un certain synchronisme sur le plan national de ces opérations des stocks. Si, après les années 1970, on ne parle plus guère du cycle de Kitchin, cela ne veut pas dire que la courbe des stocks soit demeurée étale. Ainsi, aux États-Unis, où les statistiques en ce domaine sont les meilleures, et où la technique récente de *just-in-time* est la plus largement utilisée, les études récentes tendent à prouver qu'il existe toujours un cycle de stockage.

LES FLUCTUATIONS SAISONNIÈRES

Enfin, le dernier élément qu'il nous reste à examiner (mais nous ne le ferons que très sommairement), concerne les fluctuations saisonnières liées jusqu'à récemment essentiellement au climat mais auxquelles est venue s'ajouter, depuis une trentaine d'années, la fluctuation saisonnière par excellence constituée par les vacances qui, dans la plupart des pays industrialisés, au tournant des mois de juillet et août, conduisent à une baisse très accusée de la production en raison de la généralisation des congés payés et surtout de l'augmentation de la durée de ceux-ci. Pour ce qui est des cycles saisonniers liés au climat, ceux-ci concernent davantage les industries de biens de consommation. On vend (donc on doit produire) plus de vêtements chauds en hiver, de glace en été, de parapluies dans les mois pluvieux, etc. En outre, dans les pays où l'hiver implique du gel, la construction est arrêtée plus ou moins longuement.

LE XIXᵉ SIÈCLE : UN SIÈCLE PLUS INSTABLE ?

Pour terminer, replaçons brièvement ce XIXᵉ siècle dans une perspective historique plus large. Par rapport aux siècles précédents, vu l'ampleur des fluctuations dans l'agriculture, on ne peut pas considérer que le XIXᵉ siècle a été, sur le plan économique, plus instable. Il est même probable que, même en matière industrielle (vu l'impact de l'agriculture sur ce secteur) cette même conclusion demeure valable dans ce cas également. En revanche, en ce qui concerne les crises financières, et surtout leur caractère international, on peut considérer le XIXᵉ siècle comme plus instable que les précédents.

Par rapport au siècle suivant, le XIXᵉ siècle a certainement été plus stable que la période de l'entre-deux-guerres mondiales. Entre-deux-guerres qui a été marqué par les deux crises les plus graves jamais enregistrées : celle de 1921 et celle de 1929, auxquelles nous reviendrons évidemment. En revanche, par rapport aux près des trois décennies qui ont suivi la Seconde Guerre mondiale, le XIXᵉ siècle apparaît comme très instable puisque, entre 1945 et 1973, on ne peut pratiquement pas parler de crise, tout au plus de récession de faible amplitude. Si l'on compare le XIXᵉ siècle avec la période 1973-1993, on peut conclure à une relative similitude, puisque ces deux décennies ont vu trois récessions assez graves. Dont deux (celles de 1974-1975 et de 1981-1982), il est vrai, résultent directement, et pratiquement dans leur totalité, de chocs pétroliers ; ce qui n'est cependant pas le cas de la troisième (1991-1993). Nous y reviendrons dans le chapitre XXV (tome III).

XVI. LA VIE SOCIALE :
DE L'EXPLOITATION
DES OUVRIERS
AU SYNDICALISME

La vie sociale ? L'histoire sociale ? La frontière entre l'histoire économique et l'histoire sociale est une frontière bien imprécise, et les « no man's land », ou, plutôt, les territoires communs, sont légion. Le terme social vient du latin *socialis* : sociable, relatif aux alliés, et la racine en est *socius* : compagnon. Et, dans le sens où on l'entend aujourd'hui, ce n'est qu'au XVIIIe siècle seulement que ce terme apparut. C'est essentiellement au XIXe siècle que se sont mis en place à la fois l'ensemble de législations sociales cherchant à atténuer les conditions effroyables de vie des ouvriers dans la première phase de la révolution industrielle et les multiples formes d'organisation de lutte des ouvriers œuvrant dans ce sens et cherchant un partage plus équitable des bénéfices du développement économique.

La Première Guerre mondiale, en raison de l'instauration d'un régime communiste dans un grand pays, la Russie, va constituer dans ce domaine une rupture encore plus importante que dans d'autres aspects de la vie économique et sociale. Toutefois, dans la mesure où, à partir de 1989-1990, l'URSS et aussi les autres pays de l'Europe de l'Est ont abandonné le communisme, sinon le socialisme, on peut considérer cette expérience communiste comme une parenthèse historique, certes très importante, mais néanmoins parenthèse. Cela donne ainsi un poids supplémentaire à l'analyse de l'histoire sociale du XIXᵉ siècle au cours duquel le monde social s'adapta, tant bien que mal, aux nouvelles conditions issues des bouleversements de la révolution industrielle, qui, comme nous l'avons vu dans le chapitre VIII, a donné naissance en quelque sorte à la classe ouvrière. Mais, afin de disposer d'un point de départ comparatif, nous commencerons par une présentation de la situation dans le domaine social à la veille de la révolution industrielle, disons au début du XVIIIᵉ siècle.

PRINCIPAUX TRAITS DE L'ORGANISATION SOCIALE DANS LES SOCIÉTÉS TRADITIONNELLES EUROPÉENNES À LA VEILLE DE LA RÉVOLUTION INDUSTRIELLE

Par la force des choses, cette présentation sera schématique, et ce pour une double raison. La première découle du fait que nous nous limitons à l'Europe, laissant de côté les civilisations extra-européennes dans lesquelles étaient présents des systèmes sociaux très différents. La seconde rai-

son réside dans la diversité de l'Europe traditionnelle que nous ne pourrons pas faire suffisamment ressortir. Ainsi, par exemple, vers 1700, le
servage, pratiquement disparu depuis quelques
siècles dans la plus grande partie de l'Europe
occidentale, subsiste encore dans plusieurs régions
en Europe : notamment en Allemagne, en Autriche-
Hongrie, au Danemark et en Russie. D'ailleurs,
comme nous l'avons vu, dans ce dernier pays, le
servage ne sera aboli qu'en 1861 ; et au moment
de l'abolition, ces serfs étaient au nombre de
25 millions, représentant donc près d'un tiers de
la population totale.

Une part non négligeable de l'Europe fait alors
partie de l'Empire ottoman, ce qui signifie non
seulement le manque d'indépendance politique et
la pression à l'islamisation, mais aussi la persistance de l'esclavage qui existait dans l'ensemble
des pays musulmans. À ce propos, relevons que
même une fois l'indépendance acquise, l'esclavage et le servage ont survécu parfois des dizaines
d'années. Ainsi, en Roumanie, le servage n'a été
aboli qu'en 1864 et dans ce pays, comme dans
certains autres pays balkaniques, les tsiganes
ont été maintenus en esclavage jusqu'après la
seconde moitié du XIXe siècle. Enfin, même à l'intérieur de l'Europe chrétienne, le poids des spécificités inhérentes aux trois religions dominantes
(catholique, orthodoxe, protestante) implique des
« politiques » sociales en partie différenciées.

Les contraintes sociales
de l'ancien régime

Cherchons-en les traits communs, les caractéristiques communes, tout en nous limitant à l'essentiel de ce qui concerne le monde du travail.

LES RESTRICTIONS DE CERTAINES MOBILITÉS

Les caractéristiques communes. Une des caractéristiques essentielles communes est la restriction de la mobilité : mobilité sectorielle surtout, mais parfois aussi mobilité géographique. Les restrictions de la mobilité géographique n'impliquent pas l'absence de migrations ou de mouvements plus temporaires. Dans certaines couches sociales, notamment celles des intellectuels et des artistes, la mobilité était aussi importante, sinon davantage, qu'au XIXe siècle. Il suffit, pour s'en convaincre, de lire les biographies des musiciens, des poètes, des philosophes, des écrivains, etc. Nous avons, d'ailleurs, donné un aperçu de cette mobilité avec Érasme (chapitre XI).

La restriction à la mobilité sectorielle concerne essentiellement le monde de l'artisanat au sens large du terme. Ce monde était largement régi par le système des corporations. Système de corporations qui apparaît avoir été une spécificité de l'Europe qui s'est mise en place à partir du XIe siècle, et a atteint son apogée au XVe siècle. Monde artisanal que régissaient largement les corporations... Oui, mais avec d'importantes différences sectorielles hiérarchiques, historiques et régionales. Une des caractéristiques générales en était le contrôle de l'adhésion dans la corporation, et la division de ses membres en trois catégories : les maîtres, les apprentis, les valets. Il y avait également des règles qui régissaient la qualité des productions et qui pouvaient être (et l'ont été) des obstacles à l'innovation.

LES INTERDICTIONS DE COALITIONS

Une autre caractéristique dominante de l'ancien régime était l'interdiction pratique de former des coalitions destinées à faire pression pour l'amélioration des conditions de travail (salaires ou conditions de travail proprement dites). Cependant, il faut rappeler l'existence des corporations qui, certes, pouvaient être des entraves, mais dont le rôle de protection des conditions de vie du monde diversifié des artisans est indéniable.

À ce propos, il apparaît de plus en plus qu'avec les corporations, nous sommes en présence d'une spécificité de l'Europe, spécificité qui a joué un rôle prépondérant dans l'instauration d'une autonomie assez grande de nombreuses villes. On a cru retrouver des systèmes proches des corporations dans les sociétés musulmanes, mais des recherches plus poussées ont montré que les analogies n'étaient que superficielles.

*Les mesures sociales
de l'ancien régime : le bon pauvre
et le mauvais vagabond*

Ce que l'on peut qualifier de législation sociale était presque uniquement conçu dans l'optique de l'assistance aux pauvres et était essentiellement de fondement religieux. L'Église catholique et, un peu moins, le protestantisme ont joué un rôle-clé en ce domaine, même si dans certains pays, on édicte à partir du XVIᵉ siècle des lois d'assistance aux pauvres. Mais avant de passer à ces aspects, il faut rappeler un acquis social fondamental que nous avons déjà présenté dans le prologue. Acquis fondamental que la civilisation occidentale (et également musulmane) a repris du judaïsme et qui n'est apparemment présent dans aucune des autres sociétés traditionnelles : le jour hebdomadaire de repos, le sabbat devenu le dimanche du chrétien et le vendredi du musulman.

Comme toujours on peut trouver des précédents historiques mais, dans le cas du sabbat, les analogies sont fallacieuses. On fait souvent remonter l'origine du sabbat à Babylone où, effectivement, il était interdit de travailler un jour par mois. Mais c'était un jour mensuel néfaste, alors que le sabbat hebdomadaire est un jour de réjouissances. D'ailleurs, c'était une institution unique dans l'Antiquité et, comme le fait remarquer François de Fontette (1993) dans son *Histoire de l'antisémitisme* : « Le sabbat est sans doute l'institution qui a le plus étonné les païens. Ils se scandalisaient de ce jour d'oisiveté ; "Demeurer chaque septième jour sans rien

faire, c'est perdre la septième partie de la vie",
remarque Suétone, tandis que Rutilius Namatia-
nus déclare que le Juif fait cela "à l'imitation de
son dieu fatigué". »

LE BON PAUVRE, LE MAUVAIS VAGABOND

Le bon pauvre… Le mauvais vagabond… La
pitié… La potence… pour paraphraser le beau
livre de Bronislaw Geremek (1987). Oui, ce sont
là des attitudes dominantes de la société traditionnelle occidentale (et probablement aussi
d'autres) envers la pauvreté. Cependant, dans ce
domaine, comme dans la plupart des autres,
la société traditionnelle n'était pas un monde
immobile.

Comme le résume très bien Anne-Marie Piuz
(1992) : « Rien de tout à fait tranché dans les opinions à l'égard des pauvres. Entre le Moyen Âge et
la fin du XVIIIe siècle, toutes les attitudes coexis-
tent. Mais la tendance majeure est bien l'évolution des comportements qui vont du pauvre de
Jésus-Christ, au pauvre danger social et enfin au
pauvre victime des injustices sociales. »

Nous disions plus haut que la législation ou
plutôt la pratique sociale était essentiellement de
fondement religieux. Mais cela n'a pas exclu
qu'ont été prises, au niveau des pouvoirs centraux, des mesures qui, néanmoins, avaient un
soubassement religieux et concernaient essentiellement les pauvres.

C'est dans ce contexte qu'il faut parler des
« lois des pauvres » mises en place dans maintes
régions d'Europe. Il s'agit notamment des *Poor
Laws* anglaises qui, en fait, ont été en vigueur

(avec des modifications) pendant trois siècles et demi. Car ce n'est qu'avec l'instauration, à partir de 1946, du *Welfare State* («État-providence»), issu de la victoire écrasante du parti travailliste, que la *Poor Law* cessa son existence commencée au XVIe siècle. Ainsi que nous le verrons plus loin, même dans les pays où l'intervention de l'État moderne dans la vie sociale a été précoce, cela s'est placé dans le dernier tiers du XIXe siècle.

LES *POOR LAWS* ANGLAISES

L'Angleterre est le pays où le système d'assistance sociale par le biais de la loi des pauvres a été le plus généralisé. À la suite des modifications dues à la Réforme protestante, ces lois sont devenues en quelque sorte nécessaires, puisque l'Église perdait son rôle en ce domaine. Tant Luther que Zwingli, deux des principaux pères fondateurs du protestantisme, se sont prononcés sur le problème des lois des pauvres. En outre, le XVIe siècle est une période où le nombre de pauvres, et notamment de vagabonds, a augmenté en raison à la fois de la croissance plus rapide de la population et de la hausse des prix. Ceci est encore plus marqué en Angleterre en raison du mouvement des *enclosures* qui a marqué la seconde moitié du XVe siècle et la première moitié du XVIe siècle et qui a déraciné une partie des paysans.

De surcroît, et ceci est valable pour l'ensemble de l'Europe, les décennies du milieu du XVIe siècle sont celles où le niveau des salaires, après avoir fortement augmenté à la suite de la chute de la population consécutive aux grandes pestes du

XVIe siècle, retrouve à nouveau son niveau antérieur, qui se situait à quelque 50 pour 100 au-dessous du sommet des années du milieu du
XVe siècle. Signalons encore que le sommet du
milieu du XVe siècle ne fut retrouvé en Angleterre
qu'après 1875-1885.

La première des *Poor Laws* anglaises fut édictée
en 1536, rendant les paroisses responsables du
secours de leurs pauvres grâce à des fonds qui
devaient provenir de donateurs. Apparemment,
cette loi a été inspirée par les écrits de l'huma-
niste espagnol Juan Luis Vivés (1492-1540) qui
avait séjourné en Angleterre, et par la traduction
en anglais, en 1535, par un certain William Marshall d'un rapport en latin traitant de l'expérience
d'une «loi des pauvres» mise en vigueur à Ypres
en 1525. La loi de 1536 n'eut pas de suites importantes; ce n'est qu'à partir de 1572 que l'État
accepta le principe d'une contribution obligatoire, et c'est la loi de 1597, largement remaniée
en 1601, qui marqua le début réel du système
anglais des *Poor Laws*. Entre-temps, l'initiative
en ce domaine était passée de l'État aux villes.
Londres adopta, en 1547, un système municipal
d'assistance basé sur les quatre grands hôpitaux.
D'autres municipalités suivent l'exemple londo-
nien, et la loi de 1572 s'inspira largement de ces
exemples.

Hors d'Angleterre, nous avons déjà signalé le
cas précurseur d'Ypres dans ce que l'on peut
appeler la laïcisation de l'assistance sociale qui
passe ainsi du domaine religieux au domaine laïc.
L'exemple des mesures prises à Ypres en 1525
ainsi que celles adoptées un peu plus tard par
d'autres villes de la région (notamment par Mons)

a été apparemment à la base de l'élaboration du fameux édit de 1531 de Charles Quint. Édit qui est la première législation sociale s'appliquant à un vaste État. Durant cette décennie, comme dans les suivantes de ce XVIe siècle, les dispositions à l'égard des pauvres et surtout des mendiants allaient se multiplier. En Grande-Bretagne, l'Écosse a en quelque sorte précédé l'Angleterre puisqu'une loi similaire à celle de l'Angleterre de 1597 a été édictée en 1579. Il est peut-être significatif, afin de souligner aussi un aspect important et négatif de ces législations sociales, de fournir ici l'intitulé de cette loi dite loi « for punishment of the strong and idle beggars and relief of the poor and impotent » [à punir les mendiants forts et oisifs et de porter secours aux pauvres et invalides].

Cette notion de mendiants était déjà présente dans l'édit de Charles Quint (*Stärke Bettler*) et désignait probablement, comme le note Bronislaw Geremek, « non pas les mendiants valides, mais les mendiants professionnels [...] qui devaient être arrêtés et sévèrement punis ». La loi, adoptée par le parlement de Paris en 1536, stipulait entre autres : « Il est ordonné sous peine de mort à tous les mendiants valides nés à Paris ou résidant dans la ville depuis deux ans de se présenter pour les travaux publics. » Quant aux autres mendiants valides, toujours sous peine de mort, ils devaient quitter la ville dans un délai de trois jours. La plupart des villes d'Europe, tôt ou tard au cours de ce XVIe siècle, prirent les premières mesures où la clémence et l'assistance sont prévues pour les bons pauvres et la punition et le bannissement pour les mauvais vagabonds. Enfin quittons l'Europe pour signaler qu'aux États-Unis l'assistance durant les XVIIe et XVIIIe siècles s'inspira très largement des *Poor Laws* anglaises.

LES POLITIQUES DE RÉGULATION DES PRIX DES ALIMENTS

Pour terminer cet aperçu schématique, relevons un aspect très intéressant de ce que l'on peut considérer comme une mesure sociale urbaine laïque. Il s'agit de mesures tentant à réguler l'évolution des prix des produits alimentaires les plus importants, et notamment des céréales et du pain. Une des plus intéressantes et des plus efficaces mesures a consisté en des politiques de stockage des céréales introduites dans de nombreuses villes afin d'éviter ou, du moins, d'atténuer les effets des disettes et famines.

Prenons l'exemple de Genève, pour laquelle on possède une belle thèse de Laurence Wiedmer sur *Pain quotidien et pain de disette*[1] : « Ville-état sans territoire, ou si peu, qui, bon an mal an couvre à peine un tiers de ses besoins en blé, Genève mettra sur pied, dès le début du XVIIe siècle, une politique de ravitaillement active, confiée à la Chambre des bleds [blés]. En cela elle s'apparente à de nombreuses villes italiennes, allemandes ou suisses qui ont également mis en œuvre une politique identique (*Ufficio d'Annona*, *Kornhaus*). Afin de ne pas contrecarrer le circuit traditionnel d'approvisionnement, la Chambre des bleds ne peut acheter des céréales qu'au delà d'un cercle de 18 km. Acquis au loin (Allemagne, Sicile, "Bar-

1. 1993.

barie" soit l'actuelle Afrique du Nord) en période
de bas prix, ces blés sont stockés et les réserves
peuvent atteindre l'équivalent de plusieurs mois
de consommation. En cas de cherté, une partie
des réserves est vendue afin de contenir la hausse
des prix. Cependant, et afin d'assurer une rotation régulière des stocks, en période normale une
part non négligeable des réserves est vendue d'autorité aux boulangers à des prix supérieurs à ceux
du marché libre. »

UNE ANNÉE DE LABEUR ÉMAILLÉE PLUS OU MOINS DE JOURS FÉRIÉS

Terminons cette brève présentation des conditions sociales de l'Ancien Régime par un élément
important, celui des jours fériés. Dans les sociétés
occidentales, qui sont aussi celles du christianisme, il y a d'abord la persistance, certes atténuée, du sabbat biblique qui, entre autres, est un
jour de repos intégral, puisqu'il est strictement
interdit de travailler ; interdiction qui s'étend à
l'ensemble de la population, esclaves y compris
(et même aux animaux). Persistance atténuée,
puisque dans maintes sociétés le repos dominical
était très incomplet, notamment pour les ouvriers
et les domestiques. Dans ce contexte, il faut distinguer, à partir du XVIe siècle, les sociétés réformées des sociétés catholiques. Dans les sociétés
réformées, surtout celles où le calvinisme était
dominant, le repos dominical était presque absolu ;
par contre, les jours fériés, ou, en utilisant une
expression de l'époque, les jours chômés pendant
lesquels on ne travaillait pas étaient pratiquement
inexistants. Dans les sociétés catholiques, ces
jours fériés (ou chômés) étaient très nombreux,

incluant des grandes fêtes (Pâques, Noël, etc.) et
des jours consacrés à la dévotion de saints locaux,
de sorte que l'année de travail était beaucoup plus
courte dans ces sociétés que dans les sociétés protestantes avec une situation intermédiaire pour
l'anglicanisme. Ainsi, comme le montre Anne-
Marie Piuz (1985), dans la Genève calviniste des
premières décennies du XVIIIe siècle, on y travaillait 313 ou 314 jours par an, alors que dans la
France catholique, on ne travaillait que 220 à
250 jours ; ce qui, si l'on suppose que presque tous
les dimanches étaient chômés et en tenant compte
des aléas climatiques, nous donne environ 50 à
60 jours fériés par an. Il semble bien qu'un tel
nombre de jours fériés ait été la règle pour la plupart des sociétés catholiques.

LA PREMIÈRE ÉTAPE
DES CHANGEMENTS ENTRAÎNÉS
PAR LA RÉVOLUTION
INDUSTRIELLE :
LA LÉGISLATION SOCIALE
OCTROYÉE PAR LE HAUT

Passons à présent à l'évolution en ce domaine
après la révolution industrielle. Nous examinerons cela à travers un double cheminement correspondant à la réalité. D'abord un historique de
la législation sociale « octroyée par le haut »,
c'est-à-dire par les gouvernements sous la pression de ce que, afin de simplifier les choses, on

pourrait qualifier de «libéraux» appartenant aux classes privilégiées. Le deuxième axe de changement est celui de l'histoire de l'organisation de la classe ouvrière et de ses luttes afin d'améliorer ses conditions de vie et de travail qui s'étaient même détériorées par rapport à la situation antérieure. Il est clair qu'à partir d'une certaine période, qui se situe vers 1830-1840 en Angleterre et à partir des années 1850-1860 dans le reste du monde développé, la mise en place de législations sociales résulte à la fois de la pression des libéraux et de celle des ouvriers plus ou moins bien organisés. C'est là le schéma général qui, bien sûr, n'exclut pas des exceptions. Ici, l'exception, c'est surtout la France où la pression du peuple et, surtout, la Révolution de 1789 ont joué plus précocement.

Il convient ici de rappeler que la révolution industrielle a entraîné un véritable bouleversement des conditions de travail. Nous n'y reviendrons pas, mais ajoutons simplement que dans le monde traditionnel le nombre de jours fériés était très élevé, beaucoup plus important que par la suite. Au point qu'Adam Smith considérait que le «Saint-Lundi» (absentéisme généralisé du premier jour de la reprise du travail) devait être «officialisé» comme antidote aux efforts physiques accrus qu'exigeait le travail en usine. D'autre part, et cela est très important, nous avons vu que la révolution industrielle avait été en quelque sorte à la base de la véritable formation d'une classe ouvrière, ne serait-ce que par la composante quantitative. Nous avons vu que les ouvriers ne représentaient que 20 à 25 pour 100 de la population active avant la révolution indus-

trielle, alors qu'ils représentaient environ 54 à 60
pour 100 vers 1900 en Europe occidentale, et
même un peu plus dans des pays très industrialisés, tels que le Royaume-Uni et la Belgique. À ce
propos, notons que la période 1900-1920 constitue en quelque sorte un sommet en la matière,
car on assiste progressivement à la fin de la prédominance des ouvriers qui, actuellement, ne
représentent plus que le tiers de la population
active totale.

L'évolution de la législation sociale britannique

Nous commencerons cette analyse de la législation octroyée par le haut par le cas anglais;
en effet, ne l'oublions pas, pendant à peu près un
demi-siècle, la révolution industrielle est demeurée un phénomène isolé à la seule Angleterre. De
ce fait, pendant près d'un demi-siècle, l'Angleterre a joué un rôle pionnier dans la mise en place
d'une législation sociale cherchant à s'adapter
aux conditions nouvelles créées par cette révolution.

Rôle pionnier certes, néanmoins rôle tardif:
même si l'on place le début de la révolution
industrielle proprement dite non vers 1730-1740
mais vers 1760, la première loi sociale spécifique
à la nouvelle ère se situe tard, à savoir au début
du XIXᵉ siècle. Et, comme nous le verrons, pendant longtemps ce furent des lois destinées uniquement à réglementer les conditions de travail
des enfants, dont nous avons vu les conditions
déplorables, pour ne pas dire inhumaines. Une

des raisons de ce retard est à imputer au fait que, durant la seconde moitié du XVIIIe siècle, le travail des enfants (même à l'usine) s'effectuait encore largement, comme dans les sociétés traditionnelles, dans un cadre familial. On engageait pour maints travaux, surtout dans le secteur textile (mais aussi dans les mines), la famille et non uniquement un ou les parents.

LA PREMIÈRE LOI SOCIALE : LE *FACTORY ACT* DE 1802

La première loi «sociale» à être adoptée est la loi dite «de Peel» ou le *Peel's Factory Act* qui date de 1802. Le *Factory Act* de Peel illustre très bien les origines des lois sociales de l'époque et leurs limites. Les origines des premières lois... Robert Peel (1750-1830) était le père du célèbre homme d'État Robert Peel (1788-1850) qui allait marquer profondément l'histoire politique et aussi économique du Royaume-Uni entre 1810 et 1850. Robert Peel (le père) était un industriel de la filature de coton qui réussit à amasser une grosse fortune et devint membre du Parlement et fut anobli en 1801.

Ainsi Peel, comme plus tard Owen, un des précurseurs du socialisme, était un homme qui appartenait aux classes dirigeantes, mais de cette partie des classes dirigeantes qui, en raison de ses activités, était en contact avec le monde ouvrier. Classe dirigeante... Oui, mais encore proche du milieu populaire. Le grand-père de Robert Peel avait commencé sa vie comme simple ouvrier imprimeur de calicots. Il vivait dans la localité où James Hargreaves a mis au point sa fameuse *mule jenny*, ce qui le poussa à se reconvertir à la filature dans laquelle il réussit très bien. C'est de ce milieu ainsi que de celui des religieux et de celui des médecins (eux aussi en contact direct avec le monde du travail) que viendront pendant plusieurs décennies les impulsions principales aux changements des conditions sociales des ouvriers.

Les limites des premières lois… En effet, la loi de Peel concerne uniquement les apprentis pauvres ne faisant pas partie des contrats d'emploi de familles qui étaient le cadre dominant du travail des enfants. Elle fixait la durée maximale quotidienne du travail de ces enfants à 12 heures. La loi de Peel ne fut pratiquement pas appliquée, car elle ne prévoyait pas d'organes de contrôle et, de surcroît, était aisément contournée du fait que les apprentis étaient engagés comme ouvriers.

À partir de 1824, les machines automatiques à filer de type «Roberts» se répandirent dans les filatures ; et, contrairement aux machines antérieures où, à côté d'un adulte, il fallait un ou deux enfants, cette machine nécessitait sept à neuf enfants. Donc un éclatement du système familial qui rendit les conditions de travail des enfants plus intolérables et accrut la pression des «Libéraux» des classes dites «supérieures» en vue d'une législation sociale plus adéquate.

LE *FACTORY ACT* DE 1833 :
PREMIÈRE LOI SOCIALE MODERNE

De là naquit le *Factory Act* de 1833 qui non seulement était plus large que celui de 1802, mais impliquait aussi la création d'un corps de quatre inspecteurs chargés du contrôle de son application. Ce *Factory Act* peut être considéré comme

étant la première loi sociale moderne tenant
compte des conditions issues de la révolution
industrielle. Le *Factory Act* de 1833 interdisait le
travail des enfants de moins de 9 ans et limitait la
durée de travail à 8 heures (et 48 heures par
semaine et 52 semaines par an) pour les enfants
de 9 à 13 ans, et à 12 heures (et 69 heures par
semaine) pour ceux âgés de 14 à 18 ans. Par ce
biais cette loi introduisait, de facto, une limite (de
12 heures) à la durée du travail des adultes dans le
textile, car les enfants travaillaient en symbiose
avec les adultes. D'ailleurs, et c'est là une des faiblesses de la loi de 1833, elle ne s'appliquait qu'à
ce secteur qui, il est vrai, représentait l'essentiel
de l'emploi dans les industries manufacturières :
au recensement de 1841 le textile représentait, à
lui seul, 36 pour 100 de l'emploi industriel.

Progressivement, les choses vont commencer
aussi à se modifier dans d'autres secteurs, toutefois très lentement, puisque l'étape principale
suivante ne se place que neuf ans plus tard et ne
concerne que le secteur minier, où notamment
on interdit le travail au fond des mines aux
enfants de moins de dix ans ainsi qu'aux femmes.
Plus importante est l'étape de 1853 où le *Factory
Act* est étendu à un grand nombre de secteurs.
Enfin, on peut considérer qu'en 1878, pratiquement tous les secteurs industriels sont soumis à
ce *Factory Act*. Entre-temps, en 1867, c'est l'agriculture que l'on touche en interdisant le travail
des enfants de moins de 8 ans.

En ce qui concerne les adultes, la première loi
(nous sommes toujours en Angleterre) limitant la
durée du travail est celle de 1854 qui fait cesser le
travail des ouvriers le samedi à quatorze heures.

C'est ce que l'on appelait alors la semaine anglaise, avant que le terme de semaine anglaise ne s'applique à un congé du samedi et du dimanche. Pour les étapes suivantes, il faudra attendre encore des décennies. En ce qui concerne les enfants, on peut estimer que 1880 représente la fin de cette douloureuse histoire du travail des enfants. En effet, l'introduction en cette année de l'éducation obligatoire permet un contrôle encore plus effectif de l'interdiction du travail des jeunes enfants, puisque leur présence à l'école était contrôlée comme était contrôlée leur présence à l'usine.

L'évolution de la législation sociale dans les autres pays

Nous commencerons par une remarque générale : les systèmes mis en place sont, dans la plupart des cas, calqués sur le modèle anglais ; ce qui ne veut pas dire, bien entendu, qu'il n'y ait pas d'originalité, et, parfois, de spécificités importantes, notamment avec le cas de la *Realpolitik* de Bismarck en Allemagne.

Deuxième remarque, importante celle-ci : s'il est indiscutable qu'il y a eu un retard entre les débuts de la législation sociale dans ces autres pays européens et ceux de l'Angleterre, il s'agit d'un retard purement chronologique. En effet, par rapport aux étapes du développement économique, l'introduction des lois sociales se situe plus précocement dans les autres futurs pays développés qu'en Angleterre. Ainsi, si nous prenons le cas de la France, dès 1830 un système de loi s'instaure qui s'apparente un peu au *Factory*

Act de Peel. Mais la première loi vraiment effective dans ce pays est celle de 1841, loi qui est même plus élaborée que le *Factory Act* de 1833 d'Angleterre mais qui, en revanche, ne prévoit pas encore des contrôles. Donc, *grosso modo*, un retard de l'ordre d'une dizaine d'années, alors que le démarrage français a débuté pratiquement un demi-siècle après celui de l'Angleterre.

Dans les pays qui ont démarré près d'un siècle après l'Angleterre, le retard dans l'élaboration de lois sociales n'est guère plus important que dans le cas français. Toutefois, dans le cas de pays au démarrage plus tardif, il faut tenir compte que l'influence de la deuxième forme de modifications des conditions sociales, à savoir celles découlant de l'organisation des classes ouvrières, va, pour sa part, se diffuser très rapidement. Ceci, non seulement par le simple jeu de la transmission de l'information, mais aussi, et peut-être surtout, par la migration de cadres politiques. Bien que certains petits pays aient eu un rôle pionnier, ce sont les mesures prises en France et en Allemagne qui ont eu, après celles de l'Angleterre, le plus d'impact sur le plan international. Et les modalités des acquis sociaux ont été très différentes : révolution et pression de la base dans le cas de la France, et réformes octroyées par le haut dans le cas de l'Allemagne.

LA FRANCE : LES RÉVOLUTIONS, PRÉCOCITÉ ET RETARDS

En France, et là nous entrons de plain-pied dans les spécificités, il faut insister sur les conséquences importantes des révolutions. Les divers régimes, issus de la Révolution de 1789, ont pris des mesures à la fois positives et négatives pour le monde ouvrier. L'exemple le plus important et le plus représentatif est la suppression (en mars 1791) des corporations, qui allait impliquer en même temps la fameuse loi « Le Chapelier » (juin 1791) qui interdisait aux ouvriers de se coaliser. La Constitution de 1793 prévoyait le droit au travail et le devoir de l'État d'assister les pauvres. En avril 1803, une loi généralisera l'usage du « livret ouvrier » introduit avant la Révolution. Ce livret, dans lequel le patronat (et la police) pouvait faire des annotations, était indispensable pour trouver du travail. Et un ouvrier qui voyageait sans son livret pouvait être arrêté en tant que vagabond (la loi Le Chapelier ne fut abrogée définitivement qu'en 1864, et le livret réellement et totalement supprimé qu'en 1890).

En 1806, autorisation fut donnée à la ville de Lyon d'établir un conseil des prud'hommes afin de régler les conflits ouvrier-patron. Bien qu'il faille attendre la Révolution de 1848 pour que les ouvriers y fussent représentés, ce système se généralisa et eut, durant tout le XIXe siècle, un rôle important ; il fut d'ailleurs imité en Italie et en Espagne.

Quant à la Révolution de 1848, elle a amené — il est vrai pendant une courte période — l'élaboration et l'application d'un ensemble de lois et dispositions sociales très avancées. Parmi celles-ci, relevons une loi limitant la durée du travail des adultes (donc six ans avant l'Angleterre), la réaffirmation du droit au travail, la création d'un fonds pour soutenir la création de coopératives, l'abolition de la loi Le Chapelier, l'aide à l'enfance et aux vieillards, etc. Mais tout ceci fut éphémère, puisque la Seconde République ne dura même pas quatre ans (février 1848-septembre 1852) et que le nouveau régime revint, en quelque sorte, à la situation antérieure. Toutefois, à l'instar de la Révolution de 1789, l'impact sur le mouvement des idées sociales fut durable.

Sur le plan des mesures concrètes à effets durables, la première loi protégeant le travail des enfants fut prise en 1841, principalement grâce au soutien des « libéraux » (et à ce propos il faut rappeler les rapports de Villermé) et grâce aussi à des propriétaires de grandes entreprises et même d'associations patronales, notamment la Société industrielle de Mulhouse. Le paternalisme de Napoléon III, qui fut au pouvoir entre 1852 et 1871, ne se traduisit pas par des mesures draconiennes, et il faudra attendre la loi de mai 1874 pour que soit créé un corps d'inspection afin de superviser notamment la limitation de la durée de travail des enfants à 12 heures pour ceux âgés de 12 à 16 ans (ce qui était déjà prévu dans la loi du 1841). Donc, précocité des idées sociales grâce aux révolutions et retard notamment vis-à-vis de l'Allemagne et aussi d'autres pays pour les applications concrètes.

L'ALLEMAGNE : UNE *REALPOLITIK* QUI ABOUTIT
À UN SYSTÈME AVANCÉ D'ASSURANCES SOCIALES

Le plus important des États qui constituaient l'Allemagne, à savoir la Prusse, a pris au début du XIXe siècle deux mesures sociales capitales, mais qui sont davantage des épilogues au passé que des ouvertures aux réalités nouvelles. Il est vrai que la

Prusse du début du XIXe siècle était encore peu touchée par l'industrialisation. En 1807, sous l'impulsion du ministre K. Stein et du chancelier K.A. Hardenberg, le servage fut aboli et la liberté du choix d'une activité fut accordée, ce qui implique ainsi l'interdiction des corporations. En outre, en 1810, la terre fut distribuée aux anciens serfs. Hardenberg s'intéressa vivement au sort des enfants dans les industries ; mais il fallut attendre 1839 pour que la première loi soit adoptée. Elle était très positive pour l'époque, puisque non seulement elle interdisait l'emploi d'enfants de moins de 9 ans, mais exigeait une scolarité de 3 ans et interdisait le travail de nuit et du dimanche pour les enfants de 9 à 16 ans. Cependant, en raison de l'absence d'organes de contrôle, la loi ne fut que très incomplètement appliquée. En 1853, cette loi reçut des améliorations (âge minimum 12 ans et obligation de trois heures quotidiennes d'enseignement) et surtout la création d'un corps d'inspecteurs.

D'autres États allemands introduisirent également des lois sociales ; mais c'est dans la décennie 1880 que l'Allemagne jouera un rôle prépondérant dans l'histoire de la législation sociale « octroyée » par le haut. Cela fait partie de ce qu'il est convenu d'appeler la *Realpolitik* de Bismarck pour contrer la montée du mouvement socialiste en Allemagne et dont nous avons vu une autre expression importante dans les politiques commerciales. Dans le domaine social, Bismarck va introduire ce qui est le premier système très complet (pour l'époque) d'assurances sociales obligatoires pour les ouvriers. À partir de 1877, il envisagea un système généralisé d'assurances

sociales afin de calmer le mécontentement ouvrier.
Le projet fut présenté en 1881. L'assurance-maladie date de 1883 ; celle concernant les accidents
de 1884 ; et, en 1889, c'est le tour de l'assurance-
invalidité et vieillesse ou, en d'autres termes, des
premières dispositions ne faisant plus dépendre la
quasi-totalité des invalides et des personnes âgées
du bon vouloir de leur famille ou d'organisations
charitables.

À juste titre, on peut considérer que le système
mis en place par Bismarck est le coup d'envoi à ce
qui deviendra par la suite l'État-providence.
L'État-providence, qui, en fait, est la traduction
du terme anglais *Welfare State*, peut être défini
comme l'acceptation des gouvernements démocratiques du fait qu'ils ont la responsabilité du
bien-être économique et social de la population.
La véritable mise en place de l'État-providence
commença après la Seconde Guerre mondiale,
notamment au Royaume-Uni. Cependant, comme
nous le verrons, déjà à la fin du XIXe siècle et également dans l'entre-deux-guerres des étapes en ce
domaine furent franchies [1].

QUELQUES AUTRES PAYS :
IMITATEURS, PRÉCURSEURS ET RETARDATAIRES

Par la force des choses, l'historique de l'évolution sociale des autres pays sera plus sommaire
et nous ne tiendrons compte que de quelques-uns
d'entre eux.

---

1. Le chapitre XXIX (tome III) traitera notamment de la
montée et du démantèlement de l'État-providence.

L'AUTRICHE-HONGRIE

De l'Allemagne, passons à l'Autriche-Hongrie, non en raison de la proximité géographique et linguistique, mais du fait que celle-ci a pratiquement imité la *Realpolitik* de Bismarck. Ce fut l'œuvre du comte Eduard Franz Taaffe, ami d'enfance de l'empereur François-Joseph, dont il fut le Premier ministre le plus longtemps en poste. Devant la montée des mouvements ouvriers, en 1884 un ensemble de lois sociales fut voté. La durée maximum du travail fut fixée à 11 heures et l'entrée dans la vie active à 12 ans; le dimanche fut décrété jour de congé obligatoire pour les ouvriers. De surcroît, un système d'assurances maladie et accidents obligatoire fut introduit. Entre 1888 et 1892, Taaffe favorisa la création de banques coopératives pour les paysans et réforma le système des impôts. Toutefois, il échoua, en 1893, dans son projet d'une loi en faveur d'un suffrage (presque) universel.

Avant que ne fussent mises en place ces dispositions sociales assez importantes, notons que des législations en vue notamment de protéger le travail des enfants avaient été édictées. La première d'entre elles date de 1842. D'ailleurs, d'autres pays peu industrialisés ont également introduit, plus ou moins précocement, de telles législations. Venise et la Lombardie le firent en 1843, la Russie en 1845 et les Pays-Bas en 1874. Certes, certaines de ces dispositions furent assez sommaires et leurs applications peu contrôlées.

LA SUISSE : UN CAS LÀ AUSSI EXCEPTIONNEL

En matière de législation sociale, comme dans de nombreux autres aspects, la Suisse constitue un cas exceptionnel. D'un côté les historiens considèrent que ce pays — et notamment les cantons de la Suisse alémanique — ont joué un rôle pionnier en Europe continentale pour la législation sociale, alors que, en revanche, il a été un des derniers pays à avoir mis en vigueur une assurance-vieillesse et invalidité sur le plan national. Rôle pionnier... La première loi protégeant les enfants dans le canton de Zurich date de 1815. Si cette loi fut peu appliquée, il en a été autrement de celle de 1837 qui, notamment, interdisait le travail des enfants de moins de 12 ans. D'autres cantons firent de même dans les années 1840.

Rôle pionnier aussi pour ce qui est de la durée du travail des adultes, puisque c'est dès 1848 que le canton de Glaris limita à 14 heures cette durée dans le textile, et qu'en 1864 cette durée fut abaissée à 12 heures et le champ d'application étendu à l'ensemble des «fabriques». Rôle pionnier enfin, puisque la loi des fabriques de 1877, qui est une loi fédérale, est considérée comme la loi la plus avancée de l'Europe continentale. Retardataire... Oui, car, comme on peut le voir dans le tableau XVI.4, ce n'est qu'en 1946 que la Suisse adopta une loi d'assurance-vieillesse et invalidité : plus d'un demi-siècle après l'Allemagne et après un grand nombre de pays moins développés.

LA RUSSIE : LE PARADOXE D'UNE LÉGISLATION
TRÈS COMPLÈTE

Comme le note G.V. Rimlinger (1989), en même temps que « la Suisse aux fortes traditions démocratiques, quoique paternalistes, ce fut la Russie, le pays aux plus fortes traditions autoritaires, qui introduisit la législation la plus complète de l'Europe au XIXᵉ siècle en matière du travail des ouvriers. Le tsar et la haute bureaucratie voyaient dans l'organisation du travail des fabriques un aspect normal de contrôle étatique ». Dès 1835, des mesures furent prises, mais leur portée et leur application furent limitées. Il en fut de même de la loi de 1845 protégeant le travail des enfants. En fait, il a fallu attendre les années 1880 pour que des mesures importantes et efficaces soient prises. La loi de juin 1882 réglementa le travail des enfants et instaura un système de contrôle. En 1885, le travail de nuit fut interdit dans le textile tant pour les femmes que pour les jeunes. Mais la mesure la plus importante et la plus positive fut la loi de juin 1886, qui modifia profondément les conditions de travail des ouvriers, néanmoins restées très dures. La première loi limitant (à 11 heures et demie par jour) la durée du travail fut passée en juin 1897 (elle instaurait aussi un jour de congé hebdomadaire) et même cette législation ne fut que peu appliquée.

Avant de passer à un des pays les plus industrialisés, signalons que la diaspora des ouvriers italiens a joué un rôle prépondérant dans la lutte ouvrière. Nous ne pouvons pas développer ici cet aspect, car cela nous entraînerait trop loin. En revanche, dans les États qui formeront la future Italie, ainsi que dans l'Italie unifiée, après 1860, la législation sociale était assez peu avancée.

LA BELGIQUE : UNE LÉGISLATION TARDIVE

Puisque nous avons déjà parlé de tous les pays européens qui se sont précocement industrialisés sauf de la Belgique, terminons ce tour d'horizon européen bien incomplet par notre pays de naissance. Et ce qui suit est l'unique texte qui soit basé sur les travaux d'un de mes professeurs lors de mon passage, il y a 40 ans, en tant qu'étudiant à l'ULB (Université libre de Bruxelles). Il s'agit de Serge Chlepner, dont *Cent ans d'Histoire sociale en Belgique* (1956) reste l'une des meilleures synthèses sur ce sujet.

La législation sociale belge a été très tardive. Il a fallu attendre ce que l'on appelle les «événements de 1886», c'est-à-dire un vaste mouvement de révoltes sociales, pour que la situation commence à se modifier. La première loi d'ensemble limitant le travail des enfants ne fut votée qu'en 1889. Elle interdisait le travail des enfants de moins de 12 ans et limitait la journée de travail à 12 heures pour les enfants de 12 à 16 ans, 21 ans pour les filles. Ce n'est qu'en 1892 que le travail au fond des mines fut interdit aux filles de moins de 21 ans.

Parmi les spécificités de l'histoire sociale belge, citons le rôle important joué, à côté des syndicats socialistes, par des syndicats d'obédience chrétienne et la mise en place en 1899, dans la ville de Gand, d'un fond de chômage qui servit de modèle à d'autres villes d'Europe. Citons encore un système d'abonnement aux chemins de fer, réservé aux «ouvriers manuels», sous la forme de «coupons de semaine», dont le prix était très faible ; ce qui permettait à la main-d'œuvre industrielle et minière de continuer à résider en milieu rural. Ce système fut mis en place dès 1869 et fut élargi en 1896. Vers 1910, près d'un quart de la population ouvrière utilisait des «coupons de semaine».

LES ÉTATS-UNIS :
LES PARADOXES DE LA LIBERTÉ ET DU LAISSER-FAIRE

Contrairement à la Révolution française de 1789, la Révolution américaine et la célèbre Déclaration d'indépendance de 1776 et surtout la Constitution de 1778 introduisirent des principes qui furent durables. En ce qui concerne le monde ouvrier, et sans parler du droit de vote, cette Constitution garantissait notamment le droit de coalition (et de grève), ce qui, comme nous le verrons plus loin, explique la précocité de mouvements que l'on peut considérer comme des syndicats. Par contre, le principe du laisser-faire implique un absentéisme plus long de l'intervention de l'État, et surtout de l'État fédéral, dans la législation sociale. Ceci explique aussi en partie le paradoxe de la coexistence du droit de vote universel et du maintien de l'esclavage.

Et, en ce qui concerne notre propos ici, ce n'est qu'au début des années 1890 que débuta, mais très timidement, la législation sociale dans certains États, et ce processus fut fort lent. Par exemple, ce n'est qu'en 1917 que la plupart des États industriels du Nord adoptèrent des lois de protection du travail des enfants similaires à celles de la plupart des pays européens de la

seconde moitié du XIXe siècle. Au niveau fédéral,
ce n'est que sous l'administration du président
Thomas Woodrow Wilson que, à partir de 1914,
des mesures furent adoptées. Et il faudra
attendre le *New Deal* du président Franklin
Delano Roosevelt pour qu'une loi efficace contre
le travail des enfants soit adoptée en 1933[1].

LA SECONDE ÉTAPE,
L'ORGANISATION
DES CLASSES OUVRIÈRES :
DU LUDDISME À LA COMMUNE
(1810 À 1871-1874)

L'essentiel des pressions venues de « la base », et
notamment les succès de ce type de pressions, se
situe vers 1850-1860, donc bien plus tard que la
pression venue « d'en haut ». Cela ne veut nullement dire absence précoce d'action de type reven-
dicatif de la part du monde ouvrier. En règle
générale, on considère que le nouveau type de
réaction au nouveau système de travail issu de la
révolution industrielle se place en Angleterre
dans les toutes premières années du XIXe siècle. Ce
sont essentiellement des mouvements de grèves
pour obtenir des hausses de salaire, et ces grèves
amènent souvent des répressions très dures. Cela
s'inscrit dans la période de dépression qui a suivi
les guerres napoléoniennes. Période de dépression et, de ce fait, aussi de protestations popu-

---

1. Dans le chapitre XXIV (tome III), nous reviendrons à
l'historique de quelques tentatives d'instauration de mesures
sociales (notamment l'assurance-maladie) avant le *New Deal*.

laires parfois virulentes qui ont même amené, pour la première fois de l'histoire de l'Angleterre, la suppression de l'*Habeas corpus Act* : un des grands acquis du système juridique anglais qui remonte à 1628, mais fermement établi en 1679, et qui garantit la liberté individuelle. Cette loi implique que tout citoyen a le droit d'être entendu dans les 24 heures qui suivent son arrestation et d'attendre en liberté son jugement moyennant une caution.

Le luddisme :
la première révolte ouvrière
contre la révolution industrielle

Mais les grèves ouvrières ne sont pas une spécificité de l'opposition des ouvriers et des artisans des premières phases de la révolution industrielle. Le phénomène spécifique est surtout ce que l'on appelle le « luddisme ». Le terme de luddisme proviendrait de Ludlam, nom d'un jeune garçon qui, malgré l'opposition de son père, aurait brisé un métier à tricoter. Le terme « ludd » viendrait de là et Ned Ludd (surnommé parfois le « King » ou le « général » Ludd), est un personnage semi-mythique qui, dans les années 1810, était à la tête de groupes d'artisans qui, masqués et de nuit, attaquaient usines et ateliers afin de détruire les nouvelles machines qui, aux yeux des artisans, réduisaient leurs possibilités de travail. Une attitude dont on trouve encore des expressions jusqu'à nos jours. Mais le mouvement du luddisme proprement dit ne dura que jusqu'aux années 1840. Notons que si le luddisme a revêtu une certaine ampleur dans cette période de la révolution industrielle, des phénomènes semblables se sont produits dans le cadre des sociétés traditionnelles. Nous avons déjà vu qu'une des premières entreprises anglaises de filature mécanique fut détruite par un incendie volontaire en 1791. Dans ce pays, comme d'ailleurs dans d'autres, ce type d'action n'est pas rare.

En Angleterre, pays où ce mouvement sera le plus important, le luddisme s'amplifie à partir de 1811 pour retomber après 1816. Le mouvement commença dans les industries de dentelle et de bonneterie des environs de Nottingham. Rappelons qu'un autre personnage mythique, Robin des Bois, de l'époque médiévale (tantôt XIIᵉ siècle, tantôt XVᵉ siècle) avait son quartier général dans la forêt de Sherwood des environs de Nottingham. C'est aussi dans cette ville que commença, en 1662, la guerre civile anglaise. Mais revenons au XIXᵉ siècle et au luddisme. Plus tard, le luddisme toucha les filatures de laine et de coton du Yorkshire et du Lancashire. En 1813, on assiste au début de la prise de mesures très sévères qui, après des procès, conduisirent à des pendaisons, parfois massives (une vingtaine de pendaisons), comme celles de Chester en 1812 et de York en 1813. Apparemment, mais les choses ne sont pas certaines, Ned Ludd aurait fait partie des pendus de ces années. Après un regain en 1816, fortement réprimé, le mouvement s'éteignit rapidement en Angleterre.

Sur le continent, le luddisme débute plus tard, essentiellement dans les années 1830-1840. Les deux célèbres révoltes des canuts[1] de Lyon en

---

1. Ouvriers travaillant au tissage manuel de la soie.

1831 et en 1834 sont souvent considérées comme s'inscrivant dans cette tendance et comme étant les premières insurrections sociales de la France industrielle. Celle de 1834 fut particulièrement dramatique puisqu'elle coûta la vie à 200 canuts et fit plus de 400 blessés, l'armée ayant tiré sur les manifestants. L'agitation s'était d'ailleurs étendue dans le reste du pays et à Paris, l'armée tua 5 manifestants.

Traversons la frontière où, en Suisse, on trouve également des événements que l'on peut rattacher au luddisme. Il en est ainsi, entre autres, de l'incendie en 1832 d'une usine à Ulster dans le canton de Zurich. On peut trouver des cas voisins de ceux évoqués ci-dessus dans pratiquement toutes les régions d'Europe, mais l'on ne dispose pas encore d'une étude de synthèse historique en ce domaine. En revanche, le luddisme a été pratiquement inexistant en Amérique du Nord. En tout cas, en Europe, comme le note Eric Hobsbawm (1988), «un nombre surprenant de grands hommes d'affaires locaux ainsi que de paysans étaient en profonde sympathie avec les activités des luddites, car eux aussi se voyaient victimes d'une minorité diabolique d'inventeurs égoïstes».

Revenons en Angleterre pour signaler qu'avant la naissance du mouvement ouvrier proprement dit, on note des pressions dans les années 1820-1830 afin d'introduire, en quelque sorte, dans les usines la règle des corporations limitant aux enfants des artisans l'entrée dans le travail textile. Démarches qui n'eurent guère de succès.

Robert Owen ou la naissance du mouvement syndical

La personnalité de Robert Owen (1771-1858), un des principaux précurseurs du socialisme, est très attachante. D'origine très modeste, il quitte l'école à l'âge de 10 ans pour devenir apprenti drapier. En 1790, à l'âge de 19 ans, il devient gérant, puis copropriétaire d'une filature qui prospéra sous sa direction. Dans un premier temps, son effort dans le domaine social porta sur des projets d'amélioration des conditions de ses propres ouvriers grâce à l'éducation dès le bas âge et à l'amélioration de l'habitat. À la suite d'une opposition croissante de ses associés, motivée par les dépenses sociales encourues, il créa, en 1813, une nouvelle firme. La même année, il publia un livre, dans lequel il exposait ses conceptions sociales, intitulé *A New View of Society*, dont le sous-titre *Essay on the Principle of the Formation of the Human Character* exprime bien l'essence de sa pensée. Mais c'est la réussite de ses mesures dans sa nouvelle filature qui lui valut une renommée dépassant même les frontières. L'usine devint, en quelque sorte, un lieu de pèlerinage pour tous ceux qui s'intéressaient aux réformes sociales. Afin de combattre la pauvreté, Robert Owen préconisa la création d'unités rurales sur un modèle communautaire touchant tant le travail et les repas que les distractions et les soins aux enfants.

Progressivement, il évolua vers ce qui préfigure le socialisme : réformer les règles de la société. En termes pratiques, à partir de 1815 il lança une

campagne pour l'adoption de lois sociales en
faveur des enfants ; et surtout, à partir de 1820, il
suscita la naissance du mouvement syndical qui,
en février 1834, aboutit à l'éphémère GNCTU
(Grand National Consolidated Trade Union),
laquelle, selon ses dires, regroupait plus de
500 000 adhérents de différents syndicats. Mais
pour aboutir à la création d'un véritable mouvement syndical, il a fallu abroger auparavant
le *Combination Act* qui interdisait l'association
d'ouvriers. Comme nous l'avons signalé au début
de ce chapitre, de telles lois existaient dans pratiquement tous les pays d'Europe. Et celles-ci
furent progressivement abolies partout : assez
précocement au Royaume-Uni en 1824 ; mais
beaucoup plus tardivement sur le continent : la
France, par exemple, qui fut le deuxième pays en
ce domaine, le fit seulement en 1864[1].

L'année même où fut créée la GNCTU (1834),
une *New Poor Law* (nouvelle loi des pauvres) fut
mise en œuvre qui supplanta l'ancienne *Poor
Law*. Datant, comme nous l'avons vu, de 1536,
cette *Poor Law* (avec quelques amendements)
avait traversé plus de trois siècles et, surtout, les
premières phases de la révolution industrielle.
Sur le plan philosophique, le changement le plus
important consistait à considérer la pauvreté
comme une conséquence de l'oisiveté. De ce fait,
une distinction très nette était établie entre les
pauvres physiquement inaptes au travail, que ce
soit pour cause de maladie, de handicap physique ou de vieillesse, et ceux qui étaient aptes au
travail. Pour ces derniers furent créées des *work-*

---

1. Voir plus loin le tableau XVI.1.

houses (maisons de travail). Le pauvre physiquement apte qui y était reçu était séparé de
sa famille. Hommes, femmes et enfants étaient
logés dans des bâtiments séparés, et les enfants
ne voyaient leur mère que brièvement. Un uniforme était imposé, et du travail était fourni, le
tout sous l'autorité d'un directeur qui, en quelque
sorte, était seul maître à bord vu la rareté des ins-
pections, ce qui souvent donna lieu à de graves
abus.

Revenons à l'histoire du mouvement syndical
qui subit un revers important. Le gigantisme
même de la GNCTU, et surtout la condamnation
de ce que, par la suite, on appela les martyrs de
Tolpuddle, amenèrent la dissolution rapide de la
GNCTU. Tolpuddle est le nom d'une petite localité anglaise où, afin de mieux résister à une
baisse des salaires, six ouvriers avaient formé
une loge locale de la GNCTU. Accusés de coalition illégale, ces hommes furent arrêtés, jugés en
utilisant un édit destiné aux mutins des navires,
et condamnés à sept ans de déportation.

On peut considérer que le mouvement syndical
britannique subit de ce fait une éclipse d'une
quinzaine d'années. Au début des années 1840,
le nombre total d'adhérents à des syndicats est
estimé à environ 100 000 personnes. Dès le milieu
des années 1830, la relève de la lutte ouvrière
passe par un mouvement éphémère, lui aussi,
mais très important dans l'histoire non seulement
du mouvement ouvrier, mais aussi dans l'histoire
politique anglaise : à savoir le chartisme.

Le chartisme : une parenthèse politique

Le chartisme trouve sa principale origine dans la déception causée par le *Reform Bill* de 1832 qui, contrairement à certaines espérances, n'a affranchi réellement que la classe moyenne, laissant la grande masse des travailleurs hors du système électoral. Une charte en six points fut élaborée et rendue publique en mai 1838. L'essence du chartisme était d'obtenir de meilleures conditions de vie pour la classe ouvrière grâce à l'action politique qui cherchait à introduire au Parlement les représentants de la classe ouvrière. Trois des six points de la charte devaient permettre aux ouvriers de devenir parlementaires : le droit de vote pour tous les hommes de plus de 21 ans ; l'abolition d'un niveau minimum de revenu pour devenir parlementaire ; et l'institution d'un salaire pour les parlementaires. Les trois autres points étaient le vote secret, la création de districts de vote de taille uniforme et le renouvellement annuel du Parlement. Une pétition revêtue de 1,2 million de signatures fut présentée au Parlement en 1839, mais elle fut rejetée par une forte majorité (235 voix contre 46) ; majorité composée surtout de représentants des propriétaires terriens.

L'apogée du mouvement se situe en 1842 ; mais l'échec relatif de la grève organisée cette année marque le début d'un déclin assez rapide. L'amélioration des conditions économiques favorisa ce déclin, auquel contribua également le dérangement mental, à partir de la fin des années 1840, du principal leader Feargus O'Connor (1794-

1855). O'Connor avait fait des études de droit ; il fonda, en 1837, un journal qui devint l'organe du chartisme. Très bon orateur, il était populaire dans la classe ouvrière. La deuxième pétition recueillit 3,3 millions de signatures, mais n'eut guère de succès au Parlement où elle fut rejetée par 287 voix contre 49.

La troisième pétition (de 1848) fut rejetée par une plus grande majorité encore que les deux précédentes (222 voix contre 17), notamment en raison du fait qu'il s'avérait que «seulement» 2 millions de signatures sur les 5,7 millions étaient authentiques. Après 1848, le chartisme disparut en tant que mouvement de masse. En 1852, O'Connor fut déclaré aliéné ; et en 1860 la National Charter Association, laquelle avait poursuivi en quelque sorte le mouvement sous une forme atténuée, cessa ses activités. Et si, dès 1858, un des six points devint une loi (l'abolition d'un niveau minimum de revenu pour devenir parlementaire), il fallut attendre 1911 pour que les parlementaires soient rétribués, et 1918 pour le suffrage universel.

Le socialisme : les précurseurs

Mais, déjà à la fin des années 1840, l'histoire du mouvement ouvrier passe largement de l'Angleterre vers le continent européen avec les mouvements révolutionnaires de 1848, et surtout avec la publication, en 1848 également, du *Manifeste du parti communiste* de Marx et d'Engels (bien qu'au moment même de sa publication, le *Manifeste* eut peu d'échos). En fait, on peut considérer que l'histoire sociale de la seconde moitié du XIXᵉ siècle est marquée par le socialisme. Il est inutile, pensons-nous, d'insister ici sur la place primordiale qu'occupent les travaux de Karl Marx (1818-1889) non seulement dans l'histoire des mouvements ouvriers, mais aussi dans la philosophie. Ce qui a encore renforcé la place de Marx dans l'histoire sociale, c'est qu'il n'est pas resté confiné à ses travaux théoriques, mais qu'il a joué un rôle actif et éminent dans l'organisation des mouvements ouvriers pendant plus de quatre décennies. Mais Marx eut des précurseurs. Voyons donc ceci avant de revenir plus longuement sur Marx et le socialisme.

Avec l'ensemble des mouvements politiques qui peuvent être englobés sous cette dénomination, nous sommes en présence de la composante majeure de la lutte pour améliorer les conditions sociales, et politiques aussi, de la classe ouvrière. Puisque, avec le socialisme, nous quittons en quelque sorte l'Angleterre pour passer sur le continent européen, il convient de présenter à côté d'Owen, qui reste le personnage le plus important, trois autres précurseurs ou inspirateurs des mouvements ouvriers, et chacun fils d'un grand pays différent : Proudhon (France), Lassalle (Allemagne), et Herzen (Russie). À ce choix, forcément en partie arbitraire, car très nombreux sont les femmes et les hommes d'action qui ont participé à la grande aventure du socialisme, nous ajouterons celui d'un autre Français : Saint-Simon, en raison de l'audience du mouvement qu'il créa et qui déborda du cadre social proprement dit.

PIERRE-JOSEPH PROUDHON : LA CONTESTATION

Le nom de Pierre-Joseph Proudhon (1809-1865) est presque indissociable de celui de contestation. La plus citée de ses formules est « Qu'est la propriété ? C'est le vol » ; ce qui, plus tard, ne l'a pas empêché de devenir un ardent défenseur de la propriété privée par amour de la liberté. Fils d'un modeste tonnelier de Besançon, il dut interrompre de brillantes études afin de travailler comme typographe. À ce propos, relevons qu'au cours du XIXe siècle, les typographes ont joué un rôle prépondérant dans l'histoire ouvrière étant pratiquement les « intellectuels » des ouvriers.

Et, à propos des typographes, il convient d'ouvrir une parenthèse afin de présenter un autre Français qui, certes, a joué un rôle moins important que Proudhon, mais à qui l'on doit le sens actuel du terme « socialisme » : il s'agit de Pierre Leroux (1797-1871) qui fut ouvrier typographe dans un journal politique. Bien que le terme socialisme ait été parfois utilisé auparavant (il aurait été utilisé pour la première fois dans un journal anglais en 1827), c'est lui qui a analysé (1834) le concept et a réellement lancé le terme ; on lui doit aussi le terme de « solidarité » qu'il forgea comme substrat à charité, tout comme socialisme avait été forgé par opposition à individualisme.

Revenons à Proudhon, que l'on considère comme étant le fondateur du courant anarchiste au sein du socialisme. Grâce à ses talents d'écrivain, Proudhon reçut en 1838 (il était âgé alors de 29 ans) une bourse de l'Académie de Besançon afin d'étudier à Paris, et c'est en 1840 qu'il publia son premier livre important, *Qu'est-ce que la propriété?*. Dès 1846, il entra en conflit avec Marx, conflit qui s'aggrava après que Proudhon eut publié son livre *Philosophie de la misère*, auquel Marx répliqua durement avec son livre *Misère de la philosophie*. Ce fut le point de départ de la scission et du conflit entre l'anarchisme et le marxisme qui dure aujourd'hui encore.

LES SAINT-SIMONIENS :
SCIENCE, INDUSTRIALISATION ET COMMUNISME

Et puisque avec Proudhon nous sommes en France, il ne faut pas oublier le rôle important que joua la Révolution de 1789 dans l'histoire du mouvement ouvrier. Il est symptomatique que *La Marseillaise* a été un chant très populaire (mais souvent avec des paroles différentes) dans les mouvements socialistes jusqu'à la fin du XIXe siècle. De même, la France est la patrie des Saint-Simon, de cette famille dont le grand historien Michelet disait qu'elle avait « produit à cent ans de distance le dernier des gentilshommes et le premier des socialistes » (le gentilhomme auquel fait référence Michelet étant évidemment l'écrivain prénommé Louis).

Le « saint-simonisme » qui se forma dans les années 1825-1833 peut être défini comme une variation du collectivisme qui prône le développement scientifique, rejette la propriété privée et prône l'industrialisation à direction centralisée et une association universelle des États. Saint-Simon (ou plutôt Claude Henry de Rouvroy, comte de Saint-Simon, 1760-1825) était très ambitieux dans sa jeunesse. On rapporte que, à l'âge de 17 ans, il se faisait réveiller par un laquais qui devait lui dire «Levez-vous, Monsieur le Comte, vous avez de grandes choses à faire». Il commença sa vie dans la carrière militaire et participa à l'indépendance des États-Unis dans le cadre de l'aide de la France.

Il ne viendra qu'assez tard, après une période de misère, à la réflexion économique et sociale. C'est en 1802 qu'il publia son premier livre en ce domaine, *Lettres d'un habitant de Genève à ses contemporains*, dans lequel il proposait que les scientifiques prennent la place des prêtres dans l'ordre social. Un groupe d'intellectuels se constitua autour de lui dont, après sa mort, la plupart se regroupèrent en une association structurée vivant en communauté dans une maison parisienne, puis à partir de 1832 dans une propriété des environs de Paris où le mode de vie «communiste» allait jusqu'à l'austérité et à la chasteté (et au port d'un costume: tunique bleue et béret rouge). L'audience des idées de Saint-Simon s'était largement répandue grâce à des publications, des réunions publiques et des cours, les principaux objectifs étant l'abolition de la propriété privée, la suppression du droit d'héritage et l'émancipation des femmes. Le groupe se disperse en 1833, après la condamnation des responsables pour offense à l'ordre public et à la moralité. Mais, par la suite, les saint-simoniens joueront un rôle prépondérant dans l'administration publique et dans la vie économique internationale. On les retrouve actifs non seulement en France et en Europe, mais aussi dans le futur Tiers-Monde, notamment dans l'Égypte de Muhammad-`Ali (souvent appelé Méhémet`Ali).

Mort un an avant Proudhon, à l'âge de 39 ans par suite d'un duel à Genève, Ferdinand Lassalle (1825-1864) est l'incontestable fondateur du parti socialiste allemand qui, comme nous le verrons, joua un rôle-clé dans l'émergence des partis socialistes en général. Plus homme d'action que penseur, cela ne l'empêcha pas, durant de longues années, de se consacrer à des travaux philosophiques et littéraires, et de laisser une œuvre importante dont l'élément le plus durable est peut-être son attaque contre la « loi d'airain du salaire ». Cette « loi », notamment émise par l'économiste John Stuart Mill (1806-1873), d'ailleurs lui-même effrayé par ses implications sociales, postule, comme nous l'avons vu, que le salaire est déterminé à long terme par le coût de la production et la main-d'œuvre, c'est-à-dire par le coût minima de vie.

Lassalle milita activement dès l'âge de 23 ans, notamment au côté de Marx. Après l'échec de la révolution de 1848 (en Allemagne), il se retira de sa vie de militant pour y retourner à partir de 1859. Ses points de vue se distancèrent de ceux de Marx, car il prôna le « compromis » avec le pouvoir. Ce qui le rapprocha de Bismarck qui déclara, après la mort de Lassalle : « C'était un des hommes les plus intelligents et aimables auxquels j'aie jamais été associé. C'était un homme de grande ambition et en aucun cas un républicain. » Effectivement, Lassalle envisageait même la possibilité d'une monarchie « État-providence », avec suffrage universel. Mais, à partir de 1862, il opta en faveur de la création d'un parti politique ouvrier. Quand celui-ci fut fondé (en 1863), il fut élu président pour un mandat de cinq ans. Mandat qu'il n'eut pas l'occasion d'achever. Parti en 1864 se reposer en Suisse, il tomba amoureux mais se heurta à l'opposition de la famille de la jeune fille. Et c'est lors d'un duel (à Genève), qu'il provoqua avec l'ancien fiancé, qu'il mourut en août de la même année.

ALEKSANDR HERZEN :
LE FONDATEUR DU SOCIALISME RUSSE

Fils de la grande Russie où les aristocrates ont joué un grand rôle dans la vie culturelle et sociale, Aleksandr Ivanovitch Herzen (1812-1870), enfant illégitime, mais élevé dans la maison de son père, un aristocrate de Moscou, est considéré, même par Lénine, comme le fondateur du socialisme russe. Toutefois, les moyens utilisés afin d'atteindre cette société nouvelle, que tous deux souhaitaient, différaient fondamentalement : Herzen prônait la voie de la propagande et non du recours à l'action. À juste titre, il est considéré comme le fondateur du populisme. Le populisme russe, sur lequel nous ne reviendrons pas, ne doit pas être confondu avec le mouvement populiste américain qui certes fut, lui aussi, étroitement lié au monde agricole, mais dont le but essentiel était d'accroître la composante démocratique du système américain et d'améliorer la situation économique des fermiers. Le principe de base du populisme russe, *narodnik*, était qu'il fallait davantage apprendre du peuple (en russe : *narod*) que lui prêcher. Ce qui, par la suite, n'a pas empêché les populistes de prêcher la révolte aux paysans. Herzen n'a d'ailleurs pas pris part directement au mouvement populiste qui ne se développa qu'à partir des années 1860-1870.

L'action des populistes fut d'assez courte durée. En 1879, le parti se scinda en deux groupes. Un groupe qui prôna l'action terroriste et se désagrégea après qu'un des membres eut assassiné, en 1881, le tsar Alexandre II ; l'autre groupe qui, après une courte période d'action en milieu paysan, se tourna vers une action parmi les prolétaires des villes. Dans les premières années de sa vie d'activiste, Herzen était plus proche des saint-simoniens que du socialisme. C'est à la suite d'une déportation (de huit ans) politique en province qu'à partir du début des années 1840, il s'orienta vers le socialisme.

De 1847 à sa mort, il vécut à l'étranger. Il alterna des points de vue libéraux et socialistes. Il fut même à des moments très proche de Proudhon, ce qui lui valut d'être expulsé de France. En fait, il cherchait une voie russe originale vers le socialisme. On lui doit la fondation d'une presse russe à l'étranger, active dans les années 1850 et 1860. Il publia notamment à Londres le journal *Kokoke* (La Cloche) qui eut une large diffusion en Russie. Parmi ses lieux de séjour à l'étranger figure notamment Genève.

GENÈVE : CARREFOUR DE RÉFUGIÉS POLITIQUES

Herzen à Genève… Lassalle tué à Genève… «La lettre d'un habitant de Genève» de Saint-Simon… tout cela n'est pas dû au hasard, ni le parti pris d'un enseignant à l'Université de Genève. En effet, Genève a été, durant une grande partie de la seconde moitié du XIXe siècle, un lieu de refuge privilégié des opposants politiques en exil. Nous n'en dresserons pas la liste, mais il convient de rappeler les séjours de Lénine. Et si, pour les six précurseurs du socialisme présentés ici, Genève n'a pas été mentionnée pour deux d'entre eux, à savoir Owen et Proudhon, signalons qu'Owen, qui n'a jamais dû se réfugier, a néanmoins visité Genève, et — ce qui est plus symptomatique — que l'on a fait courir le bruit en 1849, lorsque Proudhon a dû quitter la France, que celui-ci s'était réfugié à Genève. D'ailleurs, à la veille de la Première Guerre mondiale, l'université de Genève devait être sinon la plus, du moins une des plus cosmopolites du monde, puisque de 1909 à 1914 en moyenne 82 pour 100 du total des étudiants étaient des étrangers (et 96 pour 100 des étudiantes).

Nous ne pouvons pas quitter cette phase de l'histoire du mouvement ouvrier sans rappeler la naissance et le développement des coopératives de consommation. L'histoire de celles-ci a été présentée dans le chapitre IX au début du présent tome.

De 1848 à 1874-1875 : le présocialisme
et le début du marxisme

En somme, on peut parler de présocialisme, en ce sens que le socialisme, ou si l'on préfère le marxisme, se développe mais demeure pendant longtemps encore relativement marginal au sein des mouvements ouvriers. Par contre, le syndicalisme plus traditionnel se développe fortement, surtout en Angleterre où l'apogée de cette période peut être considéré comme le congrès annuel des Trade Unions de 1874 qui réunit à Londres les délégués d'environ 1,2 million ouvriers syndiqués britanniques. Le nombre d'ouvriers syndiqués dans ce pays passe le cap des 2 millions en 1900 et celui des 4 millions en 1913. Quant à 1875, c'est la date de la création du premier parti socialiste qui marque à la fois la fin d'une étape et le début d'une autre. Fin de l'étape où le mouvement socialiste semblait aller à l'unité sous l'égide notamment de la Première Internationale dominée par le courant marxiste. Début d'une étape où, à la suite de l'échec de la Commune, le mouvement socialiste s'engage dans trois directions majeures : 1) la création de partis politiques socialistes soutenant le combat des ouvriers en général et des syndicats en particulier afin d'obtenir une répartition plus équitable des ressources (ce qui, à l'heure actuelle, est la voie dominante) ; 2) l'anarchisme dont l'influence a été plus passagère ; 3) le marxisme auquel les récents événements en Europe de l'Est ont donné un coup que beaucoup estiment fatal.

OÙ INTERVIENT KARL MARX

Malgré ces événements récents, qui ont été marqués par la fin du communisme dans ses principaux bastions, on ne peut pas faire l'histoire de la seconde moitié du XIXᵉ siècle sans s'arrêter longuement au marxisme, et, par conséquent, aussi à Karl Marx qui a marqué pendant plus d'un siècle l'histoire intellectuelle, sociale et politique du

monde. Du monde effectivement ! En effet, si l'on
se place au début de la décennie 1980, on comptait au monde au moins 13 pays qui se prévalaient
officiellement du marxisme, pays dont la population totale représentait un tiers de la planète. Et
si l'on tient compte des pays dans lesquels les
gouvernements s'inspirèrent largement des idées
socialistes, il s'agit de la moitié environ de la
population mondiale. Et il n'y avait probablement
aucun pays au monde où la pensée marxiste
n'était pas vivante, même si parfois elle devait
s'exprimer dans la clandestinité.

Karl Heinrich Marx, né en 1818 dans la ville
allemande de Trèves, fit de sérieuses études
d'histoire et de philosophie ; il fut fortement marqué par les travaux de Friedrich Hegel (1770-
1831). Il obtient un doctorat en 1841. L'année
suivante il commence une carrière de journaliste
où un de ses collègues, Moses Hess (1812-1875),
lui fit prendre conscience des idées socialistes.
L'influence de Hess, socialiste idéaliste préoc-
cupé par la liberté individuelle, est sensible dans
le premier livre de Marx, publié en 1844. L'installation de Marx à Paris (1843) marqua un tournant important, puisque non seulement il prit
contact avec l'école, ou, plutôt, les écoles socialistes françaises, mais qu'il fit la connaissance de
Friedrich Engels (1820-1895). Ce fut le début
d'une longue et sincère amitié et d'une collaboration fructueuse entre les deux hommes [1]. C'est
ensemble qu'ils rédigèrent le fameux *Manifeste
du parti communiste* qui leur avait été demandé

---

1. Ce fut également Moses Hess qui a « converti » Engels au
socialisme.

par la société secrète «La Ligue des Communistes», à laquelle ils avaient adhéré.

Le *Manifeste* contenait notamment les dix premières mesures afin de progresser vers le communisme dans les «pays les plus avancés». Il s'agit notamment de l'abolition du droit d'héritage, de l'enseignement public et gratuit pour tous les enfants, de la centralisation du crédit entre les mains de l'État, de l'expropriation de la propriété foncière, du travail obligatoire pour tous, de la coordination de l'activité agricole et industrielle afin de supprimer progressivement l'opposition ville-campagne... Il se termine par trois phrases devenues célèbres : «Les prolétaires n'ont rien à perdre que leurs chaînes. Ils ont un monde à gagner. Prolétaires de tous les pays, unissez-vous.» Pour les marxistes, ce sont là les bases du «socialisme scientifique», par opposition au «socialisme utopique» des précurseurs. Staline l'avait qualifié de «Cantique des cantiques du marxisme».

Entre le *Manifeste* de Marx et d'Engels de 1848 et l'apogée du mouvement syndical non marxiste que fut le congrès de 1874 des Trade Unions britanniques, l'histoire sociale a été marquée par deux événements qui allaient entraîner un virage important du mouvement ouvrier européen. Il s'agit d'abord de la création, le 28 septembre 1864 à Londres, de l'AIT (Association internationale des travailleurs) ou, si l'on préfère, de ce que l'on appellera par la suite la «Première Internationale». La seconde date importante est 1871, c'est-à-dire celle de l'échec de la Commune en France qui fut, en quelque sorte, la première tentative d'un gouvernement «du peuple» d'inspiration socialiste. Lors de la guerre franco-allemande de 1870-1871, à la suite de la levée du siège de Paris, un «conseil général de la Commune» prit le pouvoir. Ce conseil était composé surtout de socialistes de toutes tendances. Expérience éphémère (18 mars-27 mai 1871), car aidée par les Prussiens l'armée française vint à bout de la résistance de la Commune, et une répression sévère décapita le parti révolutionnaire. D'ailleurs, la répression contre les membres de l'AIT touche d'autres pays, notamment l'Allemagne, l'Autriche-Hongrie, le Danemark et l'Espagne.

Si Marx n'avait été ni le fondateur ni le président de la Première Internationale, il en devint l'âme. Entre l'échec des révolutions de 1848 et la naissance de la Première Internationale, Marx et sa famille avaient traversé une longue période de profonde misère, pendant laquelle il perdit même deux de ses sept enfants (3 filles seulement survécurent, ce qui est nettement moins que la moyenne de l'époque). Période de misère matérielle et aussi d'isolement politique qui ne prit réellement fin qu'avec la création de la Première Internationale à Londres, où Marx vivait depuis 1849. L'initiative vint des syndicats britanniques et de représentants des ouvriers français. Bien que le but ultime fût l'établissement du socialisme, l'AIT s'efforçait également d'améliorer les conditions de travail dans les «économies capitalistes». Donc ce que l'on appellera plus tard les tendances réformistes faisait également partie de cette «Première Internationale».

La création de l'Internationale marque, en quelque sorte, l'unité des courants socialistes; et cette organisation qui coiffe les mouvements syndicaux nationaux traversa une période très favo-

rable grâce notamment aux efforts de Marx. En
1869, elle comptait environ 300 000 membres, et
elle intervint avec succès à plusieurs reprises dans
les combats menés par les syndicats à travers
l'Europe. La Commune contribua dans un premier
temps à étendre considérablement la renommée
de Marx, mais l'échec de celle-ci allait favoriser
les dissensions au sein de l'Internationale et du
mouvement socialiste en général. Ceci — et aussi
le développement du syndicalisme apolitique et
l'émergence d'une tendance chrétienne dans les
mouvements de lutte des ouvriers — nous amène
à consacrer une section à cette histoire diversifiée.

DE 1871-1874 À 1914 :
ACCENTUATION
ET DIVERSIFICATION
DE LA PRESSION OUVRIÈRE

À partir de la fin des années 1860, la lutte des
ouvriers peut progressivement se doter de cadres
structurels plus efficaces, car légaux. En effet,
à partir de 1865, l'Europe continentale adopte
des lois (ou autres dispositions) permettant aux
ouvriers de se grouper en syndicats. Si l'on
excepte le cas de la Suisse, où cela se situe en
1848, le premier pays du continent à avoir
adopté de telles lois fut l'Allemagne en 1865, suivie rapidement en 1867 par l'Autriche-Hongrie et
la Belgique (voir le tableau XVI.1). En France, la
suppression de l'interdiction de coalition se place
en 1864 ; mais il fallut attendre 1884 pour une

législation explicite concernant les syndicats. Dès le début des années 1880, c'est pratiquement toute l'Europe (sauf la Russie) qui a ainsi adapté sa législation en la matière.

Comme nous l'avons déjà noté, on peut dire, en schématisant, que de 1871 à la Première Guerre mondiale, trois tendances se manifestent au sein du socialisme : la création de partis politiques socialistes ; le mouvement anarchiste ; et, bien sûr, la poursuite du marxisme (d'ailleurs présent aussi dans les partis politiques socialistes). Nous commencerons par ces tendances ; puis nous passerons aux syndicats apolitiques et aux syndicats chrétiens.

Les partis socialistes

L'échec de la Commune, qui avait été précédé par les échecs des révolutions de 1848, a renforcé les positions de ceux parmi les socialistes qui voulaient davantage réformer la société capitaliste que la remplacer, d'où l'idée de la création de partis politiques qui privilégieraient les aspirations du monde ouvrier. Et comme les ouvriers représentaient la fraction dominante de la population, ces partis pourraient obtenir la majorité. Le modèle, par excellence, est le parti social-démocrate allemand créé en 1875 et qui résulta de la fusion de deux partis socialistes : le parti des travailleurs allemands, créé en 1863 par Lassalle, et le parti du travail social-démocrate, créé en 1869. Bismarck, dont l'attitude avait été relativement positive à l'égard de ces mouvements politiques, modifia son comportement, surtout après

TABLEAU XVI.1

DATES D'INTRODUCTION DES LOIS AUTORISANT
LES SYNDICATS ET LES GRÈVES
ET DATES D'INTRODUCTION DU SUFFRAGE UNIVERSEL

| | Lois ou dispositions autorisant les : | | Introduction du suffrage universel | |
	Syndicats	Grèves	Hommes	Femmes
EUROPE				
Allemagne	1869	1869	1871	1919
Autriche-Hongrie	1859	1870	1907	1919
Belgique	1866	1866	1919	1948
Danemark	1849	1849	1901	1918
Espagne	1876[a]		1931	1931
Finlande	1906		1907	1907
France	1844[b]	1864	1848	1945
Italie	1890	1890	1919	1946
Norvège	1839	1902	1900	1915
Pays-Bas	1872	1872	1918	1922
Portugal	1864	1910	1911	1913
Royaume-Uni	1824	1875	1918	1928

Lois ou dispositions autorisant les : Introduction du suffrage universel

	Syndicats	Grèves	Hommes	Femmes
Russie	1906	1906	1917	1917
Suède	1864	1906	1919	1919
Suisse	1848[a]	1848[a]	1848	1971
AUTRES PAYS DÉVELOPPÉS				
Australie	1876-1890[c]		1857-1901[d]	1894-1909
Canada			1888-1920	1916-1940
États-Unis			1787[e]	1920
Japon	1919	1926	1925	1946
Nouvelle-Zélande	1878		1889	1893

a Indirects ou implicitement en raison de changements de constitution.
b Droit constitutionnel de coalition dès 1864.
c Variant selon les États.
d Pour la population aborigène à partir de 1961.
e Pour la population noire à partir de 1870.

Notes : Les cas de fourchettes sont dus à l'introduction différenciée dans les États fédéraux.
La liste des dates d'autorisation de syndicats et de grèves est incomplète. Mais il faut tenir compte qu'un certain nombre de pays (notamment les États-Unis) n'ont jamais eu, au début du XIXᵉ siècle, des lois ou des dispositions interdisant les syndicats ou les grèves.

Sources : D'après Blanpain, R. (1995); Ebbinghaus, B. (1995); Flora, P. (1983); Laubier, P. (de) (1984); Mackie, T.T. et Rose, R. (1991); et sources nationales.

les élections de 1877 où les socialistes recueilli-
rent près d'un demi-million de voix. La *Realpolitik* de Bismarck se concrétisa par la mise sur pied
du premier système (très large) d'assurances
sociales ouvrières de l'histoire. Cela n'empêcha
pas le parti social-démocrate d'élargir son électo-
rat : aux élections de 1912, celui-ci recueillit plus
de 4 millions de voix (35 pour 100 du total). Et, en
1913, les syndicats allemands comptaient 4,4 millions de membres (dont 76 pour 100 d'obédience
socialiste), ce qui devait certainement représenter
plus de la moitié des ouvriers masculins.

En France où, à la suite de l'échec de la Commune des législations empêchant la création
de mouvements ouvriers furent votées, il y eut
l'émergence de nombreux groupuscules. De ceux-
ci émergent finalement, en 1901, le parti socialiste de France, dirigé par Jules Guesde, et le parti
socialiste français, dirigé par Jean Jaurès. Deux
partis qui s'opposèrent, mais qui fusionnèrent en
1905 pour former la SFIO (Section française de
l'Internationale ouvrière).

Les dates de création des autres premiers partis
socialistes (ou d'obédience socialiste) sont les suivantes : Danemark, 1876 ; Espagne, 1879 ; Suisse,
1880 ; Italie, 1882 ; Belgique, 1885 (précédé en
1879 par le parti socialiste flamand) ; Pays-Bas
et Norvège, 1887 ; Autriche-Hongrie et Suède,
1889 ; Bulgarie, 1891 ; Roumanie, 1893 ; Russie,
1898 ; Finlande, 1899.

On aura noté l'absence du Royaume-Uni et des
États-Unis dans cette chronologie de la formation
des partis socialistes. En effet, le monde anglo-
saxon a connu une évolution spécifique. Aux États-
Unis, on ne peut pas parler ni de véritable parti

socialiste ni même, comme au Royaume-Uni, d'un parti ouvrier proche des socialistes. Certes, dès 1877, le Socialist Labour Party a été créé, mais il n'eut qu'une audience extrêmement faible. Plus important fut le Socialist Party fondé en 1901 ; mais celui-ci eut à son apogée, à la veille de la Première Guerre mondiale, moins de 200 000 membres, essentiellement des nouveaux immigrants d'Europe mais pas aussi largement qu'on le considérait auparavant. En 1928, le parti n'avait plus que 15 000 membres. Au Royaume-Uni, la formation d'un parti ouvrier fut retardée par les entraves électorales. Ce n'est qu'en 1900 que le Labour Party fut créé, parti dont le rôle fut prépondérant dans la vie politique anglaise. Le Labour Party résulte de la fusion de deux mouvements : la Social Democratic Federation, de nature plutôt révolutionnaire, et la Fabian Society, de nature nettement réformatrice, les deux fondées en 1884. C'est cette dernière tendance qui domina dans le Labour Party.

La fondation et l'action des partis socialistes ou ouvriers ont été évidemment favorisées par l'adoption progressive, au cours de la seconde moitié du XIXe siècle, du suffrage universel (sous-entendu, dans cette période, le suffrage des hommes). Certes, il y a eu des précédents ; ainsi aux États-Unis, le suffrage universel existe théoriquement depuis la constitution de 1787 ; mais certaines restrictions, notamment du niveau de fortune et aussi, bien sûr, de caractère racial, limitaient fortement les réelles possibilités de vote. Ainsi, on estime que dans les premières années suivant la promulgation de la constitution américaine seulement 6 pour 100 des hommes adultes avaient

réellement le droit de vote. Bien qu'il y eut
des améliorations, en fait, il a fallu attendre le
14e amendement de la constitution ratifié en 1868
pour que ce droit soit effectif. La grande diffusion
du suffrage universel dans les pays développés
s'effectue en deux phases : la première, entre 1848
et 1867, concerne l'Allemagne, le Canada, la
France et la Suisse ; et la seconde, entre 1894 et
1912, concerne la quasi-totalité du reste des pays
développés (voir le tableau XVI.1).

Les mouvements ouvriers anarchistes

Bien entendu, le pluriel employé ici est volontaire. D'ailleurs, comment aurait-il pu en être
autrement, l'essence même de l'anarchisme étant
le refus d'unité, d'ordre. Le terme anarchie provient de la racine grecque qui exprime la négation
de l'autorité. Les anarchistes qui faisaient partie
de l'Internationale se heurtèrent très rapidement
à Marx, et ce d'autant plus que leur représentant le
plus notoire, Mikhaïl Aleksandrovitch Bakounine
(1814-1876) avait été dénoncé, en 1848, par Marx
comme étant un agent russe. Bakounine est considéré, avec Proudhon, comme le principal théoricien de l'anarchisme. C'est à partir de 1842 qu'il
commença à publier des travaux à composante
anarchique, et notamment qu'il forgea son fameux
aphorisme : « La passion de la destruction est
aussi une passion créative. » En 1868, il adhéra à
l'Internationale, et, à partir de là, sa rivalité avec
Marx, qu'il admirait pourtant, s'aggrava. Ajoutons
que Bakounine étant un très brillant orateur, cela
renforça la rivalité entre les deux hommes. Sa rup-

ture avec le marxisme et le socialisme en général sera consommée en 1889 après que la Deuxième Internationale eut expulsé les anarchistes.

Dans le domaine de la lutte ouvrière, les anarchistes prônent la lutte directe contre le capitalisme sous la forme notamment de grèves (avec l'accent mis sur la grève générale), de boycottages et de sabotages. Le terme sabotage, utilisé également dans d'autres langues (et notamment en anglais), trouve son origine, selon certains, dans l'action d'endommager les machines avec des coups de pied (alors, bien sûr, chaussés de sabots). Mais d'autres origines pour ce mot ont été proposées. L'action ouvrière des anarchistes se manifestait surtout à travers leur influence plus ou moins grande dans les syndicats d'obédience socialiste. Comme l'écrit René Furth (1970): «Dans l'histoire du mouvement ouvrier, l'anarchiste a été avant tout un stimulateur et un ferment.» C'est en Espagne et en Russie que le courant anarchiste a été le plus important.

Alors que les autres tendances des mouvements ouvriers voient globalement leur audience s'étendre après la Première Guerre mondiale, l'apogée de l'anarchisme se situe avant cette guerre. Par la nature même de la pensée anarchique, les structures internationales des mouvements anarchistes furent peu nombreuses. Signe de déclin de cette orientation du mouvement ouvrier, il a fallu attendre un siècle pour assister à un nouveau congrès du mouvement anarchiste. Celui-ci s'est réuni en août 1992 à Barcelone et est passé presque inaperçu. *Le Monde* du 25 août lui a consacré un très bref entrefilet (de 11 lignes au bas de sa quatrième page.

Le marxisme après la mort de Marx :
de la Deuxième Internationale
au 1ᵉʳ Mai

Dans les dix dernières années de sa vie (1874-1883), Marx se retira largement de l'action politique. Cela ne réduisit pas l'influence de ce qui devint progressivement le marxisme dans les milieux ouvriers, qu'il s'agisse des syndicats ou, mais dans une bien moindre mesure, des partis socialistes. Généralement on distingue deux écoles prépondérantes. L'école allemande, avec d'une part Karl Kautsky (1854-1938) et Eduard Bernstein (1850-1932) — qui évolue dans un sens réformiste — et d'autre part les radicaux, avec surtout Rosa Luxemburg et Karl Liebknecht, nés tous deux en 1871 et assassinés par des militaires allemands la nuit du 15 janvier 1919. L'école russe, dont les deux leaders incontestés étaient Vladimir Ilitch Oulianov, dit Lénine (1870-1924) et Lev Davidovitch Bronstein, dit Léon Trotski (1879-1940).

LES DEUXIÈME, TROISIÈME ET QUATRIÈME
INTERNATIONALES

La Deuxième Internationale, appelée aussi « Internationale socialiste », fut créée en 1889 à Paris. Contrairement à la Première, celle-ci était basée uniquement sur l'affiliation de partis politiques et de syndicats. D'abord — et ce pendant une dizaine d'années —, ce fut une organisation assez peu centralisée, mais les choses changèrent lors de la réunion du deuxième congrès en 1891. Ces congrès devinrent annuels, et c'est lors du congrès de 1896 que les anarchistes furent exclus. Bien que, au départ, la Deuxième Internationale ait été en faveur de la démocratie parlementaire et d'une transition graduelle vers le socialisme, à partir du début du XXᵉ siècle la ligne marxiste de la lutte de classes prit nettement le dessus.

Débordons du cadre chronologique retenu ici pour signaler que la Troisième Internationale fut fondée en 1919. Elle fut également appelée «Internationale communiste» ou «Komintern» (abréviation de son nom en russe). En fait, ce fut, sinon dès le début, mais très tôt, un organisme de contrôle des Soviétiques sur les mouvements communistes des autres pays. À la suite de son conflit avec Joseph Staline, Léon Trotski créa, en 1938, la Quatrième Internationale. L'assassinat, en 1940, de Trotski par des agents de Staline affaiblit cette association, déjà peu importante, qui se scinda en 1953 en deux factions : le Comité international, comprenant surtout les Anglo-saxons, et le Secrétariat international.

Devant l'option exclusivement communiste de la Troisième Internationale, des socialistes modérés, essentiellement d'Allemagne, d'Autriche et de Suisse, se groupèrent dans l'Union de Vienne. En 1923, cette union s'élargit, et reconstitua, en quelque sorte, la Deuxième Internationale sous le nom d'Internationale ouvrière et socialiste. Sous des formes parfois modifiées, cette internationale continue son existence.

LE 1ᵉʳ MAI

Ouvrons une brève parenthèse sur le 1ᵉʳ Mai. Sur le plan formel, le 1ᵉʳ Mai est né d'une déci-

sion de la IIe Internationale de 1889. Ironie de
l'histoire : un siècle exactement plus tard, ce sera
l'abandon de nombreux aspects du socialisme
dans les pays communistes d'Europe. Les liens
entre le 1er Mai et les fêtes traditionnelles de mai
apparaissent en définitive assez fictifs. On a
notamment rattaché le 1er Mai au Morris Dance
anglais qui avait lieu lors de ce qui était appelé le
« May Day ».

De même, pas de réel antécédent vraiment
socialiste pour ce phénomène ; le véritable antécédent semble dans ce cas-là le Labour Day américain, donc un cas où l'Amérique a précédé le
Royaume-Uni. Avant d'en venir au Labour Day
américain, signalons que le 1er Mai a été fêté
pour la première fois en Angleterre en 1892.
Dans un certain nombre de pays, le 1er Mai est
devenu un jour férié légal, mais ce généralement
après la Seconde Guerre mondiale (sauf, bien
entendu, en URSS où, avant l'écroulement du
régime communiste, c'était la fête nationale par
excellence).

Quelques mots sur le Labour Day. En fait, il
prend place le premier lundi de septembre et a
été fêté pour la première fois par un défilé à New
York en 1882, organisé par les Knights of Labor.
Il est devenu systématique à partir de 1884 et
d'ailleurs une loi de l'État de New York l'a ins-
tauré en 1887. En fait, il est devenu davantage
une espèce de fête ouvrière nationale qu'une fête
de classe ; mais l'antécédent est apparemment
bien là, ce qui fournit une bonne transition aux
mouvements syndicaux apolitiques.

Les mouvements syndicaux
apolitiques : le monde anglo-saxon

Bien entendu, le terme d'apolitique est un peu trop fort, car, par essence, tout mouvement de revendications sociales a un contenu politique. Néanmoins, par rapport aux mouvements syndicaux où le socialisme a joué un rôle déterminant, les modèles anglo-saxons de syndicats sont très différents, étant plus terre à terre.

LE MODÈLE AMÉRICAIN

Le cas le plus typique et le plus important est celui des États-Unis. Cependant, même dans ce cas, il faut distinguer deux phases assez distinctes, et rappeler la précocité de formations de mouvements de nature syndicale en raison de la liberté de coalition garantie par la Constitution de 1787. La première de celles-ci serait la Society of Shoemakers organisée à Philadelphie en 1792. Cette société, comme d'autres qui furent créées avant les années 1820, se limitait à des revendications spécifiques.

Revenons donc aux deux phases de l'action ouvrière. La première, assez proche des modèles européens, débute dès 1827 avec une association restreinte à Philadelphie (Mechanic's Union of Trade Association), et culmine, dans les années 1880, avec l'action des Chevaliers du Travail (Knights of Labor). Cette organisation syndicale fut fondée en 1869, mais elle perdit de son importance après 1886 à la suite d'un grave incident qui lui avait été injustement imputé (attentat à Chicago

qui coûta la vie à sept policiers) et par la désaffec-
tion des ouvriers qualifiés ne se sentant plus
concernés en raison de la différence qui existait
entre eux et les ouvriers émigrés très peu qualifiés.

La seconde phase est liée à la montée en puissance de l'AFL (American Federation of Labor)
dont l'origine remonte à 1881 quand un groupe
des Knights of Labor, sous la direction de Samuel
Gompers, forma un syndicat (qui, en 1886, devint
l'AFL). Sous l'influence de Gompers notamment,
cette fédération se tourna vers un syndicalisme
non idéologique acceptant le régime capitaliste,
mais cherchant — notamment par des négociations collectives — à améliorer les conditions des
ouvriers. Gompers, arrivé très jeune d'Angleterre,
travailla dès l'âge de 14 ans dans l'industrie du
cigare dont il adhéra au syndicat. Il avait des
points de vue que l'on pourrait qualifier de très
conservateurs, puisque opposés à l'élargissement
des syndicats aux Noirs, aux femmes et aux
ouvriers non qualifiés. Les négociations que menait
l'AFL étaient d'ailleurs qualifiées de « Bread and
Butter » [Pain et beurre].

Enfin, relevons, sans être exhaustif, l'existence
de la pratique du *Closed Shop* (littéralement bou-
tique fermée) qui implique que l'employeur s'engage à ne recruter que des personnes membres
d'un syndicat spécifique. Ce système fut surtout
utilisé par les corps de métiers de la construction,
de l'imprimerie, et par les ouvriers des docks.
Cette pratique fut interdite par le fameux *Taft-
Harley Act* de 1947 qui constitua un recul des
libertés des mouvements syndicaux et qui a été
adopté malgré le veto du président Harry S. Tru-
man. Cette loi s'inscrit dans le contexte de la

guerre froide et de la peur de la pénétration des communistes dans les mouvements syndicaux.

LE ROYAUME-UNI ET LES DOMINIONS

Les syndicats apolitiques concernent donc aussi le Royaume-Uni ainsi que les dominions britanniques, tels que l'Australie. Australie où le mouvement ouvrier revêt très tôt une grande importance. Le Labour Party australien avait la majorité dans le Parlement de certains des six États, qui, en 1901, composèrent le Commonwealth d'Australie ; il dirigea le gouvernement fédéral jusqu'en 1920, puis à nouveau à partir de 1930. La pression du Labour Party amena non seulement une politique commerciale protectionniste, mais également des lois restreignant l'immigration. Ce dernier aspect mérite que l'on s'y arrête.

MOUVEMENTS OUVRIERS ET IMMIGRATION

C'est un des aspects négatifs de certains mouvements ouvriers dont on retrouve des exemples ailleurs ; mais c'est en Australie qu'ils entraînèrent le premier cas d'une législation en ce sens. Le problème de l'immigration en Australie était conditionné au départ par la proximité de l'Asie, et par la présence précoce d'une colonie chinoise, non négligeable, dans les mines d'or. Dès le début des années 1860, on constate de graves incidents antichinois. Des premières mesures restrictives à l'immigration furent prises dès le début des années 1880. Après une conférence des États australiens tenue en 1888, la plupart de ceux-ci prirent des mesures restreignant l'entrée des Chinois, et des Asiatiques en général. L'obstacle législatif, lié à l'appartenance au domaine impérial britannique fut, dans certains États, contourné par l'obligation, avant l'autorisation de débarquer, de réussir une dictée de 50 mots dans une des langues occidentales retenues. Toutes ces premières mesures ne résultèrent pas de l'action des mouvements ouvriers. Mais, sur le plan de l'Australie fédérale, ce fut sous l'instigation du Labour Party qu'en 1902 furent votées des lois restrictives qui impliquaient un test dans une langue européenne. Relevons ici que la Nouvelle-Zélande a imité dès 1881, et plus nettement en 1896, l'exemple australien, et que l'Afrique du Sud le fit en 1913, visant davantage les Indiens que les Chinois.

Aux États-Unis, les premières entraves furent édictées en 1882 et concernaient essentiellement les immigrants au passé criminel, les aliénés, les malades ou les personnes risquant de tomber à la charge de la communauté. Par la suite, les critères de refus furent étendus, notamment aux polygames. À partir de 1917, l'entrée était refusée aux Chinois, mesure précédée en 1907 par un accord avec le gouvernement japonais afin de limiter leur émigration vers les États-Unis. Mais, comme nous le verrons, les mesures plus draconiennes et visant de nombreux pays européens se placent en 1921. Le Canada commença à restreindre l'immigration en 1906 et les mesures prises étaient proches du modèle des États-Unis. Hors des dominions britanniques, cette tendance, sans être totalement absente, n'a pas entraîné de mesures significatives avant la Première Guerre mondiale.

L'encyclique Rerum Novarum :
où réapparaît l'action de la religion et apparaît un syndicalisme chrétien

Parallèlement à cette montée des mouvements ouvriers d'inspiration socialiste d'une part et apolitique d'autre part, il ne faut pas oublier la tendance chrétienne. Certes, comme nous l'avons noté dans la première section de ce chapitre, les religions, et surtout celles de la *Bible*, ont un contenu social important. Et dans chacune de ces religions, de l'Antiquité à nos jours, les « penseurs religieux » ont apporté des retouches parfois importantes à ce que Patrick de Laubier (1990) appelle le « message social ». Message social plus ou moins important selon les époques ; et dans ce contexte il faut noter « le silence de l'Église en matière sociale, économique et politique depuis la seconde scolastique, au XVIᵉ siècle », silence « lié à l'apparition de l'État-Nation et à la subordination latente de la religion à la politique dans les sociétés politiques de l'Ancien Régime ».

Les profonds bouleversements de la révolution industrielle ont évidemment rendu nécessaire une reformulation du message social ; et, dès la première moitié du XIXᵉ siècle, certains hommes proches du monde chrétien ont exprimé des points de vue sociaux assez avancés. Ainsi, par exemple, l'année même (1848) où Marx et Engels publiaient leur *Manifeste*, Frédéric Ozanam (1813-1853), professeur en France de littérature étrangère qui a jeté les bases de la Société de Saint-Vincent-de-Paul, écrivait : « Passer du côté des barbares, c'est-à-dire du camp des rois, des hommes d'État de 1815, pour aller au peuple. Et en disant passons aux barbares, je demande [...] que nous nous occupions du peuple, qui a trop de besoins et pas assez de droits, qui réclame avec raison une part plus complète aux affaires publiques, des garanties pour le travail et contre la misère, qui a de mauvais chefs, mais faute d'en trouver de bons. »

Autre précurseur, le baron Wilhelm Emmanuel Ketteler, devenu en 1850 archevêque de Mayence. Il sympathisa avec le projet de coopératives de production financées par l'État que proposait Lassalle, et publia, en 1863, un livre sur « la question ouvrière et le christianisme ». Il fut un farouche opposant à la *Kulturkampf* de Bismarck. La *Kulturkampf* (combat pour la civilisation) fut cette lutte farouche menée contre l'Église catholique à partir de 1871 et jusqu'à 1887, allant de la rupture avec le Vatican à la dissolution de l'ordre des jésuites, en passant par une série de mesures tendant à limiter le rôle de l'Église dans la politique et l'enseignement. Ketteler prend également position contre le nationalisme allemand interdisant, par exemple, aux prêtres de participer à la célébration de la bataille de Sedan, qui fut la grande victoire de l'Allemagne sur la France lors de la guerre de 1871. Il déclara même que le Rhin était une rivière catholique, reprenant ainsi la vieille notion de ce que l'on appelait la « Rue des prêtres », allant d'Anvers à Milan, et au long de laquelle se trouvaient les principaux centres de la Chrétienté.

Malgré ces précurseurs, la structure hiérarchique de l'Église catholique donne une place prépondérante aux points de vue exprimés par les papes. Et même si le pape Pie IX (1792-1878) a parlé un langage un peu nouveau, il a fallu attendre le pape Léon XIII (1810-1903) et l'encyclique[1] *Rerum Novarum* de 1891 pour un véritable changement. Somme toute, une réaction assez tardive prenant place 80 ans après le luddisme, près d'un demi-siècle après le *Manifeste du parti communiste*, dix ans après la *Realpolitik* de Bismarck...

L'ENCYCLIQUE *RERUM NOVARUM*

L'encyclique *Rerum Novarum* est, en quelque sorte, la première encyclique prenant en compte les bouleversements survenus dans les sociétés occidentales en raison de la révolution industrielle. Bouleversements qui nécessitent des solutions très différentes eu égard à la pauvreté. En quelque sorte, on passait de l'aumône aux pauvres aux droits des ouvriers. L'encyclique insiste sur les obligations morales qu'ont les employeurs envers leurs ouvriers, et qu'a l'Église d'œuvrer pour la réconciliation des classes. D'autre part, l'Église doit inciter l'État à édicter des lois afin d'améliorer la condition des ouvriers.

L'encyclique *Rerum Novarum* va d'ailleurs amener dans divers pays la création de syndicats chrétiens, essentiellement d'obédience catholique. Le premier de ceux-ci fut néanmoins créé avant l'encyclique, il s'agit d'un syndicat d'employés fondé à Paris en 1886. À la veille de la Première Guerre mondiale, il existait des syndicats chré-

1. Une encyclique est une lettre envoyée par le pape aux évêques et destinée à l'ensemble du peuple chrétien et désignée par ses deux ou trois premiers mots (la première encyclique est celle de Benoît XIV en 1740).

tiens dans une dizaine de pays, surtout des pays
où le catholicisme est dominant. Signalons, en
1908, la création du Secrétariat international des
syndicats chrétiens. Cependant, malgré un développement rapide, le mouvement syndical chrétien demeurera minoritaire, sauf dans quelques
pays. À la veille de la Première Guerre mondiale,
on peut estimer très grossièrement que seulement
7 à 8 pour 100 de l'ensemble des ouvriers syndiqués appartenaient à des syndicats de tendance
chrétienne. Seuls trois pays ont des proportions
élevées : la Belgique (44 pour 100), les Pays-Bas
(31 pour 100) et l'Italie (24 pour 100). À l'autre
extrémité, on trouve notamment la Suisse (1 pour
100) et la France (8 pour 100).

L'absence de syndicats chrétiens d'obédience
protestante ne doit pas laisser supposer que les
protestants n'ont pas joué de rôle dans les mouvements ouvriers. Le caractère non centralisé de
cette Église ne permet pas une chronologie de
l'attitude sociale de celle-ci. Un des principaux
précurseurs est John Wesley (1703-1791), fondateur du méthodisme, qui se caractérise par son
action pour les défavorisés, et notamment les
ouvriers. Le baptisme a également joué un rôle
prépondérant en ce domaine. D'ailleurs, la figure
de proue du mouvement social des églises américaines était un baptiste : Walter Rauschenbusch
(1861-1918). En Angleterre, un des principaux
précurseurs protestants en matière sociale fut
Frederick Denison Maurice (1805-1872). Dans le
monde francophone, il faut évidemment rappeler
la figure du Genevois Léonard Simonde de Sis-
mondi (1773-1842).

LE BILAN SOCIAL VERS 1913 :
DES DÉBOIRES AYANT MENÉ
À DES VICTOIRES

Au fur et à mesure que l'on se rapproche de la fin du XIXe siècle et de la Première Guerre mondiale, on constate une intensification des luttes sociales. L'effort porte surtout sur les changements de conditions de travail et notamment la durée de celui-ci. Au cours des années 1890-1914, les grèves sont les plus nombreuses et aboutissent souvent à des résultats tangibles. D'autre part, il faut aussi signaler la création à la fin du XIXe siècle de l'Association internationale pour la protection légale des travailleurs, qui est une sorte d'association entre le monde patronal et le monde ouvrier et est l'ancêtre de l'actuelle OIT (Organisation Internationale du Travail ; en anglais ILO), créée en 1919 par la Conférence de la Paix réunie à Versailles. Le Secrétariat permanent de cette importante institution est mieux connu : le BIT (Bureau International du Travail ; en anglais également OIT, car « organization » et « office » commencent par la même lettre) [1].

Essayons donc à présent d'établir un bilan de la situation à la veille de la Première guerre mondiale qui ne fut pas seulement un événement militaire et politique majeur, mais aussi un événement social majeur, dans la mesure où la créa-

1. Nous reviendrons à cette importante institution dans le chapitre XXIX (tome III).

tion en 1917 du premier cas d'une société socialiste (ou marxiste) a été facilitée par cette guerre. Ce bilan ne concernera que les pays développés, non seulement en raison du fait que cette partie du livre est consacrée à cette région, mais également en raison d'une histoire très différente : le problème social primordial du Tiers-Monde au XIXᵉ siècle étant celui de sa dépendance économique. Ce bilan comporte deux volets. Le premier portera sur l'importance du mouvement syndical, le second sur les acquis sociaux proprement dits.

Importance du mouvement syndical

Les données sur le nombre d'ouvriers syndiqués comportent une marge d'erreur parfois importante. En outre, ces données n'expriment qu'imparfaitement la complexité des situations réelles. Dans certains cas, le nombre d'ouvriers sympathisants peut dépasser largement celui des ouvriers inscrits, et payant une cotisation, aux syndicats. Dans d'autres cas, la pression sociale peut entraîner l'adhésion d'ouvriers opposés aux actions syndicales. Sur le plan de l'ensemble de l'Europe sans la Russie, on peut estimer que, vers 1913, près de 12 millions d'ouvriers étaient syndiqués ; ce qui doit représenter très approximativement un ouvrier sur six. En excluant les femmes, beaucoup moins syndiquées et souvent pas admises, cette proportion doit passer à un ouvrier syndiqué sur quatre ou cinq. Si l'on exclut les petites entreprises, la proportion doit être encore plus élevée. Donc une proportion très

TABLEAU XVI.2
NOMBRE D'OUVRIERS MEMBRES DE SYNDICATS
DANS LES PRINCIPAUX PAYS DÉVELOPPÉS
(en milliers)

	1890	1900	1910	1913	1919
ENSEMBLE PAYS DÉVELOPPÉS[a]	2 200	4 900	8 300	15 300	34 500
EUROPE[a]	2 100	4 200	7 600	11 700	25 000
Allemagne	269	849	3 181	3 930	9 000
Autriche	46	200	257	253	772
Belgique	–	–	139	228	750
Danemark	–	96	123	154	346
Espagne	–	–	80	190	211
Finlande	–	–	10	24	41
France	139	492	977	1 027	1 500
Hongrie	–	86	107	681	500
Italie	–	–	817	972	1 800
Norvège	–	20	47	51	144
Pays-Bas	–	14	52	220	625
Royaume-Uni	1 490	2 022	2 565	4 135	7 926
Suède	9	67	127	154	339
Suisse	–	–	78	86	224
Tchécoslovaquie	–	–	100	107	657
AUTRES PAYS DÉVELOPPÉS	120	700	2 700	3 600	10 500
Australie	55	87	307	498	628
Canada	–	–	110	176	378
États-Unis	50	870	2 102	2 588	9 000
Nouvelle-Zélande	–	–	57	71	100

a Y compris des pays non repris ci-dessous.

Sources : D'après Bain, G.S. et Price, R. (1980) ; Laubier, P. de (1984) ; Rimlinger, G.V. (1989) ; Visser, J. (1990) ; *Encyclopaedia Britannica* (1946) ; et sources nationales.

importante. Comme pour toutes les composantes économiques et sociales, on constate des différences nationales. Au Royaume-Uni, on n'est pas loin d'un ouvrier sur deux, alors que dans des pays, tels que l'Autriche-Hongrie, d'environ un ouvrier sur sept ou huit.

Comme on peut le voir dans le tableau XVI.2, sur le plan de l'ensemble des pays développés, l'augmentation du nombre de syndiqués a été très rapide dans les années précédant 1913 ; rien qu'entre 1910 et 1913, la progression a été de 50 pour 100, passant de 8,3 à 15,3 millions de membres (en 1900, ils n'étaient que 4,9 millions). Comme on l'aura remarqué, le Japon ne figure pas dans le tableau XVI.2 pour la raison que jusqu'en 1919 le mouvement syndical y était pratiquement inexistant. Certes, un syndicat (très modéré) fut créé dès 1897 mais une loi, votée en 1900, a interdit ces mouvements.

Signalons que 1913 ne constitue pas un apogée dans l'importance de l'audience des syndicats. La Première Guerre mondiale a, en quelque sorte, donné un coup d'accélérateur au processus, puisque, entre 1913 et 1919, le nombre de syndiqués des pays développés (sans la Russie) a été plus que multiplié par deux, en dépit de la faible progression du Royaume-Uni, vu son très haut niveau de syndicalisation en 1913. On peut estimer que, vers 1919, le nombre d'ouvriers syndiqués dépassait les 35 millions, ce qui devait représenter près d'un ouvrier sur trois. L'apogée historique de l'importance du mouvement syndical en termes de taux de syndicalisation se situe dans les années 1970 et 1980 selon les pays.

Les acquis sociaux du monde ouvrier

Les acquis sociaux... Un des plus importants de ces acquis a déjà été traité dans le chapitre IX où nous avons signalé que, vers 1913 — si l'on excepte l'Europe de l'Est et les Balkans — pratiquement tous les enfants au-dessous de 13 ans étaient scolarisés, donc ne travaillaient pas ou peu. Ainsi un progrès considérable par rapport au début du XIXe siècle ; rappelons que la première loi appliquée effectivement en ce domaine est le *Factory Act* de 1833 qui limitait à 48 heures par semaine et 52 semaines par an la durée du travail des enfants de 9 à 13 ans.

LA RÉDUCTION DE LA DURÉE DE TRAVAIL : L'OBJECTIF DE LA JOURNÉE DE HUIT HEURES

Autre acquis important : la diminution de la durée du travail. Celle-ci a été un élément-clé à la fois dans la législation mise en place par les libéraux des classes dirigeantes comme dans les revendications des syndicats. Et bien que le principe d'une journée coupée en trois au lieu de deux (c'est-à-dire une journée de travail de huit heures au lieu de douze heures) ne va réellement se concrétiser que dans les années d'immédiat après-Première Guerre mondiale, néanmoins vers 1913 on était déjà loin de la situation du début du XIXe siècle. Si l'on se limite aux pays d'Europe occidentale et aux pays de peuplement européen (ceux d'Amérique latine exceptés), on peut estimer que la durée annuelle effective du travail — qui était encore de l'ordre de 3 000-3 200 heures vers

1840 — était tombée à quelque 2 700-2 800 heures vers 1913 ; donc, si l'on préfère, environ 52 à 54 heures par semaine contre 58 à 62 vers 1840. Ce qui se traduit pour 1913 par 9 à 10 heures par jour, puisque l'on travaillait soit 6 jours, soit 5 jours et demi par semaine.

Bien entendu, cela constitue une moyenne très approximative ; et il convient de signaler ici que la lutte pour la journée de huit heures, préconisée dès 1833 par Owen, ainsi qu'en 1866 lors du premier congrès, tenu à Genève, de l'AIT, et amorcée réellement dès les années 1880, n'a pas abouti avant les années 1920 et ce dans un nombre très restreint de pays. D'ailleurs, au sein du BIT, ce fut là la première des six conventions adoptées en 1919 par la première conférence de cette institution (et ratifiée à ce jour par 49 États membres de l'Organisation).

Sans parler d'acquis sectoriels ou d'acquis pour les enfants ou les jeunes, le premier pays à avoir adopté une loi limitant la durée quotidienne de huit heures de travail dans les industries fut apparemment la Nouvelle-Zélande (1897). Notons que dans le même continent, les travailleurs de Melbourne avaient obtenu cet avantage dès 1856 et l'État de Victoria dès 1883[1]. Autre précédent, aux États-Unis, dès 1869, l'ensemble des employés et des travailleurs occupés par ou pour le compte du gouvernement des États-Unis bénéficiait d'une journée de huit heures, et dans ce cas, comme presque partout, cela signifiait 48 heures par semaine. Comme nous le verrons au chapitre XXIX

---

1. Voir le tableau XXIX.3 (tome III) dans le chapitre consacré à la vie sociale au xxe siècle.

(tome III), entre 1917 et 1919, un grand nombre (une quinzaine) de pays développés adoptèrent des lois limitant la durée quotidienne du travail à huit heures par jour (et, en principe, à 6 jours de travail par semaine).

DES SALAIRES PLUS ÉLEVÉS
GRÂCE AUX PRESSIONS SYNDICALES ?

Tenter de déterminer quelle fraction de l'augmentation des salaires réels, que l'on constate au cours du XIXe siècle, est imputable aux « pressions sociales » au sens large du terme ou simplement au processus du développement économique est une impossibilité et cela n'a jamais, à notre connaissance, été tenté. Même la simple élaboration de séries comparables pour la période 1890-1913, dont les éléments sont présentés dans le tableau XVI.3, a été très justement comparée, par René Leboutte (1989), à la « traversée d'un terrain miné ». En tout cas, les salaires réels progressent très fortement durant ce XIXe siècle. Du début des années 1840 à la veille de la Première Guerre mondiale, on peut estimer que ceux-ci ont été multipliés par près de deux et demi. La dispersion des résultats est assez grande non seulement en raison de la réalité des évolutions, mais aussi probablement en raison de la non-homogénéité des statistiques.

Une des réponses partielles à la question posée ci-dessus consisterait à la comparaison de la croissance des salaires dans le temps en fonction des pressions syndicales, mais aussi, bien entendu, en fonction de la croissance de l'ensemble des revenus par habitant. Cependant, même si elle est

TABLEAU XVI.3

SALAIRES RÉELS DANS L'INDUSTRIE
(salaires quotidiens ou hebdomadaires;
1900 = 100)

	Salaires réels			Taux annuel de croissance[a]	
	1840/42	1890/92	1911/13	Salaires réels	PNB par habit.
Allemagne	54	91	113	1,0	1,5
Belgique	42	86	100[b]	1,2	1,5
Danemark	57[c]	83	130	2,0	2,1
États-Unis	40	91	113	1,5	1,7
France	60	92	99[d]	0,7	1,0
Italie	–	82	121	1,9	1,6
Pays-Bas	–	81	105	1,2	1,1
Royaume-Uni	39	92	97[e]	1,3	1,3
Suède	–	82	121	1,9	2,4

a 1840-1842 à 1911-1913; sauf Italie, Pays-Bas et Suède: 1890-1892 à 1911-1913.
b 106 pour 1904-1906.
c 1870-1872.
d 107 pour 1905-1907.
e 102 pour 1907-1909.

Sources: Salaires: 1840-1842 à 1890-1892: calculs de l'auteur d'après les séries de salaires et coûts de la vie réunies par Mitchell, B.R. (1992, 1993 et 1995).
Allemagne, États-Unis, France, Italie, Royaume-Uni, Suède: d'après Zamagni, V. (1989).
Pays-Bas: d'après Van den Eeckhout, P. (1989).
Belgique, Danemark: calculs de l'auteur (voir ci-dessus). Comme la série du Danemark concerne les salaires horaire, nous avons corrigé celle-ci en postulant une réduction de la durée quotidienne du travail de 6 % entre 1870 et 1890, et de 7 % entre 1890 et 1913.
PNB: données réunies pour l'étude Bairoch, P. (1976b); avec données révisées.

réalisable, une telle recherche donnerait des résultats sujets à des interprétations très délicates. Par conséquent, il faut considérer la comparaison que nous établissons dans les deux dernières colonnes du tableau XVI.3 comme un simple élément d'information. La seule indication valable que fournissent ces deux colonnes est la quasi-certitude que les salaires des ouvriers ont augmenté moins vite que les autres revenus. Sept des neuf pays repris dans le tableau XVI.3 montrent une telle évolution. Et, dans la confrontation de ces deux colonnes, il faut encore tenir compte que les revenus des paysans, qui représentaient alors une fraction prépondérante de la population, ont certainement augmenté plus lentement que ceux des ouvriers, et que la série des salaires des ouvriers ne tient pas compte de la diminution du nombre de jours de travail. Donc, pour en revenir à la terminologie en vigueur à l'époque, certainement une paupérisation relative de la classe ouvrière (et encore davantage de la classe paysanne), mais pas de paupérisation absolue.

LES ASSURANCES SOCIALES : UNE ÉBAUCHE DE L'ÉTAT-PROVIDENCE

Enfin, et ce n'est pas marginal, en 1913 un certain nombre de pays développés disposaient déjà d'un système assez élaboré d'assurances sociales. On distingue en général quatre domaines principaux pour les assurances sociales. Le premier, qui fut dans la plupart des cas le plus précoce, est celui concernant les assurances pour les accidents de travail. Assez tôt suivi par celui des assurances couvrant la maladie. Plus tardive fut la mise en place du troisième domaine, c'est-à-dire les systèmes de pensions, s'étendant souvent aussi à l'invalidité. Enfin le quatrième domaine, mais là, comme nous le verrons, on dépasse le cadre historique de ce chapitre, à savoir l'instauration des assurances chômage. Pour toutes ces assurances, il convient d'établir une distinction entre les systèmes d'assurances dites « obligatoires » et ceux d'assurances qualifiées de volontaires, mais subventionnées. Les systèmes d'assurances obligatoires couvrent l'ensemble des travailleurs et sont subventionnés par l'État. Ce dernier aspect implique donc les débuts du système de transfert vers des classes sociales qui, en général, ont moins contribué à ces ressources de l'État. Les systèmes d'assurances volontaires reçoivent en général moins de subsides, et surtout ne couvrent qu'une fraction, plus ou moins grande, des travailleurs.

Même à la veille de la Première Guerre mondiale, l'Allemagne, qui a joué un rôle pionnier dans le domaine des assurances sociales, reste le seul pays disposant d'un système d'assurances obligatoires englobant les trois composantes (voir le tableau XVI.4). Cependant, si l'on se limite à l'assurance-accident et maladie, elle a été rejointe par quelques autres pays, surtout des petits pays. En ce qui concerne les assurances volontaires, la grande majorité des pays a mis en route de tels systèmes ; mais moins pour l'assurance-vieillesse et invalidité.

Certes, la simple chronologie présentée dans le tableau XVI.4 ne permet pas de déterminer les fortes différences qui peuvent exister d'un système d'assurance sociale à un autre, mais dans

TABLEAU XVI.4
DATES DES PREMIÈRES MESURES D'ASSURANCES
SOCIALES (XIXe SIÈCLE)

	Accidents de travail A	Accidents de travail B	Vieillesse et/ou invalidité A	Vieillesse et/ou invalidité B	Maladie A	Maladie B
EUROPE						
Allemagne	1871	1884	–	1889	–	1889
Autriche	–	1887	–	1927	–	1888
Belgique	1903	1971	1900	1924	1894	1944
Bulgarie	–	1924	–	1924	–	1918
Danemark	1898	1916	1891	1921	1892	1933
Espagne	1900	–	–	1919	–	1942
Finlande	–	1895	–	1937	–	1963
France	1898	1946	1895	1910	1898	1930
Italie	–	1898	–	1919	1898	1919
Norvège	–	1894	–	1936	–	1909
Pays-Bas	–	1901	–	1913	–	1929
Portugal	–	1913	–	1935	–	1935
Roumanie	–	1912	–	1912	–	1912
Royaume-Uni	1897	1946	1906	1929	–	1911
Russie	–	1903	–	1922	–	1912
Suède	1901	1916	–	1913	1891	1953
Suisse	1881	1911	–	1946	–	1911
AUTRES PAYS DÉVELOPPÉS						
Australie	–	1902	–	1908	–	1944
Canada	–	1908	–	1927	–	–
États-Unis	1908	–	–	1935	1965	–
Nlle-Zélande	–	1908	–	1898	–	1938

A = Volontaires mais subventionnées ou partielles.
B = Obligatoires.

Sources : Flora, P. (1983) ; Rimlinger, G.V. (1989) ; et US Department of Health and Human Services (1994).

tous les cas, les systèmes se sont progressivement
améliorés. Dans la majorité des pays, on est en
présence de ce que l'on peut appeler une ébauche
de l'État-providence, qui va progressivement se
mettre en place après la Première, et surtout la
Seconde Guerre mondiale.

Ainsi, dans les principaux domaines, l'introduction des législations sociales se réalise avant
la Première Guerre mondiale. En revanche, si
l'assurance-chômage obligatoire a été introduite
dès 1907 au Danemark et dès 1911 au Royaume-
Uni, il faudra attendre les effets de la dépression
des années 1930 pour voir se généraliser et
s'élargir cet aspect fondamental de la protection
du monde ouvrier. Nous y reviendrons.

Si l'on arrête le bilan à la veille de la Première
Guerre mondiale, on s'aperçoit que, malgré le
processus de rattrapage des lois sociales par rapport aux périodes de démarrage économique, il
subsiste un écart entre pays ayant amorcé précocement leur développement économique et ceux
l'ayant fait plus tard. L'Europe occidentale a un
système social nettement plus avancé que celui
en vigueur dans les pays du Sud et de l'Est. On
note cependant des exceptions. C'est ainsi que les
États-Unis ont un retard de près d'un demi-siècle
sur les pays avancés d'Europe. Toutefois, comme
les États-Unis étaient alors le pays le plus riche
du monde, les salaires réels des ouvriers y étaient
aussi plus élevés. La Suisse également a pris
du retard dans les lois sociales, même si pour
d'autres aspects (législation du travail notamment) elle était, ainsi que l'avons vu, en avance.

TABLEAU XVI.5

POURCENTAGE DE LA POPULATION ACTIVE
DES PAYS D'EUROPE OCCIDENTALE
COUVERTE PAR L'ASSURANCE SOCIALE EN 1910

	Accidents	Maladies	Pensions et invalidité	Chômage
Allemagne	81	44	53	0
Autriche	26	24	2	0
Belgique	29	12	29	0
Danemark	40	54	0	9
France	20	18	13	0
Italie	11	6	2	0
Norvège	16	0	0	2
Pays-Bas	18	0	0	0
Royaume-Uni	70	0	0	11[a]
Suède	20	27	0	0
Suisse	19	0	0	0

a 1915.

Sources : Flora, P. (1983).

Le tableau XVI.5, qui fournit les proportions de la population active couverte par les différents programmes d'assurances sociales en 1910, permet de mettre en évidence les profondes différences en la matière. Comme on peut le voir, à l'exception de l'assurance-chômage, l'impulsion donnée par Bismarck dans les années 1880 était encore très visible vers 1910. Ainsi, par exemple, en ce qui concerne l'assurance-accident, 81 pour 100 de la population active étaient couverts, alors que pour le reste de l'Europe occidentale la moyenne se situait à 27 pour 100. La différence est encore plus marquée pour l'assurance-vieillesse et invalidité. Dans le chapitre XXIX (au tome III), consacré à l'histoire sociale des pays développés au XXe siècle, nous aurons l'occasion de dévelop- per certains des éléments exposés ci-dessus en traitant notamment de certains pays négligés ici, tels que le Canada, la Nouvelle-Zélande, le Japon, le Portugal, etc. ; bref, d'autres exemples de vic- toires et de déboires. Mais, auparavant, dans la prochaine partie du présent tome, nous allons présenter l'histoire mouvementée des futurs Tiers-Mondes de 1492 à 1913. Histoire où les déboires et, bien plus que cela, les drames l'emportent largement sur les victoires, surtout durant le XIXe siècle.

TROISIÈME PARTIE

LES TIERS-MONDES
FACE AUX PAYS
INDUSTRIALISÉS
(1492-1913)

Expliquons-nous à propos de ce titre et d'abord à propos du pluriel utilisé afin de qualifier le Tiers-Monde. C'est évidemment intentionnel, vu la diversité des situations, même au niveau des grandes régions du Tiers-Monde et même vers 1913. Ce n'est que progressivement que l'on assistera à une égalisation des structures qui justifiera, mais vers 1930-1950 seulement, l'utilisation du singulier. Dans un volume d'hommage dédié à la mémoire du grand démographe et économiste Alfred Sauvy qui m'avait fait le privilège de m'accorder son amitié, j'ai rédigé un texte (1992) intitulé « Du Tiers-Monde aux Tiers-Mondes. Convergences et clivages » ; en effet, Alfred Sauvy a lancé, en 1952, le terme Tiers-Monde. Terme qui eut un grand succès, non seulement en langue française, mais aussi dans un grand nombre d'autres langues (au moins une vingtaine), allant de l'anglais au tchèque, en passant par l'hébreu et le japonais. Dans cet article, j'ai mis en relief que l'utilisation de Tiers-Monde au singulier se justifiait entièrement pour le début des années 1950, et même jusqu'au début des années 1970. En revanche, après les années 1970, le pluriel devenaît nécessaire. D'ailleurs, Alfred Sauvy lui-même a rédigé, en 1974, un bref article intitulé «Feu Tiers-Monde» dans lequel il écrivait : «Peut-être est-il permis au parrain de l'expression "Tiers-Monde" en 1952 de la répudier aujourd'hui, ou du moins de dénoncer son archaïsme ?» Et il insistait sur la diversité de ce Tiers-Monde. Si, pour la période contemporaine, le terme au singulier est devenu archaïque, il nécessite aussi le pluriel pour le XIXe siècle. En outre, il est anachronique au singulier ou au pluriel si l'on se place au XVIIIe siècle, c'est-à-dire avant la révolution industrielle. D'une façon encore plus évidente, si l'on se situe à la fin du XVe siècle, ce terme, même au pluriel, n'a pas de signification ; le premier chapitre de cette partie sera notamment consacré à un examen de la situation des diverses régions du monde à cette période où l'Europe n'était pas, et de loin, la seule région avancée, ni même la région la plus avancée et où aussi l'Europe n'était certainement pas la civilisation possédant le plus grand empire colonial. C'est donc par commodité que le terme «Tiers-Monde» est utilisé car son usage est très large et, d'autre part, déjà à partir du début du XIXe siècle, beaucoup de sociétés non européennes glissaient vers le sous-développement, vers la tiers-mondisation.

Dans la deuxième partie, nous avons fait, à quelques reprises, des incursions dans la période pré-industrielle et, dans la plupart des cas, nous avons également traité, brièvement il est vrai, de sociétés non occidentales. Ceci ne nous empêchera pas ici de remonter souvent des siècles en arrière afin de fournir des points d'appui aux siècles qui suivent 1492, date dont nous partirons.

De même, dans de nombreux cas, nous ferons une entorse à l'autre borne historique de cette partie, 1913, en présentant des aspects de l'évolution ultérieure, notamment pour l'entre-deux-guerres.

1492... La précision de cette date est évidemment symbolique : la « découverte » de l'Amérique, ou, plutôt, sa redécouverte par l'Europe, constituant en quelque sorte le point d'orgue des décennies de bouleversements des rapports entre grandes civilisations qu'ont été les années 1470-1530. Dans le prologue, nous avons montré pourquoi cette période constitue une des plus importantes ruptures de l'histoire du monde, et *a fortiori* de l'histoire des futurs Tiers-Mondes. Pour les futurs Tiers-Mondes, car cette période marque le début de la colonisation européenne, et les grandes étapes de cette colonisation seront abordées dans le chapitre XVIII. Les chapitres suivants seront successivement consacrés à l'histoire des quatre grandes régions qui composent ces futurs Tiers-Mondes ; histoire où, par la force des choses et pour le malheur de ces régions, la colonisation européenne a occupé une place centrale.

XVII. DIVERSITÉS DES FUTURS TIERS-MONDES ET PERMANENCE HISTORIQUE DE LA COLONISATION

L'historien indien K.M. Panikkar (1953) a certes raison quand il écrit que le 27 mai 1498, date de l'arrivée de Vasco de Gama dans un port du sud-ouest de l'Inde, marque «le tournant de l'histoire de l'Asie et de l'Europe». Mais, déjà le 12 octobre 1492, la découverte — ou la redécouverte, peu importe — de l'Amérique par Colomb ouvrait une ère nouvelle dans l'histoire du Nouveau Monde et, indirectement en raison de la traite des Noirs, dans celle de l'Afrique. Bref, la décennie 1490 est, sans conteste, l'un des plus importants tournants de l'histoire de l'univers, et surtout des relations entre l'Europe et les futurs Tiers-Mondes. Avec le XVIᵉ siècle, commençait la domination européenne sur les autres continents.

Nous allons nous intéresser ici à deux aspects importants. D'abord nous examinerons quelle était, vers 1500 (pour ne pas dire 1492, ce qui serait trop précis), la situation de l'Europe et surtout des principales régions des futurs Tiers-Mondes qui sont très diversifiés. En effet, quoi de commun entre l'Afrique et l'Amérique ? Entre ces deux continents et l'Asie ? La dissimilitude est moins grande entre l'Asie proprement dite et le

Moyen-Orient, bien que d'importantes différences existaient et existent encore. Aux disparités entre les continents s'ajoutent celles à l'intérieur de ces régions. Diversités économiques, sociales et religieuses. Diversités aussi des destins historiques qui incluent des colonisateurs et des colonisés. À l'époque, pratiquement aucune de ces colonies n'était le fait des Européens, mais d'autres pays du futur Tiers-Monde. C'est cet aspect de la permanence du fait colonial qui sera l'objet de la seconde section de ce chapitre.

LES PROTAGONISTES
EN PRÉSENCE À L'AUBE
DU XVIᵉ SIÈCLE

Avant de voir quelles ont été les formes et les conséquences de cette colonisation européenne, nous allons examiner de façon schématique quelle était la situation, à l'aube du XVIᵉ siècle, des divers continents. Nous le ferons essentiellement à travers trois aspects : le niveau des techniques, le niveau du développement économique et le niveau de civilisation au sens large. Et nous le ferons assez brièvement, car l'occasion nous sera donnée d'y revenir plus en détails dans les chapitres XX à XXIII consacrés aux principales régions des futurs Tiers-Mondes. Ici, il s'agit de brosser surtout un tableau comparatif, c'est pourquoi nous commencerons avec l'Europe.

L'Europe :
un continent qui a pansé ses plaies
et se tourne vers l'extérieur

L'Europe du début du XVIe siècle est celle de la Renaissance. C'est une Europe d'environ 80 millions à 100 millions d'habitants, dont une quinzaine de millions pour la Russie que certains n'incluent pas tout à fait à l'Europe. C'est-à-dire que, sur le plan de la population, l'Europe représente environ le cinquième du monde qui compte alors, vers 1500, environ 450-480 millions d'habitants. C'est une Europe qui a pansé ses plaies dues aux guerres et aux épidémies de peste noire qui ont ravagé ses plaines et ses villes à partir du milieu du XIVe siècle, calamités ayant entraîné une baisse de l'ordre d'un tiers de sa population. Le sommet du niveau de la population atteint vers 1340, soit environ 90 millions à 100 millions d'habitants, est de nouveau atteint vers 1500.

C'est une Europe qui a non seulement retrouvé une large part de l'acquis des civilisations grecque et romaine, mais qui a également assimilé, et parfois amélioré, certains éléments des civilisations de l'Asie, grâce à ses contacts avec le Moyen-Orient. Parmi les acquis venus probablement de l'Asie, citons la boussole, le papier, la poudre à canon. Nous disons probablement, car le cheminement de ces inventions est, en définitive, difficile à tracer. Certes il s'agit encore d'une Europe à sociétés traditionnelles, mais d'une Europe qui dispose d'un éventail de techniques assez large, dont nous venons de citer certains emprunts probables à l'Asie. Mais il convient aussi de relever, pêle-mêle et sans être exhaustif, les techniques suivantes, qui, elles, sont probablement d'origine locale : hauts fourneaux, horloges astronomiques, navires performants, imprimerie, canaux avec écluses, rails dans les mines, comptabilité en partie double, etc. D'ailleurs, les siècles qui précédaient, à savoir ceux du Moyen Âge, sont loin d'avoir été des siècles négatifs. On a réhabilité le Moyen Âge, qui, à la lueur des recherches récentes, a beaucoup perdu de son image négative. Même sur le plan technique, n'a-t-on pas parlé d'une révolution technique médiévale ?

Il s'agit aussi d'une Europe qui dispose d'une agriculture qui produit suffisamment pour permettre à environ 20 pour 100 de sa population de se consacrer à d'autres activités. Il s'agit aussi d'une Europe qui, et cela peut paraître aujourd'hui étrange, dispose de sources importantes d'énergie, plus importantes en tout cas que celles des civilisations avancées d'Asie et du Moyen-Orient. En effet, les trois sources dominantes d'énergie de l'époque sont très abondantes en Europe, qu'il s'agisse de forêts ou de cours d'eau se prêtant à l'établissement des moulins à eau, ou encore du régime favorable des conditions éoliennes aux moulins à vent dans maintes régions.

Nous avons insisté plus haut sur la diversité des régions des futurs Tiers-Mondes ; cela apparaît vrai aussi en Europe où, néanmoins, existe une plus grande uniformité culturelle et religieuse que dans les autres grandes régions, à l'exception du Moyen-Orient. Sur le plan économique, le centre de gravité est encore localisé au sud, autour du bassin de la Méditerranée. C'est là que se situent les foyers les plus importants d'échanges, et aussi la grande majorité des villes. Certes, la plus grande ville, Paris, ne s'y trouve pas, mais c'est le cas des quatre suivantes : Naples, Milan, Venise et Grenade. Et, sur les 15 plus grandes villes européennes, 10 sont localisées autour du bassin méditerranéen. L'Italie, l'Espagne et le Portugal, les trois grands pays du Sud, qui, dans leurs limites actuelles, représentaient 10 pour 100 de la population de l'Europe, rassemblaient 41 pour 100 des citadins de l'Europe. Dès lors, quoi d'étonnant que dans l'histoire de l'expansion, et surtout des découvertes, deux de ces trois nations aient joué un rôle déterminant ? Et en tenant compte de l'origine génoise de Christophe Colomb, le troisième a aussi joué un rôle-clé.

Il s'agit enfin, et c'est un point très important pour l'histoire des deux siècles qui suivent, d'une Europe tournée vers l'extérieur, qui cherche et réussit à améliorer notamment ses techniques de navigation et d'armement maritime, ouvrant ainsi la voie à ses voyages d'exploration, puis à ses conquêtes. Europe probablement aussi poussée vers l'océan Atlantique en raison du verrou plus ou moins étanche établi par la puissance ottomane qui contrôle la traditionnelle route des épices de l'Orient. Une Europe qui est le point de départ de maints voyages d'explorateurs.

HENRI LE NAVIGATEUR
ET L'ÈRE DES GRANDES DÉCOUVERTES

Voyages d'explorateurs... En effet, tant la découverte de Vasco de Gama que celle de Christophe Colomb ne sont pas le seul fait du hasard.

Ce que l'on qualifie d'ère des grandes découvertes débute dès le milieu des années 1410 et se
situe surtout entre le milieu du XVe siècle et le
milieu du XVIe siècle. Bien que d'autres grandes
civilisations aient été à l'origine d'importants
voyages d'exploration, ceux de l'Europe d'alors
furent de loin les plus importants. Dans les premières phases de l'exploration européenne, le
Prince Henri le Navigateur, troisième fils du roi
du Portugal Jean Ier, a joué un rôle primordial,
même s'il ne participa que très peu aux multiples
voyages d'exploration qu'il organisa ou suscita.
Voyages d'exploration essentiellement le long de
la côte africaine, à la recherche d'une route vers
les richesses d'Afrique et d'Asie également.
Signalons qu'un de ses frères lui avait ramené
d'Italie et traduit le livre des voyages de Marco
Polo.

Non seulement le Prince Henri organisa les
voyages, mais il établit à Sagres, en 1420, une
véritable station d'étude et d'exploration, attirant
les savants et les techniciens afin d'améliorer la
conception des navires, les cartes géographiques
et les instruments de navigation. C'est là que
furent mises au point les fameuses caravelles qui
serviront plus tard à Christophe Colomb et à bien
d'autres explorateurs. L'exploration des côtes
occidentales de l'Afrique a posé beaucoup plus
de problèmes que celle des côtes orientales pour
les civilisations d'Asie. Du côté occidental, les
vents alizés soufflent toujours dans la direction
nord-sud, ce qui longtemps rendit pratiquement
impossible le retour sur des grands trajets. À
cela, il faut encore ajouter le caractère désolé,
pour ne pas dire désertique, du littoral sud-maro-

cain et saharien, ce qui limitait sérieusement les possibilités de ravitaillement en vivres et en eau.

Du côté oriental (donc du côté du Moyen-Orient et de l'Asie), la mousson souffle alternativement (d'un semestre à l'autre) dans les deux directions, ce qui explique la précocité des explorations lointaines de la part des Arabes et des Chinois, même à l'aide de bateaux plus rudimentaires. Par exemple, dès le IXᵉ siècle, et plus certainement dès le Xᵉ siècle, les Arabes accostèrent à Madagascar, c'est-à-dire à 15° de latitude sud. Sans doute, le point le plus méridional de l'autre côté, du côté occidental, exploré avant le XVᵉ siècle a été le cap Bojador, au sud du Maroc, soit à 32° de latitude nord. Il a fallu attendre la conjonction de deux innovations importantes pour que les navires puissent naviguer convenablement à contrevent : le gouvernail d'étambot et la voile dite latine. Le gouvernail d'étambot (c'est-à-dire fixé à l'arrière du bateau) a commencé à se généraliser à la fin du XIVᵉ siècle, mais la voile latine (de forme triangulaire) n'a commencé à être utilisée (au Portugal) qu'à l'époque du Prince Henri.

En 1434, le navigateur portugais, Gil Eanes, parvint à doubler le cap Bojador. Dix ans plus tard, les Portugais atteignirent le Sénégal, c'est-à-dire 15° de latitude nord. Néanmoins, c'est après la mort, en 1460, de Henri que se place l'essentiel de la fantastique épopée des grands explorateurs portugais (ou commandités par le Portugal). En 1469, l'équateur fut atteint et, en 1484, on arrive à l'embouchure du fleuve Congo (5° de latitude sud), c'est-à-dire une latitude atteinte sur la côte orientale au moins quatre siècles plus tôt. Et, étape fondamentale, dès 1487, Bartolomeu Dias de Novaes (ou Barthélemy Diaz) contournait l'Afrique, ce que très probablement aucune autre civilisation n'avait réalisé auparavant, cela si l'on excepte la probable mais épisodique présence de jonques chinoises sur les côtes occidentales de l'Afrique et qui auraient ainsi traversé le Cap de Bonne-Espérance dans l'autre sens, bien sûr.

En 1498, Vasco de Gama atteignit l'Inde, donc atteignit enfin le but ; aidé, il est vrai, à partir du Mozambique, par des pilotes musulmans et notamment par un des meilleurs et des plus célèbres : Ibn Majid. Mais, auparavant, en 1492, date-charnière de l'histoire mondiale, il y avait eu la « découverte » de l'Amérique par Christophe Colomb. Christophe Colomb qui s'était fait « commanditer », un peu par hasard, par l'Espagne. D'ailleurs, à partir des premières décennies du XVIᵉ siècle, Anglais, Espagnols, Français et Hollandais vont se joindre à cette grande aventure ; et ce sont leurs pays qui retireront le plus de profits des voies tracées par les Portugais.

Qu'est-ce qui motivait les Européens, notamment les Portugais, à entreprendre cette vaste et téméraire entreprise d'exploration ? Bien sûr, il y avait la curiosité scientifique et la soif de découvertes. Toutefois d'autres motifs étaient plus déterminants. Il y avait d'abord, et surtout, la recherche d'un accès direct aux richesses d'Asie, qui arrivaient en Europe grâce aux intermédiaires (coûteux) du monde musulman, et dont le commerce devenait de plus en plus difficile au fur et à mesure que l'Empire ottoman s'affirmait. Qu'il s'agisse des diverses épices ou des articles manufacturés de luxe (textiles notamment), tous ces produits étaient fort demandés en Occident.

On espérait également trouver en Asie ou en Afrique des sources plus abondantes de métaux précieux. À cela s'ajoutait un motif à la fois stratégique et religieux : l'espoir de prendre à revers le monde musulman, grâce à une alliance avec le légendaire royaume chrétien du prêtre Jean, personnage qui hanta l'imaginaire du monde occidental pendant au moins cinq siècles (du XIIᵉ au XVIᵉ). Aux yeux des Occidentaux, il était un puissant souverain, à la fois roi et prêtre, qui était censé défendre les régions périphériques de la Chrétienté contre l'Islam. Son royaume était supposé être localisé dans la partie de l'Afrique où se trouve l'Éthiopie. Enfin, on prévoyait, chemin faisant, d'évangéliser les «idolâtres», ce qui n'était pas un but négligeable pour l'époque.

Le Moyen-Orient : la consolidation de l'Empire ottoman

Commençons cet aperçu de la situation dans le reste du monde par la région la plus proche de l'Europe. Région avec laquelle l'Europe a eu, depuis des millénaires, des rapports fréquents faits de commerce et de conflits. Au début du XVIᵉ siècle, le Moyen-Orient voit la consolidation d'un nouvel empire : les Ottomans (Turcs) dont nous décrirons plus loin les étapes de l'expansion. Empire ottoman dont le niveau de développement technique et économique n'avait rien à envier à celui de l'Europe. Cela ne veut pas dire qu'il y eût égalité dans tous les domaines, mais que, *grosso modo*, les niveaux moyens étaient voisins, avec une présomption de légère supériorité de l'Empire ottoman. Sur le plan militaire, la supériorité de cet Empire était incontestable, surtout face à une Europe très morcelée. D'ailleurs, la taille et la diversité de cet Empire rendent les comparaisons difficiles. Taille et diversité... Certes, cela est particulièrement valable pour les décennies qui suivent 1500, quand l'Empire ottoman contrôlait l'ensemble du Moyen-Orient, à l'exception de l'Iran ; l'ensemble de l'Afrique du Nord, à l'exception du Maroc ; et, en Europe, une partie importante des Balkans ainsi que certaines parties de la Hongrie et de la Russie. Sur le plan économique et technique, cet Empire avait recueilli l'essentiel de ce qui a fait la gloire de la civilisation musulmane, bien que l'apogée de celle-ci se soit situé quelques siècles plus tôt.

Si l'apogée de l'Empire ottoman se situe à la fin du XVIᵉ siècle, on est déjà en présence d'une puissance économique et politique de première grandeur dès les premières décennies du XVᵉ siècle. Constantinople, rebaptisée Istanbul, qui n'avait plus qu'environ 40 000 à 60 000 habitants lors de sa prise par les Turcs en 1453, atteint probablement vers 1530 les 350 000 à 450 000 habitants, faisant d'elle la deuxième ou troisième ville du monde après Peking et Vijayanagar (en Inde). Il est vrai que la Constantinople chrétienne avait figuré, pendant environ huit siècles, avec 300 000 à 400 000 habitants, parmi les deux ou trois plus grandes villes du monde. D'ailleurs, Istanbul l'ottomane sera pendant une partie des XVIIᵉ et XVIIIᵉ siècles, lorsque sa population sera de l'ordre des 700 000 habitants, la plus grande ville du monde.

LA PERSE : L'AUTRE GRANDE NATION MUSULMANE

Sans remonter au puissant et vaste Empire de Cyrus II le Grand (VIᵉ siècle av. J.-C.), la Perse du début du XVIᵉ siècle n'est plus ce pays riche et bien structuré qu'il avait été au cours des XIᵉ et XIIᵉ siècles avant d'être soumis par Gengis Khan. Toutefois, sous le règne (1502-1524) du shah Isma'il Iᵉʳ, le pays redevint une entité politique, avec le shi'isme comme religion nationale. Ainsi que nous le verrons plus longuement dans le chapitre XXIII, au début du XVIIᵉ siècle, sous le règne de celui qui est considéré comme le plus grand empereur de la dynastie des Safavides, le shah `Abbas Iᵉʳ le Grand, le pays fut assez puissant pour conquérir, ou reconquérir, à partir de 1603 des territoires appartenant à l'Empire ottoman. C'est dire que la seule menace européenne ne pouvait parvenir que du Nord, c'est-à-dire de la Russie, laquelle ne pourra et ne cherchera à intervenir que beaucoup plus tard : au XIXᵉ siècle. Si, sur le plan culturel, on s'accorde à estimer que la Perse du XVIᵉ siècle a été la civilisation la plus avancée du Moyen-Orient, sur le plan économique et technique on ne peut parler d'une suprématie sensible, ce qui signifie, *grosso modo*, un niveau voisin de celui de l'Europe.

Même avant que le reste du Moyen-Orient ne succombe à la domination ottomane, il ne restait au début du XVᵉ siècle (hormis la Perse) aucune réelle puissance économique ou politique. L'Iraq, siège du puissant califat des `Abbassides, avait été ruiné par la conquête des Mongols au milieu du XIIIᵉ siècle. Bagdad qui, avec environ 700 000 habitants, avait été vers l'an 800 la plus grande ville du

monde, n'existait pratiquement plus vers 1500.
C'était également le cas de Damas, bien que
l'autre grande cité de la Syrie, Alep, demeurât une
ville relativement importante de 60 000 habitants,
probablement la plus grande du Moyen-Orient
hors des empires ottoman et perse.

UNE MINORITÉ ÉGALEMENT AVANCÉE

Avant de quitter le Moyen-Orient, et afin
d'apporter une preuve complémentaire de l'avance
de cette région par rapport à l'Europe à cette
période, il n'est pas superflu de présenter la situation de la plus importante minorité, qui vivait à la
fois dans l'Occident chrétien et dans les mondes
musulmans méditerranéens. Nous parlons évidemment de la communauté juive. Or, il n'y a
aucun doute que, du XIIIe au XVIe siècle, les communautés juives vivant au contact des civilisations musulmanes avaient un niveau social,
culturel, et probablement aussi économique, plus
avancé que celles vivant au contact de la civilisation chrétienne. Les grands noms de la pensée
juive de l'époque, qu'il s'agisse de théologie, de littérature, de médecine, etc., appartenaient surtout,
pour ne pas dire exclusivement, aux communautés juives vivant au sein de sociétés musulmanes.

Cependant, il est difficile d'établir un bilan comparatif tant soit peu précis, puisque l'on ne dispose
que de données très approximatives sur l'importance démographique de ces deux communautés
juives, ce qui empêche d'éliminer le facteur
nombre. Mais il est à peu près certain que, même
en importance relative, les communautés juives
des sociétés musulmanes étaient plus avancées.

L'Afrique :
un continent en partie déjà colonisé

De l'autre côté de la Méditerranée, l'Afrique dont il faut distinguer, comme aujourd'hui encore, le sud du nord du Sahara. Deux régions au peuplement et à l'histoire très différents, ce qui n'a pas exclu, au contraire, des relations entre elles, dont certaines ont revêtu un caractère dramatique, tel que le trafic des esclaves. Nous commencerons notre inventaire par la partie la plus proche de l'Europe, le nord du Sahara, que l'on appelle aujourd'hui généralement Afrique du Nord et où se trouvent deux régions assez distinctes, mais que l'histoire a réunies dès l'époque romaine et encore davantage dès le milieu du VIIe siècle : l'Égypte d'une part et le Maghreb d'autre part. Le Maghreb qui, dans sa définition élargie — la plus utilisée —, englobe les trois pays du Maghreb au sens strict (Algérie, Maroc, Tunisie), plus la Libye. Nous utiliserons cette définition, bien que l'« Union du Maghreb Arabe », signée en 1989, englobe la Mauritanie.

L'AFRIQUE DU NORD ISLAMISÉE

Une région alors assez peu peuplée, les estimations allant de 6 à 12 millions, ce qui ne représente que 1,5 à 2,2 pour 100 du monde, alors que vers l'an zéro il s'agissait probablement de 3,5 à 5,1 pour 100 (en 1995, 2,7 pour 100). Vers 1500, l'Égypte représentait à peu près la moitié de la population de l'Afrique du Nord. Très tôt, dès les années 640, cette Afrique du Nord christianisée a

commencé à être touchée par l'expansion musulmane, qui pénétra en Afrique à travers le Sinaï.
L'Égypte et la Libye sont soumises les premières
années de la décennie 640. L'obstacle des déserts
du Cyrénaïque et de Nubie retardant un peu l'expansion vers l'ouest, la Tunisie n'a été conquise
qu'à partir de 647, mais Carthage ne succomba
qu'en 698. La résistance des Berbères a constitué
un obstacle supplémentaire, de sorte que l'Algérie et le Maroc n'ont été soumis que dans les
années 680. Neuf siècles plus tard, l'Empire ottoman prend en quelque sorte le relais de cette
expansion de l'Islam. L'Égypte passe sous domination ottomane en 1517, ouvrant ainsi la porte
au reste de l'Afrique du Nord, qui est vaincue
progressivement, à l'exception, et c'est important, du Maroc. Tripoli est prise en 1551, et la
Tunisie est conquise en 1574. Et, enfin, l'Algérie,
déjà soumise *de facto* en 1518, devient une régence
turque en 1587.

Malgré et à cause de ces colonisations, et grâce
aussi à l'afflux de musulmans (et dans une
moindre mesure de juifs) chassés par la «recon-
quête» chrétienne de l'Espagne, cette région
avait, au début du XVIe siècle, un niveau de développement économique et technique voisin de
celui de l'Europe, et même supérieur dans certains domaines. C'est le cas notamment de l'agriculture, qui y disposait de techniques plus
avancées que de l'autre côté de la Méditerranée.

L'Afrique du Nord est probablement aussi
plus urbanisée que l'Europe, avec la présence
de grandes villes, dont la plus importante Le
Caire comptait vers 1500 probablement environ
450 000 habitants, alors que Paris, la plus grande

ville européenne, n'en avait que 125 000. Toutefois, de nombreuses villes du Maghreb n'avaient
pas retrouvé leur importance antérieure aux événements tragiques du XIe siècle. À cette période,
la dynastie (arabo-shi'ite) des Fatimides, qui
régnait sur l'Égypte, envoya, afin de se venger de
sa perte de pouvoir sur le Maghreb, des armées
bédouines qui dévastèrent cette région. Le grand
historien arabe, Ibn Khaldun (1332-1406), a écrit
que «les Bédouins sont tombés sur le Maghreb
comme une nuée de sauterelles». Cette invasion
a eu pour conséquence de transformer beaucoup
de riches régions agricoles en pauvres pâturages,
entraînant par là un déclin de la vie économique
et des villes qu'elles supportaient. Ce fut le cas
notamment de la ville tunisienne de Kairouan qui
était alors la capitale et un centre économique et
commercial du pays, avec une population proche
des 100 000 habitants avant l'arrivée des troupes
bédouines ; elle n'était plus que l'ombre d'elle-
même vers 1500.

L'ÉGYPTE DES MAMELOUKS

En revanche, l'Égypte avant la domination
ottomane était encore, au début du XVIe siècle,
une puissance politique et économique, ce que
l'on appelait l'Égypte des Mamelouks. À l'origine, ceux-ci étaient des soldats esclaves (recru-
tés parmi les non-Arabes) qui servaient de milice
aux régimes établis par les musulmans. Jusque
vers 1380, la plupart des Mamelouks étaient
d'origine turque ; par la suite, en raison de la
montée en puissance de l'Empire ottoman, ils
furent surtout remplacés par des Tcherkesses,

appelés aussi Circassiens. À plusieurs reprises, entre le XIIIe et le XIXe siècle, et dans diverses régions (y compris l'Inde), les Mamelouks prirent le pouvoir.

C'est en Égypte qu'ils jouèrent le plus grand rôle et aussi le plus durable. En 1250, la première dynastie mamelouk fut fondée. À partir du XVe siècle, le pouvoir cessa d'être héréditaire, les sultans[1] étant élus par les Mamelouks. En fait, même durant la domination ottomane, les Mamelouks conservèrent un pouvoir certain en servant la puissance titulaire. Ils ne furent évincés qu'en 1811 quand Muhammad-`Ali les fit massacrer et les expulsa. Le pouvoir des Mamelouks égyptiens s'étendait sur un vaste territoire qui, outre l'Égypte qui en constituait le centre, couvrait, selon les périodes, une partie plus ou moins grande des territoires des pays actuels suivants : Israël, Jordanie, Liban, Syrie, et plus marginalement Turquie.

Si, en règle générale, les Mamelouks assurèrent à l'Égypte pouvoir et prospérité, le XVe siècle fut plutôt défavorable. Ce fut une période troublée par des luttes intérieures et, surtout, par des abus de la part de fonctionnaires et même des sultans. Sur le plan économique, un des abus les plus négatifs fut le système de l'achat forcé : la marchandise était réquisitionnée par le sultan et les commerçants devaient la racheter au prix fort. Cependant, il apparaît que sous le règne de Qa'itbay (1468-1495) la situation économique et politique s'améliora. En tout cas, l'Égypte fut capable de résister à la pression ottomane. Et ce fut aussi une

---

1. Qualificatif donné aux souverains de l'Empire ottoman ainsi qu'à des princes de certains pays musulmans.

période de renaissance artistique. On estime toutefois que, après 1492, la perte de son commerce de transit de produits en provenance de l'Inde et à destination de Venise handicapa sérieusement cette renaissance économique et artistique ; donc, un autre exemple de l'importance de cette rupture de 1492. D'ailleurs, entre 1500 et 1600, la population des principales villes de ce pays enregistra une baisse. C'est notamment le cas du Caire, qui perd environ la moitié de sa population, passant de 400 000 à 500 000 habitants (et de la 3e ou 4e place sur le plan mondial) à environ 200 000 (et à la 14e ou 15e place).

LE MAROC : L'OCCUPATION EUROPÉENNE PRÉCOCE
DE CERTAINES VILLES CÔTIÈRES

La proximité de l'Espagne et du Portugal ainsi que, par la suite, l'absence de la protection ottomane expliquent l'occupation, parfois temporaire, d'un bon nombre de villes côtières, soit par les Portugais, soit par les Espagnols. Ceuta est prise dès 1415 ; Tanger en 1471 ; Agadir en 1505 ; etc. Il y eut même des incursions à l'intérieur des terres. Cela a amené, à partir de 1523, une guerre sainte qui culmina avec la bataille d'Alcazar-Quivir (1578) au cours de laquelle le roi du Portugal fut tué. Sur le plan économique, le Maroc du XVIe siècle, malgré l'arrivée des Mauresques d'Andalousie, ne retrouva pas le niveau atteint aux XIIe et XIIIe siècles. Fez, qui avait encore 250 000 habitants vers 1300, n'en a plus que la moitié vers 1500, et Marrakech passe de 150 000 à 50 000. D'ailleurs, comme pour le reste du Maghreb, on a assisté également au Maroc à une baisse de la population totale, laquelle avait atteint un premier sommet de l'ordre de 5 millions vers l'an 1000, pour se situer au-dessous de 4 millions vers 1500 (en 1995, 27 millions).

L'AFRIQUE NOIRE : DÉJÀ LE FLÉAU DE LA TRAITE DES ESCLAVES

Au sud du Sahara, l'Afrique Noire, dont de larges fractions étaient encore primitives (sans que ce terme implique une notion péjorative), mais où existaient des foyers importants de civilisations dont on découvre davantage chaque jour le degré d'avancement et de précocité. L'exemple le plus significatif est celui du Bénin, qui avait atteint alors un niveau technique avancé proche de celui de l'Europe des XIᵉ et XIIᵉ siècles, s'il est possible de tirer de semblables parallèles.

Bien que nous y revenions plus longuement dans le chapitre XXI, il convient ici de ne pas omettre le fait, lourd de conséquences humaines, sociales et économiques, à la fois positives et négatives, qu'a constitué la pénétration de l'islam en Afrique Noire, pénétration qui a commencé dès le VIIᵉ siècle en ce qui concerne l'Afrique de l'Est (d'accès plus facile), et dès le VIIIᵉ siècle pour l'Afrique de l'Ouest. Cette pénétration a essentiellement touché l'Afrique Noire au nord du tropique ; en fait, la limite se situe à peu près à 300 km au nord du 10ᵉ parallèle. Notons toutefois que l'Éthiopie ne fut pas réellement touchée par cette expansion de l'islam. La partie islamisée correspond, *grosso modo*, à la totalité ou à une grande partie des pays suivants (dans leurs limites actuelles) : Burkina, Gambie, Guinée, Mauritanie, Mali, Niger, Sénégal, Somalie, Soudan, Tchad.

Si l'on se place au début du XVIᵉ siècle, le bilan très simplifié est le suivant : du côté des éléments que l'on peut considérer comme positifs, citons les acquis de l'Islam en matière économique et culturelle, qui ont permis notamment la constitution des États soudanais. Dans cette perspective, signalons le grand Empire Songhaï, qui entretenait des relations commerciales accrues avec l'Afrique du Nord, grâce notamment à l'usage du dromadaire. Du côté des éléments certainement négatifs, il y a la traite des esclaves noirs vers les mondes musulmans. On peut considérer que, entre le début de cette traite, commencée vers 650, et 1500, environ 6 à 7 millions de personnes avaient déjà été arrachées au sol africain. À ce total s'ajouteront encore, au cours des quatre siècles suivants, environ 7 à 8 millions.

L'Asie : de grands empires avancés, riches et puissants

À l'est de l'Europe, cette Asie quatre fois plus vaste que l'Europe est aussi près de quatre fois plus peuplée qu'elle. Cette Asie, terre d'origine des précieuses épices, des soieries, des cachemires, des calicots, des porcelaines et autres articles manufacturés de luxe. Cette Asie dont Marco Polo et d'autres avaient laissé entrevoir, dès la fin du XIIIᵉ siècle, les richesses et la puissance. Richesses et puissance... En effet, on peut considérer que, vers le début du XVIᵉ siècle, les principales civilisations d'Asie avaient atteint un niveau de développement technique et économique supérieur à celui de l'Europe.

Certes, avant le bond permis par la révolution industrielle, les écarts ne pouvaient être très importants, surtout eu égard à ceux que nous connaissons aujourd'hui. Mais en tenant compte de ces limites et même en tenant compte du fait que certains chroniqueurs de l'époque ont «enjolivé» leurs récits, on peut considérer l'Asie comme étant au début du XVIe siècle plus avancée que l'Europe. Dans cette Asie deux pays, ou empires, ou civilisations, occupent une place prédominante : la Chine et l'Inde dont les populations représentaient environ 80 pour 100 de la population totale de ce continent. Deux civilisations qui, alors, étaient les plus avancées d'Asie, sans pour autant que l'on puisse considérer que les autres pays aient été caractérisés par de faibles niveaux : qu'il s'agisse du Japon, de la Corée, de l'Indonésie, de la Thaïlande, du Viêt-nam, etc., leurs niveaux de civilisation étaient voisins de ceux de l'Europe. Mais commençons par quelques indications sur les deux civilisations les plus avancées.

LA CHINE : LE BERCEAU DE NOMBREUSES TECHNIQUES

Vers 1500, la Chine, avec ses 100 à 140 millions d'habitants, avait une masse démographique qui non seulement représentait plus de 40 pour 100 de celle de l'Asie, mais aussi le quart de celle du monde ; et de 50 à 60 pour 100 de plus que l'ensemble de l'Europe. Et comme c'était un Empire centralisé, il est normal que la capitale (depuis 1264), à savoir Peking, ait été alors, avec ses 650 000 à 700 000 habitants, la plus grande

ville du monde ; et que, sur les 6 plus grandes
villes du monde, 4 aient été chinoises (outre
Peking : Hang-Chou, Nankin et Canton).

Empire très peuplé et aussi empire à très
ancienne civilisation, puisque l'on situe le début
de la dynastie semi-légendaire des Hsia au
XXIe siècle avant J.-C. et que sous la dynastie des
Shang (XVIIIe-XIe siècle av. J.-C.), l'agriculture et
les techniques manufacturières commencèrent à
connaître un niveau assez avancé. En fait, il s'agit
de la plus ancienne civilisation encore en place
aujourd'hui. Empire très peuplé et à très ancienne
civilisation, disions-nous, mais aussi Empire très
développé. Qu'il s'agisse de l'agriculture ou de
l'industrie, nous sommes sans aucun doute en
présence, à l'aube du XVIe siècle, de techniques
plus évoluées que celles de l'Europe. Empire également avancé dans certains aspects de l'organisation économique et financière. À maintes
reprises, dans les chapitres X et XIV, nous avons
fait état du rôle précurseur de la Chine.

Rôle précurseur qui ne se mesure pas en décennies, mais en siècles. Ainsi, pour ne citer que des
exemples dans le domaine de la sidérurgie, il
apparaît que la Chine médiévale savait déjà fabriquer de l'acier au tungstène, technique que l'Occident ne maîtrisera qu'à la fin du XIXe siècle. Et,
déjà dans les siècles précédant l'ère chrétienne, la
Chine utilisait des procédés d'affinage de la fonte
qui ne seront utilisés en Europe qu'après la révolution industrielle. Cela a permis d'ailleurs à
l'agriculture chinoise d'adopter des socs de charrue couverts de fer. Enfin, dès le XIe siècle, la
Chine adoptait cette innovation capitale que
constitue le remplacement du charbon de bois

par la houille, ce qui fit de la Chine le plus gros producteur de fer du monde jusqu'au XVIIIᵉ siècle.

Globalement, comme le montre la synthèse de A. Pacey (1990), cette suprématie technique était très précoce : « En 1100, la Chine était sans aucun doute la région la plus avancée dans le monde du point de vue de la technologie ; et particulièrement en ce qui concerne l'utilisation du coke (dans la fusion du fer), les canaux et l'équipement agricole. La mise au point des ponts et des machines textiles se développa également rapidement. Dans la Chine du XIᵉ siècle, il y avait dans tous ces domaines une utilisation de techniques qui ne furent égalées en Europe qu'après 1700. »

Dans les autres domaines, qu'il s'agisse de l'organisation financière, des industries extractives, des canaux ou de l'agriculture, la Chine avait anticipé la plupart des innovations adoptées par la suite par les autres continents. Notons toutefois, sans que ceci ne remette le moins du monde en cause la place de la Chine, que le début du XVIᵉ siècle ne constitue pas pour elle un apogée par rapport aux siècles précédents. L'occupation de la Chine par les Mongols (1279-1368) s'était traduite par une régression de la population et de l'économie ; et la Chine des Ming (1368-1644) ne connaîtra son apogée qu'après le début du XVIᵉ siècle. En termes relatifs, il est probable que c'est vers le XIIᵉ siècle que l'avance de la Chine a été la plus importante.

L'INDE : UN DES GRANDS PÔLES ÉCONOMIQUES DU MONDE

Quand le 20 mai 1498 Vasco de Gama atteignit le port de Calicut (appelé aujourd'hui Kozhikode), l'Inde n'était pas encore redevenue un État unifié. C'était une mosaïque d'États, soit hindous, soit déjà soumis aux envahisseurs musulmans. La masse de la population de la péninsule indienne était alors très proche de celle de la Chine. D'ailleurs, si Calicut n'était pas une très grande ville (environ 60 000 habitants), en revanche la capitale de l'Empire hindou de Vijayanagar (appelée du même nom), où se situe Calicut, comptait un demi-million d'habitants et était la deuxième plus grande ville de la planète. En 1565, cette grande métropole fut détruite par une coalition d'armées musulmanes et ne redevint jamais plus une ville de quelque importance. Aujourd'hui, le site est occupé par un village. Ce fut là une étape importante de la conquête musulmane de l'Inde, que l'on peut considérer comme ayant été achevée dans les premières décennies du XVIᵉ siècle. C'est une des constantes de l'histoire millénaire de l'Inde que son unification se soit réalisée essentiellement sous domination étrangère. Nous y reviendrons dans le chapitre XXII, mais relevons ici que cette Inde unifiée va constituer un obstacle à la pénétration européenne.

Sur le plan économique et technique, l'Inde vers 1500 peut être considérée comme étant certainement aussi avancée que l'Europe, et même probablement davantage. Le textile, qui, en Asie comme en Europe, était la principale activité industrielle, y avait atteint un niveau très élevé. Il s'agissait surtout de textiles de coton qui étaient alors les premiers du monde, aussi bien sur le plan du volume que de la technique. Ces textiles étaient exportés non seulement au Moyen-Orient, mais aussi indirectement vers l'Europe. On connaît moins son industrie métallurgique ; mais son agriculture avait atteint un niveau élevé. Bref, comme le résume si bien Maurice Aymard (1992), l'Inde était alors, « par le chiffre de sa population, par le volume de sa production agricole, par l'importance de ses achats et de ses ventes à l'extérieur, l'un des grands pôles économiques du monde ».

Entre l'Inde et la Chine, se situent six grandes civilisations que l'on peut, afin de simplifier, appeler de leurs noms actuels : Birmanie, Cambodge, Laos, Thaïlande, Viêt-nam et Indonésie. Et, plus loin que la Chine se situe encore deux autres grandes civilisations : la Corée et le Japon. Il convient donc de les présenter toutes les huit, ne serait-ce que parfois brièvement.

LE SIAM : UN RICHE BASSIN FLUVIAL

Quand, en 1511, les Portugais débarquèrent, premiers Européens à atteindre par la mer la Thaïlande, que, jusqu'en 1939 (et aussi de 1945 à 1949), l'on appela le Siam, il s'agissait, déjà depuis des siècles, d'un Empire thaï, puissant et riche. Les Thaïs, connus par les Chinois sous le nom de Siamois et qui étaient des cultivateurs de riz, ont commencé à quitter le sud de la Chine au XIᵉ siècle, attirés par le potentiel agricole du bassin fluvial du Ménam (ou Chao Phraya). Les premiers royaumes thaïs s'établirent dès les années 1210 et 1220. Et commença alors une synthèse de la culture chinoise et de la culture indienne qui donna naissance à une nouvelle culture, dotée d'une langue et aussi d'une écriture siamoises dont on crédite l'invention au souverain Râma

Kamhèng (1277-1317), surnommé Râma le Puissant (ou le Fort) car il avait été victorieux à l'âge de 19 ans dans un duel impliquant des éléphants. Il joua un rôle important dans la consolidation de l'Empire thaï en adoptant l'organisation militaire et aussi la hiérarchie sociale des Moghols.

Ayuthyâ, la capitale, créée vers 1350 sur une île, est progressivement devenue une très grande ville, comptant probablement 150 000 habitants à l'arrivée des Portugais ; elle demeura une grande cité somptueuse et très peuplée jusqu'à sa destruction par les Birmans en 1767. Les ruines de Ayuthyâ font aujourd'hui les « délices » des touristes et des archéologues. Et si l'Inde et la plus grande partie de l'Asie ont succombé à la colonisation, la Thaïlande, grâce à une politique habile que menèrent d'autres rois nommés Râma, demeura une des rares régions indépendantes de l'Asie. Sur le plan du niveau de développement, le Siam, au XVIe siècle, se rapprochait des deux grands pays asiatiques, et était un État bien structuré. Apparemment, c'était un pays moins industrialisé que les deux géants. Géants dont il était très loin d'avoir la taille puisque c'était un pays peu peuplé : probablement 2 millions d'habitants.

LE VIÊT-NAM : UNE PUISSANCE MALGRÉ LA CHINE

Le Viêt-nam n'eut pas la chance de la Thaïlande ; car, comme nous le verrons plus loin, il tomba sous la domination coloniale française, après une longue résistance, il est vrai. Cette résistance, dont l'histoire contemporaine a été cruellement marquée, a des origines historiques très lointaines, puisqu'un État « vietnamien », créé dès le milieu du millénaire avant J.-C., fut soumis, à partir de l'an 101, au puissant voisin du nord : la Chine. Mais, au Xe siècle, un groupe de rebelles chassa les Chinois, et restaura l'indépendance nationale. Un État, appelé Dai-Viêt (le Grand Viêt), avec à sa tête Dinh Bô Linh, qui se proclama empereur en 968, se mit en place, acceptant d'être tributaire de la Chine et adoptant beaucoup d'institutions politiques et culturelles de ce pays, tout en résistant aux pressions chinoises en vue de reprendre le pouvoir.

La civilisation et l'État vietnamiens connurent un premier épanouissement sous la dynastie Tran (1013-1413). Mais, durant tout le XIVe siècle, on assista à de nombreuses révoltes populaires causées par la mainmise progressive des mandarins sur les terres des petits paysans. La révolte la plus célèbre dura de 1344 à 1360 où Ngô Bê attira sous sa bannière des dizaines de milliers de malheureux, proclamant la devise : « Prendre aux riches pour donner aux pauvres. » La Chine envahit le pays à partir de 1406. Mais, une fois encore, le pays ne se soumit point et, dès 1418, Lê Loi combinant guérilla et guerre de mouvements, grâce à l'appui d'une grande partie de la population, reconquit progressivement l'indépendance, qui fut obtenue en 1428. La structure sociale est alors bouleversée par une réforme agraire qui détruisit l'ancienne aristocratie, développa la propriété privée de la masse paysanne, et abolit en termes concrets l'esclavage qui subsistera dans les autres pays de la région jusqu'au milieu du XIXe siècle.

Vers 1500, le Viêt-nam, après avoir donc subi une nouvelle mais brève domination chinoise, connaît son second apogée politique, économique et social. L'agriculture notamment fut favorisée et encouragée, et des colonies militaires organisèrent systématiquement la culture des terres en friche dans certaines régions. Reprenons une fois encore ce bon indicateur que constitue la population de la capitale. Hanoi, fondée en 767, avait probablement vers 1500 une population de l'ordre de 50 000 habitants. Ce qui, vu sa position géographique — elle est située à 120 km de l'embouchure de la rivière Rouge — constitue une grande ville. La population de l'ensemble du pays était, quant à elle, probablement du même ordre que celle de la Thaïlande (environ 2 millions).

LE CAMBODGE EN DÉCLIN ET LE LAOS QUI ÉMERGE

Le Cambodge est le plus ancien royaume de la péninsule indo-chinoise : il remonte au premier siècle avant J.-C. L'apogée du pays se situe au IXe siècle, notamment sous le règne de Indravarman I, dont le fils Yaçovarman I fut le bâtisseur de la fameuse et splendide ville d'Angkor (ce qui signifie grande ville), qui entraîna l'extension du système d'irrigation déjà présent. Le déclin économique et social du pays commença au XIVe siècle et fut largement causé par une révolution religieuse et politique : le remplacement de l'hindouisme par le bouddhisme. Ce phénomène provoqua l'abandon du rôle-clé que jouaient les temples des brahmanes dans l'entretien des réseaux d'irrigation. L'agriculture, dont la prospérité faisait l'admiration des voyageurs, déclina, ce qui affaiblit le pays. En 1355, Angkor fut prise par les Siamois, et la ville fut abandonnée dans les premières décennies du XVe siècle. La civilisation cambodgienne commença un lent et long déclin, en butte notamment aux attaques des Siamois.

Le royaume du Laos n'émergea qu'au milieu du XIVe siècle. Le fondateur Phraya Fa Ngum, un prince thaï élevé à la cour d'Angkor, instaura le royaume vers 1350. Son fils, grand bâtisseur de temples et de bibliothèques, fit procéder au premier recensement du pays, qui aboutit au chiffre de 300 000 familles ; d'où son nom San Sen Thaï, qui signifie roi des Trois cent mille. Donc une population de l'ordre de 1,3 à 1,5 million, soit un peu plus faible qu'au Cambodge. Le royaume ne s'affirme que progressivement, étant en butte notamment aux invasions vietnamiennes. Mais on peut considérer qu'au début du XVIe siècle l'instauration de la monarchie laotienne était achevée, notamment avec Vixun qui monta sur le trône en 1507 et fut un grand constructeur de monuments. L'apogée du royaume se situe cependant sous le long règne (de 1637 à 1694) de Suriyavongsa. Incidemment, notons qu'un des plus courts règnes fut celui de la reine Nang-Keo-P'impa (4 mois en 1438). Ce fut une des rares exceptions de l'accession au trône d'une femme, car la «loi salique» était commune à toute l'Asie. En fait, cette reine régna indirectement pendant plus d'une dizaine d'années, car étant fille du roi précédent, elle fit introniser sept rois, tous ses amants, qu'elle exécuta ou poussa au suicide montrant par là qu'elle conservait le pouvoir.

LA BIRMANIE :
DES CONTACTS PRÉCOCES AVEC L'EUROPE

Contrairement aux autres pays de la région, les contacts des Européens avec la Birmanie ont été précoces ; de plus, Marco Polo, qui aurait peut-être été le premier à y séjourner (1282-1284), fut chargé par l'empereur mongol (régnant alors sur la Chine) Qubilai Khan de réorganiser le pays. D'ailleurs, trois siècles plus tard, de nombreux aventuriers européens furent mêlés à la politique intérieure du pays, et parmi lesquels un Portugais, Felipe de Brito, y fondit un éphémère royaume (de Syriam) entre 1599 et 1613.

Au début du XVIe siècle, période qui nous concerne, la Birmanie était un pays divisé qui avait décliné par rapport à la période de son apogée, située à la fin du XIIIe siècle. Période où d'ailleurs la capitale, la splendide Pagan, dépassait probablement la taille d'Angkor avant que cette dernière ne fût saccagée par les Mongols en 1287. Pagan avait alors environ 180 000 habitants, comparés à environ 150 000 pour Angkor. Notons toutefois que la Birmanie avait alors environ 3 millions d'habitants, soit probablement deux fois plus environ que le Cambodge (vers 1500, la population de la Birmanie était de l'ordre de 4 millions d'habitants). Avec ses 180 000 habitants, Pagan était au début du XIIIe siècle la 3e ou 4e plus grande ville du monde. À cette époque, la plus grande ville européenne était Palerme (environ 150 000), qui était récemment redevenue chrétienne, suivie par Paris (environ 100 000). Toutefois la période allant du milieu du XIIe siècle au début du XIIIe siècle était celle où existait dans le monde le moins de très grandes villes. Ainsi, par exemple, les quatre plus grandes villes du monde avaient ensemble environ 1,9 million d'habitants vers l'an 900, et encore près de 1,0 million vers 1100, mais seulement 0,8 million vers 1200 (1,5 vers 1300, et 1,8 vers 1500).

Le processus de réunification fut aidé par les Européens, puisque c'est avec l'aide d'un corps de l'armée portugaise (et avec l'aide de ses canons) passé à son service qu'en 1542 le futur roi Taungngu Tabinshweti prit la ville de Prome et se fit sacrer à Pagan. Ce qui, moins d'un demi-siècle plus tard, n'empêcha pas les Portugais de saccager la capitale de l'époque, à savoir Pegu, et d'y massacrer les trois cinquièmes environ de la population, qui atteignait alors 150 000 personnes. Si la ville de Pegu a survécu à ce massacre, ainsi qu'aux énormes destructions dues à une révolte au milieu du XVIIIe siècle, et est aujourd'hui une ville de près de 300 000 habitants, en revanche Pagan n'est plus que la plus vaste cité en ruine bâtie de briques et de stucs de tout le sud-est de l'Asie.

Avant de quitter la péninsule indochinoise, ajoutons quelques appréciations sur le niveau économique et techniques des trois pays (le cas du Siam ayant déjà été évoqué). Bien qu'ayant chacun sa spécificité, et qu'ayant chacun apporté des acquis plus ou moins importants à l'histoire des civilisations, comparés au grand voisin de l'ouest (l'Inde) et au grand voisin du nord (la Chine), ces pays occupèrent un rang moins élevé. De ce fait, et encore une fois avec toutes les réserves que l'on peut émettre dans ce type de comparaisons, on peut estimer que sur le plan économique et technique ces trois pays étaient moins avancés que l'Europe de la même période.

L'INDONÉSIE : UN ARCHIPEL DOMINÉ PAR L'ISLAM

L'Indonésie est un des grands pays d'Asie où la pénétration de l'islam a été la plus complète. Bien que dominée entre le IIIe et le XIIIe siècle par l'Inde et le bouddhisme, vers 1500 ce vaste agglomérat d'îles se convertit à l'islam (sauf Bali). L'Indonésie était alors un point d'appui important au sein d'un vaste réseau d'échanges des mondes musulmans, dans lequel les épices en provenance surtout des Moluques (archipel le plus oriental de l'Indonésie) jouaient un rôle prépondérant. Mais ce rôle commercial avait débuté bien plus tôt et selon un axe très différent. En effet, dès le début du IIe siècle, Java était en relation tant avec l'Inde qu'avec la Chine. Cela conduisit à donner à la civilisation indienne un rôle prépondérant dans le début du développement de l'archipel. L'empire de Srivijaya, qui apparaît aux VIIe et VIIIe siècles, devint à la fois un centre commercial florissant (avec notamment le port de Palembang), une étape importante pour les relations de la Chine avec le monde indien et arabe (car contrôlant le détroit de Malaca), et un foyer du bouddhisme. À la fin du XIIIe siècle, cet Empire commença à s'affaiblir, en même temps que débutait la pénétration de l'islam et des marchands arabes recherchant surtout les épices.

Ce sont donc les marchands musulmans que les Européens cherchèrent à supplanter. Ce qui fut relativement facile, la plupart des centres commerciaux manquant d'un soubassement éco-

nomique et militaire important ; et ce bien que
l'ensemble de l'Indonésie eût une population de
l'ordre de 8 millions, soit 3 à 4 fois plus élevée
que la Thaïlande ou le Viêt-nam, mais dispersée
sur les nombreuses îles. D'ailleurs, vers 1500,
aucune ville de l'Indonésie ne dépassait apparemment les 50 000 habitants, ce qui n'implique
nullement qu'il s'agissait alors d'une société peu
avancée sur les plans économique et technique.
N'oublions pas que l'archipel a bénéficié successivement des apports des civilisations indienne et
arabe, tout en étant aussi en contact avec la
Chine. Son grand rôle commercial a probablement été concomitant d'un niveau de développement relativement avancé, sans doute proche,
voire légèrement supérieur, à celui de l'Europe
de l'époque. D'ailleurs, comme ce sera le cas au
XVIIᵉ siècle de la future puissance qui dominera
l'archipel, à savoir les Pays-Bas, l'Indonésie disposait à l'aube du XVIᵉ siècle de suffisamment de
moyens économiques pour importer de grandes
quantités de riz. À ce propos, signalons que ce que
certains historiens appellent le « riz de la mer »
était un produit essentiel du commerce de
l'Océan indien et de l'Extrême-Orient. Une des
principales régions d'exportation était le Bengale.

LA CORÉE : UN PAYS PRESQUE HORS D'ATTEINTE

Il faut garder présent en mémoire que, pour les
Européens, la Corée est le territoire d'Asie le plus
éloigné. Même la Russie, qui sera le premier pays
européen à « acquérir » un territoire coréen en
1860, avait au début du XVIᵉ siècle sa frontière
pratiquement située du côté européen de l'Oural.

Cet éloignement explique pourquoi il fallut attendre 1628 pour qu'un navire hollandais atteignît (ou plutôt fît naufrage) sur la côte d'une île coréenne. L'un des trois marins fut retenu en Corée afin d'y enseigner notamment l'art de la fabrication des armes à feu, notamment le mousquet. En 1653, c'est une trentaine d'autres naufragés qui fut retenue pendant 12 ans afin de fournir des renseignements sur l'emploi des armes à feu, surtout les canons, et sur l'astronomie. Ceci est un indice d'un certain retard dans des domaines limités, mais la Corée du début du XVIᵉ siècle, avec ses 4 millions d'habitants, avait atteint un niveau économique, technique et culturel assez avancé, sans toutefois égaler celui de la Chine, et probablement pas celui de l'Europe d'alors.

Mais revenons brièvement en arrière, car avec la Corée nous sommes en présence d'une très ancienne civilisation et d'un très ancien État. Sans tenir compte de la légende coréenne qui situe les débuts de la première dynastie en 2333 avant J.-C., dès 57 avant notre ère, nous sommes en présence de trois royaumes coréens. À la fin du VIᵉ siècle, un de ceux-ci prend le contrôle avec l'aide des Chinois de l'ensemble du pays. En 1392 (après l'invasion mongole, qui avait soumis le pays en 1231), un militaire coréen, après avoir repris le contrôle du pays, fonda la dynastie des Yi, laquelle régna jusqu'en 1910, c'est-à-dire jusqu'à la colonisation japonaise. Mais, dès le XVIᵉ siècle, commencèrent les incursions japonaises, qui feront ultérieurement «du pays du matin calme» une colonie «du pays du soleil levant».

ET LE JAPON ?

Le lecteur sera peut-être surpris que nous quittions l'Asie sans traiter, avec plus de détails, du cas du Japon, qui était après tout le troisième grand du continent. Un troisième grand, qui, avec ses quelque 17 millions d'habitants (vers 1500), était néanmoins 6 à 17 fois moins peuplé que les deux géants, mais aussi 4 à 5 fois plus peuplé que les plus grands des autres pays d'Asie. Cette omission se justifie d'abord par le fait que le Japon n'a pas été colonisé, et ensuite qu'il est actuellement un pays développé. Un aperçu de l'histoire du Japon avant sa modernisation ayant été présenté dans le chapitre VI, bornons-nous ici à indiquer que le début du XVIe siècle est marqué par un essor économique intérieur couplé avec une extension des relations internationales. Et rappelons au passage que, à l'instar de la Corée, le Japon était presque un pays hors d'atteinte pour les Européens.

L'Amérique :
un Nouveau Monde diversifié

Enfin le Nouveau Monde... Tant au nord qu'au sud des populations plus ou moins nombreuses, au niveau technique diversement évolué. Par exemple au nord, le territoire des États-Unis et du Canada d'aujourd'hui, près de deux fois plus vaste que l'Europe et comptant (en 1995) 293 millions d'habitants, ne comptait environ qu'un ou deux millions d'habitants, si l'on excepte la frange du Pacifique un peu plus peuplée. Au sud, dans ce qui, aujourd'hui, se compose de l'Argentine, du Chili et de l'Uruguay, et dont la population actuelle est de l'ordre des 51 millions, la population avant l'arrivée des Européens était encore moins élevée qu'en Amérique du Nord. Mais dans la grande partie centrale des Amériques, *grosso modo* l'Amérique qui s'étend du nord du Mexique jusqu'au nord de l'Argentine, il existait des populations importantes et des civilisations avancées. Dans certains domaines plus avancées qu'en Europe, mais qui, peut-être en raison de leur isolement, présentaient de nombreuses lacunes techniques, dont certaines allaient être lourdes de conséquences.

Des populations importantes… Oui, mais dont l'estimation, tant soit peu précise, pose d'énormes problèmes. Si l'on recense toutes les estimations réalisées pour l'ensemble de l'Amérique, la fourchette va d'un minimum (absurde) d'un million à un maximum (extrêmement peu vraisemblable) de 300 millions. Quant à la fourchette des estimations plus sérieuses, elle va de 40 à 100 millions. Le renouveau de la recherche qui suivit à la célébration du 500e anniversaire de la découverte de Colomb permet de retenir une fourchette probable de 50 à 60 millions. L'essentiel de cette population étant donc concentré dans la partie centrale de cet immense continent, environ entre le 35e parallèle nord et le 15e parallèle sud.

Civilisations avancées… dans certains domaines plus avancées qu'en Europe… Oui, en effet. Mais avec des nuances, ne serait-ce qu'en raison de l'immense diversité de ces civilisations réparties sur un si vaste espace. Dans sa plus grande longueur, l'Amérique a 15 000 km, comparés à 9 000 pour l'Asie, 8 000 pour l'Afrique, et 5 000 pour

l'Europe. Ce qui représente déjà une raison supplémentaire de parler d'un Nouveau Monde,
comme on le fait ; cependant le pluriel convient
beaucoup mieux.

Citons quelques domaines où certaines de ces
civilisations étaient plus avancées que l'Europe.
Le calendrier des Mayas à la fin du XVe siècle était
le plus précis de tous ceux mis au point alors dans
le Vieux Monde. De surcroît, en termes absolus, le
degré de précision était très grand. Par exemple,
la durée de la révolution de la lune avait été fixée
à 29,530864 jours (le calcul exact étant de
29,530589). L'erreur du calcul de la durée de l'année étant de 0,0018 jour, comparée à 0,0079 jour
pour celui des Européens de la même période.
Cette précision, qui résulte du travail de plusieurs
générations de « chercheurs », a conduit à la diffusion du calendrier maya dans la plupart des
peuples de la région. Plus brièvement, d'autres
exemples : l'orfèvrerie des Aztèques était supérieure à celle des Européens ; la métallurgie du
cuivre des Incas, particulièrement l'alliage de
cuivre utilisé pour la fabrication d'ustensiles, était
également très avancée. Enfin, sans être exhaustif, signalons que ce n'est que récemment que l'on
a découvert le secret de la peinture bleue utilisée
par les Mayas et qui a conservé jusqu'à nos jours
sa vivacité. Cette technique impliquait l'adjonction de monoparticules de métaux au traditionnel
indigo, ce qu'aucune peinture européenne n'avait
utilisé et qui implique des procédés techniques
sophistiqués, y compris en raison des sites parfois
très éloignés de production et des méthodes de
contrôle de qualité dignes d'entreprises modernes
de production de peinture.

Cependant, dans l'ensemble, et dans la mesure où il est possible d'établir de telles comparaisons, le niveau général des techniques industrielles y était probablement moins élevé qu'en Europe. La même conclusion est aussi probable pour l'agriculture. Ce qui ne veut pas dire qu'il s'agissait d'une agriculture primitive. Les Incas notamment possédaient un système très élaboré de cultures en terrasses et aussi d'irrigation, ainsi qu'un système élaboré de stockage des céréales. Mais cependant bien d'autres lacunes subsistaient.

Les lacunes... en effet, comme on l'a signalé plus haut, en raison de l'isolement de l'Amérique, les systèmes techniques locaux souffraient d'importants retards. Les Vieux Mondes, en raison des contacts fréquents entre les diverses civilisations des trois continents, avaient un éventail commun très large de techniques plus ou moins avancées et plus ou moins utilisées. Les lacunes les plus importantes du Nouveau Monde sont: l'absence d'une métallurgie du fer; l'absence d'armes à feu; l'absence d'imprimerie; la faible utilisation de la roue; l'absence du cheval; etc. En outre, peu de civilisations possédaient l'écriture. Mais parfois aussi, et peut-être plus souvent qu'on ne le pense, des lacunes supposées. C'est ainsi, par exemple, que la mise au jour (à partir de 1976) de ce que l'on qualifie de « Pompéi américaine » a permis une révision totale du point de vue selon lequel la technique de construction de la voûte était un apport occidental. En effet, dans ce village du VIIe siècle, demeuré presque intact, grâce à une éruption volcanique, on a retrouvé non seulement des bâtiments avec des voûtes, mais aussi la preuve tangible d'une vie écono-

mique, sociale et technique précoce, plus évoluée
qu'on ne le pressentait jusqu'ici.

Si certaines de ces lacunes allaient se révéler
lourdes de conséquences lors de l'affrontement
avec l'Europe, elles n'ont cependant pas empêché
l'éclosion d'économies assez développées avec
des systèmes urbains très importants. La richesse
de certaines de ces villes a émerveillé les conquistadors. C'est ainsi que Bernal Diaz del Castillo
décrit les environs de Tenochtitlan : « Lorsque
nous vîmes tant de cités et de bourgs bâtis dans
l'eau et sur la terre ferme, d'autres grandes villes,
et une chaussée si bien nivelée qui allait tout droit
à Mexico, nous restâmes ébahis d'admiration.
Nous disions que cela ressemble aux demeures
enchantées décrites dans le livre d'Amadis à
cause des grandes tours, des temples, et des édifices bâtis dans l'eau, tous de chaux et de pierre.
Quelques-uns mêmes de nos soldats demandaient
si cette vision n'était pas un rêve. » D'ailleurs, les
estimations les plus récentes créditent Tenochtitlan de 150 000 à 200 000 habitants. Il est probable
que le taux d'urbanisation de l'Amérique centrale
dépassait celui de l'Europe. Ceci étant rendu possible, malgré le niveau technique général plus
faible qu'en Europe, par la présence du maïs et de
la pomme de terre qui permettent de plus fortes
densités de peuplement, et par conséquent un
taux plus élevé de citadins.

LE CINQUIÈME CONTINENT

Quant au cinquième continent, l'Océanie, que
les Européens ne découvrirent réellement que
deux siècles après l'Amérique, c'était une région

très peu peuplée et comportant surtout des civilisations à niveau technique peu avancé. D'ailleurs, et ceci explique largement cela, l'Océanie sera par la suite celui des quatre continents où la colonisation d'exploitation concernera la plus petite fraction du territoire. Les deux futurs pays développés (l'Australie et la Nouvelle-Zélande) représentaient 94 pour 100 de la superficie de ce continent ; le seul territoire de quelque importance était l'ensemble des îles de la Mélanésie, représentant pratiquement les 6 pour 100 restants. Bien que peuplées depuis longtemps, à savoir 20 000 ou 30 000 ans, les principales îles de la Mélanésie n'ont eu, avant l'arrivée des Européens, que peu de contacts avec le reste du monde. Ce qui n'a pas empêché l'émergence de l'agriculture, bien que la pêche ait joué pour ce continent un rôle probablement beaucoup plus important que pour les autres. Mais il s'agissait d'une agriculture plutôt primitive, notamment avec la pratique d'incendier la végétation afin de restaurer la fertilité des sols. Ce niveau peu avancé de l'agriculture explique l'absence de systèmes urbains.

Donc un cinquième continent qui, à l'instar d'une grande partie de l'Afrique, était moins développé que l'Europe, alors qu'en Amérique et surtout en Asie prédominaient des civilisations souvent plus avancées que celles de l'Europe. Telle était, en schématisant, la situation des protagonistes en présence à la fin du XVe siècle. Un monde diversifié où voisinent des régions aux niveaux de développement économique et technique très différents. L'Europe était alors une des régions qui étaient plutôt en avance ; mais on ne peut pas parler de situation privilégiée. La suite de l'histoire des sociétés non européennes va être fortement marquée par la colonisation; et, dès lors, les comparaisons de ce type n'ont plus beaucoup de signification.

LA COLONISATION :
UNE PERMANENCE
DE L'HISTOIRE MONDIALE

Quand on parle de colonisation dans nos sociétés occidentales (et peut-être encore davantage dans le reste du monde), on sous-entend presque toujours la colonisation par l'Europe d'une grande partie du monde. Généralement, on oublie qu'une partie significative de l'Europe a été colonisée pendant des siècles par l'Empire ottoman, et que cette colonisation a duré beaucoup plus longtemps que celle de l'Europe sur d'anciens territoires de l'Empire ottoman. On oublie aussi que la colonisation est une constante de l'histoire de l'humanité. L'histoire de la colonisation se confond presque avec l'histoire universelle. Par conséquent, il convient d'ouvrir une brève, mais importante, parenthèse sur la permanence historique de la colonisation.

Les modalités négatives universelles des colonisations

Une fois que l'on fait l'effort de s'arracher au double miroir déformant que constitue l'européo-centrisme (et ce que l'on pourrait quali-

fier d'«européo-responsabilité du sous-développement»), on s'aperçoit que la colonisation
européenne, et surtout celle allant du XVIᵉ au
XIXᵉ siècle, ne fut qu'une colonisation parmi
d'autres. Une colonisation parmi d'autres... En
effet, car même si l'on définit la colonisation
uniquement par les principales composantes
négatives qui sont celles de la colonisation européenne, on peut les retrouver dans de multiples
autres empires coloniaux. Les principales composantes négatives de la colonisation européenne
peuvent être regroupées en trois éléments : 1) un
effort pour imposer — de gré ou de force — aux
colonisés la «civilisation» de la métropole, cela à
la fois sous l'aspect religieux et culturel (langue,
etc.); 2) l'introduction d'un ensemble de règles
qui conduisent à subordonner la vie économique
de la colonie aux intérêts de la métropole; 3) une
discrimination fondée sur la «race», l'ethnie,
l'origine ou la religion entre les habitants des
colonies, discrimination qui, bien entendu, privi-
légie la race, l'ethnie, la nationalité ou la religion
de la métropole.

   On retrouve avec plus ou moins d'ampleur ces
éléments de la «colonisation» dans de multiples
empires qui ont précédé l'Empire européen, qui
s'étend du XVIᵉ au XXᵉ siècle, qu'il s'agisse de
l'Empire égyptien (XVIᵉ-XIᵉ siècle avant notre ère),
de celui de la Perse (du VIIᵉ-IVᵉ siècle avant notre
ère) ou de celui de Rome (du Iᵉʳ siècle avant notre
ère au IVᵉ siècle de notre ère), pour ne parler que
des principaux empires du bassin de la Méditerranée à l'époque de l'Antiquité. Plus loin de
l'Europe, il faut au moins citer les empires chinois et mongol et ceux de l'Amérique précolom-

bienne. Plus proche de notre période, il ne faut
pas oublier les empires arabe et ottoman.

Et si tous ces empires n'ont pas été plus vastes
encore qu'ils ne l'ont été, ce n'est pas que l'appétit
colonial ait été plus limité, mais simplement que
les forces militaires ont toujours eu tendance à
être en rapport inverse à la distance avec la
métropole. Il n'est pas du tout exagéré de penser
qu'il s'en est fallu de peu que la colonisation ottomane sur l'Europe ne fût non seulement beaucoup plus longue que la colonisation de l'Europe
sur le Moyen-Orient (respectivement plus de
quatre siècles et moins d'un siècle), mais aussi
beaucoup plus importante territorialement. Ce
qui aurait probablement été le cas si, par exemple,
Süleyman II, surnommé le Magnifique, avait réussi
à conquérir Vienne en 1529, qu'il assiégea pendant quelques mois à la tête d'une armée de
120 000 hommes et d'une artillerie dont le mauvais temps réduisit l'efficacité.

Considérer, par exemple, l'expansion de la culture musulmane ou de la culture chrétienne
comme un progrès de la civilisation ou un phénomène de colonisation a longtemps dépendu uniquement du côté de la barrière où l'on se trouvait
placé par les hasards de la naissance. Et, dans
la perspective historique, maints aspects des
diverses civilisations ne sont, en fait, que des
« séquelles » coloniales qui, d'ailleurs, se retrou-
vent des deux côtés de la barrière, les métropoles
« profitant » également des « apports » des civilisations des colonies. Certes, on peut s'interroger sur
la question de savoir si la colonisation européenne antérieure à la révolution industrielle a eu
des conséquences plus négatives que les autres

colonisations. C'est possible et peut-être même probable, mais pas du tout certain, le bilan en ce domaine étant largement faussé par un manque presque total d'études sur les conséquences des autres colonisations et par une profusion d'études sur la colonisation européenne.

Et qui dit profusion, dit vaste éventail des points de vue, allant d'une sous-estimation grossière à une surestimation importante des effets négatifs. L'effet le plus significatif de la colonisation européenne traditionnelle, à savoir l'effondrement de la population des civilisations précolombiennes, peut être d'ailleurs considéré comme un fait du hasard et certainement pas comme la résultante d'une action coloniale. En effet, comme nous le verrons plus loin, la cause principale de cet effondrement a été le brassage microbien ; et si cette Amérique avait été colonisée par d'autres civilisations des Vieux Mondes la conséquence aurait été, *grosso modo*, la même.

COLONIES D'EXPLOITATION ET COLONIES DE PEUPLEMENT

La plupart des définitions du phénomène colonial établissent une distinction entre d'une part les colonies d'exploitation (ou colonies proprement dites) et les comptoirs, et d'autre part les colonies de peuplement. Le but des colonies d'exploitation était essentiellement de se procurer certaines ressources inexistantes ou rares dans la métropole, et de permettre l'écoulement de certains produits de la métropole. Les colonies de peuplement étaient créées surtout dans le but d'alléger la pression démographique de certaines régions de la métropole ou éventuellement d'autres colonies. Elles étaient aussi créées et alimentées en hommes par certains groupes religieux fuyant les persécutions dont ils faisaient l'objet dans leur pays d'origine.

On peut aussi assimiler aux colonies de peuplement l'installation de groupes de marchands dans des ports d'autres pays. Cependant, la distinction entre colonies d'exploitation et colonies de peuplement est en partie arbitraire parce qu'il existe peu de cas où l'installation d'une population se soit réalisée dans une région totalement inhabitée. Ce qui, cependant, avait été davantage le cas dans l'Antiquité. Arbitraire aussi, car la colonisation d'exploitation implique l'installation d'un appareil administratif et militaire plus ou moins important, qui d'ailleurs peut entraîner une migration complémentaire. De même, la colonisation de peuplement peut entraîner la création d'un domaine colonial d'exploitation autour de la zone de peuplement proprement dite. Par conséquent, dans l'inventaire de la colonisation non européenne, que nous allons présenter ci-après, nous tiendrons compte de l'ensemble du phénomène colonial.

Un inventaire incomplet
des colonisations autres que celles
de l'Occident

Nous le disions plus haut, l'histoire des colonisations non européennes reste à écrire ; et, bien sûr, ce n'est pas dans le cadre de cet ouvrage que ce vaste projet sera réalisé. Ici, nous nous contenterons de présenter un bref inventaire historique des nombreux cas de colonisation dans les différents continents. Puis nous reprendrons plus en détail deux de ces nombreux cas afin d'essayer de déterminer la nature et les formes de la colonisation.

L'EUROPE : DES COLONIES DE PEUPLEMENT
DE LA GRÈCE À LA VÉRITABLE COLONISATION : ROME

La plupart des historiens de la colonisation considèrent que la Phénicie fut le premier cas de colonisation dans le monde, suivie par la Grèce. La colonisation grecque est plus proche du type colonie de peuplement que du type colonie d'exploitation. Mais les choses ne sont pas très claires. On s'interroge toujours quant aux motifs réels de la création de cet important chapelet de villes-colonies grecques du bassin de la Méditerranée. La vieille querelle n'a pas encore été tranchée par des arguments ou des découvertes qui puissent faire pencher définitivement la balance. Colonies agricoles pour faire place au trop-plein de population ? Ou colonies (comptoirs) pour favoriser des échanges avec la mère patrie ? Ce qui rend d'ailleurs le choix plus difficile, c'est que les deux thèses intègrent partiellement les deux fonctions. Pour les partisans de la colonisation de peuplement, la fonction commerciale est apparue par la suite. Pour les tenants des comptoirs, le commerce a entraîné l'exploitation de l'arrière-pays.

La première vague de colonisation grecque serait plutôt une colonisation de type agraire, donc de peuplement. Celle-ci débuta vers 750 av. J.-C. et toucha l'Italie, la Sicile et aussi l'est du Maghreb. La seconde vague, plus commerciale, débuta vers 550 av. J.-C., et les colons venaient principalement des villes grecques d'Asie Mineure. Cette colonisation toucha surtout la Gaule et l'Espagne, mais aussi l'est de la Méditerranée.

Avec le cas de Rome, nous sommes en présence plutôt d'une colonisation d'exploitation. L'histoire romaine est suffisamment connue pour que nous nous contentions ici d'en délimiter les bornes historiques et géographiques. L'expansion coloniale, dans le sens d'une conquête d'un territoire hors de la péninsule italienne, commence réellement avec la première guerre punique (264-241 av. J.-C.) qui amena l'occupation de la Sicile et d'une partie de la Corse. L'expansion est importante : entre 240 av. J.-C. et 120 av. J.-C., il s'agit notamment de la péninsule ibérique, de la côte est de l'Adriatique et de la Sardaigne.

L'HISTOIRE DES COLONISATIONS NON EUROPÉENNES, UNE HISTOIRE QUI RESTE À ÉCRIRE

Arrêtons-nous un peu plus longuement sur l'Empire ottoman car il est, géographiquement et historiquement, le plus proche de l'Europe durant sa période de colonisation moderne. Nous aborderons l'histoire générale et économique de cet Empire dans le chapitre XXIII. Ici, nous nous contenterons d'insister sur deux aspects de cet Empire : son ampleur et sa durée. À son apogée géographique, il s'étendait sur 2,5 millions km². L'Empire colonial français n'a atteint une telle superficie que vers 1890 (mais il sera cinq fois plus vaste vers 1938).

En termes de population, si l'on se place vers 1600, on peut fixer celle de la Turquie propre-

ment dite à environ 7 à 9 millions et celle de
l'ensemble de l'Empire que celle-ci dominait à
environ 27 à 29 millions. Et cet Empire a été en
place sinon six siècles (si l'on prend les limites
extrêmes) du moins cinq siècles. Cela peut se
comparer à moins de deux siècles pour la colonisation moderne européenne.

Lors des premières phases d'élaboration de ce
livre, j'avais prévu de consacrer une section de
plusieurs pages à la présentation de l'histoire, et
surtout des modalités, des colonisations non
européennes autres que celle des ottomans. En
définitive, j'y ai renoncé car on ne dispose pas
encore d'assez de résultats de recherches en ce
domaine. C'est une histoire qui reste à écrire, les
rares éléments que nous avons en notre possession ne permettant pas encore de présenter une
image tant soit peu valable de ces multiples colonisations. Ce qui est certain, c'est que la plupart
de celles-ci ont impliqué des rapports déséquili-
brés entre métropoles et colonies au profit, bien
sûr, des premières. Des victoires pour les métropoles, des déboires pour les colonies.

XVIII. MODALITÉS, ÉTAPES ET INSTRUMENTS DE LA COLONISATION EUROPÉENNE

Si, comme nous venons de le voir dans le chapitre précédent, la colonisation est une constante de l'histoire universelle, par un concours de circonstances, où la révolution industrielle a une place privilégiée, la colonisation européenne prendra une extension et une intensité jamais rencontrées auparavant. En fait, il conviendrait mieux de parler de deux colonisations européennes : la première qui commence au début du XVIᵉ siècle et s'achève vers le milieu du XVIIIᵉ siècle, et la seconde qui lui fait suite et s'achève au milieu du XXᵉ siècle.

La première colonisation pourrait être qualifiée de colonisation traditionnelle s'inscrivant (avec quelques nuances) dans le schéma millénaire des colonisations. Ainsi que nous le verrons, vers 1760, à l'issue des deux siècles et demi de colonisation traditionnelle, l'Empire colonial européen ne concernait que des territoires dont la population totale était de l'ordre de 27 millions d'habitants, soit moins d'un sixième de celle de l'Europe. Et qui plus est : les neuf dixièmes de ces colonies n'étaient pas colonisées par les deux principales puissances coloniales du XIXᵉ siècle : France et Royaume-Uni. Vers 1913, même en ne tenant pas

compte de la Chine qui était une colonie virtuelle,
l'Empire colonial européen comptait 550 millions
d'habitants, soit une population représentant 2,7
fois celle de l'Europe.

Cette faible ampleur du domaine colonial à la
fin de la période de colonisation traditionnelle de
l'Europe et le caractère traditionnel de l'économie européenne antérieure à la révolution industrielle se traduisent, *ipso facto*, par un impact
économique et social sans commune mesure avec
celui de la période ultérieure. Cela implique
notamment des relations commerciales beaucoup
plus faibles avec les colonies d'exploitation et
avec le reste du monde en général. Cela implique
aussi un peuplement européen hors d'Europe
plus marginal que par la suite. Vers 1700, c'est-à-
dire à la veille de la révolution industrielle, la
quantité globale de produits importés du reste du
monde était de l'ordre de 0,1 million de tonnes,
comparé à 30 millions de tonnes vers 1913, soit
300 fois moins, et même en termes de quantité
par habitant 140 fois moins (respectivement un
peu plus d'un demi-kilo et 50 kg). Le nombre
d'Européens et descendants d'Européens vivant
hors d'Europe était vers 1700 de l'ordre de 3 millions ; vers 1913, ils étaient près de 150 millions.
En termes relatifs, c'est-à-dire par rapport à la
population de l'Europe à ces deux dates, on est
passé de 2 à 31 pour 100. Nous aurons naturellement l'occasion de revenir plus en détail sur cette
double évolution et notamment sur les importations.

Donc deux modalités différentes de la colonisation. Mais quand on parcourt l'histoire de la
colonisation européenne, il serait trop arbitraire

de ne s'en tenir qu'à celle qui lui a été spécifique
en raison de la révolution industrielle. C'est la
raison pour laquelle dans ce chapitre, comme
dans les quatre derniers chapitres de cette partie,
l'histoire des Tiers-Mondes partira de la fin du
XVe siècle. Nous débuterons ce chapitre avec une
analyse des modalités et des instruments de la
colonisation européenne. Puis nous tracerons les
principales étapes de la colonisation afin de
disposer d'un aperçu général du phénomène.
Certes, nous aurons l'occasion de revenir plus en
détail sur cette histoire de la colonisation; mais
ce sera davantage sous l'angle de ses conséquences afin d'en examiner les répercussions
économiques et sociales. Enfin, nous terminerons le chapitre par une section consacrée à la
pesée de la colonisation et où les bénéfices pour
les colonisateurs seront aussi abordés.

MODALITÉS ET INSTRUMENTS
DE LA COLONISATION
EUROPÉENNE

Nous nous intéresserons ici à quelques modalités et à l'essentiel de ce que l'on pourrait appeler
les instruments de la colonisation que l'on peut
partager en deux groupes principaux : les instruments techniques, et ce que l'on peut nommer,
faute de mieux, les instruments sociaux et institutionnels. Le fait que nous qualifions ces modalités et instruments d'«européens» ne signifie pas
le moins du monde qu'ils soient spécifiques à

l'Europe. En l'état actuel de la recherche sur les autres colonisations, beaucoup de ce qui peut paraître spécifique est simplement le fruit de notre ignorance.

Quelques modalités communes

La diversité de la colonisation européenne a été très grande. Diversité des régions colonisées : quatre continents et presque toutes les latitudes. Diversité des métropoles : une douzaine de pays y ont participé d'une façon plus ou moins significative. Cette colonisation a connu de multiples spécificités et nous présenterons ici les modalités que l'on peut retrouver dans de nombreux cas.

LES ÎLES : MARCHEPIEDS DE LA COLONISATION DES CONTINENTS

La supériorité maritime des Occidentaux, notamment les canons embarqués sur les navires, a fait des îles des proies faciles à conquérir et à défendre. Qu'il s'agisse des Caraïbes, des îles au large de la côte ouest de l'Afrique, ou même des îles d'Asie, ce sont elles qui, dans la plupart des cas, ont été les premières conquises et colonisées, devenant en quelque sorte les marchepieds de la colonisation. Marchepieds, mais aussi, pendant de longues périodes, des centres de gravité de la colonisation économique. Nous verrons, dans le chapitre XX le rôle qu'ont joué les Caraïbes, notamment pour le sucre. Nous verrons aussi (chapitre XXI) que parmi les premières colonies d'exploitation européennes ce furent les archipels et les îles au large des côtes africaines, notamment les Canaries, Madère et Sao Tomé. Enfin, nous verrons qu'au début du XIXe siècle deux autres îles africaines (Maurice et la Réunion) jouèrent un rôle primordial dans le remplacement, pour l'approvisionnement en sucre des sociétés occidentales, d'une autre île, américaine celle-ci, Saint-Domingue, devenue la république d'Haïti et la République dominicaine. Haïti, la partie occidentale de Saint-Domingue, fut en effet la première colonie d'exploitation à chercher à acquérir son indépendance, ce qui entraîna de terribles conflits armés qui ruinèrent les plantations de sucre.

LA DÉPORTATION DE POPULATIONS MARGINALISÉES

Commençons par les prisonniers. L'emploi de prisonniers dans l'aventure coloniale européenne commence dès la première expédition de Colomb, puisque une partie de l'équipage des trois navires était composée de prisonniers auxquels on avait donné l'alternative de rester en prison ou de s'enrôler comme marins. Les cas d'embarquement de gré ou de force de prisonniers pour les colonies ont émaillé toute l'histoire de la colonisation. Une autre variante a été la fondation de pénitenciers dans les colonies pour y envoyer les condamnés (de droit commun ou politiques) de la métropole. Les trois cas les plus importants dans ce domaine sont l'Algérie, l'Angola et l'Australie. À propos de l'Australie, rappelons que pas moins de 160 000 détenus y furent déportés. En ce qui concerne l'Algérie, notons que, parmi les déportés, les prisonniers politiques, après l'échec de la Commune, furent très nombreux.

La pratique de déporter vers les colonies, et évidemment davantage vers les colonies de peuplement, des enfants (orphelins et abandonnés) ainsi que des pauvres et des vagabonds avait le double avantage de réduire le sous-emploi et les dépenses «sociales» de la métropole et de procurer ainsi de la main-d'œuvre dans les colonies où elle était rare. Ce type de déportation fut apparemment utilisé par la grande majorité des métropoles et, dans certains cas, cette pratique a duré très longtemps. Ainsi, au Royaume-Uni, il y eut le scandale, révélé seulement en 1987, concernant plus de 100 000 orphelins ou enfants abandonnés qui, de 1947 à 1967, furent envoyés notamment en Australie, Canada, Nouvelle-Zélande et Rhodésie. Scandale, d'autant plus que dans bien des cas, ils furent très maltraités dans leur pays d'accueil.

Le rôle des minorités dans la colonisation a commencé très tôt, puisque, dès 1493, afin de peupler l'île de Sao Tomé, les Portugais y déportèrent non seulement des criminels, mais aussi de jeunes juifs arrachés à leurs parents et convertis de force. Mais le rôle des juifs, et notamment des marranes (c'est-à-dire des juifs convertis de force mais pratiquant souvent en secret le judaïsme), a été surtout important en Amérique latine et dans les îles africaines. Nous disons bien juifs convertis et notamment les marranes, car dans les espaces coloniaux espagnol et portugais l'immigration des juifs était interdite. Les juifs et les marranes ont plus particulièrement joué un rôle dans l'extension géographique des plantations de sucre et dans le commerce international de ce produit. Il s'agissait d'ailleurs d'une constante historique, car dès le début du XIe siècle, voire plus tôt, une des activités dominantes des juifs était le commerce international et local du sucre, qui était alors un produit de luxe, et se prêtait donc à des échanges à longue distance. En ce qui concerne le rôle des minorités dans la colonisation, comme d'ailleurs pour celui des enfants ou des prisonniers, on manque d'une étude d'ensemble. Plus haut, nous avons mentionné le cas des juifs, mais cela a aussi concerné d'autres minorités, dont notamment les Tsiganes. Enfin, il convient de ne pas négliger la déportation des femmes, pauvres ou prostituées, afin d'équilibrer la balance des sexes.

Et puisque nous avons mentionné le terme «pauvre», il convient de signaler que les pauvres, et surtout ceux, sans domicile, que l'on qualifiait de vagabonds, ont presque partout et presque toujours constitué dans les sociétés traditionnelles un réservoir dans lequel les autorités puisaient pour l'exécution de tâches ingrates, dangereuses et très pénibles. Combien de galériens ont-ils commis d'autres crimes que celui d'être dans la misère ? Ce fut également le motif de l'embarquement de passagers involontaires pour les colonies.

*Les instruments institutionnels
et sociaux*

Les principales aventures coloniales sont presque inséparables des compagnies commerciales coloniales. Certes, il fallut pour cela attendre le début du XVIIᵉ siècle. Aventures coloniales, mais aussi commerciales, les deux se confondant souvent.

LES COMPAGNIES COMMERCIALES COLONIALES

Dans les dernières années du XVIe siècle, et certainement dès 1594, se créèrent aux Pays-Bas des compagnies spécialisées dans le commerce avec ce que l'on désignait alors les Indes orientales. Ces compagnies, appelées «Lointaines», furent supplantées, en 1602, par la création de la Compagnie (réunie) des Indes orientales. Cette Compagnie (dont le nom sera adopté pour presque toutes les compagnies européennes commerçant avec ces régions) était une compagnie par actions (surtout détenues par les villes hollandaises) qui avait reçu une charte du gouvernement lui octroyant le monopole du commerce avec l'Asie. Les privilèges de ces compagnies étaient généralement octroyés sous la forme d'une charte, d'où, d'ailleurs, l'autre appellation de ces compagnies coloniales (compagnies à chartes).

La Compagnie des Indes orientales se mit très rapidement à agir comme un État souverain, acquérant des territoires et négociant même des traités avec les pays d'Asie, recevant notamment du Japon, à partir de 1641, le monopole de son commerce extérieur. La Compagnie réunie supplanta rapidement les Portugais dans le commerce des épices, et commença en quelque sorte la colonisation de l'Indonésie. Elle demeura active jusqu'en 1799, où, en raison d'une corruption accrue et d'une quasi-faillite, elle fut reprise par le gouvernement. Signalons l'existence assez longue aussi (1621-1794) de la Compagnie néerlandaise des Indes occidentales. Existence longue, mais importance beaucoup plus restreinte et moins riche que son aînée. Sa période la plus importante fut évidemment les années 1630-1640, lorsque les Pays-Bas supplantèrent, brièvement et sporadiquement, le Portugal au Brésil.

La Compagnie anglaise des Indes orientales fut créée, elle, en 1600 sur le même schéma ; et ses activités revêtaient les mêmes formes. Plus loin, nous verrons qu'elle joua un rôle-clé dans la constitution de l'Empire britannique, et ce jusqu'au milieu du XIXᵉ siècle. Rôle-clé en effet, puisque on lui doit, entre autres, la colonisation de l'Inde, laquelle fut, en définitive, la colonie la plus importante des Empires européens. En fait, à l'origine, cette compagnie, qui reçut sa charte de la reine Elizabeth Iʳᵉ, avait pour but d'accaparer le commerce des épices d'Indonésie que dominaient les Hollandais. Par une nouvelle charte, octroyée en 1657 par Cromwell, elle reçut le droit d'émettre de la monnaie, d'exercer sa juridiction sur les sujets britanniques vivant dans ses postes, et de conclure la paix ou faire la guerre avec les puissances « non chrétiennes ».

Voyons plus brièvement les principales autres compagnies. La Compagnie française des Indes orientales, dont on peut faire remonter l'origine à 1604, ne démarra réellement qu'en 1664, grâce aux efforts de Colbert. Bien qu'ayant eu au début quelques succès, son rôle demeura limité et ses profits fort maigres. Réorganisée à plusieurs reprises, elle disparut une première fois en 1720, et définitivement en 1769.

L'Allemagne, dont le rôle dans la colonisation moderne sera tardif et éphémère, a également eu sa compagnie. Celle-ci (Compagnie Brandebourgeoise des Indes orientales) fut créée en 1647,

grâce notamment au soutien de Frédéric-Guil-
laume, connu surtout pour avoir été le créateur de
l'État prussien, qui, ayant passé des années de sa
jeunesse aux Pays-Bas, en fut influencé. Il suscita,
en 1682, la création d'une autre compagnie
(Compagnie commerciale de la Côte de Guinée).
Des compagnies similaires ont aussi existé dans
les pays suivants : Autriche, Danemark, Écosse,
Espagne et Suède, entraînant un élargissement
des relations commerciales entre l'Europe et l'Asie.

Dans la péninsule ibérique, le système était
différent par maints aspects. Ce qui justifie que
nous traitions de ces cas à la fin, malgré leur
antériorité de plus d'un siècle sur les premières
compagnies néerlandaises. Déjà dans son appellation : il s'agissait de *casa* (maison) ; et les débuts
y sont précoces de plus d'un siècle, ce qui est
normal vu la précocité du rôle commercial et
colonial des deux pays. En outre, elles ne
géraient pas les affaires mais se limitaient à les
contrôler. Au Portugal, c'est le prince Henri le
Navigateur qui créa (en 1445) la « Casa da
Guiné », transférée de Lagos à Lisbonne et devenue plus tard la « Casa da Guiné e Mina ».
Contrairement — et ceci constitue la deuxième
différence importante — aux compagnies d'Europe occidentale où prédominaient les marchands, c'est un groupe d'officiers seigneuriaux
qui en assumait l'administration. Ce système fut
utilisé quand fut créée la « Casa da India », fondée
sur le même modèle que la Casa da Guiné. À partir du XVIIe siècle, l'autorité des affaires coloniales
et commerciales incomba davantage à des organes
purement gouvernementaux.

En Espagne, comme en Angleterre, c'est une

grande reine (dans ce cas : Isabelle la Catholique) qui, en 1503, fonda la « Casa de Contratación » [maison du commerce], plus généralement appelée la « Casa de las Indias ». Celle-ci joua un rôle-clé dans le commerce et la colonisation espagnole. Installée à Séville, elle fit la richesse de cette ville qui, ainsi, eut le monopole du commerce extra-européen. D'ailleurs, entre 1500 et 1600, sa population passa de 45 000 à 135 000 habitants ; ce qui fit passer Séville de la 25e-30e place en Europe à la 5e place (sur le plan mondial de la 100e-105e à la 22e-24e). Mais l'âge d'or de l'Espagne est le XVIe siècle ; en 1700, Séville n'a plus que 72 000 habitants, et n'est plus que la 16e-18e plus grande ville d'Europe. La casa fut transférée, en 1717, à Cadix, et fut abolie en 1790, peu après la suppression (en 1778) de son monopole du commerce avec « les Indes ».

Le domaine ibérique d'exploitation et de domination coloniales fut presque exclusivement l'Amérique. Dans cette Amérique, tant pour les colonies espagnoles que portugaises, dans lesquelles la colonisation directe et l'exploitation économique ont été très précoces, on a assisté à la mise en place de formes de gestion très spécifiques. Dans le cas du domaine colonial espagnol, ce fut le système de l'*encomienda* qui plus tard s'est mué, en quelque sorte, en celui de l'*hacienda*. Dans le cas du domaine portugais, c'est le système des « capitaines-donateurs » qui fut utilisé [1].

Terminons cet aperçu des compagnies commerciales du XVIe au XVIIIe siècle par le cas de la

---

1. Nous revenons avec plus de détails à ces systèmes dans le chapitre XX consacré à l'Amérique latine.

Compagnie d'Ostende. Il s'agit d'une compagnie privée, fondée en 1722 par quelques habitants de ce petit port de la côte de la Belgique actuelle, et où vivaient alors environ 6 000 à 8 000 personnes. Une partie du capital fut souscrite auprès de la Banque d'Anvers et, parmi les sept directeurs, on comptait trois de cette ville, trois autres de Gand et un seul d'Ostende. Bien que soutenue par l'empereur allemand Charles VI, cette compagnie ne reçut jamais une charte royale, et fut très tôt en butte à l'hostilité des Anglais et des Hollandais. Ce qui, avec les vicissitudes politiques de la région, conduisit à abréger l'existence de cette compagnie, qui disparut en 1727, non sans avoir organisé 21 expéditions.

Il y a eu, en quelque sorte, un nouvel âge d'or de ces compagnies coloniales lors de la colonisation de l'Afrique dans la seconde moitié du XIXe siècle. Elles sont le plus souvent qualifiées de compagnies à chartes. Ainsi, en février 1885, une charte impériale fut accordée à la Compagnie allemande d'Afrique orientale. Ainsi, Cecil Rhodes, le bâtisseur de l'empire colonial britannique en Afrique australe, reçut une charte royale en octobre 1889.

LES MISSIONS RELIGIEUSES

Alliés objectifs de la colonisation ou anges protecteurs des populations autochtones : les points de vue à l'égard du rôle des missions ont divergé dans des sens très opposés. La réalité englobe les deux pôles. Et, plus loin, nous verrons que, à maintes reprises, des expéditions militaires européennes, préludes à la colonisation, ont été dépêchées afin de protéger ou venger des mis-

sionnaires. Comme très souvent, la réalité ne se
trouve pas aux extrêmes : des alliés souvent involontaires de la colonisation ; des anges gardiens
pour les populations dont on avait réussi, ou
espérait, la conversion à la vraie foi. Tant les missions catholiques que protestantes participèrent
à cette évangélisation des colonies.

L'expansion coloniale ayant été au début essentiellement le fait de pays catholiques, les missions
catholiques jouèrent un rôle plus précoce. Les
jésuites notamment ont précédé de deux siècles
en Asie la colonisation. D'ailleurs, dès la fondation de cet ordre, 1541, un des sept membres fondateurs, François Xavier, fut le premier à ouvrir
la voie, dès 1542, aux missionnaires en Asie. Il
vécut dix ans à Goa, et visita et séjourna, entre
autres lieux, à Ceylan, au Japon et en Chine où il
mourut. Les jésuites jouèrent un rôle très important, non seulement en Asie, mais aussi en Amérique latine et en Afrique, notamment dans
l'enseignement (Fidel Castro fit ses études dans
un collège jésuite). En Afrique, ce furent surtout
les Pères Blancs qui furent très actifs.

La première des grandes sociétés missionnaires
protestantes, la Society of the Gospel in Foreign
Parts, fut fondée à Londres en 1701. Cependant,
c'est surtout dans la première moitié du XIXᵉ siècle,
que les missions protestantes furent très actives ;
et plus particulièrement en Afrique. La lutte contre
la traite des esclaves constitua un motif important.

LES SOCIÉTÉS DE GÉOGRAPHIE

Les sociétés géographiques du XIXᵉ siècle ont
repris, en quelque sorte, le rôle joué du XVIᵉ au

XVIIIe siècle par les monarques et les compagnies commerciales dans l'encouragement et le financement des voyages d'exploration. Explorations qui, presque toujours, furent le prélude à la colonisation. Les taches blanches des cartes géographiques de la fin du XVIIIe siècle concernaient avant tout l'Afrique ; et c'est vers ce continent que se dirigèrent les explorations du XIXe siècle. D'ailleurs, une des premières et nombreuses sociétés de géographie qui vont se créer au XIXe siècle fut l'African Association, fondée (à Londres) en 1788. Toutefois, ce fut la Royal Geographical Society of London, fondée en 1830, qui joua le rôle le plus important. Elle envoya de nombreux explorateurs pendant une grande partie du XIXe siècle, mais pas le plus célèbre d'entre eux, David Livingstone, qui, quant à lui, était un pasteur envoyé en Afrique par la London Missionary Society. La Société de Géographie de Berlin (fondée en 1828) fut également active dans l'exploration de l'Afrique. C'est également sous son égide que fut réunie la Conférence de Berlin qui procéda en 1885 au partage de l'Afrique.

LA FAIBLE PRÉSENCE D'EUROPÉENS DANS LES COLONIES

En règle générale, la présence européenne dans les colonies a été quantitativement très limitée, sauf bien sûr dans ce que l'on appelle les pays de peuplement européen. Il s'agit là de futurs pays développés où la population autochtone, très faible au départ, a été presque totalement décimée. Même en excluant ces cas, il reste dans le Tiers-Monde une région où la présence euro-

péenne a été assez importante, à savoir l'Afrique
du Nord (Égypte exceptée). Vers 1936, il y avait
(hormis l'Égypte) environ 1,5 million d'Européens en Afrique du Nord, soit 9 pour 100 de la
population totale. Mais là, comme en Amérique
du Nord, ce peuplement massif débuta seulement
dans le XIXᵉ siècle et encore davantage dans la
seconde moitié de ce XIXᵉ siècle. Dans la presque
totalité des autres pays, on peut considérer que la
colonisation européenne s'est traduite par une
présence peu importante de citoyens de la métropole dans les colonies. Souvent cette présence se
limitait, en quelque sorte, aux bases terrestres des
compagnies commerciales qui y utilisaient un
nombre restreint de fonctionnaires, secondés souvent par de la main-d'œuvre locale.

Si l'on se place à la fin de ce que nous avons
appelé la phase traditionnelle de la colonisation,
c'est-à-dire vers le milieu du XVIIIᵉ siècle, le
nombre total d'Européens présents dans les colonies peut être estimé à environ 15 000 personnes
en Asie et à un chiffre voisin en Afrique, dont près
de la moitié en Afrique du Sud. Leur présence en
Amérique était plus massive, mais il s'agissait surtout d'Européens installés dans les villes ou les
campagnes et non de cadres de la colonisation.

Même lors de la phase suivante de colonisation,
cette présence européenne, bien que plus importante, car impliquant notamment une administration plus étoffée et aussi des colons, demeura
modérée (exception toujours faite des colonies de
peuplement). Ainsi, par exemple, en Inde, l'une
des plus anciennes et la plus importante colonie
d'Asie, les Européens étaient, vers 1913, moins de
200 000, soit 0,1 pour 100 de la population. Dans

l'ensemble, on peut considérer que la colonisation européenne s'est traduite par la présence de
citoyens de la métropole probablement moins
importante en termes relatifs que dans la quasi-
totalité des autres colonisations non européennes.
Si tel était le cas, ce serait une des rares spécificités de la colonisation européenne pouvant être
considérée comme «positive», et qui s'explique
en partie par la grande taille du domaine colonial
européen et l'efficacité des armes modernes. Au
total, vers 1913, il y avait en Asie moins d'un
demi-million d'Européens, et un quart de million
environ en Afrique Noire.

Les instruments techniques
de la colonisation

Commençons par le début, par la colonisation
européenne d'avant la révolution industrielle,
cette dernière ayant bouleversé totalement les
règles du jeu. Nous laisserons de côté l'Amérique,
victime de son isolement plusieurs fois millénaire.
Si, deux siècles après le début de l'expansion
coloniale, l'Europe ne dominait, Amérique exceptée, qu'une très faible fraction de l'Asie et de
l'Afrique, elle n'en contrôlait pas moins un très
grand nombre de positions (des centaines) des
côtes d'une longueur supérieure à 30 000 km.
Comment expliquer cette réussite? Comme l'a
montré le très beau petit livre de C.M. Cipolla
(1966), au titre très suggestif de *Guns, Sails and
Empires* («canons, voiles et empires»), c'est la
combinaison de navires rapides et maniables avec
un armement efficace en canons qui a donné la

suprématie aux Européens. Navires rapides et maniables, dont notamment les fameuses caravelles. Pour les canons, et surtout ceux que l'on pouvait embarquer sur des navires, la suprématie européenne était encore plus marquée.

La révolution industrielle a entraîné, à partir de la fin du XVIIIᵉ siècle, et encore davantage dans la première moitié du XIXᵉ siècle, la mise au point d'un vaste complexe de techniques nouvelles. Certaines de celles-ci allaient fortement favoriser les possibilités de contrôle de vastes espaces. Il s'agit surtout des moyens de communication : navires et canaux, chemins de fer, télécommunications, et aussi de ce qui a toujours « compté » : les armes. Bien entendu, il y eut l'augmentation de la capacité de consommation qui a permis d'absorber des quantités croissantes de produits du reste du monde, ce qui a aussi donné un soubassement économique puissant à la colonisation.

NAVIRES ET CANAUX

Comme le montre l'histoire des techniques, si les navires à vapeur intervinrent plus tard que les chemins de fer, des progrès très précoces sont réalisés pour les navires à voiles. En fait, sans parler des prouesses des clippers du XIXᵉ siècle, d'importants progrès portant sur la capacité et la vitesse avaient déjà été réalisés au cours des XVIIᵉ et XVIIIᵉ siècles. La capacité des grosses caravelles du début du XVIᵉ siècle était de l'ordre de mille tonneaux ; un grand nombre de celles-ci, qui servirent dans les flottes des compagnies des Indes orientales anglaise et hollandaise, ont souvent dépassé les 2 000 tonneaux. Le tonneau, unité de mesure que l'on continue d'utiliser, est une unité britannique qui équivaut à 100 pieds cubes, soit 2,83 m³. Quant aux navires de guerre, ils ont même dépassé les 3 000 tonneaux et étaient armés d'une centaine de canons.

D'importants progrès furent également réalisés dans l'efficacité des navires : la possibilité de les faire fonctionner avec un nombre plus restreint de marins. Gain d'efficacité aussi par l'accroissement de la vitesse dû non seulement à l'amélioration des navires et de leurs gréements, mais aussi à une connaissance accrue des vents et des courants. Christophe Colomb, lors de son premier voyage, a mis 37 jours pour parcourir la distance (environ 5 500 km) séparant les Canaries des Bahamas, soit environ 6 km/h. Mais c'était plus long dans l'autre sens. Si l'on se fonde sur les calculs de P. Chaunu (1969), pour le trajet Espagne-Amérique du Nord aux XVIᵉ et XVIIᵉ siècles, on aboutit pour l'aller-retour à une moyenne d'un peu plus de 4 km/h. Comme nous l'avons vu, au XIXᵉ siècle, les bons clippers atteignaient une vitesse commerciale de 15 à 17 km/h, et il fallut attendre 1860-1870 pour que les plus rapides navires à vapeur puissent atteindre cette vitesse. Mais, vers 1913, la vitesse commerciale des navires à vapeur était déjà de l'ordre de 20-25 km/h, et les plus gros navires dépassaient les 40 000 tonneaux ; c'est-à-dire, par rapport aux flottes des compagnies des Indes, une vitesse multipliée par plus de 5 et un tonnage multiplié par 20. Améliorations progressives bien sûr : par exemple, la capacité moyenne des navires à vapeur britanniques est passée de 300 tonneaux vers 1860 à 9 040 pour 1914.

Deux mots sur les canaux ; le pluriel est un peu

excessif ici, car il est question essentiellement de
deux canaux maritimes : celui de Suez et celui
de Panama. Le premier fut ouvert en 1869 et
entraîna une réduction des distances de l'ordre
de 40 pour 100 entre l'Europe et l'Asie, et encore
bien davantage entre l'Europe et la côte est de
l'Afrique et le Moyen-Orient. Beaucoup plus tardif (1914) et moins important pour la colonisation a été le canal de Panama. Il a surtout été
utile aux États-Unis.

LES CHEMINS DE FER : UNE OUVERTURE PRÉCOCE
DES MARCHÉS ET DÉBOUCHÉS DU TIERS-MONDE

Tant les exportations de produits agricoles et
miniers que les importations d'articles manufacturés ont été largement favorisées par le développement extrêmement rapide et très précoce des
chemins de fer dans la plupart des colonies et des
États indépendants du Tiers-Monde. C'est ainsi
qu'en Inde, par exemple, la première ligne (de
30 km, reliant Bombay à Thana) fut ouverte en
1853. Les premières lignes en Amérique latine
furent ouvertes encore plus tôt : à Cuba tout au
début des années 1830. Certes, il apparaît que les
toutes premières lignes de ces chemins de fer ont
été établies à l'intérieur des *haciendas* produisant
du sucre ; mais, dès 1837, une ligne fut créée qui
reliait La Havane à Güines, et l'année d'après une
autre entre Pinar del Rio et Santa Clara. Cuba fut
ainsi (voir le tableau IX.2) le septième pays au
monde à disposer d'une ligne de chemin de fer en
même temps que l'Allemagne, l'Autriche et la
Russie et avant maints pays européens (notamment l'Italie, les Pays-Bas, la Suède et la Suisse).

En 1840, la longueur du réseau cubain avait
atteint 194 km, faisant de celui-ci le 6e du monde,
après la Belgique, mais devançant l'Autriche-
Hongrie et davantage encore le Canada. En 1857,
neuf pays d'Amérique latine avaient mis en service des chemins de fer. Dès 1860, c'est-à-dire une
trentaine d'années à peine après l'ouverture des
premières lignes en Europe, l'Inde disposait déjà
de près de 1 400 km de voies ferrées en exploitation ; en 1880, ce réseau était proche des
15 000 km ; en 1900, près de 40 000 km de voies
ferrées étaient exploités. À cette même date, le
réseau en exploitation des voies ferrées atteignait
12 000 km en Afrique du Nord ; 46 000 en Asie
(sans le Japon) ; 61 000 en Amérique latine. La
seule région du Tiers-Monde alors encore peu
touchée était l'Afrique Noire où le réseau ne
débuta qu'après 1890 (au Kenya) et qui, en 1913,
ne comptait que 3 000 km de voies ferrées en service. En ce qui concerne l'Amérique latine, les
chemins de fer n'y sont intervenus qu'après les
trois premiers siècles d'exploitation coloniale.

Les impératifs propres à l'exploitation des territoires d'outre-mer ont conduit à donner une
configuration géographique spécifique aux réseaux
de voies ferrées du Tiers-Monde. En effet, contrairement aux pays européens où les lignes de chemin de fer ont généralement commencé à relier
des points situés à l'intérieur du territoire pour
former finalement une étoile dont le centre était
la capitale, les réseaux des pays du Tiers-Monde
forment des «entonnoirs» destinés à drainer le
trafic vers un ou plusieurs ports et aussi à approvisionner, et inonder progressivement, les pays de
produits occidentaux. Et, bien entendu, c'est en

partant de ces ports que la construction des lignes a débuté. Même sur le plan maritime les pays du Tiers-Monde ressentent encore aujourd'hui les effets négatifs des réseaux de lignes régulières de navigation. Ceux-ci ont été établis surtout en fonction des relations privilégiées métropoles-colonies, ce qui a eu pour conséquence de réduire (quand ils n'étaient pas interdits) l'intensité des échanges commerciaux entre les différents pays du Tiers-Monde. Ainsi, vers 1900, seulement un quart environ des échanges extérieurs du Tiers-Monde était destiné aux autres pays de cette région.

LES TÉLÉCOMMUNICATIONS

Si le télégraphe intervint assez tard dans le processus de colonisation, il n'en a pas moins été une véritable révolution. Assez tard… En effet, c'est à la fin des années 1870 et pendant les années 1880 que les câbles intercontinentaux achèvent de relier le monde et notamment les principales colonies avec leur métropole. Véritable révolution… En effet, même si la vitesse des navires s'était accrue, la transmission d'une information prenait énormément de temps. Au début du XIXe siècle, un échange de correspondance (à savoir une lettre et la réponse à celle-ci) entre l'Angleterre et l'Inde mettait environ deux ans. Même après l'ouverture du canal de Suez, qui écourtait le trajet de plus de 40 pour 100, cela prenait encore de nombreux mois. Donc, avant le télégraphe, pour les territoires éloignés, donner un ordre ou une commande après avoir demandé une confirmation impliquait des années. Dès lors, on comprendra aisément que l'exploitation économique et politique des colonies s'est trouvée bouleversée par l'avènement du télégraphe, sans parler de l'administration de celles-ci.

Les instruments militaires de la colonisation

L'élément essentiel est ici les armes à feu. Nous avons déjà évoqué les conséquences de l'absence d'armes à feu des civilisations précolombiennes et le rôle joué par les canons des navires européens dans l'expansion outre-mer. Nous ne reviendrons pas sur le cas de l'Amérique précolombienne ; cependant, il convient d'examiner l'ensemble de l'aspect armement. Nous commencerons par les fusils pour terminer avec les canons et rappellerons que si c'est l'Asie (notamment la Chine et l'Inde) qui, dès le IXe siècle, inventa la poudre, en revanche l'Europe joua un rôle primordial dans le développement des armes à feu.

UN APPEL MASSIF À DES SOLDATS AUTOCHTONES

Mais avant de passer aux armements proprement dit, il convient d'ouvrir une parenthèse sur les aspects humains et notamment sur la large utilisation de soldats autochtones. Certes, il ne s'agit pas là d'une spécificité de l'Occident ni des guerres coloniales en général. Selon les estimations effectuées par B. Etemad (1997a), vers 1913, les autochtones enrôlés dans les armées coloniales représentaient environ 70 pour 100 des effectifs. Les comparaisons avec les autres opérations militaires sont difficiles, pour ne pas dire impossibles, vu la carence en données. Mais il est probable que cette proportion ait été plus élevée pour la colonisation européenne.

Le nombre de guerres et de campagnes militaires a été très élevé, bien que parfois n'ayant impliqué que des opérations militaires limitées. Ainsi, entre 1871 et 1914, pour les trois principales puissances coloniales seulement (Grande-Bretagne, France et Pays-Bas), H. Wesseling (1992) a recensé 95 de ces mouvements. À la fin de ce chapitre, nous dresserons le bilan humain de la conquête coloniale. À présent, nous allons examiner le développement de l'armement européen, qui a constitué un facteur important de la réussite de cette conquête.

DE L'ARQUEBUSE AU FUSIL

Le point de départ de ce qui allait devenir le fusil européen se situe à peu près à la même période où débutèrent les grandes explorations européennes. C'est vers 1450 que l'arquebuse aurait été inventée en Espagne. C'était une arme à feu peu maniable, devant être portée par deux hommes, et peu rapide, un coup par cinq minutes et encore s'il ne pleuvait pas. Mais, pour l'époque, l'arme était redoutable et avait notamment démontré son efficacité en 1503 lors de la fameuse bataille de Cérignole : aux mains des Espagnols, les arquebusés fauchèrent les Français et les mercenaires suisses, chassant ainsi définitivement Louis XII et les Français du Royaume de Naples. L'arquebuse connut dès le début du XVIe siècle une amélioration importante par le remplacement de la mèche par un système de mise à feu grâce aux étincelles provenant du frottement d'une pierre à feu contre une roue d'acier : il s'agit de l'arquebuse à rouet. Plus importante encore fut l'apparition, à la fin du XVIe siècle, d'une arquebuse plus légère (environ 8 kg) appelée mousquet, capable de tirer une balle de 45 grammes par minute à une distance de 200 m et capable de percer les cuirasses.

L'étape importante suivante se place à la fin du XVIIe siècle. Il s'agit du fusil proprement dit, plus léger (4 à 5 kg) que le mousquet et portant jusqu'à 300 m. Cependant, même un bon tireur n'arrivait à loger à 200 m qu'une balle sur quatre dans une grande cible de 2 m × 2 m. Et le « tir à tuer » ne dépassait pas les 50 m. La vitesse de tir était de l'ordre de 2 à 3 coups minute, donc 10 à 15 fois plus rapide que l'arquebuse à ses débuts.

Ce type de fusil demeura en usage, pratiquement inchangé, pendant plus d'un siècle. En Angleterre, par exemple, le Brown Bess intro-duit dans les années 1690 resta en service jusqu'aux années 1840. C'est alors que le fusil reçut d'importantes modifications, à savoir notamment l'introduction de cartouches en métal à percussion, et la pratique de rayer l'intérieur du canon (du fusil), ceci afin d'accroître sensiblement la précision du tir. Quant à la vitesse de tir, elle est multipliée par plus de quatre, puisque pour les fusils automatiques on passe à 12-14 coups minute ; et la portée est multipliée par cinq puisque l'on passe à un peu moins de mille mètres.

DU REVOLVER À LA MITRAILLEUSE

Il va de soi (sans encore parler des canons) que les autres armes à feu connurent aussi des améliorations importantes. Le pistolet se «transforma» en revolver au début du XIXe siècle. Les mitrailleuses commencent à être mises au point dès les années 1860 et sont perfectionnées dès les années 1880. Le pistolet serait une invention européenne réalisée vers 1540 dont on a même retenu le nom de l'inventeur : Caminelleo Vitelli. Le nom de pistolet provient de la ville de Pistoia où il aurait été fabriqué au début. Pas encore beaucoup plus léger que le fusil (et, *a fortiori*, que le mousquet), il a cependant facilité la mobilité des soldats ; mais sa portée était en revanche plus courte. En fait, l'importance du pistolet provient du fait qu'il a donné naissance au revolver qui, à son tour, a été un élément important dans l'émergence de la mitrailleuse. Le revolver, qui permet de tirer plusieurs balles automatiquement, date de la décennie 1810 ; mais le véritable démarrage se place en 1835 avec le revolver de Samuel Colt dont le nom est passé dans la terminologie des armes à feu et qui a aussi gardé une place dans l'histoire des techniques en raison de l'utilisation de pièces interchangeables. Colt a avoué s'être inspiré d'un «revolver pistolet» qu'il avait vu à la Tour de Londres ; mais l'innovation la plus importante consista en l'utilisation d'une capsule en cuivre.

Bien que l'on puisse faire remonter l'histoire de la mitrailleuse très loin en arrière dans le regroupement des canons, la mitrailleuse — ou le canon à balles, comme on l'appelait à ses débuts — n'apparut réellement qu'à la fin des années 1860. Napoléon III joua dans ce domaine un rôle primordial, puisque c'est sous ses instructions et dans son arsenal privé qu'il ordonna au commandant Reffye de construire un tel engin. Dans les années 1870, la mitrailleuse subit de nombreuses améliorations, faisant de cette arme un outil extrêmement efficace et meurtrier, puisque, vers 1880, elle était capable de tirer 600 coups à la minute. Sa première utilisation dans les expéditions coloniales se situe apparemment déjà en 1879 lors de la guerre des Britanniques contre les Zoulous en Afrique. Mais il s'agissait d'un modèle (Gatling) encore très lourd et qui s'enrayait fréquemment. Ce sera le modèle Maxim, mis au point en 1884 et adopté par l'armée britannique en 1889, qui sera largement utilisé dans les guerres coloniales.

LES CANONS

Beaucoup plus importantes et précoces furent, bien sûr, les améliorations apportées aux canons, fer de lance de la conquête coloniale. Pour commencer, citons Bertrand Gille (1965) qui, dans l'*Histoire des techniques* (1962-1979), que dirigea Maurice Daumas, écrit : « Le canon du milieu du XIVe siècle était un instrument très primitif, d'un usage dangereux pour ceux qui le manient et d'un intérêt militaire restreint. » Ce qui ne veut pas dire qu'ils ne furent pas utilisés précocement en Europe, lieu apparemment de leur invention si l'on ne tient pas compte des canons utilisant des systèmes à air comprimé, dont on fait remonter l'invention à Archimède[1]. Le premier canon à poudre aurait été utilisé probablement dès les années 1330 ; et certainement en 1346 lorsque le roi d'Angleterre en fit usage lors de la fameuse bataille de Crécy l'opposant aux Français. Toutefois, ce ne sont pas les canons qui l'aidèrent à remporter la victoire, mais bel et bien ses archers. Mais, déjà dans la seconde moitié du XIVe siècle, des canons furent installés sur des navires, ce qui allait devenir une des spécialités de l'Occident et une spécialité lourde de conséquences.

Néanmoins, encore au milieu du XVe siècle, l'Europe n'était pas nécessairement à la pointe de la technique des canons. C'est ainsi que les canons de bronze «firent une apparition sensationnelle en 1453 au siège de Constantinople par Mahamet II». Toutefois, selon toute probabilité, ces canons auraient été construits par des «renégats» hongrois.

Mais, déjà un siècle plus tard, c'est indiscutablement l'Occident qui prenait le dessus, surtout dans l'artillerie navale, pour laquelle la fonte remplaça le bronze. Dès les premières décennies du XVIe siècle, certains des gros navires de guerre portaient près de 200 canons ; mais, au siècle suivant, la norme allait de 100 à 200. Et ces canons étaient de plus en plus précis, de plus en plus rapides, d'une portée de plus en plus longue, et aussi de plus en plus légers, grâce notamment aux perfectionnements apportés à la métallurgie du bronze et de la fonte. La balistique faisait, elle aussi, de rapides progrès ; son histoire est

1. On fabriqua des fusils à air comprimé même au milieu du XVIIIe siècle.

émaillée de grands noms de la science : Tartaglia
(vers 1537) ; Galilée (vers 1604) ; Bernoulli (vers
1745) ; Euler (vers 1753) ; etc. Le XVIIIe siècle n'est
pas marqué par des progrès notables. L'étape
ultérieure importante, qui se situe au milieu du
XIXe siècle, est la rayure de l'intérieur du canon
qui améliore la précision et la portée de l'arme.

De cette présentation des progrès intervenus
dans l'armement européen, on ne doit pas en
induire que seuls les Européens possédaient de
telles armes. Très tôt, et déjà au XVIIIe siècle, certaines puissances (petites ou grandes) d'Asie et du
Moyen-Orient se sont procurées ou ont fait manufacturer des armes européennes. De plus, certaines armées de ces régions étaient encadrées
par des Européens... De tout temps les mercenaires ont existé, de même que l'attrait de l'argent
ou de l'aventure a été un bon et vieux moyen de se
les procurer. Enfin, la supériorité de l'armement
européen n'a pas empêché qu'il y eût des victimes
dans les rangs des armées européennes dont, rappelons-le, le gros de la troupe était composé
presque partout d'autochtones. Nous dresserons
un bref bilan du coût militaire, ou plutôt humain,
de la conquête coloniale à la fin de ce chapitre.

LES GRANDES ÉTAPES
GÉOGRAPHIQUES
DE LA COLONISATION

Passons à présent aux grandes étapes de la
colonisation européenne et examinons successi-

vement les principales régions. Nous commencerons par l'Amérique latine, car ce continent a
été touché le premier ; puis nous passerons à
l'Afrique, qui, d'emblée, a ressenti indirectement
les conséquences de cette colonisation américaine. Nous passerons ensuite très brièvement sur
la tardive colonisation du Moyen-Orient. Enfin,
nous terminerons avec l'Asie.

La future Amérique latine :
une exploitation économique précoce

Vers 1510, moins de 30 ans après que Christophe Colomb eut, pour la première fois, touché
les îles américaines croyant avoir atteint les
Indes, débutait l'ère des Conquistadors. En une
vingtaine d'années, quelques milliers d'Espagnols
— auxquels se mêlaient des aventuriers d'autres
pays : Portugais, Français, Flamands — ont réussi
avec des moyens relativement limités, à vaincre
des civilisations parvenues à un haut degré de
développement et à donner à Charles Quint « plus
de royaumes qu'il n'avait de provinces ». Et si plus
haut nous notions la présence d'Européens dans
les rangs des armées d'Asie, signalons que les
troupes armées des conquistadors comptaient en
moyenne plus d'Indiens que d'Européens. Ces
conquistadors, paladins d'une nouvelle croisade
chrétienne selon les uns, nobles cadets en quête de
gloire ou pillards assoiffés de sang à la recherche
d'une fortune personnelle selon les autres ; Dieu
ou gloire, ou richesse, ou plus probablement les
trois ensemble, peu importent les mobiles, mais
ce qui est certain, c'est que cette fantastique épo-

pée a entraîné la disparition des civilisations précolombiennes et a été largement la cause de
l'effondrement des populations qui la composaient.

LES RAISONS D'UNE CONQUÊTE FACILE

Comme le montre très bien Ruggiero Romano
(1972), dans son beau livre sur *Les Mécanismes de
la conquête coloniale*, une des raisons majeures
de la suprématie de ce petit groupe de conquérants face à de vastes Empires s'explique par la
suprématie de l'armement des Blancs sur celui
des Indiens. Les Indiens ne connaissaient ni les
armes à feu, ni l'acier, ni le cheval. Et le cheval
était capital ; Cortès disait : « Nous n'avions, outre
Dieu, aucune autre sécurité en dehors des chevaux. » D'ailleurs, les Indiens en avaient pris
conscience et faisaient plus d'efforts pour tuer des
chevaux que des hommes. Outre ces trois graves
lacunes, les Indiens opposaient des principes
militaires assez rudimentaires aux conceptions
tactiques et stratégiques élaborées des Blancs.

L'EFFONDREMENT DES CIVILISATIONS
PRÉCOLOMBIENNES

Effondrement en effet, même si l'on considère
comme surestimés les chiffres avancés par ce que
l'on appelle l'école de Berkeley pour le début du
XVIe siècle, à savoir 80 à 100 millions d'habitants.
On peut certainement tabler sur une population
supérieure à 45 millions ; l'estimation la plus probable étant de l'ordre de 50 à 60 millions. Ce qui
est certain c'est que vers 1650, celle-ci n'était plus
que de l'ordre de 10 millions. Effondrement dû à

l'effet combiné des massacres ayant accompagné et suivi la conquête, et surtout des épidémies très meurtrières causées par les virus et les microbes apportés par les Européens et inconnus auparavant en Amérique et l'excès du système d'exploitation coloniale tant minier qu'agricole. À ceci, il faut encore ajouter la désorganisation sociale consécutive à l'effondrement des systèmes en place.

VARIOLE, TYPHUS, LÈPRE : CELA OUI,
MAIS PAS LA TUBERCULOSE

À propos des maladies apportées par les Européens, signalons qu'il s'agit surtout de la variole, mais aussi, sans être exhaustif, du typhus, de la lèpre, de la peste, de la dysenterie, et même de la fièvre jaune probablement importée d'Afrique. Notons que, jusqu'à une époque récente, il subsistait un doute quant à la tuberculose, généralement considérée comme absente en Amérique avant l'arrivée des Européens. Or, en 1994, une équipe de l'Université de Chicago a fourni la preuve irréfutable de la présence de cette maladie avant 1492, grâce à l'analyse d'un cadavre péruvien momifié naturellement, vieux de plus de 1 000 ans, qui a révélé la présence de fragments d'ADN du microbe de la tuberculose. En fait, deux arguments assez convaincants avaient amené à considérer comme valable la thèse de l'absence en Amérique de la tuberculose avant 1492. Le premier est lié aux dates d'apparition de cette maladie dans les Vieux Mondes, et du peuplement de l'Amérique. La tuberculose n'est apparue dans les Vieux Mondes qu'il y a 8 000 ans, en raison de la domestication des

bovins, qui ont transmis cette terrible maladie à
l'homme. Le peuplement de l'Amérique s'est fait
essentiellement à la période glaciaire, au cours de
laquelle, en raison d'un niveau plus bas des eaux,
un passage de terre à travers la mer s'était établi
dans le détroit de Béring (ou Behring) qui sépare
l'Asie de l'Amérique. Or la période glaciaire s'est
terminée il y a 11 000 ans, supprimant ainsi ce
passage 3 000 ans avant l'apparition de la tuberculose chez l'homme. Le second argument réside
dans l'apparition de graves épidémies de tuberculose survenues parmi les Indiens après 1492 ;
mais celles-ci peuvent être facilement expliquées
par l'urbanisation de cette population (ce qui augmente les risques de contamination) et la détérioration de leurs conditions de vie.

Autre facteur explicatif important, sinon le
plus important, du déclin de la population :
l'écroulement des systèmes socioéconomiques
complexes des civilisations précolombiennes. De
cet ensemble de facteurs, l'élément le plus important a été sans aucun doute ce que l'on a souvent qualifié de « brassage des microbes » et qui
explique l'essentiel de l'effondrement de la population. Enfin, comme on l'a signalé plus haut, il ne
faut pas oublier les massacres, même si actuellement l'on considère qu'ils ont été moins importants que ce que l'on supposait il y a quelques
décennies. Massacres qui ont été massifs dans
maintes régions, mais pour lesquels le terme de
génocide est impropre, même si, en raison de la
conjonction de tous les facteurs — donc y compris
les conséquences involontaires de l'arrivée des
Européens —, il y eut un réel effondrement de la
population. Donc un réel effondrement quantita-

tif ; mais aussi un effondrement qualitatif, car ce
sont les populations des civilisations les plus
avancées qui ont le plus souffert de ces effets de la
colonisation.

Voyons à présent les principales étapes de la
colonisation entre le début du XVIᵉ siècle et le
début du XXᵉ siècle. Il faut distinguer ici le cas des
pays dits tempérés (à savoir l'Argentine, le Chili et
l'Uruguay, situés très largement dans la zone tempérée) du grand « reste » de l'Amérique latine dite
non tempérée, même si certains pays (notamment
la Bolivie, le Pérou et l'Équateur) ont une partie
de leur territoire dans la zone tempérée. Le cas de
ces trois pays tempérés à peuplement européen,
de même que ceux des États-Unis et du Canada,
ayant déjà été traité dans le chapitre VI (tome I),
nous n'y reviendrons pas.

Ce qu'il convient de rappeler ici, c'est que les
facteurs essentiels qui distinguent ces deux
régions du reste de l'Amérique sont, d'une part,
le climat et, d'autre part, l'or. En effet, un des
motifs essentiels de l'extension de la colonisation européenne en Amérique latine a été les
cultures tropicales destinées à l'exportation,
cultures auxquelles ne se prête pas le climat des
deux extrémités du continent américain. L'autre
raison est l'argent et l'or, du moins l'or, dont on
connaissait l'existence, car il faudra attendre
1840 pour que les riches mines d'or de la Californie soient découvertes. C'est donc l'histoire de
la colonisation de cette Amérique non tempérée
que nous examinerons et qui, d'ailleurs, jusqu'au

début du XIXᵉ siècle, représentait environ 95 pour
100 de la population de l'ensemble de l'Amérique
latine et 77 pour 100 de l'ensemble du continent
américain. La prédominance était encore plus
grande au début du XVIIIᵉ siècle où la population
de l'Amérique non tempérée (même en excluant
les Indiens non intégrés) s'élevait à quelque
12 millions, alors que celle de l'Amérique tempérée était de l'ordre d'un quart de million.

OÙ APPARAISSENT LES PRODUITS TROPICAUX
ET LES ESCLAVES

Jusqu'en 1570 environ, la colonisation du Nouveau Monde a été très largement basée sur les
métaux précieux. D'abord il s'est agi d'une simple
confiscation des richesses accumulées pendant
des siècles par les civilisations précolombiennes
et, par la suite, de l'exploitation minière proprement dite. Mais, très rapidement, la différence climatique existant entre ces régions d'Amérique et
l'Europe allait susciter la culture de produits tropicaux en vue de leur exportation vers l'Europe.
Cette différence climatique était un élément essentiel, car, en raison du coût élevé de transport, les
possibilités d'exportations n'existaient que pour
des produits agricoles impossibles à produire en
Europe et de ce fait très coûteux. Pierre Chaunu
(1969) décrit très bien les contraintes du transport à longue distance. Importance de la masse
des vivres et d'eau qu'il fallait embarquer (laissant de ce fait très peu de place pour les marchandises), durée du voyage, fréquences des naufrages,
tout cela se conjuguant pour accroître considérablement le prix du transport. Ce fut d'abord le

sucre, suivi plus tard par le café, le coton, les colorants, etc.

Les besoins en main-d'œuvre pour ces plantations ont été la cause principale du début de ce
vaste transfert d'esclaves d'Afrique qui allait ainsi
entraîner indirectement ce continent dans le
réseau de l'expansion coloniale européenne. Les
esclaves ont été relativement peu employés dans
les mines, situées presque toutes au-dessus de
3 000 mètres, ce qui entraînait une mortalité élevée pour les Noirs (venus essentiellement de
régions de très faible altitude).

Cette spécialisation dans l'exploitation de produits agricoles tropicaux, très rationnelle pour
l'époque, a été encore renforcée par la logique du
système colonial qui voulait réserver aux métropoles les activités industrielles qui leur fournissaient les moyens d'échanges pour «acquérir»
ces produits tropicaux. Certes la quasi-totalité de
l'Amérique latine accéda à l'indépendance politique durant les premières années du XIXe siècle,
mais le poids de la spécialisation héritée de la
période coloniale rendait difficile une réorientation de la politique économique. Il fallait continuer à vendre les produits agricoles et, de ce fait,
accepter une domination économique destinée à
perpétuer cette division internationale du travail.

Signalons, en passant, que cette stratégie avait
des fondements théoriques soi-disant irrépro-
chables : les pays d'Amérique latine ayant des
avantages comparatifs surtout pour la production de produits agricoles tropicaux, il n'était par
conséquent pas «économiquement» rentable d'y
favoriser l'industrialisation qui aurait d'autre
part défavorisé les propriétaires de plantations

en raison notamment de la hausse des salaires qu'elle n'aurait pas manqué d'entraîner. En outre, au moment où ces pays acquéraient leur indépendance politique, la situation économique des pays européens, et notamment de l'Angleterre, avait déjà été profondément modifiée par la révolution industrielle. Ce qui implique des possibilités plus larges d'écoulement de produits manufacturés que celles des anciennes métropoles peu industrialisées.

L'Afrique Noire : d'abord victime indirecte de la colonisation américaine

Comme le font remarquer à juste titre les géographes, le long et relatif isolement de l'Afrique découle en grande partie de sa structure physique. Alors qu'en Europe et en Asie, les reliefs élevés occupent surtout les parties centrales de ces continents, en Afrique ces reliefs se trouvent surtout à la périphérie. D'autre part, l'Afrique est un continent aux côtes inhospitalières (sauf vers la mer Rouge) et assez dépourvu d'îles qui auraient pu constituer des étapes de pénétration. La seule voie de pénétration relativement aisée est celle des terres rattachant l'Afrique au Moyen-Orient ; cette voie a permis l'infiltration des Arabes et de l'islam qui ont largement contribué à donner un caractère très différent aux sociétés du nord du Sahara. C'est pourquoi nous distinguerons ici l'Afrique du Nord du reste de l'Afrique.

Ce n'est qu'au cours des premières décennies du XXe siècle que l'Afrique Noire a commencé à être intégrée directement dans le système des relations commerciales des pays industrialisés. Vers 1890, les exportations totales de l'Afrique Noire (Afrique du Sud exceptée) ne représentaient que 0,1 pour 100 environ de celles de l'ensemble du Tiers-Monde. En revanche, dès le xvie siècle, l'Afrique a été intégrée indirectement dans le réseau des échanges internationaux résultant des «grandes découvertes» européennes. Dans un premier temps, cette participation a été relativement neutre au point de vue des effets sur la structure économique. L'Afrique Noire faisait partie de ce réseau triangulaire d'échanges qui s'était établi entre les Portugais d'abord, les Hollandais ensuite, et l'Asie. L'Europe n'ayant que peu à offrir en échange des produits de l'Asie, les Européens troquaient les cotonnades et autres produits achetés en Asie contre de l'or et de l'ivoire en provenance d'Afrique, qui étaient utilisés pour payer les épices et les articles manufacturés de luxe destinés au marché européen.

UN NOUVEAU FLUX D'ESCLAVES

Puis, avec la demande de main-d'œuvre qui se faisait pressante dans les pays du Nouveau Monde aux climats voisins de ceux de l'Afrique (peu favorables à un peuplement européen), on commença à acquérir aussi des esclaves que des tribus plus puissantes pouvaient prélever sur leur butin de guerre ou, plus simplement, réquisitionner en raison de leur domination sur des tribus plus faibles. Cette opération n'avait pas un caractère nouveau ; comme le note F. Mauro (1967), somme toute «la traite des Noirs est un aspect du trafic des esclaves qui a marqué les relations entre l'Europe, l'Afrique

et le Moyen-Orient depuis l'Antiquité». Et ce trafic n'avait aucun caractère raciste, au sens actuel
du terme, puisque les Blancs figuraient parmi les
esclaves (terme «esclave» venant du latin *sclavus*,
de *salvus*, «slave»). Au chapitre XXI, nous donnerons davantage de détails sur cette véritable tra-
gédie humaine qu'a été la traite des esclaves
noirs, y compris la traite vers les mondes «islamiques» commencée beaucoup plus tôt et ayant
duré un peu plus longtemps, et surtout ayant
concerné un nombre plus grand de personnes.

Nous verrons également que cette traite de la
part des Occidentaux s'est arrêtée, ou du moins
s'est considérablement réduite, dans les années
1815-1825. En quelque sorte, l'Afrique Noire
bénéficiait d'un répit de quelques décennies. La
découverte d'or et de diamants en Afrique du
Sud, la valorisation croissante des oléagineux et
les possibilités plus grandes pour les Européens
de pénétrer à l'intérieur de l'Afrique (notamment
grâce à la quinine) ont entraîné, à partir des
années 1860-1870, un intérêt croissant pour
l'exploitation directe des richesses de ce continent. La Conférence de Berlin de 1884-1885 mit
de l'«ordre» dans la ruée des puissances européennes et marqua, en quelque sorte, le véritable
début de la colonisation de l'Afrique Noire dont
l'apogée se situe entre 1890 et la veille de la
Seconde Guerre mondiale.

L'Afrique du Nord :
les dangers de la piraterie
et ceux d'un canal

Au nord du Sahara la colonisation avait été plus
précoce, ce qui a été aussi le cas de l'extrême sud
de l'Afrique où, en raison du climat plus tempéré,
une colonisation de peuplement européen avait
débuté dès 1680. En 1860, il y avait déjà plus de
150 000 Européens dans ce qui est aujourd'hui la
République sud-africaine.

L'ALGÉRIE : UNE GIFLE HISTORIQUE

Revenons donc à l'Afrique du nord du Sahara
où l'on peut situer le début de la colonisation
européenne en 1830, date de la prise d'Alger par
les Français. Nous disons bien colonisation européenne, car il ne faut pas oublier que cette région
(Maroc excepté) avait été auparavant et pendant
des siècles colonisée par l'Empire ottoman, sans
parler de la conquête arabe qui avait précédé
cette colonisation et qui avait débuté au VIIe siècle,
ni de la colonisation romaine encore antérieure.
Bien que la prise d'Alger ne résulte pas directement d'une réaction contre la piraterie des Barbaresques, il est évident que celle-ci a fourni un
soubassement puissant à l'expédition française
destinée à venger la gifle donnée par le dey Hus-
sein au consul français. Avant que ne commence
réellement la colonisation française (qui débuta à
partir de 1837), dès la prise d'Alger (1830) beaucoup de tribus, notamment en Oranie, se ruèrent
contre les garnisons des janissaires afin d'acqué-

rir leur indépendance. La colonisation française de l'Algérie ne fut complète qu'après une guerre difficile, qui ne se termina qu'en 1846 par l'abdication de l'émir `Abd al-Qadir (Abd el-Kader). La colonisation française s'étendit à la Tunisie à partir de 1880 et au Maroc à partir de 1906. Quant à la Libye, elle devint une colonie italienne à partir de 1911.

UNE ÉGYPTE VICTIME DU CANAL DE SUEZ

Encore plus à l'est, et déjà très proche du Proche-Orient proprement dit, il ne faut pas oublier la colonisation anglaise de l'Égypte qui débute en 1882. Égypte qui, en quelque sorte, est victime du canal de Suez, sans lequel son destin aurait probablement été très différent. Victime en ce sens que non seulement les problèmes financiers résultant de la construction de ce canal ont entraîné l'occupation britannique, mais aussi que les facilités de transport y ont indirectement favorisé la monoculture du coton[1].

D'ailleurs, dans l'histoire de l'Égypte du XIXe siècle, le fait majeur n'est peut-être pas le canal de Suez, mais la tentative d'industrialisation et de développement économique de Muhammad-`Ali. Comme nous le verrons dans le chapitre XXIII, cette tentative, qui ne laissa que peu de traces après les années 1840, avait été une réussite assez grande dans une première phase. La tentative de Muhammad-`Ali, qui débuta vers 1805, est une des premières expériences de développement moderne d'un État du futur Tiers-Monde.

1. Voir chap. XXIII.

Le Moyen-Orient : longtemps épargné
par la colonisation européenne

Avant de passer à l'Asie proprement dite, il convient de rappeler que le Moyen-Orient, cette autre grande partie de l'Empire ottoman, a subi, quant à lui, une colonisation européenne à la fois plus restreinte géographiquement et plus tardive que celle de l'Afrique du Nord. En fait, il faudra attendre le pétrole et les péripéties de la Première Guerre mondiale pour que certaines parties du Moyen-Orient subissent une colonisation européenne directe.

Jusqu'au début du XIXe siècle, l'Empire ottoman demeura une puissance avec laquelle l'Europe dut composer. Certes, ce n'était plus cette Turquie qui, en 1683, assiégeait Vienne pour la seconde fois et qui, entre 1736 et 1739, mena une guerre victorieuse contre la coalition des deux grands empires de l'Europe, à savoir l'Autriche et la Russie. Toutefois, ces conflits incessants avec l'Europe n'empêchèrent pas des échanges commerciaux notamment avec la France et l'Italie. Mais échanges commerciaux de partenaires à capacité économique et technique très voisine et pour lesquels l'Europe se présentait aussi en demandeur (notamment de coton), surtout au XVIIe siècle. C'est largement cette puissance de l'Empire ottoman qui a retardé la colonisation européenne. Toutefois, la cause la plus importante est l'absence de ressources justifiant une colonisation ; comme nous le notions plus haut, il faut attendre la découverte de gisements de pétrole pour donner une importance économique à cette région.

L'Asie : ce monde vaste et riche
qui a longtemps résisté

L'histoire des relations entre l'Europe et l'Asie depuis le début du XVIᵉ siècle peut se diviser en deux périodes bien distinctes. La première débute avec l'arrivée de Vasco de Gama dans un port indien (Calicut) en 1498. Le nom de calicot, toile de coton si prisée plus tard en Europe, vient d'ailleurs du nom de cette ville, spécialisée dans cette activité. Cette première période, qui se termine aux environs de 1760, est plus caractérisée par les relations commerciales accrues avec l'Asie que par la colonisation proprement dite qui est l'apanage de la seconde période. Pendant la première période de deux siècles et demi, l'Europe, grâce à sa suprématie maritime, a pu établir des liaisons commerciales régulières avec l'Asie et a été à même de forcer la main aux autorités locales de certains ports récalcitrants. Il s'agira d'abord des Portugais, auxquels se substitueront au début du XVIIᵉ siècle les Hollandais, auxquels se joindront les Anglais à partir du milieu de ce même siècle, et, un peu plus tard, les Français. Et ce sera le début des deux siècles d'or des nombreuses «compagnies» qui, comme nous l'avons vu, se formèrent un peu partout en Europe, surtout pour établir et monopoliser si possible le commerce de l'Asie, que l'on appelait alors Indes orientales.

LE REMPART DES PUISSANCES TERRESTRES

Dans l'histoire glorieuse et tragique de l'établissement des empires coloniaux européens en Asie, Alfonso de Albuquerque a joué aussi un rôle pionnier et exemplaire, qui illustre à la fois les forces et les faiblesses des Européens vis-à-vis des puissances d'Asie. Surnommé «Le Grand», «Le Mars portugais» et également «Le Terrible» puisque extrêmement cruel, surtout envers les musulmans, Albuquerque, grâce à l'appui qu'il avait donné au roi de Cochin, reçut en 1503 le droit d'établir un fort. De ce fait, le roi du Portugal lui confia une flottille de cinq navires (par la suite renforcée de trois autres). L'expédition militaire (1 500 soldats se trouvaient à bord) réussit d'abord à soumettre un nombre de villes arabes de la côte est de l'Afrique, et temporairement l'île d'Ormuz, alors un centre commercial important. Mais sa tentative, en 1510, de conquête de la ville de Calicut se révéla être un désastre, largement occulté par l'histoire occidentale, mais souligné, à juste titre, par les historiens indiens. Les pertes portugaises furent assez élevées; Albuquerque, lui-même, fut gravement blessé. Citons encore une fois le grand historien indien K.M. Panikkar (1953): «La défaite portugaise à Calicut [...] eut des conséquences très importantes. Durant les 230 années qui suivirent, aucune puissance européenne ne tenta plus de conquêtes militaires.»

Du côté occidental, on relève naturellement qu'Albuquerque a pris, dès septembre de la même année, Goa qui devint la colonie la plus florissante du Portugal en Asie. Certes, vers 1510, Goa était déjà un port assez important ; la ville comptait probablement 50 000 habitants. Mais cette ville était depuis 1482 sous la domination musulmane et était devenue un port d'embarquement pour le pèlerinage vers La Mecque. Une prophétie d'un ascète hindou avait prédit sa chute, ce qui conduisit la petite garnison de mercenaires ottomans à se rendre, et Albuquerque fut accueilli triomphalement par la majorité hindoue.

Et comme le fait remarquer justement K.M. Panikkar (1953) : « L'empire hindou de Vijayanagar ne pouvait voir qu'avec plaisir les Portugais en faire une forteresse contre l'Islam. Les empereurs vijayanagars comprirent rapidement que Goa leur ouvrait un accès à la mer, ce qui leur permettrait de faire venir non seulement des armes et du matériel, mais aussi des chevaux, dont leur cavalerie avait tant besoin. C'est pourquoi la conquête de Goa, en définitive, ne figure pas un début de conquête territoriale, mais n'est rien d'autre que l'établissement d'une base maritime dans l'océan Indien. »

Cet épisode illustre bien la quasi-impossibilité pour les Européens, si loin de leurs bases, d'occuper des territoires où les armées terrestres asiatiques étaient puissantes. Avec le renforcement de l'Unité indienne, cela se révéla encore plus difficile. Il faudra attendre plus de deux siècles et demi pour que les Européens réussissent à prendre sous contrôle militaire des territoires significatifs de l'Asie continentale. La première victoire terrestre importante des Européens est celle de la fameuse bataille de Plassey, au Bengale, et qui, en 1757, permit aux Anglais de jeter les bases de ce qui allait devenir, un siècle plus

tard, l'Empire britannique, et aussi, progressivement à partir du début du XIXᵉ siècle, la domination directe de l'Europe sur l'Asie.

Si l'on se situe vers 1760, le domaine colonial
européen en Asie se limite à de petits territoires,
dont la population totale était de l'ordre de 5 à
6 millions d'habitants (voir le tableau XVIII.2 élaboré par Bouda Etemad). Toutefois, à la fin du
XVIIIᵉ siècle la situation est déjà tout autre. Avec
cette domination directe sur une partie croissante
de l'Asie, la nature et les conséquences des relations entre l'Europe et ce continent changent
complètement. Mais cela se place plus de trois
siècles après la prise de contact direct entre ces
deux continents. En effet, vu du côté de l'Asie,
l'accroissement des échanges avec l'Europe n'a
dû avoir qu'un impact relativement mineur.

LA COLONISATION MASSIVE EN ASIE

La domination massive de l'Asie, ce fut d'abord
et surtout la domination de l'Inde par l'Angleterre. On peut donc faire remonter à l'année 1757
le début de l'histoire tragique de la colonisation
d'une civilisation qui comptait alors environ
180 millions d'habitants par un petit pays qui n'en
comptait que 6 millions et situé à 20 000 km de là.
Les modalités, les enjeux et les conséquences de
cette bataille de Plassey seront présentés dans le
chapitre XXII où nous présenterons également
l'historique et les conséquences de la colonisation
de ce continent. Cependant, il convient ici de noter
que cette bataille ne fut, en elle-même, qu'un événement mineur. Mais elle marque le début de la
colonisation directe d'un pays important d'Asie.

Comme le soulignait Fernand Braudel, les grands événements sont ceux qui ont une suite, des conséquences importantes, mais qui en eux-mêmes peuvent être des faits marginaux. C'est d'ailleurs la raison pour laquelle nous faisons débuter l'histoire de la colonisation de l'Asie à 1756 et non à 1565, date du début de la colonisation des Philippines par les Espagnols (mais par les Espagnols du Mexique). Les Philippines n'ont eu qu'une place marginale dans l'histoire de la colonisation.

Le succès de la colonisation britannique en Inde, qui s'affirme à partir de la décennie 1790, a poussé les autres pays européens à se lancer dans la même voie, l'Asie n'étant plus cette imprenable et puissante forteresse. Dès le début du XIXᵉ siècle, les Hollandais passent à une véritable exploitation économique de l'Indonésie où ils étaient présents dès le XVIIᵉ siècle. L'ouverture du canal de Suez accéléra le processus de colonisation de l'Asie. La formule de Charles Dilke, l'un des premiers théoriciens de l'impérialisme britannique : « Là où sont les intérêts, là doit être la domination » est implicitement le soubassement de la politique de la plupart des États européens. Seuls échappent à cette domination directe de l'Asie quelques petits pays (sans intérêts reconnus, ou peu accessibles) et le Japon et la Thaïlande.

La France, déjà en retard lors des phases d'expansion commerciale en Asie au cours des XVIᵉ et XVIIᵉ siècles, entreprend tardivement sa colonisation terrestre de ce vaste continent. En effet, ce n'est qu'en 1859, sous le prétexte de protéger des missionnaires contre les persécutions, que se situe la première intervention militaire importante, aboutissant à la prise de Saigon (Hô

Chi Minh-ville). Le contrôle de territoires terrestres de quelque importance débute avec le
traité de Saigon de juin 1862, par lequel la
France obtient le contrôle de trois provinces
dans la basse Cochinchine. Après une période
d'incertitude de la politique française à l'égard
de ce pays, la véritable colonisation commença
au début des années 1880. Elle se heurta à de
fortes résistances, notamment au Tonkin ; et la
pacification ne s'acheva qu'en 1896, donnant à la
France ce que l'on appela l'Indochine française
et qui correspond, *grosso modo*, aux territoires
actuels du Viêt-nam, du Laos et du Cambodge.
Ainsi s'achevait la colonisation de la dernière des
grandes civilisations soumises par l'Europe.

LES JAPONAIS ONT ÉGALEMENT PARTICIPÉ
À LA COLONISATION

Et, logique de l'histoire des puissances, c'est à
la même période que commença la colonisation
entreprise par le Japon de deux de ses voisins, de
la Corée et de Taïwan. La Corée, qui avait su
résister aux interventions militaires des Français
en 1866 et des Américains cinq ans plus tard, fut
obligée par le Japon d'ouvrir en 1876 une brèche
à la pénétration commerciale par le biais d'un
traité « d'amitié et de commerce » entre les deux
pays. Mais ce n'est qu'après la guerre sino-japonaise de 1894-1895 et la guerre russo-japonaise
de 1904-1905, toutes deux gagnées par le Japon,
que la Corée devint une véritable colonie. Ce fut
aussi la guerre sino-japonaise qui força la Chine
à céder Taïwan au Japon, l'île ayant été occupée
depuis 1895.

Si ce sont les matières premières et le riz qui ont attiré surtout les Japonais en Corée, pour Taïwan ce fut le sucre. Paradoxalement, on peut dire que l'attrait exercé par Taïwan sur les Japonais est indirectement le fait des Européens. En effet, durant leur courte domination sur l'île (1624-1683), les Hollandais ont très fortement développé la culture et l'exportation du sucre. À partir de 1662, une famille chinoise, réfugiée du continent, supplanta les Hollandais, mais poursuivit leur politique économique. À la veille du moment où les Hollandais perdirent le contrôle de l'île (en 1661), les exportations de sucre atteignaient en moyenne annuellement 18 000 tonnes, ce qui était beaucoup à l'époque, puisque les exportations totales des colonies européennes devaient s'élever à moins de 70 000 tonnes. Or, une partie importante de ces exportations était destinée au Japon, qui continua à s'approvisionner dans cette île, même après le départ des Hollandais.

Bien sûr, avec l'occupation japonaise, les exploitations traditionnelles disparurent progressivement au profit d'entreprises japonaises, dont la première, fondée en 1900, comptait la famille impériale au sein de ses actionnaires. À la veille de la Première Guerre mondiale, les quelque 1 400 petites entreprises autochtones avaient pratiquement disparu au profit des 13 compagnies japonaises qui monopolisaient la production locale, laquelle s'élevait à 188 000 tonnes en 1914.

UNE PESÉE DE LA COLONISATION ET LES PRINCIPAUX COLONISATEURS

Nous avons vu les divers acteurs de la colonisation européenne se profiler sur les trois grandes scènes du monde extra-européen qui succomba largement à la formidable pression des pays du Vieux continent. À la diversité des destinées des pays colonisés répond la diversité de l'histoire des actions coloniales menées par les métropoles. Par conséquent, il convient d'examiner ici l'autre versant de cette histoire. Nous le ferons en quatre étapes. La première montrera l'évolution générale et l'ampleur de la colonisation. La deuxième étape consistera dans une présentation de l'histoire de la colonisation vue du côté de chaque pays ayant participé, peu ou prou, à cette aventure si lourde de conséquences et à maints épisodes tragiques. Puis nous passerons par une synthèse de l'ampleur de cette colonisation à travers le miroir assez fidèle de ce phénomène qu'est, par excellence, le commerce extérieur. Enfin, nous terminerons par une analyse du coût humain direct de la conquête coloniale.

L'expansion du domaine colonial

Bien que l'ère des « grandes découvertes » commence dès le milieu des années 1410 et la colonisation moins d'un siècle plus tard, vers 1760 (date traditionnellement retenue pour la révolution industrielle), la colonisation européenne restait limitée. Comme on peut le voir dans le tableau XVIII.1, à cette période la population du domaine colonial européen ne s'élevait qu'à 27 millions. C'était là la conséquence des limites de la colonisation traditionnelle que nous évoquions au début de ce chapitre. Limites qui, dans le cas de la colonisation européenne de l'époque, étaient encore aggravées par le fort éloignement de l'essentiel du domaine colonial, à savoir les Amériques.

Mais, un peu moins d'un siècle plus tard, vers 1830 (donc moins d'un siècle après le début de la révolution industrielle), ce domaine colonial était près de huit fois plus peuplé (205 millions). En 1760, le domaine colonial européen avait une population quatre fois et demie plus faible que celle de l'Europe (sans la Russie), alors que, vers 1830, la population du domaine colonial dépassait près de 10 pour 100 celle de l'Europe (sans la Russie). Et ceci tient compte évidemment de la décolonisation de pratiquement toute l'Amérique. C'est d'ailleurs cette décolonisation d'immenses territoires alors peu peuplés qui explique la diminution de la superficie du domaine colonial, que l'on peut observer dans le tableau XVIII.1.

L'expansion du domaine colonial continua encore après 1830. Entre 1830 et 1913, la superficie des colonies européennes est multipliée par 6,5 et la population par 2,7, les nouvelles colonies africaines étant nettement moins densément peuplées que celles d'Asie qui s'étaient ajoutées entre 1760 et 1830. Notons qu'une partie de l'augmentation de la population du domaine colonial euro-

TABLEAU XVIII.1

DOMAINE COLONIAL DE L'EUROPE

(population en millions ;
superficie en millions de km²)

	Population de l'Europe[a]	Domaine colonial européen[a] Population	Superficie
Vers 1760	125	27	24,2
1830	180	205	8,2
1880	244	312	24,5
1913	320	554	53,2
1938	396	724	56,7
1950	392	160	25,3
1963	437	30	6,5

a Non compris la Russie d'Europe et ses «possessions» d'Asie.
Note : La superficie de l'Europe (sans la Russie) est de 4 900 milliers de km carrés.

Sources : Domaine colonial 1760-1938 : Etemad, B. (1997a).
Europe et domaine colonial 1950-1963 : calculs et estimations de l'auteur.

péen est due à la progression naturelle de la population de ces colonies. Entre 1830 et 1913, cette progression naturelle peut être estimée à 50-55 pour 100 ; donc l'accroissement résultant de l'extension de la colonisation, au lieu d'être de 170 pour 100, n'a été que de l'ordre de 74 à 79 pour 100. Entre les deux guerres, la progression du domaine colonial est très limitée et concerne uniquement des régions peu densément peuplées du Moyen-Orient. Entre 1913 et 1938, l'essentiel de la progression de la population des colonies (environ 97 pour 100) est dû à la croissance naturelle de la population, la superficie du domaine colonial progressant, elle, de 7 pour 100 seulement.

Cette progression du domaine colonial européen se réalise de façon inégale aussi bien au niveau des régions colonisées qu'à celui des pays colonisateurs (ou métropoles comme on les appelait) ; le tableau XVIII.2 met en relief l'essentiel de ces modifications. Dans tous les cas, il s'agit de territoires et de populations effectivement contrôlés, et pas nécessairement de l'ensemble de la superficie et de la population des pays concernés. Le centre de gravité de la colonisation subit un double déplacement. En ce qui concerne le domaine colonial, il passe de l'Amérique vers l'Asie ; et, en ce qui concerne la puissance colonialiste, le déplacement s'effectue de l'Espagne à l'Angleterre.

Le déplacement de l'Amérique vers l'Asie résulte, dans un premier temps, du mouvement d'indépendance qui a touché l'Amérique du Nord d'abord, et l'Amérique latine ensuite. Vers 1760, le Nouveau Monde représentait en termes de population 78 pour 100 du domaine colonial (98 pour 100 en termes de superficie), alors que, vers 1830, l'Amérique ne représentait plus que 2 pour 100 et l'Asie 98 pour 100. La situation est très voisine vers 1880 ; mais, à partir de la Conférence de Berlin (1884-1885), l'Afrique entre en scène, surtout en termes de superficie : vers 1913, la moitié du domaine colonial se trouvait en Afrique (mais seulement un cinquième de la population). Avant de passer aux chassés-croisés des métropoles, il convient de revenir à un aspect évoqué au début de ce chapitre : le statut de colonie virtuelle du pays le plus peuplé du monde, à savoir la Chine. L'inclusion de l'Empire du Milieu dans le domaine colonial accroîtrait celui-ci d'environ 430 millions d'habitants pour 1913.

TABLEAU XVIII.2

DOMAINE COLONIAL PAR RÉGION ET PAR PAYS

	1760	1830	1880	1913	1938
Superficie (millions km²)					
Totale	24,2	8,2	24,5	53,2	56,7
Afrique	–	0,4	1,7	26,0	29,1
Amérique	23,7	1,3	9,6	10,3	10,3
Asie	0,4	3,7	5,1	8,4	8,7
Océanie	–	2,7	8,0	8,6	8,6
Population (millions)					
Totale	27,0	205,3	312,1	553,6	723,5
Afrique	0,1	0,9	8,5	113,2	144,4
Amérique	21,2	3,4	8,5	11,7	16,9
Asie	5,7	201,0	292,1	420,9	551,6
Océanie	–	0,1	3,1	7,7	10,7
Répartition par métropole (population en millions)					
Allemagne	–	–	–	12,5	–
Belgique	–	–	–	11,0	14,3
Espagne	18,8	4,3	8,3	0,9	1,1
États-Unis	–	–	–	10,0	18,6

	1760	1830	1880	1913	1938
France	0,6	0,5	7,1	48,0	70,6
Italie	–	–	–	1,9	12,9
Japon	–	–	–	19,6	30,9
Pays-Bas	3,3	11,1	24,1	49,9	68,4
Portugal	1,6	0,7	1,8	5,6	10,6
Royaume-Uni	2,7	189,0	270,9	393,8	496,1
France répartition par continent					
Totale	0,6	0,5	7,1	48,0	70,6
Afrique	0,1	0,1	4,4	29,8	42,0
Amérique	0,5	0,2	0,4	0,5	0,6
Asie	0,1	0,2	2,3	17,7	27,9
Royaume-Uni répartition par continent					
Totale	2,7	189,0	270,9	393,2	496,1
Afrique	–	0,3	3,1	53,4	64,9
Amérique	2,1	1,8	5,8	10,0	14,1
Asie	0,6	186,6	258,9	324,2	407,1
Océanie	–	0,1	3,0	6,7	10,0

Sources : Etemad B. (1997a).

Chassés-croisés des colonisateurs, oui. L'indépendance de l'Amérique latine dans les premières décennies du XIXᵉ siècle, acquise en partie grâce à l'aide de l'Angleterre, signifie la fin de l'Empire colonial espagnol et un renforcement de la présence anglaise. Vers 1760, l'Espagne disposait de 70 pour 100 du domaine colonial, et l'Angleterre de 10 pour 100. En 1830, la part de l'Angleterre était de 92 pour 100, et celle de l'Espagne de 2 pour 100. De surcroît, l'Angleterre était présente à la fois sur les trois continents. En fait, l'acteur réellement présent sur les deux scènes fut les Pays-Bas, le seul pays, hormis l'Angleterre, à avoir disposé vers 1830 d'un empire colonial plus important que vers 1760.

La troisième puissance commerciale du XIXᵉ siècle, la France, n'émergea en tant que puissance coloniale qu'avec l'entrée en scène de l'Afrique ; c'est à cette époque également qu'apparut la Belgique. D'ailleurs, vers 1913, en termes de «population des colonies par habitant de la métropole», la Belgique occupait la 3ᵉ place, avec 14 habitants dans ses colonies pour 10 habitants dans la métropole. La première place est occupée par le Royaume-Uni (86), la deuxième par les Pays-Bas (81), la quatrième par la France (12), la cinquième par le Portugal (10). Pour l'Allemagne, il ne s'agissait que de 2 et pour l'Espagne de moins de 1 (vers 1760 il s'agissait de moins de 2 pour l'Espagne et de plus de 3 pour le Portugal).

Mais peut-on dire que chaque colonie a la même «valeur» pour la métropole en particulier, et pour l'exploitation coloniale en général ? Une des mesures les plus valables de cette «valeur» est l'ampleur des échanges commerciaux, du com-

TABLEAU XVIII.3

EXPORTATIONS DU DOMAINE COLONIAL EN 1913

(en millions de dollars courants)

	Commerce des métropoles			Commerce des colonies		
	Total	Part du commerce avec les colonies		Total	Part du commerce avec les métropoles	
		Exp.	Imp.		Exp.	Imp.
EUROPE						
Allemagne	2 403	0,5	0,4	57	20,7	40,5
Belgique	702	0,7	1,0	11	90,4	66,1
Espagne	204	2,1	0,5	7	27,3	38,5
France	1 328	13,0	9,5	320	50,0	61,8
Pays-Bas	413	5,3	13,5	275	28,1	33,3
Portugal	37	14,2	3,2	35	31,0[a]	–
Royaume-Unis[b]	2 556	37,2	20,5	2 450	42,0	45,7
AUTRES PAYS DÉVELOPPÉS						
États-Unis	2 429	2,0	9,2	150	75,4	75,4
Japon	356	5,2	6,6	70	58,8	62,7

a Total des exportations et des importations.
b Y compris le commerce avec les Dominions.

Sources : Bairoch P. (1989a).

merce extérieur des colonies. Cet aspect est présenté dans le tableau XVIII.3.

Vers 1913, la prédominance de l'Empire britannique est frappante. Son domaine colonial a une population qui représente, en termes de population, 71 pour 100 de celle de l'ensemble du domaine colonial européen. Viennent ensuite les Pays-Bas et la France, avec un peu moins de 9

pour 100 chacun. La quatrième puissance coloniale européenne est l'Allemagne (2 pour 100),
suivie par le Portugal, l'Italie et l'Espagne. C'est-à-
dire une hiérarchie très différente de celle de
1760 (ou même de celle vers 1800). Mais, vers
1913, l'Europe possédait encore 98 pour 100 du
domaine colonial occidental (les 2 pour 100 restants étant le domaine des États-Unis).

Toutefois, suivant la pratique dominante, nous
ne tenons pas compte ici de la Russie, dont les
« possessions » en Asie pourraient être considérées comme colonies. Mais comme il s'agit de territoires la jouxtant et qui étaient assimilés à la
Russie sur le plan politique, cette pratique dominante se justifie. Ainsi, Marc Ferro, qui, dans son
Histoire des colonisations (1994), étudie le cas
russe, souligne que : « La première caractéristique
de l'Empire fut en effet de ne pas avoir une base
ethnique (*Russkaja imperija*), mais d'être un État
de peuples différents sous un monarque unique
(*Rossiskaja imperija*). »

Hors du monde occidental, il y avait, encore
vers 1913, deux puissances coloniales : le Japon et
la Turquie. Le cas du Japon a été intégré dans la
présente analyse, mais pour des raisons évidentes
l'Empire ottoman sera examiné dans le chapitre XXIII. Même si la liste des colonisateurs est
fort longue, il convient à présent d'examiner au
moins brièvement les éléments saillants de l'histoire de la colonisation de ces métropoles en commençant par les plus importantes du point de vue
de l'ampleur de leur colonisation.

Les ténors de la colonisation :
Portugal, Espagne, France, Pays-Bas,
Angleterre

Plus haut, dans la section consacrée aux « Îles, marchepieds de la colonisation », nous avons vu que c'est l'île africaine Sao Tomé que l'on peut considérer comme la première véritable colonie européenne et que ceci fut l'œuvre du Portugal, raison pour laquelle nous commencerons tout naturellement par ce pays.

LE PORTUGAL : DE L'EXPLORATION À LA COLONISATION

Il est tout à fait normal que le pays qui a été à la base des « grandes découvertes » soit devenu le premier pays à disposer d'un empire colonial. C'est le pape Alexandre VI qui, en 1493, a effectué en quelque sorte l'arbitrage du partage de l'Amérique[1]. Cette décision papale a été concrétisée par le traité de Tordesillas, signé l'année suivante entre le Portugal et l'Espagne. Ce qui a conduit au fait que le Portugal disposa d'un tiers environ (le Brésil) de la future Amérique latine et l'Espagne de l'essentiel des deux tiers restants. Si l'on examine la situation vers 1760 (voir le tableau XVIII.2), le Portugal disposait alors du 3e empire colonial, après l'Espagne et le Royaume-Uni. Pour le Royaume-Uni, il s'agissait surtout d'une colonie de peuplement : les États-Unis. En termes de commerce extérieur, le Brésil devançait les États-Unis.

Mais le Portugal, qui fut donc le premier à éta-

---

1. Voir chap. XX.

blir un Empire colonial important, n'était plus, au début du XIXe siècle, une puissance ni commerciale, ni économique, ni militaire, ni même navale. Vers 1790, la flotte marchande portugaise représentait environ 3 pour 100 de celle de l'ensemble de l'Europe, contre à peu près 27 pour 100 pour l'Angleterre, 21 pour 100 pour la France, 16 pour 100 pour les Pays-Bas, et 15 pour 100 pour le Danemark. Ceci l'a empêché d'élargir son domaine colonial, et même lui a fait, sinon perdre, du moins restreindre l'importance de certaines de ses colonies, non seulement d'Amérique, mais aussi d'Asie.

C'est ainsi que, sous la pression des Hollandais, les Portugais durent réduire le rôle commercial de ce qui avait été leur plus prestigieuse colonie d'Asie : Goa. Prestigieuse et ancienne car, après la prise de Goa (en 1510), une politique de mariage avec les femmes indigènes et un flux d'immigration de la métropole permirent la croissance de Goa qui devint une ville portugaise très riche, atteignant son apogée entre 1575 et 1625. Ville à l'architecture splendide qui donna naissance à un dicton portugais : «Celui qui a vu Goa n'a pas besoin de voir Lisbonne.» À deux reprises (1603 et 1639), les Hollandais bloquèrent la ville, et même s'ils ne l'ont jamais capturée, ils réussirent à détourner les échanges. Deux siècles plus tard, seuls quelques prêtres, moines et nonnes, vivaient dans la «ville» que l'on appelait, à l'époque de sa splendeur, la «Rome de l'Inde» en raison du nombre important d'institutions religieuses.

Après la perte totale du Brésil (en 1822), il fallut attendre les années 1880 pour voir le Portugal élargir son aire d'influence sur l'Angola, dont il

contrôlait depuis la fin du XVIᵉ siècle certaines
villes côtières. Villes côtières qui bordaient en partie le puissant Empire du Congo. L'évolution a été
assez similaire sur l'autre côte (est) : au Mozambique. En termes de population, l'Empire colonial
portugais se situait, vers 1913, à la 7ᵉ place, juste
derrière la Belgique et les États-Unis.

L'ESPAGNE : L'AMÉRIQUE ET L'OR

Il y a évidemment une large part de hasard
dans le fait que le Génois Christophe Colomb ait
été commandité par la Royauté espagnole lorsqu'il découvrit l'Amérique. Et comme le traité de
Tordesillas a accordé les deux tiers de la future
Amérique latine à l'Espagne, celle-ci se trouve à
la tête du plus important domaine colonial des
pays européens dès le début du XVIᵉ siècle. Siècle
qui a été le siècle d'or de l'Espagne, aussi bien au
sens propre que figuré. Au sens propre : une fois
encore, le hasard a voulu que les territoires attribués à l'Espagne se soient révélés très riches de
ce métal précieux, puisque pendant ce siècle, la
quasi-totalité de l'or fourni par les Amériques l'a
été par les colonies espagnoles. Notons toutefois
que l'argent fut encore plus abondant.

L'accession à l'indépendance de l'Amérique
latine va réduire comme une peau de chagrin
l'Empire colonial espagnol, dont le territoire
colonial, qui représentait plus de 1,2 million
de km² à la fin du XVIIIᵉ siècle, est réduit à 0,5 million de km² vers 1830. À la veille de la Première
Guerre mondiale, la perte de Cuba en Amérique
et des Philippines en Asie réduit à néant le
domaine colonial espagnol sur ces deux conti-

nents. Mais, parallèlement, dans les dernières décennies du XIXᵉ siècle, le très petit domaine colonial en Afrique, notamment l'enclave de Melilla, qui date de 1476, s'élargit avec les possessions notamment de la Guinée (espagnole). À la veille de la Première Guerre mondiale, l'Empire colonial espagnol ne représente plus que 0,6 pour 100 de celui de l'Europe en termes de superficie, et 0,2 pour 100 en termes de population, contre respectivement 50 et 70 pour 100 vers 1760.

LA FRANCE : UNE VALSE-HÉSITATION

Certes, comme le proclamaient jadis fièrement les manuels d'histoire, à la veille de la Seconde Guerre mondiale, l'Empire colonial français était le deuxième du monde, après celui de l'Angleterre. Mais, contrairement à l'Angleterre, qui menait une politique coloniale active et constante depuis la seconde moitié du XVIIᵉ siècle, la France a hésité à plusieurs reprises. Signalons d'abord que la France n'a joué pratiquement aucun rôle dans les «grandes découvertes». Certes, François Iᵉʳ, roi d'une grande puissance catholique, réagit à la bulle de 1493 qui partageait entre l'Espagne et le Portugal les îles supposées se trouver devant les côtes atlantiques. François Iᵉʳ aurait déclaré qu'il aurait aimé connaître la clause du testament d'Adam qui partageait le Monde. Mais les efforts de colonisation entreprise sous son règne (1515-1547) furent modestes. Et, par la suite, ceci fut encore perturbé par les guerres de religion (1562-1589).

Cette période fait partie de ce que les historiens appellent le premier Empire colonial français, période qui s'achève en 1830 et dont les dernières décennies ont été marquées par une politique de dégagement colonial, inspirée en partie par les idées révolutionnaires et due également aux guerres napoléoniennes. Dans cette première période, on ne peut parler d'un véritable domaine colonial français qu'avec la politique de Colbert qui réactive, en 1664, la Compagnie française des Indes orientales, créée en 1604.

La période du deuxième Empire colonial français débute par le prise d'Alger en 1830 ; et nous verrons qu'il y eut également des flottements dans l'expansion française en Afrique. Ce que les historiens appellent, à l'intérieur de cette période, la phase impérialiste, se situe à partir de 1880. Et c'est entre cette date et 1914 que l'essentiel de ce grand Empire français va être créé, empire qui sera presque uniquement africain. Ceci contraste avec la situation du premier empire colonial français où, pendant une période assez longue, la France avait des possessions assez importantes en Amérique, possessions qu'elle perdit vers la fin du xviiie siècle. Il s'agissait de la Nouvelle-France, du futur Canada (français entre le milieu du xvie siècle et 1763), de la Louisiane, devenue partie intégrante des États-Unis (française entre le début du xviie siècle et 1803).

LES PAYS-BAS : DE BONS MARINS, DE BONS COMMERÇANTS, DE BONS COLONISATEURS

Selon l'expression souvent utilisée, les Hollandais étaient les « rouliers de la mer » ; car, depuis le début du xvie siècle, ils sont en quelque sorte les intermédiaires commerçants de l'Europe. Au début du xviie siècle, d'après les estimations exis-

tantes, les Pays-Bas comptaient plus de marins
que la France, la Grande-Bretagne et l'Espagne
réunies. À partir du début du XVIIe siècle, ils commencèrent progressivement à supplanter, en Asie
surtout, les Portugais, en privilégiant les aspects
commerciaux dans leurs relations avec les pays
d'outre-mer. D'ailleurs, dès 1592, ils avaient
envoyé Cornelius Houtman à Lisbonne afin de
recueillir des informations pour faciliter les expéditions commerciales vers l'Asie. C'est d'ailleurs
Houtman qui dirigea la première flotte commerciale qui, en avril 1595, appareilla de la petite île
hollandaise de Texel vers l'Asie.

Cependant, dès 1619, ils commencèrent à
s'installer dans l'île de Java, embryon de ce qui
deviendrait progressivement les Indes néerlandaises ou Indonésie. L'Amérique n'est pas négli-
gée pour autant ; et, comme nous le verrons dans
le chapitre XX, pendant près de trois décennies,
ils furent maîtres d'une partie du Brésil (surtout
au nord-est). Et lorsque qu'ils seront définitivement chassés du Brésil (en 1654), ils établiront
alors la culture de la canne à sucre dans quelques
îles des Caraïbes.

À partir de 1652, commence le peuplement
de l'Afrique du Sud où, à la fin du XVIIIe siècle,
il y aura environ 15 000 Européens, surtout
des Hollandais, mais aussi des Huguenots français réfugiés après la révocation en 1685 de l'Édit
de Nantes. D'ailleurs, en règle générale, la présence des Hollandais dans leurs colonies a été
relativement importante. Vers 1938, il y avait
260 000 Européens en Indonésie (essentiellement
des Hollandais), comparés à environ 155 000
pour les Indes (près de six fois plus peuplées), et

à 30 000 pour l'Indochine (trois fois moins peuplée).

Plus haut, nous avons dit «bons colonisateurs». Oui, dans le sens de l'efficacité, puisque
l'Indonésie devint en quelque sorte le modèle
de l'exploitation des cultures d'exportation. En
termes d'exportation des colonies par habitant de
la métropole, les Pays-Bas se situaient, en 1913, à
la deuxième place, après le Royaume-Uni.

L'ANGLETERRE : UN EMPIRE À LA MESURE
DE LA PUISSANCE DU PAYS BERCEAU
DE LA RÉVOLUTION INDUSTRIELLE

Parmi les principales puissances coloniales,
l'Angleterre est une tard venue dans la conquête
d'un empire colonial. N'oublions pas que le premier des *Navigation Acts*, qui ont été pris afin de
pallier la faiblesse de la flotte anglaise, ne date
que de 1651. L'âge d'or des explorateurs anglais
n'a pas été le début du XVIe siècle, mais le
XVIIe siècle. Et vers 1700, à l'aube de la révolution
industrielle, le domaine colonial anglais ne représentait que le quinzième de celui de l'ensemble de
l'Europe. Dans son historique des grandes zones
d'expansion commerciale, F. Mauro (1967) place
les Anglais au troisième rang pour la zone de
l'Océan indien (après les Portugais et les Hollandais) ; et à la cinquième et dernière place pour la
zone de l'Atlantique (après les Portugais, les
Espagnols, les Hollandais et les Français).

Mais, déjà un siècle plus tard, vers 1800, hors
de l'Amérique, l'Angleterre possédait le plus vaste
Empire ; et, en Amérique, son commerce était en
train de supplanter celui des deux principales

métropoles : l'Espagne et le Portugal. Puis les choses vont aller très vite : la population de l'Empire britannique (inférieure à 3 millions vers 1760) allait atteindre les 75 millions vers 1800, les 190 millions vers 1830 et les 395 millions en 1913, passant ainsi de 10 pour 100 du total du domaine colonial européen vers 1760 à 74 pour 100 en 1913.

Décrire brièvement les traits de cette vaste colonisation est évidemment malaisé et largement superflu, car, s'agissant de territoires importants, ils feront l'objet de descriptions assez détaillées dans les chapitres XX à XXIII. Il s'agit essentiellement du cas de l'Inde, qui constituait le noyau principal, puisqu'elle représentait à elle seule 96 pour 100 de la population de l'Empire britannique vers 1880, et encore 82 pour 100 vers 1913 ou vers 1938.

Les puissances coloniales
moins importantes : Allemagne,
Belgique, Italie, etc.

Si l'on se situe vers 1913, l'ensemble des puissances coloniales moins importantes (c'est-à-dire autres que celles que nous venons de décrire) ne contrôlaient qu'une très petite fraction du domaine colonial européen : moins de 5 pour 100 en termes de population, et environ 2 pour 100 en termes de commerce extérieur. Dans cet ensemble de pays, c'est l'Allemagne qui venait en tête.

L'ALLEMAGNE : UNE COLONISATION TARDIVE,
ÉPHÉMÈRE ET EFFICACE

Tardive, en effet. Car l'aventure coloniale moderne allemande ne débute qu'en 1884. Ce

qui, néanmoins, ne veut pas dire que durant les
siècles antérieurs l'Allemagne ait été totalement
absente de l'expansion européenne, qu'il s'agisse
de voyages d'exploration, d'entreprises commerciales et d'envois de missionnaires. Mais ces activités ont été bien moins importantes que celles
des autres grands pays d'Europe occidentale,
Autriche-Hongrie exceptée. Même dans la phase
de la colonisation de l'ère postindustrielle, le
retard est patent. Un élément explicatif de ce
retard est l'unification tardive du pays (1871) et
l'attention portée à cette unification dont les prémices se trouvent dans les débuts (1834) de la
formation du *Zollverein*.

L'effort essentiel de la colonisation allemande
s'est naturellement porté sur l'Afrique. Les prémices se placent au début des années 1830
quand les commerçants des villes hanséatiques
commencèrent (ou recommencèrent) à faire des
échanges avec ce continent. Une étape ultérieure
se situe en 1860 quand une firme allemande
(Woermann & Co) installa un poste sur la côte
du Cameroun. On situe précisément au 24 avril
1884 la «naissance» de l'Empire colonial allemand, lorsque Bismarck décida de mettre sous la
protection du Reich les installations des commerçants allemands en Afrique. Bien sûr, à la conférence de Berlin (novembre 1884-février 1885),
les zones sous influence allemande comme sous
celle d'autres pays, sont reconnues et redéfinies,
les accords anglo-germaniques de 1893 réglant
les problèmes des frontières des deux Empires.

L'essentiel de l'Empire allemand était localisé
en Afrique ; les seules autres possessions se trouvaient en Océanie (Nouvelle-Guinée, et une par-

tie de Samoa), territoires qui, à la veille de la Première Guerre mondiale, ne comptaient qu'environ 600 000 habitants.

La guerre mondiale mit fin définitivement à
l'Empire allemand qui, par conséquent, aura été
éphémère puisqu'il n'aura duré que 30 ans.
Certes, en 1934, les nazis créèrent un bureau
politique colonial, dont l'objectif était de retrouver un Empire colonial. Et si la Seconde Guerre
mondiale a mis fin à un tel dessein, relevons
aussi que le gouvernement britannique de Nel-
ville Chamberlain n'était pas hostile à ce genre
de visée, puisqu'il avait proposé (en mars 1938),
dans sa vaine politique d'apaisement, le partage
du Congo belge que la « Belgique est incapable de
mettre en valeur », et l'éventuelle restitution des
anciennes colonies allemandes.

Efficace. En effet, grâce à une administration
bien menée (dans laquelle les fonctionnaires
demeuraient longtemps en place), l'expansion
des exportations a été très rapide. Comme on
peut le voir dans le tableau XVIII.3, en 1913, l'Allemagne se situait à la quatrième place. Commencé tardivement, le réseau des chemins de fer
atteignait 4 200 km en 1913, comparé à 3 000 km
pour les colonies françaises d'Afrique Noire, à
3 800 km pour les colonies anglaises de la même
région, et à 1 400 km pour le Congo belge.

LES AUTRES CAS

La Belgique n'a possédé que deux colonies : le
Congo belge et, après la Première Guerre mondiale, le mandat du Ruanda-Urundi (ancien territoire allemand). Nous traiterons du cas insolite

du Congo dans le chapitre XXI. C'est le seul exemple au XIXᵉ siècle, d'un souverain occidental se constituant un empire colonial personnel. Le cas des deux principales colonies italiennes (la Libye et l'Éthiopie) fera l'objet d'une analyse dans le même chapitre. Notons ici que les deux autres colonies, l'Érythrée et la Somalie, passèrent sous la domination italienne à partir de 1890 pour la première, et à partir de 1905 pour la seconde (laquelle était déjà sous l'influence italienne dès les accords avec l'Angleterre de 1889).

Toutefois, contrairement au cas de la Belgique, dont l'absence dans l'aventure coloniale au cours des siècles antérieurs s'explique par le fait qu'elle faisait partie des Pays-Bas avant 1830, pour l'Italie il convient de s'interroger sur son absence quasi totale dans cette aventure au cours des siècles antérieurs. Absence de prime abord paradoxale, vu le rôle commercial joué par ce pays depuis le XIIᵉ siècle au moins. Il est vrai que le centre d'intérêt des villes commerciales italiennes était la Méditerranée, ce d'autant plus que la péninsule italienne y occupe une place stratégique. Cette position géographique et aussi le morcellement du pays (l'unité italienne date de 1860) constituent les éléments explicatifs majeurs de cette absence.

Les pays scandinaves ont très peu participé à la colonisation. La Suède et le Danemark n'ont eu que quelques comptoirs insignifiants. Pour des raisons diverses, mais évidentes, les pays balkaniques et la Suisse ont été également absents. Quant à la Russie, son expansion territoriale en Sibérie et dans d'autres parties de l'Asie peut être considérée comme une semi-colonisation. Reste

un seul et grand pays qui n'a jamais possédé de
colonies : l'Empire austro-hongrois, trop occupé
à maintenir son unité et pratiquement privé
d'accès à la mer. Trieste, deuxième port de cet
Empire, se trouvait de surcroît à l'extrémité
nord de l'Adriatique. Quant aux deux puissances
industrialisées non européennes qui ont participé
à la colonisation (États-Unis et Japon), nous nous
contenterons ici de signaler que le cas de leurs
colonies, Philippines et Porto Rico (États-Unis),
Corée et Taïwan (Japon), seront évoqués dans le
chapitre XXII.

Les exportations :
miroir de la colonisation

La colonisation et le commerce extérieur sont
étroitement liés ; et l'importance relative des exportations est sans aucun doute un des meilleurs
indicateurs uniques de l'ampleur de la colonisation. D'ailleurs, déjà dans le cadre des sociétés
traditionnelles, le domaine colonial par excellence de l'Europe, à savoir l'Amérique latine, se
caractérisait par un fort taux d'exportation. Il est
probable que, vers 1760, les exportations par
habitant de l'Amérique latine étaient deux fois,
sinon trois fois, supérieures à celles de l'Europe.
En tout cas, même encore vers 1830, date
pour laquelle on dispose de chiffres relativement
valables, il s'agissait respectivement de 5,1 dollars par habitant pour l'Amérique latine (un peu
plus de 4,4 dollars si l'on exclut les métaux précieux), et de 2,7 pour l'Europe. Certes, l'importance relative du commerce extérieur est, après le

début du développement moderne et pour les pays développés, un indicateur imparfait, puisqu'il est à la fois l'indice du niveau de développement (plus un pays est développé, plus son taux d'exportation est élevé) et l'indice de la taille du pays (plus un pays est grand, plus faible est son taux d'exportation). Mais, pour le Tiers-Monde, il reste un excellent indicateur de l'ampleur de la colonisation (et de ce fait partiellement un indicateur du sous-développement économique).

LES SIÈCLES OBSCURS

On ne dispose pas encore d'estimations sur l'évolution du commerce extérieur du futur Tiers-Monde antérieure au XIXᵉ siècle. La carence est totale en ce qui concerne l'évolution quantitative et qualitative des échanges entre les différentes parties de cette vaste région si diversifiée, qu'il s'agisse des flux à l'intérieur des vastes domaines sous influence musulmane (Moyen-Orient, Afrique du Nord, et Asie) ou des grandes puissances d'Asie, sans parler de l'Amérique précolombienne (où les échanges «internationaux» étaient probablement très faibles) ou de l'Afrique au sud du Sahara.

De même, on ne possède pas de données globales sur l'évolution des échanges Europe-Tiers-Monde entre le début du XVIᵉ siècle et la fin du XVIIIᵉ siècle. Ce qui est certain, c'est que ceux-ci se sont accrus fortement, puisque le niveau de départ était extrêmement faible; ainsi les échanges entre l'Amérique espagnole et l'Europe, dont on peut suivre avec précision l'évolution du volume, sont passés de moins de 10 000 tonneaux vers 1530 à un sommet de 60 000 vers 1610, pour

retomber vers les 20 000 tonneaux vers 1650. Ce
que l'on sait également, c'est qu'à la fin du
XVIIIe siècle le niveau était très faible eu égard
à l'expansion qui allait se produire par la suite.
En termes de quantité, d'après nos estimations,
le Tiers-Monde exportait, vers 1790, environ
400 000 tonnes, et ce volume a été multiplié par
50 environ entre cette date et la veille de la Première Guerre mondiale. Il est également certain
que le XVIIIe siècle a, lui aussi, été caractérisé par
une expansion rapide, probablement une multiplication par 3 ou 4 du volume d'exportations.

LE XIXe SIÈCLE : LE SIÈCLE CHARNIÈRE

Arrêtons-nous à présent sur ce qui s'est passé
durant le XIXe siècle, que nous qualifions de charnière. Siècle charnière en effet, et surtout pour ce
qui concerne les produits agricoles qui ont longtemps constitué la part dominante des exportations du Tiers-Monde. Si, entre 1790 et 1910, le
volume des exportations de produits agricoles a
été multiplié par 50 environ, de 1910 à 1990 il n'a
été multiplié que par 3 environ. Certes, en se limitant aux produits agricoles, on néglige l'impact de
la rapide émergence, au cours de la seconde moitié du XXe siècle, des exportations de produits
bruts non agricoles, et notamment de matières
premières, telles que les minerais et surtout le
pétrole.

Les produits agricoles, qui représentaient environ 80 pour 100 de la valeur des exportations
totales du Tiers-Monde durant le XIXe siècle et
jusqu'aux premières années de l'après-Seconde
Guerre mondiale, représentaient moins d'un cin-

quième vers 1990. Mais si, pour 1990, on exclut les exportations d'une dizaine de pays gros exportateurs de pétrole ou d'articles manufacturés dont la population ne représente même pas 10 pour 100 de celle du Tiers-Monde, cette proportion passe à la moitié. Et même en tenant compte de ces produits non agricoles, le volume (poids) des exportations du Tiers-Monde, entre 1910 et 1990, n'a été multiplié que par 11, contre une multiplication par 40 environ entre 1830 et 1910. Donc le XIXe siècle est bien le siècle charnière en ce domaine comme dans beaucoup d'autres.

Au chapitre XIII, nous avons souligné la forte progression du ratio exportations-PNB. Comme les exportations du Tiers-Monde se sont accrues encore plus rapidement, et que le PNB en revanche a progressé plus lentement, il en est résulté une progression du taux d'exportation plus accusée que celle des pays développés. Très grossièrement (et en remontant de la situation de 1913), on peut, par des calculs rétrospectifs, fournir l'évolution suivante du pourcentage que représentaient les exportations dans le PNB de l'ensemble du Tiers-Monde : 1830, 2 à 4 pour 100 ; 1913, 19 à 24 pour 100 ; donc un taux d'exportation multiplié par huit à douze, alors que pour les pays développés il s'est agi d'une multiplication par sept.

En quelque sorte, le tableau XVIII.4, qui résulte de récents travaux de B. Etemad (1997a), complète le tableau précédent (XVIII.3). Il permet de résumer l'évolution de l'ampleur de la colonisation des diverses régions et d'un choix restreint de pays significatifs au cours du XIXe siècle en fournissant les exportations par habitant. Au niveau des continents ou parties de continents, l'évolu-

TABLEAU XVIII.4

EXPORTATIONS PAR HABITANT DES FUTURS PAYS ET RÉGIONS DU TIERS-MONDE
(en dollars courants ; moyennes annuelles)

	1830	1860	1880	1900	1912
AFRIQUE					
Afrique du Nord					
Algérie	0,2	0,3	1,4	1,6	3,2
Égypte	0,9	2,3	6,3	7,3	12,6
Maroc	0,2	2,5	7,5	10,9	18,2
Tunisie	1,4	3,2	8,6	8,1	13,0
	0,7	1,1	1,0	1,7	2,5
	1,0	1,7	3,5	5,6	18,1
Afrique Noire	*0,1*	*0,2*	*0,4*	*0,6*	*1,2*
Congo belge	–	–	0,3	0,9	1,0
Nigeria	–	–	0,2	0,6	1,7
Sénégal	1,0	1,8	2,2	5,3	8,3
AMÉRIQUE					
Pays tempérés[a]	*5,1*	*8,4*	*10,5*	*10,6*	*18,2*
Argentine	6,3	13,7	21,7	27,1	50,0
Chili	6,5	10,9	21,5	34,0	58,3
	6,2	15,8	22,7	21,2	38,5
Autres	*5,0*	*7,8*	*8,9*	*7,8*	*12,4*
Brésil	3,3	7,3	8,3	8,9	14,1
Colombie	2,9	4,4	7,1	3,6	4,9

	1830	1860	1880	1900	1912
Mexique	1,8	3,8	3,2	4,9	8,1
Venezuela	2,7	4,5	5,5	6,5	9,3
ASIE	0,2	0,4	0,7	0,9	2,0
Moyen-Orient	1,0	1,6	2,2	3,3	3,7
Perse	0,8	1,0	1,0	1,2	3,5
Turquie	1,1	1,9	2,3	3,5	4,5
Autres	0,2	0,4	0,7	0,8	1,7
Chine	0,1	0,2	0,3	0,3	0,6
Ceylan	0,8	5,7	6,8	8,5	16,1
Inde	0,2	0,6	1,2	1,3	2,4
Indochine	0,1	0,2	0,5	1,5	2,6
Indonésie	0,8	1,8	2,5	2,8	5,2
Philippines	0,4	1,8	3,2	2,9	5,8
Thaïlande	0,6	0,7	1,5	2,3	4,1
TOTAL TIERS-MONDE	0,4	0,7	1,3	1,6	2,8
TIERS-MONDE SANS CHINE	0,7	1,1	2,0	2,5	4,7

a Argentine, Chili, Uruguay, Paraguay.

Sources : Etemad, B. (1997b).

tion la plus importante est l'effacement partiel de
la spécificité de l'Amérique latine non tempérée,
région dont les exportations par habitant étaient,
vers 1830, douze fois plus élevées que celles du
reste du Tiers-Monde sans la Chine, et vers 1912
plus que six fois plus élevées. Même effacement,
mais le niveau de départ est plus faible, pour le
Moyen-Orient dont, rappelons-le, la colonisation
ne commença qu'après la Seconde Guerre mondiale. Ainsi, les exportations par habitant de cette
région, qui, vers 1830, étaient cinq fois plus élevées que celles du reste de l'Asie, ne sont plus vers
1912 que deux fois plus élevées.

Et puisque nous sommes dans les mondes
musulmans, relevons la différence importante
entre la Turquie, cet ancien et important partenaire commercial de l'Europe, et l'Afrique du
Nord dont les échanges avec l'Europe étaient très
faibles avant la colonisation. Alors que vers 1830
le niveau d'exportation par habitant de l'Afrique
du Nord était inférieur de 20 pour 100 à celui de
la Turquie, vers 1880 il lui était alors près de trois
fois supérieur.

LA NATURE DES EXPORTATIONS

Après avoir vu combien exportait le Tiers-
Monde, voyons ce qu'il exportait. Les données de
synthèse pour la période précédant le XIXe siècle
sont fort lacunaires. Nous verrons plus loin (chapitre XXII), à propos de l'Asie, qu'après la fin du
XVIIIe siècle la structure par produit a connu un
bouleversement, notamment une quasi-dispari-
tion des exportations de textiles. Avant ce bouleversement, outre les textiles qui prédominaient,

l'Asie exportait d'autres articles manufacturés (laque, porcelaine, etc.) et, bien sûr, les épices qui, depuis toujours, ont attiré l'attention des Européens. L'Amérique latine, outre son rôle de pourvoyeur de métaux précieux, était devenue la source d'exportations par excellence de sucre, produit qui, encore à la fin du XVIIIe siècle, sera le principal produit d'exportation de l'ensemble du Tiers-Monde. Selon nos calculs et estimations, vers 1790, sur les quelque 360 000 tonnes de produits agricoles exportés, plus des deux tiers (environ 250 000) étaient le fait du sucre. Ce qui constituait déjà un recul par rapport à 1700, où sur près des quelque 100 000 tonnes le sucre représentait 75 000 tonnes. Vers 1790, après le sucre, mais très loin derrière, viennent le coton brut (25 000 tonnes), le café (21 000), les épices (20 000), le thé (12 000) et le cacao (seulement 2 000). À quoi s'ajoutent encore la soie brute, l'indigo, le tabac, etc. Par rapport à 1790, vers 1910, le volume des exportations de produits agricoles du Tiers-Monde a été multiplié par environ 50 ; et la composition de ces exportations totalement bouleversée : par exemple, le sucre ne représentait plus en volume que 45 pour 100 du total.

Ce bouleversement, comme celui qu'ont connu les ventes d'articles manufacturés des pays industrialisés, est évidemment la résultante des profonds changements qui ont affecté les partenaires commerciaux du Tiers-Monde, et essentiellement l'Europe, les pays de peuplement européens ayant été des partenaires commerciaux moins importants. Dans ces changements, les trois axes qui ont le plus influencé les échanges du Tiers-Monde sont : l'industrialisation, la hausse du niveau de

TABLEAU XVIII.5

STRUCTURE DES EXPORTATIONS DU TIERS-MONDE

(en pourcentage ; moyennes annuelles triennales)

Répartition des produits[a]	1830	1860	1900	1912
Sucre	24,5	18,0	8,6	7,7
Coton	8,0	7,0	8,0	7,2
Café	7,9	11,4	8,4	7,9
Textiles manufacturés	7,3	3,4	5,0	4,7
Métaux précieux	7,1	4,4	3,9	2,8
Thé	6,6	5,8	4,2	3,2
Opium	6,5	8,0	2,0	0,8
Soie	5,2	4,9	2,5	1,6
Indigo	3,7	2,4	0,5	0,0
Cuirs et peaux	3,4	4,0	3,3	4,2
Oléagineux et huile	2,4	2,8	5,3	7,8
Minerais métalliques	1,9	3,4	2,6	1,6
Céréales	1,8	5,0	10,8	13,6
Bois	1,6	0,9	0,4	0,9
Tabac	1,4	4,0	3,9	2,9
Épices	1,2	0,9	0,6	0,6

	1830	1860	1900	1912
Fruits et légumes	0,7	1,6	2,5	2,7
Engrais	0,5	4,5	3,2	3,7
Animaux (viande)	0,4	0,6	2,8	2,7
Cacao	0,2	0,7	1,0	1,2
Caoutchouc	0,0	0,2	3,5	3,9
Combustibles	0,0	0,0	0,4	2,0
Jute	0,0	0,3	1,8	2,0
Total ci-dessus en pourcentage	92,3	94,2	85,2	85,7
Total prod. ci-dessus (millions $ courants)	253,7	629,4	1 626,8	3 618,2
Total général (millions $ courants)	275,3	696,7	1 777,0	3 887,2

a Produits classés dans l'ordre décroissant d'exportation en 1829-1831.

Sources : Bairoch, P. et Etemad, B. (1985).

vie et la baisse des coûts de transport. L'industrialisation, par la forte réduction des prix de revient,
a rendu quasi impossibles les exportations d'articles manufacturés du Tiers-Monde et y a permis
au contraire un déversement massif de produits
du monde occidental. La hausse du niveau de vie
a ouvert de vastes débouchés aux produits tropicaux, restés longtemps des articles de luxe. Enfin,
la baisse des coûts de transport a intensifié ces
deux tendances.

Le tableau XVIII.5 présente l'évolution, au
cours du XIXᵉ siècle, de la structure des exportations de l'ensemble du Tiers-Monde, non en quantité, mais en valeur, ce qui est plus significatif. Le
changement le plus important est donc le recul de
l'importance du sucre qui passe de 25 à 8 pour
100 des exportations. C'est là la conséquence de
l'extension de la culture de la betterave à sucre en
Europe qui a entraîné, pour le sucre de canne, à la
fois un ralentissement de la demande et une baisse
des prix. En revanche, la part des céréales progresse rapidement, passant de 2 à 14 pour 100 du
total et occupant la première place vers 1911.

Ces exportations de céréales traduisent deux
types de réalités différents. D'une part, il s'agit
d'excédents de production de la Thaïlande (riz)
et de l'Argentine (blé et maïs), pays qui ont de
réels surplus ; et, d'autre part, d'exportations de
céréales en provenance de l'Inde qui, selon les
paroles du directeur général des statistiques
indiennes des années 1880 : « The grain exports of
India represent many hungry stomachs in India »
(« Les exportations de céréales de l'Inde représentent beaucoup d'estomacs affamés en Inde »).

À propos de l'Inde, relevons que, sous l'instigation de la Compagnie des Indes orientales anglaises, ce pays était devenu un très important exportateur d'opium, dont le principal client forcé a été la Chine. Cette vente massive d'opium avait comme seul soubassement, à l'instar du trafic des drogues aujourd'hui, le profit, mais celui-ci était considéré à l'époque comme étant licite. Pendant plusieurs décennies, même sur le plan de l'ensemble du Tiers-Monde, l'opium a été le troisième produit d'exportation en importance. C'est un des aspects les plus négatifs de la colonisation.

Avec le sucre, nous sommes en présence du premier cas d'un produit brut du Tiers-Monde concurrencé par une production des pays développés. Au chapitre XX, nous verrons comment ce produit de haut luxe était devenu un produit de consommation courante, et comment, à partir de la seconde moitié du XIX⁰ siècle, il avait été concurrencé par le sucre de betterave produit en Europe.

Parmi les quelques autres produits que des productions des pays développés ont concurrencés, se trouvent essentiellement les colorants. Ceux-ci préfigurent en quelque sorte le destin d'une gamme plus large de produits qui, dans la seconde moitié du XX⁰ siècle, seront concurrencés par des produits de synthèse (caoutchouc et fibres textiles surtout). Le principal colorant concurrencé au XIX⁰ siècle par un produit de synthèse fut l'indigo mis au point en 1880. Vers 1830, l'indigo représentait encore 3,7 pour 100 des exportations totales du Tiers-Monde ; vers 1900, plus que 0,4 pour 100, pour disparaître totalement dans les années 1900. Pour l'Inde, qui était le principal producteur d'indigo, la part de ce produit dans les exportations vers 1830 était de 37 pour 100, ce

qui plaçait ce produit en tête, suivi par l'opium
(17 pour 100) et le coton brut (15 pour 100).

Citons trois autres produits très marginaux au
départ et qui occupent une place croissante au
XIXe siècle : les oléagineux, le caoutchouc et le jute.
En revanche, il y a tout une gamme de produits
qui voient leur part relative décroître sensiblement. Ce sont notamment les épices, les colorants, l'opium et la soie (brute). N'oublions
cependant pas que nous parlons de part relative
dans un total en forte croissance. Prenons la
période entre 1830 et 1900, la valeur du total des
exportations du Tiers-Monde a été multipliée par
plus de 6,5 ; ce qui implique qu'il faut diviser la
part relative par plus de 6,5 pour qu'il y ait un
recul absolu. Ainsi, par exemple, si la soie est passée de 5,2 à 2,5 pour 100 des exportations, cela
veut dire que, en valeur, ces exportations ont été
multipliées par trois. D'ailleurs, avec la soie nous
sommes en présence d'un autre produit concurrencé par les pays développés qui, à partir du
début du XIXe siècle, ont accru rapidement leur
production de cette fibre précieuse. Enfin, les
seuls types de produits dont le déclin est non seulement relatif mais également absolu sont les
colorants, l'opium et les gommes. Les colorants et
les gommes sont concurrencés par des produits
manufacturés en Occident ; les mesures prises en
Chine à l'encontre de l'opium expliquent le déclin
de celui-ci.

*Les coûts humains
de la conquête coloniale*

La terrible comptabilité des coûts humains de la conquête coloniale n'est pas facile à établir, même si on la limite à ce que l'on peut appeler les coûts directs. Le, ou plutôt les coûts indirects sont beaucoup plus lourds, et aussi beaucoup plus arbitraires à établir. Dans quelle mesure, par exemple, les 5 millions de morts dus à la famine de 1876-1878 en Inde peuvent-ils être attribués, même en partie, à la colonisation qui a eu pour conséquence de réduire les superficies consacrées aux cultures vivrières ? D'un autre côté, combien de vies les possibilités d'importation de produits alimentaires ont-elles sauvées ? Donc nous nous limiterons aux seuls coûts humains que l'on peut identifier.

LE COÛT HUMAIN DES GUERRES COLONIALES

Comme il fallait s'y attendre, un bilan, même approximatif, du coût humain des guerres coloniales comporte une lacune très importante : l'incertitude qui entoure les pertes du côté des « colonisés ». D'emblée, il faut souligner que, même du côté des colonisateurs, les pertes étaient aussi non négligeables, bien que considérablement plus faibles. Reprenons à nouveau des estimations de B. Etemad (1997a), qui résultent de recherches approfondies. « De 1750 à 1913, l'Europe colonisatrice envoie 280 000 à 300 000 de ses soldats à la mort pour conquérir 34 millions de km² de terres asiatiques et africaines et soumettre 534 millions d'indigènes. » Ces décès incluent ceux résultant de maladies (environ 85 à 90 pour 100). À cela il faut ajouter environ 90 000 à 120 000 morts chez les soldats indigènes enrôlés dans les troupes coloniales (mais dans ce cas seulement un cinquième ou moins des décès était dû à des maladies). Du côté de la population civile indigène, le nombre de morts durant la phase de cette conquête a été de l'ordre de 25 millions. Ce chiffre tient compte des décès dus aux conséquences indirectes des interventions européennes, telles que le déplacement des populations, la dislocation de certaines structures sociales, etc. Le nombre de morts des troupes et d'autres groupes qui se sont opposés aux conquérants peut être estimé à environ 800 000 à 1 million. Le nombre total de morts directes et indirectes (donc environ 25 millions) est, *grosso modo*, du même ordre que celui de la Première Guerre mondiale (toutefois plus faible que celui de la Seconde Guerre mondiale). Mais, et cela ne réduit en rien le caractère dramatique du bilan de la conquête coloniale, cela a concerné une période plus longue et une population plus importante.

XIX. CAUSES
DE LA NON-TRANSMISSION
DE LA RÉVOLUTION
INDUSTRIELLE
AU TIERS-MONDE
AVANT LE XXᵉ SIÈCLE

Un des faits marquants du XIXᵉ siècle a été la diffusion de la révolution industrielle de l'Angleterre à un vaste ensemble important de pays aussi différents que la petite Suisse, morcelée en une vingtaine de cantons qui, dans leur majorité, étaient autant de pays, sinon démocratiques, du moins dotés de gouvernements bourgeois, et la grande Russie des tsars où le servage subsistait encore en 1860. En revanche, aucun pays non occidental n'a amorcé un véritable processus de développement moderne au cours du XIXᵉ siècle, excepté le Japon qui l'a fait assez tard, dans le dernier quart du XIXᵉ siècle.

En fait, il serait même plus juste de dire qu'aucun pays non occidental, à part le Japon, n'avait amorcé de véritable processus de développement moderne jusqu'au début des années 1960, période à laquelle les « quatre dragons » (Hong-kong, Corée, Taïwan et Singapour) ont commencé, l'un après l'autre, leur processus d'industrialisation et de développement. Ce processus a été si rapide que l'on peut considérer que, dès la fin des années 1980, ils ont rejoint le camp des pays développés. Mais ceci implique un hiatus de près de deux siècles ; et les quatre dragons ne représentent même pas 2 pour 100 de la population du Tiers-Monde [1].

Nous allons analyser ici les causes probables d'une telle différence, ou, en d'autres termes, expliquer les causes de la non-transmission de la révolution industrielle aux futurs pays du Tiers-Monde. Afin de mieux comprendre ces raisons, et étant donné les fortes différences structurelles existant entre l'agriculture et l'industrie, il faut traiter séparément la révolution agricole et la révolution industrielle proprement dite. Mais, au préalable, il faut s'interroger sur les possibilités et les limites de la transmission des techniques modernes issues de la révolution industrielle. Cet aspect important fera l'objet de la première section. Puis nous passerons successivement aux causes de la non-transmission de la révolution agricole et de l'industrialisation, ce qui nous permettra de constater que la colonisation a été un facteur important dans l'explication du non-démarrage du futur Tiers-Monde. Il ne faut toutefois pas en déduire que la colonisation a été nécessairement un facteur important de la croissance des pays développés. Cet aspect du problème sera examiné dans la dernière section.

1. Le cas de ces quatre dragons et de quelques autres pays ayant suivi à peu près la même voie sera présenté dans le chapitre XXXIV (tome III).

POSSIBILITÉS ET LIMITES
DE LA TRANSMISSION
DES TECHNIQUES MODERNES

Quand on assigne à un professeur la tâche de transmettre un enseignement bien défini à un groupe indéterminé se posent deux importantes questions préalables : quel est le niveau auquel se situe le groupe ? Et quels sont les moyens dont il dispose pour communiquer avec lui ? Enseigner, par exemple, la physique théorique à des analphabètes situés aux antipodes uniquement par le truchement de télégrammes de fréquence et de durée très limitées est évidemment absolument impossible. Dans le cas qui nous intéresse, cet exemple peut se traduire par le problème de la transmission spontanée de la technique des circuits intégrés en électronique à des sociétés situées à l'âge de la pierre par le truchement d'un traité sommaire sur la question. Certes, cela constitue un exemple extrême, mais sans aller jusqu'à cette caricature, il faut ici nous poser ces deux questions : d'une part, celle de l'écart entre les niveaux de développement des diverses parties du monde, et essentiellement entre l'Europe et le reste du monde, dont la quasi-totalité deviendra le Tiers-Monde ; d'autre part, celle des moyens de communication existant entre ces deux parties du monde.

Écart des niveaux technologiques?

Il est en effet pratiquement irréaliste de compter sur une transmission spontanée de techniques dans l'hypothèse d'un écart trop important entre la société «modèle», d'où doit partir l'innovation, et la société «imitatrice» qui doit l'assimiler. Le problème concret qui se pose ici est, dans un premier temps, de voir si les sociétés avancées du Tiers-Monde des XVIIIe et XIXe siècles avaient un niveau de développement technique et économique suffisamment voisin de celui des sociétés européennes du XVIIIe siècle. Nous avons déjà répondu en partie à cette question dans le prologue de cet ouvrage quand nous avons insisté sur le caractère réduit de l'écart ayant existé dans ce domaine avant la révolution industrielle et même durant les premières décennies de celle-ci. D'autre part, nous avons vu dans le chapitre XVII qu'au début du XVIe siècle la plupart des grandes civilisations d'Asie étaient très probablement plus avancées que celles d'Europe, sans que l'écart soit aussi grand que deux ou trois siècles auparavant, disons au XIIe siècle où, sans aucun doute, la Chine devançait largement l'Europe chrétienne et aussi les autres civilisations avancées.

En revanche, si l'on se place au XVIIIe siècle, on ne peut plus réellement parler d'une supériorité des sociétés avancées non européennes. En effet, très grossièrement, on peut considérer que les grandes civilisations extra-européennes (Islam, Inde, Chine) ont, au cours des XVIe et XVIIe siècles, soit reculé, soit réalisé très peu de progrès. Nous aurons l'occasion de revenir plus longuement sur l'histoire de ces grandes civilisations non européennes et nous verrons que, pour toutes, leur apogée s'est situé avant le XVIIe siècle. En ce qui concerne la civilisation musulmane des 'Abbassides, ceci se situe vers le milieu du Xe siècle ; pour la Chine au XIIe siècle et pour l'Inde moghole au XVIe siècle. Même en ce qui concerne l'Empire ottoman, en quelque sorte héritier de la civilisation musulmane, ceci se situe tout au début du XVIIe siècle. Les causes de ces stagnations, ou même de ces déclins, sont diverses, mais ont comme dominante un esprit de fermeture qui était étranger à la civilisation européenne, même quand celle-ci était en avance sur les autres.

À l'opposé, la civilisation européenne progressait, et même très rapidement (dans le contexte de l'époque) dans nombre de domaines tant au XVIe qu'au XVIIe siècle. Certes, il n'y eut pas d'innovations techniques majeures en Europe entre 1500 et 1700, rien de comparable avec les deux siècles suivants. Par exemple, si l'on prend le tableau chronologique de l'histoire des techniques de T.K. Derry et T. Williams (1960), dans le monde occidental, entre 1750 et 1899, on relève 243 innovations techniques ; or, pour la période 1500-1700, on aboutit à 41.

Cependant, s'il n'y a pas de bouleversements techniques avant le XVIIIe siècle, on assiste à une intensification par rapport aux deux siècles précédents, combinée avec une amélioration lente mais progressive dans pratiquement tous les domaines de la technique qui, vers 1700, amène celle-ci à un niveau sensiblement supérieur à celui de 1500. De surcroît, comme on l'a vu, la science européenne réalise, au cours de ces deux siècles, une avance très décisive, rattrapant et probablement dépassant les civilisations les plus avancées en ce domaine.

Toutefois, si avance européenne il y eut au XVIIIe siècle par rapport aux autres sociétés développées, celle-ci n'était pas considérable ; et surtout, et ceci est très important, on peut considérer que, techniquement, ces autres sociétés avaient un potentiel (main-d'œuvre et connaissances techniques) qui leur permettait, à l'instar des divers pays d'Europe, d'imiter l'exemple anglais. D'ailleurs, le fait que le Japon, qui n'était pas la civilisation la plus avancée techniquement en Asie, ait réussi à maîtriser, même aussi tard que vers 1870, maints aspects de la technologie européenne, constitue une preuve supplémentaire de cette possibilité. Certes, les choses sont déjà très différentes tout à la fin du XIXe siècle, et davantage encore au XXe siècle. Et, certes aussi, cela n'exclut pas certaines spécificités du Japon mais, comme nous l'avons vu (dans le chapitre VI du tome I), le caractère exceptionnel du cas japonais réside davantage dans son isolement, qui lui a permis de tirer les leçons des raisons de la perte d'indépendance de son puissant voisin la Chine, que dans un niveau technique plus avancé.

Cependant, pour une fraction significative du Tiers-Monde, pour les sociétés dites primitives, du point de vue technique, il est évident que l'écart était trop important. Nous parlons ici des sociétés qui vivaient encore dans un cadre que l'on pourrait considérer comme prénéolithique, et notamment sans connaissance et/ou utilisation de l'agriculture. Ce qui était en particulier le cas

d'une partie de l'Afrique au sud du Sahara, de
certaines parties du Moyen-Orient et d'Asie et
d'une fraction des sociétés autochtones d'Amérique. Mais qui dit société sans agriculture, dit
aussi société devant vivre sur des territoires à très
faible densité de population. De ce fait, du point
de vue démographique, ces sociétés ne représentaient pas de grandes masses. Très approximativement, on peut estimer qu'elles représentaient
entre un huitième et un douzième de la population totale du Tiers-Monde. Donc si l'écart des
niveaux technologiques a joué un rôle dans la
non-transmission, ce fut uniquement pour une
fraction mineure des pays aujourd'hui non développés.

Moyens de communication ?

Nous avons vu que la seconde condition nécessaire pour assurer une transmission des techniques
résidait dans l'existence d'un réseau de moyens
de communication. Le monde du XVIIIe siècle, et
encore moins celui du XIXe siècle, n'était pas un
univers cloisonné : les informations circulaient
d'un pays à un autre et d'un continent à l'autre.
Certes, comme nous l'avons déjà noté, ces informations circulaient plus fréquemment dans le
sens reste du monde vers l'Europe que vice versa,
grâce à l'esprit d'ouverture qui a caractérisé la
société européenne depuis le XIVe siècle au moins.
Cependant les informations circulaient également
dans l'autre sens, surtout au XIXe siècle. Nous
aurons d'ailleurs l'occasion d'examiner quelques
tentatives très précoces (fin du XVIIIe et début du

XIXe siècle) de la part d'un certain nombre de pays du futur Tiers-Monde de se moderniser «à l'européenne». En tout, on peut relever plus d'une douzaine de ces tentatives entre les années 1770 et 1880. Sans parler des siècles antérieurs, au cours du XVIIIe siècle des voyageurs venant d'Asie et du Moyen-Orient ont continué à visiter l'Europe.

Néanmoins, il apparaît que la capacité (le débit, diront les spécialistes de l'informatique) de transmission de ce réseau de communications était insuffisante pour permettre une diffusion rapide, et surtout généralisée, des techniques nouvelles. Et ceci était valable non seulement dans les flux entre grandes civilisations, mais à l'intérieur même des civilisations. En effet, une constatation importante se dégage de l'examen de la chronologie de la diffusion en Occident des révolutions agricole et industrielle : il apparaît très clairement que la diffusion des progrès à partir de l'Angleterre s'est faite dans le temps en fonction inverse des distances. Autrement dit, les progrès se sont propagés de proche en proche mais à un rythme beaucoup plus rapide qu'à aucune autre période de l'histoire, et cela en raison du caractère volontariste de certaines transmissions d'informations.

Rappelons brièvement cette chronologie. Les premiers pays qui ont suivi l'exemple anglais sont la France, la Belgique et la Suisse ; ensuite l'Allemagne, puis l'Autriche et la Suède ; enfin ce fut le tour de l'Espagne, de l'Italie et de la Russie ; après quoi le Japon. Le cas des États-Unis, qui, malgré la grande distance qui les sépare de l'Angleterre, ont suivi celle-ci assez rapidement, est particulier ; cette rapidité de la transmission résulte du fait que la colonisation de ce pays a été effectuée avec le concours d'un grand nombre de citoyens britanniques et d'autres pays européens qui ont transplanté avec eux les techniques nouvelles. Somme toute, dans ce cas, le flux d'informations était privilégié par sa densité.

La Russie et le Japon n'ont été touchés par la révolution industrielle que peu avant le dernier quart du XIX⁰ siècle. C'est donc à partir de cette période seulement que l'on aurait pu s'attendre à ce que certains pays au moins, parmi la masse des pays faisant partie actuellement du Tiers-Monde, soient à leur tour plus ou moins spontanément touchés par ce mouvement. Mais à cette période la structure et le contenu du progrès avaient déjà changé, rendant celui-ci non seulement beaucoup plus inaccessible, plus difficilement transférable (ne serait-ce que par la complexité plus grande de la technique), mais aussi réduisant la possibilité qu'un début de développement suscite automatiquement un mouvement cumulatif de croissance.

D'autre part, et ceci est encore plus déterminant, au moment où la diffusion spontanée aurait dû toucher la majeure partie des territoires du Tiers-Monde, ceux-ci étaient déjà passés, dans leur grande majorité, sous domination coloniale, plus ou moins directe selon les cas. Et avec cette domination coloniale, nous sommes en présence d'un des facteurs exogènes susceptibles d'expliquer largement la non-diffusion de l'industrialisation au cours du XIX⁰ siècle, et aussi les difficultés de réussite des tentatives entamées en raison des interférences extérieures. En effet, la colonisation a impliqué la mise en place d'un ensemble de fac-

teurs qui, volontairement et parfois involontairement, ont conduit à freiner les possibilités de
développement économique. Parmi ces facteurs,
citons la perte d'indépendance en matière de politiques commerciales, des mesures tendant à limiter la concurrence que pouvaient exercer les
industries, et parfois certains secteurs agricoles,
des colonies envers les activités de la métropole,
des mesures démographiques inadéquates au
contexte, sans parler des distorsions des systèmes
sociaux et culturels. Comme autre facteur exogène, on peut inclure pour les pays non colonisés l'intensité accrue des échanges résultant de
l'expansion des économies du monde occidental.

Mais négligeons ici les facteurs exogènes, et
voyons si d'autres éléments ne peuvent pas expliquer également la non-diffusion du développement économique, et surtout la non-diffusion de
la révolution agricole, élément préalable et nécessaire alors au développement généralisé. Puis
nous passerons plus spécifiquement aux causes
de la non-transmission de l'industrialisation.

CAUSES
DE LA NON-TRANSMISSION
DE LA RÉVOLUTION AGRICOLE

Les réponses aux interrogations sur les écarts
de développement sont, à peu de chose près, les
mêmes pour l'agriculture que pour les niveaux
des techniques en général. Les différences vont
davantage dans le sens d'une plus grande supério-

rité des techniques agricoles extra-européennes
que dans le cas des techniques industrielles. Tant
dans les grandes civilisations d'Asie que dans celles
du Moyen-Orient ou de l'Afrique du Nord, l'agriculture était au moins aussi avancée que celle des
régions pionnières de l'Europe traditionnelle.

Dans ce contexte, relevons que la rotation continue des cultures était connue et pratiquée largement en Chine, certainement dès le XIIIe siècle.
À quoi viennent s'ajouter : un outillage perfectionné, une sélection des semences, l'existence de
nombreux traités et ouvrages sur l'agriculture,
etc. Dans certaines régions du sud de la Chine, ce
ne sont pas moins de 33 variétés de riz qui étaient
cultivées ; et, dans certaines de ces régions, un
choix judicieux des variétés permettait deux,
voire parfois trois récoltes par an.

Prenons un deuxième exemple : les mondes
musulmans de la Méditerranée : là aussi, rotation
continue des cultures et très grandes variétés des
semences. Là aussi, de nombreux traités d'agriculture, bref une situation très voisine de celle
de la Chine. Donc, techniques agricoles avancées. Et, hors d'Europe, ces techniques avancées
concernaient une proportion plus importante de
sociétés qu'en Europe. D'autre part, en Europe,
la révolution agricole s'est transmise à des sociétés à agriculture nettement moins avancée que
celle de l'Angleterre, et nettement moins avancée
que celle des régions du Tiers-Monde à agriculture sophistiquée.

Quant aux moyens de communication — ou, si
l'on préfère, aux possibilités de circulation des
informations au sens large du terme —, il paraît
logique que tant dans le monde occidental que

dans le reste du monde l'information circule, et
circulait, moins en milieu rural qu'urbain. Bien
que manquant d'études en ce domaine, on peut
raisonnablement postuler que le reste du monde
avancé n'était pas très dissemblable de l'Europe
du début de la révolution agricole. Donc, *a priori*,
en ce qui concerne les conditions générales
de transfert de la révolution agricole anglaise, il
n'y avait pas de différences significatives entre
l'Europe et le reste du monde à civilisations
avancées. Alors, comment expliquer qu'il n'y ait
pas eu transmission? Pour ce faire, il faut faire
intervenir au moins deux éléments: le climat
d'abord et la densité des terres ensuite.

Les différences climatiques

Comme l'ont remarqué la plupart des géographes et économistes qui se sont penchés sur la
répartition spatiale des régions selon leur niveau
de développement, une constatation importante
se dégage d'un tel examen: l'ensemble des pays
qui ont connu les révolutions agricole et industrielle au cours des XVIIIᵉ et XIXᵉ siècles sont situés
dans des régions tempérées, alors que la quasi-
totalité des pays du Tiers-Monde se trouvent dans
des régions non tempérées, et beaucoup dans des
zones intertropicales ou tropicales. La carte des
régions développées et celle des zones tempérées
se recoupent presque parfaitement. Ce recoupe-
ment se retrouve non seulement au niveau des
grands continents, mais également à l'intérieur
de ceux-ci, et même à l'intérieur des pays. Pour ne
citer que deux exemples, au niveau des conti-

nents, relevons que, même en Europe, les régions
les moins développées sont situées dans le sud et
qu'en Amérique latine les zones les plus tempérées (Argentine, Uruguay, Chili) sont aussi celles
qui sont les plus développées.

Comme on utilise souvent le terme Nord-Sud
afin de distinguer pays développés et Tiers-
Monde, il convient de garder en mémoire que,
dans l'hémisphère Sud, c'est le nord de celui-ci
qui est la région la plus chaude. Donc, en Amérique latine, les pays tempérés sont ceux du sud.
L'utilisation du terme Nord-Sud se justifie en raison de la concentration de la population mondiale
et, en conséquence, de celle du Tiers-Monde dans
l'hémisphère Sud. En 1990, 89 pour 100 de la
population mondiale vivaient dans l'hémisphère
Sud ; et même pour le Tiers-Monde cette proportion était de 87 pour 100.

Au niveau des pays, il suffit de relever le cas de
pratiquement tous les pays européens de la Méditerranée où, en général, la partie sud est la moins
développée. L'exemple le plus frappant étant le
sud de l'Italie, qualifié souvent de sous-développé,
qui contraste avec le nord industrialisé et développé. Même en France, pays situé au cœur de la
zone tempérée, le nord est plus développé. Ainsi,
grâce aux calculs très élaborés de Jean-Claude
Toutain (1992-1993), on dispose de données sur la
productivité agricole régionale entre 1840 et
1960. Il remarque d'abord que la « hiérarchie des
régions en matière de productivité du travail ne
s'est pas substantiellement modifiée ». Et, en partageant la France en quatre régions selon les
niveaux de productivité, on retrouve dans le quart
supérieur uniquement des régions du nord de la

France, et dans le quart inférieur une majorité de régions du sud de ce pays.

Un clivage géographique aussi net et marqué ne peut évidemment pas être le fruit du seul hasard. Et ce d'autant plus que, avant la révolution industrielle, un tel parallélisme n'existait pas ; au contraire même : on peut considérer que ce sont alors davantage les parties non tempérées qui étaient les plus «développées», les régions tempérées l'étant généralement moins. En outre, même les régions «froides» étaient, en règle générale, très peu développées. Cela est valable tant pour l'Europe que pour l'Asie. Notons toutefois que pour l'Europe à partir du XVIᵉ siècle ce clivage est moins net. Donc, répétons-le, un tel clivage en défaveur du «Sud» après la révolution industrielle ne peut être le fruit du hasard. Il importe donc d'en rechercher les causes ; celles-ci peuvent être regroupées en deux séries.

La première est liée aux conséquences négatives des climats tropicaux tant sur la fertilité des sols que sur les conditions générales d'insalubrité défavorables à l'homme et surtout à l'intensification de ses activités. Il ne s'agit pas du tout d'un déterminisme géographique étroit ; cependant, le rejet d'un quelconque déterminisme, attitude actuellement en vogue, est aussi absurde que l'acceptation dans le passé d'une influence déterminante et incontournable des climats. Présentons schématiquement ici quelques éléments en ce domaine. Signalons d'abord que dans le langage courant, ou si l'on préfère des non-géographes, le climat tropical comprend un ensemble varié de conditions climatiques. Outre le climat tropical proprement dit, cette «expression» englobe les climats qualifiés d'équatorial, de subtropical, et aussi d'aride. L'ensemble des régions concernées par ces climats couvre à peu près les neuf dixièmes du Tiers-Monde. Le restant, un peu moins d'un dixième, est pour moins de la moitié sujet au climat méditerranéen (une partie du Maghreb et une petite partie du Moyen-Orient), et pour le reste il s'agit d'un climat tempéré (nord de la Chine et Corée). Les climats tropicaux ont des effets indéniables sur les deux principaux facteurs de production agricole : la terre et l'homme. Voyons séparément chacun de ces aspects.

LE CLIMAT ET LES SOLS

Commençons par les sols. Il est certain que les sols exposés depuis longtemps à l'action de la chaleur et de l'eau peuvent s'appauvrir. Bien sûr, il faut relativiser ce facteur. Comme le note Sylvie Brunel (1987) : «Après avoir été considérés comme incroyablement fertiles [...] les sols tropicaux sont aujourd'hui très souvent estimés particulièrement vulnérables. Il est certain que l'alternance de pluies abondantes et de périodes plus sèches [...] sont propices au ruissellement et au lessivage des sols. La chaleur et l'humidité des forêts tropicales expliquent que la très abondante biomasse fournie par la végétation forestière soit très rapidement minéralisée. De ce fait la couche d'humus reste toujours très faible.» Mais la chaleur est aussi un atout : «Le principal atout du monde tropical est précisément lié à la chaleur qui le caractérise : il n'y a *pas d'hiver* pour raccourcir la période végétative des plantes. [...] Mais l'exploitation de cet atout suppose dominé

654 Victoires et déboires

un problème d'importance majeure : *la maîtrise de l'eau.* La chaleur sans humidité n'a pas de valeur. » Certes, cela peut être résolu par des systèmes d'irrigation, mais ce n'est pas simple et c'est coûteux. Cette hypothèque levée ouvrira la voie à des progrès importants. Selon les termes du grand géographe Pierre Gourou (1983) : « L'augmentation de la productivité par le passage à l'intensif offrirait aussi au monde tropical d'énormes perspectives. »

LE CLIMAT ET L'HOMME

Passons à présent à l'homme. Il est certain qu'il règne dans ces régions chaudes à l'état endémique beaucoup plus de maladies ralentissant l'activité humaine que dans les régions tempérées ; en outre, il est non moins certain qu'au-delà d'une certaine température l'effort physique est physiologiquement et psychologiquement plus difficile et pénible. En ce qui concerne les maladies, notamment les maladies endémiques, il faut bien sûr se garder de comparer les situations actuelles ou même celles de la fin du XIXe siècle à celles du Tiers-Monde, car dans les zones tempérées, les progrès de la médecine et ceux du niveau de vie ont permis d'améliorer radicalement la situation.

Les recherches sur les maladies tropicales ont commencé bien plus tard que celles sur les maladies des zones tempérées, en général après la Première Guerre mondiale. D'autre part, la perception de zones tropicales plus dangereuses est aussi la résultante du fait que, lors des premiers contacts avec les régions tropicales, les Blancs n'étaient pas préparés aux éléments pathogènes spécifiques à ces climats tropicaux. Mais il est évident que les populations autochtones de ces régions ont un comportement et un mode de vie (habillement, logement, etc.) qui se sont adaptés aux conditions climatologiques locales. Ces importantes réserves étant émises, il n'en reste pas moins vrai qu'à l'«état naturel» les maladies endémiques des climats tropicaux sont plus fréquentes et plus dévastatrices que celles des zones tempérées.

En ce qui concerne les effets négatifs de la chaleur sur les activités humaines, le processus du développement technique n'a apporté aucun avantage relatif en faveur des zones tempérées, on pourrait même avancer le contraire, en raison des possibilités de climatisation, qui permet sinon de travailler dans des conditions plus favorables, du moins plus efficacement. Mais ces procédés ne sont applicables que dans des lieux clos et ils sont d'un coût élevé. Les recherches sur l'influence de la chaleur sur les activités physiques et intellectuelles de l'homme ont été stimulées par les opérations militaires de la Seconde Guerre mondiale dans les zones tropicales du Pacifique. Les conclusions des nombreuses études convergent sur un indiscutable effet négatif au-delà d'une certaine température. Niveau de température souvent atteint, et même très largement dépassé, durant une très grande partie de l'année dans les zones tropicales. Cela concernant aussi et peut-être surtout les activités «industrielles», nous y reviendrons plus longuement.

Tous ces éléments réunis ne sont, certes pas, favorables à une augmentation des quantités de

travail que postulaient les techniques nouvelles de
la révolution agricole, puisque, somme toute, il
s'agissait alors d'accélérer le travail de la nature
par un effort humain supplémentaire. Donc la différence climatique a dû constituer un important
facteur limitatif du fait de certaines des caractéristiques négatives du climat tropical. Mais cette
différence climatique a encore joué un rôle beaucoup plus grand en raison des différences de types
de culture qu'impliquent de tels écarts de climat.

UN DÉTERMINISME CLIMATIQUE
DE NATURE HISTORIQUE

Et nous arrivons ici à la seconde série d'obstacles qui, en définitive, est la plus importante.
La révolution agricole s'étant produite dans des
zones tempérées, il est naturel qu'elle ait conduit
à une amélioration des rendements et de la productivité d'un ensemble de productions végétales
ou animales propres à ces climats. Les variétés
de plantes nouvelles, introduites ou généralisées,
les types de semences améliorées, les résultats
recherchés dans la sélection des espèces animales, etc., tout ceci était adapté aux climats
tempérés. On peut même considérer que cela
concerne essentiellement la partie médiane de la
zone tempérée que caractérise une pluviosité
assez abondante. Cette zone climatique implique
des plantes plus spécifiques aux zones tempérées
que celles, par exemple, plus au sud, notamment
vers la Méditerranée. Ces régions d'Europe ont
eu plus de difficultés à introduire les nouvelles
variétés de semences ou d'animaux. Cela a joué
même dans le sens opposé, nous voulons parler

du nord. Pour ne prendre qu'un exemple, la région canadienne du Manitoba n'est devenue une région grosse productrice et grosse exportatrice de blé que dans les premières années du XXe siècle, c'est-à-dire à partir du moment où l'on a commencé à disposer d'une nouvelle variété de blé à maturation rapide, le « Red Five », adaptée au climat de cette région qui est handicapée par un ensoleillement insuffisant pour les variétés de blé utilisées ailleurs au Canada, dans les régions au climat plus favorable à cette culture.

De ce fait, la transmission spontanée de semences et d'animaux sélectionnés à des territoires jouissant d'un climat très différent se heurtait à des obstacles très importants. La problématique était tout à fait autre que dans les cas de transmission de région à région à l'intérieur d'une zone aux conditions climatiques voisines. Par exemple, la disponibilité d'une variété de blé à plus haut rendement ou résistant mieux aux gelées de printemps ne pouvait avoir aucun effet important dans une économie basée sur le riz et jouissant d'un climat ne connaissant pas de basses températures.

Il est donc tout naturel que la diffusion des techniques agricoles anglaises ne se soit pas réalisée dans ces régions à climats si différents. Bien que le principe ait valeur universelle, les méthodes améliorées d'assolement basé sur une rotation des cultures favorables dans un climat tempéré n'avaient aucune raison d'être dans les rizières de l'Inde, par exemple. Sans parler des tabous religieux, envers le porc dans le monde musulman et la viande en général dans de grandes parties d'Asie du Sud-Est, les animaux améliorés pouvaient très difficilement s'adapter aux climats tropicaux. Bref, les innovations faites dans et pour une agriculture de zones tempérées n'étaient que d'une utilité fort restreinte, pour ne pas dire nulle, dans les régions tropicales ou intertropicales et elles ne pouvaient en tout cas s'y répandre ni rapidement ni, surtout, spontanément. Nous sommes donc en présence ici d'un élément important dans l'explication de la non-diffusion, au cours du XIXᵉ siècle, de la révolution agricole aux pays faisant partie actuellement du Tiers-Monde.

La densité de peuplement

Il faut encore envisager ici un autre facteur endogène qui a également constitué un obstacle à cette diffusion de la révolution agricole. En effet, il apparaît comme très probable que la densité de peuplement agricole a été beaucoup plus forte dans une importante fraction des pays du Tiers-Monde que dans les pays européens d'alors. Les causes d'une telle différence de peuplement agricole, ou tout simplement de densité de peuplement, seraient évidemment très intéressantes à étudier. Elles sont probablement liées au rendement énergétique par superficie cultivée, plus important pour le riz que pour le blé ; cependant cette explication n'est certainement pas suffisante et les causes réelles sont difficiles à préciser à l'heure actuelle. Mais peu importent ici les causes.

Ce qui est capital, c'est que pour l'ensemble des pays d'Asie, qui, vu leur niveau technique, auraient pu normalement, avec plus ou moins de facilité, envisager l'amorce d'une révolution agricole et industrielle au XIXᵉ siècle, les densités de peuplement agricole étaient très supérieures à celles des pays européens. Le rapport de la population totale à la superficie cultivée donne pour l'Angleterre de 1700 : 1,5 hab./ha, et pour la France : 1,1 hab./ha. Pour la Chine dans son ensemble, on estime que la superficie cultivée était, vers 1950, de 95 millions hab./ha ; en admettant que cette valeur s'applique également à la Chine des années 1810 (ce qui tend à sous-estimer la densité), cela nous fournit pour cette date un peu plus de 3 hab./ha. Pour les Indes de la fin du siècle dernier, dites alors britanniques, le ratio était du même ordre : un peu moins de 3 hab./ha. La Birmanie, pays qui pourtant «ne se trouve pas accablé par le difficile problème d'un peuplement écrasant[1]», comptait en 1941 environ 2,3 habitants par hectare cultivé. En Corée, dès le XVIIIᵉ siècle, la densité était d'environ 4 à 5 hab./ha. Une densité de 3 à 4 habitants par hectare cultivé peut être considérée comme une moyenne approximative de l'Asie de l'Est et du Sud dans son ensemble, région qui rassemble l'essentiel de la population de ce continent.

Nous sommes là en présence d'une densité trois à quatre fois supérieure à celle de l'agriculture occidentale avant la révolution agricole. Or, comme nous l'avons fait remarquer dans le chapitre II consacré aux modalités de la révolution agricole, le début de celle-ci peut être décrit schématiquement par l'application accélérée, sur

1. P. Gourou, 1953.

des terres peu peuplées, de techniques agricoles mises lentement au point dans des régions confrontées à un problème de forte densité de peuplement. Les développements ultérieurs des techniques agricoles, et notamment la mise au point de machines, non seulement impliquaient des superficies accrues, mais ne pouvaient être économiquement rentables que sur des terres moins densément peuplées. La différence dans la densité de peuplement constituait ainsi pour une importante fraction du Tiers-Monde un obstacle supplémentaire à une diffusion des progrès au cours du XIXᵉ siècle. Il faut cependant nuancer quelque peu cet élément, car il est lui-même une conséquence des types de culture et du climat. La riziculture et les possibilités de deux, voire parfois de trois, récoltes par an permettent et suscitent une densité de peuplement plus élevée. En revanche, ces différences rendent un transfert spontané des techniques agricoles occidentales plus difficile, pour ne pas dire impossible.

Ainsi, pour 80 à 90 pour 100 du Tiers-Monde — qui, en raison de l'écart assez restreint qui existait entre leur niveau technique et économique et celui de l'Occident, auraient pu espérer bénéficier d'un transfert spontané des techniques agricoles nouvelles —, une série de facteurs naturels a handicapé le processus de transmission : la distance géographique, la densité de peuplement et surtout la différence climatique. Différence climatique qui a joué un rôle non seulement en raison de la dominante négative des climats tropicaux ou semi-tropicaux qui sont ceux de la grande partie des pays du Tiers-Monde, mais essentiellement à cause du fait que la révolution agricole s'est pro-

duite dans des climats tempérés et par des techniques adaptées à ces climats.

UNE DIFFÉRENCE CLIMATIQUE QUI AURAIT PU JOUER
DANS UN SENS OPPOSÉ

Cependant, il ne s'agit pas d'un simple déterminisme géographique ou climatique. Il est tout à
fait raisonnable d'envisager l'hypothèse théorique
d'une véritable révolution agricole qui se serait
produite, disons dans la Chine des rizières au
XIVe siècle. Dans une telle hypothèse, il est raisonnable de postuler que cette révolution se serait
transférée facilement aux autres régions à climat
et types de culture voisins, mais pas à l'Europe.
Et, dans cette hypothèse, l'interrogation « Pourquoi pas l'Europe ? » aurait suscité le même type
de réponse. Quant aux raisons de l'absence d'une
véritable révolution agricole, c'est-à-dire impliquant des gains massifs de la productivité du
travail, dans le Tiers-Monde, et plus particulièrement en Chine où l'agriculture était très avancée,
c'est un problème auquel on n'a pas pu apporter
de réponses satisfaisantes. On en revient toujours
aux descriptions du blocage des systèmes techniques non européens, alors que l'absence de blocage est probablement l'exception.

CAUSES
DE LA NON-TRANSMISSION
DE L'INDUSTRIALISATION

Les causes de la non-transmission de l'industrialisation diffèrent évidemment de celles qui sont à l'origine de la non-transmission de la révolution agricole. Mais cela n'exclut pas des problématiques voisines. Et puisque l'homme intervient ici aussi, et que nous avons terminé la problématique agricole avec le climat, commençons par ce facteur.

Où le climat a aussi
une certaine importance,
mais pas l'écart technique

Dans le cas de l'industrie, l'intervention du facteur climat est à la fois plus marginale et plus importante que dans l'agriculture. D'après les rares études existantes en ce domaine, en excluant l'activité humaine, le climat des régions tropicales constituerait un léger handicap en la matière, en raison d'une détérioration plus grande, ou, si l'on préfère, plus rapide, des matières premières, et, plus marginalement, des produits finis, et aussi par les problèmes de transport qu'impliquent les fortes pluies qui caractérisent les régions tropicales. Donc, rien de semblable au rôle joué par le climat pour l'agriculture, la seule similitude étant celle directement liée aux contraintes qu'implique un climat chaud pour l'intensification du travail physique et intellectuel.

Or, comme la finalité des activités industrielles est presque la même dans les zones tempérées que dans les zones tropicales, tout facteur naturel négatif a un impact plus grand qu'en agriculture où les types de produits sont différents, et qui dans le cas des produits tropicaux impliquent même une position de quasi-monopole pour le Tiers-Monde. Si, depuis longtemps, on a imputé au climat l'«indolence» des peuples du sud, comme nous l'avons relevé plus haut, ce n'est que depuis la Seconde Guerre mondiale que des études scientifiques sur l'influence du climat tropical ont vraiment débuté. Néanmoins, ces dernières décennies, il y a eu très peu de nouvelles recherches en ce domaine.

Si les recherches scientifiques ont aussi confirmé ce qui, de toute façon, était difficilement niable, à savoir que lorsqu'il fait trop chaud on travaille moins bien, en revanche ces recherches ont détruit le mythe que l'homme de couleur est beaucoup mieux adapté à cette chaleur que l'homme blanc. On peut donc considérer que les climats chauds constituent un frein certain à l'intensité du travail humain. Nous avons déjà développé cet aspect et vu d'autres composantes négatives des climats tropicaux et semi-tropicaux (notamment dans le domaine médical)[1]. Reprenons ici seulement une partie des conclusions : dans l'ensemble, il apparaît comme probable que l'on a surestimé les composantes négatives des climats chauds. Cependant, en ce qui concerne le développement économique moderne, les inconvénients l'empor-

1. Voir chap. II (tome I).

tent sur les avantages. D'ailleurs, en ce qui concerne les avantages des climats chauds, il faudrait mentionner celui découlant des besoins plus faibles en matière de nourriture, vêtement, chauffage et éclairage, et logement. Mais on peut retourner cet argument, car la nécessité de se vêtir entraîne un développement des activités manufacturières.

Donc, si un climat chaud ne constitue pas un obstacle déterminant, il n'en reste pas moins vrai qu'un climat tempéré constitue un atout. Ajoutons, à propos des conditions médicales et sanitaires plus négatives qu'impliquent les climats chauds, qu'il est symptomatique que les meilleurs spécialistes, réunis très récemment par les Nations Unies pour évaluer l'impact de l'éventuel réchauffement de la Terre dû à l'effet de serre, ont conclu à une sensible augmentation de la fréquence de nombreuses maladies, telles que notamment la malaria (de l'ordre de 10 à 16 pour 100) et la fièvre jaune.

Le problème de l'écart de niveau des techniques industrielles est, quant à lui, inexistant pour l'essentiel du Tiers-Monde. Nous serons très brefs, car nous avons déjà traité cet aspect. S'il n'y a pas unanimité des historiens des techniques sur la réalité d'une supériorité européenne à la veille de la révolution industrielle, il n'y a pas de doute que les pays moins avancés d'Europe, tels que la Russie ou l'Espagne, n'avaient certainement pas, avant leur modernisation, un niveau technique plus élevé que celui des grandes civilisations avancées d'Asie et du Moyen-Orient. Le contraire est même plus que probable.

En ce qui concerne le flux d'informations, celui-ci était probablement plus faible qu'entre les différents pays européens, et même qu'entre le reste du monde vers l'Europe. En effet, l'Europe était plus ouverte sur le reste du monde que les grandes civilisations d'Asie ne l'étaient. Mais de cela il ne faudrait pas déduire que ce reste du monde n'était pas au courant des changements intervenus en Europe. Comme nous l'avons déjà indiqué, les tentatives précoces d'industrialisation de certains pays du Tiers-Monde en sont une bonne illustration. Ce fut le cas notamment de l'Égypte, de certains pays d'Amérique latine, et, d'une façon plus marginale, de certains pays d'Afrique du Nord.

Pour expliquer les causes de la non-transmission de l'industrialisation au cours du XIXᵉ siècle, il faut d'abord parler d'un obstacle déjà présent avant le XIXᵉ siècle dans ces régions du futur Tiers-Monde, qui, alors, étaient déjà des colonies européennes, et qui s'est trouvé parfois renforcé par la suite, à savoir une composante de ce que l'on a appelé le «pacte colonial».

Le pacte colonial

Le terme est largement impropre, car c'est davantage un diktat qu'un pacte librement consenti et impliquant la réciprocité. Les historiens ont qualifié de pacte colonial l'ensemble des règles qui régissaient les rapports entre les métropoles européennes et leurs colonies. Il s'agit essentiellement de règlements et de pratiques en cours aux XVIIᵉ et XVIIIᵉ siècles, mais qui ont été largement intégrés dans les politiques coloniales du XIXᵉ siècle.

Certes, il n'y avait pas d'uniformité entre les

règlements des différentes métropoles, ni de stabilité de ceux-ci dans le temps, ni même d'uniformité entre les différentes colonies d'une même
métropole. Dans ce contexte, il faut insister sur le
rôle que pouvaient jouer les gouverneurs. La personnalité et les convictions politiques de ceux-ci
pouvaient moduler sensiblement les politiques
poursuivies. L'indépendance de ces gouverneurs
était renforcée par la distance qui, avant les
bouleversements intervenus dans la moitié du
XIXe siècle, impliquait des durées de communication énormes. Entre l'envoi d'une directive de la
métropole et la réception de la confirmation de la
métropole en cas de contestation du gouverneur
au reçu de cette directive, il devait s'écouler deux
ans pour l'Amérique latine et davantage pour
l'Asie. Donc une marge de manœuvres et une
absence d'uniformité des politiques coloniales.
Mais, dans l'ensemble, ce pacte colonial peut être
schématisé par les quatre règles suivantes :

1) Seuls des produits en provenance de la
métropole peuvent être importés dans les colonies. De surcroît, dans la plupart des cas, il faut
que ceux-ci soient originaires de la métropole.

2) Les produits des colonies sont exportés
exclusivement vers la métropole d'où, en général,
ils peuvent être réexportés. En contrepartie, la
métropole offre en quelque sorte une préférence
pour les produits de ses colonies eu égard à ceux
d'autres provenances, ce qui peut aller jusqu'à
l'interdiction de les importer. Ce sont ces deux
règles qui justifient en partie le qualificatif de
pacte, car elles impliquent une certaine réciprocité ; en revanche, il n'en est pas de même des
deux dernières règles.

3) La production d'articles manufacturés susceptibles de concurrencer ceux de la métropole est interdite dans les colonies.

4) Les relations commerciales et le transport entre métropole et colonies sont réservés aux citoyens de la métropole. Dans la majorité des cas, les navires doivent être également la propriété de citoyens de la métropole.

Ce qui, dans ce pacte colonial, nous concerne le plus directement ici, c'est évidemment le règlement ayant trait aux articles manufacturés; l'interdiction de produire des articles manufacturés concernait également les colonies de peuplement européen. C'est ainsi que les futurs États-Unis ont été, pendant des décennies, empêchés de mettre sur pied un secteur manufacturier de quelque importance. Par exemple, durant le XVIIIᵉ siècle, l'élaboration du fer brut produit aux États-Unis était strictement interdite, alors que l'exportation de fer brut vers la Grande-Bretagne était encouragée; en effet, comme nous l'avons vu, en raison du manque de bois, l'Angleterre était obligée d'importer une partie importante de sa consommation de fer. La même politique, plus ou moins restrictive, était poursuivie par les autres puissances coloniales.

Dans l'ensemble, le pacte colonial a favorisé une spécialisation des colonies dans la production de produits bruts qui, de surcroît, a été encouragée par les théories libérales du XIXᵉ siècle. Les colonies (et le futur Tiers-Monde en général) étant localisées dans les zones tropicales ou chaudes, elles possédaient (et possèdent) un avantage absolu dans la production de produits agricoles impossibles (ou très onéreux) à cultiver en zones

tempérées. Cela va du coton au jute, en passant
par les épices, le café, le cacao, les bananes, etc.,
sans oublier le sucre de canne, le seul disponible
avant la mise au point, au début du XIXe siècle, des
procédés de fabrication de sucre de betteraves.

C'est d'ailleurs là un des domaines où la théorie
libérale et la théorie protectionniste ont eu un des
rares points de convergence. Le principal fondateur de la théorie protectionniste du début du
XIXe siècle, Friedrich List, partageait le monde en
deux zones : zone tempérée et zone chaude. Pour
lui, la zone tempérée était « naturellement » orien-
tée vers l'industrie manufacturière, alors que la
zone chaude avait un « avantage naturel dans la
production de produits agricoles ». De même, il
considérait que le commerce des produits agricoles en général, tant des régions tempérées que
des régions chaudes, devait être libre. Néanmoins
List notait que, dans le but d'un développement
harmonieux du monde, il ne fallait pas que les
pays des zones tempérées exploitent, ne fût-ce
qu'indirectement, les terres des zones chaudes :
c'est donc une condamnation implicite de la colonisation directe. Mais, en tout état de cause,
c'était la théorie libérale qui dominait, et très largement, la pensée économique du XIXe siècle.

Les conséquences de la productivité industrielle élevée

À partir du début du XIXe siècle, les gains de
productivité des industries des pays touchés par
la révolution industrielle sont tels que les règlements interdisant la production manufacturière

dans les colonies deviennent superflus. Il suffit alors que les produits des métropoles pénètrent sans entraves pour qu'ils puissent concurrencer fortement la production locale, en dépit des coûts de transport. Rappelons que dès les années 1830 la productivité de la filature de coton en Angleterre était de 10 à 14 fois supérieure à celle des artisans traditionnels en ce qui concerne les filés de qualité courante, et que pour les filés fins, prisés notamment en Inde, l'écart était de l'ordre de centaines de fois. D'autre part, à partir de cette période, le domaine colonial s'est très rapidement étendu. La conjonction de ces deux facteurs a entraîné une véritable désindustrialisation du Tiers-Monde.

Quand on connaît les dégâts causés par cette spécialisation du Tiers-Monde, la théorie libérale des avantages comparatifs peut paraître totalement impropre. Cette théorie, élaborée par Adam Smith, postule qu'un pays doit se spécialiser dans les productions pour lesquelles il est le plus efficace ; ou, si l'on préfère, dont la productivité est plus élevée. La théorie des avantages comparatifs s'inscrit dans le contexte général de la théorie libérale du commerce extérieur pour laquelle le libre-échange, grâce à ces avantages comparatifs, entraîne une spécialisation avantageuse pour tous. Or, en raison des facteurs climatiques, les pays du Tiers-Monde avaient un « avantage » très marqué à se spécialiser dans la production de produits agricoles tropicaux.

Mais il faut tenir compte du fait que, à l'époque où la théorie des avantages comparatifs a été élaborée, sa justification se trouvait confortée par les faibles écarts de développement qui impli-

quaient de faibles écarts des salaires. À la fin du
XVIIIe siècle, le salaire de l'ouvrier anglais d'une
filature mécanisée de coton n'était pas sensiblement différent de celui d'un ouvrier agricole
occupé à la culture du coton en Inde ou ailleurs.
L'écart était probablement inférieur à 40 pour
100, sinon à 20 pour 100. En effet, il faut savoir
que le salaire quotidien d'un manœuvre urbain
britannique vers 1780 représentait l'équivalent
de 6 à 7 kg de blé (au prix de gros). Il est peu probable que, à la même époque, en Inde ou dans les
autres futurs pays du Tiers-Monde, le ratio correspondant ait été inférieur à 5 à 6 kg. De ce fait,
même si l'on tient compte des coûts de transport
alors très élevés, les fortes réductions du prix de
revient des articles manufacturés découlant des
progrès techniques permettaient de les vendre
dans le Tiers-Monde à des prix très compétitifs.
   Vers 1910, en Grande-Bretagne, ce salaire
était passé en équivalent-céréales à 33 kg, alors
qu'en Inde le niveau des salaires n'avait pas fait
de progrès tant soit peu sensible et que même,
selon certaines estimations, il aurait baissé, donc
un écart déjà de l'ordre de 1 à 6 ou 7. Mais l'écart
de productivité s'était accru, lui aussi, et dans
des proportions encore plus grandes. Même au
niveau de l'ensemble de l'industrie manufacturière, encombrée de secteurs pour lesquels les
progrès ont été faibles, sinon nuls, la productivité
s'est accrue, durant le premier siècle et demi
de la révolution industrielle, de 2 pour 100. Or,
même si l'on retient, entre 1750 et 1910, un taux
annuel de 1,8 pour 100, cela signifie une productivité multipliée par 17, c'est-à-dire certainement trois fois plus que les salaires britanniques

durant le même laps de temps. De surcroît, les prix de transport avaient fortement diminué. D'autre part, ainsi que nous aurons l'occasion de le voir, l'essentiel des industries avait disparu alors dans le Tiers-Monde.

Quelles que soient les considérations théoriques, la dure réalité des faits montre indiscutablement que les relations commerciales sans obstacles entre métropoles et colonies n'ont pas entraîné, c'est le moins que l'on puisse dire, un développement économique important pour ces dernières. L'écart entre les futurs pays développés et les futurs pays du Tiers-Monde s'est fortement creusé. Nous y reviendrons plus longuement dans la cinquième partie (tome III).

LES BÉNÉFICES
DE LA COLONISATION
POUR LES PAYS DÉVELOPPÉS

Avant de terminer ce chapitre, il convient d'ouvrir ici une parenthèse importante sur les bénéfices que l'Occident a retirés de cette colonisation du XIXᵉ siècle. Colonisation qui, en définitive, a été un des facteurs primordiaux de la non-transmission de la révolution industrielle, en tout cas pour les régions aux techniques relativement avancées. Or, contrairement à ce que l'on pouvait s'attendre, il apparaît que les bénéfices retirés par l'Occident de cette aventure coloniale ont été faibles, très faibles même, et sans commune mesure avec les dommages qu'elle a occasionnés. Ici, nous nous intéresserons plus particulièrement au XIXe siècle, et nous aurons l'occasion de revenir sur ce problème crucial, et sur l'impact de la confrontation de ces deux mondes qu'ont été, et qui le sont encore largement, le monde développé et le Tiers-Monde (même au pluriel). Bref, c'est la liaison entre les victoires d'un monde et les déboires d'un autre dont il est question.

Des gains économiques assez modestes pour les pays colonisateurs

En effet, très paradoxalement, on peut presque conclure d'une analyse empirique de ce problème qu'il n'y a pas eu de réels bénéfices sur le plan macro-économique pour les divers pays possédant un empire colonial. Certes, c'est là une conclusion qui choquera beaucoup de personnes, car ce domaine est encombré d'idées fausses, d'ailleurs sans fondement analytique valable. En fait, on ne s'est jamais réellement posé le problème de l'influence macro-économique de la colonisation sur les métropoles. Or, l'analyse des données disponibles fait apparaître deux conclusions très troublantes (et notamment la seconde) :

1) Le démarrage de la révolution industrielle en Angleterre ainsi que celui de la plupart des pays occidentaux n'ont pratiquement pas été aidés par le phénomène colonial. D'ailleurs, le démarrage a précédé l'exploitation proprement dite des colonies. Nous reviendrons plus longuement sur ce point.

2) Si l'on observe le rythme de la croissance

économique des divers États européens au
XIXe siècle, on constate que ce sont les pays non
colonisateurs qui ont connu le développement le
plus rapide. Il y a même une corrélation presque
parfaite en ce domaine. Ainsi l'Angleterre, la
France, les Pays-Bas, l'Espagne, le Portugal ont
connu un rythme de développement beaucoup
plus lent que l'Allemagne, la Suisse, la Belgique,
la Suède, la Tchécoslovaquie ou les États-Unis.
Cette remarque d'ailleurs reste valable pour le
XXe siècle ; ainsi la Belgique en passant dans le
camp des pays colonialistes est passée également
dans celui des pays à croissance plus lente, alors
que la perte de l'empire colonial néerlandais
coïncide avec une forte accélération de l'industrialisation des Pays-Bas.

Certes, à ce niveau de l'analyse, on ne peut pas
conclure de cette simple corrélation que la colonisation a été une opération économique négative
pour les métropoles. Néanmoins, la croissance
plus lente des pays colonisateurs pourrait, si elle
résultait de ce facteur, être expliquée par la pola-
risation des énergies et des dynamismes vers cette
aventure. Mais on peut, sans risque de se tromper,
présumer que les bénéfices économiques n'ont
pas été très importants, car autrement ceux-ci se
seraient probablement traduits par un développement plus rapide. D'ailleurs, à la fin de ce chapitre, nous présentons les conclusions tirées de
l'analyse des cas coloniaux.

SURTOUT PAS LES ÉTATS-UNIS

À ce propos, il faut noter que le haut niveau de
vie de la grande puissance « néo-impérialiste »

d'aujourd'hui ne doit pas presque rien à la colonisation. Dès 1890, les États-Unis avaient atteint le plus haut niveau de vie du monde, à un moment où leur emprise colonialiste ou néo-colonialiste sur le Tiers-Monde était pratiquement nulle. Les importations en provenance de l'ensemble du Tiers-Monde (alors pratiquement dégagé de l'influence américaine) ne représentaient que 2 pour 100 du produit brut des États-Unis.

Le solde des investissements à l'étranger était alors négatif, c'est-à-dire qu'il y avait beaucoup plus d'investissements étrangers aux États-Unis que d'investissements des États-Unis à l'étranger, et notamment dans le Tiers-Monde. En 1914, il y avait 7,2 milliards de dollars d'investissements étrangers aux États-Unis et seulement 3,5 milliards de dollars d'investissements américains à l'étranger. Et ces 3,5 milliards venaient d'être investis récemment, car en 1897 il ne s'agissait que de 0,7 milliard. Même à la veille de la Première Guerre mondiale, la proportion des investissements à l'étranger des États-Unis dans le Tiers-Monde ne représentaient que la moitié de ce faible total. Enfin, comme on peut le voir dans les tableaux XVIII.2 et XVIII.3, vers 1913 le domaine colonial des États-Unis représentait, en termes de population, moins de 2 pour 100 du domaine colonial européen ; et cette population ne représentait que 10,3 pour 100 de la population des États-Unis, alors que pour l'Europe (sans la Russie) il s'agissait de 164 pour 100. En ce qui concerne le commerce, les proportions sont aussi faibles, puisque les exportations des colonies des États-Unis ne représentaient que 2 pour 100 de celles de l'ensemble des colonies.

Comme nous l'avons vu, le haut niveau de vie des États-Unis est dû essentiellement au fait qu'une population à niveau technique relativement élevé a pu prendre possession, en refoulant et massacrant une population clairsemée, d'un territoire très important, riche tant au point de vue agricole que minier. Cette grande disponibilité en ressources matérielles, jointe à la rareté de la main-d'œuvre, a suscité et rendu rentable l'application accélérée de techniques nouvelles, entraînant une croissance économique rapide. Aujourd'hui une autarcie complète des États-Unis vis-à-vis du Tiers-Monde (importations et rapatriement des bénéfices) n'entraînerait probablement pas de réduction du niveau de vie par habitant supérieure au gain réalisé en moyenne durant une ou deux années de bonne conjoncture de la décennie 1960 ou de celle de 1970. Ce, bien entendu, dans l'hypothèse d'un aménagement volontaire de cette situation.

Le Tiers-Monde,
un débouché marginal
pour les industries du monde développé

Sur un plan historique plus large, il apparaît que non seulement les colonies, mais même l'ensemble du futur Tiers-Monde n'ont été qu'un débouché marginal pour les industries des futurs pays développés. Déjà, les données sur la structure des exportations de ces pays développés démontrent la place marginale occupée par le Tiers-Monde. En ce qui concerne l'ensemble de la période 1800-1938, 17 pour 100 seulement des exportations des pays développés étaient destinés au futur Tiers-Monde ou, autrement dit, 83 pour 100 des exportations étaient le fait du commerce entre les pays développés. Comme, durant cette période, les exportations représentaient en moyenne environ 8 à 9 pour 100 de la production totale des pays développés, cela signifie que les exportations vers le Tiers-Monde représentaient en moyenne environ 1,3 à 1,7 pour 100 de la production totale du monde développé (et les exportations vers les colonies proprement dites : 0,6 à 0,9 pour 100).

Certes, ces chiffres sont des moyennes qui masquent deux faits. Le premier concerne les différences géographiques ; le second les différences par produit. Différences géographiques assez importantes, surtout si l'on distingue le Royaume-Uni du reste des pays développés.

Pour le Royaume-Uni, la part du Tiers-Monde dans ses exportations était en moyenne (toujours pour la période 1800-1938) de l'ordre de 40 pour 100. Ce qui explique d'ailleurs la raison de la naissance du mythe du rôle déterminant des marchés du Tiers-Monde et aussi de cet autre mythe du rôle du colonialisme dans le déclenchement de la révolution industrielle anglaise. En ce qui concerne les exportations britanniques destinées aux colonies de ce pays, leur importance relative par rapport aux exportations totales était aussi beaucoup plus élevée que pour les autres puissances coloniales. Comme on a pu le voir dans le tableau XVIII.3, 37 pour 100 des exportations du Royaume-Uni étaient destinés à des colonies britanniques, dont presque la moitié, il est vrai, allait à ce qui était qualifié de *self-gover-*

ning colonies, que l'on ne peut pas considérer comme des colonies à part entière (Canada, Australie, Nouvelle-Zélande et Afrique du Sud).

Les autres pays où le débouché colonial était relativement important étaient le Portugal (14 pour 100 des exportations totales) et la France (13 pour 100). Pour les autres métropoles, ces proportions sont très faibles. De surcroît, et ceci est très important, il ne faut pas oublier que cela concerne une période qui débute environ un siècle après le démarrage de la révolution industrielle. Ce qui nous conduira tout naturellement à examiner plus loin les relations entre la colonisation et le déclenchement de la révolution industrielle anglaise.

Différences également par produit, disions-nous. En effet, l'essentiel des exportations vers le Tiers-Monde étant constitué d'articles manufacturés, la part du Tiers-Monde dans les exportations d'articles manufacturés des pays développés est sensiblement plus forte que pour l'ensemble des exportations. Pour la période 1899-1938, pour laquelle on dispose d'assez bonnes données, on peut estimer qu'environ 26 à 32 pour 100 des exportations d'articles manufacturés des pays développés étaient destinés au Tiers-Monde (comparés à environ 20 pour 100 pour le total des exportations). En outre, le taux d'exportation (c'est-à-dire la part de la production allant aux exportations) est plus élevé pour l'industrie manufacturière que pour les autres secteurs : il était (toujours pour 1899-1938) de l'ordre de 20 à 25 pour 100. De sorte que l'on peut estimer que, *grosso modo*, 5 à 8 pour 100 de la production manufacturière des pays développés étaient destinés au Tiers-Monde. Une autre approche, basée sur l'évolution de la production et de la consommation des articles manufacturés dans le Tiers-Monde, nous a permis d'aboutir à des chiffres un peu plus élevés, mais non fondamentalement différents : environ 10 pour 100. Donc 90 à 93 pour 100 de la production manufacturière des pays développés étaient absorbés par les consommateurs des pays développés. Ainsi, même pour les articles manufacturés, le débouché constitué par le Tiers-Monde était très marginal.

MAIS UN DÉBOUCHÉ PLUS IMPORTANT
POUR LE ROYAUME-UNI

Avec, évidemment aussi, des différences nationales et par produit. Ainsi, par exemple, pour le Royaume-Uni, cette proportion était plus forte, et elle l'était aussi pour les textiles, de sorte que si l'on se limite à des cas extrêmes, on peut trouver des proportions très élevées. Au Royaume-Uni, 35 pour 100 des textiles produits étaient exportés, au début du siècle, vers des régions du Tiers-Monde. Pour les textiles de coton, cette proportion était même de l'ordre de 67 pour 100. En descendant au niveau régional, on peut certainement trouver des taux encore plus élevés. En outre, sans aucun doute, il a existé des entreprises où 100 pour 100 de la production étaient destinés au Tiers-Monde. Mais si le maniement des moyennes exige de la prudence, il faut se méfier des données partielles qui peuvent être partiales.

D'ailleurs, dans le cas britannique, les marchés de l'Empire, qui ont incontestablement joué un rôle important, ne sont intervenus que comme

résultante d'un demi-siècle de développement
antérieur. En revanche, il est évident que même
des débouchés plus marginaux, surtout s'ils sont
garantis, peuvent avoir des effets sensibles sur la
rentabilité d'un secteur industriel. Cependant, il
faut aussi garder en mémoire que de tels débouchés peuvent également impliquer des effets négatifs : débouchés garantis, donc débouchés faciles,
donc peu susceptibles d'encourager les innovations technologiques. Et sans que l'on puisse prétendre qu'il s'agisse là du seul facteur explicatif,
ni du facteur le plus important, il n'est pas du tout
exclu que l'ampleur des marchés faciles de l'Empire soit une explication de la perte de vitalité des
industries britanniques après les années 1870-
1880.

En effet, *last but not least*, on commence à disposer d'études partielles sur l'impact de la colonisation sur certaines métropoles, et notamment
sur leurs industries. C'est le cas notamment de
celle de Jacques Marseille (1984) pour l'expansion coloniale française qui met en relief le rôle
assez restreint joué par cette colonisation. Pour le
plus important Empire, à savoir l'Empire britannique, la récente et magistrale analyse de
P.J. Cain et A.G. Hopkins (1993) montre que la
motivation de la politique coloniale de la puissante Angleterre découlait essentiellement des
intérêts financiers et commerciaux d'une classe
dominante. En termes pratiques, très peu d'attention était portée aux intérêts de l'industrie britannique, même si parfois celle-ci a pu bénéficier de
la colonisation.

COLONISATION ET DÉCLENCHEMENT
DE LA RÉVOLUTION INDUSTRIELLE ANGLAISE

Dans le même ordre d'idées, signalons également les conclusions d'études sur le rôle de
la colonisation et du commerce extérieur en
général dans le déclenchement de la révolution
industrielle en Angleterre. Présentons d'abord les
conclusions de Patrick O'Brien (1981). Selon cet
auteur, l'ensemble du commerce avec les futurs
Tiers-Mondes a, au mieux, généré 7 pour 100
de l'ensemble des investissements; et les profits
retirés par le commerce extérieur en général
n'étaient pas plus importants que ceux du reste
de l'économie. Le commerce des produits tropicaux a été plus important pour la consommation
que pour les possibilités de production. Enfin, le
«point de vue que les métaux précieux d'Amérique étaient nécessaires pour les progrès économiques de l'Europe occidentale est presque
certainement insoutenable».

Dans une de nos études (1973b), nous avions
cherché à évaluer le rôle du commerce extérieur
total sur le déclenchement de la révolution industrielle anglaise. Commerce extérieur total au
sein duquel les relations avec les régions extra-
européennes ne représentent que le tiers. Pour
répondre à cette question, des éléments à caractères plus concrets ont été apportés par l'analyse
des effets relatifs de la demande intérieure et extérieure sur l'accroissement de la production nationale, accroissement qui a été un des aspects
majeurs de la révolution industrielle. Sur le
plan de l'économie dans son ensemble, on peut

conclure que la demande extérieure additionnelle
n'a été responsable que de 5 à 9 pour 100 de
l'accroissement de la demande totale durant
la période 1700-1710 à 1780-1790. Si, au lieu
d'effectuer ce calcul sur la base des effets sur
l'accroissement des productions, on envisageait
les productions totales, les proportions ne seraient
guère différentes : les exportations totales ont été
responsables d'environ 4 à 8 pour 100 de la
demande totale.

Même si l'on descend au niveau des deux secteurs qui ont été les éléments moteurs de la révolution industrielle, l'image ne change guère. Nuls
pour la sidérurgie de base, les marchés extérieurs
n'ont eu qu'une influence assez faible pour l'industrie de transformation du fer. De 1700-1709 à
1780-1789, ces marchés n'ont absorbé qu'environ
11 pour 100 de la production totale.

Pour l'industrie textile, nous obtenons même
une influence négative pour le secteur lainier ;
la production stagne quand les exportations
s'accroissent rapidement et la production progresse rapidement quand l'expansion de ces ventes
se ralentit. Pour le secteur du coton, qui a joué un
rôle capital dans la révolution industrielle, l'influence des marchés extérieurs a été encore plus
faible que pour les articles manufacturés en fer.
Entre 1760 et 1790, phase-clé de la mécanisation,
les exportations totales ont absorbé 15 à 20 pour
100 de la production, et les exportations addition-
nelles (ou, si l'on préfère, le volume accru) ont
probablement absorbé 10 à 15 pour 100 seulement de la production additionnelle. Dans tous
ces cas, il s'agit encore de taux surestimés volontairement.

Enfin, si l'on analyse les besoins de la flotte, ceux-ci apparaissent également très marginaux. Très grossièrement on peut estimer que la construction de la flotte anglaise et son renouvellement n'ont représenté que 0,2 à 0,4 pour 100 du PNB. Et, pour terminer, rappelons ce que nous disions plus haut : le commerce extra-européen ne représentait que le tiers du commerce extérieur total, et, à l'intérieur de ce commerce extra-européen, celui des colonies anglaises qu'un quart environ si l'on exclut les futurs États-Unis et le Canada. Soit un commerce colonial (du futur Tiers-Monde) qui ne représentait qu'un sixième du commerce extérieur britannique. Évidemment, tout ceci changea dès lors que la révolution industrielle donna les moyens et les besoins à l'Angleterre de se créer un domaine colonial important, c'est-à-dire à partir du dernier tiers du XVIIIe siècle.

QUE CONCLURE ?

On peut affirmer, en simplifiant un peu les choses, que c'est la conjonction du facteur climatique avec la colonisation qui est l'élément explicatif essentiel de la non-diffusion de la révolution industrielle au Tiers-Monde durant le XIXe siècle. Cependant, il ne faut pas totalement négliger un certain esprit de fermeture des sociétés traditionnelles non occidentales, qui a probablement dû jouer un rôle négatif additionnel. Mais si la colonisation a certainement entraîné des conséquences souvent désastreuses sur le plan économique et social, elle n'a en revanche que très peu apporté sur le plan économique aux pays colonisateurs.

XX. L'AMÉRIQUE LATINE :
DE LA COLONISATION
À L'INDÉPENDANCE
ET DE L'INDÉPENDANCE
POLITIQUE
À LA DOMINATION
ÉCONOMIQUE

L'histoire de l'Europe a réuni tragiquement deux continents très différents : l'Amérique et l'Afrique, l'un des liens les plus dramatiques étant le flux d'esclaves africains vers l'Amérique. Comme c'est la «demande» américaine qui en a été l'élément moteur, nous commencerons par l'Amérique, le chapitre suivant étant consacré à l'Afrique. Un autre lien d'origine européenne aussi, mais, quant à lui, propre à la quasi-totalité du Tiers-Monde, est la colonisation. Mais, dans ce cas, la préséance (de trois siècles) de la colonisation américaine constitue une raison supplémentaire de commencer par ce continent. Ce qui nous intéresse ici, c'est la partie de l'Amérique qui, dès le XVIᵉ siècle, deviendra progressivement «latine» et qui, dès la seconde moitié du XIXᵉ siècle, deviendra largement sous-développée. De même, il faut rappeler que les trois pays tempérés (Argentine, Chili, Uruguay) qui, jusqu'aux années 1930, s'apparentaient aux autres pays de peuplement européen (tels l'Australie et le Canada) ont été traités dans le chapitre VI. Par conséquent, nous nous contenterons ici de ne faire à leur propos que de brefs rappels.

LE PARTAGE PAPAL DE L'AMÉRIQUE

Politiquement, et, de ce fait, aussi en partie économiquement, l'Amérique latine peut se partager en trois régions. La moins importante est celle que constitue le vaste archipel des Caraïbes, qui a été surtout colonisé par de nombreux pays d'Europe occidentale. À propos du terme «Caraïbes», il convient d'ouvrir une parenthèse car, souvent (notamment dans la littérature générale française), on qualifie cette région «Antilles». Mais toutes les organisations internationales, ainsi que la plupart des géographes, emploient le nom «Caraïbes». Il est d'ailleurs utilisé dans d'autres langues, notamment en allemand, en anglais et en espagnol. Beaucoup plus importantes sont les deux autres régions dépendant du monde ibérique, c'est-à-dire, d'une part, le domaine espagnol et, d'autre part, le domaine portugais, ces deux pays, à eux seuls, dominaient l'essentiel (plus de 90 pour 100) du territoire de l'Amérique latine. Cette Amérique latine, que l'on pourrait qualifier d'ibérique, fut partagée par l'autorité du pape Alexandre VI, d'origine espagnole. La bulle *Inter Coetera* de 1493 traça une ligne nord-sud à 100 lieues à l'ouest des îles des Açores et du Cap-Vert afin de partager les possessions des deux pays «très catholiques». En 1494, le traité de Tordesillas entre les deux pays déplaça cette ligne à 370 lieues à l'ouest de l'île du Cap-Vert sur la demande du Portugal. Demande motivée par le désir de possession de quelques îles. Et le hasard a voulu que le Brésil, découvert plus tard, se situe à l'est de cette ligne.

La thèse, selon laquelle le Portugal aurait connu au préalable l'existence du Brésil, est actuellement rejetée. En fait, l'histoire du partage de l'Amérique entre ces deux pays a commencé bien avant le voyage de Christophe Colomb. L'histoire «juridique» a commencé avec une autre bulle, *Romanus Pontifex* de 1455, qui officialisa *de jure* le monopole *de facto* qu'avait le Portugal dans l'exploration et l'établissement de postes commerciaux sur les côtes africaines de l'Atlantique. Le traité d'Alcaçovas-Toledo de 1480 réaffirma ce monopole, qui ne fut donc remis en question que par le traité de 1494.

Par les clauses de ce traité, le Portugal disposa du Brésil qui représente, à lui tout seul, un tiers de la future Amérique latine. L'Espagne, quant à elle, a disposé du reste, à l'exception des Caraïbes où il y avait une présence à la fois de la France, de l'Angleterre, de la Hollande et même de quelques autres pays. Il importe de signaler que si l'Amérique latine subit la plus longue période de domination coloniale européenne, celle-ci cesse au début du XIXᵉ siècle, période où pratiquement tous les pays de cette région obtiennent leur indépendance, essentiellement entre 1804 et 1828. C'est-à-dire, *grosso modo*, qu'au moment même où l'Asie devint économiquement et politiquement dépendante de l'Europe. C'est dire, dans les grandes lignes, que l'Amérique latine devint politiquement indépendante au moment où l'Asie devint dépendante de l'Europe.

Nous examinerons l'histoire économique et sociale de l'Amérique latine en deux phases : la première qui va de la découverte jusqu'à l'indépendance, et la seconde de l'indépendance jusqu'en 1914, c'est-à-dire, *grosso modo*, le XIXᵉ siècle. Les raisons de cette coupure ne sont pas uniquement liées à l'indépendance et aux conséquences de celle-ci, mais également à l'intervention d'un certain nombre de facteurs exogènes. Outre les nombreuses conséquences de la révolution industrielle en Europe et en Amérique du Nord, il s'agit notamment du coup de frein donné au trafic des esclaves et de la forte concurrence du sucre de betterave, qui vont profondément modifier de nombreuses économies de l'Amérique latine au cours du XIXᵉ siècle.

Pour la première phase, qui va de 1492 jusqu'au début du XIXᵉ siècle, nous allons aborder l'histoire passionnante et tragique de cette grande partie du Nouveau Monde en adoptant une double approche. Nous commencerons d'abord par dresser un tableau des tendances générales et des faits marquants de ces trois siècles de bouleversements. Puis, afin d'un peu mieux saisir certaines diversités de cette histoire, nous présenterons le cas de quatre grands pays ou régions : Brésil, Mexique, Pérou et Caraïbes. Pour la deuxième phase, concernant le XIXᵉ siècle, il s'agira davantage d'une analyse sectorielle qui mettra l'accent sur les tentatives d'industrialisation qu'un certain nombre de pays d'Amérique latine ont entreprises, mais que deux seulement ont plus ou moins réussies.

L'AMÉRIQUE LATINE,
DE LA DÉCOUVERTE
JUSQU'À L'INDÉPENDANCE
POLITIQUE (1492-1800):
LES FAITS MARQUANTS

Il n'y a aucun doute que le fait le plus marquant fut la catastrophe démographique. Nous
commencerons donc par cet aspect. Mais ce n'est
pas le seul fait marquant et tragique de cette
région : rappelons la mise en esclavage de millions de Noirs arrachés au sol africain.

De la catastrophe démographique
à l'inflation démographique

Nous avons vu que la découverte, la conquête
et le début de l'exploitation économique de ce qui
va devenir l'Amérique latine ont pour conséquence la disparition presque totale des sociétés
avancées précolombiennes, ce qui nous permettra d'être plus bref ici. Disparition totale de ces
sociétés en tant qu'États et empires organisés sur
le plan économique, social et politique, et aussi
disparition presque totale d'une partie importante de la population.

Rappelons les paramètres en ce qui concerne la
population. Vers 1500, le continent américain
comptait certainement plus de 45 millions d'habitants et atteignait peut-être les 90 millions (le
chiffre le plus probable actuellement accepté est

celui de 50 à 60 millions), dont plus des neuf
dixièmes étaient concentrés dans l'Amérique du
Sud et centrale : donc dans ce qui allait devenir
progressivement l'Amérique latine. Or, en 1650,
l'Amérique latine ne compte plus que 10 millions
d'habitants environ. Certes, à partir de ce moment-
là, la population va commencer à s'accroître rapidement ; vers 1850, on compte environ 32 millions
d'habitants en Amérique latine.

D'ailleurs, à partir de la seconde moitié du
XIXᵉ siècle, l'inflation démographique s'installe : la
population est multipliée par plus de deux entre
1850 et 1900, date à laquelle elle atteint 66 millions ; et elle est multipliée par deux et demi durant
la première moitié du XXᵉ siècle (166 millions en
1950). Ceci implique un taux annuel moyen de
croissance de 1,7 pour 100 entre 1850 et 1950,
comparé à 0,5 pour 100 pour le reste du Tiers-
Monde (et à 0,9 pour 100 pour les pays développés).

Certes, l'immigration n'est pas étrangère à cette
croissance rapide de la population, mais elle n'est
directement responsable que d'environ 5 à 7 pour
100 de l'accroissement constaté. D'ailleurs, après
1950 où l'immigration joue un rôle encore plus
restreint, la véritable inflation démographique
s'installe, puisque entre 1950 et 1995 la population
est multipliée par 2,9. Elle est de 478 millions, ce
qui représente 7 à 11 fois le niveau de 1500.

L'Amérique latine a préfiguré, en quelque sorte,
dans le domaine de la population, ainsi que dans
beaucoup d'autres domaines, l'évolution spécifique du reste du Tiers-Monde. Mais, attention,
n'oublions pas que l'Amérique latine, à partir du
XVIIᵉ siècle, ne représente qu'une toute petite fraction du futur Tiers-Monde. Ainsi, vers 1650, elle

ne représente même pas 2 pour 100 de la population du futur Tiers-Monde (pour 1800, il s'agit de 3 pour 100). Et, même vers 1913, malgré la croissance très rapide du XIXᵉ siècle, cette proportion n'est que de 6 pour 100. Donc, ce qui se passe en Amérique latine est important pour sa propre histoire et important comme élément préfigurant le futur, mais ne peut être, en aucun cas, considéré comme représentatif de l'évolution de l'ensemble du Tiers-Monde. Faisons toutefois une réserve non négligeable. En ce qui concerne le commerce extérieur, l'Amérique latine occupe, dès le début du XVIIIᵉ siècle, une place importante dans le Tiers-Monde. Vers 1830, quand les statistiques commencent à être valables, cette région fournit environ 50 pour 100 des exportations totales du Tiers-Monde (39 pour 100 pour 1900 et 15 pour 100 pour 1990). Mais revenons au XVIᵉ siècle.

L'autre tragédie : le recours aux esclaves d'Afrique

On peut considérer qu'entre la découverte européenne de l'Amérique en 1492 et le milieu du XVIᵉ siècle, il n'y a pas de colonisation réelle, au sens où elle implique une véritable exploitation économique. Durant cette première phase, il s'agit uniquement du pillage de l'or et d'autres métaux précieux accumulés par les civilisations précolombiennes ainsi que de quelques exportations de bois précieux.

Mais, progressivement, commence l'exploitation des mines, entraînant une pénurie de main-d'œuvre qui s'aggravera avec l'établissement,

puis l'extension des plantations de produits tropicaux. Cette pénurie résulte, en grande partie, de
la catastrophe démographique et va se traduire
par le transfert d'un nombre élevé d'esclaves
d'Afrique Noire vers l'Amérique latine (essentiellement vers le Brésil et les Caraïbes). Ce flux, vu
du côté du départ, sera étudié dans le prochain
chapitre consacré à l'Afrique. Ici, il convient
d'examiner l'image vue de l'autre côté : celui de
l'arrivée. Cet aspect du drame de l'esclavage est
d'ailleurs mieux connu, la plus grande inconnue
ne concernant pas le nombre de décès pendant la
traversée de l'Atlantique, mais surtout la proportion des morts dues à la capture des esclaves en
Afrique. Dans le tableau XX.1 on trouvera les données sur cette arrivée ; données assez fiables grâce
à la très minutieuse étude de P.D. Curtin (1969).

L'Amérique latine a été le lieu de destination
quasi exclusif du commerce européen des esclaves,
puisqu'elle a absorbé 94 pour 100 du total ; le
reste l'ayant été surtout par les États-Unis (4 pour
100), puisque l'Europe et les îles de l'Atlantique
(essentiellement Sao Tomé) n'ont reçu que 2 pour
100 de ces esclaves, et presque tous avant la
découverte de l'Amérique. Ce sont les Caraïbes
qui ont absorbé la plus grande partie de ceux-ci.
Cependant, probablement plus de la moitié des
esclaves débarqués dans les Caraïbes partait en
contrebande vers des colonies espagnoles : Venezuela, Colombie, et surtout Cuba. Si l'on effectue
une correction approximative, la part relative des
Caraïbes passe de 40 pour 100 à 30 ou 35 pour
100 environ, et celle des colonies espagnoles de
16 pour 100 à environ 25 pour 100.

La région, ou plutôt le pays qui vient ensuite est

TABLEAU XX.1
ARRIVÉES D'ESCLAVES DANS LES SPHÈRES
DU MONDE OCCIDENTAL
(en 1 000 personnes et en pourcentage)

	1451-1600	1601-1700	1701-1810	1811-1870	Total ensemble de la période Nombre	%
Amérique	125	1 316	6 052	1 898	9 391	98,2
Amérique du Nord	–	–	348	51	399	4,2
Caraïbes[a]	–	464	3 235	96	3 795	39,7
Caraïbes britanniques	–	264	1 401	–	1 667	17,4
dont Jamaïque	–	85	662	–	747	7,8
dont Barbades	–	135	253	–	388	4,1
Caraïbes françaises dont	–	156	1 348	96	1 600	16,7
St-Domingue	–	76	790	–	866	9,1
dont Martinique	–	66	258	41	366	3,8
Caraïbes néerland.	–	40	460	–	500	5,2
Caraïbes danoises	–	4	24	–	28	0,3
Reste Amérique Colonies espagnoles	75	293	579	606	1 553	16,2
dont Caraïbes	–	–	–	–	809	8,5
Brésil	50	560	1 891	1 145	3 646	38,1
Reste du monde	150	25	–	–	175	1,8
Europe	49	1	–	–	50	0,5
Sao Tomé & îles de l'Atlantique	101	24	–	–	125	1,3
Total général	275	1 341	6 052	1 898	9 566	100,0
Moyenne annuelle	2	13	55	32	23	–
En % du total	2,9	14,0	63,3	18,9	100,0	–

a Sauf colonies espagnoles.

Sources : D'après Curtin, P.D. (1969).

le Brésil, qui en a reçu 3,6 millions, soit 38 pour
100 du total, dont une grande partie (près du tiers)
durant le XIXᵉ siècle. Durant ce XIXᵉ siècle, le Brésil a absorbé pratiquement les deux tiers du trafic
occidental des esclaves. Il est vrai que l'esclavage
s'est terminé dans ce pays beaucoup plus tard que
dans la plupart des autres régions. Au niveau des
pays et pour l'ensemble de la période (c'est-à-dire
du XVIᵉ siècle à la fin du XIXᵉ siècle), on trouve
après le Brésil : Saint-Domingue, avec 0,9 million
(9 pour 100 du total) ; la Jamaïque et Cuba, avec
chacun 0,8 million (8 pour 100) ; et les Barbades,
avec 0,4 million (4 pour 100). Ceci sans tenir
compte des « réexpéditions ». Le pays qui a reçu le
moins d'esclaves est le Chili, avec 6 000 esclaves.

Les méthodes utilisées par les principales puissances coloniales afin d'acheminer ces esclaves
ont été diverses. En ce qui concerne les colonies
espagnoles, signalons que pendant longtemps,
entre 1517 et le milieu du XVIIIᵉ siècle, le système
dit de *asiento de negros* (contrat de nègres) a été
pratiqué. Système par lequel le gouvernement
espagnol octroyait à une personne ou à une
compagnie le monopole de fournir un nombre
déterminé d'esclaves durant une période donnée,
moyennant une taxe versée au Trésor Royal.
Le premier de ces contrats fut octroyé, en 1517,
à une compagnie génoise qui devait fournir
1 000 esclaves en 8 ans. En 1528, ce fut une compagnie allemande qui devait fournir 4 000 esclaves ;
et cette compagnie devait verser une taxe annuelle
de 20 000 ducats et s'engager à livrer en Amérique les esclaves à un prix unitaire n'excédant
pas 45 ducats. Un ducat était l'équivalent à cette
époque de 3,5 grammes d'or.

Le pillage des métaux précieux

Partis à la recherche d'épices et d'or en Asie, les Européens ont effectivement découvert en Amérique beaucoup d'or et d'argent, mais peu d'épices ! Pillages des métaux précieux ? Oui, car dans un premier temps, c'est bien d'un pillage de métaux précieux accumulés au cours des siècles qu'il s'agit. Accumulation d'ailleurs assez modeste eu égard aux richesses potentielles en la matière. Pour les civilisations précolombiennes, l'or était un simple ornement ; aucun effort systématique d'exploitation n'avait été entrepris par ces diverses sociétés.

Avec ce pillage, on est en présence de la première des trois grandes étapes que l'on peut discerner dans l'exploitation de ce métal en Amérique. Elle se situe entre 1493 et 1530 ; et la masse d'or ainsi ramenée d'Amérique était déjà très importante, l'essentiel venant de ce que l'on appelle les îles, c'est-à-dire de la région géographique appelée les Caraïbes. Durant la deuxième étape, et nous suivons en ceci la chronologie de P. Chaunu (1969), qui va de 1530-1570 à 1565-1580, le pillage se déplace vers le continent et se combine avec une exploitation aux techniques assez archaïques. En outre, à l'or s'ajoute l'argent. La troisième étape, qui commence vers 1565-1580 et que l'on peut arrêter à l'indépendance, est celle d'une exploitation minière systématique grâce à des techniques plus perfectionnées.

Les quantités d'or ainsi produites (Amérique du Nord non comprise) entre le début du XVIᵉ siècle et 1800 seraient de l'ordre de 2 560 tonnes, et celles d'argent de 100 500 tonnes, soit un total

pondéré en équivalent-argent de 140 800 tonnes
(sur la base : or égale 15 fois l'argent[1]). Le siècle le
plus faste des trois pour l'or a été le XVIIIe, avec
une production de 1 620 tonnes ; pour l'argent,
c'est le XVIIe, avec une production de 51 100 tonnes.
Signalons que, contrairement aux données sur
l'ampleur du flux vers l'Europe, ces données de
production sont assez sûres.

Quant à ce flux, on s'est longtemps fondé sur
des estimations et des calculs de E.J. Hamilton
(1934). Les minutieux et patients travaux de
Michel Morineau (1985) ont permis de modifier
une image devenue classique. Si l'on suit ses données, entre 1501 et 1800 le stock de métaux précieux de l'Europe se serait accru de 16 700 tonnes
au XVIe siècle, de 32 600 tonnes au XVIIe et
de 63 200 tonnes au XVIIIe, soit un total de
112 400 tonnes pour ces trois siècles (tout cela en
équivalent-argent). Les estimations du stock de
métaux précieux de l'Europe vers 1492 sont très
aléatoires, allant de 15 000 à 75 000 tonnes ; donc
si l'on retient le milieu de cette fourchette, le stock
aurait été multiplié par trois et demi.

Le pillage et l'exploitation des métaux précieux
vont aussi avoir des répercussions sur l'Europe.
Répercussions qui sont essentiellement de trois
ordres. Répercussions non marginales, car ces flux
ont été très importants et ont amené un bouleversement considérable dans la disponibilité en
métaux précieux du monde, et surtout de l'Europe.
Cela a entraîné d'abord (et peut-être surtout) une
impulsion du commerce international européen,
non seulement dans les échanges avec le Nou-

1. Voir chapitre XIV.

veau Monde, mais également avec l'Asie et entre
les économies européennes. L'Europe disposait
ainsi de moyens accrus de paiement. Mais cela a
entraîné aussi un déclin économique de l'Espagne
qui, avec cet or et aussi cet argent, disposait d'un
oreiller de paresse ; et, enfin, cet afflux d'or sera
un facteur d'aggravation d'une phase d'inflation
qui occupera l'ensemble du XVIᵉ siècle.

Le chassé-croisé des plantes
et leur impact sur les Vieux
et le Nouveau Mondes

Avant de passer aux formes générales de la
colonisation, il faut ouvrir une parenthèse sur les
conséquences de la découverte de l'Amérique sur
la diffusion au reste du monde de nombreuses
plantes inconnues dans les Vieux Mondes. Mais
ceux-ci ont aussi apporté des plantes aux Américains, ce qui a eu aussi d'importantes conséquences. Voyons ce double phénomène.

LES PLANTES AMÉRICAINES : DU MAÏS
À LA POMME DE TERRE, DU CACAO AU TABAC

Commençons par un inventaire ; un inventaire
non exhaustif, car la liste des plantes que les Américains ont données aux Vieux Mondes est fort
longue et contient des produits que bien des pays
considèrent comme étant «bien de chez nous».
Nous mettons le terme Vieux Mondes au pluriel,
car ce n'est pas seulement l'Europe qui a bénéficié
de l'apport des plantes américaines, mais aussi
l'Asie et l'Afrique. Commençons par la gamme des

produits vivriers : pommes de terre, maïs, manioc,
topinambours. Proches de ces produits, citons les
fruits et légumes suivants : tomates, courgettes,
une variété de haricots, ananas, arachides, tourne-
sol. Entre ces produits alimentaires et la drogue
qu'est le tabac, il y a bien sûr le cacao, considéré
par certains diététiciens comme une semi-drogue
car il peut y avoir accoutumance.

Entre le tabac et le cacao, plaçons les piments
(appelés aussi « poivre du pauvre ») et la vanille si
prisée. Les Amériques nous ont aussi donné le
caoutchouc — dont il est inutile de signaler l'importance dans les transports — ainsi que des
variétés de coton. Enfin, pour revenir à la phrase
introductive de ce chapitre qui mettait en relief la
réunion tragique de l'Amérique et de l'Afrique, il
convient de noter ici que l'Amérique nous a
donné aussi le quinquina qui, au XIXe siècle, a
facilité la pénétration européenne en Afrique,
puisque, à partir de 1820, la quinine a été extraite de l'écorce du quinquina.

L'ampleur et la diversité de ces produits permettent déjà d'entrevoir l'impact considérable
qu'a entraîné l'introduction de ces plantes dans
les Vieux Mondes, car les trois continents ont
adopté, et parfois très tôt, une fraction importante
de celles-ci. Certaines se sont si largement diffu-
sées qu'elles sont devenues des cultures dominantes. Prenons le cas du manioc en Afrique
Noire. Vers 1950, pour cette région, la production
de manioc s'élevait à 25,2 millions de tonnes,
alors que celle de l'ensemble des céréales ne
s'élevait qu'à 18,1 millions de tonnes, desquelles
il convient encore de défalquer 4,8 millions de
tonnes pour le maïs, une plante aussi venue

d'Amérique. En Europe et en Asie (surtout en
Chine), c'est la pomme de terre qui est devenue
une culture dominante, sans toutefois atteindre
l'importance relative du manioc en Afrique Noire.
Les piments sont devenus inséparables de maintes
cuisines des Vieux Mondes ; que l'on pense au
paprika hongrois, au curry indien, au harissa
maghrébin, au pilpil ivoirien, etc. Et que dire de
la tomate devenue si méditerranéenne ?

LES RENDEMENTS ÉLEVÉS DES PLANTES AMÉRICAINES

Beaucoup de ces plantes américaines se caractérisent par des rendements élevés. C'est notamment
le cas de la pomme de terre, du maïs et du manioc.
Voici quelques ordres de grandeur à ce propos.
En Europe, à la veille de la révolution agricole, les
céréales autres que le maïs avaient un rendement
de l'ordre de 7 q/ha, comparé à 45 q pour la pomme
de terre et à 9 pour le maïs. Certes, pour la pomme
de terre, il faut tenir compte de sa plus faible valeur
calorique : *grosso modo*, trois fois moins que les
céréales. Cependant, même en tenant compte de
ce correctif, une superficie cultivée en pomme de
terre permet de nourrir deux fois plus de personnes que si elle était cultivée en céréales. Situation presque identique pour le manioc en Afrique
Noire. Vers 1950, le manioc frais avait un rendement de l'ordre de 62 q/ha, comparé à 6 pour les
céréales autres que le maïs. Certes, il faut tenir
compte du fait que le manioc sec ne représente
que 40 pour 100 du poids du manioc frais ; et le
tapioca que 20 pour 100. Néanmoins, traduit en
équivalent-calories, le manioc fournit, à superficie
égale, deux fois plus de calories que les céréales.

Il existe un consensus, presque général, pour estimer qu'une des conséquences de l'introduction des plantes américaines dans les Vieux Mondes a été de rendre possible une augmentation de la population plus rapide qu'auparavant. Les données africaines sont trop fragiles (et perturbées par les effets de la traite des esclaves) pour mettre une telle évolution en évidence. Mais, pour l'Europe et l'Asie, l'accélération de la croissance démographique est évidente. Certes, l'analyse est rendue délicate par la catastrophe démographique qu'entraînèrent les pestes du XIVe siècle qui ont conduit en Europe à une stagnation de la population entre 1300 et 1500. Cette catastrophe ayant aussi touché l'Asie, l'évolution y a été très voisine. Dès lors, les deux ou trois siècles qui suivirent paraissent encore plus positifs sur le plan démographique qu'ils ne l'ont été en fait. En tout cas, si l'on effectue une estimation de la population qui, même au début du XIXe siècle, était nourrie par les plantes d'Amérique, cela représente une proportion assez marginale. Ainsi, en France, qui constitue une situation médiane, les pommes de terre et le maïs fournissaient environ 8 pour 100 de la consommation alimentaire totale vers 1830. Cette proportion était certainement plus faible à la veille de la révolution agricole ; de sorte que l'effet global a dû, somme toute, être assez limité.

INTRODUCTION DE PLANTES EN AMÉRIQUE

Mais revenons à l'Amérique qui, elle aussi, a « reçu » de nombreuses plantes. La plus importante pour le destin du continent fut la canne à sucre,

dont Christophe Colomb avait déjà fait des plantations. Non moins importante, mais là, dans un premier temps, davantage pour l'économie intérieure
qu'extérieure, fut l'introduction des agrumes,
dont l'exportation ne commença qu'à la fin du
XIXe siècle, mais qui, très tôt, constitua un apport
important pour l'alimentation de la population. Si
les Vieux Mondes ont reçu le tabac, le Nouveau
Monde a aussi reçu un cadeau « empoisonné » : la
vigne. Toutefois, le caractère négatif de la vigne
réside uniquement dans les conséquences d'une
consommation excessive de vin. Parmi les nombreuses autres plantes que l'Amérique a reçues des
Vieux Mondes, commençons par citer les bananes,
dont l'Amérique latine est actuellement et de beaucoup (plus de 85 pour 100) le principal exportateur
du Tiers-Monde. Continuons par ce qui est devenu
les deuxième et troisième principales céréales du
sous-continent, à savoir le riz et le blé, auxquelles
s'ajoutent d'autres céréales plus secondaires.

Passons à ce que l'on a appelé le « vin de l'Islam »,
à savoir le café, qui, dans cette région, n'est d'ailleurs devenu une boisson répandue qu'au début
du XVIe siècle. Dès le XVIIIe siècle, l'Amérique
devient le principal fournisseur mondial de cette
graine, dont l'usage en Europe s'est répandu à
partir du XVIIe siècle, d'abord comme épice ou
remède mais qui, après l'ouverture de « tavernes
sans vin » que furent les cafés, devint une boisson
rapidement courante. Mentionnons aussi le soja,
dont l'Amérique produit actuellement environ
90 millions de tonnes (environ 58 millions pour
les seuls États-Unis). Cette production américaine
représente plus de 80 pour 100 de celle du monde ;
et le soja joue un rôle important dans la consom-

mation mondiale d'oléagineux. Enfin, sans être exhaustif, mentionnons quelques cultures tropicales ou semi-tropicales adoptées, plus ou moins tôt, par l'Amérique : le jute et le sisal, l'indigo, le thé, etc. Nous sommes donc bien en présence d'un réel chassé-croisé des plantes.

L'introduction des plantes nouvelles en Amérique n'a pas eu la même conséquence sur la croissance de la population que dans les Vieux Mondes. Car, comme nous l'avons déjà souligné à plusieurs reprises, le chassé-croisé des plantes a été concomitant à un chassé-croisé des microbes et des virus. Et, dans ce chassé-croisé-là, l'Amérique a considérablement perdu bien plus que les Vieux Mondes. L'impact de ces plantes a été surtout sensible du côté des exportations.

Les formes générales
de l'exploitation coloniale de l'Amérique

Ainsi que nous l'avons souligné, l'exploitation économique de l'Amérique a été, dans un premier temps, surtout limitée au pillage des métaux précieux. Mais, très tôt, il y eut les bois précieux et la différence climatique a incité à l'établissement de plantations de produits tropicaux en vue de l'exportation. Historiquement, cela commence déjà avec Christophe Colomb et avec le sucre (de canne). La première aire dominante de production de canne à sucre en Amérique fut, pendant des décennies, les Caraïbes, notamment Saint-Domingue. En fait, il y aura toute une série de phases appelées généralement cycles de produits dominants dans les exportations américaines, ce qui ne veut pas dire, par exemple, que dans l'époque du cycle du café on ait abandonné la culture et les exportations de coton, ni que pendant l'époque du coton on ait abandonné le sucre.

Mais revenons justement au sucre, le produit dominant. En Europe, le miel, «le nectar des Dieux», a été pendant très longtemps «le» produit sucrant, alors que l'Asie — et notamment la Chine — connaissait depuis des millénaires le sucre de canne. Alexandre le Grand «découvrit» en Asie «le roseau qui donne du miel sans le secours des abeilles». Les Arabes ont joué un rôle important dans la diffusion de la canne à sucre de l'autre côté de la Méditerranée ainsi que dans le sud de l'Espagne alors musulmane. D'ailleurs, ils ont été jusqu'à la seconde moitié du XVe siècle les fournisseurs de sucre de l'Europe. Puis, dans la seconde moitié du XVe siècle sont intervenues les îles de l'Atlantique au large de l'Afrique surtout Madère et les Canaries. Ce n'est que dans la seconde moitié du XVIe siècle que l'Amérique devint la région du sucre.

DE L'*ENCOMIENDA* À L'*HACIENDA*

Sur le plan des formes de l'exploitation coloniale, il y a eu, pour des raisons évidentes, des modalités très variées, ceci étant dû non seulement à la très longue durée de cette colonisation (trois à quatre siècles), mais à de multiples facteurs : différences de politique des métropoles, nature des produits, peuplement des colonies, etc., sans parler de la personnalité des gouverneurs. Ici, par conséquent, nous ne pourrons être (et de loin) exhaustif. Nous rappellerons d'abord le recours à l'esclavage des Noirs d'Afrique, évoqué ci-dessus.

Dans l'aire hispanique, il faut d'abord relever la mise en place très précoce du système de l'*encomienda* [1]. La pratique, de nature féodale, s'inspirait de celle suivie en Espagne chrétienne, surtout à l'égard des musulmans. Le principe était que la Couronne «confiait» à des colons espagnols un certain nombre d'Indiens. Ces colons percevaient des Indiens le tribut dû à la Couronne (en or, en nature ou en travail); en contrepartie, ils devaient «protéger», convertir au catholicisme et «civiliser» les Indiens. Bien entendu, la Couronne prélevait une partie des redevances perçues par les colons. Les textes codifiant l'*encomienda* furent établis dès 1503 et modifiés par la suite. Le système resta en vigueur partout durant le XVIe siècle. À partir du XVIIe siècle, il commença à se désagréger dans certaines régions, mais persista dans d'autres jusqu'à l'indépendance au XIXe siècle. Partout, au cours du XVIIe siècle, le système perdit de son importance pour les colons, le gouvernement espagnol exigeant un plus grand pourcentage des revenus.

D'une certaine façon, le système de l'*hacienda* a permis l'exploitation des Indiens au-delà du XVIIIe siècle. Dans l'*hacienda* (du mot espagnol *facienda*, venant du latin «chose à faire»), bien qu'étant théoriquement libres, les Indiens étaient liés par leur endettement et par la rareté des emplois et des terres agricoles. La chronologie et la géographie de l'*hacienda* ont varié. Ainsi, au Mexique, les réformes du début du XXe siècle ont encore renforcé sa prédominance; vers 1910, 80 pour 100 des paysans n'avaient pas de terre et travaillaient comme péons sur les *haciendas*. Le sys-

---

1. Le terme vient de «confier».

tème était proche de l'esclavage, avec notamment l'impossibilité pratique de quitter les *haciendas* en raison des dettes que contractaient les péons pour leurs achats auprès des «magasins» de celles-ci où les prix pratiqués étaient souvent bien supérieurs à la normale.

LES «CAPITAINES-DONATEURS» ET LES «COMPAGNIES»

Dans l'espace colonial portugais, c'est-à-dire au Brésil, on est en présence d'un système appelé *capitaines-donateurs*. Il s'agit d'un système souvent qualifié de féodal, bien que cela soit toujours l'objet de discussions. En pratique, le système était le suivant : les souverains du Portugal octroyaient une charte aux *capitaines-donateurs*, déléguant à ces derniers, sur des bandes de territoires définis, des droits très vastes, allant de diverses prérogatives administratives à la propriété d'un cinquième des terres, en passant par le droit de mettre en esclavage des Indiens et de prélever toutes sortes de ressources fiscales et autres. Ces prélèvements étaient également opérés auprès des colons blancs qui se devaient de participer à l'armée en cas de guerre.

Nous avons bien dit «droit de mettre en esclavage des Indiens», car même quand ce droit a été, en quelque sorte, rendu caduc par l'opposition du roi et du clergé, les colons ont continué, jusqu'au milieu du XVIIe siècle au moins, à réduire en esclavage des Indiens. Ces colons avaient aussi le droit de recevoir des terres contre le paiement d'une dîme au Grand-Maître de l'Ordre du Christ (charge occupée par le roi). La Royauté avait le monopole des bois précieux et des épices, ainsi que du prélèvement d'un impôt (d'un cinquième)

sur l'extraction des pierres et métaux précieux. Le
Brésil était «découpé» en une quinzaine de «capi-
taineries», bandes de terre, de largeur plus ou
moins grande, qui partaient de l'Océan et étaient
dirigées en droite ligne à l'intérieur du pays jusqu'à la frontière.

Pour les autres métropoles, qui n'ont colonisé
qu'une petite partie de l'Amérique latine, c'est
généralement leurs compagnies commerciales
qui ont géré les territoires, ainsi qu'elles le faisaient en Asie, leur principal champ d'activité. Ce
qui implique des règles de pratique spécifiques à
chaque compagnie, allant du monopole absolu à
la participation plus ou moins large de citoyens
de la métropole.

LE SUCRE : D'ABORD UN PRODUIT DE HAUT LUXE
ET UN MÉDICAMENT

Mais revenons au sucre en Amérique : les plantations s'étendent rapidement. Il faut souligner que
le sucre, avant que ne commencent justement ces
plantations très importantes en Amérique latine,
était un produit extrêmement onéreux. En termes
de salaire, notamment de salaire d'un ouvrier non
qualifié, un kilo de sucre coûtait en Europe au
XIVe siècle l'équivalent de un à deux mois de salaire.
Autre indication significative, le prix du sucre était
environ 29 fois plus élevé que celui du beurre.

En fait, dans la première moitié du XVIe siècle, le
sucre était encore considéré comme un médicament, même après que les plantations des archipels de l'Atlantique eurent accru l'offre dans de
fortes proportions. On cite souvent la description
faite par Tabernae Montagnus (1515-1590) : «Le

beau sucre blanc de Madère et des Canaries, quand il est pris modérément, nettoie le sang, fortifie le corps et l'esprit, spécialement la poitrine, les poumons et la gorge, mais est mauvais pour les gens chauds et bileux, car il se transforme facilement en bile et il émousse les dents et les abîme. Comme poudre, le sucre est bon pour les yeux, en farine il est bon pour le refroidissement, comme poudre répandue sur les plaies il les guérit. » Et d'autres usages médicaux sont encore relatés, notamment pour combattre la fièvre et pour « donner de la vigueur aux vieilles personnes ».

Mais, dès la fin du XVIe siècle, le sucre devient déjà un produit plus accessible, puisque au lieu de 29 kg de beurre, il ne représente plus que 5 kg de beurre, soit environ une semaine de salaire (ou quelque 80 heures) ; aux XVIIe et XVIIIe siècles, ce prix va continuer à baisser et le sucre sera présent dans l'alimentation quotidienne d'une grande partie de l'Europe, bien sûr surtout en milieu urbain, mais aussi plus marginalement en milieu rural. En termes de durée de travail, qui est l'indicateur le plus significatif, le kilo de sucre ne coûte plus, par exemple en France, vers 1790, que l'équivalent de 20 heures de travail d'un ouvrier non qualifié. Puis, comme nous aurons l'occasion de le voir plus loin, la concurrence du sucre de betterave va accélérer la baisse du prix du sucre ; vers 1910, il ne faudra plus à l'ouvrier français qu'un peu plus de 2 heures de travail pour acheter un kilo de sucre. Actuellement, dans les pays développés occidentaux, il s'agit de 4 ou 5 minutes, donc environ 3 500 à 7 000 fois moins qu'au XIVe siècle. Et ceci expliquant cela, alors qu'au XIVe siècle la consommation de sucre par habitant du monde occidental se comptait en grammes, celle d'aujourd'hui se compte en dizaines de kilos.

Le développement de ces plantations de sucre va entraîner des besoins accrus de main-d'œuvre et, par là, une accélération de la traite des Noirs. Il faut rappeler à ce propos que le pape avait interdit de mettre en esclavage les Indiens d'Amérique latine. Ces produits agricoles, le sucre et, par la suite, le coton et le café, furent évidemment échangés contre des articles manufacturés ; et, dans la plupart des colonies d'Amérique latine, on interdisait, avec plus ou moins de rigueur, la production locale d'articles manufacturés, pour que ceux-ci puissent servir de monnaie d'échange à ces produits agricoles. C'est une des composantes du « pacte colonial » présenté dans le chapitre précédent. Le sucre est resté longtemps le principal produit d'exportation (vers 1830, il représentait encore 42 pour 100 des exportations totales) de l'Amérique latine, qui a fourni, jusqu'au début du XIXe siècle, plus de 90 pour 100 de la consommation mondiale de ce produit si prisé.

La forte expansion de ces échanges amène une économie très extravertie. Ainsi, par exemple, vers 1800, les exportations par habitant de l'Amérique latine s'élevaient à 6 dollars, alors qu'en Europe il s'agissait de 3 dollars ; et, bien entendu, ces chiffres étaient extrêmement faibles à l'époque pour l'Afrique et l'Asie où il ne s'agissait que de 0,1 dollar par habitant. Économie latino-américaine très extravertie, mais aussi société très différente de celle que Colomb rencontra à son arrivée en Amérique, puisque non seulement une population noire importante avait été amenée de force, mais aussi un flux assez important d'Européens. De sorte que, à la fin du XVIIIe siècle, on peut estimer que la composition ethnique de l'Amérique latine était, *grosso modo*, la suivante : Blancs : environ 20 pour 100 de la population ; Noirs : environ 10 pour 100 ; Métis : environ 30 pour 100 ; et la population indienne environ 40 pour 100. Mais tant cette composition ethnique que les modalités de l'exploitation économique n'ont pas été uniformes, même à l'intérieur de l'Amérique latine non tempérée.

Par conséquent, il convient de fournir quelques illustrations concrètes des différentes formes de colonisation. Pour ce faire, nous traiterons des pays ou régions suivantes : Brésil, Mexique, Pérou et Caraïbes. Mais, auparavant, donnons les grandes lignes de la conjoncture économique très contrastée de ces trois siècles.

La conjoncture : des siècles contrastés

La quasi-totalité des historiens s'accorde à découper l'histoire économique générale de l'Amérique latine, de la découverte à l'indépendance, en trois phases, qui couvre chacune un siècle. L'unanimité est moins grande quant à la nature de ces phases. Pour la première phase, c'est-à-dire celle du XVIe siècle, les dissensions ne sont pas très grandes : il s'agit sans conteste d'une phase de déclin. Déclin d'abord et surtout en ce qui concerne les hommes, puisque c'est essentiellement au cours du XVIe siècle que se place l'effondrement de la population de ce continent. Le creux est probablement atteint au début du XVIIe siècle. En tout cas, cela est valable pour le Mexique, dont on peut mieux suivre l'évolution. Déclin ensuite

en raison de la désorganisation des systèmes économiques et sociaux à la suite de la conquête. En
raison de cette désorganisation et de la présence
des colonisateurs, il est peu probable que la
réduction de la population ait eu des effets positifs
sur le niveau de vie, comme ce fut le cas en
Europe au XVe siècle suite à l'hécatombe des
grandes pestes de la seconde moitié du XIVe siècle.

En revanche, pour le XVIIe siècle, la question de
la conjoncture économique et sociale est en partie ouverte et rejoint le problème de ce qui est
appelé la crise générale du XVIIe siècle, qui aurait
touché à la fois l'Europe et l'Amérique latine.
Pendant des décennies, cette crise générale a été
l'objet d'un débat historique important. Pour
l'Europe, dont l'histoire économique commence
à être bien connue, et comme l'a montré Ruggiero Romano dans sa récente étude (1992), la
crise du XVIIe siècle paraît indéniable. Moi-même,
lors de l'analyse de l'histoire urbaine (Bairoch,
1985), j'ai été frappé par cette crise qui toucha
pratiquement toute l'Europe, à l'exception de
l'Angleterre et des Pays-Bas (exception certes
notable, mais néanmoins peu importante, ces
deux pays représentant, vers 1600, 7 pour 100 de
la population de l'Europe sans la Russie). En
revanche, si l'on se fonde sur le large faisceau
convergent d'évidences assemblées par Romano,
il s'agissait, comme le laisse entendre le titre de
son livre («conjonctures opposées»), d'une phase
positive pour l'Amérique latine. Certes, et nous
aurons l'occasion d'y revenir à propos du cas du
Mexique, il n'y a pas de parfaite homogénéité des
conjonctures à l'intérieur de ce vaste continent.

Le XVIIIe siècle en Amérique latine est une

période d'expansion : expansion de la population et expansion encore plus marquée des productions. Voici les ordres de grandeur comparatifs en la matière. Durant le siècle précédent (de 1600 à 1700), la population n'avait progressé qu'à un rythme annuel de l'ordre de 0,1 pour 100, passant de 10-11 à 11-12 millions. De 1700 à 1800, le taux annuel a été de l'ordre de 0,4 pour 100 ; vers 1800, la population atteignait 15,5 à 17,5 millions.

Donner des ordres de grandeur de l'expansion de la production va du « probable » et « presque » sûr à l'impossibilité totale. Presque sûres sont les données sur les métaux précieux (or et argent combinés) pour lesquels on a assisté à une croissance annuelle de l'ordre de 0,9 pour 100 (entre 1681-1700 et 1781-1800). Pour les cultures d'exportation, la précision diminue fortement. Il n'est possible de donner des ordres de grandeur que pour les principales productions. Ainsi, pour le sucre, on passe d'environ 65 000 tonnes vers 1700 à 220 000 tonnes vers 1790, soit un taux annuel de 1,4 pour 100. Pour les autres produits tropicaux d'exportation, il est pratiquement impossible de suivre la courbe de la production. Mais étant donné le rôle primordial occupé par ce continent, tant pour le café, le cacao que le coton et vu l'expansion de la consommation européenne, on peut avancer avec assez de certitude que l'expansion de la production a dû être assez voisine de celle du sucre. Quant à la production agricole vivrière, il est impossible d'avancer des ordres de grandeur tant soient peu fondés.

Qui a bénéficié de cette expansion plus rapide de la production que de la population ? Pour les millions d'esclaves que comptait l'Amérique latine, cette question n'a que peu de sens. Car, même s'il est possible que certains d'entre eux aient été mieux nourris et vêtus que certains de leurs aïeux d'Afrique, les conditions humaines, pour pratiquement tous, s'étaient dégradées de manière dramatique. Pour la population libre, il est presque sûr qu'on a assisté à une progression du niveau de vie. Il est d'ailleurs symptomatique que le taux d'urbanisation de l'Amérique latine ait progressé sensiblement au cours de ce XVIIIe siècle, en passant de 12,5 à 14,5 pour 100.

L'HISTOIRE ÉCONOMIQUE DE QUATRE CAS IMPORTANTS ENTRE 1492 ET LE DÉBUT DU XIXe SIÈCLE

Cette Amérique latine, qui couvre une superficie de 20,5 millions de kilomètres carrés (soit plus de deux fois l'Europe, y compris la Russie), s'étire sur une longueur de près de 10 000 km, et a été colonisée par différentes métropoles ; elle a, par la force des choses, une histoire très diversifiée non seulement politiquement mais aussi économiquement. Histoire économique et sociale qui non seulement a été déterminée par les éléments évoqués ci-dessus, mais aussi par la diversité du climat, et celle des sols et sous-sols. Voyons donc quatre cas importants (Brésil, Mexique, Pérou et Caraïbes) qui représentent environ les trois quarts de la superficie et près des deux tiers de la population de l'ensemble de l'Amérique latine non tempérée (vers 1800).

Le Brésil, de la phase du bois
à celle du coton,
en passant par le sucre et l'or

Commençons l'histoire tourmentée et passionnante des principaux pays par le Brésil en raison de l'importance de ce pays qui représente actuellement le tiers de la population d'Amérique latine. D'autre part, le Brésil est représentatif des colonies exportatrices de produits tropicaux et des pays d'accueil d'esclaves en provenance d'Afrique sur un territoire représentant environ la moitié de celui de l'Amérique latine.

Contrairement à la partie nord de l'Amérique latine, le Brésil n'a pas été le siège de grandes civilisations précolombiennes. Ce qui ne veut pas dire, ainsi qu'on le croyait jusqu'à récemment, qu'il n'y ait eu aucune civilisation avancée dans cette région, mais que celle-ci n'avait pas atteint (et de loin) l'importance de celles présentes plus au nord. Ainsi, par exemple, à l'arrivée des Européens, il y avait probablement 25 ou 30 villes de plus de 20 000 habitants dans la future Amérique latine, mais aucune n'était localisée au Brésil. De récentes recherches archéologiques entreprises dans le nord-est du pays ont prouvé que la présence humaine était plus ancienne qu'on ne le supposait auparavant, puisque remontant au moins à 32 000 ans. Le nombre d'autochtones à l'arrivée des Européens était de l'ordre du million seulement, mais il est probable que ce chiffre soit sous-estimé.

Les premiers Européens qui explorèrent cette région furent des Portugais, ce dès 1500 ; toutefois, le roi Manuel, qui régna jusqu'en 1521, s'intéressa peu à cette possession. En revanche, son successeur, Jean III, mena une politique plus active et le premier établissement fut fondé en 1532 à Sao Vicente, dans l'actuel État de Sao Paulo. Quand le Portugal passa sous la domination du roi d'Espagne, les Hollandais (à partir de 1630) supplantèrent progressivement les Portugais. Pendant près d'un demi-siècle, une partie restreinte du Brésil fut une colonie des Pays-Bas ; et les Hollandais poursuivirent une politique active d'expansion des cultures d'exportation. En 1661, les Portugais reprirent le pouvoir ; le départ des Hollandais impliqua le déplacement vers les Caraïbes d'une partie des plantations de sucre. Entre 1661 et 1808 — date du début du processus qui mena à l'indépendance du Brésil en 1822 — il faut mentionner le rôle important sur le plan politique et économique que joua de 1750 à 1777 un homme d'État très intéressant et controversé : le marquis de Pombal.

Sur le plan économique, les historiens ont tendance à caractériser à juste titre l'évolution du Brésil à travers les phases correspondant aux principaux produits d'exportation. Du début du XVIe siècle jusqu'au début du XIXe siècle, on compte quatre phases (ou cycles comme on les a qualifiés parfois) : la phase du bois (1510-1570), la longue phase du sucre (1570-1700), la phase de l'or (1700-1790), et enfin la phase du coton (1760-1820). Quant à la phase très importante du café, elle se situe entre 1835 et 1960-1970 ; mais à l'intérieur de celle-ci intervient le début de l'industrialisation moderne de ce pays, qui démarre réellement à partir des années 1880 et qui fera

progressivement du Brésil un pays semi-indus-
trialisé, qui, au début des années 1990, est notamment le 9ᵉ producteur mondial d'acier, avant la
France et le Royaume-Uni ; le 10 ou 11ᵉ producteur mondial d'automobiles ; et globalement la
12ᵉ puissance industrielle mondiale. Mais ceci est
une autre histoire sur laquelle nous reviendrons.

DU BOIS AU SUCRE

La phase du bois (1510-1570) n'a pas été très
importante, ni pour la vie économique du Brésil,
ni par ses conséquences sur le plan international.
Cependant, c'est déjà durant cette période que
les besoins en main-d'œuvre entraînent l'arrivée
des premiers esclaves en provenance d'Afrique.
Grâce à leur haute valeur, ces bois tropicaux
pouvaient être exportés vers l'Europe ; cependant
le niveau demeura modéré : de l'ordre de 500 à
900 tonnes par an. Notons que la population intégrée (c'est-à-dire non compris les Indiens vivant
hors du circuit économique et social colonial)
était encore très faible vers 1500-1520 : de l'ordre
de 15 000 personnes (mais déjà 100 000 vers
1600). Avant de quitter le bois brésilien, relevons
que certaines variétés, et notamment celle appelée bois de Pernambouc (dite aussi bois du Brésil), fut, et est encore, utilisée non seulement
pour la construction navale, mais également, à
partir du début du XIXᵉ siècle, pour les archets de
violon, et beaucoup plus tôt comme colorant
(rouge), surtout pour le papier.

La phase du sucre est non seulement importante par sa durée (1570-1700), mais surtout par
ses répercussions économiques et sociales aux

niveaux local et international. Dès 1540, quatre moulins à sucre sont déjà en construction ; et, en 1710, on en comptait 528 en activité. Les moulins à sucre de l'époque étaient des machines rudimentaires qui extrayaient par pression le jus de la canne en faisant passer les tiges entre deux rouleaux en pierre. Les exportations, qui, vers 1560-1570, étaient inférieures à 3 000 tonnes par an, atteignent un premier sommet de 45 000 tonnes vers 1650, c'est-à-dire à l'époque hollandaise. Ce produit représentait alors 95 pour 100 des exportations totales du Brésil ; et ce sucre exporté fournissait les neuf dixièmes de la consommation totale de sucre du monde occidental.

Le système de production de la canne à sucre est celui des plantations : une main-d'œuvre composée d'esclaves amenés d'Afrique. Entre 1570 et 1700, d'après les travaux de P.D. Curtin (1969), ce sont quelque 600 000 esclaves qui furent débarqués dans les ports brésiliens. Mais, vers 1700, les exportations de sucre tombèrent à 27 000 tonnes, en raison de la concurrence des Caraïbes et de la désorganisation qu'entraîna le départ des Hollandais. Le prix élevé du sucre permet de retirer des profits importants ; en conséquence, le Brésil du XVIIIe siècle (en tout cas le Brésil intégré dans le système colonial) était un pays dont le revenu moyen par habitant était très élevé : probablement de moitié plus élevé que la moyenne européenne. Pays à revenu plus élevé, mais aussi pays à plus grande inégalité de distribution des revenus. Au XVIIe siècle, la population intégrée était multipliée par 3, atteignant les 300 000 habitants vers 1700.

LA PHASE DE L'OR

La phase de l'or (1700-1790) va entraîner une croissance encore plus rapide de la population, puisque vers 1800 celle-ci était de l'ordre de 3,6 millions ; soit une multiplication par 12 par rapport à 1700. Comme dans la phase précédente, elle ne s'explique pas uniquement (ni même principalement) par la croissance naturelle de la population, mais par l'intégration croissante d'Indiens dans le creuset colonial, par l'arrivée massive d'esclaves venus d'Afrique, et l'arrivée moins importante d'Européens. Rien qu'entre 1761 et 1810 ce sont quelque 930 000 esclaves qui furent « transplantés » au Brésil (comparés aux 600 000 ou 700 000 pour l'ensemble des colonies espagnoles). La production d'or passa de 2,8 tonnes annuellement pour la période 1701-1720 à un sommet de 14,6 tonnes pour 1741-1760. À cette période, le Brésil fournissait environ 60 pour 100 de la production mondiale d'or. Sur le plan de l'importance dans les exportations brésiliennes, l'or n'a jamais eu la prédominance du sucre ; en effet, bien que stagnant et régressant même un peu au XVIIIe siècle, les exportations de sucre se sont poursuivies. Par ailleurs, il faut aussi mentionner l'exploitation (et les exportations) de diamants.

Cette phase de l'or aura non seulement de profondes répercussions sur la vie économique du Brésil, mais également sur celle du Portugal. Au Brésil, elle entraîna une hausse des ressources qui favorisèrent les importations de produits manufacturés européens ; et, de ce fait, la disparition de l'artisanat local qui était assez développé. Elle amena aussi le commencement de ce déséquilibre régional qui, encore aujourd'hui, marque douloureusement le Brésil. La région de Minas Gerais, qui, comme nous l'avons vu dans le chapitre VII (tome I), avait fourni pendant une partie du XVIIIe siècle plus de la moitié de la production mondiale d'or, a cessé à partir de la fin de ce XVIIIe siècle d'être cette région riche aux villes somptueuses. Le Brésil, qui, entre 1741 et 1760, avait produit 14,6 tonnes d'or (soit près de 60 pour 100 du total mondial), n'a plus produit que 5,5 tonnes entre 1781 et 1800 (soit moins d'un tiers du total mondial). Mais le déséquilibre régional a été plus influencé par le sucre. La région du nord-est, où le sucre s'était implanté, est devenue progressivement la région pauvre du pays, avant de devenir celle des famines. Quant au Portugal, l'or y joua un peu le même rôle que l'or, et surtout l'argent, en Espagne, à savoir une incitation à une économie de rentiers entraînant notamment le déclin de l'industrie.

LA PHASE DU COTON ET OÙ L'ON RETROUVE LE MARQUIS DE POMBAL

Le marquis de Pombal, qui fut secrétaire d'État de 1750 à 1777, chercha à redresser la situation, aussi bien de la métropole que de la colonie. Pour le Brésil, les mesures prises par celui-ci sont surtout destinées à favoriser une diversification des exportations. Il favorisa les cultures du coton et du café. Le cycle du coton, qui débute vers 1760 et s'achève vers 1820, n'aura pas la vigueur des cycles précédents.

On retrouve ici l'action à la fois religieuse et économique de Pombal, qui, après avoir combattu les jésuites dans la région de Maranhao, y encouragea les plantations de coton, grâce à la création d'une compagnie financière. Cette région fut d'ailleurs la seule à ne pas ressentir la dépression qui toucha le Brésil dans les dernières décennies du XVIIIᵉ siècle. Mais les exportations de coton, pas seulement celles du Brésil mais aussi celles des autres producteurs traditionnels du Tiers-Monde, ne purent bénéficier de la fantastique poussée de la demande européenne, qui passa de 10 000-20 000 tonnes à 165 000-170 000 tonnes entre 1750 et 1830. En effet, on assista à l'émergence très rapide de la production aux États-Unis, qui passa de moins de mille tonnes vers 1790 à 172 000 tonnes vers 1830, soit de moins de 1 pour 100 de la production mondiale à 32 pour 100 en 1830 (88 pour 100 vers 1850). Et si, vers 1790, le Brésil fournissait probablement environ 10 à 15 pour 100 des exportations mondiales de coton, vers 1830, il s'agissait de moins de 4 pour 100. En termes de quantités exportées, le Brésil n'atteignait que 14 000 tonnes vers 1830, alors que pour les États-Unis il s'agissait de 147 000 tonnes. Lors de la «famine du coton», consécutive à la guerre de Sécession aux États-Unis, ces exportations atteignirent un sommet de 47 000 tonnes (en 1865-1866).

LA MACHINE À ÉGRENER LE COTON

Un des principaux facteurs explicatifs de la rapide suprématie des États-Unis est l'invention, en 1793 (le brevet date de 1794), de la machine à égrener le coton par Eli Whitney dont nous avons déjà parlé dans le chapitre X, car il a joué un rôle-clé dans l'introduction de ce qui, aujourd'hui, est appelé le «système américain de production», et que l'on peut, grossièrement, définir comme étant la production de masse. La machine de Whitney à égrener le coton, qui permet de séparer la graine des filaments, apporta un énorme gain de productivité, puisqu'elle permettait d'égrener environ 23 kg de fibres de coton par jour, alors que manuellement la quantité ne s'élevait qu'à environ 500 grammes. Certes, déjà l'Inde et la Chine traditionnelles utilisaient une machine de ce type ; mais celle-ci ne se prêtait qu'au coton à longues fibres (alors que la grande majorité du coton produit en Amérique est à courtes fibres). De surcroît, cette machine, appelée «Churka», n'avait qu'une productivité assez faible : 2-3 kg/j.

L'égrenage du coton étant une activité importante, on considère généralement que la machine de Whitney a permis aux États-Unis de prendre la place dominante dans la fourniture de cette matière première importante, en se combinant avec l'emploi d'esclaves pour la cueillette. Entre 1790 et 1860, le nombre d'esclaves noirs dans le sud des États-Unis passa de 0,7 à 3,8 millions. Incidemment, notons que cette progression a été due davantage à la croissance naturelle de la population d'esclaves qu'à leur «importation», puisque, durant ces sept décennies, «seulement» 230 000 furent débarqués dans les ports des États-Unis. Mais si l'importation d'esclaves fut interdite en 1806, par la suite cet ignoble trafic continua au rythme de quelques centaines par an.

Revenons au Brésil et aux siècles précédant la phase du coton. Globalement les exportations par habitant ont commencé à fléchir dès la fin de la présence hollandaise (1654), le sucre brésilien

subissant la concurrence accrue d'autres producteurs, et les nouveaux produits qui apparaissent
ne pouvant plus avoir la prédominance qu'avait le
sucre. De 1600 à 1700, les exportations par habitant ont été divisées par 3 ou 4 ; et, entre 1700 et
1800, à nouveau par 6 ou 8. Donc, vers 1800, des
exportations par habitant, *grosso modo*, 22 à
26 fois plus faibles que vers 1600. Et, de ce fait, le
Brésil du début du XIXe siècle n'était plus ce pays
très riche qu'il avait été au XVIe et durant une
grande partie du XVIIe siècle.

Certes, cette richesse, ce niveau élevé de vie, ne
concernait que la petite minorité d'Européens et
de Créoles, la grande masse de la population, et
notamment les esclaves, ne bénéficiant que très
peu de la masse des exportations de produits tropicaux. Puisque nous parlons ici pour la première
fois des Créoles, signalons que le terme, d'origine
espagnole, s'applique dans sa définition élargie
aux personnes de race blanche «nées dans les
colonies intertropicales», et désigne donc en
général la population européenne vivant d'une
façon permanente dans ces régions ; alors que le
terme d'Européens est souvent réservé aux fonctionnaires de la Métropole (ainsi qu'aux membres
de leur famille) vivant plus ou moins temporairement dans les colonies.

Le Mexique, des prestigieuses
civilisations précolombiennes
aux révoltes sociales du début
du XIXe siècle

Actuellement, le Mexique est le deuxième pays
en importance démographique de l'Amérique

latine. D'ailleurs, entre 1500 et 1803-1806, le Mexique a été le pays le plus peuplé de l'ensemble du continent, devant les États-Unis, et n'a été dépassé par le Brésil que vers 1855-1860. Il n'est pas besoin d'insister sur le fait que, avant l'arrivée des Européens, cette région était probablement l'une des plus développées, sinon la plus développée, de l'Amérique précolombienne. C'était notamment, à l'arrivée des Européens, le siège de la civilisation des Aztèques qui avaient succédé aux Mayas et aux Toltèques.

Et puisque à propos du Brésil nous avons évoqué l'absence de villes de quelque importance, soulignons que le Mexique vers 1500 possédait, avec Tenochtitlan, aujourd'hui Mexico, une des plus grandes et riches villes du monde. À l'arrivée des Européens, sa population était de l'ordre de 150 000 à 200 000 habitants. C'est aussi la région qui a connu le déclin le plus accusé de sa population. Pour la fin du XVe siècle, les estimations les plus probables créditent le Mexique d'une population de l'ordre de 15 à 20 millions. Vers 1550, elle n'était plus que de 6,2 millions. Et, vers 1600, de l'ordre de 1,2 million! Il a fallu attendre les premières décennies du XXe siècle pour retrouver le niveau de 1500.

L'histoire politique du Mexique, entre la fin de la conquête (1521) — et donc le début de la colonisation — et les prémices du mouvement d'indépendance (1808), ne connaît pas de faits très marquants autres que le changement de dynastie en Espagne. En revanche, l'accession à l'indépendance, qui n'aboutira qu'en 1821, s'est faite à travers de graves convulsions sociales et militaires: mélange de guerres d'indépendance et de révoltes sociales dans lesquelles un prêtre, Miguel Hidalgo y Costilla (1753-1811), a joué un rôle-clé.

LE PÈRE DE L'INDÉPENDANCE

Appelé le père de l'indépendance, Miguel Hidalgo y Costilla, après une éducation religieuse (il fut un élève brillant), commença sa carrière de prêtre en se consacrant à l'étude. Il préconisa des réformes de l'enseignement et ses idées libérales lui valurent des critiques à la fois de l'Inquisition et du gouvernement espagnol. Au début des années 1790, il quitta la vie académique afin de se consacrer, en tant que prêtre, à de petites paroisses du centre du Mexique, dans lesquelles il favorisa un développement économique, y compris dans des domaines interdits par l'autorité coloniale. La découverte de ses préparatifs pour un mouvement d'indépendance précipita la rébellion de la ville de Dolores le 16 septembre 1810[1].

Ses idées sociales avancées — entre autres, il préconisait une réforme agraire — lui attirèrent la sympathie des paysans et ouvriers, mais dressèrent contre lui les nantis qui se rangèrent du côté du pouvoir colonial. Hidalgo était un homme enthousiaste et charismatique, mais piètre organisateur. Après quelques succès initiaux, sa troupe, composée d'Indiens groupés sous la bannière de la Vierge de Guadeloupe, fut battue lors de la marche sur Mexico. Hidalgo fut fusillé le 30 juillet 1811.

En définitive, c'est devant la crainte que le gouvernement, alors dominé par les libéraux, n'acquiesce aux demandes de réforme agraire,

---

1. Date retenue pour fêter l'indépendance.

que les notables créoles, aidés par des Espagnols
hostiles aux libéraux, proclamèrent, en 1821, l'indépendance. Et puisque nous avons débordé le
cadre historique de cette partie, signalons que la
question agraire demeurera longtemps un problème grave. À la fin du régime de Porfirio Diaz
en 1911, 97 pour 100 des terres cultivables appartenaient à 1 pour 100 de la population ; et 80
pour 100 des paysans ne possédaient pas de
terre. D'ailleurs, une des raisons de l'échec du
plus célèbre des révolutionnaires du début du
XXᵉ siècle, Emiliano Zapata, se trouve largement
dans le fait que celui-ci préconisait et œuvrait en
faveur d'une réforme agraire, ce qui a cimenté
l'opposition de ses adversaires. La première
réforme importante mise en exécution est celle du
président Lazaro Cardenas en 1935-1936, dont
les mesures sociales sont souvent qualifiées de
marxistes. Six décennies plus tard, le problème
est loin d'être résolu d'une façon satisfaisante
partout. Un des faits majeurs de l'actualité sociale
et politique du Mexique en 1994 a été, en janvier,
le début de la révolte des « zapatistes », dont l'enjeu principal est le problème des terres des indigènes. Mais revenons au cours de l'histoire.

DE L'IMPLANTATION DES VACHES ET DES MOUTONS
À L'EXPLOITATION DES MÉTAUX PRÉCIEUX

Au cours du XVIᵉ siècle, ainsi que cela a été souvent mis en évidence par les historiens, on assiste
à une évolution de l'importance des hommes et du
bétail en forme de deux courbes se croisant : la
courbe de la population étant descendante, celle
du bétail ascendante. Les civilisations précolom-

biennes n'utilisaient ni les ovins, ni les bovins; en quelque sorte, ceux-ci occupèrent des terres libérées par la disparition de la population autochtone. Vers 1600-1620, on comptait (au Mexique) 1 million de bovins et 8 millions de moutons. Parallèlement, on assiste à une rapide augmentation de la production de métaux précieux. Au cours du XVIe siècle, la production annuelle d'argent passa de quelques tonnes à environ 80 tonnes; ce qui représentait un cinquième environ de la production mondiale. La production de l'or passa d'environ 100 kg à près de 500 kg (environ 7 pour 100 du total mondial).

L'exploitation des mines de métaux précieux entraîna des besoins accrus de main-d'œuvre, d'autant plus que les techniques utilisées par les Indiens étaient très primitives. Ces besoins en main-d'œuvre furent couverts non pas comme au Brésil par l'importation d'esclaves d'Afrique, mais par l'utilisation d'une main-d'œuvre locale. Il est vrai que la région était plus peuplée. Il s'agissait d'une main-d'œuvre forcée, mais non comme au Pérou où le système de la *mita* fut utilisé. En fait, le Mexique n'importa pratiquement pas d'esclaves. Sur le total d'environ 9,4 millions qui furent amenés en Amérique latine, le Mexique ne reçut que 0,2 million.

Le XVIIe siècle est le siècle où le système de production agricole que caractérisent les *haciendas* se met en place. Ces grandes exploitations agricoles qui emploient une main-d'œuvre salariée entraînent une prolétarisation du monde rural; et, par conséquent, de fortes inégalités sociales. Ces *haciendas* ne produisent alors que peu de produits d'exportation. Sans réellement stagner,

la production des métaux précieux progresse assez
peu au cours de ce XVIIᵉ siècle, en tout cas plus lentement que la population qui atteignit les 4 millions vers 1700, soit trois fois plus que vers 1600.

UNE NOUVELLE POUSSÉE DES MÉTAUX PRÉCIEUX
AU XVIIIᵉ SIÈCLE

Quant au XVIIIᵉ siècle, il est marqué par une
reprise de la croissance rapide de la production
des métaux précieux, ainsi que par une prospérité
de l'agriculture. Généralement, ces changements
sont crédités aux réformes menées par la nouvelle
dynastie arrivée au pouvoir en Espagne en 1700 :
les Bourbon qui ont remplacé les Habsbourg et
Bourbon qui règnent encore aujourd'hui après un
intermède républicain entre 1931 et 1975. L'élément essentiel des réformes introduites par les
Bourbon fut le regroupement des multiples unités
administratives en dix-huit intendances. Chaque
intendant jouissait d'une très large autonomie
dans le but d'accroître la production économique
de sa région. Dans le même but, il était chargé d'y
améliorer les conditions sociales, techniques et
éducatives. La production annuelle d'argent — de
l'ordre de 110 tonnes avant 1700 — atteint
560 tonnes pour 1781-1800. Le Mexique est alors
(et de très loin) le plus gros producteur d'argent
du monde (60 à 65 pour 100 du total mondial).
L'or progresse dans des proportions voisines,
mais il s'agit de quantités assez faibles (6 à 7 pour
100 du total mondial vers 1781-1800).

Ce siècle voit aussi une progression de la population : de l'ordre de 0,4 pour 100 par an ; elle
double pratiquement, atteignant les 6 millions dans

la décennie 1800-1810. Ce qui demeure encore très loin du niveau antérieur à l'arrivée des Européens. Progression rapide de la population, mais qui néanmoins reste plus lente que celle de la production des métaux précieux. Ce fait et le développement des cultures d'exportation (café, cacao, tabac, sucre) conduisent selon toute probabilité dans certaines régions à une hausse du niveau moyen de vie, et peut-être aussi à une inégalité croissante des niveaux de revenu qui expliquent les révoltes sociales du début du XIXe siècle. Révoltes surtout en milieu rural, puisque l'industrialisation, sans être totalement absente, est extrêmement réduite en ce début du XIXe siècle ; il en sera tout autrement à la fin du siècle.

Avant de quitter provisoirement le Mexique, notons qu'au début du XIXe siècle, alors que la population autochtone de l'ensemble de l'Amérique latine ne représentait que 40 pour 100, au Mexique elle représentait 60 pour 100. Les Créoles représentaient 20 pour 100 de la population du sous-continent, contre 18 pour 100 au Mexique. Pour ce qui est de la population noire, celle-ci est pratiquement absente, alors qu'elle représente environ 15 pour 100 pour l'ensemble de l'Amérique latine.

Le Pérou, d'un synonyme de richesse
à la pauvreté

Il existe de fortes analogies entre l'histoire du Pérou et celle du Mexique. Comme ce dernier, le Pérou a aussi été le siège d'une grande civilisation précolombienne (les Incas) ; il a aussi connu une forte chute de sa population ; et il a aussi été un gros producteur de métaux précieux. Signalons que le territoire de la vice-royauté du Pérou des XVIe, XVIIe, et d'une partie du XVIIIe siècle, couvrait une grande partie de l'Amérique latine qui correspond, *grosso modo*, aux pays actuels suivants : Pérou bien sûr, mais aussi Colombie, Équateur, Venezuela, et des parties importantes de l'Argentine et du Chili. C'était, en fait, le centre du pouvoir espagnol sur l'Amérique du Sud. À partir de 1739, la Nouvelle-Grenade (Colombie) devint une vice-royauté séparée ; et, en 1776, ce fut le cas de Rio de la Plata (Argentine) et du Haut Pérou. Au XIXe siècle, le Pérou perdit encore des territoires importants au profit de la Bolivie et du Chili.

En langue française en tout cas le terme «Pérou» est devenu synonyme de richesse ; car telle était la condition de ce pays au milieu du XVIe siècle jusqu'à la fin du XVIIe siècle. Et tel était aussi le cas du Pérou précolombien à l'arrivée des Espagnols en 1531, puisqu'il s'agissait de l'Empire florissant des Incas. Pays riche, mais surtout villes très riches. C'est notamment le cas de Lima, capitale administrative de ce vaste pays, qui avait de surcroît le monopole du commerce et était le siège d'une importante université fondée dès 1551. Villes riches aussi en raison surtout de la richesse du sous-sol. Ainsi, nous sommes même en présence du cas extrême d'une ville minière devenue une très grande métropole : Potosi, aujourd'hui localisée en Bolivie. La ville de Potosi fut fondée en 1547, deux ans après les premières découvertes des gisements d'argent. Située à 3 960 m d'altitude, sur un plateau démuni de potentialités agricoles, la ville nécessita de coûteux travaux d'adduction d'eau que seule justifiait la richesse des gisements d'argent. Dès 1555, elle comptait 45 000 habitants, en 1585, 120 000 ; et, vers 1610, 160 000. Ces chiffres sont peut-être surestimés, car il est probable qu'ils incluent les districts miniers proprement dits. Même si l'on en retient 150 000 habitants au début du XVIIe siècle, Potosi représentait à elle seule 6 à 7 pour 100 de la population totale du Pérou ; elle était de loin la plus grande ville d'Amérique latine et la 20-25e plus grande ville du monde.

Là, comme au Mexique, la main-d'œuvre employée dans les mines fut surtout locale. Afin de forcer la population locale à ce travail, les Espagnols se servirent du système de la *mita* ; système hérité de la pratique inca qui obligeait les communautés à fournir à la collectivité un tribut sous forme de travail, donc ressemblant à la corvée des sociétés féodales européennes. À partir de 1700-1730, les mines de la région de Potosi s'épuisèrent. Vers 1750, la population de la ville n'était plus que de 40 000 habitants ; et de 8 000 vers 1800. Mais le problème que pose l'épuisement des mines toucha également d'autres régions.

À la fin du XVIIIe siècle, le Pérou a cessé d'être ce riche « Eldorado ». Perte de richesse due à trois principaux facteurs. Le démembrement politique, qui prive le pays de l'essentiel de ses territoires ; la révolte des Indiens de 1780 à 1783 lancée par Tupac Amaru II, descendant riche et éduqué du dernier empereur inca ; et aussi et surtout, la réduction de la production de métaux précieux. Au milieu du XIXe siècle, le Pérou proprement dit ne produisait plus que 71 tonnes d'argent par an (moyenne 1850-1860), soit 3,5 kg/hab. Alors que

pour le début du XVIIᵉ siècle il s'agissait de
103 tonnes, soit environ 7 kg/hab. Le recul pour
l'or est un peu moins marqué et, de surcroît, les
quantités concernées sont nettement plus faibles
(même en valeur). Actuellement, le Pérou est un
des pays les plus pauvres d'Amérique latine,
avec un niveau de vie inférieur à la moitié de la
moyenne de l'Amérique latine.

Les Caraïbes, les Européens se bousculent

Les Caraïbes sont cet ensemble d'îles situées
entre la côte sud des États-Unis et la côte nord du
Venezuela et de la Colombie. C'est dans l'une de
cette quarantaine d'îles (vraisemblablement au
San Salvador) que Colomb débarqua lors de son
premier voyage. Les plus importantes d'entre
elles constituent ce que l'on appelle les Grandes
Antilles, afin de les distinguer des Petites. Il s'agit
de Cuba, de la Jamaïque, de Porto Rico et de His-
paniola. Cette dernière fut aussi découverte lors
du premier voyage de Colomb qui lui donna ce
nom (depuis 1697, partagée en deux pays : Haïti
et la République dominicaine). Ensemble, ces
quatre îles représentent plus de 90 pour 100 de la
superficie des Caraïbes ; mais l'ensemble des
Caraïbes ne mesure que 235 000 km², c'est-à-dire
1 pour 100 de l'ensemble de l'Amérique latine.
Mais, comme nous l'avons vu dans le tableau XX.1,
cette région, à partir du XVIIᵉ siècle, a reçu un
grand nombre d'esclaves : 3,5 à 4,0 millions,
soit près de la moitié de ceux de l'ensemble de
l'Amérique latine. Comme ces esclaves étaient

surtout une main-d'œuvre pour les plantations, les Caraïbes, qui, vers 1800, ne représentaient que 10 pour 100 de la population de l'Amérique latine, ont fourni pendant des siècles une grande partie des produits tropicaux exportés par cette région. Cela est encore visible sur le plan des exportations : vers 1830, date pour laquelle les données sont déjà très comparables, cette région fournissait alors 36 pour 100 des exportations.

Vers 1800, les quatre pays et régions, dont nous venons d'esquisser les principaux traits de l'histoire économique, représentent ensemble environ 70 pour 100 de la population totale de l'Amérique latine non tempérée. Le cas des autres pays d'Amérique latine est, certes, intéressant aussi, mais il n'est pas possible dans le cadre de ce livre de consacrer, ne serait-ce qu'une demi-page, à chacun des vingt pays qui, vers 1800, ne représentaient ensemble même pas 2 pour 100 de la population du Tiers-Monde. Il nous faut à présent passer au XIXᵉ siècle, où l'occasion nous sera donnée de rappeler brièvement le cas des pays tempérés de ce sous-continent.

L'AMÉRIQUE LATINE AU XIXᵉ SIÈCLE : DE MULTIPLES BOULEVERSEMENTS

Comme nous l'avons noté, la plupart des pays d'Amérique latine acquirent leur indépendance entre 1804 et 1828 (la majorité entre 1810 et 1820). Parmi les pays de quelque importance seul Cuba accéda à l'indépendance sensiblement plus tard (en 1898). Si, dans l'ensemble, ces mouvements d'indépendance, inspirés du cas des États-Unis et largement favorisés, et souvent incités, par les intérêts britanniques, se sont déroulés sans importantes effusions de sang, il faut noter deux exceptions : le cas du Mexique, dont nous avons déjà traité, et surtout celui de Haïti.

HAÏTI : LE PREMIER PAYS INDÉPENDANT,
MAIS À QUEL PRIX ?

Haïti est, en fait, le premier pays indépendant d'Amérique latine et dont l'accession à l'indépendance revêtit une forme très spécifique. En outre, cette indépendance haïtienne eut de profondes répercussions économiques, puisque les îles sucrières d'Afrique sont nées largement sur les décombres de l'économie haïtienne. Alors que l'indépendance de la quasi-totalité des pays d'Amérique latine fut l'œuvre des Créoles, en Haïti elle fut menée à bien par les esclaves conduits par Toussaint-Louverture, lequel, réussissant à s'emparer du pouvoir, créa la première république noire du monde. Ces esclaves, qui représentaient un peu plus de 90 pour 100 de la population, se soulevèrent en 1791, inspirés par les préceptes de la Révolution française. À ce propos, il faut noter que la Révolution française a également été une source d'inspiration pour les autres mouvements d'indépendance de l'Amérique latine.

Mais revenons à Haïti. Les conflits des insurgés avec l'armée française, qui se prolongèrent jusqu'en 1804, ravagèrent ce pays, une des plus prospères colonies d'Amérique latine, aujourd'hui la plus pauvre de cette région et une des plus pauvres du monde. Vers 1790, les exportations de sucre de Haïti s'élevaient à 67 000 tonnes et représentaient près d'un tiers de l'ensemble de l'Amérique latine (et donc près du tiers de celui du monde). Vers 1800, il ne s'agissait plus que de 9 000 tonnes ; et vers 1830, d'à peine 300 tonnes. Pour le café, la baisse a été moins catastrophique, passant de 38 000 à 13 000 tonnes entre 1790 et 1830.

Le fait que la vague d'indépendances coïncide avec l'accélération de la colonisation économique en Asie et, plus tard, en Afrique, a bien entendu entraîné des répercussions sur l'économie de l'Amérique latine, surtout dans les possibilités d'exportations de produits tropicaux, qui se trouvaient ainsi soumis à une concurrence des producteurs du reste du Tiers-Monde. L'effet de cette concurrence a néanmoins été atténué sensiblement par la très forte augmentation de la demande du monde occidental qui, grâce aux ressources accrues découlant de sa révolution industrielle, pouvait se permettre de consommer ce qui était encore largement des produits de luxe. De surcroît, comme nous le verrons, de nouvelles productions prirent, en quelque sorte, le relais.

Avant de passer aux aspects purement économiques, relevons que l'indépendance de l'Amérique latine s'est traduite, comme ce sera le cas pour l'Asie et l'Afrique, par une forte augmentation du nombre d'États. À la fin du XVIIIe siècle, on pouvait dénombrer une dizaine d'entités politiques. Vers 1830, il s'agissait d'une vingtaine de pays indépendants, et d'une douzaine de dépendances (peu importantes, sauf Cuba) de pays européens.

Sans parler des troubles qui ont caractérisé certains pays dans les décennies suivant l'Indépendance, au cours du XIXᵉ siècle, tout le développement économique de l'Amérique latine a été influencé fortement par les six facteurs suivants (que nous passerons successivement en revue) : 1) effet de la pénétration commerciale anglaise et européenne en général ; 2) concurrence du sucre de betterave ; 3) interdiction de la traite des esclaves et abolition de l'esclavage ; 4) montée d'autres produits tropicaux ; 5) peuplement et développement des régions tempérées ; 6) afflux de capitaux. Après quoi nous passerons à l'aspect important des tentatives d'industrialisation qui ont marqué ce continent.

Effets de la pénétration commerciale anglaise et européenne

On peut considérer que cette pénétration commerciale est largement accélérée par le phénomène de l'indépendance, cette indépendance ayant été soutenue par l'Angleterre, en vue justement de faciliter la pénétration commerciale bloquée par le monopole que l'Espagne et le Portugal imposaient à leurs colonies. Afin de mieux saisir les conséquences de cette pénétration commerciale, il faut garder en mémoire que l'essentiel de l'Amérique latine dépendait de deux pays qui, au début du XIXᵉ siècle, étaient encore (et pour longtemps) des sociétés à économies traditionnelles. Il s'agit même de sociétés traditionnelles entrées toutes deux dans une phase assez négative de leur économie et qui, depuis près d'un siècle, n'étaient

plus les grandes puissances commerciales d'antan.
Même leur marché intérieur n'était plus ce qu'il
avait été. La population urbaine de l'Espagne et
du Portugal, qui, vers 1600, représentait 17 pour
100 de celle de l'Europe, ne représentait plus que
13 pour 100 vers 1800 ; et, surtout (et c'est le
plus important), les villes ibériques avaient cessé
d'être des villes riches.

Certes, le monopole du commerce que l'Espagne
et le Portugal imposaient à leurs domaines coloniaux était un peu atténué par l'importance du
commerce de contrebande de produits en provenance du reste de l'Europe. Toutefois, c'était
davantage des produits de luxe que des produits
manufacturés bon marché (bien que ceux-ci y
aient été présents) ; et, en général, cela ne permettait pas de tisser de réels liens avec les autres pays
européens ou avec l'Amérique du Nord.

En revanche, le pays berceau de la révolution
industrielle, l'Angleterre du début du XIXᵉ siècle,
était déjà un pays riche, et surtout un pays
aux industries modernes et productives. Même
quelques autres pays, qui avaient pu s'engouffrer
dans la brèche ouverte par l'Angleterre (des pays
tels que la France, la Belgique, la Suisse), pouvaient aussi exporter (certes moins que l'Angleterre) leurs produits manufacturés. Donc, avec
l'indépendance, l'Amérique latine se trouve soumise beaucoup plus fortement qu'auparavant aux
conséquences économiques de la révolution industrielle : d'une part, la demande accrue de produits
tropicaux va favoriser les exportations, d'autre
part, l'impact des importations de produits manufacturés va entraîner une désindustrialisation.

Exportations de produits tropicaux... Ici, nous

laissons de côté le problème très spécifique du
sucre qui était de la plus haute importance pour
l'Amérique latine, puisque vers 1790, il constituait probablement plus de la moitié de ses
exportations totales. Bien que, contrairement
aux autres parties du Tiers-Monde, l'Amérique
latine eût derrière elle trois siècles d'expansion
de ses cultures d'exportation et que la superficie
de la canne à sucre n'ait pas été réduite (au
contraire !), on assiste à une rapide augmentation
du volume de la production (et des exportations)
d'autres produits tropicaux. Ainsi, entre le début
du XIXᵉ siècle et la veille de la Première Guerre
mondiale, la production latino-américaine de café
est passée d'environ 40 000 à 1,1 millions tonnes ;
celle de cacao de 3 000 à 150 000 tonnes (et
l'essentiel de ces productions est exporté). Nous
reviendrons sur cette évolution importante. En
ce qui concerne la deuxième conséquence, à
savoir la désindustrialisation, nous la laisserons
de côté ici, car la dernière section est consacrée
au problème général de l'industrialisation de
l'Amérique latine. Donc revenons au sucre.

Concurrence du sucre de betterave

Vers 1790, c'est-à-dire avant les événements de
Haïti rapportés plus haut, l'Amérique latine fournissait à elle seule environ 99 pour 100 de la production et des exportations mondiales de sucre.
C'est dire l'impact qu'a pu avoir l'arrivée d'un
produit de remplacement, auquel venait encore
s'ajouter la concurrence causée par la colonisation en Asie et en Afrique surtout, où les «îles

sucrières», notamment l'île de la Réunion et l'île Maurice, prirent une place croissante. Rappelons que c'est au début du XIXᵉ siècle que l'on commence à produire en Europe du sucre à partir de la betterave. Le blocus anglais de la France a été un facteur important, mais pas le seul qui amena l'Europe, à partir des années 1820-1830, à produire des quantités de sucre de betterave représentant une fraction de plus en plus grande de la production mondiale de sucre.

TABLEAU XX.2
PRODUCTION MONDIALE
DE SUCRE BRUT CENTRIFUGÉ
(1 000 tonnes ; moyennes annuelles quinquennales)

| | Canne | | Betteraves | Total | Canne en % du total |
	Total	*dont Amérique latine*			
1790	230	220	–	230	100
1840	650	530	50	700	93
1880	1 850	1 360	1 810	3 670	51
1900	3 800	1 590	6 060	9 860	39
1912	6 150	3 630	8 000	14 750	42
1950	18 600	12 500	11 200	29 800	60
1990	105 600	48 600	29 500	135 000	78

Sources : 1790-1840 : calculs et estimations de l'auteur.
1900-1950 : d'après FAO (1961).
1990 : d'après FAO, *Annuaire de la production*, diverses livraisons.

Comme on peut le voir dans le tableau XX.2, en 1840, le sucre de canne représente encore 96 pour 100 de la production mondiale de sucre, et l'Amérique n'en fournit plus que les deux-tiers. À partir de ce moment, le déclin de l'importance relative du sucre de canne s'accélère : quarante ans plus

tard, donc vers 1880, cette proportion n'était que
de 51 pour 100. Vers 1900, il ne s'agit plus que de
39 pour 100 et, à cette date, l'Amérique latine ne
produit plus que 16 pour 100 de la production
mondiale de sucre. Mais cette production mondiale s'élève alors à près de 10 millions de tonnes,
comparé à un peu plus d'un million vers 1840. Ce
qui implique que même la production de sucre de
canne a également progressé rapidement ; comme
on peut le voir dans le tableau XX.2, celle-ci fut
multipliée par près de 6.

LE PREMIER ACCORD INTERNATIONAL
POUR UN PRODUIT DE BASE

On peut également voir dans le tableau XX.2
que, vers 1912, la proportion de sucre de canne
dans la production totale de sucre est remontée à
42 pour 100. Cette reprise est liée à un accord
international sur le sucre, accord qui constitue le
premier du genre pour un produit de base. Cet
accord fut signé à la conférence de Bruxelles de
1902, à la suite de longues négociations engagées
depuis 1862 afin de tenter de régler le problème
de la production et de la commercialisation de
sucre affectées par la baisse des prix. Ratifié par
les principaux pays développés producteurs de
sucre de betterave et les principaux pays développés importateurs de sucre de canne, cet accord
réussit à freiner la baisse des prix du sucre. Il faut
aussi souligner que le volume global de la production de sucre a progressé considérablement
durant ce XIXᵉ siècle, puisque annuellement pour
1910-1914 il s'établit à près de 15 millions de
tonnes, contre bien moins d'un demi-million de

tonnes vers 1800. Pour le sucre de betterave, la production est passée de zéro vers 1800 à plus de 8 millions de tonnes vers 1912.

Cette forte augmentation de la production de sucre de betterave a, bien entendu, handicapé les possibilités d'exportation de l'Amérique latine et surtout pesé sur les prix. Le sucre est l'un des rares produits primaires dont les termes des échanges se détériorent au cours du XIXᵉ siècle[1]. Il est clair que la concurrence du sucre de betterave européen et aussi d'Amérique du Nord a représenté l'un des principaux facteurs à l'origine de cette évolution. En fait, le seul pays développé important qui soit resté à l'écart de cette production sucrière fut le Royaume-Uni. Ce pays, pour des raisons de préférences accordées à son empire, n'eut aucune production significative de betteraves à sucre jusqu'au milieu des années 1920. Une telle situation a également existé au Portugal, où elle perdura jusqu'à l'indépendance de l'Angola en 1975.

Les conséquences sur l'Amérique latine, et surtout sur les pays qui se spécialisèrent dans la production de sucre, ont été très négatives. Certes, entre 1829-1831 et 1911-1913, la valeur des exportations de sucre a plus que doublé, passant de 53 à 139 millions de dollars, mais la population a été multipliée durant la même période par près de trois, et surtout la part du sucre dans les recettes d'exportations d'Amérique latine est passée de 41 pour 100 en 1829-1831 à 9 pour 100 vers 1911-1913. Ce sont les Caraïbes, très spécialisées dans

1. Pour la définition des termes des échanges et leur évolution, voir chapitre XXXV (tome III).

cette production, qui ont le plus souffert, étant de surcroît concurrencées par le Brésil qui, en quelque sorte, retrouve au XIXe siècle un rôle important. En fait, seul Cuba, grâce à une expansion extrêmement rapide de sa production (qui passe de 81 000 tonnes vers 1830 à 559 000 pour 1911-1913) maintient sa place dans le commerce extérieur latino-américain. Pour les autres pays principaux exportateurs de sucre, leur part dans les exportations latino-américaines passe de 38 pour 100 à 5 pour 100 entre 1829-1831 et 1911-1913.

Interdiction de la traite des esclaves et abolition de l'esclavage

Nous examinerons dans le chapitre suivant les principales étapes de l'interdiction de la traite des esclaves dans l'ensemble du Tiers-Monde. Signalons simplement ici que cette interdiction devient effective à partir de 1815. Ce qui nous intéresse ici, c'est l'impact de cette interdiction sur l'économie latino-américaine. Or il est évident que si, sur le plan humain, cette interdiction de la traite des esclaves a été un élément extrêmement positif, il convient de noter que l'abolition de l'esclavage s'est réalisée assez tard dans plusieurs pays d'Amérique latine.

Certes, un grand nombre de ceux-ci ont inscrit l'abolition de l'esclavage dans leur constitution lors de l'indépendance, mais dans la quasi-totalité des cas, il s'agissait de pays où celui-ci était soit inexistant, soit très marginal. De même, l'abolition de l'esclavage a été relativement précoce dans les pays qui étaient encore des colonies dans la première moitié du XIXe siècle et qui possédaient un grand nombre d'esclaves. La première de ces mesures fut l'acte d'émancipation des colonies britanniques en 1833, sans parler de l'éphémère action de la Révolution française qui abolit l'esclavage dans les colonies françaises dès 1794, mais que Napoléon réintroduisit en 1802.

Le Brésil, où le nombre d'esclaves était élevé, n'a complètement aboli l'esclavage qu'en 1888. Cependant, dès 1850, la traite des esclaves fut interdite, ce qui fit baisser très considérablement leurs importations (190 000 entre 1846 et 1849, mais 4 000 entre 1851 et 1856). D'autre part, en 1871, les enfants des esclaves furent affranchis. Et, en 1885, les esclaves âgés de plus de 65 ans furent libérés, mesure risible et dramatique à la fois, mais bienvenue quand même. À Cuba, l'affranchissement des esclaves s'est réalisé progressivement entre 1880 et 1893. Cela concerne l'Amérique ; nous aurons l'occasion de voir que dans d'autres régions, et notamment en Afrique, il y a eu des cas encore plus tardifs.

La forte diminution de l'arrivée d'esclaves d'Afrique après 1815, et encore davantage après 1830, a eu des conséquences considérées généralement comme négatives, sur le plan purement économique s'entend. Les principales conséquences ont été une augmentation des coûts de production, et de plus grandes difficultés d'extension des cultures. L'abolition de l'esclavage a eu les mêmes conséquences. À ce sujet, un débat existe entre historiens ; pour certains d'entre eux, l'abolition de l'esclavage s'est révélée économiquement rentable dans la mesure où les planteurs ont pu engager à moindre coût d'anciens esclaves comme ouvriers, sans se soucier de leurs conditions de vie.

Cette controverse s'inscrit dans le vaste débat portant sur les conditions sociales et aussi économiques de l'esclavage. Débat dans lequel Robert Fogel[1] a apporté une contribution fondamentale (1974), même si cette thèse a parfois été contestée pour des raisons absurdes de racisme, raisons absurdes pour tous ceux qui connaissent tant soit peu Robert Fogel. Selon celui-ci, le système de l'esclavage était non seulement efficace, mais les conditions de vie n'étaient pas, et de loin, si négatives qu'on le pensait.

D'autre part, une autre conséquence de l'arrêt du flux des esclaves a été une accélération de l'émigration européenne vers ces pays, notamment vers le Brésil (dans ce cas surtout en provenance du Portugal). Ainsi, avant l'abolition de l'esclavage, pour la période 1882-1886, le nombre annuel d'immigrants s'élevait à 31 000 ; mais pour 1888-1892 il atteignait 149 000 ; donc une progression de 280 pour 100, alors que le nombre total d'émigrants européens outre-mer ne progressait que de 24 pour 100 durant la même période. Une partie de ces immigrants a remplacé, dans certaines régions et pour certaines activités, les esclaves.

La montée d'autres produits tropicaux

Tout comme le sucre fut, du XVIe au XVIIIe siècle, le quasi-monopole de l'Amérique latine, le café, le cacao, les bananes et le caoutchouc le seront

1. Prix Nobel d'économie 1993.

durant le XIXe siècle. Notons toutefois que les exportations de caoutchouc ainsi que celles surtout de bananes ne commencèrent à prendre une importance qu'à la fin du XIXe siècle. À cette période, la part de cette région dans les exportations de l'ensemble du Tiers-Monde a fluctué autour de 70 pour 100 pour le caoutchouc, de 80 pour 100 pour le café, de 85 pour 100 pour les bananes, et pratiquement de 100 pour 100 pour le cacao. En revanche, en l'espace de quelques décennies, la part de l'Amérique latine dans les exportations mondiales s'est considérablement réduite, passant par exemple pour le cacao de près de 100 pour 100 vers 1790 à 85 pour 100 vers 1830 et à 45 pour 100 vers 1900. Et ce malgré le fait que la production (et les exportations) latino-américaine a fortement progressé durant ce siècle ; moins vite cependant que celle des autres régions.

Vu du côté de l'Amérique latine, le sucre, qui représentait environ la moitié des exportations de cette région vers 1790, n'en représentait plus que 43 pour 100 vers 1830 et 10 pour 100 vers 1910. En raison de la montée des pays tempérés (surtout l'Argentine), les céréales sont devenues, mais uniquement vers la fin du XIXe siècle, le troisième produit d'exportation d'Amérique latine, passant de 1 pour 100 vers 1860 à 14 pour 100 vers 1910. Bien que dominant sur le plan international, le cacao, le caoutchouc et les bananes ne représentent que des fractions assez faibles des ventes totales (vers 1910, respectivement 2, 6, et 2 pour 100). Afin de mieux saisir les conséquences de cette évolution, reprenons le cas du Brésil qui, durant le XIXe siècle, a aussi joué un rôle-clé dans ce domaine.

LE BRÉSIL AU XIXᵉ SIÈCLE : DU CYCLE DU COTON
À CELUI DU CAOUTCHOUC,
EN PASSANT PAR CELUI DU CAFÉ

Nous avons laissé l'histoire du Brésil de 1500 à 1800 avec le début de la phase, ou, si l'on préfère du cycle, du coton, qui, comme nous le notions, s'acheva vers 1820 et n'eut pas la vigueur des cycles précédents. D'ailleurs, il faut tenir compte du fait que, malgré l'apparition plus massive de nouveaux produits d'exportation, les anciens ne disparurent pas ; et, dans certains cas (comme pour le sucre), continuèrent leur expansion. De ce fait, la prédominance des nouveaux produits apparaissant à partir de la fin du XVIIIᵉ siècle ne peut plus avoir l'ampleur qu'eut, par exemple, le sucre. C'est notamment le cas du coton qui, à l'apogée de son importance relative dans les exportations (c'est-à-dire les années 1864-1873 qui sont celles de la famine de coton causée par les problèmes des États-Unis), ne représentait que 21 pour 100 des exportations totales brésiliennes. En revanche, sans atteindre le taux du sucre à son apogée (95 pour 100), le café représentait, lors de son sommet au XIXᵉ siècle (1888-1895) 68 pour 100 des exportations totales. Et qui plus est, le Brésil à lui seul produisit pendant près d'un siècle (du début des années 1860 au début des années 1950) plus de la moitié de la production mondiale de café.

Au Brésil, l'introduction de la culture du café fut assez tardive, puisque la première plantation y fut établie dans les années 1720, grâce à des plants dérobés en Guyane française. Dans la vallée du Paraibas (qui unit la région de Rio à celle de Sao Paulo), futur centre de la production au XIXᵉ siècle, le café n'a été introduit qu'en 1761. L'expansion de la production débuta avec les premières années du XIXᵉ siècle. Encore inférieure à 8 000 tonnes vers 1810, cette production atteignit les 83 000 tonnes vers 1840 et les 770 000 tonnes à la veille de la Première Guerre mondiale. Le rôle dominant du café dans l'économie brésilienne s'est poursuivi au-delà du XIXᵉ siècle, puisque cette graine est restée le premier produit d'exportation du Brésil jusqu'au début des années 1980 (où il a été dépassé par le soja, puis par les articles manufacturés). En effet, jusqu'au milieu des années 1960, le café représentait plus de la moitié de la valeur totale des exportations. Toutefois, déjà dans les années 1930, la forte chute de son prix avait parachevé une tendance amorcée à la fin du XIXᵉ siècle où cette graine a cessé d'être la source par excellence de la richesse du pays. En 1937-1939, les exportations ont atteint le sommet de 910 000 tonnes, soit près de trois fois plus qu'en 1893-1895 ; mais en termes de livres sterling or, cela a rapporté un quart de moins ; par habitant cela signifie que l'on est passé de 1,4 à 0,4 livre sterling or.

Dernier cycle à avoir pris son essor au XIXᵉ siècle, cycle très bref, mais ayant entraîné un boom extraordinaire : celui du caoutchouc. L'industrie automobile naissante a amené une forte demande de ce produit d'abord satisfaite, à concurrence de la moitié, par le Brésil. La production est passée de 7 000 tonnes vers 1880 à 39 000 tonnes vers 1910. Quant à la valeur (d'exportation), elle est passée de 222 dollars la tonne pour 1841-1850, à 885 pour 1881-1890, pour atteindre 1 896 pour 1901-1910 (3 110 pour 1910). En 1910, le caoutchouc, qui représentait 5 pour 100 du volume des exportations brésiliennes, fournissait 39 pour 100 de leur valeur, venant juste après le café. Ceci entraîna un véritable boom économique dans la partie de l'Amazonie d'où provenait ce caoutchouc. Manaus vit sa population croître rapidement, et se dota même d'un splendide opéra où défilèrent les plus grandes vedettes mondiales.

Malgré les efforts des Latino-américains destinés à conserver le monopole du caoutchouc, des plantations furent créées en Asie, notamment en Malaisie, qui dépassèrent rapidement la production du Brésil et firent pression sur les prix. L'histoire de ce «transfert» est d'ailleurs un véritable roman d'aventure qui a commencé dès 1873, lorsque 2 300 graines furent sorties clandestinement d'Amazonie. Une douzaine seulement germèrent en Angleterre et furent expédiées au jardin botanique de Calcutta où aucune ne survécut. La percée fut réalisée par un personnage controversé, l'explorateur H.A. Wickham (le futur Sir Henry Wickham). Il fut envoyé au Brésil, où il avait été auparavant planteur de caoutchouc, par l'India Office afin d'en ramener des semences. Il réussit, en 1878, à déjouer la vigilance des autorités en ramenant en fraude 700 000 graines, dont seulement 2 400 germèrent dans les serres anglaises et dont 1 920 plants furent expédiés au début des années 1880 à Ceylan, ce qui fut le point de départ des plantations hors d'Amérique latine.

Signalons néanmoins qu'avant cette date certaines variétés locales d'arbres avaient fourni des

quantités (très réduites) de caoutchouc, tant en
Asie surtout qu'en Afrique. Déjà, en 1922, le
caoutchouc ne représentait plus que 2 pour 100
des exportations brésiliennes ; et la part du Brésil
dans la production mondiale tomba à 5 pour 100.
Par rapport à la « cueillette sauvage », l'avantage
des plantations était tel que leur part dans la production totale passa de 10 pour 100 en 1910 à 97
pour 100 en 1922. L'opéra de Manaus ferma ses
portes en 1907 ; et il fallut deux ans et demi de travaux pour sa réouverture en 1990.

Peuplement et développement
des régions tempérées et afflux
de capitaux

Si la possibilité d'établir des cultures en vue de
l'exportation était rentable pour les produits tropicaux dès le XVIᵉ siècle, il est évident qu'il n'en
est pas de même pour les cultures des zones tempérées. Là, nous rejoignons largement le problème des pays de peuplement européen dont
l'Argentine, le Chili et l'Uruguay font par ailleurs
partie. L'histoire économique de ces pays tempérés (avant la Première Guerre mondiale) a été
présentée dans le chapitre VI. Celle du XXᵉ siècle,
caractérisée par leur glissement vers le sous-
développement, le sera dans le chapitre XXXVI
(tome III). Ici, nous nous bornerons à situer
l'évolution de l'importance relative de ces trois
pays dans le contexte latino-américain. Le
tableau XX.3 permet de suivre cette évolution en
termes de population et de commerce extérieur.

Victoires et déboires

TABLEAU XX.3
PART COMBINÉE DE L'ARGENTINE, DU CHILI
ET DE L'URUGUAY DANS L'AMÉRIQUE LATINE
(en pourcentage)

Années	Population	Export.	Années	Population	Export.
1800	5	14	1913	14	41
1850	6	16	1937	16	38
1870	9	19	1950	16	23
1900	11	38	1995	11	17

Sources : Calculs et estimations de l'auteur.

Notons d'abord que, sur le plan de la superficie, ces trois pays représentent 18 pour 100 de celle de l'Amérique latine. Ce qui met bien en évidence la faible ampleur de la population de cette région au début du XIXe siècle, puisqu'elle ne représente alors que 5 pour 100 de celle de l'Amérique latine. Le tableau XX.3 relève bien la rapidité de l'expansion de celle-ci durant la seconde moitié du XIXe siècle (en 1913, ces pays représentaient 14 pour 100 du total latino-américain). L'évolution s'inverse à partir de la fin des années 1930 où l'inflation démographique touche surtout les pays non tempérés ; de sorte qu'au début des années 1990 on est pratiquement revenu à la situation du début du XXe siècle. L'importance relative des exportations recule également, indice du bouleversement total subi à partir des années 1930-1940 dans le niveau relatif de richesse de ces pays tempérés.

L'AFFLUX DE CAPITAUX

Avant de passer à la section suivante, consacrée aux tentatives d'industrialisation, relevons encore un événement que l'on peut qualifier d'exogène, qui va influencer l'évolution économique du continent latino-américain à la fin du XIXᵉ siècle, à savoir l'afflux de capitaux. Cet afflux des capitaux concernait surtout — mais pas exclusivement — les pays tempérés d'Amérique latine. Ainsi, à la veille de la Première Guerre mondiale, sur un total mondial de 47,5 milliards de dollars investis à l'étranger, près de 9 milliards l'étaient en Amérique latine, dont près de 4 milliards pour les pays tempérés, soit près de la moitié, alors que leur population n'en représentait même pas le septième. Les 9 milliards pour l'ensemble de l'Amérique latine peuvent être comparés au moins de 7 milliards pour l'Asie, laquelle était alors 11 fois plus peuplée.

C'est le Mexique et le Brésil qui possédaient le plus de capitaux étrangers (environ 2,2 milliards chacun), et c'est le Royaume-Uni qui, dans cette région comme dans d'autres, possédait le stock le plus important de capitaux (environ 40 pour 100), suivi par les États-Unis (environ 19 pour 100), et par la France (environ 18 pour 100). Il s'agit en règle générale de capitaux investis dans l'infrastructure des transports, et aussi dans l'industrie, et même dans l'agriculture. Ainsi, par exemple, c'est apparemment dans une raffinerie de sucre à Cuba que, dès 1881, les premiers capitaux étrangers furent investis en Amérique latine.

LES TENTATIVES
D'INDUSTRIALISATION
AU XIXᵉ SIÈCLE :
DES SEMI-RÉUSSITES
À DES SEMI-DÉSERTS
INDUSTRIELS

Il est frappant de constater que de nombreux pays du Tiers-Monde ont pris très tôt conscience de la nouveauté que constitue l'industrialisation issue de la révolution industrielle. Historiquement, comme le montre Jean Batou (1990), le seul à avoir tenté et réussi à réaliser une telle synthèse, la première tentative réelle en ce sens fut l'œuvre du sultan Sélim III, qui, à partir de 1792, chercha à créer une industrie moderne assez diversifiée en Turquie. Tentative interrompue vers 1805-1808 par l'irruption brutale des forces conservatrices. Dans la mesure où la tentative d'industrialisation de Muhammad-`Ali en Égypte ne débute que vers 1817, on peut considérer que c'est l'Amérique latine qui prend le relais avec le Brésil d'abord et le Mexique ensuite. À côté de ces deux cas que l'on peut qualifier de relatives réussites, il convient de signaler aussi les cas que l'on peut qualifier d'échec, notamment ceux du Paraguay et de la Colombie.

Le Brésil : un double démarrage

La première tentative d'envergure d'industrialisation de l'Amérique latine au XIXᵉ siècle est, en quelque sorte, une séquelle des guerres napoléoniennes. En 1808, l'arrivée au Brésil du roi du Portugal, Joao VI, qui fuyait l'occupation française, entraîna la prise d'une série de mesures propres à encourager un développement autonome de la société brésilienne, à la fois dans ses aspects culturels et économiques. L'abolition des restrictions antérieures, et notamment du décret de 1785, qui limitaient l'industrie locale à des productions marginales, s'accompagna de mesures propres à favoriser la création d'entreprises industrielles. L'embryon d'une industrie textile et surtout sidérurgique se mit en place. Au début des années 1820, la production de fer était de l'ordre de 200 tonnes, dont la majorité était produite dans des hauts fourneaux modernes, grâce à des techniciens européens et au début d'un soutien du pouvoir central.

Les deux principales entreprises sidérurgiques furent créées : l'une par un Allemand, le Baron Eschwege, appelé par le gouvernement ; et l'autre par un Français, de Monlevade, échoué par hasard au Brésil. Échoué par hasard... Oui, car sorti 2ᵉ de Polytechnique, il eut droit à un voyage et son choix se porta sur le Brésil. Mais souffrant atrocement du mal de mer, il n'eut pas le courage d'affronter le voyage du retour (il mourut assez jeune au Brésil). Relevons, à propos de la sidérurgie, que le Brésil colonial avait été l'un des rares, sinon le seul, pays d'Amérique à avoir eu une pro-

duction de fer assez importante. Il s'agissait bien
entendu de fer produit avec des techniques traditionnelles ; mais fait très intéressant : une partie
de cette production était réalisée grâce à des techniques africaines apportées par les esclaves.

Dans le textile, et essentiellement dans la filature de coton, l'effort fut moins systématique mais
aboutit notamment à la création de quelques unités de production. Cependant, en même temps
que se mettaient en place ces industries, les ports
furent ouverts aux commerçants britanniques. Il
y eut même des avantages douaniers accordés aux
produits anglais : les importations furent facili-
tées, ce qui entraîna assez rapidement la stagnation, puis la régression du nouveau secteur
industriel. Régression encore aggravée à partir de
1822 par le changement de régime. Le fils de
Joao VI, Pedro I, qui choisit de demeurer au Brésil et proclama l'indépendance politique, n'était
pas favorable à la politique d'industrialisation
qu'avait menée son père. Vers 1830, le secteur
industriel moderne avait presque totalement disparu.

LE RÉEL DÉBUT DE L'INDUSTRIALISATION

Il fallut attendre la réforme tarifaire de 1879
pour qu'à l'abri d'un tarif extrêmement protectionniste soient jetées les bases, encore très
ténues, de ce qui fera du Brésil de 1990 la douzième puissance industrielle du monde, et, depuis
1980, un producteur d'acier plus important que
le Royaume-Uni. Le Brésil est même devenu un
exportateur important d'articles manufacturés.
Même si ce phénomène est essentiellement la résul-

tante de la rapide expansion durant la période qui a suivi la Seconde Guerre mondiale, on peut cependant considérer que, à la veille de la Première Guerre mondiale, les bases de l'expansion industrielle future sont déjà présentes. Puisque, grâce aux travaux d'une équipe au sein du Centre d'histoire économique internationale de Genève, et notamment de Gary Goertz (1990) et de David Asseo (1989), nous possédons des données comparatives mondiales très valables pour 1908-1912, prenons donc cette date. Vers 1910, la production de fils de coton atteint un peu plus de 75 000 tonnes, ce qui place le Brésil à la 10 ou 11e place sur le plan mondial, tant en termes globaux qu'en termes de production par habitant. Certes, c'est là le secteur le plus avancé, mais des bases significatives existent dans d'autres secteurs. C'est ainsi que la production de fonte atteint presque les 4 000 tonnes, ce qui place le Brésil au 22 ou 23e rang mondial, mais au 4e rang dans le Tiers-Monde, après (dans l'ordre) la Chine, l'Inde et le Mexique. Enfin, pour l'industrie chimique, il occupe le 24 ou 26e rang dans le monde et le 2 ou 3e rang dans le Tiers-Monde.

Le Mexique :
deux démarrages industriels différents

En 1829, dans son *Manifeste à mes compatriotes*, le président mexicain Vicente Guerrero écrivait que «la politique d'application aveugle de mesures libérales a entraîné le déclin de l'industrie. Afin que le pays puisse prospérer, il est essentiel que les ouvriers soient répartis dans

toutes les branches de l'industrie et que, en particulier, les articles manufacturés soient protégés
par des traités prohibitifs calculés d'une façon
intelligente». À côté de mesures tarifaires, une
«banque de crédit pour la promotion de l'industrie nationale» fut créée en 1830 ; pendant 12 ans
cet établissement a joué un rôle-clé, mais discuté,
dans l'industrialisation du pays, fournissant des
capitaux pour la création de maintes entreprises,
surtout textiles. Et, vers 1840, le Mexique disposait d'un secteur textile plus développé relativement à sa population que ceux de nombreux
pays d'Europe : Italie, Portugal, Russie, pays
balkaniques, etc. En effet, d'après les éléments
réunis par Jean Batou (1990), le Mexique de
1843 comptait 46 filatures de coton avec
122 000 broches à filer, et 36 entreprises de tissage avec 2 600 métiers à tisser ; le tout réparti
dans plusieurs régions du pays. Cinq de ces filatures avaient plus de 5 000 broches ; et la
moyenne s'établissait à 2 650, c'est-à-dire un
niveau plus élevé que celui des États-Unis à la
même période.

À côté de ce secteur textile dominant, on note
un secteur sidérurgique, une papeterie, et des
usines modernes de cordage. Néanmoins, les
années 1850 sont marquées par une stagnation,
voire un recul, les difficultés ayant déjà commencé dans les années 1840 ; difficultés entraînées par la concurrence étrangère, le faible
pouvoir d'achat des classes rurales, la fragmenta-
tion du marché intérieur et une diversion des
capitaux privés vers d'autres activités peu productives sur le plan économique, telles que la
contrebande et la spéculation.

Il fallut attendre plus d'un quart de siècle pour
assister à une nouvelle vague d'industrialisation. Encore une fois, le Mexique a traversé une
période de troubles jusqu'à l'arrivée au pouvoir
du général Porfirio Diaz en 1877. La politique
économique de Diaz était caractérisée par un certain libéralisme, mais avec le maintien d'une protection douanière modérée pour l'industrie. Bien
que les succès dans le domaine des finances, de
l'infrastructure et de l'appel aux capitaux étrangers fussent plus nets que ceux de l'industrie, celle-
ci se développa néanmoins assez sensiblement.

Le Mexique, avant les graves et longs troubles
de la révolution de 1911, avait, avec le Brésil, le
niveau d'industrialisation le plus élevé du Tiers-
Monde. Toutefois, il avait perdu l'avance qu'il
possédait dans les années 1840 par rapport aux
pays peu industrialisés d'Europe. Sur la base du
Royaume-Uni de 1900 = 100, le niveau d'industrialisation du Mexique vers 1910 était de 7, ce qui
représentait un tiers environ du niveau de pays
tels que l'Espagne, l'Italie ou la Russie, et le septième du niveau moyen de l'Europe.

Et puisque nous avons commencé cette section
avec une citation du président Guerrero, termi-
nons-la avec une citation attribuée au président
Porfirio Diaz : «Pauvre Mexique, si loin de Dieu
et si près des États-Unis.» Pauvre Mexique... En
effet, puisque à la veille de la Première Guerre
mondiale le revenu par habitant y était très bas,
malgré une certaine aisance dans la capitale,
aisance que tous ne partageaient pas. Loin de
Dieu... En effet, car la misère régnait dans les
campagnes et on estime que la moitié de la population rurale dépendait des *haciendas* et qu'envi-

ron 90 pour 100 des paysans n'avaient pas de
terre ; il s'agissait surtout de ce que l'on appelle
les péons, c'est-à-dire des Indiens vivant en quasi-
esclavage. Lors de la révolte des péons conduits
par Emiliano Zapata en 1911, beaucoup des
haciendas furent démantelées et leurs terres dis-
tribuées aux péons. Si près des États-Unis... En
effet, déjà en 1845, le Mexique a été dans l'obligation d'abandonner à son puissant voisin du
nord le Texas et, plus tard, le Nouveau-Mexique
et le nord de la Californie, ensemble qui représentait plus de 40 pour 100 de la superficie du
Mexique d'avant 1849 (représentant près du quart
des États-Unis d'avant 1848). En outre, par la
suite, la grande et puissante république du nord
ne s'est pas privée d'intervenir périodiquement.

Les échecs de l'industrialisation : Paraguay, Colombie...

Néanmoins, ces deux semi-réussites ou semi-
échecs font figure de brillantes réussites comparés au niveau d'industrialisation des autres pays
d'Amérique latine. La Colombie et le Paraguay
sont les seuls parmi ceux-ci à avoir possédé (vers
1840) une certaine base industrielle. Ce sont là
deux expériences d'industrialisation qui, comme
l'a montré Jean Batou (1990), sont à la fois intéressantes et sans réel lendemain, notamment
pour le Paraguay.

LE PARAGUAY: UN ÉTAT PRÉ-MARXISTE

Ce pays, qui se place aujourd'hui parmi les pays peu industrialisés d'Amérique latine, était qualifié, vers 1850, par le consul des États-Unis comme «la nation la plus puissante du nouveau monde après les États-Unis [...] son peuple est le plus uni et son gouvernement le plus riche de tous les États de ce continent». En effet, entre 1813 et 1864, sous l'impulsion du pouvoir central, on assiste à un véritable processus de développement économique, tant agricole, industriel que social (éducation et service public de santé).

Tout cela commença en 1816, trois ans après l'indépendance, lorsque José Gaspar Rogriguez Francia, avocat d'origine modeste et considéré comme incorruptible, prit le pouvoir et le garda jusqu'à sa mort en 1840. Il mena une politique très originale, touchant à tous les aspects de la vie économique, sociale, et culturelle. Le pouvoir de l'Église et des notables fut brisé. L'essentiel des terres devenait la propriété de l'État et fut loué à faible prix aux paysans. Grâce à une série de mesures, les rendements augmentèrent, et l'on assista à une diversification de la production. Le pays vécut en autarcie presque complète, en raison à la fois d'une politique très protectionniste et d'un blocus argentin (le Paraguay s'était détaché de ce pays). L'artisanat fut encouragé, et le pays était probablement autosuffisant pour la plupart des produits manufacturés. Les successeurs de Francia suivirent, *grosso modo*, la même politique.

La véritable période d'industrialisation moderne

se situe entre 1852 et 1864. Bien que d'une ampleur restreinte, cette industrialisation se singularisa par l'accent mis sur les biens d'équipement, qui auraient pu être l'embryon d'un véritable processus de développement. Mais la terrible guerre (1864-1870) qui opposa le Paraguay à une coalition — formée par le Brésil, l'Argentine et l'Uruguay — provoqua un effondrement démographique et économique du pays. Entre 1865 et 1872, la population passa de 750 000 à 230 000; et le pays fut occupé par le Brésil jusqu'en 1876. Ceci marqua la fin d'une des plus originales tentatives de développement du XIXᵉ siècle.

LA COLOMBIE : LES INTÉRÊTS DES EXPORTATEURS ONT PRÉVALU

L'expérience colombienne fut de plus courte durée (1831-1841) et d'une ampleur plus réduite et ce fut là l'un des rares cas d'une expérience de développement de la première moitié du XIXᵉ siècle s'inspirant explicitement de cette école latino-américaine d'économistes méconnus hors du continent (et parfois même peu connus dans leurs pays). École que l'on pourrait qualifier de pré-«listienne». Dans le cas présent, il s'agit de Charles Ganihi, dont le principal ouvrage fut publié en 1815 et qui, avec Alexander Hamilton, a servi d'inspiration aux travaux de Friedrich List (voir le chapitre VI du tome I).

Grâce largement à l'action de l'État, on assista à un essor rapide d'un secteur manufacturier très diversifié : textile, papier, verre, sidérurgie etc. Industrie diversifiée, mais dont néanmoins l'importance demeura limitée. Les représentants de cette industrie, déjà affectée par la guerre civile de 1839-1842, ne surent ou ne purent contrecarrer le poids des producteurs et exportateurs d'or et de produits tropicaux qui firent prévaloir une politique libérale en matière d'importation de produits manufacturés, alors que le secteur manufacturier désirait le protectionnisme. Et ce qui était à prévoir arriva : la production locale eut des difficultés à soutenir la concurrence européenne et l'industrie régressa. Vers 1928, la Colombie ne possédait que quelque 40 000 broches à filer le coton sur les quelque 3,8 millions que possédait l'ensemble de l'Amérique latine et sa part dans la production sidérurgique du continent était nulle.

Puisque nous citons ces chiffres, notons que le Brésil et le Mexique (qui, ensemble, représentaient alors 46 pour 100 de la population de l'Amérique latine) possédaient alors 92 pour 100 de ces 3,8 millions de broches. En matière de sidérurgie, ces deux pays produisaient la totalité du fer et de l'acier de ce sous-continent. Comme nous l'avons vu dans le chapitre VI, même l'Argentine, malgré sa tentative d'industrialisation, amorcée au début des années 1870, malgré ses nombreux émigrants européens, malgré son haut niveau de vie, ne possédait pas de véritable infrastructure industrielle. Il est vrai que ce pays n'avait que peu de charbon pour son industrie, mais beaucoup de viande et de céréales à exporter. Bref, à côté de ces deux cas de semi-réussites ou de semi-échecs, qu'étaient le Brésil et le Mexique, dont le niveau d'industrialisation par habitant vers 1928 (période pour laquelle les données sont meilleures) était voisin de celui de

l'Europe continentale de 1850, une Amérique
latine presque sans industries, un quasi-désert
industriel.

Le pétrole : du Mexique au Venezuela

Puisque à plusieurs reprises nous avons mis en
relief le fait que l'histoire de l'Amérique latine a
anticipé celle du Tiers-Monde, ajoutons, pour terminer ce chapitre, un autre exemple : celui du
pétrole du Mexique. Anticipation à la fois dans
l'importance de la production et dans une politique de nationalisation. Importance de la production... En effet, bien que le Mexique ne soit
pas le premier pays du Tiers-Monde à produire
du pétrole (ce fut l'Inde, suivie par l'Indonésie,
puis par l'Iran), il devenait, dès 1911, avec
1,9 million de tonnes le premier producteur de
cette région ; et le troisième du monde (après les
États-Unis et la Russie). En 1921, la production
atteignit un sommet de 29 millions de tonnes, ce
qui représente 27 pour 100 du total mondial. Ce
qui plaçait le Mexique au deuxième rang mondial, après les États-Unis ; mais, pour les exportations, le Mexique occupait la première place.

Politique de nationalisation... En mars 1938,
fut promulgué un décret nationalisant l'ensemble
des compagnies pétrolières étrangères. Cette
date est considérée par les Mexicains comme
celle de leur indépendance économique. Mais,
déjà dans les années 1922-1924, par une série de
mesures de nature foncière, la plupart des compagnies pétrolières étrangères furent en quelque
sorte privées de « leurs droits ». Ce qui entraîna

un boycott des acheteurs, qui fit tomber la production en 1929 à moins du quart du sommet de 1921 (soit à 6,4 millions de tonnes). Le niveau de 1921 ne fut retrouvé qu'en 1974. Grâce à de nouvelles découvertes, le Mexique est redevenu un producteur important (en 1995, 136 millions de tonnes, mais seulement 5 pour 100 de la production mondiale).

Si le boycott (surtout américain) des années 1920 a pu être efficace, c'est que, à partir de 1907, une autre source importante de pétrole commençait à émerger : le Venezuela. La production y demeura modérée jusqu'en 1920 (70 000 tonnes), mais s'accéléra après. Dès 1927 (avec 6 970 000 tonnes), le Venezuela dépassa le Mexique et devint ainsi le premier producteur du Tiers-Monde, place qu'il conserva jusqu'en 1971, quand l'Arabie Saoudite le dépassa. Mais, au Venezuela, la nationalisation de l'industrie pétrolière n'intervient que quarante ans après celle du Mexique, soit en 1975.

XXI. L'AFRIQUE : DES TRAITES DES ESCLAVES À L'EXPLOITATION ÉCONOMIQUE

Si la colonisation européenne de l'Afrique a été tardive, en revanche ce continent a connu très tôt la colonisation arabe. Colonisation européenne tardive, puisque celle-ci ne commence réellement que dans la seconde moitié du XIXᵉ siècle (avec quelques précédents à la fin du XVIIIᵉ siècle), alors que celle des empires arabes débute dès le VIIᵉ siècle. Certes, la colonisation européenne a couvert un espace plus large, touchant pratiquement toute l'Afrique ; toutefois, la colonisation de l'Islam n'a pas été marginale. En effet, à son apogée, celle-ci a touché directement plus d'un tiers (surtout nord) du continent. De surcroît, elle s'est accompagnée d'une conversion à l'islam, pratiquement un tiers de ce continent, et très tôt aussi (dès le VIIᵉ siècle) d'un trafic d'esclaves qui a touché une grande partie du reste de l'Afrique. La colonisation islamique de l'Afrique du Nord a d'ailleurs été le marchepied de la conquête et de la colonisation musulmanes de la péninsule ibérique (Espagne, Portugal). Le niveau nettement plus avancé des mondes musulmans a permis l'éclosion dans cette région (Afrique du Nord et péninsule ibérique) d'une civilisation et d'une économie plus avancées que celles de l'Europe de l'époque.

Dire que la colonisation européenne de l'Afrique ne débute réellement que dans la seconde moitié du XIXᵉ siècle ne signifie pas que ce continent — notamment la partie au sud du Sahara — n'ait pas été affecté, et de façon tragique, par l'intervention européenne. Victime indirecte de la colonisation américaine, l'Afrique Noire alimentera très tôt les besoins en main-d'œuvre des plantations et mines de la future Amérique latine. Dès le XVIᵉ siècle, à la traite d'esclaves vers les mondes musulmans s'est ajoutée celle à destination de l'Amérique, qui n'a pris de l'ampleur qu'à partir du XVIIᵉ siècle. Dans le même ordre d'idées, la découverte de la route directe vers l'Asie va entraîner, à partir de la fin du XVIIᵉ siècle, l'installation des Européens dans l'extrême sud du continent, dans ce qui va devenir plus tard l'Afrique du Sud.

UNE AFRIQUE DIVERSE

Globalement, il convient de distinguer, en Afrique, deux régions principales, dont l'histoire générale et l'histoire économique et sociale sont très différentes. Deux régions qui se distinguent également par des différences de climat, ce qui, bien sûr, a aussi influencé leur histoire. Ces deux régions sont : l'Afrique du nord du Sahara et l'Afrique du sud du Sahara (ou Afrique Noire ou subsaharienne). Nous examinerons séparément chacune de ces deux régions à la fois globalement et aussi en retenant quelques cas. À ces deux régions principales, il convient d'ailleurs d'ajouter quatre pays ou régions aux caractéristiques très spécifiques qui, à des titres divers, méritent que l'on s'y attarde.

Il y a d'abord l'histoire passionnante du rôle important, mais bref, joué par quelques petites îles au large des côtes est et ouest (Sao Tomé et Principe) et devenues des centres mondiaux de production de cacao et de sucre. De même, l'île de Madagascar, que l'on a parfois qualifiée de septième continent, a, elle aussi, connu un destin particulier. Comme les Canaries ont été en quelque sorte un relais pour l'Amérique et que généralement les archipels de l'Atlantique ont été les premières colonies d'exploitation de l'Europe, nous commencerons l'analyse des îles par ces cas précis.

Les raisons ne manquent pas pour s'arrêter à l'Éthiopie, ce royaume chrétien entre les mondes juif et musulman. L'autre pays, faisant également partie de l'Afrique au sud du Sahara, mais qui s'en démarque fortement par son histoire à partir du début du XIXᵉ siècle, est le Libéria, pays créé de toutes pièces par une société animée par des pasteurs aux États-Unis afin de servir de refuge aux esclaves venus du Nouveau Monde. À la veille de la Première Guerre mondiale, ce pays et l'Éthiopie étaient les seuls pays indépendants d'Afrique.

Ces quatre régions/pays sont, bien entendu, d'importance très inégale. Si l'on se place vers 1913, la population totale de l'Afrique peut être estimée à quelque 135 millions d'habitants, desquels il faut défalquer 5 millions pour l'Afrique du Sud, et l'on aboutit ainsi à ce que l'on qualifie aujourd'hui d'Afrique en voie de développement. Sur les 130 millions d'habitants, environ 23 millions vivaient en Afrique du Nord, et donc environ 107 millions en Afrique au sud du Sahara. À l'intérieur de cette Afrique au sud du Sahara, l'importance démographique des trois régions et pays est la suivante. L'ensemble des îles au large des côtes avait une population de l'ordre de 4 millions d'habitants. L'Éthiopie (donc, dans la majorité des classifications, faisant partie de l'Afrique au sud du Sahara) comptait 11 à 12 millions d'habitants, et le Libéria 1,5 million.

UNE AFRIQUE DE 50 OU 800 MILLIONS D'HABITANTS ?

Si nous avons fourni les chiffres de population pour 1913, c'est en raison de la très grande incertitude des données antérieures. Sans parler de l'importance de la population avant la conquête arabe, et donc avant le premier flux d'esclaves, il est très difficile de fixer un ordre de grandeur valable vers 1500, c'est-à-dire avant le début du second flux. Actuellement, la fourchette des estimations raisonnables va de 40 à 90 millions, avec comme chiffre le plus probable, ou plutôt le plus couramment retenu, 80 millions, dont environ 8 à 10 pour l'Afrique du Nord.

Nous disons bien raisonnables, car récemment l'on a assisté à l'éclosion d'estimations qui proposent des ordres de grandeur considérablement plus élevés, allant jusqu'à 750 millions ; avec un sommet de 800 millions vers 1550. Ces chiffres ont été proposés par L.M. Diop-Maes dans la très sérieuse revue *Population* (1985), accompagnés il est vrai d'un commentaire restrictif de J.-N. Biraben. Or, si l'on retient un tel chiffre, cela impliquerait que l'Afrique, qui compte environ le septième des terres cultivables du reste du monde, aurait eu une population représentant deux fois celle de ce reste du monde. Ou, en d'autres termes, elle aurait eu des terres douze fois plus densément peuplées que celles de l'Asie et de l'Amérique (avant l'effondrement de sa population). Si l'on accepte le postulat d'une densité africaine voisine de celle du reste du monde, cela impliquerait une population de l'ordre de 60 à 65 millions vers 1500, confirmant aussi les estimations généralement retenues.

L'incertitude des données est moins grande pour la partie nord de l'Afrique, celle qui s'est progressivement, à partir du VIIIᵉ siècle, transformée en un ensemble de sociétés avancées. Donc l'éventuelle sous-estimation concerne l'Afrique Noire, dont l'importance relative dans le continent serait vers 700 et vers 1500 encore plus grande que vers 1913. Donc, sans aucun doute, l'Afrique Noire a été, et est toujours, la partie la plus peuplée de ce continent.

Pour cette raison, nous commençons cette histoire économique et sociale de l'Afrique par l'Afrique Noire, à laquelle d'ailleurs nous consacrerons l'essentiel de ce chapitre. Puis nous passerons aux îles, à l'Afrique du Nord, ou plutôt au Maghreb puisque nous traiterons de l'Égypte dans le chapitre XXIII consacré au Moyen-Orient. Avec l'Éthiopie, nous passons à un pays qui, peut-être encore davantage que l'Égypte et pour de multiples raisons, est à cheval entre l'Afrique et le Moyen-Orient. Enfin, nous terminerons avec le Libéria, ce pays créé, comme nous le notions, afin de servir de refuge aux esclaves du Nouveau Monde (notons que ce fut aussi, partiellement, le cas de la Sierra Leone). Donc nous retrouvons ici le lien qui unit l'Amérique et l'Afrique.

L'AFRIQUE NOIRE :
DES CIVILISATIONS
BALLOTTÉES PAR L'HISTOIRE
MONDIALE

Nous laisserons donc largement de côté l'histoire des relations entre les mondes musulmans et l'Afrique Noire dont l'essentiel s'est déroulé avant le XVIᵉ siècle, histoire qui, elle aussi, compte maints aspects dramatiques. Toutefois, lorsque nous examinerons la tragique histoire de la traite des esclaves, nous évoquerons également celle qui a été le fait des mondes musulmans. L'histoire de l'Afrique Noire sera traitée en cinq sous-sections distinctes. La première donne un bref aperçu des civilisations autochtones. La deuxième est consacrée à la traite des esclaves. Enfin, les trois dernières sont consacrées à la colonisation européenne.

*Un bref aperçu
des civilisations autochtones*

Une des conséquences de la colonisation est d'oblitérer très largement l'histoire antérieure des peuples colonisés. L'exemple le plus frappant dans le cas de l'Afrique est celui de l'histoire urbaine. Pendant longtemps, on a considéré que les villes d'Afrique du Nord, et surtout celles de l'Afrique centrale, étaient largement, sinon uniquement, la conséquence des invasions arabes.

Or, les recherches archéologiques de ces dernières décennies ont permis d'établir, sans aucun doute possible, que même en Afrique centrale les villes avaient émergé bien avant l'arrivée des Arabes.

Dès 1000 avant J.-C., sinon un peu plus tôt, des villes relativement importantes existaient en Afrique Noire, villes peut-être dues aux retombées des civilisations de la vallée du Nil, et notamment de l'Égypte. Mais, certainement dès 200 ou 300 de notre ère, on est en présence de villes africaines qui ne doivent rien aux autres civilisations. À leur apogée, certaines de ces villes étaient très grandes et bien structurées. C'est le cas notamment de Bénin et de Mbanza-Congo (rebaptisée Sao Salvador do Congo), sans parler, bien entendu, des villes musulmanes qui interviennent donc plus tard et sans parler aussi de vestiges qui sont à la limite de l'urbain. Comme le fait remarquer Catherine Coquery-Vidrovitch (1993), dans son *Histoire des villes d'Afrique Noire* : « Paradoxalement, en Afrique de l'Ouest, où pourtant l'héritage égyptien est bien lointain, les vestiges urbains sont peut-être plus anciens, en tout cas mieux enracinés. Le premier signe en remonte au néolithique. Il s'agit de restes retrouvés en Mauritanie, le long de la ligne d'escarpement Tichitt-Oualata, sur les falaises du Dhar de Tichitt et d'Akreijt. Sur environ 400 km s'alignent quelque 500 villages fortifiés [...]. Cette série d'établissements date de 3800 à 2300 B.P. »

Une telle ancienneté des villes dans les civilisations africaines ne doit évidemment pas surprendre, car sans parler de la possible origine africaine du premier homme, il faut garder en

mémoire que la révolution néolithique a touché
très tôt ce continent. Notons cependant que cela
ne signifie pas que l'agriculture s'est implantée
dans l'ensemble de ce continent. Même au
xve siècle, alors que pratiquement toute l'Europe
et toute l'Asie s'adonnaient à cette forme de
production alimentaire, une grande partie de
l'Afrique Noire ne pratiquait pas encore l'agriculture, notamment l'Afrique au sud de l'Équateur.
D'ailleurs, au fur et à mesure que l'on se rapproche de la forêt équatoriale, le problème de
l'agriculture se pose en des termes très différents.
Ainsi que le notent R. Oliver et J.D. Fage (1975),
dans ce contexte «la transition à la production
alimentaire dépendait de la "végéculture" plus
que de l'agriculture. Il s'agit plus de planter que
de semer ; de racines et de fruits que de graines ·
de défricher plutôt que de labourer et de combi-
ner ces activités davantage avec la pêche qu'avec
l'élevage ».

LE BÉNIN : DE GRANDS ARTISTES
ET UNE GRANDE VILLE

   Parmi la trentaine de principaux États qui
existaient avant le xve siècle, et dont certains ont
survécu jusqu'au xixe siècle, arrêtons-nous brièvement sur deux des plus importants. D'abord le
Bénin, dont nous avons déjà évoqué la capitale.
Sur le plan géographique, la civilisation du
Bénin était localisée dans le Nigeria actuel, à peu
près vers ce qui constitue aujourd'hui la région
du Biafra. Dès le xie siècle, un royaume s'établit ;
et la seconde dynastie, qui se mit en place au
xiiie siècle, régna jusqu'en 1897.

La ville la plus ancienne du Royaume du Bénin était Ife où, dès le IXe siècle, on serait en présence d'un peuplement important et où, très tôt, il y avait une production importante de fer et de verre, sans parler de la production artistique qui compte parmi les chefs-d'œuvre de l'art mondial. L'apogée de cette civilisation se situe au XVIe siècle. Et nous sommes alors en présence d'une société aux centres urbains nombreux et importants. La principale ville, Bénin, a atteint vers 1500 une population de l'ordre de 60 000 à 70 000 habitants et était un centre urbain bien structuré disposant notamment de canalisations d'eau et d'un important artisanat à niveau technique avancé. Selon un voyageur européen, au début du XVIIe siècle, la rue principale atteignait une longueur de 7 km. Chiffre peut-être exagéré, mais qui est une indication des dimensions imposantes de la ville.

LE GRAND ZIMBABWE : UNE CIVILISATION MINIÈRE

De l'Afrique de l'Ouest passons à l'Afrique de l'Est, et à ce que l'on appelle le Grand Zimbabwe (Monomotapa) qui se trouve dans ce que l'on nommait durant la période coloniale européenne la Rhodésie et qui, après l'indépendance, a pris le nom de Zimbabwe (qui signifie maison de pierre, forteresse). Maison de pierre... En effet, c'est une des caractéristiques des cités de l'Empire de Monomotapa que d'être construites en pierre, alors que la plupart des villes africaines, à l'instar de beaucoup de villes traditionnelles sises dans des régions où l'on dispose de beaucoup de forêts, étaient surtout construites en bois (comme

d'ailleurs les villes des États-Unis d'aujourd'hui).
Notons cependant que, dans quelques autres
régions d'Afrique de l'Est et du Sud, on retrouve
aussi des villes anciennes aux bâtiments en
pierre.

Une autre caractéristique de cet Empire, qui, à
son apogée, s'étendait sur 700 000 km², est un
développement fondé sur l'exploitation et l'exportation de produits miniers (surtout l'or) et aussi
d'ivoire à destination de l'Inde et de la Perse, et
non vers l'Afrique du Nord ou le Moyen-Orient.
Vu la nature plutôt ingrate du sol de cette région,
il est probable que cet or (ou une partie de celui-
ci) ait été échangé contre des produits alimentaires. Mais ce qui est certain, c'est que l'Empire
importait des porcelaines de Chine, des verres de
Syrie, ainsi que de la laine de Perse. Il est vrai
que la masse d'or extraite était très importante.
D'après certaines estimations, il s'agirait de plus
de 700 tonnes, c'est-à-dire autant que ce que le
Mexique, le Pérou et la Bolivie (Potosi) réunis ont
produit entre le début du XVIᵉ siècle et la moitié
du XIXᵉ siècle. Les débuts de cette civilisation se
situeraient au IVᵉ siècle, et son déclin, pour des
raisons non encore élucidées (il s'agirait probablement de causes écologiques), vers 1450.

La traite des esclaves : les deux flux

La colonisation européenne directe a été tardive disions-nous : en effet, pour l'essentiel de
l'Afrique au sud du Sahara, on peut situer son
réel début autour des années 1880. Mais cela ne
veut pas dire que l'Afrique n'a pas ressenti les

effets de l'expansion commerciale et ceux de
l'expansion coloniale de l'Europe bien avant cette
date. En fait, dès le début du XVIᵉ siècle, les
régions côtières de l'Afrique font partie de ce
commerce triangulaire entre l'Europe et l'Asie,
ou surtout entre le Portugal et l'Asie. Ce type
d'échanges commença très tôt, dès le début du
XVIᵉ siècle et se poursuivit pendant des siècles,
grosso modo, jusqu'au début du XIXᵉ siècle et,
dans certains cas plus restreints, même au-delà
de cette période. Mais, d'autre part, les besoins de
main-d'œuvre suscités par l'exploitation minière,
puis par les plantations des pays de l'Amérique
latine, marquent le début de la traite des esclaves
noirs vers ce continent. Certes, le commerce international d'esclaves n'est pas un phénomène
nouveau dans l'histoire de l'humanité. Le terme
« esclave » a commencé par désigner les esclaves
venus des pays du nord de l'Europe dont un
nombre important était vendu au début de notre
ère au Moyen-Orient. D'autre part, à propos du
continent africain (et notamment à propos de
l'Afrique au sud du Sahara), il faut se rappeler
que, depuis le VIIIᵉ siècle, un flux très important
d'esclaves partait de cette région vers le Maghreb
et vers le Moyen-Orient en général.

LE FLUX D'ESCLAVES
VERS LES MONDES MUSULMANS

Ce flux est beaucoup moins connu, et parfois
ignoré. Comme le note Marc Ferro (1981) dans
son livre *Comment on raconte l'histoire aux
enfants*, quand on traite du monde islamique « la
main de l'historien (africain) se met à trembler ».

De même, par exemple, dans l'excellent ouvrage collectif dirigé par Guy Martinière et Consuelo Varela sur *L'État du monde en 1492* (1992), dans la partie consacrée à l'Afrique Noire, seules deux mentions sont faites au sujet de cette saignée massive antérieure à 1492. La première se trouve dans la section consacrée à «la modernisation des échanges français» où il est fait mention «des esclaves (quelque milliers vraisemblablement) [qui] sont acheminés chaque année vers la Méditerranée et certains pays de l'Océan Indien». La seconde est, en fait, un chapitre intitulé «L'esclavage africain avant la traite négrière transatlantique» où l'on parle de «quelques milliers d'Africains [qui] étaient vendus sur le marché ibérique et méditerranéen».

La plus grande méconnaissance de la traite négrière islamique, par rapport à la traite négrière chrétienne, s'explique par son passé plus lointain, mais peut-être aussi du fait que la trace humaine de cette traite est beaucoup moins visible aujourd'hui dans les mondes islamiques qu'en Amérique. Moins visible car un grand nombre des esclaves mâles destinés aux marchés des mondes musulmans ont été châtrés, beaucoup d'entre eux étant employés en tant que domestiques. Leur mortalité était généralement élevée et leur natalité très faible. En outre, beaucoup de ces esclaves furent enrôlés dans les armées et, par ailleurs, il y a eu quelques cas de massacres. De sorte que, aujourd'hui, les descendants dans le Moyen-Orient et le Maghreb représentent tout au plus 1 à 3 millions d'individus ; alors qu'en Amérique ils représentent environ 120 millions, dont le quart environ aux États-Unis.

Voyons la chronologie, l'ampleur et la géographie de ce premier grand flux d'esclaves
d'Afrique Noire. Ce flux a commencé beaucoup
plus tôt, et s'est arrêté plus tard que celui qui
était dirigé vers les Amériques. Il a débuté vers
650, c'est-à-dire près de 9 siècles avant, et s'est
arrêté dans les dernières décennies du XIXᵉ siècle,
c'est-à-dire environ 7 ou 8 décennies plus tard.
D'après la synthèse de B. Etemad (1990),
quelque 14-15 millions d'Africains ont été ainsi
arrachés à leur milieu afin d'être vendus comme
esclaves : la moitié avant 1450 et l'autre entre
1450 et 1890.

Quels sont les lieux de départ (d'origine) de
cette traite négrière ? L'essentiel des départs
s'effectuaient dans la région bordant le sud du
Sahara, ce qui, *grosso modo*, est aujourd'hui le
Mali et le Niger, ainsi que des États voisins de ces
deux pays. D'autre part, il s'agissait aussi de toute
la moitié est de l'Afrique, mais peu au-delà du
Zambèze, c'est-à-dire ce qui correspond aujour-
d'hui surtout au Soudan, à la Somalie, au Kenya,
à la Tanzanie, au Malawi, au Zimbabwe et au
Mozambique.

L'interférence de la traite et de la colonisation
a conduit parfois à des réorientations des trafics.
C'est ainsi qu'au milieu du XIXᵉ siècle des cara-
vanes arabo-swahilies du Zanzibar (l'actuelle
Tanzanie), qui fut jusqu'à la fin du siècle un sultanat arabe, ont parcouru les lointaines campagnes du bassin du Congo afin d'approvisionner
en esclaves non seulement l'Arabie et d'autres
pays du Moyen-Orient, mais aussi des îles de
l'Océan Indien où la demande des plantations de
sucre était vive. Une partie des esclaves était des-

tinée à Zanzibar même où ils étaient employés dans les plantations de clous de girofle. Si pratiquement toute l'Afrique Noire a été concernée, il faut cependant souligner que certains peuples (en général guerriers) surent élever des barrières efficaces à ce trafic. Ce fut notamment le cas des Masaïs, des Turamas et des Karamojongs. D'autres, au contraire, y ont largement participé.

Quels sont les lieux de destination de cette traite «arabe»? Il s'agissait essentiellement de trois axes. Le premier partait de l'Afrique centrale pour se diriger en grande partie vers l'Afrique du Nord, et devait donc traverser le Sahara au prix d'innombrables victimes. Les deux autres axes partaient de l'Afrique de l'Est: l'un, qui avait davantage son origine au nord de cette Afrique, pour se diriger surtout vers l'Égypte (par voie de terre), alors que l'autre (par voie de mer) était surtout dirigé vers le Moyen-Orient.

LE FLUX D'ESCLAVES VERS LES AMÉRIQUES

Jacques Henri Bernardin de Saint-Pierre écrivait en 1773 dans un livre relatant son *Voyage à l'Isle de France et à l'Isle de Bourbon*: «Je ne sais pas si le café et le sucre sont nécessaires au bonheur de l'Europe, mais je sais bien que ces deux végétaux ont fait le malheur de deux parties du monde. On a dépeuplé l'Amérique afin d'avoir une terre pour les planter; on a dépeuplé l'Afrique afin d'avoir une nation pour les cultiver.» La période où il écrivit ces lignes était effectivement celle où le flux d'esclaves d'Afrique vers les Amériques était le plus important, puisque selon les calculs, qui font autorité, de P.D. Curtin[1], rien qu'entre 1701 et 1810, environ 6 millions d'esclaves ont été débarqués dans les ports américains. En tout, entre 1502 (date où le premier bateau serait parti pour l'Amérique avec une cargaison d'esclaves) et 1870, ce sont quelque 9,4 millions d'esclaves qui furent débarqués en Amérique, auxquels il faut ajouter un peu moins de 200 000 vers l'Europe, et surtout vers les îles de l'Atlantique. Si l'on tient compte de la mortalité au cours du transport, ce sont environ 11 millions à 12 millions qui auraient quitté les ports africains. Jusqu'à il y a quelques décennies, on estimait que le nombre de victimes de la traversée avait été considérablement plus élevé, et que le nombre des esclaves débarqués avait été aussi plus élevé. De sorte que l'on a avancé pour le nombre de personnes arrachées au sol africain des chiffres de 20 à 30 millions, voire davantage. Ce qui justifiait l'idée d'un dépeuplement du continent africain, surtout si l'on tient compte des ravages entraînés par la capture de ces futurs esclaves. Actuellement, on considère que ces aspects de la terrible traite des esclaves ont été moins graves, tout en restant dramatiques.

Quand a débuté ce flux d'esclaves? En fait, la traite européenne d'esclaves d'Afrique Noire avait commencé avant la découverte de l'Amérique, puisque, dès 1448, Henri le Navigateur avait fait construire, sur la très petite île Arguin (au large du Cap Blanc africain), un fort et un entrepôt destinés à ce commerce. Cette île était probablement le premier poste commercial d'outre-mer de

1. 1969.

l'Europe. Les premiers Noirs étaient déjà arrivés en Amérique avant 1500, avec les explorateurs, en même temps que la canne à sucre. C'est d'ailleurs dans des plantations de canne à sucre sur les îles africaines de Madère qu'avant 1500 les Portugais utilisèrent des esclaves noirs. Dès 1503, le gouverneur espagnol de Haïti obtint l'autorisation de faire venir dans son île des esclaves noirs d'Afrique. Et, en 1518, Charles Quint autorisa l'importation d'esclaves noirs en Amérique, justifiant cette décision par leur « résistance » au climat tropical. C'est autour de cette date que des contrats furent signés entre le gouvernement et des compagnies privées pour la livraison d'esclaves aux colonies américaines.

Cependant, il fallut attendre que les plantations de canne à sucre prennent une certaine ampleur pour que ce flux, appelé la traite Atlantique, devienne important. Dans la décennie 1551-1560, ce furent 4 500 Noirs qui furent transportés ; mais, pour 1591-1600, leur nombre s'élevait déjà à 41 000. Nous avons présenté, dans le tableau XX.1, des données fondées sur des chiffres concernant le débarquement des esclaves dans les ports américains.

LES VICTIMES DES TRAVERSÉES ET DES COMPTOIRS

Les estimations exagérées reposaient sur la disponibilité de récits montrant des cas assez nombreux où l'essentiel de la cargaison était décimé par des maladies, sans parler des naufrages fréquents. Mais une analyse plus systématique des comptabilités des armateurs a prouvé que ceux-ci cherchaient, et cela est naturel, à faire arriver le

maximum d'esclaves à bon port pour les revendre
sur les marchés américains. Ces études ont montré que, somme toute, la mortalité des esclaves
était très voisine de celle des marins, qui, elle
aussi, était également très élevée, puisque, au
XVIIe siècle, l'espérance de vie d'un marin navi-
gant n'était que de 7 ans environ, ce qui signifie
un taux de mortalité par traversée d'environ 6 à 8
pour 100. Taux qu'il convient encore de doubler,
puisque, contrairement aux esclaves, la quasi-
totalité des marins effectuaient le voyage de
retour. Comparé à cela, le taux de mortalité des
esclaves pour une seule traversée, tel qu'il est
retenu actuellement, c'est-à-dire une moyenne de
l'ordre de 15 pour 100 pour les trois siècles, reste
en lui-même déjà très élevé.

Cette moyenne résulte d'un niveau plus élevé
pour le XVIIe siècle, où il s'agissait de 15 à 25 pour
100, et d'un niveau beaucoup plus faible pour le
XVIIIe siècle et le début du XIXe siècle, de 9 à 13 pour
100. La baisse de la mortalité des esclaves a été,
grosso modo, parallèle à celle de l'ensemble des
voyageurs qui traversaient l'Atlantique ou effectuaient de longues traversées. Elle a résulté de la
conjonction de deux facteurs principaux. D'une
part, de l'amélioration de la construction des
navires et de la connaissance des régimes des vents,
ce qui diminua la fréquence des naufrages et réduisit la durée des traversées. D'autre part, de l'introduction sur les navires d'un ensemble de pratiques
d'hygiène, dont notamment l'utilisation du citron
afin de combattre le scorbut, ce qui entraîna une
diminution de la mortalité au cours du voyage.

Nous avons parlé plus haut de la forte mortalité
des marins dont l'espérance de vie n'excédait pas

7 ans ; or ceci était encore une situation enviable
en regard de la condition des Européens vivant
dans les bases d'embarquement des esclaves en
Afrique, Européens dont l'espérance de vie, en
raison des maladies tropicales, était de l'ordre de
3 ans seulement. Si nous revenons au taux de
décès des esclaves lors du transport maritime,
c'est-à-dire une moyenne de 15 pour 100, cela
signifie néanmoins un chiffre considérable de
pertes humaines, de l'ordre de 2 à 3 millions. En
revanche, ce que nous ne connaissons pas, même
approximativement, ce sont les décès et les dégâts
occasionnés pour capturer et amener ces esclaves
au port d'embarquement africain. Cette partie du
trafic des esclaves était essentiellement l'œuvre
de certaines tribus africaines qui trouvaient une
source de profits dans une activité déjà commencée des siècles auparavant avec le trafic vers le
Maghreb et les mondes musulmans en général.

Dans le chapitre précédent, nous avons fourni
la destination géographique de la dizaine de millions d'esclaves africains débarqués en Amérique ; donnons ici des éléments plus détaillés sur
l'évolution des flux et quelques indications sur
leur origine géographique. Comme nous l'avons
déjà vu, ce triste trafic commença avant la découverte de l'Amérique, mais alors son importance fut
très faible. Durant la seconde moitié du XVe siècle,
il ne concerna « que » quelque 36 000 esclaves,
soit moins de 1 000 par an. Dès le début du
XVe siècle, ce flux doublait, passant progressivement durant ce siècle de 2 000 à 4 000 par an
(240 000 pour l'ensemble du siècle). Puis c'est le
début d'une véritable explosion : 8 000 par an
entre 1601 et 1625, 24 000 de 1676 à 1700, pour

atteindre un sommet de 66 000 de 1761 à 1780.
Par période de 50 ans, on aboutit à 370 000 entre
1601 et 1650, 970 000 entre 1651 et 1700, 2,4 millions entre 1701 et 1750, et 3,1 millions entre
1751 et 1800. Malgré les mesures prises à l'encontre de l'esclavage, et surtout contre le trafic, il
y en eut encore 2,2 millions au cours de la
seconde moitié du XIXᵉ siècle, et ce presque uniquement durant les décennies 1850 et 1860 et
essentiellement destinés au Brésil.

Les indications sur l'origine géographique des
esclaves ? Oui, des indications seulement, car l'on
manque de données globales. De données fragmentaires, il apparaît que c'est essentiellement
en Afrique de l'Ouest que furent prélevés les
esclaves. Cela va du Sénégal au nord à l'Angola au
sud. L'origine des esclaves a varié non seulement
selon la nationalité des négriers et les lieux de
destination, mais aussi dans le temps. C'est ainsi
qu'au XIXᵉ siècle des esclaves ont été aussi prélevés sur la côte est, notamment au Mozambique, et
dans l'île de Madagascar, avec pour destination le
Brésil et Cuba.

LES ÉTAPES DE L'INTERDICTION DE LA TRAITE
ET DE L'ESCLAVAGE

La période maximale de trafic des esclaves vers
l'Amérique se situe dans la période 1760-1800. Le
scandale que représentait cette traite massive
d'êtres humains devenait d'autant plus grand et
plus anachronique que les dernières formes
proches de l'esclavage, à savoir le servage, étaient
devenues rares en Europe au XVIIIᵉ siècle. Cela et la
philosophie du Siècle des Lumières vont conduire

au fait qu'à la fin de ce XVIIIe siècle se font jour, un peu partout en Europe (mais aussi aux États-Unis), des mouvements en faveur d'un arrêt de l'esclavage et, surtout, de l'arrêt du trafic des esclaves.

Ces mouvements trouvent leur origine surtout parmi les Libéraux et les hommes d'Église d'Europe et d'Amérique, où les premiers à exercer une pression en ce domaine furent les Quakers qui, dès 1724, s'exprimèrent en ce sens. Et les principaux artisans de la Déclaration d'Indépendance américaine, dont Benjamin Franklin, se rangèrent dans ce camp. D'ailleurs, la version préliminaire de cette déclaration, rédigée par Thomas Jefferson, contenait une dénonciation acerbe du commerce des esclaves, mais celle-ci fut rejetée par le Congrès.

Pression aussi du côté des économistes. En fait, c'est pratiquement l'ensemble des pères fondateurs de l'économie politique qui s'opposa à l'esclavage ; et largement pour des motifs économiques. Ainsi, Adam Smith — dans son livre «fondateur» de l'économie classique : *La Richesse des Nations*, publié en 1776 — écrit qu'en raison des dépenses que doivent consentir les maîtres pour l'entretien (*wear and tear*) des esclaves «le travail d'un homme libre revient moins cher que celui d'un esclave». Ce même dans des villes où les salaires étaient élevés. Il insiste également sur le fait que le travail forcé ne rend l'ouvrier ni zélé ni inventif. Donc, dans les dernières décennies du XVIIIe siècle, apparaît une convergence d'opinions qui va entraîner les premières mesures.

Si l'on exclut la mesure, très partielle et éphémère, prise par le Portugal dès 1761, le Danemark fut le premier pays à interdire le trafic des esclaves.

Dès 1788, dans le cadre des vastes réformes libérales, le commerce des esclaves fut interdit. Cela fut renforcé en 1792 par un décret royal danois, entré en vigueur en 1802. À la même date qu'au Danemark (1792), le New-Hampshire fit de même aux États-Unis où, dès 1794, interdiction était faite à tout citoyen américain de participer au commerce des esclaves ; et, dès 1808, l'importation d'esclaves aux États-Unis était interdite. Certes, l'abolition de l'esclavage proprement dit aux États-Unis ne se situera que plus tard (en 1865).

En France, la Révolution, dans un premier temps, interdit dès 1794 l'esclavage dans les colonies, et, bien entendu, aussi la traite des esclaves ; mais il y eut un aller et retour dans la législation au cours des décennies suivantes. Ce n'est qu'en 1848 que l'esclavage fut définitivement aboli dans les colonies françaises. En ce qui concerne l'Angleterre, c'est en 1807, après de longs débats, puisqu'une première pétition avait été présentée au Parlement dès 1788, que le commerce des esclaves fut aboli. Pour les autres pays, citons les dates suivantes d'abolition de la traite des esclaves, mais non toujours nécessairement de l'esclavage : Canada : 1803 ; Suède : 1813 ; Pays-Bas : 1814.

Enfin, date très importante, le traité de Vienne de 1815, à côté de multiples décisions concernant la politique de l'Europe, édictait l'interdiction à toutes les puissances européennes de s'adonner au trafic des esclaves. Ce qui, comme nous l'avons vu, ne veut pas dire que ce trafic s'arrêta complètement. Il fut sensiblement réduit après 1815. C'est ainsi qu'au cours de tout le XIXe siècle des navires circulèrent clandestinement, et notamment pendant la période où l'esclavage lui-même était encore autorisé dans certaines colonies ou dans certains pays indépendants. Des navires furent saisis durant tout le XIXᵉ siècle et même durant les premières années du XXᵉ.

En ce qui concerne l'abolition de l'esclavage dans les colonies (où l'on constate une résistance croissante des esclaves), à part le (temporaire) précédent révolutionnaire français, le processus débute essentiellement à partir de 1833, date à laquelle l'Angleterre interdit l'esclavage dans ses colonies. En 1848, l'esclavage fut à son tour interdit dans les colonies françaises. Une indemnité de 1 500 francs (réduite par la suite à 500 francs) fut offerte aux propriétaires ; somme qui représente à peu près 33 000 francs (ou 6 000 dollars) de 1995. Cette interdiction se situe en 1863, dans les colonies néerlandaises et en 1878 seulement dans les colonies portugaises. Et rappelons qu'aux États-Unis, ce n'est qu'après la fin de la guerre de Sécession, en 1865, que l'esclavage y fut interdit. En revanche, dès leur indépendance la plupart des pays d'Amérique latine suppriment l'esclavage : mais non, il est vrai, dans les pays où les esclaves étaient nombreux (notamment le Brésil).

Du côté des mondes musulmans, l'arrêt de la traite des esclaves et de l'esclavage a été la conséquence de la colonisation européenne à la fois sur la totalité des territoires d'origine et sur la majorité des territoires de destination des esclaves. D'ailleurs, l'une des justifications données à certaines entreprises coloniales européennes en Afrique a été la lutte contre la traite négrière musulmane. L'opposition interne à l'esclavage dans les sociétés musulmanes, sans être absente, était sensiblement moins grande qu'en Europe,

ne serait-ce qu'en raison du maintien pour toutes
ces sociétés du système de l'esclavage.

Néanmoins, il convient de signaler que l'on ne
trouve pas dans les mondes musulmans l'équivalent
de ces sociétés latino-américaines, ou même certaines régions du sud des États-Unis, dans lesquelles la moitié, et parfois davantage, de la
population était constituée d'esclaves noirs. Apparemment, le premier pays musulman à avoir aboli
l'esclavage fut le sultanat de Zanzibar (1897); pour
les pays importants, il faut attendre le XXe siècle :
Iran en 1906; Turquie en 1925; et même la
seconde moitié du XXe siècle : Arabie Saoudite en
1962. D'autres furent encore plus tardifs : ainsi la
Mauritanie en 1980 et la liste n'est pas exhaustive.

La colonisation européenne de l'Afrique Noire : les raisons d'une chronologie spécifique

Comme nous venons de le voir, nous pouvons
considérer que la fin de la traite massive européenne des esclaves se place en 1815, avec l'interdiction contenue dans le traité de Vienne. De plus,
à partir des années 1830, la sortie des esclaves se
réduisit encore davantage. Or, nous avons laissé
entendre que le début réel de la colonisation
directe se place seulement vers 1880. On peut
donc se poser la question des raisons de ce si long
délai entre la fin du trafic des esclaves et le début
de l'exploitation économique, surtout si l'on tient
compte des étapes de la colonisation dans les
autres continents. Toutefois, notons, en ce qui
concerne notamment le Portugal, que cette étape
se place beaucoup plus tôt.

LES RAISONS DE LA COLONISATION TARDIVE

Ces délais sont dus à deux séries de raisons : la première série de raisons est de nature géographique, épidémique, et climatique, bref, un ensemble de facteurs rendant difficile la pénétration européenne. Comme nous l'avons déjà signalé, il suffit de regarder une carte de l'Afrique pour se rendre compte que, contrairement à la plupart des autres continents, nous sommes en présence d'une région où les montagnes sont près des côtes, alors que dans les autres continents elles sont à l'intérieur du pays. Donc une pénétration rendue difficile par le relief. D'autre part, et cela est encore plus important, régnaient, à l'intérieur de l'Afrique, des maladies auxquelles les Européens étaient très sensibles, parmi lesquelles le paludisme. Il a fallu attendre notamment que l'utilisation de la quinine se répande pour que, à partir du milieu des années 1850, l'exploration même de l'Afrique devienne plus facile.

La seconde série de raisons du retard de la colonisation est de nature plus spécifiquement économique. Si l'on excepte l'or et l'ivoire (très importants), les produits exportés traditionnellement d'Afrique, principalement l'huile de palme, étaient d'un intérêt économique restreint. Cette huile était essentiellement utilisée comme lubrifiant, ce qui limitait ses débouchés. Mais, progressivement, on commence à lui trouver de nouvelles utilisations. Comme nous l'avons vu dans le chapitre consacré à l'histoire des techniques, la première étape est franchie assez tôt, mais elle n'est pas encore très importante, ni surtout très rentable ; à partir des années 1830, on commence à pouvoir utiliser cette huile pour la fabrication de bougies. Puis, à partir des années 1870, se placent deux étapes importantes, l'utilisation de l'huile de palme pour la savonnerie, et surtout pour la fabrication de la margarine qui va jouer un rôle important dans l'alimentation européenne, notamment dans celle des classes ouvrières en raison de son prix plus faible que celui du beurre.

D'autre part, toujours sur le plan économique — et c'est peut-être aussi important sinon davantage —, les découvertes de mines de diamants et d'or en Afrique du Sud. Les diamants... Dès 1867, le premier filon fut découvert sur les rives de la rivière Orange et un diamant de cette provenance fut présenté à l'Exposition universelle de Paris la même année. En 1869, un diamant de 83 carats fut découvert qui, sous le nom de l'Étoile de l'Afrique du Sud, fait aujourd'hui encore partie des diamants célèbres. Le premier filon d'or fut découvert en 1869, soit deux ans après les premières découvertes de diamants, dans le district du Transvaal et, dès 1884, la production en Afrique du Sud atteignait les trois tonnes, ce qui ne représentait que 2 pour 100 de celle du monde, mais, en 1893, elle atteignait déjà 18 pour 100. Ceci, allié à la demande accrue d'oléagineux, conduisit à un intérêt de plus en plus marqué pour le continent africain.

LA CONFÉRENCE DE BERLIN : UN PARTAGE DE L'AFRIQUE

La date-charnière dans la colonisation africaine est la fameuse conférence de Berlin (novembre

1884-février 1885), réunie à l'initiative du roi des Belges, Léopold II, et du gouvernement allemand. Conférence qui procéda à un véritable début d'officialisation du partage de l'Afrique en délimitant des zones d'influence réservées aux puissances participantes, c'est-à-dire non seulement les Belges et les Allemands, mais aussi les Français, les Anglais et les Portugais.

Sur cette base, à partir des années 1890, la colonisation économique va se développer rapidement. Aux palmistes et aux arachides s'ajoutèrent le café, le cacao, le coton, et aussi le cuivre, le zinc, le plomb, etc. Ce qui provoqua un fort gonflement des exportations. Vers 1850, probablement moins de 10 millions de dollars de produits étaient exportés d'Afrique Noire. Vers 1880, on était peut-être autour des 20 millions. Mais, vers 1913, on est près des 200 millions, donc un chiffre multiplié par 10 entre 1880 et 1913. Soulignons, toutefois, qu'en termes d'exportations par habitant le chiffre de 1913 reste encore assez faible, puisqu'il représente environ 1 dollar par habitant, alors qu'il s'agit de 2 dollars pour l'Asie, de 20 dollars pour l'Amérique latine, de 20 dollars aussi pour l'Europe et, comme nous le verrons plus loin, de 13 dollars pour le Maghreb (à ce propos voir également le tableau XVIII.4).

Contrairement à la colonisation de l'Amérique latine et à celle de l'Asie, et même à celle du Maghreb, qui atteignirent leur apogée avant la Première Guerre mondiale, celle de l'Afrique Noire se situe plus tard. La cause de cette différence est évidente : la date tardive du début du processus ; en effet, on peut considérer que l'essentiel de la colonisation économique de l'Afrique se situe entre 1880 et la veille de la Seconde Guerre mondiale (on pourrait même dire 1880-1960). En guise d'illustration, reprenons l'exemple des exportations : miroir en quelque sorte du phénomène. Vers 1880, l'Afrique Noire ne fournissait que 1 pour 100 des exportations de l'ensemble du Tiers-Monde. Mais, vers 1913, il s'agissait de 3 pour 100 ; vers 1937, de 8 pour 100, et en 1960 de 12 pour 100. Ce fait nous conduira à dépasser parfois la borne de fin d'analyse fixée dans cette partie, à savoir 1914, sans toutefois parler du reflux du commerce africain, qui commence vers 1970[1].

Autre indication de la périodisation de la colonisation : l'ampleur du réseau des chemins de fer. La première ligne en Afrique Noire fut ouverte en Rhodésie en 1894, c'est-à-dire plus d'un demi-siècle après la première ligne en Amérique latine (Cuba, 1837) et plus de 40 ans après la première ligne en Asie (Inde, 1853). Lorsque la première ligne est ouverte en Afrique Noire, l'Amérique latine disposait déjà d'environ 35 000 km de voies ferrées et l'Asie de 40 000 km. Mais, dès 1913, l'Afrique Noire dispose de 14 400 km de voies ferrées, soit 6 pour 100 du Tiers-Monde.

Les formes dominantes
de la colonisation

À présent, voyons les formes dominantes d'exploitation coloniale de cette Afrique Noire. Dans un premier temps, entre les années 1880 et

1. Voir chap. XXXV, t. III.

le début des années 1920, l'exploitation se fit un peu comme pour l'Asie deux ou trois siècles auparavant, c'est-à-dire sous l'égide de compagnies à chartes octroyées par les gouvernements. Certes, il ne s'agit pas de la principale forme de la colonisation africaine, mais nous commençons par elle car, historiquement, elle fut surtout présente au début de cette colonisation.

LES COMPAGNIES À CHARTE

Dans le chapitre XVIII, nous avons décrit les formes dominantes d'organisation de ces compagnies qui ont joué un si grand rôle dans les relations commerciales et la colonisation en Asie. En Afrique, il s'agissait, encore davantage que pour l'Asie, de compagnies privées. L'action de celles-ci fut à la fois brutale, assez efficace et brève. Ainsi, après une éclipse d'environ un siècle, ce système de gestion coloniale revint sur la scène (la quasi-totalité des compagnies à charte opérant en Asie fut supprimée à la fin du XVIIIe siècle).

Comme le fait remarquer Jean-Louis Miège (1973), ce système «résout la contradiction entre une poussée d'intérêts coloniaux et les réticences officielles ou de l'opinion publique». C'est l'Angleterre qui commença dès le milieu des années 1880. Au Nigeria, la plus peuplée des colonies d'Afrique, la United African Company reçut en 1886 une charte royale et devint la Royal Niger Company. L'histoire de la United African Company remonte à 1879: elle fut l'œuvre de George Goldie-Taubman (devenu plus tard Sir George Goldie) qui était un grand artisan de la colonisation anglaise en Afrique. En 1882, c'est le tour de

la Compagnie de l'Est Africain, fondée par un
autre grand artisan de la colonisation africaine:
Cecil Rhodes. L'Allemagne et l'Italie adoptèrent
également ce système, mais la France fut plus
réticente. Dès les années 1890, beaucoup de privilèges accordés à ces compagnies furent sup-
primés.

LES PLANTATIONS

Durant cette période, et également les suivantes où les initiatives à la fois privées, individuelles, de multinationales et publiques furent
plus importantes, cette exploitation s'est réalisée
à travers deux modes principaux : les plantations
et ce que l'on appelle «l'économie de traite». Les
plantations impliquent à la fois l'accaparement
des terres par les Européens et l'emploi d'une
main-d'œuvre salariée locale. Pour favoriser
l'offre de cette main-d'œuvre dans des régions
où, somme toute, les paysans, même dépossédés,
pouvaient trouver des moyens d'existence vu la
faible densité des terres, on pratique dans beaucoup de cas soit le travail forcé, un peu sur le
modèle de l'Indonésie (où, en quelque sorte, ce
système a été mis au point), soit la levée d'un
impôt qui obligeait les paysans à se procurer des
ressources monétaires.

L'importance des plantations et leurs modalités
et degré de réussite étaient très différents d'une
colonie à l'autre. Ainsi, au Cameroun, colonie
allemande avant la Première Guerre mondiale, les
plantations appartenant à des Européens étaient
nombreuses et prospères. En revanche, comme
nous le verrons plus loin, au Nigeria et aussi au

Ghana, les Européens n'avaient pas le droit de posséder des terres, ce qui n'était pas la règle dans les autres colonies britanniques, notamment au Kenya.

L'ÉCONOMIE DE TRAITE

L'économie de traite est une forme originale de l'exploitation coloniale en Afrique. Il s'agit de l'implantation à travers les campagnes de comptoirs pour acheter (ou échanger) les produits tropicaux contre des articles manufacturés. C'est un peu le modèle popularisé par le cinéma en ce qui concerne les comptoirs des réserves indiennes d'Amérique du Nord. Toutefois, en Afrique, le moyen principal d'incitation pour accroître l'offre des produits n'était pas l'alcool mais les pacotilles d'importation, et les articles qu'offraient les autochtones n'étaient pas des produits de la chasse (peaux) mais de la cueillette et des cultures (arachides, coton, café, cacao, sisal, etc.). Cueillette et cultures organisées et effectuées essentiellement par les Africains. Les Européens installèrent des comptoirs où ces produits étaient achetés et dans lesquels on vendait des pacotilles. Nous disons européens, mais il conviendrait en fait de nuancer, car très tôt des Libano-syriens et des Hindous ont largement investi le commerce local. Le système de la traite a surtout été utilisé en Afrique occidentale. D'autre part, l'économie de la traite a surtout été utilisée dans les premières phases de la colonisation, car elle impliquait, *ipso facto*, des quantités assez réduites d'offres de produits tropicaux et était totalement inadaptée à l'exploitation minière.

LES GRANDES COMPAGNIES EUROPÉENNES

Très rapidement, du côté des « acheteurs » se mirent en place de grandes compagnies euro-péennes qui monopolisèrent la commercialisation, et qui dépendaient elles-mêmes souvent de com-pagnies qui, en Europe, transformaient une partie de ces produits. C'est le cas notamment, mais pas uniquement, de Unilever, dont la principale des activités était la production de margarine.

L'histoire de cette entreprise est intéressante et illustre bien les changements entraînés par les modifications de l'environnement économique et technique. Il s'agit actuellement de l'une des deux plus grandes entreprises multinationales alimen-taires (avec Nestlé). Son origine se situe aux Pays-Bas où, en 1854, deux frères de la famille Jurgens, spécialisée depuis un demi-siècle dans le com-merce de produits laitiers, s'associèrent en vue de se consacrer à l'exportation de beurre, surtout vers la Grande-Bretagne. Dès 1871, c'est-à-dire deux ans après l'invention de la margarine, ils se mirent à manufacturer ce produit. Dans le même temps, une autre famille (van de Berg) suivait la même voie. De l'autre côté de la Manche, éga-lement deux frères, William et James Lever, créaient, en 1885, une entreprise (Lever Bro-thers') pour la production et la vente de savon. En 1927, les deux firmes hollandaises fusionnèrent sous le nom de Margarine Unie et, en 1929, celle-ci fusionna à son tour avec Lever Brothers pour former Unilever. La margarine et le savon dépen-dent de la même matière première : les huiles végétales, dont l'Afrique était devenue entre-temps un gros producteur. Dès 1929, Unilever créa United Africa, compagnie qui monopolisa une partie importante des achats d'oléagineux et par la suite créa des plantations, non seulement en Afrique, mais en Asie et en Océanie. Nous retrouvons ainsi les plantations évoquées plus haut.

À CÔTÉ DES COMPOSANTES NÉGATIVES,
DES MESURES POSITIVES

À côté de la composante la plus négative des systèmes «fiscaux» d'encouragement à la production, il ne faut pas non plus négliger les composantes positives, ce qui nous amène aux mesures positives de la colonisation en général. Certes, l'argent récolté par le système fiscal servait à alimenter les caisses de l'administration coloniale, mais cette administration avait une activité sociale non négligeable, notamment dans les domaines de l'hygiène, de la médecine et de l'éducation. De même, cette administration avait des activités positives dans la création de centres de recherches agronomiques, dont une partie de l'activité était dévolue aux cultures vivrières locales. Enfin, il ne faut pas négliger les travaux d'infrastructures, même si une de leurs motivations était de faciliter l'écoulement vers la métropole des productions locales.

En outre, une proportion non négligeable des cadres administratifs coloniaux était animée par un véritable esprit de sacrifice pour apporter aux colonisés ce que l'on appelait alors les «bienfaits de la civilisation». Ce sont un peu les mêmes types de jeunes qui, par exemple dans les décennies 1960-1990, aux États-Unis s'engagèrent dans le camp des *Peace Corps* (volontaires de la Paix) créé en 1961 par John Kennedy; mouvement qui comptait à son apogée, en 1966, 10 000 membres œuvrant dans 52 pays (nous y reviendrons dans le chapitre XXXVI du tome III). Et ce sont les mêmes types de jeunes qui, en Europe, se sont portés volontaires pour ce que l'on appelle les «services de coopération» en faveur du Tiers-Monde.

Enfin, et c'est loin d'être négligeable, le côté altruiste des nombreux missionnaires doit être également souligné. Certes, le soin des âmes et la conversion de leurs titulaires à la «bonne et vraie» religion étaient un motif puissant, mais le soin des corps malades et l'apprentissage de l'écriture et du calcul aux enfants n'étaient pas oubliés. Ce sont ces motifs qui furent à la base de maintes vocations religieuses en Occident. Et que dire de la magnifique figure que fut le Docteur Albert Schweitzer qui consacra sa vie afin de soustraire à la mort des milliers d'Africains? Mais à côté de cette «vedette», combien d'actes anonymes d'abnégation?

Si nous revenons plus spécifiquement au cas de l'Afrique Noire et aux effets bénéfiques de la colonisation, sur la base de statistiques existantes on peut estimer à environ 4,9 millions le nombre d'enfants autochtones scolarisés vers 1950, soit un enfant sur sept en âge d'être scolarisé. Huit décennies plus tôt, cette proportion était presque insignifiante. L'enseignement secondaire, sans être très développé, comptait, vers 1950, probablement quelques dizaines de milliers d'élèves autochtones. En revanche, au niveau universitaire, le bilan était nettement moins positif. Nous aurons d'ailleurs l'occasion d'y revenir plus loin.

Il faut également nuancer par région, et surtout par puissance colonisatrice, la situation en matière d'enseignement primaire et secondaire. Ainsi, par exemple, si l'on prend deux pays dont la population est pratiquement la même, on est en présence, en 1950, de 230 000 élèves dans le primaire au Ghana (colonie britannique), contre 14 000 en Angola (colonie portugaise) ; pour le secondaire, il s'agit respectivement de 73 000 et de 2 000.

À la même période (vers 1950), il y avait en Afrique Noire 160 000 lits d'hôpital. La mortalité infantile, qui, à la fin du XIXe siècle, devait être de l'ordre de 250 pour 1000, était descendue au-dessous des 170 pour 1000 dans de nombreux pays (notamment Botswana, Burundi, Ghana, Ouganda, Rwanda, Zambie, etc.), avec une moyenne pour l'ensemble de l'Afrique Noire de l'ordre de 190 pour 1000. Et puisque plus haut nous avons mentionné l'Angola, signalons que dans ce pays la mortalité infantile y était alors de l'ordre de 235 pour 1000. Il est vrai qu'au Portugal, à la même période, cette mortalité y était de l'ordre de 100 pour 1000, comparée à 32 pour 1000 au Royaume-Uni.

Mais l'enfer est aussi pavé de bonnes intentions. L'action médicale, tant laïque que religieuse, qui a permis, entre autres, de faire chuter très rapidement la mortalité infantile, a donné le coup d'envoi à l'inflation démographique, laquelle, aujourd'hui, touche plus brutalement l'Afrique Noire que les autres régions du Tiers-Monde. Mais cela nous transporte bien au-delà de la limite chronologique retenue ici ; par conséquent, nous y reviendrons dans le chapitre XXXII du tome III.

UNE FAIBLE PRÉSENCE D'EUROPÉENS

Enfin, dernière forme dominante de la colonisation d'Afrique Noire : une faible présence
d'Européens. Certes, à l'instar des autres caractéristiques, celle-ci n'a pas d'homogénéité parfaite ;
et nous examinerons plus loin les deux cas qui
dérogent à cette caractéristique. Mais, dans l'ensemble, la présence européenne en Afrique Noire
est très limitée. On peut estimer que, même à la
veille de la Seconde Guerre mondiale, cette
région ne comptait qu'environ 300 000 Européens ou descendants d'Européens, soit 0,2 pour
100 de la population totale. Taux que l'on peut
comparer à environ 9 pour 100 pour le Maghreb
et à 20 pour 100 pour l'Afrique du Sud.

Mais aussi diversité
de la colonisation ; quelques exemples

Au-delà du principe général de maximalisa-
tion des possibilités d'exportation, la colonisation
de l'Afrique a revêtu des modalités diversifiées.
Diversité qui résulte d'abord du grand nombre de
pays qui participèrent à cette entreprise : vers
1913, pas moins de 8 pays possédaient des colonies relativement importantes en Afrique Noire
(Allemagne, Belgique, Espagne, France, Italie,
Portugal, Royaume-Uni et Afrique du Sud), alors
que pour l'Asie, sept fois plus peuplée, on ne peut
raisonnablement parler que de 5 pays (États-
Unis, France, Japon, Pays-Bas et Royaume-Uni),
et pour l'Amérique latine essentiellement de
2 pays (Espagne, Portugal)

Mais diversité des politiques qui résulte aussi, comme dans les autres continents, de la personnalité du gouverneur, qui peut influencer sensiblement les modalités et les formes de la colonisation. Toutefois, en raison de la plus grande proximité de l'Europe et surtout en raison du développement des moyens de communication, la marge de manœuvre des gouverneurs des colonies d'Afrique (même des années 1890) était considérablement plus faible que ne l'était celle des gouverneurs d'Amérique latine, disons vers 1690. Dans le premier cas, une instruction gouvernementale mettait quelques secondes, ou au pire (sans le télégraphe) quelques semaines pour atteindre les autorités coloniales; en Amérique latine, cela prenait de nombreux mois, voire des années.

Afin d'illustrer les formes très différentes des politiques coloniales, commençons par le cas des deux pays aujourd'hui les plus peuplés de cette région, à savoir le Nigeria (colonie anglaise) et le Zaïre (colonie belge). En 1995, le Nigeria compte 111 millions d'habitants, le Zaïre 44 millions; ensemble ils représentent presque un tiers de la population d'Afrique Noire. Puis, afin d'illustrer un cas de colonisation française, nous retiendrons la Côte d'Ivoire qui fut considérée pendant les premières décennies de l'indépendance comme un modèle de réussite économique. Après quoi, nous examinerons les deux exceptions du point de vue de la présence européenne, ici relativement massive : la Rhodésie (colonie anglaise) et l'Angola (colonie portugaise).

LE NIGERIA : UNE COLONISATION
SANS EXPROPRIATIONS DES SOLS

Le Nigeria est devenu en quelque sorte par
«accident» une colonie britannique. En effet, en
1851, les Britanniques décident d'attaquer l'île de
Lagos qui demeurait un de ces centres «clandes-
tins» de déportation d'esclaves. En 1861, afin de
stopper définitivement ce trafic, les Britanniques
prennent possession de cette île. Le Nigeria est,
entre autres, la région des civilisations du Bénin
et des Yoroubas ; c'était une région assez urbanisée avant l'arrivée des Britanniques. Enfin c'était
aussi une région qui fournissait de faibles quantités de palmistes avant que ceux-ci ne prennent de
la valeur. Or, la colonisation de cette vaste région,
qui débute d'une façon effective dans les années
1880, a eu cette importante particularité que les
Européens n'avaient pas le droit d'y posséder des
terres, même de façon indirecte. La règle était si
stricte que, quand, à partir de 1911, des Européens cherchèrent à louer des terres, une loi mit
fin à de telles possibilités en 1917.

Donc, toutes les cultures d'exportation étaient
produites par les autochtones ; et il est intéressant
de signaler que l'initiative d'introduire la culture
du cacao fut prise par un chef local (apparemment en 1874 ou 1880, selon les sources). Cette
culture se développa rapidement, puisque, inférieure à un millier de tonnes vers 1900, elle atteignait 27 000 tonnes vers 1922, et frôlait les
100 000 tonnes à la veille de la Seconde Guerre
mondiale. Pour 1934-1938, aux 98 000 tonnes de
cacao, il faut ajouter encore 254 000 tonnes d'ara-

chides, 8 000 tonnes de coton, et, bien sûr, 480 000 tonnes de palmistes, la première en date des cultures d'exportation mais dont le tonnage a fluctué autour des 7 000 tonnes du début des années 1830 à la fin des années 1880. Notons cependant que l'essentiel de la commercialisation a été le fait d'Européens et de commerçants du Moyen-Orient (Libanais et Syriens notamment).

L'existence d'une bourgeoisie locale plus importante et plus entreprenante que celles présentes dans d'autres pays lors de l'indépendance (1960) est attribuée, à juste titre, à cette forme particulière de colonisation où la terre est restée la propriété des autochtones. Cette bourgeoisie locale explique à son tour le nombre relativement élevé de jeunes fréquentant l'enseignement secondaire. En 1950, ils étaient au nombre de 28 000, ce qui est nettement moins qu'au Ghana, mais situe néanmoins le Nigeria à la deuxième place en Afrique Noire, place qu'il faut relativiser vu la taille du pays. Et si Ibadan ne fut pas la première université d'Afrique Noire, elle date cependant de 1948, ce qui, comme nous le verrons plus loin, la place parmi les 3 ou 4 premières d'Afrique Noire.

LE CONGO BELGE (LE ZAÏRE) : D'ABORD LA COLONIE D'UN SOUVERAIN

En fait, le Congo belge a été d'abord la possession d'un roi, le roi Léopold II de Belgique. C'est le seul cas au XIXe siècle où un monarque a joué un rôle si déterminant dans une colonisation. Dès 1876, le roi Léopold II organise une conférence géographique internationale sur l'Afrique. Puis, avec l'aide du célèbre explorateur gallois

John Rowlands Stanley, il établit, entre 1879-
1884, un réseau de postes sur la rivière Congo.
La Conférence de Berlin lui permet de prendre
en son nom propre (pas en tant que roi des
Belges) le titre de souverain de l'État Indépendant du Congo. État qui fut proclamé en 1885 et
voulut être de caractère international (nomination d'un administrateur général anglais et présence importante de missions protestantes, alors
que la Belgique est presque exclusivement catholique). La lutte contre les «esclavagistes arabes»
fut à la fois un prétexte et une réalité pour justifier la colonisation. L'exploitation économique
commença d'emblée, et la construction d'un
chemin de fer permettant l'acheminement des
produits d'exportation fut achevée en 1898. La
construction de cette voie de 390 km fut très coûteuse en vies humaines : probablement plus de
2 000 Noirs (et Chinois) ainsi que 132 Blancs, ces
chiffres devant représenter une proportion plus
grande que celle des Noirs, vu le nombre plus
restreint de Blancs travaillant à cette ligne.

Déjà, au cours de la période de l'«État Indépendant», les traits spécifiques de la colonisation du
Congo étaient présents : prédominance de grandes
compagnies pour l'exploitation des plantations et
des mines, et forte pression sur la population. Une
certaine désorganisation et des pratiques inhumaines, notamment dans le domaine du travail
forcé, ainsi que le scandale suscité par les atroci-
tés, largement orchestrées par les Anglais, amenèrent en 1908 la fin de l'«État Indépendant» et, dès
lors, le début du Congo «belge» ; donc le passage
à une situation plus commune.

Rapidement, le Congo devint un fournisseur

prépondérant de produits tropicaux, et surtout de matières premières ; le tout largement dominé par la Société Générale qui, à partir de 1928, contrôlait 70 pour 100 de l'économie (marchande) du pays, comme elle contrôlait d'ailleurs une partie importante de l'économie industrielle en Belgique. À la veille de la Première Guerre mondiale, le cuivre était déjà présent mais les produits tropicaux dominaient encore largement. Pour 1909-1911, le caoutchouc vient largement en tête, avec 72 pour 100 de la valeur des exportations, suivi par l'ivoire (10 pour 100) et les palmistes (7 pour 100). Dès 1927-1929, le Congo belge produisait 88 pour 100 du minerai de cuivre d'Afrique ; et 19 pour 100 de celui de l'ensemble du Tiers-Monde. Également importantes ont été les productions (et les exportations) d'étain et de diamants. Les principales cultures d'exportation étaient alors les oléagineux, le café, le coton et le caoutchouc. Outre les plantations, certaines de ces cultures étaient produites dans le cadre du travail forcé, qui fut réglementé à plusieurs reprises, la durée de ces travaux étant généralement fixée à 60 jours par an.

Si, dans le domaine de la santé et de l'éducation primaire, l'administration coloniale et les missions firent des efforts importants, au niveau de l'enseignement supérieur (universitaire et technique), les réalisations furent assez restreintes. Vers 1950, l'espérance de vie à la naissance de la population africaine du Congo était de l'ordre de 40 ans, alors que la moyenne de l'Afrique Noire était de l'ordre de 35 ans. Dès 1938, 220 000 élèves africains fréquentaient les écoles primaires ; et en 1957, à la veille de l'indépendance, leur nombre s'élevait à 1,5 million, ce qui devait représenter presque la moitié de la classe d'âge, probablement un des taux les plus élevés d'Afrique Noire. Cependant, et d'une façon plus marquée que dans la plupart des pays d'Afrique Noire, la proportion de filles y était faible. D'autre part, seulement une dizaine de milliers d'Africains fréquentaient une école secondaire ; et lors de l'indépendance, en 1960, il y avait moins d'une vingtaine de diplômés universitaires, et les rares universités y étaient de création récente. Il est vrai que c'était une caractéristique générale.

Certes, la première université d'Afrique Noire a été créée très précocement : en 1851, à Monrovia, au Libéria, pays qui, comme nous le verrons plus loin, constitue un cas très spécifique. D'ailleurs, à l'instar du pays, cette université a eu un destin assez peu favorable, puisqu'un siècle après sa création elle comptait moins de 400 étudiants. Puis, pour le véritable démarrage, il fallut attendre l'après-Seconde Guerre mondiale avec notamment l'apparition des universités d'Accra et d'Ibadan, créées en 1948. Vers 1960, on comptait probablement une vingtaine d'universités en Afrique Noire (mais rien qu'entre 1961 et 1965 s'y ajoutèrent une douzaine d'autres).

L'ANGOLA : UNE PRÉSENCE RELATIVEMENT MASSIVE
D'EUROPÉENS

Il existe des points communs, mais également des différences, entre l'Angola et le Zaïre. Tous deux ont eu comme métropole un petit pays, et ont partagé le privilège d'avoir été le siège du prestigieux Royaume du Congo (XIVe-XVIIe siècle). Le système des cultures et des travaux forcés a été

utilisé dans les deux cas. Mais des différences...
En effet : absence de grandes compagnies durant
la colonisation ; présence plus massive d'une
population européenne, et notamment de petits
colons ; ancienneté de la présence du Portugal.
Ancienne, en effet, puisque l'on peut situer dans
l'année 1570 le début de la colonisation portugaise en Angola, soit plus de trois siècles avant
que ne commence la colonisation du Zaïre par le
Roi des Belges. Autre différence, l'Angola fut,
comme avait été avant elle Sao Tomé, peuplé au
début par des forçats. D'une certaine façon, on
peut considérer l'Angola comme la plus ancienne
et la plus durable des colonies européennes de
quelque importance, non seulement d'Afrique,
mais aussi du monde, puisque dès 1482 les Portugais ont exploré et entrepris la possession de
points sur la côte angolaise, et que l'indépendance ne fut acquise qu'en 1975.

Dès la seconde moitié du XVIᵉ siècle, les Portugais
dominèrent une grande partie de la région côtière.
La ville de Luanda fut fondée en 1576, et devint
un centre important d'exportation d'esclaves (au
début du XVIIᵉ siècle 5 000 à 10 000 annuellement).
Jusqu'au milieu du XVIIᵉ siècle, il y eut ce que l'on
pourrait appeler des relations de bon voisinage
avec le Royaume du Congo. Il s'agit d'ailleurs d'un
des cas les plus précoces de conversion au catholicisme d'un souverain africain. Dès 1534, une
cathédrale fut construite à Mbanza-Congo (rebaptisée Sao Salvador do Congo) ; et, plus tard, la
ville fut appelée Ekongo Dia Ngungo, la « ville des
cloches d'églises », celles-ci y étant nombreuses.
Ce fut d'ailleurs pendant longtemps une grande
ville, atteignant probablement 30 000 habitants.

Malgré de nombreuses incursions portugaises, la
véritable pénétration à l'intérieur des terres se fit
au milieu du XIXe siècle, et s'accéléra dans les dernières décennies de ce siècle, entraînant le début
du mouvement migratoire européen, d'autant plus
compréhensible que le Portugal était alors un des
plus pauvres pays d'Europe. Cette immigration
s'est réalisée d'une manière discontinue, et a été
plus importante après la Seconde Guerre mondiale. Avant celle-ci, les Européens (essentiellement des Portugais) étaient au nombre de 40 000 ;
à la veille de l'indépendance, ils étaient 550 000 (y
compris 150 000 métis intégrés à la société européenne). Ils formaient la plus grande masse européenne en Afrique Noire, tant en nombre absolu
qu'en nombre relatif, car ils représentaient 8,4
pour 100 de la population totale. Au Zaïre, cette
proportion était d'un peu moins de 1 pour 100 et
elle était encore plus faible dans la plupart des
autres colonies noires d'Afrique. On ne retrouve
qu'en Rhodésie (vers 1960) une proportion voisine mais avec une masse moins importante.

LES RHODÉSIES (LA ZAMBIE ET LE ZIMBABWE) :
UNE COLONIE QUI FUT L'ŒUVRE
D'UN HOMME D'AFFAIRES VISIONNAIRE

Effectivement, après l'Angola, la Rhodésie (du
Nord et du Sud) fut le pays d'Afrique Noire où le
nombre absolu et la proportion d'Européens
étaient les plus élevés : environ 80 000 à la fin
des années 1930, représentant 3 pour 100 de la
population totale. Mais l'émigration s'est encore
poursuivie et, vers 1960, on comptait dans la
confédération Rhodésie-Nyasaland 300 000 Euro-

péens, soit 3,6 pour 100 de la population totale, la
proportion étant encore plus forte en Rhodésie
du Sud. La Rhodésie du Nord (actuellement la
Zambie) et la Rhodésie du Sud (actuellement le
Zimbabwe) ont été, en quelque sorte, un anachro-
nisme, puisqu'elles furent gouvernées jusqu'en
1923 par une compagnie : la British South Africa
Company, dont Cecil Rhodes était le fondateur et
la cheville ouvrière. Cecil Rhodes, après avoir fait
fortune dans les diamants en Afrique du Sud et
avoir été Premier ministre de la colonie du Cap
(Afrique du Sud), s'était mis en devoir de réaliser
son vieux rêve d'œuvrer en faveur d'un Empire
britannique en Afrique «from Cape to Cairo».

Les deux principaux objectifs de la compagnie
étaient d'encourager l'immigration européenne
(surtout britannique) et d'exploiter les ressources
minières. Deux objectifs largement remplis,
puisque, déjà au recensement de 1921, il y avait
33 000 Européens, et la production d'or, commencée en 1898, s'élevait à un total de 416 tonnes
jusqu'en 1923. Signalons que ce qui sera par la
suite la grande richesse minière de la Rhodésie du
Sud, à savoir le cuivre, ne prendra une place qu'à
partir de 1926. Néanmoins, ce fut la British South
Africa Company qui obtint la propriété de ces
mines et les exploita avec profit. Cette compagnie,
qui n'avait pas versé de dividendes avant 1924,
réalisa par la suite d'énormes profits avec ces
mines. Dès 1932, la Rhodésie rattrapa le Congo
belge comme principal producteur de cuivre
d'Afrique, devenant le 2e producteur du Tiers-
Monde (après le Chili). Quant aux colons qui
s'installèrent dans les deux Rhodésies, ils se livrè-
rent surtout à la culture vivrière. D'ailleurs, vers

1923, si l'on excepte l'or, un des principaux produits d'exportation était le maïs.

LES ÎLES AFRICAINES :
DES DESTINS
TRÈS SPÉCIFIQUES

Sans avoir joué un rôle aussi important en Amérique latine que les Caraïbes, quelques petites îles
africaines ont néanmoins occupé une place non
négligeable dans la colonisation de ce continent.
C'est le cas notamment de Sao Tomé et Principe, au
large de la côte ouest de l'Afrique. Ces deux îles ont
tenu le devant de la scène à deux reprises : comme
deux des premières colonies africaines à la fin du
XVe siècle et comme exportateurs majeurs de cacao
au début du XXe siècle. Sur l'autre côté du continent, sur la côte est, ce sont l'île de la Réunion et
l'île Maurice qui, dans la première moitié du
XIXe siècle, ont été d'importants fournisseurs de
sucre. Trois autres groupes d'îles, trois archipels,
ont également joué un rôle-clé, notamment au
tout début de la colonisation, même si paradoxalement ces archipels ne sont pas réellement considérés comme des colonies, mais en quelque sorte
comme parties intégrantes de leur métropole. De
ce fait, même si ces archipels se trouvent très loin
de l'Europe et au large de l'Afrique (à l'exception
des Açores), ils sont historiquement considérés
comme faisant partie de l'Europe. Il s'agit des
Açores, des Canaries et de Madère.

C'est par ces archipels que nous commencerons et, après avoir traité également de Sao Tomé, de Principe, de la Réunion et de Maurice, nous finirons par le cas de l'île de Madagascar, théâtre de la seule tentative précoce d'industrialisation de l'Afrique Noire.

Les archipels de l'Atlantique :
premières colonies d'exploitation
européenne

Il s'agit donc ici des Açores, des Canaries et de Madère. Comme on peut considérer que le processus de « colonisation » a commencé avec une île des Canaries (Lanzarote), nous commencerons par cet archipel, suivant en quelque sorte la chronologie de la colonisation.

LES CANARIES : UN RELAIS POUR L'AMÉRIQUE

L'archipel des Canaries est situé à 115 km des côtes africaines et à 1 400 km au sud-ouest de l'extrémité septentrionale de l'Espagne. L'archipel était habité par des peuples berbérophones. Conquis par les Espagnols à partir du début du XVe siècle, cet archipel devint pratiquement une partie intégrante du Royaume espagnol. Devenant une province espagnole, il fut peuplé par des Espagnols après que la population autochtone eut été décimée en grande partie par des maladies et des massacres. Cependant, on considère, à juste titre, que les Canaries ont été les premières colonies d'exploitation européennes et ce triste rôle revient à Lanzarote.

Alors que Madère devint une colonie portugaise

dans les années 1420 et Sao Tomé dans les années 1470, Lanzarote fut conquise définitivement dès 1402, grâce aux Normands Jean de Béthencourt et Gadifer de La Salle. De surcroît, on note à Lanzarote une présence européenne dès les premières décennies du XIVe siècle. Mais faisant partie des îles moyennes des Canaries (sa superficie est de 860 km² sur un total de 7 500 pour l'archipel) et les grandes îles, qui allaient évidemment jouer un rôle plus important, n'ayant été conquises qu'à partir des années 1480-1490, cette colonisation est passée généralement inaperçue. Triste rôle car la population, bien que s'étant réfugiée à l'intérieur de l'île afin d'échapper aux navires, fut presque entièrement vendue en tant qu'esclaves par les corsaires — surtout espagnols — qui les capturèrent. Par la suite, des productions d'exportation furent exploitées, essentiellement les colorants et les peaux.

Mais l'essentiel de la colonisation d'exploitation des Canaries s'est situé dans les grandes îles et concerna au début le sucre. Celui-ci fut introduit (plants et techniciens) vers 1480 en provenance de Madère. Le sommet de la production sucrière fut atteint au cours de la période 1520-1540, après quoi l'archipel va subir la concurrence de l'Amérique latine tropicale et subtropicale. Grâce à d'autres productions, d'abord le vin, puis au XIXe siècle la cochenille (insecte dont était extrait un colorant rouge écarlate), l'expansion de la population se poursuivit, passant de 50 000 environ vers 1600 à 140 000 vers 1750 et à 360 000 vers 1900, malgré une émigration massive au XIXe siècle.

On ne peut pas quitter les Canaries sans signa-

ler le rôle-clé que l'archipel joua dans les relations entre l'Europe et l'Amérique ; en raison des
courants, elles constituaient un point de passage
obligé entre la péninsule ibérique et les colonies américaines. N'oublions pas que Christophe
Colomb fit escale aux Canaries, notamment lors
de son premier voyage qui aboutit à la découverte de l'Amérique. Bref, comme le suggère le
titre d'un article de Rafael Matos (1996), les
Canaries ont été un « relais pour l'invention et la
conquête du Nouveau Monde ».

MADÈRE : LES PREMIÈRES PLANTATIONS DE SUCRE DU MONDE ?

En passant des Canaries à Madère, nous passons du domaine espagnol au domaine portugais.
L'archipel de Madère est situé à environ 800 km à
l'ouest du Maroc et à un peu plus de 800 km au
sud-ouest de l'extrémité septentrionale du Portugal. L'île de Madère proprement dite constitue la
quasi-totalité (95 pour 100) de la superficie de
l'archipel. Cette île devint la deuxième colonie
d'exploitation, puisqu'elle fut conquise en 1420
par le Portugal : Henri le Navigateur, aidé des
chevaliers de l'ordre du Christ, y fit établir très
rapidement des cultures, en brûlant la forêt de
cette île inhabitée (l'incendie, dit-on, dura sept
ans). D'ailleurs Madère signifie bois en portugais.
C'est là, vers 1452, que furent installées les premières plantations de sucre de canne du monde
occidental chrétien. Apparemment, le sucre y fut
introduit de Sicile et la vigne de Chypre ou
de Crète, à peu près à la même époque.

Les quantités de sucre produites sont à la fois

énormes et minimes. Énormes pour l'époque,
puisqu'elles atteignaient probablement un sommet de l'ordre de 3 000 à 4 000 tonnes vers 1570,
alors que, selon toute probabilité, l'Europe
entière n'en consommait même pas la moitié ou le
tiers au milieu du XVe siècle. En raison des profits
plus élevés, le sucre avait d'ailleurs très rapidement supplanté les céréales, dont une partie
importante était exportée vers le Portugal. À la fin
des années 1460, le sucre de Madère était connu
en Angleterre et dans les Flandres. Minimes, car
déjà, vers 1580, le Brésil en produisait ou, plutôt,
en exportait plus de 5 000 tonnes et en produisait
vers 1600 environ 10 000 tonnes. Vers 1600, l'ensemble de l'Amérique latine devait produire environ 20 000 tonnes, ce qui explique d'ailleurs les
difficultés rencontrées dès la fin du XVIe siècle par
Madère et les Canaries, malgré l'avantage de la
proximité des marchés européens. Des progrès
dans les techniques de production en Amérique
expliquent cette concurrence.

Selon toute probabilité, la population stagna
durant la première moitié du XVIIe siècle, puis sa
progression reprit. Bien que la production de
sucre se soit poursuivie (mais, vers 1900, elle était
inférieure à celle de 1570), le vin devint le principal produit d'exportation. La vigne locale donna
du vin qui, grâce à la nature du sol, aux secousses
dues au transport et aux fûts utilisés, avait un goût
très prisé en Europe. La situation économique et
sociale étant très négative, les hommes furent
poussés à travailler au Brésil et au recensement
de 1900 moins de 2 pour 100 de la population
savait lire et écrire.

LES AÇORES : UN ARCHIPEL TROP AU NORD

Les îles des Açores, à l'instar de Madère, n'avaient apparemment jamais été habitées avant leur découverte par les Portugais, découverte qui s'échelonne entre 1427 et 1437. En revanche, il existe des indices probants que l'archipel était connu des géographes arabes dès le XIIe siècle. Le peuplement commença dès 1437 et avant la fin du XVe siècle les neuf îles furent peuplées (environ 10 000 habitants). Peuplement dû non seulement aux Portugais mais aussi aux Flamands, ce qui d'ailleurs a conduit durant une certaine période à l'appellation d'«îles flamandes». Des trois archipels de l'Atlantique présentés ici, celui des Açores est le plus éloigné du continent (dans ce cas l'Europe), se situant à près de 1 400 km de la côte portugaise. Cet archipel est aussi le plus septentrional, étant localisé vers 39 degrés de latitude nord, comparés à 33 degrés pour Madère et à 22 degrés pour les Canaries.

Donc les Açores se situent à environ 2 000 km au nord des Canaries, ce qui explique à la fois la faible extension de ses cultures de sucre et l'impact plus précoce de la concurrence du sucre américain. En quelque sorte, il s'agit d'un juste retour des choses dans le monde des îles, puisque, durant la première moitié du XVIe siècle, le sucre des Açores — et, bien sûr, davantage encore celui de Madère et des Canaries — a entraîné un fort déclin de la production sucrière des îles de la Méditerranée (Malte, Rhodes et Sicile). Dans le même ordre d'idées, signalons que l'utilisation des esclaves dans les plantations

sucrières des archipels de l'Atlantique était une
pratique qui serait venue du bassin méditerranéen musulman. Notons qu'aux Canaries, en sus
des esclaves, on a également fait appel à une
main-d'œuvre libre.

Le déclin du sucre a influencé l'ensemble de
l'économie des Açores. Relevons qu'il n'est pas
exclu — ceci, bien entendu, est aussi valable pour
les zones de production de la Méditerranée —
que le changement climatique, associé au petit
âge glaciaire (1550-1700), ait contribué à aggra-
ver quelque peu la concurrence découlant du
sucre américain. La population, qui avait été
multipliée par six environ durant le XVIe siècle, a
marqué le pas et le ralentissement a été très
accusé à partir du milieu du XVIIe siècle, puisque
de 1650 à 1750 la population n'a progressé que
d'environ 20 à 30 pour 100.

Sao Tomé et Principe :
deux îles cacaotières
au très long passé colonial

L'histoire des îles du cacao est intéressante et
tragique. Elle concerne Sao Tomé (découverte dès
1471) et Principe, colonies portugaises (quelques
années plus tard). Ce sont des îles au large
(270 km) de ce qui, aujourd'hui, est le Gabon. Îles
aux terres volcaniques très riches, mais au climat
très malsain. Les deux îles, éloignées l'une de
l'autre de 140 km, sont petites, mais Sao Tomé en
constitue l'essentiel (825 km² contre 114 pour
Principe). Nous nous intéresserons donc davantage à Sao Tomé. Afin de peupler l'île (inhabitée),

les Portugais, à partir de 1493, y déportèrent des criminels et de jeunes juifs arrachés à leurs parents et convertis de force. Dans le même temps, on importa aussi des esclaves du continent africain.

On peut considérer Sao Tomé (avec Madère et les Canaries) comme une colonie européenne, ayant aussi préfiguré le mode d'exploitation de l'Amérique latine, notamment par l'introduction de plantations de sucre et d'esclaves. Dès le milieu du XVIe siècle, il y avait plus de 80 moulins à sucre et la population s'élevait déjà à environ 50 000 personnes (y compris les esclaves). Au milieu du XVIe siècle, Sao Tomé était avec Madère les deux principaux centres de production de sucre du monde occidental, dont ils fournissaient plus des neufs dixièmes. Mais, dès 1567, commença pour l'île une période très troublée du fait des attaques des Français (et, plus tard, des Hollandais) et des révoltes d'esclaves. À ceci s'ajouta la concurrence du sucre en provenance du Brésil ; de sorte que ce n'est que dans les dernières années du XIXe siècle que ces îles réapparurent sur la scène du commerce international de produits tropicaux avec le cacao. D'ailleurs, au début du XIXe siècle, Sao Tomé ne comptait plus que 20 000 habitants (38 000 en 1900) et ne retrouva qu'au milieu du XXe siècle la population qui était la sienne au milieu du XVIe siècle.

Bien que ce produit eût été déjà introduit une première fois en 1795 et une seconde fois en 1822, le début réel du cacao se place au milieu des années 1850, avec le retour du Brésil d'une grande famille créole. Afin de développer les plantations, qui commencèrent à prendre de l'ampleur au début des années 1890, on fit appel à de la main-d'œuvre composée de quasi-esclaves importés de l'Angola. Dès 1904-1906, Sao Tomé rattrapa à peu de chose près les deux plus gros producteurs de cacao de l'époque (à savoir l'Équateur et le Brésil), assurant alors environ 17 à 19 pour 100 de la production mondiale de cette fève précieuse que les Mayas et les Aztèques utilisaient comme monnaie.

Les conditions de recrutement et d'emploi de cette main-d'œuvre soulevèrent, à juste titre, l'indignation des Européens, tant des Portugais de la métropole que, surtout, des Anglais et des Allemands. Il est vrai que les Allemands (au Cameroun) et les Britanniques (surtout en Côte-d'Or, actuellement le Ghana) avaient, eux aussi, favorisé la culture du cacao. D'ailleurs, la Côte-d'Or dépassera Sao Tomé dès 1910-1912 et deviendra, quelques années plus tard (dès 1913-1914) le plus gros producteur mondial de cacao.

En 1907, l'industriel anglais George Cadbury fit mener une enquête internationale sur les conditions de travail, proches de l'esclavage, des ouvriers des plantations de cacao. Il en résulta, en 1909, un boycottage des achats de la part de firmes allemandes et anglaises. On pourrait ironiser sur le fait que Cadbury était le propriétaire et le réel fondateur de la firme de chocolat qui porte son nom (et encore très active actuellement). Mais il était aussi un quaker philanthrope, qui introduisit des conditions sociales et de travail pour ses ouvriers, très en avance sur son temps. Ses longues années passées à enseigner dans une école pour adultes l'avaient convaincu, en effet, que le logement jouait un rôle important dans les conditions sociales et morales des classes ouvrières ; il œuvra également en ce sens. Dès 1879, il déplaça l'entreprise du centre de Birmingham vers la campagne avoisinante, et à partir de 1894 il fit construire une très belle cité ouvrière, qui servit de modèle et qu'il légua, en 1900, aux habitants.

À Sao Tomé, la production de cacao atteignit son sommet dans les années immédiatement antérieures à la Première Guerre mondiale, avec 35 000 tonnes pour 1909-1913 ; c'est-à-dire 14 pour 100 de la production mondiale. Mais, à la veille de la Seconde Guerre mondiale, il ne s'agissait plus que de 10 000 tonnes, ce qui ne représentait que 1 pour 100 de la production mondiale, puisque, entre-temps, celle-ci avait été multipliée par six. D'ailleurs, avant l'émergence de la Côte-d'Or et du Nigeria comme grands exportateurs, Sao Tomé et Principe ont été pendant une brève période (entre 1897-1899 et 1910-1911) le troisième producteur mondial de cacao, après l'Équateur et le Brésil.

Sur le plan de l'ensemble du Tiers-Monde, relevons que les années 1880 à 1923-1927 ont été pour le cacao une période d'expansion parmi les plus rapides de la production (et des exportations), passant de 40 000 à 500 000 tonnes, soit une multiplication par 12 environ. Au cours des 45 années suivantes, la multiplication n'a plus été que par moins de 3. D'ailleurs, même actuellement, le niveau mondial de la production (et de la consommation) de cacao ne se situe plus qu'à moins de 5 fois de ce qu'elle était au milieu des années 1920[1]. Le facteur d'expansion de la

1. Nous aurons l'occasion de revenir sur les grandes tendances de la production des produits tropicaux dans le chapitre XXXIII (tome III).

814 Victoires et déboires

consommation de cacao a été l'«invention» en
1875 (en Suisse bien entendu) du chocolat au lait,
qui a fait pénétrer ce produit dans la vie quotidienne de la population des pays développés.

Réunion et Maurice :
deux îles sucrières

Ces îles ont tenu, pendant quelques décennies,
un rôle très important mais tardif dans le commerce international du sucre. Ce sont deux petites
îles dont la superficie totale ne dépasse pas celle
d'un département français et dont la population
d'ailleurs était au départ (vers 1800) inférieure à
100 000 habitants. Mais, justement, autour de
1800, il y a eu un bouleversement total. Bouleversement en partie provoqué par un événement qui
se passa très loin de là : les troubles de l'indépendance de l'île (américaine) d'Haïti, producteur
important de sucre et un des principaux pour-
voyeurs de la France. Comme nous l'avons vu
dans le chapitre précédent, ces troubles y amenèrent un recul considérable de la production
sucrière, ce qui fit germer l'idée d'introduire
notamment à l'île de la Réunion, mais aussi à l'île
Maurice, des plantations de canne à sucre.
Ces plantations se développèrent rapidement,
amenant un besoin accru de main-d'œuvre. Quand
l'esclavage fut aboli (en 1848), on fit appel à des
ouvriers essentiellement en provenance du continent asiatique. De 100 000 habitants vers 1800, la
population dépassa les 500 000 vers 1870. Et c'est à
cette période que ces îles (comptant donc environ
un demi-million d'habitants, alors que l'ensemble

de l'Afrique Noire, dont ces îles font partie, en comptait plus de 100 millions) ont exporté des quantités de produits agricoles supérieures à l'ensemble du reste du continent africain.

Ce fort taux d'exportation, puisqu'il s'élevait à environ 33 dollars par habitant, amena un développement assez rapide de l'urbanisation et aussi une vie économique et culturelle assez importante puisque, à la Réunion notamment, les taux de scolarisation (mais, bien sûr, essentiellement ceux de la population d'origine européenne), étaient supérieurs à ceux qui étaient en vigueur en France. En quelque sorte, on est en présence d'une société qui ressemblait à celle du sud des États-Unis : des Blancs riches et des esclaves ; mais aussi, comme aux États-Unis, des Blancs pauvres. Blancs au niveau de vie si défavorable que leur espérance de vie était inférieure à celle des esclaves.

À partir de 1850-1860, la concurrence du sucre de betterave amena un fort déclin de l'importance de cette région. Vers 1850, ces deux îles fournissaient 29 pour 100 des exportations de l'ensemble du continent africain (plus que 13 pour 100 vers 1880 et que 3 pour 100 vers 1913). Cependant, en termes de volume, entre 1860 et 1900, il n'y eut pas de recul : les exportations de sucre passèrent de 200 000 à 213 000 tonnes, soit une progression de 6 pour 100. Ces îles, qui, vers 1860, fournissaient environ 11 pour 100 des exportations mondiales de sucre de canne, n'en fournissent plus que 5 pour 100 vers 1913. Parallèlement à ce fort déclin de l'importance relative, on assista également à un déclin du niveau moyen de vie. D'ailleurs, pendant une certaine période, la population stagna.

Madagascar : la seule tentative précoce d'industrialisation au sud du Sahara

Cette tentative précoce n'est pas la seule justification de la brève présentation de l'histoire économique et sociale de ce pays. Comme l'écrit l'éminent historien français Hubert Deschamps en introduction à son livre [1] sur Madagascar : « On l'appelle *la Grande Île*, car, avec ses 590 000 km², elle est plus grande que la France. (…) Madagascar a une personnalité extraordinaire. Au large de l'Afrique, au sud de l'Asie, rattachée géologiquement au cours des âges à l'une ou l'autre, peuplée biologiquement et humainement à l'origine par l'une et l'autre mais ayant connu une évolution interne particulière, elle apparaît comme un monde nettement distinct, le *septième continent* ; son originalité n'a cessé d'étonner et de poser des problèmes. » Nous passerons très rapidement sur l'histoire complexe des siècles précédant le XIXe, où se place cette tentative originale d'industrialisation. Histoire complexe, car, jusqu'au début du XIXe siècle, le pays était divisé en de nombreux petits royaumes. Si des comptoirs arabes y furent présents dès le XIVe siècle ou même dès le XIe siècle, et bien que découvert par les Portugais dès 1500, la présence européenne y fut très limitée et sporadique jusqu'à la colonisation française, laquelle eut lieu que dans la dernière décennie du XIXe siècle.

1. 1968.

LA MODERNISATION DE RADAMA Ier

Le début de l'ouverture du pays aux Occidentaux fut l'œuvre de Radama Ier qui, de 1817 à 1827, unifia réellement le pays, aidé militairement par les Britanniques (et notamment par le gouverneur de l'île Maurice) qui voulaient contrecarrer l'influence française. Conjointement aux armes et aux instructeurs militaires britanniques, l'arrivée de missionnaires protestants (anglais) fut acceptée. Ceux-ci, avec l'aide de Radama Ier, introduisirent un alphabet latin pour la langue malgache afin de favoriser la christianisation de la population. On estime que vers 1827, c'est-à-dire juste avant le décès de Radama Ier, entre 17 000 et 40 000 Malgaches savaient lire et écrire leur langue dans la nouvelle transcription. À l'époque, la population totale de l'île était inférieure à 2 millions. Si l'on tient compte qu'il s'agissait surtout de garçons, cela impliquerait un taux de scolarisation de l'ordre du dixième ou du quart et, comme ce programme d'éducation concernait surtout l'ethnie dominante des Mérinas (Hovas), cette proportion aurait été beaucoup plus élevée pour ceux-ci.

Ces missionnaires jouèrent également un rôle important dans un autre aspect de la modernisation du pays entreprise par Radama Ier : l'industrialisation. Au milieu des années 1820, plus de la moitié des artisans employés étaient des missionnaires. Apparemment le projet de 1827 d'une entreprise textile dotée de machines devant être importées d'Angleterre fut abandonné au profit d'ateliers de production d'armements. Tout cela s'inscrit dans une politique d'indépendance économique puisque, à partir de 1825-1826, Radama Ier rejeta l'alliance libérale avec le Royaume-Uni.

Après la mort soudaine de Radama Ier (survenue en 1828), sa veuve, Ranavalona Ire, monta sur le trône. Elle changea radicalement de politique religieuse (persécution des chrétiens et expulsion des missionnaires), et ferma les écoles qui étaient totalement gérées et tenues par les missionnaires. En revanche, on peut considérer qu'en matière économique il y eut une certaine continuité et même surtout un élargissement de la politique d'industrialisation. Politique d'industrialisation qui a dû beaucoup à la personnalité et aux capacités de Jean Laborde et aussi au hasard.

LABORDE ET SON PÔLE INDUSTRIEL

Le hasard, c'est le naufrage survenu à Jean Laborde. Fils très doué d'un charron d'Auch, il était parti très jeune chercher fortune aux Indes. Entraîné par un autre Français dans une expédition maritime à la recherche de trésors supposés se trouvant dans des épaves échouées dans le canal de Mozambique, il fit naufrage en 1830 sur la côte ouest de Madagascar. Il eut la confiance de la reine qui cherchait à produire des canons et de l'armement en général. Il installa la « manufacture royale » d'armes à Manataroa, où, avec 200 ouvriers, on produisait environ 300 fusils par an.

À partir de 1837 commença la construction d'un véritable pôle industriel, centré, il est vrai, surtout sur la production de canons, mais qui comportait aussi des activités manufacturières très variées, allant des hauts fourneaux (dont le premier fut mis en service en 1843) à une verrerie, en passant par une papeterie, une faïencerie, etc. Vingt mille esclaves et hommes de corvée furent mis à sa disposition et une véritable petite ville industrielle (comptant environ 5 000 ouvriers dans ses manufactures diverses) fut créée à Manataroa. Ce pôle industriel fonctionna assez bien jusqu'en 1857. À cette date, Laborde fut expulsé de l'île et peu d'entreprises survécurent à son départ, à l'exception, bien sûr, du magnifique palais royal qu'il avait construit (hélas détruit lors d'un incendie en 1995, ainsi que d'autres palais l'avoisinant, tous très riches en œuvres artistiques).

Le décès de la reine, en 1861, amena une série de changements radicaux. Les écoles, qui avaient été fermées en 1835, rouvrirent leurs portes en 1862, et à partir de ce moment on assista à une expansion remarquable de l'enseignement. Le nombre d'élèves fréquentant les écoles primaires atteignit les 20 000 en 1871 et s'éleva à 95 000 en 1886. Ce qui, pour cette date, représente un taux de scolarisation (toujours pour les garçons) assez proche des 45 pour 100. Cette scolarisation alla de pair avec une conversion très massive au protestantisme. Bien avant que la première université malgache n'ait vu le jour en 1955, des étudiants furent envoyés en Europe afin d'y poursuivre leurs études. Dès 1880, les deux premiers médecins malgaches retournaient dans leur pays. Changement radical aussi de la politique économique : ouverture totale du pays aux produits occidentaux. Ce qui, bien sûr, accéléra le déclin des industries locales. D'autre part, se situe ici le bref intermède de l'influence d'un autre Français : Joseph Lambert, qui dès son arrivée en 1855 se lia à Jean Laborde. Lambert devint le premier ministre de Radama II, lequel accorda des privilèges à la compagnie à charte (Compagnie de Madagascar) que créa Lambert.

Bien que Radama II ne demeurât au pouvoir que jusqu'en 1863 (il fut étranglé par des opposants) et que les privilèges de Lambert furent abrogés, le pays resta ouvert à l'influence européenne (le protestantisme y fut même adopté comme religion d'État). Le pays demeura ainsi ouvert aux produits manufacturés européens (surtout français), ce qui réduisit pratiquement à néant les industries modernes qu'avait installées Jean Laborde. Signalons que Laborde avait également participé à une autre facette de l'action économique de Radama Ier : celle axée sur l'agriculture. C'est lui qui créa notamment la première grande plantation de sucre (en 1834) et introduisit des plantes vivrières européennes.

LA COLONISATION FRANÇAISE

Tout comme les protestants britanniques de l'île Maurice avaient participé à la première pénétration européenne au début du XIXe siècle, les catholiques français de l'île de la Réunion ont, eux, aidé et poussé à l'intervention française de la fin du XIXe siècle. En 1895, les troupes françaises débarquèrent, et malgré des pertes énormes dues à la malaria (6 000 hommes sur 15 000 y périrent, contre 25 tués au combat), l'opération fut couronnée de succès et le destin de Madagascar en tant que colonie française scellé. À partir de 1905, une politique de développement des cultures d'exportation fut entreprise, à la fois grâce à des plantations appartenant à des Européens et aux exploitations des autochtones. Ainsi la production de café, pratiquement nulle avant 1905, atteignit les 36 000 tonnes en 1939 et Madagascar devint dès lors le principal producteur africain, fournissant 16 pour 100 de la production mondiale.

Comme il y eut également un rapide développement des cultures vivrières et un effort important dans le domaine de la santé, on assista à un début d'inflation démographique, qui s'était déjà amorcée dans la seconde moitié du XIXe siècle quand la population progressa à un rythme annuel de l'ordre de 0,6 pour 100, et qui fut manifeste dans la première moitié du XXe siècle (croissance annuelle de 0,8 pour 100 entre 1910 et 1940). La population, qui était de l'ordre de 2 millions vers 1850, atteignit 3,2 millions en 1910 et 4,1 millions en 1940. Dans le domaine industriel, à la veille de la Première Guerre mondiale comme dans l'entre-deux-guerres, on était placé devant une absence presque totale d'industries modernes.

LE MAGHREB : DES AVATARS
DE LA PIRATERIE
À UN PEUPLEMENT EUROPÉEN
IMPORTANT

Nous laisserons ici de côté l'Égypte qui, d'ailleurs, ne fait pas partie du Maghreb et à laquelle sera consacrée une partie du chapitre XXIII traitant du Moyen-Orient. De même nous laisserons de côté la période précédant 1500 que nous avons déjà évoquée. Nous nous contenterons ici de rappeler que le niveau de développement du Maghreb au début du XVIe siècle était assez voisin de celui de l'Europe et que, après être tombé sous la domination arabe et avoir été converti à l'islam dans les premières années du VIe siècle, le Maghreb (à l'exception du Maroc) est passé sous la domination ottomane à partir du début du XVIe siècle.

Du début du XVIe siècle à 1830, date du début de la colonisation de l'Algérie, il n'y a pas de modification majeure dans cette région. Ces trois siècles bien sûr ne sont pas uniformes du point de vue de l'évolution. Mais, faute d'études suffisantes, il est difficile de décrire valablement la conjoncture économique.

Les relations commerciales se faisaient surtout d'est en ouest et non du nord au sud, ce qui veut dire qu'il y avait assez peu de relations commerciales entre l'Europe et le Maghreb dépendant de l'Empire ottoman. Mais ce qui était important, et surtout très remarqué, c'était l'activité des pirates, à la fois du côté européen et du côté des États du sud de la Méditerranée. Et si nous avons mis en exergue les pirates — l'ampleur de ce phénomène a diminué progressivement au cours du XVIIIe siècle —, c'est qu'ils ont été un des motifs, ou, si l'on préfère, le prétexte de l'intervention française en Algérie qui va marquer le début de la colonisation européenne du Maghreb.

*L'Algérie : une colonisation
de peuplement*

Prétexte, en effet. Le dey avait été irrité du retard apporté par la France à régler une créance. Si de ce côté de la Méditerranée on avait surtout conscience des actes de piraterie des Barbaresques, il convient de ne pas oublier que ceux-ci avaient comme contrepartie les exploits des corsaires européens, notamment ceux qui étaient armés par l'ordre de Malte. D'ailleurs, dans les premières décennies du XIXᵉ siècle, la course[1] était considérablement réduite. Quand Alger tomba, il ne s'y trouvait plus que quelques centaines d'esclaves européens, comparés à des milliers aux siècles précédents. Ce chiffre de quelques centaines était bien inférieur à celui qui avait cours dans l'imaginaire français de l'époque. Il est vrai qu'il y eut des époques où la ville compta jusqu'à 35 000 captifs.

La prise d'Alger, en 1830, réalisée grâce à un corps expéditionnaire de 37 000 soldats, va être la première étape de la colonisation de l'Algérie, qui était (et est toujours) le plus grand et le plus peuplé des pays étudiés dans cette section. Vers 1830, l'Algérie devait avoir plus de 3,5 millions d'habitants, comparés à plus de 2 millions pour le Maroc, environ 1 million pour la Tunisie, et 0,5 million pour la Libye. La conquête de l'Algérie, au-delà de la capitale, ne commença qu'à la fin des années 1830 ; et, en quelques décennies,

---

1. Comme le définit *Le Robert*, action de parcourir le pays, la mer pour faire du pillage.

l'ensemble de l'Algérie passa sous la domination française. Dans une première phase, et après quelques tentatives militaires infructueuses, la France se substitua en quelque sorte à l'autorité ottomane et chercha à dominer le pays grâce aux chefs arabes ralliés à sa cause.

`ABD AL-QADIR : D'UNE GUERRE SAINTE À LA LÉGION D'HONNEUR

Parallèlement intervient sur la scène politique `Abd al-Qadir (Abd el-Kader), jeune théologien qui, à la suite de ses victoires sur les anciennes milices ottomanes, fut en 1832 (à l'âge de 24 ans) proclamé par quelques tribus de l'Oranie « Sultan des Arabes ». Dans un premier temps, il jouit de la bienveillance française et instaura un État à fondement islamique, avec néanmoins des plans de modernisation de l'économie. En 1839, il se lança dans une guerre sainte contre les Français, dans laquelle il fut même secondé temporairement par le Maroc. Malgré la mobilité de ses troupes, il fut obligé de se rendre, en décembre 1847, après 16 ans de conflit. Homme très lettré, `Abd al-Qadir écrivit plusieurs ouvrages de philosophie religieuse. Il revient sur la scène politique en 1860, où, depuis son exil en Syrie, lors d'émeutes, il prit sous sa protection plusieurs milliers de maronites et d'autres chrétiens. Ce qui lui valut une décoration du pape, la Grande Croix de la Légion d'honneur de la France, et l'initiation dans une Loge de la franc-maçonnerie. Napoléon III voulut même prendre des mesures afin de faire d'`Abd al-Qadir le souverain de la Syrie, offre qu'il déclina.

UNE ARRIVÉE MASSIVE D'EUROPÉENS

Déjà, avant la reddition d'`Abd al-Qadir, le des-
tin de l'Algérie avait commencé à basculer vers
celui d'une colonie de peuplement. Dès 1847, on
comptait 110 000 Européens installés dans le
pays ; au recensement de 1896 il y en avait
580 000, et 987 000 à celui de 1936. À cette date,
les Européens représentaient ainsi 14 pour 100 de
la population totale. Nous disons bien Européens,
car une fraction importante des immigrants
n'était pas française (49 pour 100 en 1886). Parmi
les Français, il convient de relever un nombre non
négligeable de prisonniers politiques, notamment
les communards de la « révolte » de 1871[1].

TABLEAU XXI.1
PRÉSENCE EUROPÉENNE DANS LES PAYS
DU MAGHREB

		Nombre d'Européens (en 1000)	*En % de la population totale*
Algérie	(1936)	987	13,6
Maroc	(1936)	237	3,8
Tunisie	(1936)	213	8,2
Libye	(1931)	45	5,6
Total		1 483	8,8

Sources : calculs et estimations de l'auteur d'après les sources nationales.

Cette installation massive d'Européens va amener la création d'une économie dualiste. À côté
de la société et de l'économie autochtones se mettent en place une société et une économie euro-

1. Voir chapitre XVI.

péennes ; la majorité des Européens s'installant
dans les villes traditionnelles et aussi dans les
villes nouvelles développées à ce moment-là. Mais
une partie de ces Européens s'installèrent sur les
terres. Il y eut notamment ce que l'on appelle
«la colonisation officielle» par laquelle l'administration française expropria des terres afin de
les distribuer aux colons venus de France ou
aux Européens d'Algérie. Dans ce cadre, quelque
700 villages furent créés. À côté de cela il y eut la
colonisation dite «libre» qui consista en la création de vastes exploitations européennes utilisant de la main-d'œuvre autochtone.

En tout, dès 1914, les colons disposaient de
2,1 millions d'hectares, chiffre qui passa à 2,5 millions en 1934. Ce qui représentait 38 pour 100 des
terres labourables et des cultures permanentes.
Terres non seulement cultivées en blé et autres
céréales traditionnelles, mais aussi plantés de
vignes destinées à produire du vin pour l'exportation vers la Métropole. Métropole qui, avec les
dégâts causés à partir du début des années 1870
par le phylloxéra, devient un débouché important.

Une partie de la population autochtone fut privée de ses terres et refoulée vers des régions plus
périphériques ; de ce fait, tout le système traditionnel fut bouleversé. Par exemple, la fermeture
des pâturages forestiers entraîna une réduction
du cheptel. Ainsi le nombre d'ovins, qui avant
1865 s'élevait à 8 millions, tomba à 5,2 millions
dans les années 1920. Les cultures vivrières des
paysans autochtones reculèrent également. On
constata, notamment, des famines assez graves
dans ces régions où l'essentiel de la population
autochtone était obligé de se replier. Parallèle-

ment à cela, les exportations augmentèrent considérablement, passant de moins d'un million de dollars vers 1840 à près de 100 millions de dollars vers 1913, ce qui représente 17 dollars par habitant ; comparés à 1 dollar seulement par habitant, nous l'avons vu, pour l'Afrique Noire. Pour l'ensemble du Maghreb, le chiffre sera de l'ordre de 13 dollars.

Une fois les famines du milieu du XIXᵉ siècle passées et grâce aux possibilités médicales accrues, la population autochtone augmenta très rapidement. Entre 1896 et 1936, celle-ci s'accrut à un rythme annuel de 1,2 pour 100, alors que la moyenne du futur Tiers-Monde était de 0,7 pour 100. C'est là l'amorce de la très forte inflation démographique qui touchera ce pays, comme la plupart des pays musulmans. De 3,5 millions d'habitants vers 1830 (soit le dixième de la France), l'Algérie passa à 10,7 millions en 1960. Et, malgré le départ des Européens et l'émigration massive, l'Algérie de 1995 comptait 29 millions d'habitants et, selon les projections des Nations Unies, en comptera probablement environ 45 millions en l'an 2025.

Le Maroc :
la fin d'une longue indépendance

Entre la victoire d'Alcazar-Quivir de 1578 sur les Portugais et l'acceptation en 1912 du protectorat français par le sultan, le Maroc est demeuré dégagé à la fois complètement de la colonisation ottomane et très largement de la colonisation européenne. Deux séries d'événements motivent la réserve «très largement». Le premier est le fait que, même après la victoire de 1578, quelques villes côtières sont restées aux mains des Européens jusqu'aux années 1680. D'autre part, il faut aussi mentionner l'histoire mouvementée de l'enclave de Melilla, demeurée jusqu'à aujourd'hui une possession espagnole. Passée successivement sous le contrôle des Phéniciens, des Carthaginois et des Berbères, cette ville fut prise en 1476 par les Espagnols. À maintes reprises, la ville fut assiégée; le siège de 1893 nécessita une armée de 25 000 hommes pour repousser l'assaut. Encore en 1921, lors de la révolte menée par ʿAbd al-Karim (Abd el-Krim), les Espagnols perdirent des territoires (récupérés en 1926). D'autre part, l'Espagne, à partir de la fin des années 1850, mena une politique d'expansion au Maroc qui lui permit notamment de retrouver l'ancienne possession de Santa Cruz Pequena. Et, même auparavant, il y eut d'assez nombreuses incursions européennes.

LES XVIᵉ ET XVIIᵉ SIÈCLES : UNE PÉRIODE CONTRASTÉE

Le XVIᵉ siècle, qualifié de siècle d'Or notamment sur le plan culturel, ne fut apparemment pas entièrement positif sur le plan économique, et particulièrement sa seconde moitié. Le Maroc fut concurrencé dans ses exportations de sucre par les nouvelles régions productrices (Amérique et Sao Tomé). Néanmoins, ce siècle fut sans aucun doute le siècle d'or de Marrakech, la capitale (à partir de 1554) de la dynastie régnante. Entre 1500 et 1600, cette ville passa de 50 000 à 125 000 habitants, sans trop handicaper Fez (qui passa de 130 000 à 100 000 habitants).

Le XVIIᵉ siècle est politiquement et économiquement encore moins positif. Le déplacement (à
partir de 1673) de la capitale à Meknès — où
Mūlāy Isma'il, considéré comme le plus célèbre
des sultans du Maroc, fit construire « le plus
grand palais du monde » — ne permet pas d'expliquer le déclin ou la stagnation des trois autres
grandes villes (Fez, Marrakech et Rabat), dont la
population cumulée passa d'environ 275 000 vers
1600 à environ 155 000 vers 1700. Meknès serait
passée de 30 000 ou 40 000 à 70 000 vers 1700,
mais aurait atteint un apogée d'environ 200 000
en 1727, avant la guerre civile qui suivit le décès
de Mūlāy Isma'il).

La première moitié du XVIIIᵉ siècle apparaît
encore plus négative sur le plan économique. Elle
est marquée par des révoltes, de graves famines
et peut-être par un déclin de la population, et
presque certainement par un déclin de la population urbaine. C'est ainsi que pour les quatre
grandes villes, on passe d'environ 230 000 habitants vers 1700 à environ 170 000 vers 1750, ce
qui constitue pour la population cumulée de ces
villes un creux, au moins depuis le début du
XVIᵉ siècle. Le Maroc du milieu du XVIIIᵉ siècle
avait probablement un peu moins d'un million
d'habitants. Dans la première moitié du XVIIIᵉ siècle
(en 1717) se place la rupture diplomatique des
relations avec la France et l'Espagne.

UNE INTENSIFICATION DES ÉCHANGES
AVEC L'EUROPE ET LES RIVALITÉS

L'arrivée d'un nouveau souverain, en 1757, a
normalisé la situation économique, même si l'on

ne peut parler d'une véritable reprise. En outre, dans la seconde moitié du XVIIIe siècle, le Maroc a repris et intensifié ses relations commerciales avec l'Europe, signant même dans les années 1760 des traités de commerce avec quelques pays européens, notamment celui dit de 1767 avec la France.

La première moitié du XIXe siècle, si l'on prend l'indicateur de la population urbaine, apparaît assez positif : vers 1850, les quatre villes (avec un peu plus de 250 000 habitants) dépassent le sommet de 1700. La seconde moitié du XIXe siècle est une période contrastée au cours de laquelle les événements se sont en quelque sorte précipités. La pression des manufacturiers britanniques, qui talonnaient leur gouvernement, aboutirent en 1853 à un traité de commerce ouvrant le marché marocain. Les exportations britanniques vers ce marché, qui, vers 1850, étaient assez faibles, commencèrent à progresser rapidement, atteignant 0,8 million de dollars vers 1860 et les 3,4 millions vers 1890. La France, elle aussi, obtint des possibilités de ventes accrues à partir de 1863, alors que l'Espagne reprenait, en 1859, une politique d'expansion territoriale à partir de ses anciennes bases de Ceuta et de Melilla. L'arrivée sur le trône, en 1873, de celui que l'on considère comme ayant été un des plus grands sultans du Maroc, Mūlāy Hasan, va en quelque sorte retarder l'échéance, devenue presque inévitable, de la colonisation européenne. La mort en 1894 de Hasan fit monter sur le trône un souverain jeune et faible.

Nous passerons sur les rivalités européennes du tournant du siècle qui, en fin de compte, se soldèrent à l'avantage de la France, débarquement de ses troupes à Casablanca en août 1907, et au traité de protectorat en mars 1912. La suprématie française a résulté d'une entente franco-britannique : les Français laissaient les mains libres à l'Angleterre en ce qui concerne l'Égypte.

La colonisation française fit émerger deux personnalités exemplaires, mais à des titres opposés. Celle du maréchal Louis Lyautey qui sut préserver maints acquis de la société traditionnelle marocaine et a écrit, entre autres, un livre intitulé *Du rôle social de l'officier dans le service militaire universel*. Celle d'`Abd al-Karim que l'on considère comme un des principaux précurseurs de la lutte anti-colonialiste (il fut même appelé par Hô Chi Minh «Le Précurseur»). C'est après le départ du premier en 1925 et la défaite du second en 1926 (l'armée envoyée afin de le combattre était commandée par le maréchal Pétain), que la colonisation effective s'accéléra. Celle-ci se fit à peu de chose près comme dans les autres pays du Maghreb ; mais, en raison de son caractère plus tardif, et malgré les interventions assez massives de capitaux contrôlés par la Banque de Paris et des Pays-Bas, la confiscation des terres et la présence européenne furent moins importantes et entraînèrent des modifications plus faibles dans la société et l'économie marocaines.

Les deux autres pays du Maghreb : Tunisie et Libye

Pour les autres pays du Maghreb, cette colonisation sera plus tardive, mais revêtira à peu près les mêmes formes qu'en Algérie et au Maroc. Après l'Algérie et avant le Maroc, le premier pays à être colonisé a été la Tunisie dont le début de la colonisation se place en 1881. Puis, en 1911, ce fut le tour de la Libye. Nous serons plus bref sur leur histoire.

LA TUNISIE : UN GLISSEMENT
VERS LE SOUS-DÉVELOPPEMENT
QUI PRÉCÉDA LA COLONISATION

Les historiens s'accordent pour voir dans l'histoire générale et l'histoire économique de la Tunisie, entre le milieu du XVIIIe siècle et le début de la colonisation, deux phases très distinctes. Une ère de prospérité qui dura jusqu'en 1814 (fin du règne du bey Hammuda), suivie d'une période de déclin économique, qui serait la conséquence de l'afflux de produits manufacturés européens, d'une détérioration des prix d'exportation (notamment de l'huile d'olive), et aussi des effets des interventions militaires européennes destinées à juguler la piraterie ; bref, un glissement vers le sous-développement. Le niveau de la population a peu évolué car, vers 1880, la population (environ 1,3 million) aurait été, à peu de chose près, la même qu'avant les pestes des années 1794-1800. Signalons que, dans cette période, s'inscrit l'ébauche d'une tentative d'industrialisation (1838-1855) d'Ahmad bey qui n'aboutit pas à des résultats réellement tangibles.

Un incident de frontière, en mars 1881, des tribus avaient traversé la frontière algéroise, fournit le prétexte d'une double intervention armée en avril. Des troupes parties d'Algérie atteignent Tunis, sans avoir eu besoin de livrer combat ; et une expédition navale s'empare de Bizerte. Deux

mois plus tard, le Bey accepte le protectorat français. La politique de colonisation fut assez proche
de celle suivie en Algérie. En 1911, il y avait déjà
48 000 Français en Tunisie, mais aussi 88 000 Italiens arrivés avant le protectorat, formellement
en vigueur dès 1883. En 1936, les Européens sont
au nombre de 213 000, soit 8 pour 100 de la population (Algérie, 13 pour 100 ; Maroc, 4 pour 100).
L'expropriation des sols a été plus faible qu'en
Algérie, et l'agriculture autochtone ne fut pas fortement affectée. À côté des exportations de produits agricoles (céréales et vin), la Tunisie devint
rapidement un fournisseur important de phosphates. La production de phosphate, nulle avant
1899, dépassa le millier de tonnes en 1907, les
deux millions en 1923, pour fluctuer autour des
trois millions de tonnes avant les années de
dépression, faisant de la Tunisie le deuxième producteur mondial (après les États-Unis), et représentant 30 pour 100 de la production mondiale.

LA LIBYE : UN ÉTAT BARBARESQUE PARMI D'AUTRES

Comme les autres pays du Maghreb sous domination ottomane, la Libye a connu une période
d'indépendance. Celle-ci dura plus d'un siècle
(entre 1711 et les années 1820) et fut aussi une
période de prospérité, due surtout à la piraterie.
Mais la piraterie ne fut pas une spécificité
libyenne, car ce pays faisait partie de ce que l'on
a appelé les États barbaresques. Et puisque nous
avons évoqué cette question indirectement et
trop succinctement (et qu'avec la Libye s'achève
l'étude de cette région), il convient d'ouvrir ici
une parenthèse sur ces États.

Le terme barbaresque a été formé probablement au XVIᵉ siècle à partir du nom géographique «Barbare» qui désignait les territoires des Berbères, et par extension l'ensemble du Maghreb. Un des éléments qui contribua à la connotation négative du terme fut l'ampleur de la piraterie envers les navires européens, commencée certainement à la fin du XVᵉ siècle, et peut-être même à la fin du XIVᵉ siècle. De plus, il s'agissait d'une piraterie organisée à partir de nombreux ports contrôlés par des corsaires et qui, dans les périodes où le pouvoir central se relâchait, devenaient des cités autonomes. Les pirates ne pillaient pas seulement les navires et leurs cargaisons, mais aussi les marins et les passagers qu'ils emmenaient en esclavage. Parmi ces esclaves, ceux dont des parents en Europe disposaient de ressources pouvaient être rachetés.

Néanmoins, il ne faut pas oublier que l'action des Barbaresques avait sa contrepartie en Europe où, dès la fin du XVIᵉ siècle, la piraterie s'organisa à partir de bases telles que La Valette, Livourne, Valence, etc., mais, dans l'ensemble, il apparaît que celle-ci a été moins active que celle de l'autre côté de la Méditerranée. D'ailleurs, des chrétiens ont été au service des Barbaresques, à l'instar des musulmans au service des pirates européens. La disparition de l'esclavage en Europe et son maintien dans les mondes musulmans ont rendu l'action des pirates barbaresques plus «barbares», car les prisonniers étaient souvent vendus comme

esclaves ; et la réaction européenne fut plus mus-
clée, car elle était favorisée par la qualité des
canons européens. En guise de représailles, à partir du début du XVIIᵉ siècle, les villes servant de
base aux pirates furent périodiquement bombar-
dées. Par exemple, Alger, entre 1622 où elle fut
bombardée (par les Anglais) pour la première fois
et 1830 une dernière fois (par les Français), a dû
subir une vingtaine de bombardements (par
5 pays différents au moins), dont ceux de 1775 et
de 1816, qui provoquèrent des dégâts importants.

Revenons à la Libye où Tripoli eut d'ailleurs à
subir des attaques de représailles des États-Unis
dans les années 1801-1805. En définitive, c'est
l'Italie qui, dans le cadre de sa guerre contre la
Turquie (1911-1912), annexa en 1911 le pays.
Malgré le caractère tardif de cette colonisation,
la présence italienne fut importante, car la mainmise politique était plus complète que dans les
colonies françaises du Maghreb. Signalons la
décision de Mussolini (en 1931) d'y envoyer massivement des paysans de Sicile et d'Ombrie. À la
veille de la guerre, il devait y avoir 150 000 Italiens installés en Libye (soit 18 pour 100 de la
population totale). Mais le pays n'était pas très
fertile, et le pétrole ne sera découvert qu'en 1959.

DEUX CAS TRÈS SPÉCIFIQUES :
L'ÉTHIOPIE,
UN ROYAUME CHRÉTIEN,
ET LE LIBÉRIA,
UN PAYS REFUGE

En Éthiopie, le christianisme, sous une forme très particulière il est vrai, a joué un rôle important. Il serait plus exact de dire joue encore, car n'oublions pas que jusqu'au début des invasions arabes une grande partie de l'Afrique du Nord était chrétienne. Quant au Liberia, sa spécificité tient au fait même de sa création dans un but très précis (à savoir servir de refuge aux esclaves du Nouveau Monde) et au fait qu'il fut le premier pays indépendant de l'Afrique Noire.

L'Éthiopie : le royaume chrétien
du négus entre les mondes juif
et musulman

Siège d'une civilisation ancienne et avancée, l'Éthiopie (appelée avant et pendant la colonisation italienne Abyssinie) a une histoire passionnante et mystérieuse à bien des égards. Pour la tradition juive, il s'agit du pays de la Reine de Saba, dont le fils (qu'elle eut avec le Roi Salomon) Ménélik et ses successeurs qui régnèrent se firent appeler (jusqu'au dernier empereur Hailé Sélassié Ier, renversé en 1974) « Lion de Judah ». Pour la tradition de l'Europe chrétienne, l'Éthiopie a été, comme nous l'avons vu, pendant des siècles le pays légendaire du prêtre Jean, personnage qui, aux yeux des Occidentaux, était un puissant souverain à la fois roi et prêtre. Un de ses rôles supposés était de défendre les régions périphériques de la Chrétienté contre l'Islam.

Pour l'histoire universelle se pose d'abord la controverse de l'influence déterminante qu'aurait eue l'Éthiopie sur la naissance de la civilisation égyptienne. Un fait demeure : ce pays, qui pendant une certaine période s'étendit même en Arabie, est demeuré le seul dans cette région à ne pas avoir été submergé par l'islamisme et à conserver comme religion, très largement dominante, le christianisme. Le rôle des juifs n'est pas non plus controversé : pendant certaines périodes, ils auraient même régné sur le pays dont ils constituaient une fraction appréciable. Tout ceci, si passionnant soit-il, est un peu en marge de notre sujet et, surtout, comporte trop d'incertitudes pour que nous nous y arrêtions davantage. Il convient néanmoins de relever que le pays a connu pendant cinq siècles une période très florissante, notamment dans les domaines culturel et religieux (Chrétienté), période qui a débuté, en 1270, avec l'arrivée à la tête du pays de Yekouno Amlak.

L'histoire de l'Éthiopie moderne commence en 1855 avec le règne du négus « Roi des Rois », Théodoros II (1818-1868) qui tenta d'unifier et de moderniser le pays avec les conseils de l'ambassadeur britannique Walter Plowden. Celui-ci, ami de ce monarque, était très doué physiquement et intellectuellement. Dans son désir de modernisation du pays, le négus écrivit (en 1866) à la reine Victoria afin de lui demander l'envoi d'ouvriers et

de machines d'Europe. Mais les perspectives de
l'ouverture du canal de Suez intensifièrent les
intrigues des Européens, entraînant des déboires
dans sa politique d'unification. En 1868, suite à
des malentendus, les Britanniques envoyèrent
une expédition militaire. Il se suicida plutôt que
d'être capturé. Ainsi tourna court une première
velléité de modernisation de ce pays millénaire.

L'ouverture du canal de Suez et l'affaiblissement du pouvoir central entraînèrent des
tentatives accrues d'interventions européennes,
et notamment celle des Italiens. Et c'est grâce à
un autre négus exceptionnel, Ménélik II (1844-
1913) que l'indépendance fut préservée. Une
armée italienne de conquête, forte de près de
18 000 hommes, subit en 1896 à Dowa une
défaite retentissante (70 pour 100 de tués et 20
pour 100 de prisonniers).

Ménélik II a non seulement préservé l'indépendance du pays, mais il l'a étendu et a surtout
procédé à d'importantes réformes, notamment
l'abolition de l'esclavage, l'instauration de l'instruction obligatoire et la construction, à partir de
1883, de la nouvelle capitale Addis-Abeba (« nouvelle fleur »). Sur le plan économique, à part la
construction d'une ligne de chemin de fer, il n'y a
pas de réelle suite à la tentative de modernisation
espérée par Théodorus II. De sorte que, à la veille
de la Première Guerre mondiale, comme d'ailleurs à la veille de la Seconde Guerre mondiale,
l'Éthiopie n'avait aucune industrie moderne.

D'autre part, bien que, selon toute probabilité,
le café ait trouvé son origine dans ce pays, l'Éthiopie n'était qu'un producteur et un exportateur
marginal de ce produit ; annuellement, pour 1930-

1934, c'est-à-dire avant la nouvelle intervention des Italiens, la production s'élevait à 17 000 tonnes, soit 17 pour 100 de celle d'Afrique, mais seulement moins de 1 pour 100 de celle du Tiers-Monde. Les exportations d'autres produits tropicaux étaient encore plus marginales. Notons toutefois que, entre 1909-1913 et 1930-1934, la production éthiopienne de café avait été multipliée par près de 5.

L'expédition de l'Italie de 1935, qui s'inscrit donc dans la politique coloniale de Mussolini, aboutit assez rapidement, et malgré une résistance acharnée, à la fin de l'indépendance du pays. Malgré les appels pathétiques de Hailé Sélassié, notamment le 28 juin à Genève devant la Société des Nations, le pays du prêtre Jean fut abandonné aux forces fascistes. Mais la déclaration de guerre de l'Italie obligea, en quelque sorte, l'Angleterre à se solidariser avec l'Éthiopie, et grâce encore à l'action du vaillant Hailé Sélassié, les armées britanniques du Soudan (renforcées par des soldats en provenance du Congo belge) libérèrent le pays dès janvier 1941. Ce qui, bien sûr, impliqua une colonisation économique restreinte, mais non l'absence d'exactions.

Le Libéria : un refuge
pour d'anciens esclaves
du Nouveau Monde

La région qui devint le Libéria était (et est encore) extrêmement peu peuplée, car elle est inhospitalière sur le plan climatique, et peu riche en bonnes terres. Quand, au début des années 1820, les premiers colons, envoyés par l'American Colonization Society, s'y installèrent, la population ne s'élevait qu'à quelques centaines de milliers. Cette société, fondée en 1816, avait pour objectif l'installation en Afrique d'anciens esclaves d'Amérique. Elle était animée et soutenue par des pasteurs blancs, mais aussi par des personnalités noires, d'anciens esclaves qui estimaient que les Noirs ne seraient jamais traités équitablement aux États-Unis. De ce fait, la société était fortement attaquée par les Noirs pour son caractère raciste.

Si, dans la première décennie de son activité, près de 3 000 anciens esclaves furent installés au Libéria (appelé alors Monrovia, en l'honneur du président américain James Monroe), le nombre total fut peu important : en tout environ 23 000 (dont les trois quarts en provenance des États-Unis). L'indépendance fut proclamée en 1847, faisant de ce pays le premier d'Afrique Noire à accéder à ce statut. Sur le plan politique, un des problèmes persistants est l'antagonisme entre les descendants des Afro-américains, qui ont accaparé une large partie du pouvoir, et le grand reste, environ 95 pour 100, de la population autochtone. Sur le plan économique, la réussite fut très médiocre et ce même sur le plan des exportations de produits bruts. À la veille de la Seconde Guerre mondiale (1936-1938), malgré notamment l'extension des plantations de caoutchouc entreprise par la firme Firestone, les exportations totales ne s'élevaient qu'à 1,7 million de dollars, soit à peine un peu plus d'un dollar par habitant, comparé à plus de cinq dollars pour la moyenne de l'Afrique Noire. Sur le plan industriel, c'était un désert total.

Enfin signalons, pour clore ce chapitre, qu'un autre pays, la Sierra Leone, a également servi de refuge à d'anciens esclaves. Cela commença même plus tôt qu'au Libéria, puisque c'est à partir de 1787 que le premier groupe de 400 anciens esclaves y fut installé par une organisation philanthropique britannique. Cependant, le nombre total d'esclaves libérés installés fut beaucoup plus faible qu'au Libéria ; et l'abolition de l'esclavage dans le pays fut très tardif, puisque cela ne fut réellement réalisé qu'en 1928.

XXII. L'ASIE : DE LA DÉSINDUSTRIALISATION DE L'INDE À UN PAYS RESTÉ INDÉPENDANT : LA THAÏLANDE

C'est en quelque sorte afin de disposer d'un accès plus aisé, et, surtout, plus direct aux grandes richesses du continent asiatique, que l'Amérique et l'Afrique ont, à leur corps défendant, succombé à la domination européenne. Et si le tournant de la fin du XVIe siècle marque le début réel de la colonisation de l'Amérique et de la traite atlantique des esclaves, en Asie la rupture fondamentale se situe au milieu du XVIIIe siècle. Au chapitre XVIII, nous avons vu que la date de 1757, qui est celle de la bataille de Plassey, constituait une charnière importante, en ce sens qu'elle marque le début de la colonisation directe de l'Angleterre sur ce qui va devenir les Indes britanniques.

Nous allons examiner ici l'histoire économique et sociale des principaux pays d'Asie entre le début du XVIe siècle et la veille de la Première Guerre mondiale, en mettant souvent l'accent sur la période 1760-1914, qui est donc celle de l'intervention plus massive de l'Europe, qui, vue dans une perspective géographique très large, apparaît somme toute comme un petit prolongement de cette Asie. Petit, en effet... car l'Europe — y compris la Russie d'Europe — a une superficie de

10 500 000 km², comparés aux 29 300 000 km² de
l'Asie. Et plus petit encore si l'on exclut de
l'Europe la Russie (qui en représente plus de la
moitié) que maints observateurs «rattachent» à
l'Asie. Cette disproportion se retrouve aussi au
niveau de la population; vers 1500, l'Asie était
environ quatre fois plus peuplée que l'Europe. Cet
élément et aussi les coûts de transport expliquent
aisément le fait que si cet accès plus direct a
considérablement accru le volume des produits
d'Asie acheminés vers l'Europe, vus du côté de
l'Asie ces échanges sont restés très longtemps (en
fait, jusqu'au début du XIXᵉ siècle) marginaux.
Voyons cela.

L'ASPECT MARGINAL DES ÉCHANGES POUR L'ASIE
JUSQU'AU DÉBUT DU XIXᵉ SIÈCLE

Effectivement, vu de l'Europe, le volume du
commerce avec l'Asie pouvait aisément paraître
important. Les épices d'Orient se trouvaient,
plus ou moins abondamment, dans toutes les cuisines d'Europe; les indiennes paraient nombre de
femmes riches des villes européennes et embellis-
saient l'ameublement de riches demeures et châteaux; et les porcelaines chinoises faisaient la
fierté des bourgeois et des nobles. Il est difficile
de connaître l'ampleur de l'augmentation de la
consommation de textiles et d'autres produits
manufacturés en provenance d'Asie; mais pour
ce qui est par exemple des épices, on estime
qu'entre 1500 et 1700 les importations d'Europe
sont passées de moins de 2 500 à 7 000 tonnes; et,
vers 1790, probablement à plus de 15 000 tonnes.
L'augmentation de la consommation de ces pro-

duits d'Asie résulte de la diminution de leur prix
de vente en Europe ; car non seulement la voie
maritime était moins coûteuse (malgré le fait
qu'il fallait contourner l'Afrique), mais elle impliquait beaucoup moins d'intermédiaires commerciaux et l'élimination de maintes taxes de transit.

Toutefois, ces produits demeuraient des produits de luxe ; et, malgré leur prix élevé, il s'agissait de biens, certes très visibles, mais marginaux.
L'ensemble des produits importés d'Asie ne devait
pas représenter plus de 1 pour 100 (et peut-être
bien moins) de la valeur de la consommation
totale de l'Europe au milieu du XVIIIᵉ siècle.

Et de l'autre côté, quelle a été l'importance de
ces échanges pour les économies asiatiques ?
Celle-ci a été extrêmement faible. Prenons le cas
de l'Inde, pour laquelle, à l'instar de la plupart
des autres régions d'Asie, on ne dispose pas de
données valables sur l'importance des exportations, mais dont on peut estimer cette importance
en examinant les importations européennes de
cette provenance. Nous voyons ainsi que, vers
1760, les importations totales anglaises de cette
provenance s'élevaient en valeur c.a.f., c'est-à-
dire y compris les coûts de transport et autres
frais, à un million de livres sterling, ce qui devait
représenter 0,6-0,7 million de livres au maximum
en tant que valeur d'exportation. À cette époque
l'Angleterre avait déjà le quasi-monopole du commerce avec l'Inde, mais on peut postuler que la
valeur totale des exportations de produits indiens
vers l'Europe (y compris à travers le Moyen-
Orient) s'élevait au maximum à un million de
livres sterling.

Quel pourcentage du produit national indien

pouvait représenter un tel montant? On ne dispose pas d'évaluation du produit national indien pour l'époque, mais si l'on postule qu'en termes de produit par habitant il représentait 70 pour 100 de celui de l'Angleterre, ce qui constitue une estimation très modérée (80 à 90 pour 100 ou même une parité étant probable), on arrive à la conclusion que ces exportations ne représentaient que 0,04 à 0,05 pour 100 du produit national total indien. Donc proportion très faible, négligeable même. Certes, au niveau des produits spécifiquement touchés et des régions plus spécialement concernées, cet impact était plus important, mais le taux que nous venons de calculer reste significatif en tant qu'ordre de grandeur et est confirmé par ce que nous savons sur le peu d'importance attachée par l'Inde à ces échanges commerciaux.

Cela pour le milieu du XVIIIe siècle et pour l'Inde. Pour les siècles antérieurs, il est probable que l'impact a été encore plus restreint et il le fut certainement pour la Chine. Il aurait pu difficilement en être autrement quand on connaît la situation faite aux commerçants européens, ces «barbares» le plus souvent tout juste tolérés dans quelques quartiers restreints d'un nombre très limité de ports. Un siècle plus tard la situation sera toute différente.

En outre, en raison de l'éloignement, donc en raison du coût élevé de transport et du haut niveau technique de l'industrie de la plupart des pays d'Asie, l'Europe n'avait que très peu à offrir en échange des produits qu'elle désirait et qu'elle était prête à payer à un prix assez élevé, étant donné qu'ils étaient impossibles à produire sous ses latitudes. Enfin, il n'est pas exclu que l'augmentation de la quantité de produits importés d'Asie par l'Europe n'ait pas été compensée en partie par un recul des importations de ces mêmes produits en provenance de l'Afrique et du Moyen-Orient. En tout état de cause, entre 1500 et 1800, la population de ces deux dernières régions a augmenté beaucoup plus lentement que celle de l'Asie : respectivement 8 à 15 pour 100 et 140 à 170 pour 100. Ce qui réduit les probabilités d'une augmentation des exportations aussi forte qu'en Asie.

L'histoire économique et sociale de l'Asie, que nous avons ainsi commencée, sera appréhendée surtout à travers celle de deux pays : l'Inde et la Chine. Deux pays qui non seulement représentaient (vers 1913) environ 82 pour 100 de la population totale de l'Asie, Japon excepté ; mais deux pays qui, à eux seuls, représentaient environ 65 pour 100 de la population de l'ensemble du futur Tiers-Monde. Et surtout deux pays dont l'évolution significative peut servir d'illustration à l'évolution d'autres pays et régions. Toutefois, nous ne négligerons pas le reste de l'Asie. Nous consacrerons une brève analyse à six autres cas significatifs de l'Asie, à savoir l'Indonésie, Ceylan, les Philippines, l'Indochine, la Corée et la Thaïlande. La partie du Moyen-Orient localisée en Asie (ainsi que l'Égypte) sera traitée dans le chapitre suivant.

L'INDE, LE PROTOTYPE
DE LA DÉSINDUSTRIALISATION

L'histoire économique et générale de l'Inde comporte un cruel paradoxe : ce sont les dominations étrangères qui ont conduit à son unité politique et parfois à son apogée économique, mais ce sont aussi elles qui ont parfois amené son déclin économique. À l'inverse, l'indépendance a toujours conduit à un morcellement politique. Ce sera très visible dans les quatre siècles d'histoire économique de l'Inde que nous abordons à présent. Et si, indiscutablement, la colonisation anglaise constitue la rupture la plus importante au cours de ces trois siècles, nous ne négligerons cependant pas le siècle et demi précédant cette rupture.

Montée et déclin de l'Empire moghol

Si l'Inde était demeurée ce vaste Empire divisé qu'elle était au moment où, en 1498, Vasco de Gama y débarqua la première fois, l'avenir de ce pays aurait probablement été différent. Il est presque certain que, dans une telle hypothèse, la colonisation effective de l'Inde aurait été beaucoup plus précoce. Mais, très rapidement (un quart de siècle plus tard), l'histoire de l'Inde basculait à nouveau. En 1525, Babur (un descendant de Gengis Khan), après avoir établi en 1504 un Royaume afghan, se lançait à la conquête de

l'Inde (au départ, à l'invitation des sultans indo-
musulmans). Malgré la faible taille de son armée,
mais grâce à ses canons (alors inconnus en Inde),
ce fut un succès très rapide. C'est ainsi que
débuta la dynastie Moghole qui allait faire la
grandeur et l'unité de l'Inde, et qui régna jusqu'à
la veille de la conquête britannique.

Akbar (règne : 1556-1605), petit-fils de Babur,
élargit considérablement le royaume, et surtout
introduisit une série de réformes allant de la religion à l'amélioration des transports, en passant
par une réorganisation fiscale qui allait notamment améliorer la condition des paysans. Ces
réformes ont entraîné un véritable « âge d'or » de
la vie économique, sociale et culturelle de l'Inde.
Tous les indices disponibles laissent entrevoir des
progrès sensibles sur le plan agricole et industriel. On peut considérer que l'Inde des XVIe et
XVIIe siècles était une des trois ou quatre régions
les plus avancées du monde. Ce qui n'implique
cependant pas que dans tous les domaines son
niveau technique ait été voisin ou supérieur
à celui de l'Europe de la même période. Par
exemple, la technique employée dans l'industrie
minière y était moins avancée que celle employée
en Europe, alors que, en revanche, la qualité des
textiles, notamment des tissus de coton, dépassait
largement celle des textiles produits en Europe.

On peut considérer que le règne d'Akbar marque
l'apogée politique et surtout économique et social
de la dynastie moghole. Cependant, le véritable
déclin ne surviendra qu'un siècle plus tard, avec
la mort d'Aurangzeb. Le très long règne d'Aurangzeb (entre 1658 et 1707) a des analogies avec celui
de Louis XIV. Analogie avec la durée et la période

du règne (1643-1715), et aussi certaines analogies politiques et économiques. Le règne d'Aurangzeb fut le dernier de cette période positive. À sa mort, cet Empire s'est progressivement morcelé en une multitude d'États antagonistes, ce qui allait faciliter la pénétration anglaise. Le seul État où un pouvoir assez fort subsista fut celui de Delhi qui resta en place jusqu'à 1855. À partir de 1730-1740, les Anglais supplantèrent les Portugais en tant que principale puissance commerciale dans cette région, comme d'ailleurs dans pratiquement toutes les autres parties du globe. Et, en 1757, commença la domination directe.

Rappelons qu'au début la domination directe était très faible ; elle représentait environ 5/10 000 du territoire. Mais, dès 1808, les ports les plus importants sont sous la domination anglaise ; et, vers 1818, on peut considérer que pratiquement toute l'Inde est sous la domination directe ou sous le protectorat britannique. En fait, on devrait dire domination ou protectorat de la Compagnie des Indes anglaises. En effet, jusqu'en 1858, c'est cette Compagnie que va administrer directement l'Inde. Ce n'est qu'à partir de 1858 et jusqu'en 1947 que l'Inde, sous l'angle politique, sera une colonie britannique.

Colonisation anglaise
et intensification
des échanges extérieurs

Sur le plan économique, cette colonisation (de la Compagnie ou de l'Angleterre) va se traduire notamment par deux phénomènes importants : un fort accroissement des échanges extérieurs et, fait encore plus important, un changement profond dans la structure de son commerce extérieur. Voyons cela, et surtout les conséquences sur l'économie indienne de cette colonisation, de ces modifications des échanges.

Commençons par l'accroissement des échanges. Comme on peut le voir dans le tableau XXII.1, avant la colonisation les échanges de l'Angleterre avec l'Inde se caractérisaient par un déficit important : les importations en provenance de l'Inde étaient 5 fois plus importantes que les exportations vers l'Inde. Ce qui traduit bien la situation générale de cette époque où l'Europe avait peu à offrir aux civilisations avancées d'Asie. Mais, déjà vers 1770, la situation se modifie. À partir de ce moment commence la très forte expansion des échanges. Entre 1750 et 1913, la valeur des exportations anglaises vers l'Inde est multipliée par 69 et celle des importations de ce même pays par 42. Toutefois, comme le niveau (européen) des prix vers 1913 était d'un tiers environ plus élevé que vers 1770, en termes de volume cela représente, *grosso modo*, une multiplication par 52 pour les exportations et par 32 pour les importations, ce qui reste considérable. L'expansion des importations britanniques en provenance de l'Inde ayant donc été un peu plus lente que les exportations, il en est résulté un déficit commercial croissant de l'Inde, déficit que la sortie de métaux précieux a partiellement comblé.

Quant à la structure de ces échanges, jusqu'en 1813 il n'y a pas eu de modifications significatives. L'Angleterre exportait vers l'Inde des lainages, certains articles manufacturés, mais aussi

TABLEAU XXII.1

ÉCHANGES ENTRE L'ANGLETERRE[a] ET L'INDE
(en millions de dollars courants[b])

	Exportations vers l'Inde	*Importations en provenance de l'Inde*
1700	0,5	2,5
1770	4,5	5,5
1800	10,0	19,0
1850	43,0	45,0
1900	156,0	134,0
1913	310,0	233,0

a À partir de 1800: Royaume-Uni.
b Pour l'ensemble de la période, les livres sterling ont été converties sur la base du taux de change en vigueur au cours de la seconde moitié du XIXe siècle.

Sources: D'après Mitchell, B.R. et Deane, P. (1962).

essentiellement des produits servant de monnaie d'échange afin de permettre notamment l'importation à partir de l'Inde d'épices et surtout d'articles manufacturés. Parmi ces articles manufacturés, il s'agissait essentiellement des fameuses cotonnades que l'on appelle «indiennes» et qui représentaient une part importante des exportations de l'Inde. On peut considérer qu'environ 70 pour 100 des exportations de l'Inde étaient composées d'articles manufacturés et notamment de ces indiennes. D'ailleurs, la politique de la Compagnie des Indes, qui gouvernait alors les Indes, consistait «à exporter autant de lainages que l'Inde pouvait en absorber et à faire sortir de l'Inde autant de cotonnades que l'Europe pouvait en absorber»; soulignons ce autant que «l'Europe pouvait en absorber», car l'Angleterre, comme d'ailleurs d'autres pays comme la France, ne permettait pas

à ces produits de concurrencer sa propre industrie. La législation anglaise était très stricte en la
matière, interdisant pratiquement l'importation
de ces textiles.

Bouleversement dans la nature
des échanges et désindustrialisation

En 1813, se place un changement radical de
politique de la Compagnie des Indes. Expliquons-
nous. Et, pour cela, il faut remonter une année
en arrière, donc en 1812, où commence la guerre
entre l'Angleterre et les États-Unis, ce que certains
auteurs qualifient de Deuxième Guerre d'Indépendance des États-Unis. Ce qu'il faut avoir en
mémoire, c'est que, tardivement (à partir du début
des années 1790), mais d'une façon accélérée,
les États-Unis étaient devenus des exportateurs
importants de coton brut, fournissant une quantité appréciable du coton brut consommé par
l'Angleterre et d'autres pays européens.

D'autre part, il convient de rappeler certains
aspects examinés dans les chapitres consacrés à
la révolution industrielle. À partir des années 1760,
l'industrie anglaise se transforme rapidement ; et
notamment la filature de coton se mécanise ; de ce
fait sa productivité s'accroît considérablement.
Vers 1810, il est probable qu'un ouvrier d'une
filature mécanisée anglaise (elles l'étaient pratiquement toutes) produisait par heure de travail
10 à 14 fois plus de fil qu'un artisan traditionnel
(européen ou indien). Comme nous l'avons vu,
pour les fils fins les gains de productivité s'expriment en centaines de fois Et, vers 1810, l'indus-

trie cotonnière était devenue un secteur-clé de l'économie britannique, consommant des quantités importantes de coton brut, bien sûr totalement importé. Les importations sont passées de 1 800 tonnes pour 1768-1772 à 39 000 tonnes pour 1807-1811. Une partie dominante de ces importations provenait des États-Unis, qui, en quelques décennies, étaient devenus les plus gros exportateurs du monde de cette matière première, vitale pour l'économie britannique. De ce fait, l'arrêt des importations de coton brut en provenance des États-Unis va être un argument supplémentaire et un argument décisif pour les marchands anglais afin de pousser le gouvernement britannique à supprimer le monopole du commerce dont disposait la Compagnie des Indes. Ce qui fut fait en 1813. À partir de ce moment-là, tout commerçant britannique peut commercer librement avec l'Inde, ce qui va provoquer un changement radical dans la structure des exportations de l'Inde et aussi, bien entendu, dans la structure des exportations de l'Angleterre vers l'Inde.

L'AVALANCHE DES ARTICLES MANUFACTURÉS

En Inde, en quelques décennies, les importations d'articles manufacturés en coton vont atteindre des niveaux si élevés qu'elles représentent une partie dominante de la consommation locale. Afin de fournir quelques ordres de grandeur en ce domaine, signalons que les importations de cotonnades britanniques passent de 1 million de yards en 1814 à 13 millions vers 1820, et à 2 050 millions (soit 7 yards ou 6,4 mètres par habitant) en 1890. Comme cela représentait la quasi-totalité des besoins locaux, on a assisté dès les années 1820 à un processus d'abandon de l'activité textile locale, qui a touché davantage la filature que le tissage. Bien entendu, les historiens discutent encore aujourd'hui pour savoir quelle proportion de l'industrie textile locale a disparu ou si seulement cette disparition ne représentait que 60 à 80 pour 100 ou 80 à 95 pour 100 du total. Même si l'on prend les estimations les plus modérées, cela veut dire un phénomène très accentué de désindustrialisation. Désindustrialisation... Voilà le mot-clé du phénomène qui caractérise l'Inde du XIXe siècle. Un processus de désindustrialisation presque totale dans l'industrie textile ; et encore plus complète dans d'autres secteurs.

En effet, à côté de la disparition presque totale de l'industrie textile, il faut noter une disparition encore plus complète de certains autres secteurs industriels, notamment la sidérurgie. Son déclin débute un peu plus tard que pour le textile, mais est encore plus complet. Cela étant dit, il est évident qu'une partie des activités purement artisanales, notamment la confection de vêtements, de chaussures et de tout un ensemble d'autres types d'activités très artisanales, telles que la fabrication de meubles, de poterie, d'articles de paille, etc., a mieux survécu que le textile proprement dit ou la sidérurgie. D'après les calculs qui ont pu être effectués, cette diminution sévère de l'industrie, alliée à une évolution aussi négative dans d'autres secteurs, et notamment dans le secteur agricole, aurait entraîné, entre 1860 et 1910, une diminution du produit par habitant. Bien entendu, ces chiffres sont très fragiles, mais on considère que la baisse du produit par habitant a été de l'ordre de 20 pour 100 environ (nous revenons plus loin sur cet élément important). Toutefois, dans cette phase globalement négative de 1860-1914, se situe néanmoins une évolution positive dont il faut dire quelques mots. C'est le phénomène de réindustrialisation, l'apparition d'un début d'industrie moderne, à la fois dans le textile et dans la sidérurgie.

La disparition de l'industrie textile a entraîné une augmentation de la production, et surtout des exportations de coton brut, puisque c'était un des motifs invoqués pour supprimer le monopole de la Compagnie des Indes. Les quantités de coton brut exportées dépassent largement celles des cotonnades manufacturées importées. Insignifiantes au début du XIXe siècle, ces exportations de coton brut ont atteint 440 000 tonnes annuellement pour 1910-1914. Selon toute probabilité, la production de coton brut a été multipliée par 6 entre 1810 et la veille de la Première Guerre mondiale, passant d'environ 150 000 à 930 000 tonnes. De ce fait, on a assisté à une soustraction d'une partie des terres consacrées aux cultures vivrières. Signalons néanmoins que les États-Unis sont redevenus rapidement les principaux fournisseurs de coton brut du Royaume-Uni (68 pour 100 pour 1820-1825, 75 pour 100 pour 1908-1913, et pour cette dernière date le total des importations annuelles s'est élevé à 1 030 000 tonnes, soit 27 fois plus que pour 1807-1811).

Les débuts de la réindustrialisation de l'Inde

En ce qui concerne le textile, dès les années 1860-1870, nous sommes en présence de la création de quelques entreprises textiles modernes, c'est-à-dire des filatures mécaniques de coton basées sur les technologies occidentales. Même si des filatures ont été créées beaucoup plus tôt (la première daterait de 1817) et qu'en 1880 il y avait déjà 1,47 million de broches à filer le coton, le véritable démarrage de l'industrie peut être fixé à 1887, date de l'ouverture de l'Empress Mill, cette grande filature moderne créée par Jamsetji Tata (1839-1904), entrepreneur indien (de la minorité parsi), qui allait devenir la cheville ouvrière de la difficile réindustrialisation de l'Inde. Et ce non seulement dans le textile, mais également en sidérurgie.

UNE INDUSTRIE DÉJÀ IMPORTANTE
EN TERMES ABSOLUS

Si l'on se place vers 1910 — date pour laquelle on dispose de bonnes données comparatives grâce aux travaux de David Asseo (1989) —, on s'aperçoit que l'Inde disposait de 5,9 millions de broches à filer le coton. C'est un chiffre, bien sûr, en lui-même relativement impressionnant, mais si nous le replaçons dans un contexte plus large, et notamment dans celui des pays développés, on ne peut pas parler d'un niveau élevé. Effectivement, le Royaume-Uni disposait alors de 53,9 millions de broches à filer, et on en trouvait

135,9 millions sur le plan mondial. Ce qui veut
dire que l'Inde disposait d'environ 4 pour 100 des
broches à filer en activité dans le monde, alors
que sa part dans la population mondiale était de
18 pour 100. En revanche, par rapport à l'ensemble du Tiers-Monde, la filature indienne était
dominante, puisque celui-ci ne compte alors que
6,4 millions de broches. Donc, l'Inde représentait
à elle seule plus de 90 pour 100 du Tiers-Monde. À
la veille de la Première Guerre mondiale, l'industrie locale satisfaisait environ 28 pour 100 de
la consommation intérieure en tissus de coton.

Donc, somme toute, une réindustrialisation
assez modeste. Mais, ce qui est positif dans ce
phénomène de réindustrialisation, c'est qu'il
s'agit d'entreprises appartenant essentiellement à
des autochtones. Bien qu'il ne s'agisse pas généralement d'Hindous proprement dits, mais d'une
minorité religieuse (les Parsis) installée depuis
des siècles en Inde, il ne s'agit pas d'entrepreneurs étrangers. De même, dans leur très grande
majorité, les capitaux sont locaux. Donc une
industrie réellement autochtone, qui allait encore
se développer entre les deux guerres.

En ce qui concerne la sidérurgie, la réindustrialisation avant 1914 est encore beaucoup plus
limitée et découle des mêmes entrepreneurs,
notamment, comme pour le textile, la famille Tata
qui, après le textile, a créé les principales entreprises sidérurgiques. Mais, vers 1913, la production de l'ensemble des entreprises sidérurgiques
de l'Inde n'atteignait même pas les 100 000 tonnes,
ce qui représentait moins de 0,1 pour 100 de la
production mondiale. Faible production, malgré
le fait que la demande interne, surtout en raison

du développement des chemins de fer, était devenue importante. Mais cette demande interne était
principalement satisfaite par les importations.
Relevons également le rôle des Tata dans l'électrification. D'ailleurs, 80 ans plus tard, l'Industrial
Giant Tata a fait la couverture du *Business Week*[1].
Le groupe Tata, que dirige un descendant du fondateur, est composé de 46 unités différentes,
allant de l'automobile à l'informatique, en passant par l'hôtellerie et les cosmétiques. En 1993,
leur chiffre d'affaires s'est élevé à 5 milliards de
dollars, ce qui représente plus de 1 pour 100 du
PNB du pays qui comptait alors 890 millions
d'habitants.

UN ANTÉCÉDENT DE LA DÉLOCALISATION
DE L'INDUSTRIE EUROPÉENNE

D'une certaine façon, on peut considérer cette
réindustrialisation indienne comme la première
forme du phénomène de délocalisation de l'industrie européenne. Délocalisation qui va participer
à la désindustrialisation du Vieux continent et qui
sera abordée dans le chapitre XXV consacré à
l'après-Seconde Guerre mondiale dans les pays
développés. Certes, à la veille de la Première
Guerre mondiale, la nouvelle industrie indienne,
comme d'ailleurs celle de l'ensemble du Tiers-
Monde, était encore peu de choses comparée à
celle du monde développé. Peu de choses, puisque
même en incluant l'artisanat, le Tiers-Monde ne
représentait alors que 7 à 8 pour 100 du potentiel
manufacturier du monde et à peine 2 à 3 pour 100

1. 21 mars 1994.

en termes d'industrie moderne, ce pour une région qui représentait alors 64 pour 100 de la population mondiale.

Cependant, si l'on se limite à la filature de coton, secteur important, et si l'on déborde un peu du cadre historique et que l'on se situe à la veille de cette Seconde Guerre mondiale, on peut déjà parler de délocalisation. Entre 1910 et 1939, le nombre de broches mécaniques à filer le coton en Inde était passé de 6,1 à 10,0 millions. Pour l'ensemble du Tiers-Monde, on était passé de 8,7 à 19,9 millions (soit un gain de 11,2 millions), alors que pour l'ensemble des pays développés ce nombre était passé de 127,2 à 112,8 millions (soit une perte de 14,4 millions). Sur le plan historique, il s'agit d'un juste retour des choses, puisqu'en quelque sorte l'industrie du Tiers-Monde a été « délocalisée » (involontairement) vers l'Europe dès la fin du XVIIIᵉ siècle.

Le rôle des autorités coloniales : du négatif et du positif

Ici, seule est envisagée la période où l'Inde était une colonie directe du Royaume-Uni (c'est-à-dire après 1858). Nous ne présentons que deux domaines importants, qui chacun illustre une facette de la politique des autorités coloniales.

UN FREIN À LA RÉINDUSTRIALISATION

La réindustrialisation de l'Inde peut servir d'élément introductif pour évoquer le rôle négatif des autorités coloniales dans le processus de développement moderne. Notons d'emblée que le gouvernement britannique en Inde (comme dans les autres colonies) n'était pas très favorable (pour ne pas dire opposé) à l'industrialisation. Voyons un exemple parmi d'autres freins créés par l'administration britannique à cette industrialisation. Quand en 1894, pour des raisons fiscales, de faibles droits de douane (5 pour 100) sur les importations de textile furent rétablis, une taxe de 5 pour 100 aussi fut créée sur les articles textiles produits localement, à la demande des industriels britanniques, afin de « mettre sur un pied d'égalité tous les producteurs de l'Empire ». À titre de comparaison, à la même époque les droits de douane sur les importations d'articles textiles étaient de l'ordre de 30 à 40 pour 100 dans les grands pays développés autres que le Royaume-Uni ; et, bien entendu, sans taxe compensatoire intérieure.

Ce n'est qu'à partir de la création, en 1921, de l'Indian Fiscal Commission que le point de vue des industriels locaux commença à être partiellement pris en considération. En 1922, les droits de douane sur les fils furent portés à 5 pour 100, et sur les tissus à 11 pour 100. En 1925, la taxe intérieure fut supprimée. Série de mesures qui n'est pas étrangère au fait que, à la veille de la Seconde Guerre mondiale, l'industrie locale arrivait à satisfaire environ 83 pour 100 de la consommation locale de tissus de coton, contre 23 pour 100 à la veille de la Première Guerre mondiale.

En ce qui concerne les besoins des chemins de fer, les mécanismes qui ont favorisé les importations ont été plus subtils. D'abord, il y a le fait

général que la construction du chemin de fer faci-
litait les importations de produits nécessaires à sa
construction et à son fonctionnement ; car, en
règle générale, les réseaux ont leurs points de
départ dans les ports. Mais, plus spécifiquement
dans le cas de l'Inde, peut-être aussi dans d'autres
cas, les autorités britanniques, sous prétexte de
sécurité, encouragèrent les entreprises de chemins de fer à donner la préférence à des fournisseurs occidentaux, même non britanniques, au
détriment des fournisseurs locaux.

Puisque, nous parlons des chemins de fer, il
faut ici ouvrir une brève parenthèse sur le développement de ce moyen de transport qui, en Inde,
comme dans la plupart des pays du Tiers-Monde,
a été très précoce. En effet, dès 1853 la première
ligne de chemin de fer est ouverte. Bien entendu,
cela signifie presque 30 ans après l'Angleterre,
mais cela signifie aussi 6 ans seulement après la
Suisse, 8 ans avant la Finlande et 17 ans avant la
Grèce et la Roumanie. Donc, une ouverture très
précoce des lignes de chemin de fer destinées
essentiellement à l'exportation des produits bruts,
notamment du coton brut, et à l'importation d'articles manufacturés : nous avons là un exemple de
plus d'une implantation de lignes de chemin de
fer typiques de celles du Tiers-Monde. Ouverture
précoce et aussi expansion rapide, car, dès 1890,
l'Inde comptait 27 000 km de lignes en opération.

UN DÉVELOPPEMENT IMPORTANT
DE L'ENSEIGNEMENT

Nous avons souligné les effets négatifs de l'attitude des autorités coloniales face à la réindus-

trialisation. Il convient cependant de nuancer
ce tableau en présentant quelque éléments positifs, notamment dans le domaine social. Ceux-ci
concernent surtout le domaine de la formation à
travers notamment trois axes. D'abord l'administration coloniale en Inde a largement ouvert ses
rangs aux autochtones. D'autre part, il faut noter
la création des *district boards* (unités locales
d'administration) dans lesquels les autochtones
occupaient une place dominante. Les premières
de ces institutions furent créées dès 1842, dans la
province du Bengale. Mais ce furent des tentatives isolées et éphémères ; la véritable mise en
place se situe dans les années 1870. L'activité de
ces *district boards* n'est pas étrangère à la tradition démocratique du pays après l'indépendance.

Enfin, dans l'enseignement proprement dit,
relevons la création, dès 1857, des universités de
Bombay, Calcutta et Madras. En 1914, il y avait
déjà 50 000 étudiants dans les universités
indiennes. Chiffre qui passe à 230 000 en 1947 à
la veille de l'indépendance. Certes, le chiffre de
1947 ne représente que 0,7 pour 100 de la classe
d'âge, mais cela constitue un taux du même ordre
que celui de la moyenne européenne vers 1913.
De même l'enseignement secondaire se développa : à la veille de l'indépendance (1947), environ 13 pour 100 de la classe d'âge concernée
étaient inscrits dans de tels établissements, c'est-à-
dire une proportion comparable à celle de
l'Europe. En revanche, le taux de scolarisation
dans l'enseignement primaire n'était que de
l'ordre de 18 pour 100, c'est-à-dire une proportion qui était celle de l'Europe avant le XIXe siècle.

*Le glissement
vers le sous-développement
et même probablement une baisse
du niveau de vie*

Ainsi, avec le cas de l'Inde, nous sommes en présence des éléments essentiels du processus de glissement vers un véritable sous-développement économique. Ce processus résulte notamment des éléments suivants : phénomène de désindustrialisation ; extension des cultures d'exportation ; et aussi, mais cela est moins certain, diminution du niveau de vie. La question de l'évolution du niveau de vie de l'Inde colonisée a divisé, et divise encore, les historiens. Le point de vue dominant jusqu'au milieu des années 1960 était que, comparé notamment au milieu du XVIIe siècle ou à la fin du XVIe siècle, le niveau de vie moyen du XIXe siècle était nettement inférieur, et que la tendance durant surtout la seconde moitié de ce XIXe siècle était à la baisse. Puis certains calculs sur l'évolution du PNB par habitant ont abouti, soit à une stagnation, soit à une croissance de l'ordre de 0,5 pour 100 par an entre 1860 et 1920. Récemment, un certain nombre d'études ont utilisé une approche mise au point par Robert Fogel, qui consiste à analyser la taille des hommes pour en déduire leurs conditions de vie. Les résultats vont plutôt dans le sens d'un recul du niveau de vie, notamment dans la période qui va du milieu des années 1870 à la fin des années 1890, et qui s'est poursuivie, mais plus modestement, jusqu'à la fin des années 1930.

DES FAMINES NOMBREUSES ET MEURTRIÈRES

La soustraction des terres de cultures vivrières par la culture du coton n'a pas été étrangère aux famines assez nombreuses qui ont touché l'Inde durant la seconde moitié du XIXe siècle, bien que ce facteur ne soit pas le seul en cause. Ainsi, la population avait sensiblement augmenté, passant d'environ 185 millions vers 1800 (ce qui constituait déjà un sommet historique) à près de 250 millions vers 1870. En outre, d'autres cultures d'exportation furent également introduites ou reçurent de l'extension (jute, thé, épices, etc.), parmi lesquelles un produit très spécifique. En effet, la Compagnie des Indes va, et cela commence dès la fin du XVIIIe siècle, susciter un nouveau type de produit d'exportation important : l'opium. La Compagnie des Indes développera des cultures d'opium destinées notamment au marché de la Chine et nous aurons, bien sûr, l'occasion d'y revenir plus longuement par la suite quand nous traiterons du cas de la Chine. Nous avons parlé de famines nombreuses. Effectivement, on a relevé, de 1875 à 1900, dix-huit famines importantes entraînant la mort d'environ 26 millions de personnes. En revanche, durant la première moitié du XIXe siècle on n'a relevé « que » 2 famines importantes ayant occasionné environ 1 million de morts ; toutefois les données pour cette période sont moins fiables.

Donc, outre la désindustrialisation certaine et une extension des cultures d'exportation qui a peut-être favorisé des famines plus nombreuses, nous constatons un recul probable du niveau de vie à partir de 1860-1870. Même s'il s'agissait d'une stagnation et non d'un recul, cela resterait très négatif car le niveau de vie de 1860-1870 n'était pas très élevé et était très probablement inférieur au sommet des siècles antérieurs. D'autre part, dès 1900 s'amorce déjà le début de l'inflation démographique. Soulignons bien : le début seulement ; puisque entre 1900 et 1913 la population n'augmente que de 0,5 pour 100 par an, alors qu'il s'agira de 2,2 pour 100 de 1950 à 1990. D'autre part, dans d'autres régions, à la même période on constate un début plus accusé de l'inflation démographique ; ce qui est notamment le cas de l'Indonésie, que nous examinerons plus loin.

LA CHINE, D'UNE CIVILISATION QUI S'OUVRE À UNE CIVILISATION ASSIÉGÉE

La Chine a été, et reste, le pays le plus peuplé du monde. Néanmoins, selon toute probabilité, en raison de la réussite de sa politique antinataliste menée au cours des trois dernières décennies, elle aura presque certainement avant l'an 2005 une population inférieure à celle de l'Inde, comprise dans les frontières d'avant l'indépendance de 1947, c'est-à-dire l'Inde plus le Pakistan et le Bangladesh actuel. Entre les VIᵉ et VIIᵉ siècles jusque vers 1900, la population de la Chine dépassait sensiblement celle de l'ensemble de l'Europe. Vers 1800, sa population était de l'ordre de 300 à

340 millions, soit 50 à 60 pour 100 plus élevée que celle de l'Europe, et représentait un tiers de celle du monde entier. Pays, ou plutôt Empire très important sur le plan démographique ; mais aussi, comme nous l'avons vu, Empire au niveau technique et économique le plus avancé du monde depuis environ le XIe siècle et jusqu'à ce que l'Europe connaisse la révolution industrielle. Ou, en tout cas, jusqu'au tout début du XVIIIe siècle, car les historiens sont quasi unanimes à considérer que l'Europe était moins avancée que la Chine jusqu'à la fin du XVIIe siècle ; le consensus est moins complet pour les décennies qui suivent, en raison des progrès de l'Europe.

À partir du Xe siècle,
ascension d'une puissance
ouverte aux relations extérieures

Vu la place primordiale de cet empire, débordons encore une fois du cadre historique de cette partie. Il va de soi que nous n'examinerons pas les premiers millénaires de l'histoire de cette civilisation, la plus ancienne de celles encore existantes. Ancienne, car, avec la Chine, nous sommes notamment en présence des plus anciens systèmes urbains encore en place ; les premières véritables villes y sont apparues vers 1400 à 1100 avant J.-C. Nous nous contenterons de commencer avec le Xe siècle après J.-C, c'est-à-dire avec le début de la dynastie des Sung qui se mit en place en 960 et dura jusqu'en 1279. Signalons toutefois que, lors de l'historique du phénomène des nationalisations dans les pays

développés[1], nous présenterons le cas passionnant de l'empereur Wang Mang qui, au début de
l'ère chrétienne, a non seulement nationalisé les
terres afin d'en distribuer aux familles nombreuses, mais a interdit le commerce des esclaves
et prit d'autres mesures sociales.

LA RÉVOLUTION URBAINE MÉDIÉVALE

À partir du Xe siècle se place ce que l'on a qualifié de «révolution urbaine médiévale» dont
les éléments essentiels concernent le système
d'échanges. Les réglementations qui limitaient le
marché à une seule ville par région s'atténuèrent
sensiblement, tandis que s'écroulait le système
très rigide des lois qui régissaient les échanges
commerciaux. Ceci entraîna (ou fut suscité par)
une monétarisation croissante de l'économie, un
rôle plus important des marchands, une intensification des échanges à plus longue distance,
bref l'émergence de villes à base économique et
commerciale.

Les relations commerciales avec l'étranger ne
furent pas seulement tolérées, mais souhaitées et
encouragées. Ainsi l'édit de 1137 de l'empereur
Kao Tsung déclarait entre autres : «Les profits du
commerce maritime sont très grands. S'ils sont
gérés d'une façon adéquate, ils peuvent rapporter
un million (d'unités de compte de l'époque). Est-
ce que cela ne vaut pas mieux que de taxer le
peuple ?» Les marchands étrangers furent non
seulement bien accueillis, mais fêtés parfois et
autorisés à s'installer dans de nombreuses villes,

1. Voir chap. XXV (tome III).

et la Chine elle-même envoya des missions commerciales et participa directement aux échanges.
S'il y a là une illustration de ce synchronisme
entre l'évolution de la Chine (et peut-être du reste
de l'Asie moins connue) et celle de l'Europe, il
faut néanmoins insister sur le fait que même
dans cette période les villes chinoises étaient
beaucoup moins indépendantes politiquement
que celles de l'Europe. Cependant, on peut considérer que le XIIe siècle et une partie du XIIIe siècle
marquent l'apogée de la civilisation chinoise sur
le plan économique et technique.

Cette expansion commerciale et urbaine a été
soutenue par une agriculture en expansion, grâce
notamment à l'introduction d'une variété de riz
venant plus rapidement à maturité. Au sud, on
cultivait au moins 33 variétés de riz, et dans
certaines de ces régions un choix judicieux des
variétés permettait deux, voire parfois trois,
récoltes par an. On considère qu'au XIIe siècle les
différents bassins fluviaux (aménagés) formaient,
grâce aux canaux qui les réunissaient, un réseau
national intégré de transport par voie d'eau ; et
ceci n'excluait pas du tout le transport le long des
côtes pour lequel on avait notamment mis au
point des navires, destinés spécialement au transport de céréales, d'une capacité de l'ordre de
100 tonnes métriques.

Tout ceci concourt à expliquer un niveau très
élevé d'urbanisation, c'est-à-dire une Chine où
environ 10 à 13 pour 100 de la population
vivaient dans des villes de plus de 5 000 habitants, soit un taux d'environ 1 à 2 points de pourcentage plus élevé que celui de l'Europe (sans la
Russie) pour la même période et proche du maxi-

mum atteint par l'Europe avant les bouleversements de la révolution industrielle. Mais aussi
une Chine où les paysans deviennent de plus en
plus des métayers et où le statut de la femme se
dégrade. Pour les femmes, cela se traduit par une
augmentation du système du concubinage et la
pratique des pieds bandés.

LA MANDARINAT : IDÉAL ET RÉALITÉS

Avant de poursuivre l'histoire économique et
sociale de cette Chine si loin de nous, il convient
d'ouvrir une parenthèse sur le mandarinat, ce
système sociopolitique si étranger à nos sociétés
occidentales traditionnelles. Le mandarinat pose
déjà un premier problème, celui de sa terminologie. Ce terme n'est pas utilisé dans toutes les
langues et notamment pas dans le monde anglo-
saxon où les termes de *scholar-gentry class* ou de
scholar-bureaucrats sont principalement utilisés.
D'ailleurs, même en français, le terme de « let-
trés-fonctionnaires » a été employé mais, comme
le note Jean-François Billeter (1977), le terme de
mandarinat « a l'avantage de pouvoir être appliqué spécifiquement à la classe dominante » d'une
grande partie de l'histoire chinoise. Grande partie, en effet, puisque la société mandarinale
plonge ses racines dans un écrit attribué à Confu-
cius (K'ung-tzu), le *Li shi* ou le *Livre des rites*.
C'est à partir de 125 ans avant J.-C., sous le
règne de Wu-Ti (qui fut celui d'un apogée de
l'époque), que la décision fut prise que l'entrée
de la carrière administrative dépendrait d'un système d'examens et de concours fondé sur la
connaissance des classiques. Sous le règne d'un

empereur de la dynastie Sung (Reng-zong : 1023-
1063), le mandarinat est apparu pleinement dans
toute son originalité et il allait, dès lors, dominer
la société chinoise jusqu'au XXᵉ siècle, à l'exception d'une éclipse partielle (de 1280 à 1368) sous
la dynastie mongole (que nous retrouverons plus
loin).

Dans un chapitre du *Li shi*, consacré à la
conduite du lettré, l'idéal du mandarin est fixé
très haut : « Il ne demande aucun domaine ; la
pratique de la justice est son domaine [...] Si
tyrannique soit le gouvernement, le lettré ne
change point ses principes [...] Il propose les
étrangers sans excepter ses ennemis [...] Dans la
pauvreté, dans l'abjection, un lettré ne tombe pas
comme le blé coupé [...] Dans la richesse, dans
les honneurs, il ne se gonfle ni de joie, ni d'or-
gueil », etc.

Certes, la réalité a revêtu souvent des aspects
très différents et, comme le note Jean-François
Billeter, le mandarinat « a certainement été l'une
des plus importantes classes exploiteuses de l'histoire ». Mais classe ouverte puisque, et c'est là la
plus profonde originalité du mandarinat, le
« fonctionnaire lettré » qu'était le mandarin n'ac-
cédait à ce titre et aux fonctions qu'à l'issue d'un
examen auquel tout le monde pouvait se présenter. Donc, en principe, il s'agissait d'une classe
ouverte, mais « en même temps d'une classe qui
se détache de la manière la plus manifeste, la
plus ostentatoire, du reste de la société. Les institutions, les coutumes, le langage, tout accuse à
l'extrême la césure. Le statut mandarinal d'un
individu à ce statut équivaut pour lui à une
seconde naissance. » De surcroît, l'examen sup-

pose des études assez longues (généralement de quelques années), donc des ressources économiques ; un droit d'entrée assez élevé, correspondant en quelque sorte aux sommes déboursées en Occident pour l'accession à certaines charges. Toutefois, le fait de subir un examen pouvait écarter les fils sots des familles riches. De plus, même si l'idéal du mandarin a été souvent dévoyé, il a continué d'être un élément important dans le comportement de la plupart des fonctionnaires, grands ou petits, qui gouvernaient l'Empire du Milieu.

LA CHINE MONGOLE :
PROSPÉRITÉ ET DÉCLIN ÉCONOMIQUES

Dès les premières décennies du XIIIᵉ siècle, les Mongols dominaient une grande partie de la Chine du Nord et de l'Ouest, et il y eut quelques décennies de coexistence pacifique avec les empereurs Sung au sud. Mais, à partir de 1250, les Mongols ont repris leur avance et l'ensemble de la Chine fut soumis à la fin des années 1270. En 1279, la dernière résistance cessa et Qubilai Khan fonda une nouvelle dynastie. Il était le petit-fils de Gengis Khan qui avait commencé la conquête de la Chine en 1206. Dans un premier temps, la nouvelle dynastie mena une politique qui se révéla positive pour l'économie. Le fameux grand canal (qui avait été achevé au VIIᵉ siècle) fut restauré et l'ensemble du système de transport amélioré ; il y eut même un service postal qui aurait utilisé 200 000 chevaux. Une politique de stockage de céréales fut établi afin d'éviter les famines et disettes. Le papier-monnaie fut réintroduit (appa-

remment dès 1264) comme seule monnaie légale.
Rappelons que, déjà auparavant, des formes de
papier-monnaie avaient été utilisées en Chine.
L'introduction de cette monnaie se révéla, dans
un premier temps, positive, encourageant notamment les échanges. Mais, par la suite, quand la
situation économique devint plus négative, il y eut
de graves problèmes d'inflation.

La politique d'ouverture de la Chine est poursuivie et même renforcée, notamment au profit
des marchands musulmans d'Asie centrale et du
Moyen-Orient. C'est au cours de cette période
que se situe le célèbre voyage qu'aurait entrepris
Marco Polo. C'est aussi durant cette période
qu'ont eu lieu les deux tentatives (1274 et 1281)
de conquête du Japon, qui échouèrent lamenta-
blement, malgré les moyens mis en œuvre (celle
de 1281 impliqua une armada de 45 000 soldats
partis de Corée et une seconde de 120 000 soldats partis du sud de la Chine). Rupture par
contre et rupture brutale en ce qui concerne les
mandarins, qui sont privés de leurs pouvoirs
politiques (ils n'ont accès qu'à des postes subal-
ternes) mais gardent leurs domaines fonciers.
Par la suite, quand le système d'examens fut
réintroduit, les critères furent établis en vue de
favoriser les Mongols et même les étrangers au
détriment des Chinois.

La phase économique positive ne dura qu'environ un demi-siècle et, comme en Europe, la
période allant de 1300-1350 à 1450-1500 est considérée comme une phase négative au point de vue
économique. L'explication généralement fournie
fait intervenir le mécanisme classique d'une
population croissante se heurtant au frein des res-

sources alimentaires, ce que l'on qualifie souvent de frein malthusien. D'autre part, la «greffe» mongole suscita un phénomène de rejet et les premières révoltes eurent lieu dans les premières décennies du XIVᵉ siècle. Il est également vrai que les successeurs de Qubilai furent à la fois moins efficaces et plus maladroits. Après les inondations catastrophiques de 1351, la rébellion prit une grande ampleur et finalement, en 1368, les Mongols perdirent le pouvoir. Débuta alors la dynastie des Ming, la plus longue des dynasties chinoises, puisqu'elle ne prendra fin qu'en 1644.

LES DERNIÈRES GRANDES EXPÉDITIONS MARITIMES CHINOISES

L'ouverture de la Chine, favorisée par les Mongols, se réduisit progressivement sous la dynastie des Ming. Mais il faut relater ici les grandes expéditions maritimes du début du XVᵉ siècle, qui constituent en quelque sorte le «chant du cygne» des relations maritimes de la Chine. Et quel chant du cygne! Entre 1405 et 1433, de nombreuses et importantes flottes furent lancées en direction des mers du Sud, chargées de soldats, de fonctionnaires et de marchands, dans des buts de prestige certes, mais aussi de commerce. Sept expéditions ont été dirigées par l'amiral Cheng Ho, considéré comme le plus grand explorateur chinois.

Comme le note D.J. Boorstin, dans son livre très vivant *The Discoverers* (1983), les expéditions de Cheng Ho furent «les plus importantes jamais vues jusque-là sur la planète». Cheng Ho était le fils d'un musulman qui aurait été descendant d'un gouverneur mongol de la province du Yun-

nan (limitée par le Tibet et le Viêt-nam). Quand
cette province fut reprise, au début des années
1380, par la dynastie Ming, Cheng Ho, alors âgé
de 10 ans, fit partie d'un groupe de garçons qui
furent capturés, châtrés et enrôlés dans l'armée
chinoise, et où il se distingua. Devenu un
eunuque influent à la cour, il fut désigné par
l'empereur pour conduire les missions «vers
les océans occidentaux», missions qui s'inscrivent dans les mouvements d'explorations maritimes commencés à la fin du XIᵉ siècle.

Les expéditions maritimes de Cheng Ho n'étaient
pas seulement les plus importantes jamais vues
jusque-là, mais les flottes concernées étaient sans
commune mesure même avec celles des expéditions européennes de la fin du XVᵉ siècle et
des siècles suivants. La première expédition, la
plus importante, aurait comporté 317 navires et
27 000 hommes. Les bateaux utilisés comportaient
des cales étanches et les plus grands auraient
dépassé la centaine de mètres de longueur (plus
probablement une cinquantaine de mètres). L'aire
d'exploration était très vaste, allant de l'Inde à
Java du Sud et même à Timor, des côtes orientales de l'Afrique à l'Arabie et à la Perse. Une mission visita même La Mecque et l'Égypte.

Contrairement aux expéditions européennes de
la fin du XVᵉ et du XVIᵉ siècle, il n'y eut pas d'établissement de bases commerciales, ni de tentative
de domination. Comme l'écrit D.J. Boorstin : « Les
intérêts et les buts de ces voyages sont difficiles
à saisir pour des esprits occidentaux. Ceux-ci
étaient aussi éloignés de ceux des grandes expéditions européennes qu'un pôle l'est de l'autre. » Le
point de départ aurait été une tentative de capture

du neveu de l'empereur régnant usurpateur du trône. «Mais les expéditions étaient devenues une institution destinée à montrer la splendeur et le pouvoir de la dynastie Ming.»

Sur le plan économique, les principes philosophiques impliquaient que, pour démontrer sa puissance et sa richesse, la Chine offrît à ses États tributaires plus de biens que ceux-ci lui rendaient, lesquels d'ailleurs étaient purement symboliques. Ni conquérantes, ni commerçantes, les expéditions chinoises n'étaient pas non plus des croisades ou des djihads. «La tolérance est un terme trop faible pour désigner leur attitude bienveillante au pluralisme.» Ils utilisaient même leurs ressources afin de soutenir n'importe quelle religion. Mais tout ceci à condition que les religions n'interviennent pas dans la sphère politique, ne s'opposent pas au pouvoir impérial. Et cruel paradoxe : on crédite ces expéditions maritimes d'avoir rapporté du monde arabe l'usage de l'opium qui, quatre siècles plus tard, pava la voie à la domination occidentale de la Chine.

Mais retournons au XVIᵉ siècle. À l'instar des raisons qui ont amené le début de ces vastes expéditions maritimes, celles qui ont amené leur arrêt ne sont pas réellement connues. Les suites économiques de ces expéditions furent assez minimes, elles auraient cependant conduit à une certaine intensification de l'émigration de Chinois. Et, par hasard, c'est en 1490, donc deux ans avant que Colomb n'atteigne le Nouveau Monde en cherchant une voie maritime vers l'Asie, ce qui impliquait surtout une voie vers la Chine, que ce pays prit des mesures plus restrictives de fermeture au commerce extérieur.

À partir du XVIe siècle,
une fermeture au commerce extérieur

Faisons d'abord une réserve importante. Cette fermeture au commerce extérieur n'a pas signifié une fermeture de la société, bien au contraire. La fin du XVe siècle et le début du XVIe siècle sont une période de floraison intellectuelle et, surtout, une période d'extension et même de démocratisation de l'enseignement. En province, il se crée de nombreuses écoles d'études avancées qui sont à la fois des centres de discussions philosophiques et des instituts de formation d'étudiants en vue notamment des examens pour l'accession au mandarinat. Des élèves méritants pouvaient obtenir des bourses de l'État afin de poursuivre leurs études.

LES RELATIONS COMMERCIALES
AVEC LES EUROPÉENS

L'arrêt des expéditions maritimes et les mesures de fermeture de la Chine aux étrangers (qui débutèrent donc en 1490) marquent le début de la longue période de relations très restreintes avec les Européens. Période qui ne prendra réellement fin qu'avec le traité (imposé) de Nankin de 1842, suite à l'expédition militaire britannique. Certes, depuis 1550, les Portugais avaient le droit de tenir une foire annuelle sur une île au large de Macao, foire annuelle dont les installations temporaires devaient être démontées à la fin de celle-ci. Certes aussi, dès le milieu du XVIIe siècle, la ville de Canton s'ouvre au commerce avec l'Occident. Mais, à propos de la ville de Canton, il faut remarquer que cette région avait toujours été caractérisée par une certaine indépendance par rapport au pouvoir central.

Ces décisions d'autoriser à nouveau des relations commerciales, mais très restreintes, avec l'étranger ont été apparemment motivées par la forte extension qu'avaient prise la contrebande et la piraterie : il valait mieux prélever des droits que de dépenser des ressources pour lutter contre les importations clandestines qui provenaient surtout du Japon, des Philippines, du Siam et de l'Insulinde et non de l'Europe, alors encore peu présente sur ces mers. Parallèlement, mais les deux choses ne sont pas nécessairement liées, débutait dans la seconde moitié du XVIe siècle une période de prospérité et de changements.

1560-1644 : PROSPÉRITÉ ET CRISE

Donnons la parole à Jacques Gernet (1972), dont la très bonne synthèse nous permet également de constater que le monde chinois n'était pas très différent du monde occidental. « L'époque qui succède à partir de 1560 à la période des offensives mongoles et des attaques de pirates japonais a été l'une des plus fécondes de l'histoire des Ming. Toute la première partie de l'ère Wan-li (1573-1619), de 1573 à 1582, a été particulièrement prospère, mais la vitalité et les contradictions de la société de la fin de la dynastie donnent aussi à toute la période finale, jusqu'à l'invasion mandchoue, un intérêt singulier. L'évolution rapide qui s'est déclenchée à ce moment de l'histoire du monde chinois entraîne des changements sociaux : formation d'un prolétariat et d'une petite bourgeoisie urbaine, transformation de la vie rurale, pénétrée par les influences de la ville, ascension d'une classe de grands marchands et hommes d'affaires. Les changeurs et banquiers du Shanxi qui ont des succursales à Peking, les riches commerçants du lac Dongtinghu au Hunan, les armateurs enrichis dans les trafics maritimes à Quanzhou et Zhengzhou dans le sud du Fujian, les grands marchands de Xin'an surtout (actuel Shexian, dans le sud du An-hui) forment une nouvelle classe qui pourrait évoquer celle des hommes d'affaires des débuts du capitalisme en Europe si les mentalités, les conditions sociales et politiques n'étaient pas si différentes. Les plus riches doivent leur fortune à leur insertion dans une économie étatique et jouent le rôle de fournisseurs des armées. Les transactions portent sur des produits de grande consommation : riz, sel, céréales, tissus. Les banquiers du Shanxi étendront leurs activités à l'époque mandchoue à la Mongolie extérieure et à l'Asie centrale, se partageant les trafics et les opérations financières avec les marchands de Xin'an qui s'imposeront dans tout le bassin du Yangzi. »

En revanche, la première moitié du XVIIe siècle est une période de grave crise économique et sociale, entraînant même une baisse substantielle (de l'ordre de 10 à 12 pour 100) de la population entre 1600 et 1650. Ce déclin de la population est concomitant du déclin de la dynastie des Ming dont le dernier empereur se suicida par pendaison en 1644 quand la ville fut prise par les Manchous. Les décennies précédentes avaient été des années de famines, d'épidémies, de massacres et de désordre économique. La dynastie des Ming aura ainsi régné près de trois siècles (depuis 1368), et celle des Ch'ing, qui la remplaça, régnera presque autant, puisque le dernier empereur sera obligé d'abdiquer en 1912 à la suite de la révolution de Sun Yat-sen de 1911.

1644-1842 : LES DEUX PREMIERS SIÈCLES DE LA DYNASTIE DES CH'ING, LA FERMETURE ET L'EXPLOSION DÉMOGRAPHIQUE

La dynastie des Ch'ing est aussi appelée dynastie manchoue, car, après un intermède de près de trois siècles, ce sont à nouveau des guerriers venus du nord qui prirent le contrôle de la Chine en 1644. Il s'agissait cette fois des Manchous qui, soumis aux Mongols aux XIIIe et XIVe siècles, avaient repris leur indépendance. Le premier assaut contre Peking eut lieu dès 1627 ; mais les Manchous furent repoussés, notamment grâce à l'artillerie fabriquée par des jésuites. La capitale fut prise en 1644 et, à l'instar de la dynastie mongole au XIIIe siècle, les empereurs manchous suivirent d'abord une politique de relative ouverture, notamment vis-à-vis des jésuites. Mais l'incompréhension, sinon une véritable hostilité manifestée par la papauté envers l'adaptation du catholicisme aux traditions chinoises (ce que l'on appelle le rite chinois), amena, à partir de 1724, l'expulsion de la plupart des missionnaires.

Sur le plan de la politique extérieure, les souverains manchous parachevèrent le programme millénaire d'extension territoriale en Asie centrale, en imposant un protectorat à la Mongolie, au Tibet et à la Kashgarie. La Corée fut également soumise, devenant, comme nous le verrons, un pays vassal.

Sur le plan intérieur, les ~~empereurs~~ manchous se
révélèrent d'excellents administrateurs. En ce qui
concerne la population, sans tenir compte des
changements de territoires, on passe d'environ
150 millions (ou un peu moins) vers 1700 à environ 320 millions vers 1800, soit un taux annuel de
croissance de l'ordre de 0,7 à 0,8 pour 100.

Il s'agit là d'une véritable explosion démographique, phénomène unique dans l'histoire des
grandes régions durant la période pré-industrielle. En Europe (sans la Russie), dont les données sont assez valables, le meilleur siècle de la
période traditionnelle (à savoir le XVᵉ siècle) voit
une croissance annuelle de 0,4 pour 100. On
explique généralement cette rapide expansion de
la population chinoise (ou, du moins, une partie
de celle-ci) par le développement agricole et
industriel qui a marqué les sept ou huit premières
décennies du XVIIIᵉ siècle.

Dans l'agriculture, on assiste à l'emploi plus
massif de plantes américaines (maïs, patates
douces, arachides) qui permettent l'utilisation plus
importante des terres montagneuses de la Chine
centrale et du nord. Il y eut également des mesures
administratives positives. Ainsi, la propriété des
terres fut accordée aux métayers dont les propriétaires avaient disparu dans les périodes de troubles.
Ainsi, un impôt équitable fut introduit et le système des greniers (à céréales) provinciaux, qui
existait déjà auparavant, fut repris et développé.
Enfin, sans être exhaustif, de nombreux travaux
d'endiguement et d'irrigation furent réalisés.

Dans le domaine industriel, on constate un développement général des activités traditionnelles,
avec dans certains cas des entreprises proches du

système des fabriques. Ainsi, par exemple, dans la ville de Su Chou on comptait 33 ateliers d'impression sur papier, occupant 800 ouvriers, soit une moyenne de 24 ouvriers par atelier. Les spécialisations régionales et urbaines entraînèrent tout naturellement un commerce régional très actif.

À tout ceci s'ajoute le fait que cette période fut aussi une période de paix relative, si l'on exclut l'expansion territoriale du pays qui d'ailleurs a dû avoir des retombées positives pour la Chine. Autre élément explicatif avancé pour expliquer cette progression exceptionnelle de la population : l'amélioration des conditions sanitaires. Dès le XVIIᵉ siècle, l'inoculation antivariolique (qui ne commença en Europe qu'un siècle plus tard) était très largement pratiquée. D'ailleurs, l'empereur K'ang-hsi (règne : 1662-1722) se targuait d'avoir ainsi sauver la vie «à des millions d'hommes». Dans le même ordre d'idées, signalons que la peste a très peu frappé la Chine aux XVIIᵉ et XVIIIᵉ siècles. Enfin, le XVIIIᵉ siècle a vu aussi la disparition du servage, qui devint pratiquement marginal au milieu du siècle.

Après les années 1760-1780, on constate un certain essoufflement économique, la population progressant alors plus vite que les ressources. Ce qui, d'ailleurs, a suscité un Malthus chinois : Hong Liang Ki, qui vers 1793, c'est-à-dire presque au même moment que son confrère anglais (1798) et presque en termes identiques, formule la même loi sur les rapports inégaux entre les tendances «naturelles» de progression de la population et des ressources alimentaires, la population tendant à croître plus rapidement.

Cela n'est certes pas entièrement étranger à un

certain déclin économique qui va marquer la fin du XVIIIe et le début du XIXe siècle, et qui va faciliter la pénétration européenne. À ceci s'ajoutent (ce qui s'explique aussi par la situation économique) de nombreux soulèvements populaires, dont beaucoup sont organisés et soutenus par des sociétés secrètes (Lotus Blanc, Triade). Il n'est pas inutile d'ouvrir ici une brève parenthèse sur les sociétés secrètes chinoises qui ont joué un grand rôle dans l'histoire politique et sociale du pays et que nous retrouverons encore plus loin.

LES SOCIÉTÉS SECRÈTES CHINOISES

L'histoire des sociétés secrètes chinoises ne débuta qu'au XIIe siècle, ce qui est assez tardif pour une civilisation plurimillénaire. Les sociétés secrètes ont existé et existent dans pratiquement toutes les civilisations, allant de la Grèce antique aux Yoroubas d'Afrique, de la Perse aux Iroquois d'Amérique. Et certaines d'entre elles remontent à plus de deux mille ans. En Chine, contrairement par exemple aux Francs-Maçons, le recrutement des sociétés secrètes est essentiellement le fait des classes populaires, notamment de paysans pauvres, de vagabonds, d'artisans itinérants, de contrebandiers, de colporteurs, de coolies, etc. Ces sociétés comprennent aussi des transfuges des classes dirigeantes : lettrés ayant échoué aux examens, fonctionnaires dégradés, etc. Ces sociétés sont des groupes d'insoumission, souvent en lutte contre le pouvoir impérial ; elles sont aussi des foyers de dissidence idéologique.

On peut partager les multiples sociétés secrètes en deux grands groupes. Le Lotus Blanc, surtout implanté dans la Chine du Nord et auquel se rattachèrent notamment les Boxers et les Abstinents. L'autre groupe, surtout implanté dans le sud du pays, est la Triade (ou «société du ciel et de la terre»), fondée au XVIIᵉ siècle, dont le but assez spécifique était de résister à la conquête manchoue.

Ces sociétés secrètes avaient une composante philosophique et religieuse, notamment des emprunts aux religions minoritaires (taoïsme et bouddhisme). C'est ainsi que le Lotus Blanc avait été créé par un moine qui avait pris des thèmes messianiques et bouddhiques. En règle générale, les sectes pratiquaient l'égalité des membres, le libre accès aux hiérarchies internes et accordaient une place assez large aux femmes. Il est évident que le pouvoir central réprimait sévèrement l'appartenance à ces sociétés, parées de surnoms très divers : Bandits religieux ; Bandits rouges ; etc. Lors des périodes de crise politique ou sociale, les sociétés secrètes pouvaient mobiliser des millions de paysans. Au début du XXᵉ siècle, plusieurs des figures-clés des classes politiques ont été plus ou moins directement membres de ces sociétés ; citons notamment Sun Yat-sen, Chiang Kai-shek. Dans cette période, certaines de ces sociétés, notamment dans les enclaves européennes, se transformèrent en de véritables mafias. Mais revenons au XVIIIᵉ siècle.

1757 : LE RENFORCEMENT DE LA FERMETURE
DE LA CHINE ET L'AFFAIBLISSEMENT
DU POUVOIR CENTRAL

En sus de ce que l'on pourrait appeler la fermeture religieuse, la politique de relations restreintes

avec le reste du monde (politique d'ailleurs fluc-
tuante) va se transformer à partir de 1757 en une
fermeture quasi absolue. Nous sommes alors au
milieu du très long règne de Ch'ien-lung, qui
s'étend de 1736 à 1796, et qui va constituer, à
l'instar de celui d'Aurangzeb en Inde, un règne-
charnière. Ch'ien-lung a poursuivi une politique
d'expansion territoriale. C'est notamment au
cours de ce règne que le Tibet est envahi (à partir
de 1751) et colonisé ; que la domination sur Taïwan se renforce ; que le Népal est envahi ; etc.

L'édit de 1757, par hasard pris l'année de la
bataille de Plassey en Inde, obligeait les Européens à ne commercer qu'à Canton et ce uniquement par l'entremise de fonctionnaires chinois.
Après l'abdication de Ch'ien-lung, le pouvoir central s'affaiblit considérablement et les décennies
qui suivirent ont été très négatives sur le plan
social et économique. Il y eut de graves révoltes,
favorisées par une situation économique déjà
détériorée par la forte croissance de la population
et encore aggravée par la ponction plus grande
effectuée par le pouvoir central et les classes
dominantes. Il y eut également (nous y revenons
plus loin) l'arrivée de plus en plus importante de
l'opium introduite en fraude par les Anglais.
Enfin, sur les côtes méridionales, on a assisté à
une intensive et dévastatrice activité des pirates,
soutenus en partie par les autorités du Viêt-nam.

Ceci nous ramène aux relations commerciales
avec l'étranger. Si l'on tente de dresser le bilan à
l'aube du XIXe siècle, la constatation est qu'il s'agit
sans aucun doute d'une économie très fermée. En
effet, on peut estimer très grossièrement que, vers
1800, les exportations chinoises ne représentaient

que 1 à 3 pour 100 des exportations mondiales, ce pour un pays qui représentait alors un tiers de la population du monde. En termes d'exportations (et aussi d'importations) par habitant, la Chine devait se situer à un des plus faibles niveaux du monde.

*Le XIXe siècle : ouverture forcée
de la Chine, les guerres de l'Opium*

Dans les dernières décennies du XVIIIe siècle, la pression britannique pour effectuer des échanges avec la Chine s'intensifie. C'est là qu'intervient l'opium, principale monnaie d'échange de la Compagnie des Indes anglaises pour acheter des produits chinois se constituant essentiellement d'articles manufacturés, soie, textiles, porcelaine, etc., et, bien sûr, aussi de quelques épices et autres produits agricoles. En fait, l'Angleterre favorise les importations clandestines d'opium. Les quantités d'opium vendues à la Chine s'accroissent fortement dans les premières décennies du XIXe siècle. Donnons quelques ordres de grandeur qui, en fait, sont des chiffres très précis, puisque ce « commerce » de la « Compagnie » faisait l'objet (comme le reste du commerce) d'une comptabilité rigoureuse. Vers 1770, il ne s'agissait que de 40 tonnes, et l'on atteint les 200 tonnes vers 1800. Mais, dès 1828-1831, il s'agit de 1 040 tonnes ; et pour 1835-1838 de 13 200 tonnes. Ceci malgré le fait que le gouvernement chinois avait interdit, dès 1796, ce « commerce ». La masse de ces « importations » — dont le prix unitaire est pratiquement divisé par deux entre 1817-1819 et 1836-1838 — va amener, en 1839, une réaction légitime et brutale de la

Chine, qui va saisir les marchandises sur les navires anglais amarrés à Canton, essentiellement l'opium, afin de les brûler.

LA PREMIÈRE GUERRE DE L'OPIUM

Ce fut là le prétexte d'une intervention britannique que l'on a appelée la première guerre de l'Opium (novembre 1839-août 1842) et qui se termine par une victoire anglaise qui s'explique par la conjonction de deux phénomènes importants : l'un du côté britannique, l'autre du côté chinois. Du côté britannique : il ne faut pas oublier que, vers 1840, l'Angleterre est entrée depuis environ un siècle dans la révolution industrielle. De ce fait, son niveau technique ainsi que sa puissance militaire avaient fait d'énormes progrès qui la plaçaient bien au-dessus de la Chine de l'époque. Du côté chinois : comme nous l'avons vu, il y a eu, durant les premières décennies du XIXᵉ siècle, un déclin de la cohésion politique chinoise, notamment à partir de l'abdication, en 1795, de Ch'ien-lung.

La première guerre de l'Opium se termine par le traité de Nankin (août 1842) qui comprend notamment les quatre clauses suivantes : la Chine doit ouvrir cinq ports au commerce britannique ; les droits d'entrée seront réduits au taux de 5 à 9 pour 100 au maximum ; liberté sera accordée aux marchands anglais de commercer ; enfin, les Anglais peuvent s'installer à Hong-kong. Malgré ces dispositions, l'expansion des échanges est restée limitée, en raison notamment des entraves des fonctionnaires chinois à ces échanges accrus et de l'incertitude quant au statut de l'opium. Les

Chinois considéraient, à juste titre, que l'opium
n'était pas un produit normal et donc, de ce fait,
ne pouvait pas être soumis au même régime que
le reste des marchandises importées. En revanche,
les Anglais considéraient ce produit comme un
produit commercial quelconque. En conséquence,
si effectivement l'ampleur des exportations de
l'Angleterre vers la Chine est passée, entre le
début et le milieu des années 1840, de 4 à 8 millions de dollars, à partir du milieu des années
1840, ces exportations restèrent stables et même
reculèrent quelque peu. De sorte que pour 1849-
1851 elles ne s'élevèrent qu'à 8 millions de
dollars, comparés à 43 millions de dollars à destination de l'Inde (ce qui, en termes par habitant,
signifie 10 fois moins pour la Chine).

LA SECONDE GUERRE DE L'OPIUM
ET LA POLITIQUE DE LA CANONNIÈRE

C'est en 1858 que se place ce qu'on a appelé
souvent la seconde guerre de l'Opium, qui est une
expédition militaire conjointe franco-britannique
intervenant sous le prétexte de l'assassinat d'un
missionnaire français en Chine. La défaite chinoise va aboutir à un nouveau traité, aux termes
duquel 11 ports supplémentaires sont ouverts au
commerce européen et où surtout est prévu le
droit d'installation et de commerce des Européens
à l'intérieur du pays. Afin de faire respecter ce
droit de commerce, les Occidentaux obtiennent la
liberté de faire naviguer des canonnières sur les
rivières à l'intérieur de la Chine, d'où l'origine du
terme de «politique de la canonnière». En fait,
nous sommes en présence d'une véritable restric-

tion du pouvoir central chinois. C'est ainsi qu'un
ensemble de dispositions octroya, directement ou
indirectement, des préférences aux marchands
occidentaux vis-à-vis des marchands locaux.

L'opium était considéré comme un produit
ordinaire, ce qui va d'ailleurs faire passer les
importations de mille tonnes annuellement pour
1835-1838 à plus de trois mille tonnes pour 1903-
1906, période qui précède une modification de la
politique anglaise (voir plus loin). L'opium représentait pour 1903-1906 près de 10 pour 100 de la
valeur des importations totales. L'administration des douanes passa progressivement sous le
contrôle de fonctionnaires britanniques ; ces derniers occupant, entre autres, le poste d'inspecteur général des douanes. Dans ce contexte, il y
eut le long « règne » du second inspecteur général R. Hart (qui, comme le premier, était britannique) qui fut en fonction de 1863 à 1906.
Enfin, sans être exhaustif, relevons que l'épineux
problème des taxes intérieures donna lieu à de
multiples modifications des législations, presque
toujours élaborées dans l'intérêt des Occidentaux.

Cela va entraîner une réaction populaire ou
plutôt des réactions populaires sous forme de soulèvements, et ce sont les Européens qui aideront
souvent le pouvoir central à les mater et, de ce
fait, à réduire encore la marge de manœuvre du
pouvoir central. On peut considérer que, à partir
des années 1870, la Chine est une semi-colonie,
bien que sur le plan formel elle soit politiquement
indépendante. La dépendance chinoise sera encore
renforcée à partir de 1895 par le traité de Shimonoseki qui clôturera la guerre sino-japonaise et

qui, entre autres, ouvrira quatre nouveaux ports aux relations avec l'Occident et autorisera l'installation d'entreprises occidentales en Chine. Cette soumission, non seulement aux puissances occidentales mais aussi au Japon, qui s'emparera de territoires, dont Taïwan, fut fortement ressentie par la majorité de la population. C'est dans ce contexte que se place la célèbre révolte des Boxers, un des nombreux mouvements violents de résistance aux Occidentaux fomentés ou soutenus par des sociétés secrètes.

LA RÉVOLTE DES BOXERS

La société secrète des Boxers était appelée ainsi par les Européens car ses membres pratiquaient certaines formes de cet exercice. Eux-mêmes se qualifiaient de «poings de justice»; ils portaient des amulettes censées les rendre invulnérables aux balles. La société, fondée vers 1770, était à la fin du XIXᵉ siècle opposée à la dynastie Ming, mais elle se rangea dans la deuxième décennie du côté du gouvernement. Après des attaques sporadiques contre les missionnaires et des Chinois convertis au christianisme, les Boxers, soutenus par l'impératrice, accentuèrent leur attaque, suscitant, en février 1900, une expédition militaire européenne (de 2 100 soldats) vers Peking en provenance du port de T'ien-Tsin (au nord de la Chine).

Les Boxers furent de plus en plus ouvertement soutenus par l'impératrice qui ordonna même, en juin, de tuer tous les étrangers. En août, le corps expéditionnaire libéra les Européens assiégés. Le conflit dura jusqu'en septembre 1901 et dans le traité dit «des Boxers» le gouvernement chinois élargit les droits des Occidentaux et dut même s'engager à verser à ceux-ci des réparations très élevées (310 millions de dollars de l'époque en 39 ans). Une photo montrant un groupe d'Occidentaux triomphants devant les corps de Boxers suppliciés figure dans de nombreux livres d'histoire et encyclopédies. Parmi les précédentes actions de résistance des sociétés secrètes à la présence occidentale, citons celle organisée par la Triade lors de l'intervention française de 1884-1885 en Chine du Sud.

Ces résistances ainsi que le bref intermède (juin à septembre 1898) du gouvernement réformateur, qui chercha à moderniser le pays, n'ont pas réellement entravé l'ouverture de la Chine à la pénétration occidentale.

L'OUVERTURE ET LA DÉSINDUSTRIALISATION

Cette ouverture progressive et forcée de la Chine va, bien sûr, amener une expansion des échanges commerciaux, mais qui cependant n'a pas revêtu l'ampleur de celle qui s'est réalisée avec l'Inde. Et ce pour un ensemble de raisons sur lesquelles nous reviendrons plus loin. Notons seulement ici que la Chine, conservant une partie de son autonomie politique, va freiner elle-même ses importations. Ainsi que nous avons pu le voir dans le tableau XVIII.4, vers 1912, alors que les exportations indiennes représentaient 2,4 dollars par habitant, pour la Chine le chiffre n'est que le quart : 0,6 dollar. Mais rappelons également que le niveau de l'Inde n'était pas — et de loin — le plus élevé, puisqu'il ne se situait qu'à peu près au huitième de celui de l'ensemble de l'Amérique latine.

En raison du caractère moins aigu de la pénétration européenne en Chine, le processus de désindustrialisation va être beaucoup moins accusé. Et comme à partir des années 1880-1890 il y aura un processus de réindustrialisation, dans l'ensemble la disparition de l'industrie en Chine sera beaucoup moins marquée qu'en Inde. Dans ce contexte, il faut signaler que si les importations de fils occidentaux à faible prix ont porté un très rude coup à la filature artisanale, le tissage a, quant à lui, beaucoup mieux résisté. Résistance qui a été favorisée par l'introduction d'un nouveau métier manuel à tisser, originaire du Japon, et qui permettait des gains substantiels de productivité. Bref, un des premiers exemples de technologie intermédiaire. Il convient à présent de voir les principaux traits de l'histoire économique et sociale intérieure de la Chine au XIXe siècle, ce qui nous permettra notamment de préciser un peu mieux le phénomène de désindustrialisation et de réindustrialisation.

La vie économique de la Chine
au XIXe siècle : du déclin agricole
et de la désindustrialisation
à la réindustrialisation

Précisons d'abord quelques éléments à propos de ce secteur primordial qu'est l'agriculture. Précédemment, nous avons noté qu'elle était entrée dans une phase négative dès le début du XIXe siècle. Grâce aux admirables travaux de

D.H. Perkins (1969), on sait que les rendements
des céréales ont baissé entre 1821 et 1901 d'environ 20 pour 100; la période la plus négative
ayant été celle allant du début du XIXe siècle à
1860-1870. Cependant, le niveau de la production par habitant était assez favorable, puisque
s'élevant dans la seconde moitié du XIXe siècle à
environ 270 à 290 kg de céréales, c'est-à-dire un
chiffre supérieur à celui de l'Inde actuelle
(230 kg pour 1988-1992).

Ce recul des rendements est un des facteurs
qui expliquent le ralentissement de la croissance
démographique de la Chine, dont la population
continue néanmoins à s'accroître, malgré un
recul probable au milieu du XIXe siècle. Entre
1800 et 1910, le nombre d'habitants de la Chine
passe d'environ 320 à 425 millions, soit une
croissance annuelle de 0,2 à 0,3 pour 100, comparée, il est vrai, à 0,7 à 0,8 pour 100 de 1700 à
1800.

Mais nous avons vu que la croissance du
XVIIIe siècle peut être considérée comme exceptionnelle, et que celle du XIXe siècle — et surtout
de la seconde moitié du siècle — peut être considérée comme très voisine de celle enregistrée par
les autres grandes régions du Tiers-Monde. La
quasi-totalité des estimations existantes laissent
entrevoir que la seconde moitié du XIXe siècle a
été marquée, sinon par un recul, certainement
par une stagnation. Dans l'ensemble, afin d'ap-
précier valablement quelle fut l'évolution durant
le XIXe siècle, il faut prendre en considération que
cette croissance concerna une population touchée antérieurement par une forte extension. La
population de la Chine de 1800 était à peu près

4 fois plus élevée que celle de 1500, alors que pour l'Europe (sans la Russie) durant la même période la multiplication était par 2 et que pour l'Asie (sans la Chine) elle était par 2,3.

L'AMPLEUR PLUS RESTREINTE
DE LA DÉSINDUSTRIALISATION

Passons à l'industrie. Les indications disponibles ne laissent pas entrevoir un déclin de ce secteur avant l'ouverture forcée aux importations européennes. Pas de déclin, mais pas de progrès non plus. Comme nous l'avons déjà laissé entendre, le processus de désindustrialisation va être beaucoup moins accusé que celui de l'Inde, ce qui s'explique par trois éléments. Le premier est le caractère plus tardif de la pénétration extrêmement importante de produits manufacturés européens. En outre, un siècle environ sépare les deux pays en la matière et la masse démographique de la Chine est près de deux fois plus importante que celle de l'Inde. Le deuxième élément est que le début de l'industrialisation moderne a suivi de quelques années seulement le début de la désindustrialisation. Enfin, dans une large mesure, les deux premiers éléments s'expliquent par le troisième : le maintien d'une certaine autonomie intérieure qui fait que la Chine n'est pas réellement une colonie comme l'Inde. Voyons quelque éléments sur la désindustrialisation et sur la réindustrialisation moderne.

Afin d'illustrer l'impact moins grand de l'afflux de produits manufacturés européens, prenons l'exemple des tissus de coton qui en constituaient une des composantes les plus importantes.

D'après A. Feuerwerker (1958), le maximum des importations se situe dans la décennie 1901-1910 : en convertissant les données, on obtient quelque 720 millions m², soit 1,7 m²/hab. Or, en Inde, le maximum (situé vers 1890) était de 6,5 m²/hab., soit 3,5 fois plus. Néanmoins, malgré le processus d'industrialisation moderne que nous évoquons plus bas, pour 1901-1910 l'industrie et l'artisanat local de la Chine ne fournissent que 60 pour 100 de la consommation intérieure de fils de coton et 74 pour 100 de celle de tissus de coton.

Dans les autres secteurs de l'industrie manufacturière, il faut distinguer (ainsi que nous l'avons fait pour l'Inde) ceux qui n'ont pratiquement pas souffert de la concurrence extérieure, tels que la chaussures, l'ameublement, de ceux qui, comme la sidérurgie, ont été encore plus touchés que le textile. Les données concernant le déclin de la production de fer font défaut, mais les estimations disponibles, même après la création d'unités modernes, laissent entrevoir l'ampleur du déclin. Comme nous l'avons noté auparavant, au XIe siècle, la Chine produisait plus de 125 000 tonnes ; et, de ce fait, se situait à la première place sur le plan mondial. En termes de production par habitant, cela représentait environ 1,5 kg. À la veille de la Première Guerre mondiale, la production de métaux ferreux était inférieure à 250 000 tonnes (soit 0,5 kg/hab.), ce qui, en termes globaux, situait la Chine à la 12e place, et en termes de production par habitant à la 17 ou 19e place.

LA RÉINDUSTRIALISATION

Nous avons parlé de création d'unités modernes.
En effet, très tôt (dès 1855), le gouvernement
chinois décidait de créer un ensemble d'industries modernes dans le domaine de l'armement.
Dans un premier temps, cette décision résultait
du désir de mieux résister aux Occidentaux. Il
s'agissait notamment de la construction navale,
d'arsenaux, et de la fabrication de machines. Le
processus de création de l'industrie moderne
s'accéléra à partir du début des années 1870,
également sous l'impulsion de l'État. Et là nous
sommes en présence d'une forme originale d'organisation qui s'est qualifiée comme « supervi-
sion par des mandarins et administration par des
marchands ». C'est un système de création et de
gestion d'entreprises industrielles, commerciales
et de transport, où le capital est à la fois privé et
public, mais où la direction est assumée par un
fonctionnaire ou toute autre personne désignée
par l'État. Cela commença en 1872 par une compagnie de navigation ; puis suivirent : l'ouverture
de mines de charbon (1877), une filature (1878),
une entreprise sidérurgique (1896), etc. C'est
aussi sous ce système que fut créée, en 1896, la
Banque Impériale.

Il convient de signaler que cette deuxième
vague d'industrialisation, suscitée par le pouvoir
central, s'est inscrite dans un mouvement plus
vaste de réformes qui était une tentative de
modernisation très largement inspirée du modèle
japonais. Le mot d'ordre en était : « Le savoir chinois joue un rôle fondamental, le savoir occiden-

tal a un intérêt militaire.» Ce mouvement était
dirigé par de remarquables hauts fonctionnaires
qui se trouvaient à la tête du pays. À côté d'une
politique de restauration confucéenne, ils établirent des bureaux de traduction de livres scientifiques et techniques occidentaux.

À côté de cette modalité originale d'industrialisation suscitée par le pouvoir central, il faut
encore faire intervenir à la fois l'initiative privée
chinoise et l'intervention de capitaux et d'entrepreneurs étrangers. L'intervention étrangère a
été surtout concentrée dans la ville de Shanghai,
marquée d'ailleurs par une expansion rapide
de sa population : 100 000 personnes vers 1800,
650 000 vers 1910, et au-delà des 3 millions en
1930. Shanghai qui allait devenir le symbole de
la pénétration occidentale. Comme partout à cette
époque, c'est l'industrie cotonnière moderne qui
réalisa le plus de progrès.

Si intéressants et diversifiés qu'aient été ces axes
d'industrialisation, le niveau atteint à la veille
de la Première Guerre mondiale par l'industrie
moderne chinoise reste très embryonnaire, surtout exprimé en termes par habitant, et ce même
par rapport à l'Inde. En 1910, la Chine dispose de
0,8 million de broches à filer le coton, alors que,
comme nous l'avons vu, l'Inde en possède 5,9 millions. Avec une population représentant 26 pour
100 de celle du monde, la Chine dispose de 0,6
pour 100 des broches du monde. Notons toutefois
qu'environ 70 pour 100 de ce potentiel textile
appartiennent à des Chinois. Dans la sidérurgie,
l'impact est encore plus limité, puisque la production de 1910 ne représente que 0,2 pour 100 de
celle du monde ; mais avec environ 240 000 tonnes

elle se situe néanmoins à un niveau quatre fois
supérieur à celui de l'Inde. Toutefois, cette comparaison avec l'Inde fausse largement l'appréciation générale du niveau industriel de la Chine. En
effet, vers 1910 (comme d'ailleurs vers 1949, au
moment de la prise de pouvoir par les communistes), la Chine dispose d'un secteur industriel
traditionnel sensiblement plus important que
celui de l'Inde, en raison de la pénétration moins
grande de produits occidentaux.

La seule évolution positive importante des relations de l'Occident avec la Chine au XIXe siècle
est l'accord avec le Royaume-Uni intervenu en
décembre 1906 et qui prévoyait, à partir de 1908,
une diminution annuelle de 10 pour 100 du volume
des importations d'opium. D'abord conclu pour
la période 1908-1910, cet accord fut reconduit
jusqu'en 1917, date à laquelle toutes les importations étaient stoppées. Du côté de la Chine, un
vaste programme de désintoxication fut mené,
qui commença en 1906 par l'interdiction de
fumer de l'opium dans les écoles et dans l'armée,
et avec l'enregistrement des fumeurs. On estime
que, vers 1906, environ 27 pour 100 des hommes
adultes fumaient de l'opium.

Autre évolution positive, mais davantage d'instigation locale : la création d'universités modernes
dans ce pays où, très tôt, l'éducation a occupé
une place importante. Très tôt, en effet, puisque la
première université chinoise a été créée en 124
avant J.-C., et que cette «Académie impériale»,
localisée dans la capitale, compta, au IIIe siècle,
30 000 étudiants. Dès 1848, une université
moderne fut ouverte à Peking ; et en 1913 le pays
comptait 11 universités, dont 8 créées, il est vrai,

entre 1900 et 1912. La révolution de 1911 accéléra la réforme et l'extension de l'enseignement à
tous les niveaux.

LA VARIÉTÉ D'EXPÉRIENCES
D'AUTRES PAYS D'ASIE :
LES PAYS COLONISÉS

Certes, avec la Chine et l'Inde, nous avons couvert géographiquement l'essentiel de l'histoire
économique du continent, mais il ne faut pas
négliger totalement les autres pays, d'autant plus
qu'un bon nombre de ceux-ci présentent des
caractéristiques très spécifiques. C'est ainsi que le
système des cultures forcées, que l'on introduira
dans les pays d'Afrique au début du XXe siècle, a
été mis au point en Indonésie. En définitive, nous
allons brièvement passer en revue le cas de six
pays. Nous commencerons par l'Indonésie, troisième pays d'Asie en termes de superficie et qui,
en termes de population, occupe ce même rang
depuis le milieu du XIXe siècle. Puis nous poursui-
vrons avec Ceylan, l'Indochine, les Philippines, la
Thaïlande et la Corée. Ainsi que nous l'avons vu
dans le chapitre XVII, parmi ces pays seule la
Thaïlande a échappé à la colonisation ; nous l'examinerons donc dans la prochaine section.

L'INDONÉSIE : UN MODÈLE
DE COLONISATION
OU UN ENFER
PAVÉ DE BONNES INTENTIONS

Les premiers contacts hollandais avec l'Indoné-sie datent de la fin du XVIᵉ siècle et la fondation de cet empire colonial, que les Pays-Bas allaient consolider durant le XIXᵉ siècle, remonte aux pre-mières années du XVIIᵉ siècle. Dans un premier temps, on peut considérer que la pénétration hol-landaise n'a été qu'un substitut de celle qu'avaient opérée depuis le XIIIᵉ siècle les marchands du monde islamique.

DE L'HINDOUISME À L'ISLAMISME,
DES PORTUGAIS AUX HOLLANDAIS,
EN PASSANT PAR LES CHINOIS

À partir du XIVᵉ siècle, la pénétration islamique mit fin à la domination de cette région par les hin-dous qui avait commencé dès le IIIᵉ siècle et avait notamment introduit le bouddhisme dans cet archipel de plus de 3 000 îles, mais dont l'essen-tiel est composé des îles de Java et de Sumatra. L'empreinte de l'islam fut très forte, puisque l'es-sentiel de la population se convertit (l'exception notable étant l'île de Bali). D'ailleurs, sur un plan plus général, on peut donc considérer que les pre-mières phases de la pénétration européenne dans cette région n'ont été qu'une insertion de com-merçants européens dans un vaste et très actif

réseau d'échanges — contrôlé par les musulmans
— impliquant l'Asie et le Moyen-Orient. Il s'agissait davantage de marchands musulmans d'Inde
que d'Arabes attirés dans cette région par les
épices (comme plus tard les Européens).

Ce réseau d'échanges prit de l'ampleur à partir
du XIVᵉ siècle et a été concomitant d'une présence
commerciale accrue de la Chine. Les marchands
musulmans effectuèrent leur pénétration davantage à l'est et ceux de la Chine au sud. Et si la présence chinoise demeura d'ordre commercial, il en
fut autrement de celle de l'islam. Dès 1419, grâce
à la conversion d'un souverain à l'islam, se mit en
place (à Java) le premier des États musulmans. Ce
prince fonda la ville de Malaka, devenue rapidement un important carrefour d'échanges.

L'arrivée des Portugais dès les premières décennies du XVIᵉ siècle était au début concomitante
avec la continuation de l'expansion de l'islamisation, notamment à Java. Mais, très tôt, cette partie
de l'Asie va devenir la zone d'influence des Hollandais. La première expédition hollandaise date
de 1596 ; et Batavia (redevenue depuis l'indépendance, en 1949, Djakarta) fut fondée en 1619. À
partir de la seconde moitié du XVIIᵉ siècle, le
commerce musulman décline et les Hollandais
reprennent leur rôle. L'influence des Hollandais,
ou, plutôt, de la Compagnie (néerlandaise) des
Indes orientales, se fit surtout sentir à Java ; mais
il s'agissait davantage de relations commerciales
avec présence de bases assez importantes que
d'une véritable colonisation, qui allait intervenir
un siècle et demi plus tard.

DE LA COMPAGNIE DES INDES ORIENTALES
À LA VÉRITABLE COLONISATION HOLLANDAISE

Comme dans d'autres cas, des événements européens ont influencé le destin de l'Indonésie. Dans ce cas, il s'agit de l'annexion, en 1810, des Pays-Bas par la France, ce qui va conduire Willem Daendels, Hollandais d'origine, mais maréchal de la Révolution française, à devenir le gouverneur de l'Indonésie qui, déjà depuis 1799, n'était plus le monopole de la Compagnie des Indes orientales. C'est lui et ses deux successeurs (le Britannique Thomas Raffles et le Hollandais Van den Bosch) qui allaient jeter non seulement les fondations de la colonisation de l'Indonésie, considérée sous l'angle impérialiste comme un grand succès, mais aussi d'un modèle général de colonisation. Daendels jeta les bases de ce que l'on a appelé (un peu à tort) le système Van den Bosch. Il instaura des cultures forcées de café et de coton. Il entreprit aussi la création d'un réseau routier grâce aux corvées. Il était favorable à la colonisation privée. Entre 1811 et 1816 se situe l'intermède britannique où Raffles remplaça le système de cultures forcées par un impôt foncier et encouragea la création de grandes plantations privées. La restitution de l'Indonésie aux Pays-Bas a permis néanmoins à l'Angleterre de garder notamment l'île où Raffles créa la ville de Singapour.

En définitive, il appartiendra à Johannes Van den Bosch d'introduire véritablement et d'affiner le système des cultures forcées. Un des paradoxes (confirmation supplémentaire que l'enfer est sou-

vent pavé de bonnes intentions) est le fait que ce
fut l'œuvre d'un homme aux idées très progres-
sistes. Après un premier séjour à Java (dont il fut
expulsé par Daendels pour des raisons politiques), Van den Bosch étudia l'économie et fut
influencé par la pensée du précurseur du socialisme : Robert Owen. Il créa (aux Pays-Bas) une
société afin de combattre la pauvreté urbaine,
laquelle prévoyait l'attribution de terres aux indi-
gents. En 1830, il fut nommé gouverneur de l'Indonésie.

Son système de « cultures forcées » était, en fait,
conçu dans le but d'augmenter le niveau de vie de
la population autochtone. Sous peine de sanctions, un cinquième des terres devait être consacré aux cultures d'exportation. Il s'opposa même
fermement à la prise de contrôle des terres par
des Européens, ce qui fut un facteur de son évic-
tion. En fait, le système continua dans ses grandes
lignes jusqu'au début des années 1860, mais,
privé de la personnalité de Van den Bosch, il subit
des perversions : accroissement de l'importance
des cultures forcées, augmentation de l'importance des corvées aussi bien pour les plantations
gouvernementales que pour les travaux publics.

À partir des années 1870, la colonisation s'axa
de plus en plus pour l'agriculture sur des plantations privées appartenant surtout à des Hollandais, et pour les mines à des sociétés tant
hollandaises qu'européennes. Mais, aux yeux des
partisans de la colonisation, le système Van den
Bosch fut un grand « succès ». Succès... Certes
succès économique, mais acquis à des conditions
inhumaines de véritable travail forcé. Ce qui
souleva un sentiment d'indignation, notamment

d'un fonctionnaire néerlandais. Il s'agit d'Edward Douwes Dekker, qui, plus tard, sera considéré comme le plus grand écrivain néerlandais, et même comme «le deuxième d'Europe» (ce qui est peut-être exagéré). En 1838, à l'âge de 18 ans, il commença sa carrière dans l'administration coloniale des Indes néerlandaises. À partir de la fin des années 1850, ses protestations contre les conditions de vie des autochtones lui valurent des menaces de renvoi. Il préféra démissionner et retourna aux Pays-Bas. En 1860, sous le pseudonyme de Multatuli (ce qui, en latin, signifie «ai beaucoup souffert»), il publia une autobiographie romancée (*Max Havelaar*), dont le retentissement fut immense et favorisa l'éclosion d'un mouvement de protestation contre les excès commis par l'exploitation coloniale.

Revenons aux succès économiques. Entre 1830 et 1860, les exportations de café passèrent de 20 000 à 56 000 tonnes ; celles de sucre de 4 000 à 129 000 tonnes ; et celles du thé, pratiquement nulles vers 1830, dépassèrent les 100 tonnes. Vers 1860, les exportations par habitant de ce pays s'élevaient à 1,8 dollar, comparé à 0,4 pour le reste de l'Asie. Si, en raison d'une maladie, les exportations de café ont par la suite stagné, celles de sucre ont continué leur rapide expansion après 1860 (1 470 000 tonnes vers 1913) ; et d'autres produits se sont ajoutés. Les exportations d'étain firent aussi de rapides progrès. La part de l'Indonésie dans les exportations de l'Asie (sans le Japon), qui étaient de 2 pour 100 vers 1830, a atteint 11 pour 100 vers 1860 et 15 pour 100 vers 1913. Donc succès colonial indéniable. Succès colonial disons-nous, car, à la veille de la Pre-

mière Guerre mondiale, l'Indonésie était un quasi-
désert industriel et le demeura largement jusqu'au début des années 1950.

L'Indonésie, avec quelques autres rares pays du
Tiers-Monde (notamment l'Algérie et l'Égypte),
est une des régions où, dès la seconde moitié du
XIXᵉ siècle, la population a connu une croissance
rapide, précédant de plus d'un demi-siècle l'inflation démographique du reste du Tiers-Monde.
Entre 1850 et 1900, la population de l'Indonésie
passe de 16 à 38 millions, soit un taux annuel de
croissance de 1,7 pour 100, comparé à 0,2 pour
100 pour le reste de l'Asie. Progression d'autant
plus remarquable que, de 1800 à 1850, celle-ci
avait déjà progressé de 20 à 30 pour 100.
Dans le cas de l'Indonésie (comme dans celui de
l'Égypte), ceci résulte probablement du fait suivant : malgré l'accaparement d'une grande partie
des profits tirés des cultures d'exportation par les
non-autochtones, les prix rémunérateurs de ces
cultures ont permis aux classes rurales de disposer d'un revenu plus élevé, leur permettant une
consommation alimentaire plus substantielle.
L'Indonésie, ainsi que l'Égypte, devint d'ailleurs
importatrice nette de céréales à partir des années
1880 ; et, pour 1909-1913, ces importations nettes
représentaient annuellement 490 000 tonnes, soit
11 kg/hab., s'ajoutant ainsi à une production intérieure de céréales qui était (à Java et à Madura) de
l'ordre de 210 kg/hab., auxquels s'ajoutaient encore
des quantités presque équivalentes de manioc.

Ceylan : du café au thé

Davantage encore que l'Indonésie, un des pays les plus extravertis à la veille de la Première Guerre mondiale — non seulement de l'Asie, mais de l'ensemble du Tiers-Monde — était Ceylan, l'actuel Sri Lanka. Cette île constitue en quelque sorte le prototype d'un petit pays à économie de plantation. Cette orientation résulta essentiellement de la colonisation anglaise, qui débuta en 1796. Mais, auparavant, ce pays connut des dominations d'une durée assez voisine (environ 145 ans) de la part des Portugais d'abord, et des Hollandais ensuite.

Retenons de la période qui a précédé la colonisation européenne (qui commença donc avec les Portugais et ce dès 1505) deux faits saillants et un élément très intéressant. À partir des premiers siècles de notre ère, le pays subit une série d'invasions des Tamouls venus des plaines arides de l'Inde du Sud. La plus importante d'entre elles se place au XIe siècle ; mais les Tamouls furent refoulés dans le nord de l'île. Le second fait saillant est l'action entreprise par le roi Parakkamabâ, qui régna de 1153 à 1186 et qui, non seulement, unifia le pays, mais prit des mesures afin d'améliorer les méthodes d'irrigation et les cultures, entraînant un âge d'or.

L'élément intéressant est une découverte très récente. Comme le rapporte Gill Juleff[1], les recherches archéologiques ont permis de mettre en évidence un procédé inconnu jusqu'ici de fabrica-

1. 1996.

tion d'acier de haute qualité, utilisant d'une façon ingénieuse les forts vents de la mousson. Ce procédé daterait déjà du premier millénaire avant J.-C., mais il fut surtout utilisé largement du VIIe siècle au XIe siècle (avec un apogée au IXe siècle). Une partie de cet acier était exportée vers le Moyen-Orient et serait à la base de la fameuse qualité (et du secret) des épées de Damas. L'arrêt de la production (au XIe siècle) serait lié aux invasions des Tamouls et aussi à une désorganisation du système très élaboré d'irrigation de cette région du sud de l'île où était localisée cette industrie.

Si aujourd'hui le nom de Ceylan est presque synonyme de thé, l'histoire des plantations commença, paradoxalement pour une colonie anglaise, avec le café. C'est pour ces plantations que l'on favorisa l'immigration de Tamouls, qui revendiquent militairement aujourd'hui la sécession. N'oublions pas que si l'île est assez grande (deux fois les Pays-Bas), elle était alors peu peuplée, ne comptant vers 1830 qu'un peu plus d'un million et demi d'habitants.

En l'espace de quelques décennies (entre 1830 et 1880), Ceylan devint le 3e ou 4e producteur mondial de café, avec une production annuelle de l'ordre de 40 000 tonnes et sa population se rapprocha des 3 millions. À partir de 1880, une maladie des feuilles dévasta les plantations de café ; et, en 1897, la production était descendue au-dessous du millier de tonnes. On assista à une reconversion très rapide, la production de thé, nulle avant 1880, atteignit dès 1891 les 31 000 tonnes, et de ce fait Ceylan occupait la troisième place dans le monde (après la Chine et l'Inde). Pour ce qui concerne les exportations de thé, Ceylan

occupe dès les années 1890 la 3e place, derrière la
Chine et l'Inde. Dans l'entre-deux-guerres, Ceylan
dépassa la Chine et, à la fin des années 1980, l'Inde
devenant ainsi le plus gros exportateur mondial. Pour 1928-1932 la production s'éleva même
annuellement à 111 000 tonnes, ce qui représentait
un septième environ de la production mondiale.

Comme ce fut le cas à l'époque du café, le thé
est aussi rapidement devenu la principale culture,
mais non la seule culture d'exportation. Dans les
premières années du XXe siècle, le caoutchouc a
pris une place croissante, dépassant même pendant la Première Guerre mondiale (en termes de
valeur) le thé. Cette concentration dans les cultures
d'exportation implique un déficit vivrier précoce :
à la veille de la Première Guerre mondiale, les
importations de riz s'élevaient à 390 000 tonnes
par an en moyenne (soit 95 kg/hab.), comparés à
une production locale de 270 000 tonnes. Mais il
est vrai que, grâce au flux migratoire, et également
aux mouvements naturels, la population a
progressé très rapidement, dépassant, vers 1913,
les 4 millions, contre moins de 2 millions en 1800.

Les Philippines : colonie d'une colonie

Les Philippines, que Fernand de Magellan toucha dès 1521, avaient été peuplées depuis des
siècles par des vagues d'immigrants en provenance
de l'Indonésie. Le pays entretenait des relations
commerciales tant avec l'Indonésie qu'avec l'Inde,
la Chine et le Japon. L'islam y fut introduit dès le
XVe siècle ; et au milieu du XVIe celui-ci avait péné-
tré une grande partie de cet archipel de plus de

7 100 îles volcaniques, dont les deux plus grandes,
Luçon et Mindanoa, représentent les deux tiers de
la superficie totale. Et si Magellan, en 1521, proclama la souveraineté espagnole sur cet archipel
(il y fut d'ailleurs tué dans un conflit local), les
principales îles ne furent colonisées qu'à partir de
1565 par les Espagnols du Mexique, donc en
quelque sorte une colonisation par des coloniaux.
Et les Philippines furent même une colonie d'une
colonie, car l'archipel était administré par un
gouvernement qui relevait du vice-roi du Mexique.
 Autre caractéristique (justifiant le titre de cette
section) : au cours du premier siècle de colonisation on pratiqua d'abord une forme d'exploitation
utilisée dans les colonies américaines, à savoir
l'*encomienda*. Mais, en raison des abus à l'égard
de la population autochtone, de la carence de
l'instruction religieuse ainsi que de la soustraction des revenus par les *encomienderos*, le système
fut abandonné à la fin du XVIIᵉ siècle. Dès lors, ce
fut le gouverneur général, nommé par le roi (d'Espagne), qui désigna les gouverneurs civils et militaires locaux.
 La principale explication du « retard » du début
de cette colonisation tient à des facteurs géographiques ; car si la traversée du Mexique vers les
Philippines est aisée (grâce à de forts alizés), en
revanche, le retour doit se faire en remontant
l'Océan Pacifique pratiquement jusqu'à la hau-
teur du Japon. Soit un parcours d'environ
30 000 km qui, à l'époque et encore longtemps
après, impliquait une durée de 5 ans. Si, jusqu'au
début du XIXᵉ siècle, l'exploitation économique y
fut restreinte, l'impact social à travers l'évangélisation et la latinisation y fut cependant très fort. Il

s'agit, en quelque sorte, d'un processus voisin de celui de l'Amérique latine, mais avec deux différences très importantes : pas d'effondrement de la population autochtone ; et, pour cette raison et davantage encore en raison de l'absence de plantations, pas d'importations d'esclaves d'Afrique. Cette évangélisation ne fut pas totale, car dans certaines régions la religion musulmane s'est maintenue. C'est ainsi, par exemple, qu'il a fallu attendre le xxᵉ siècle et l'envoi d'un corps expéditionnaire américain pour pacifier réellement ceux que les Espagnols appelaient *moros*, peuplades islamisées des îles Mindoro et Sulu. Il est vrai que les Espagnols firent de la population locale des convertis mais pas des citoyens.

De même si la colonisation économique fut restreinte, cela n'exclut pas une mainmise totale de la Couronne espagnole sur les terres. L'Espagne accordait des concessions aux ordres religieux et aussi aux notables espagnols. Ceci explique largement les nombreuses révoltes (plus d'une centaine) qui émaillèrent la période espagnole, même au-delà de l'abandon des *encomiendas*.

Jusqu'à la fin du xviiiᵉ siècle, une des activités économiques extérieures dominantes a été de nature très particulière ; c'était un commerce de réexportation (vers le Mexique surtout) de produits manufacturés chinois. Bien que freiné par les pressions, notamment des fabricants andalous de soieries, ce trafic continua jusqu'à la fin du xviiiᵉ siècle, où la concurrence de cotonnades britanniques le réduisit fortement. Signalons, avant d'en venir au xixᵉ siècle, que les Philippines possédèrent la première université « occidentale » de l'Asie du Sud-Ouest, celle de Santo Tomas à Manille, fondée en

1611. Mais, contredisant ce signe d'ouverture, à la même époque le pays avait déjà été marqué par des massacres perpétrés contre les Chinois. Ceux-ci, qui avaient immigré en assez grand nombre à partir de la fin du XVIᵉ siècle, rencontrèrent une hostilité croissante. Des massacres (commis par les Espagnols) eurent lieu en 1603, 1639 et 1662. Les Chinois furent expulsés à la fin du XVIIIᵉ siècle. Relevons que, dans d'autres colonies européennes — notamment en Indonésie — il y eut également des expulsions d'immigrés chinois et qu'aux Philippines (à l'instar d'autres régions), dès le début du XIᵉ siècle, bien avant l'arrivée des Européens, les marchands chinois avaient visité le pays, où même certains s'installèrent.

En 1813, afin de favoriser le développement d'autres activités, et notamment les cultures d'exportation, le commerce de réexpédition fut interdit. Si cette politique porta des fruits, l'expansion de ces cultures (surtout coprah, chanvre et sucre) a été toutefois très modeste jusqu'au changement de régime colonial en 1898 quand les Philippines passèrent sous contrôle des États-Unis. Le sucre des Philippines a bénéficié, à partir de 1909, d'un accès privilégié sur le marché des États-Unis, raison pour laquelle on assista à une forte expansion de la production et des exportations. Certes, déjà avant la période américaine, le sucre était devenu relativement important, mais entre 1903-1907 et 1931-1933, les exportations annuelles de sucre passèrent de 108 000 à 1 080 000 tonnes. À partir de la loi dite de Tyding-Mc Duffie (1934), qui prévoyait l'accession progressive à l'indépendance, l'entrée du sucre philippin fut contingentée ; de ce fait, et aussi en raison de la dépression,

pour 1937-1939 les exportations de sucre ne se
sont élevées qu'à 880 000 tonnes annuellement.

L'Indochine : la France réussit
là où la Chine a échoué

Entre les premières années du XVIe siècle et la
domination française, qui ne débuta qu'à partir
de 1862, l'Indochine (ou, plutôt, le Viêt-nam)
continua de résister à la Chine, son puissant voisin du nord. Ainsi, malgré les nouvelles tentatives
de la Chine au XVIIIe siècle pour l'intégrer à nouveau dans son Empire, le Viêt-nam demeura indépendant, même s'il était parfois divisé. Des
missionnaires de France, après ceux du Portugal,
ont cherché, dès le XVIe siècle, à évangéliser la
région, mais avec un succès limité. C'est sous le
prétexte de protéger des missions catholiques que
la France interviendra militairement dès 1858.
Saigon fut occupée en 1859 ; et, en juin 1862, fut
signé le traité dit de Saigon qui accordait aux
chrétiens la liberté de leur culte, octroyait à la
France le contrôle de trois provinces de Cochinchine et ouvrait trois ports au commerce français.
En France, après une période d'incertitude quant
à la colonisation de l'Indochine, le parti favorable
à la constitution d'un «nouvel Empire des Indes»
l'emporta, notamment après l'arrivée au pouvoir,
en 1879, des républicains. Un corps expéditionnaire de 4 000 hommes fut dépêché en 1883, et
la véritable conquête du pays commença. Mais
celle-ci se heurta à une forte résistance, et la
conquête de l'ensemble du pays ne fut achevée
qu'en 1896. Dès lors, l'Indochine française com-

prendra trois États. Une colonie proprement dite,
appelée l'Union indochinoise (qui correspondait
à peu près au <u>Viêt-nam</u> d'aujourd'hui) et deux
protectorats : le <u>Laos et le Cambodge</u>, l'ensemble
ayant vers 1910 une population de l'ordre de
17 millions.

Trois États, dont nous avons vu (dans le
chapitre XVII) l'histoire différenciée jusqu'au
XVIe siècle, ont aussi connu une chronologie et des
modalités variées dans leur prise de contact avec
les Européens. Tout naturellement, en raison de
sa plus grande proximité, c'est le Cambodge qui
fut touché le premier ; et tout naturellement, en
raison de l'absence d'une façade maritime, c'est
le Laos qui le fut en dernier. Au Cambodge, les
premiers Européens ont visité le pays probablement dès 1530-1540, et certainement dès 1555,
date de l'arrivée d'un dominicain portugais à la
cour royale. Et dans les années 1580, les Cambod-
giens firent appel aux Portugais afin de se protéger
des attaques des Siamois. Au Viêt-nam, c'est aussi
des missionnaires qui ont apparemment joué un
rôle lors des premiers contacts. Cela se situait au
début du XVIIe siècle, et il s'agissait de Français.
Au Laos, ce n'est apparemment qu'en 1641 que
les premiers contacts significatifs eurent lieu.
C'est à cette date que le gouverneur hollandais de
l'île de la Sonde envoya une mission au compte de
la Compagnie générale des Indes orientales au
« pays de la gomme et du benjoin ». Le benjoin est
une résine d'arbre d'odeur vanillée utilisé dans la
parfumerie, et que l'on a longtemps employé (jusqu'au milieu du XXe siècle) pour le traitement de
certaines infections des voies respiratoires.

L'exploitation coloniale, en ce qui concerne à la

fois les cultures d'exportation (caoutchouc, coton, sucre, noix de coco) et les exploitations minières (charbon, zinc, wolfram), se développa rapidement. Parallèlement à l'expansion des exportations de produits tropicaux, on a assisté à celle des exportations de riz, lequel était de loin, à la veille de la Première Guerre mondiale, le produit dominant, représentant (pour 1909-1911) 62 pour 100 des exportations totales. Les exportations progressèrent rapidement, passant de 1,5 pour 100 de celles de l'Asie (sans le Japon) vers 1890 à 3,4 pour 100 vers 1913. Mais, dans l'entre-deux-guerres, on assista à un recul relatif, puisque vers 1937 cette proportion n'était plus que de 3,2 pour 100. Bien que la confiscation des sols fût assez limitée, l'essentiel des plantations appartenait à des Français et, bien sûr, l'exploitation minière dépendait largement de compagnies occidentales.

Du point de vue de l'industrie, bien que l'artisanat subsistât en partie, il n'y eut pratiquement aucune création d'entreprises modernes importantes. Certes, une première filature de coton fut créée en 1894 ; mais, vers 1910, les trois filatures qui existaient n'avaient environ que 60 000 broches à filer le coton, soit 3,5 par 1 000 habitants ; ce qui plaçait l'Indochine loin derrière l'Inde (18,8), ou même le Pérou (13,0), mais devant la Chine (1,8) et les Philippines (1,1). Le nombre de broches n'augmenta pas dans l'entre-deux-guerres. Ce qui fit rétrograder l'Indochine et la fit dépasser par la Chine dès le début des années 1920. Signalons également la présence de l'industrie du ciment, dont une partie de la production était exportée.

Si, dans le domaine médical, les efforts furent importants, dans le domaine éducatif, et notam-

ment dans l'enseignement universitaire, les lacunes
furent graves. Certes, en 1907, afin de contrecarrer
l'attrait des universités japonaises, une université
fut ouverte à Hanoi ; mais, pour motif de propagande nationaliste, elle fut fermée l'année suivante,
pour n'être rouverte qu'au début des années 1920.

*La Corée : une colonie japonaise
prise entre deux feux*

La Corée, voisine du nord de la Chine, a des analogies historiques avec le Viêt-nam, voisin du sud
de la Chine ; mais, dans ce cas, c'est la proximité
d'une autre puissance asiatique, le Japon, qui fut
plus déterminante. Le XVIᵉ siècle, qui fut un siècle
de troubles, et probablement aussi de déclin économique (notamment réduction du commerce
extérieur), est marqué à sa fin (1592-1598) par
des tentatives d'invasions japonaises. La première
fut très importante, puisque elle impliqua 200 000
(certaines sources parlent même de 300 000) soldats et 9 000 marins. Elle échoua (non sans qu'auparavant les Japonais aient occupé Seoul et
Pyeong Yang) grâce à la résistance locale, et aussi
grâce à l'aide chinoise. Dans la résistance locale se
place le personnage de l'amiral Li Sun-sing, l'inventeur du bateau cuirassé de fer (bateau tortue)
qui infligea de lourdes pertes aux navires japonais. Bien que les Coréens considèrent que c'est le
premier cuirassé du monde, il ne faut cependant
pas oublier que, vers 250 avant J.-C., Archimède
avait fait tapisser de cordes les parois d'un navire,
et qu'au XIᵉ siècle les Scandinaves armèrent leurs
vaisseaux de proues et de plaques de fer.

INVASIONS MANCHOUES
ET INFLUENCES OCCIDENTALES

Le XVIIe siècle est une période perturbée par les invasions manchoues qui, en 1637, aboutirent à placer la dynastie coréenne comme vassale de la dynastie manchoue de Chine. Mais, à partir de la fin du siècle, le pays recouvra un large degré d'autonomie, et l'on considère que les XVIIIe et XIXe siècles furent une période prospère et de fermentation intellectuelle. Prospérité qui n'empêcha pas des famines parfois très aiguës, notamment en 1813.

Déjà, avant la domination manchoue, les Coréens connaissaient l'existence de l'Occident, et notamment du christianisme, essentiellement à travers les relations et les objets ramenés par les ambassadeurs de Corée en Chine. En 1628 se situe la très intéressante péripétie du naufrage d'un navire hollandais dont trois marins échouèrent sur la côte d'une île coréenne. L'un de ceux-ci fut retenu et tenta notamment la fabrication du mousquet. En 1653, un autre groupe de naufragés fournit aux Coréens des informations à la fois sur l'utilisation de canons et sur l'astronomie. Mais c'est un siècle plus tard, à partir des années 1770, que le christianisme commença à se répandre grâce à des prêtres venus de Chine. Les convertis se comptent par milliers (selon les estimations de 4 000 à 10 000) ; ce qui amena, en 1801, une réaction du pouvoir central sous la forme d'un décret royal interdisant la pratique de la religion catholique.

Mais, à partir des années 1830, grâce à la pression occidentale, les missionnaires furent à nouveau admis ; et, au milieu des années 1860, le nombre de catholiques dépassait les 20 000, ce qui ne représentait néanmoins que 0,3 pour 100 de la population totale. À ce propos, relevons que la croissance de la population a été rapide, puisque l'on estime que celle-ci, qui était de l'ordre des 5 millions vers 1650, atteignait 9 millions vers 1850, et près de 15 millions en 1910, faisant de la Corée le 6e pays le plus peuplé d'Asie (après, dans l'ordre, la Chine, l'Inde, le Japon, l'Indonésie et l'Indochine).

La défaite de la Chine lors de la première guerre de l'Opium (1842) accrut la méfiance des Coréens vis-à-vis des Occidentaux. Méfiance qu'aggrava l'apparition de plus en plus fréquente sur les côtes de navires de guerre occidentaux. Ceci amena une répression religieuse au cours de laquelle, en 1866, neuf missionnaires furent condamnés, ce qui conduisit à une expédition française de secours. Après une série de tentatives occidentales et une série d'échecs, dans lesquels s'inscrit (en 1866) l'incendie d'un navire américain et le massacre de son équipage, ce furent finalement les Japonais qui ouvrirent la Corée au commerce international. Ce fut le fait du traité « d'amitié et de commerce » signé en 1876 entre le Japon et la Corée. Par la suite, des traités similaires furent signés avec les puissances occidentales : États-Unis (1882), Royaume-Uni et Allemagne (1883), Italie (1884), etc.

LA COLONISATION JAPONAISE

Le glissement vers la colonisation japonaise se fit entre 1895 et 1905. 1895, c'est la date du traité Shimonoseki qui marque une première étape importante dans la montée de la puissance japonaise sur le plan international, puisque ce traité sanctionnait la défaite de la Chine, qui perdit ainsi tout droit de suzeraineté sur la Corée. En 1894-1895 eut lieu la guerre sino-japonaise dont l'enjeu, en fait, était le contrôle de la Corée. Le roi de Corée fit appel aux troupes chinoises afin de l'aider à mater une rébellion, ce qui entraîna une réaction des Japonais qui, à leur tour, montèrent une expédition militaire. Pour cette expédition, 7 000 soldats suffirent ; il est vrai que l'armée japonaise avait été modernisée à l'occidentale. Après le traité de Shimonoseki, les Japonais incitèrent à l'assassinat de la reine qui s'opposait à leur emprise. Puis se situe ici une brève période (1896-1898) où la Corée devient une espèce de condominium russo-japonais. Le succès du Japon dans sa guerre contre la Russie (1904-1905) lui laissa le champ libre. En 1905, le gouvernement coréen perdit pratiquement toute autorité, et cette date peut être considérée comme étant celle du début de la colonisation japonaise, même si, sur le plan économique, celle-ci se place à partir de 1908. C'est cette année-là que fut créée la Compagnie d'exploitation foncière, laquelle, grâce à des mesures de contrôle foncier, se trouva dotée de 40 pour 100 des terres cultivées qui furent allouées aux Coréens sous forme de métayage (en 1916, 78 pour 100 des paysans étaient des métayers). Cette situation et d'autres mesures négatives aboutirent, en 1919, à un fort mouvement de protestation, réclamant l'indépendance. La répression fut terrible : de mars à mai 1919, 47 000 personnes furent emprisonnées, et on compta 8 000 morts et 16 000 blessés.

Sur le plan économique, la colonisation prit des formes spécifiques. Dans l'agriculture, ce fut la production de riz, en vue de son exportation vers le Japon, qui fut encouragée. Une usine d'engrais, la plus grande d'Asie, fut même créée dans ce but. La production de riz passa de 1,8 million de tonnes annuellement pour 1909-1913 à 3,9 pour 1934-1938 ; et les rendements passèrent de 15,6 à 23,7 q/ha. Mais, parallèlement, la consommation de la population locale diminua fortement, comme diminua également le niveau des salaires. À côté de cette grande entreprise chimique, d'autres industries furent mises en place dans le but d'approvisionner le marché japonais, et notamment de son industrie d'armement. Entre les années 1911-1913 et 1937-1939, on assista à l'évolution suivante de la production (en milliers de tonnes) : charbon, 109 et 3 360 ; minerais de fer, 70 et 260 ; fer brut, nulle et 220. La défaite du Japon en 1945 apporta l'indépendance, mais aussi la partition du pays en deux : le Nord « communiste » et le Sud « capitaliste ».

LES RARES PAYS
RESTÉS À L'ÉCART
DE LA COLONISATION

Les rares pays... Très rares, car même si l'on ne tient pas compte du Moyen-Orient, la liste des pays d'Asie restés à l'écart de la colonisation directe ou indirecte (comme dans le cas de la Chine) est très restreinte. Il s'agit surtout de la Thaïlande et du Japon. Le cas, très important, du Japon a été traité dans le chapitre VI consacré à la révolution industrielle et au démarrage des pays développés extra-européens. Il ne nous reste donc à examiner ici que le cas de la Thaïlande.

LA THAÏLANDE JOUE AVEC UN SUCCÈS « RELATIF »
SUR LA RIVALITÉ FRANCO-BRITANNIQUE

Le cas de la Thaïlande (ou du Siam, comme on l'appelait jusqu'en 1939) est très intéressant. Certes, et cela explique déjà pas mal de choses, ce n'est ni un grand pays, ni un pays très peuplé. La Thaïlande, dont la superficie (510 000 km²) représente un peu moins de 2 pour 100 de celle de l'Asie (sans l'URSS), avait au début du XIXe siècle une population de l'ordre de 5 millions, soit aussi moins de 2 pour 100 de celle de l'Inde et moins de 1 pour 100 de celle de l'Asie. À l'Est elle touchait les Indes britanniques et à l'ouest la future Indochine française. Et c'est largement grâce à un jeu subtil d'équilibre entre ces deux puissances coloniales des souverains Râma IV et Râma V (qui ont

régné entre 1851 et 1910) que ce pays préserva
son indépendance politique. Il est vrai qu'un
siècle et demi auparavant (en 1688), la Thaïlande
s'était refermée après avoir expulsé les Français
dont les privilèges qu'ils s'étaient octroyés avaient
été jugés excessifs.

Si la Thaïlande s'est refermée aux Européens,
en revanche elle favorisa l'immigration de Chinois en vue notamment de développer la riziculture. Dans la seconde moitié du XIXᵉ siècle, le
gouvernement fit des efforts afin de développer
encore plus largement cette culture. Efforts cou-
ronnés de succès : les superficies doublèrent entre
1850 et 1913 ; et la Thaïlande devint un exportateur important de cette céréale. Et si les Chinois
ont également joué un rôle important dans la
commercialisation de cette production, les exportations étaient un monopole d'État. D'environ 3
pour 100 des exportations totales vers 1850, le riz
dépassait les 40 pour 100 à la fin des années 1860,
pour atteindre 78 pour 100 vers 1910. Le niveau
élevé de sa productivité agricole a rendu possibles
ces exportations. Selon nos calculs (Bairoch,
1992), à la veille de la Première Guerre mondiale,
le niveau de cette productivité était probablement
le plus élevé d'Asie, se situant notamment à 50 à
60 pour 100 au-dessus de celui de l'Inde et de
la Chine et à 30 pour 100 au-dessus de celui
de l'Europe traditionnelle. Les autres produits
d'exportation de quelque importance étaient l'étain
et le bois de teck.

À présent, nous devons justifier le terme « succès relatif ». En effet, la Thaïlande n'a pas échappé
totalement à ce que l'on a qualifié, à juste titre, de
traités (de commerce) inégaux. Comme dans les

autres régions d'Asie, ce furent d'abord les Portugais qui établirent (dès 1511) des contacts commerciaux avec la Thaïlande. Ils furent supplantés durant le XVIIe siècle par les Hollandais. Mais ces relations furent purement commerciales. Les Anglais, qui n'interviendront que plus tard, établirent néanmoins des contacts dès les premières années du XVIIe siècle. Il y eut même des échanges de lettres très cordiales entre les souverains des deux pays. Les navigateurs britanniques décrivaient la ville de Sia comme étant aussi grande que Londres, qui, à l'époque, avait 200 000 habitants. Sia est très certainement la capitale de l'époque Ayuthyâ que les Birmans détruisirent en 1765 (peu après, Bangkok est devenue la nouvelle capitale).

Les efforts des Anglais afin d'ouvrir le marché thaïlandais commencèrent, en 1822, avec une tentative infructueuse de conclure un traité commercial. Mais, en 1855, un tel traité fut signé qui, dans ses grandes lignes, était semblable à celui de Nankin (de 1842) avec la Chine. Et, parmi les clauses, la plus destructrice : celle limitant les droits de douane à 3 pour 100. Mais l'analogie avec le traité de Nankin s'arrête là, car dans le cas de la Thaïlande, il s'est agi d'une ouverture volontaire, souhaitée par le roi Râma IV (plus connu sous le nom de Mongkut) qui n'en entrevit pas les conséquences négatives et qu'animait un désir d'ouverture pour son pays. Très rapidement, d'autres pays s'engouffrèrent dans la brèche. Ce ne fut qu'à partir de 1920 que la Thaïlande retrouva progressivement son indépendance douanière, devenue totale à partir de 1926. De ce fait, l'industrie traditionnelle disparut plus ou moins totalement ;

et, au début du XXe siècle, le pays ne disposait d'aucune industrie moderne, même pas d'une seule filature de coton, alors que les importations d'articles en coton s'élevaient, vers 1913, à 1,2 dollar par habitant, soit à peu près une douzaine de m^2 de tissu de coton.

Ce haut niveau relatif d'importation est un indicateur de conditions économiques générales assez favorables, et donc de la réussite des actions menées par les deux souverains, tant dans l'agriculture que dans l'administration et l'éducation. D'ailleurs, avant de monter sur le trône (en 1851), Râma IV avait, en tant que moine bouddhiste (il fut même nommé à la tête d'un monastère), fait une étude sur les systèmes de gouvernement occidentaux. Sa « carrière » de moine dura près de trente ans et, sous sa direction, son monastère devint un centre intellectuel où se tinrent des discussions avec des missionnaires américains et français et où des ouvrages scientifiques d'Occident furent étudiés.

Mais il appartenait à son fils, Râma V (plus connu sous le nom de Chulalongkorn), de mener à bien la modernisation du pays. À la mort de son père, Râma V était âgé de 15 ans. Pendant cinq ans, avant de monter sur le trône (en 1873), il entreprit de nombreux voyages d'études (Malaisie, Indes, Indes néerlandaises, etc.). L'année même de son intronisation, il mit en route un vaste programme de réformes, influencées largement par la révolution Meiji. Il réorganisa l'administration et l'armée, favorisa l'infrastructure (télégraphe et chemins de fer) et supprima progressivement l'esclavage, qui fut totalement aboli en 1905. Dès 1879, il mit en place l'embryon d'un système moderne d'enseignement et octroya des bourses à des centaines de jeunes (y compris des princes) afin de poursuivre des études en Europe et au Japon. Enfin, sans être exhaustif, il faut rappeler les mesures prises afin de favoriser la culture du riz, déjà mise en œuvre sous le règne de son père. Tout cela se traduisit, comme nous l'avons signalé plus haut, par un niveau de vie relativement élevé, probablement un des plus élevés d'Asie. Bref, on peut parler de victoire, d'une victoire un peu ternie par la non-industrialisation, mais victoire quand même et victoire qui doit beaucoup à l'absence de colonisation. Victoire qui contraste avec les nombreux déboires que l'histoire des autres pays d'Asie met en relief, autres pays colonisés ou véritables colonies.

XXIII. LE MOYEN-ORIENT : DE LA PUISSANCE OTTOMANE À LA COLONISATION EUROPÉENNE TARDIVE

À partir du XIVe siècle, l'Empire ottoman devient une puissance dominante au Moyen-Orient. Une date-clé est 1453, celle de la prise de Constantinople, date qui d'ailleurs est restée une date importante même dans l'histoire européenne, puisque traditionnellement elle marque la fin du Moyen Âge. Ainsi que nous l'avons vu dans les chapitres XVII et XXI, progressivement l'Empire ottoman va s'étendre sur la plus grande partie du Moyen-Orient et de l'Afrique du Nord ainsi que sur une partie non négligeable de l'Europe. Bien qu'étant déjà sur son déclin aux XVIIIe et XIXe siècles, la présence de cet Empire explique la pénétration coloniale européenne plus restreinte et, surtout, plus tardive au Moyen-Orient.

Nous traiterons d'abord de l'ensemble de l'histoire économique et sociale de l'Empire ottoman, en mettant néanmoins l'accent sur la métropole proprement dite de cet Empire, à savoir la Turquie. La deuxième section sera consacrée à ce qui a été la plus importante des premières tentatives d'un pays du futur Tiers-Monde pour imiter le processus de modernisation européen issu de la révolution industrielle : l'Égypte du début du XIXe siècle.

Et bien que ce pays fasse partie de l'Afrique, nous en traiterons ici; car, comme nous le verrons, l'Empire ottoman, dont elle faisait partie, a joué un rôle important (négatif) dans l'histoire de cette tentative. D'autre part, dans la majorité des définitions, l'Égypte, du fait de sa position géographique, est davantage incluse dans le Moyen-Orient que certains autres pays d'Afrique du Nord (notamment la Libye). À ce propos, signalons que le terme « Proche-Orient », qui, actuellement, est utilisé par les organisations internationales pour définir cette région, avait auparavant une couverture géographique plus restreinte (limitée aux seuls pays bordant la Méditerranée orientale). Dans la présente analyse, le Moyen-Orient comprend l'aire géographique occupée aujourd'hui par les pays ou régions suivants : l'ensemble de la péninsule arabique, l'Afghanistan, l'Égypte, l'Iraq, l'Iran, Israël, la Jordanie, le Liban, la Syrie, la Turquie. Rappelons que le Maghreb comprend l'ensemble de l'Afrique du Nord, à l'exception de l'Égypte. La troisième section sera consacrée à un très bref aperçu de l'histoire de l'Iran, la Perse, le seul grand pays du Moyen-Orient (avec l'Afghanistan) demeuré à l'écart de l'emprise de l'Empire ottoman. Enfin, la dernière section sera consacrée à la colonisation du Moyen-Orient après 1914.

UN PRÉAMBULE SUR LA CIVILISATION MUSULMANE

Il est difficile de parcourir le destin de cette région à partir du XVIe siècle sans faire un bref préambule sur l'histoire de la civilisation musulmane dans les siècles précédents, même (et peut-être surtout) si son apogée se situe bien avant le début du XVIᵉ siècle. Dans le prologue nous avons noté que si l'an 732, date de la fameuse bataille de Poitiers, marque en quelque sorte la fin de l'expansion territoriale de l'Empire arabo-musulman, ceci ne signifie nullement ni la fin de l'extension de l'Islam, ni le début du déclin de la civilisation musulmane.

Du VIIIᵉ au Xᵉ siècle, cette civilisation, bien que déchirée par des rivalités de dynasties, était marquée par des progrès importants dans la littérature, la philosophie, les sciences et les techniques, ainsi que par d'importants progrès sur le plan économique. Dès la fin du VIIIᵉ siècle se placent les premiers contacts scientifiques avec les textes de l'Inde, traduits en arabe, qui conduisent notamment à l'introduction de ce que l'on appelle les chiffres arabes mais qui, en fait, sont des chiffres indiens. Mais les mathématiques arabes sont allées bien au-delà, puisqu'on leur attribue souvent l'«invention» de l'algèbre grâce aux travaux de Al-Khawarizmi (qui serait décédé vers 850).

Il faut d'ailleurs parler davantage de progrès musulmans que de progrès arabes; en effet, à l'instar de Al-Khawarizmi qui était probablement de Bagdad, la plupart des innovations et des travaux littéraires sont dus à des non-arabes. Ainsi, si l'on considère les mathématiques, un des plus grands savants, Abu'l-Wafâ (940-998), était persan. C'est à Bagdad, Boukhara, Cordoue, Damas, et Le Caire qu'à partir du IXᵉ siècle (pour les premières), furent créées les grandes bibliothèques du monde musulman. Pour la littérature et la peinture, le centre par excellence fut la Perse.

Les techniques agricoles progressèrent et l'indus-

trie se développa, favorisant des échanges commerciaux intenses. Ce qui permit de supporter un
système urbain très important. Bagdad a été pendant un siècle environ (de 800 environ à 900 environ) la plus grande ville du monde et vers 900, sur
les 10 plus grandes villes du monde, 5 étaient des
cités musulmanes. Mais, vers 1100, il n'y en avait
plus que 3. C'est que, entre-temps, la civilisation
musulmane, celle que l'on désigne comme la civilisation musulmane des `Abbassides, c'est-à-dire
des califes arabes (qui ont régné de 750 à 1258),
avait commencé son déclin qui suivit d'à peine un
peu plus d'un demi-siècle son apogée situé vers
950.

L'EMPIRE OTTOMAN :
LE PUISSANT VOISIN
DE L'OCCIDENT

Entre la fin du XIVᵉ siècle et pratiquement jusqu'au début du XIXᵉ siècle, l'Europe a vécu une
histoire de confrontations, mais aussi de relations commerciales avec cet Empire ottoman
musulman, son voisin. Empire qui cherchera à
s'étendre dans cette Europe chrétienne et y par-
viendra partiellement. Par conséquent, ceci nous
amènera à traiter dans un premier temps des
grandes tendances de l'histoire de cet Empire
avant le XIXᵉ siècle. Puis nous nous concentrerons
sur le XIXᵉ siècle et sur la métropole proprement
dite, à savoir la Turquie.

Les grandes tendances de l'histoire de l'Empire ottoman

Il convient d'abord de rappeler que l'Empire ottoman musulman s'est largement construit sur les ruines, mais aussi sur certains acquis, de l'Empire chrétien de Byzance. Byzance fut créée en l'an 395, amenant progressivement une réelle scission de l'Empire romain. Après l'effondrement de l'Empire occidental de Rome (en 476), le rôle de cette Rome d'Asie fut renforcé. Byzance, une ville thrace, fut rebaptisée Constantinople, du nom de l'empereur romain Constantin Ier qui avait choisi en 330 cette ville comme nouvelle capitale de l'Empire romain.

DE BYZANCE LA CHRÉTIENNE À CONSTANTINOPLE L'OTTOMANE

Byzance devint une des principales puissances du pourtour de la Méditerranée. Puissance politique, mais aussi économique, jouant un rôle-clé dans le commerce entre l'Orient et l'Occident. Constantinople, sa capitale, devient à partir du Ve siècle la plus grande ville du monde et le restera pendant trois siècles. Vers l'an 700 elle fut dépassée par Ch'ang-an (l'actuelle Hsi-an), la capitale de la Chine ; toutefois son expansion se poursuivit. En fait, l'apogée de l'Empire chrétien de Byzance se situe sous la dynastie macédonienne (867-1057). Le déclin de Byzance résulte largement du fait qu'elle était en conflit à la fois avec les Arabes et la papauté. Quand l'Ottoman Mehmet II, surnommé « le Conquérant », à la tête de 100 000 à 150 000 soldats prit Constantinople en mai 1453, cette ville n'avait plus qu'environ 40 000 à 50 000 habitants, comparés aux 500 000 à son apogée au milieu du XIe siècle. Nous avons vu que la date de 1453 a été choisie par la plupart des historiens européens comme étant celle marquant la fin du Moyen Âge ; on fait débuter en général le Moyen Âge en 395, date de la création de l'Empire romain d'Orient. Donc, deux dates portant sur des événements extra-européens, ce qui montre bien les rapports étroits entre cette région et l'Europe.

Les origines des tribus nomades turques, qui seront à la base de l'Empire ottoman, sont assez obscures. Elles seraient originaires de l'Asie centrale et auraient été islamisées entre le Xe et le XIIe siècle. Le début de la création de ce qui deviendra l'Empire ottoman se situe à la fin du XIIIe siècle lorsque fut fondé un État appelé Ottoman (du nom de l'émir Osman qui créa cet État). L'État ottoman était localisé sur les territoires de Byzance, dans une partie de la Turquie actuelle. L'expansion territoriale ne se fit pas seulement aux dépens de Byzance et du Moyen-Orient en général, mais également aux dépens de l'Europe. En 1389, la fameuse bataille de Kosovo marque la fin de l'indépendance de la Serbie (une partie importante de l'ex-Yougoslavie), et marque le réel début de la pénétration de l'Empire ottoman en Europe ; et, par conséquent, une nouvelle pénétration de l'islam en Europe (après celle en Espagne). Pénétration de l'islam dont les tragiques événements de la guerre en Yougoslavie sont une des séquelles.

L'EXPANSION VERS L'EUROPE

Mais la prise de Constantinople, la prise de ce qui était donc la Rome chrétienne de l'Orient, n'est pas, loin de là, la fin de l'expansion de l'Empire ottoman. Entre 1456 et 1467, c'est pratiquement l'ensemble des Balkans qui est conquis, malgré certaines résistances, notamment celle animée par le *condottiere* Skanderbeg qui résume assez bien les mouvements de personnes entre l'Occident et l'Orient. Skanderbeg, appelé par les Albanais le « Dragon d'Albanie », s'appelait en fait Georges Castriota et était un noble (chrétien) albanais. À vingt ans, il fut amené comme otage des Ottomans. Il fit des études en Turquie et devint un favori du sultan ; il se convertit à l'islam. Ce sont ses qualités militaires qui lui valurent le surnom de « Iskander bey » [prince Alexandre] par référence à Alexandre le Grand. À la suite de drames familiaux, et aussi de l'annexion de sa principauté par les Turcs, il changea de camp en 1443 (après 20 ans de séjour en Turquie). Le quart de siècle suivant, il mena une guérilla efficace contre les Turcs dans les montagnes albanaises (il aurait tué de sa main 3 000 Turcs !).

En 1463 commença la première des guerres qui allaient opposer Venise à l'Empire ottoman ; première guerre qui a résulté de l'interférence des Turcs dans le commerce de la Cité des Doges. La paix fut signée en 1479, et les Vénitiens durent abandonner des positions en Albanie et payer un tribut annuel de 10 000 ducats (environ 35 kg d'or), afin d'avoir le droit de commercer dans la mer Noire. Le XVIe siècle s'ouvre avec une nou-

velle guerre avec Venise et voit une grande extension géographique de l'Empire ottoman. Dans
les trois premières décennies du XVIᵉ siècle, cet
Empire atteint pratiquement sa dimension maximale ; en Europe : presque l'ensemble des Balkans
et, en 1521, Belgrade fut occupée, complétant
ainsi la conquête de la Serbie. Dans les années
suivantes (notamment en 1531), ce fut une large
partie de la Hongrie et de la Roumanie qui subirent le même sort. Durant cette période a également lieu le premier siège de Vienne (1528). Entre
ce premier siège et le deuxième (1683), s'ajoutent
encore deux îles à cheval entre l'Europe et l'Asie :
Chypre et Crète ; et des parties de la Roumanie.

Se situe également, entre ces deux sièges où
l'Occident a su résister, la bataille de Lépante
(octobre 1571), considérée comme la première
victoire majeure des Européens vis-à-vis des Ottomans ; la flotte turque, forte de 230 galions, fut
pratiquement détruite par une coalition formée
de l'Espagne, de Venise et de la papauté. Si la victoire de Lépante marqua, en quelque sorte, la fin
de l'expansion de l'Empire ottoman en Europe, le
reflux n'a commencé qu'au XIXᵉ siècle et même, en
termes pratiques, qu'en 1830. Cet Empire ottoman européen a donc, pendant trois siècles, couvert un espace assez important : car outre les
régions déjà mentionnées, il faut citer Rhodes et
des parties de la Géorgie et de la Hongrie.

L'EXPANSION VERS LE MOYEN-ORIENT ET L'AFRIQUE

Mais l'Europe ne fut évidemment pas la seule
direction d'expansion de l'Empire ottoman.
Rappelons donc schématiquement les étapes de

cette expansion à partir du début du XVIe siècle, au cours duquel elle se fait surtout en direction du Moyen-Orient et de l'Afrique du Nord. Au début du XVIe siècle, époque où l'Empire ottoman contrôle déjà pratiquement l'ensemble de la Turquie.

Une première vague d'expansion fut l'œuvre de Sélim I qui régna entre 1512 et 1520. Sélim, qui était un ardent sunnite et que l'on surnomma «l'inflexible» ou «le cruel», se tourna d'abord contre les shi'ites et donc contre la Perse, mais sinon avec peu de succès, du moins avec un succès peu durable, car la Perse ne fera pas partie de l'Empire ottoman. Dès 1515, le Kurdistan fut soumis ; et l'année suivante la Syrie. L'année 1517 fut une étape importante car c'est celle où l'Égypte fut soumise, pays dont la masse démographique était à peu près du même ordre que celle de la Perse ou de l'ensemble de la péninsule arabique, soit environ 4 millions, ce qui représentait environ les deux tiers de la population de la Turquie proprement dite. Notons que les Ottomans laissèrent en place les Mamelouks pour administrer le pays. Et, toujours en 1517, l'Arabie se soumit, donnant ainsi aux Ottomans le contrôle des lieux saints de l'Islam et doublant la population de l'Empire presque en une seule année, grâce donc à l'adjonction de l'Égypte et de l'Arabie.

La seconde vague d'expansion fut l'œuvre de Süleyman II. Homme très cultivé, il fut sans conteste le plus grand des sultans ; il régna entre 1520 et 1566. En 1522, l'île de Rhodes fut conquise et, en 1534, ce fut le tour de l'Iraq. En 1538, une expédition navale permit de prendre le contrôle d'Aden et du Yémen. Dans le début des années 1540, la domination sur la Hongrie s'étendit. Ce fut là un épisode supplémentaire de cette guerre qui opposa Süleyman II à Ferdinand Iᵉʳ, roi de Bohême et de Hongrie et Empereur germanique, conflit qui dans l'ensemble tourna à l'avantage de Süleyman. L'issue du conflit avec l'autre puissance, la Perse, fut moins nette ; néanmoins, la paix conclue en 1553 laissa la Mésopotamie aux mains de Süleyman.

Auparavant, l'expansion de la domination ottomane sur l'Afrique du Nord s'était poursuivie. Dans ce cas, les corsaires turcs, et notamment les deux frères, surnommés par les Occidentaux « Barberousse » (fils d'un Sicilien converti à l'islam), jouèrent un rôle déterminant dans la prise ou la reprise d'une série de villes côtières, occupées depuis les premières années du XVIᵉ siècle par les Espagnols. Alger fut reprise en 1516, ce qui fit passer progressivement l'Algérie sous la domination ottomane, et amena ainsi une guerre contre les Espagnols.

En 1541, Charles Quint organisa une grande expédition contre Alger. Bien qu'ayant réussi à débarquer, l'empereur et ses troupes durent rembarquer, car un fort orage détruisit une grande partie de la flotte, et, de ce fait, des provisions et munitions. De toute façon, l'un des deux frères Barberousse (Khayr al-Dîn), devenu grand amiral des flottes ottomanes, disposait d'une puissante armée. En Tunisie, Tunis fut prise en 1534. Toutefois, d'autres villes restèrent aux mains des Espagnols. Et entre cette date et 1574, où la Tunisie devint réellement une province ottomane, Espagnols et Turcs ont pris et perdu à tour de rôle les principales villes. Enfin, rappelons que le Maroc ne fut jamais une possession ottomane. En revanche, Tripoli fut prise en 1551, et la Libye

devint, elle aussi, une partie de l'Empire ottoman.
Malgré cette domination sur l'essentiel de l'Afrique
du Nord, pendant des siècles (jusqu'à 1791, avec
un intermède entre 1708 et 1732) les Espagnols
ont occupé deux villes algériennes : Oran et Mers
el-Kebir.

Le successeur de Süleyman, Sélim II, surnommé
le sot (et aussi l'ivrogne), homme intelligent mais
indolent et porté sur l'alcool, régna de 1566 à
1574. Durant son règne, il y eut quelques extensions territoriales (notamment Chypre en 1570 et
la Tunisie en 1574) ; mais il y eut surtout la grande
bataille navale de Lépante. Cette bataille, dont le
bénéfice pour l'Europe fut amoindri par les dissensions entre les Espagnols et les Vénitiens, a
constitué le signe avant-coureur du début du déclin
de l'Empire ottoman. Et, à peu près un siècle plus
tard, avec, en 1683, l'échec du deuxième siège de
Vienne, nous sommes en présence d'un coup
d'arrêt de l'expansion ottomane avant le reflux
majeur du XIXᵉ siècle. En définitive, jusqu'au
début du XIXᵉ siècle, l'Empire ottoman s'étend sur
une aire géographique très importante sur trois
continents.

APOGÉE ET DÉCLIN DE L'EMPIRE

Si, comme nous venons de le voir, l'expansion
territoriale se poursuit encore (bien que plus modérément) après 1600, on considère généralement
que l'apogée de la puissance de l'Empire ottoman,
au point de vue politique et surtout au point de vue
économique, se place vers 1600. À partir de cette
période, malgré (et peut-être à cause de) l'expansion territoriale, la puissance militaire et la puis-

sance économique déclinent progressivement.
Notons cependant que ce déclin n'a pas touché le
domaine culturel, lequel, au contraire, connaît
une période de floraison durant cette phase. Au
point de vue militaire, ce déclin est expliqué en
partie, et selon certains chercheurs, largement
par une modification du régime des janissaires.

Ces derniers, qui constituaient l'épine dorsale
de l'armée ottomane, se composaient de chrétiens
d'Europe enlevés à leurs familles, convertis de
force à l'islam, et formés aux arts martiaux. Jusqu'à la fin du XVIe siècle, interdiction leur était
faite de se marier; le mariage des janissaires
aurait favorisé par la suite des intrigues et renforcé leur intérêt pour le pouvoir et l'argent!
Cependant, ils constituèrent encore durant le
XVIIIe siècle une force politique décisive, faisant et
défaisant les sultans. Ils se révoltèrent contre le
projet de la formation d'une armée à l'occidentale; en 1826, ils furent décimés lors de l'attaque
de leur baraquement et tous les prisonniers furent
exécutés. Autre facteur explicatif du déclin militaire : l'absence de bons canons par rapport aux
canons européens qui avaient fait des progrès
énormes au XVIe siècle et qui en font encore
davantage aux XVIIe et XVIIIe siècles.

Le reflux de la domination ottomane en
Europe commence dès les dernières décennies
du XVIIIe siècle, notamment avec la récupération
par la Russie des parties sud de la Russie. Il se
poursuit d'une façon marquée à partir de 1829
avec la Guerre d'indépendance de la Grèce, qui
mène à la libération de ce pays. Une deuxième
étape importante est franchie en 1856 avec l'indépendance de la Roumanie, suivie, en 1878, par

l'indépendance de la Bulgarie et de la Serbie. Mais, en ce qui concerne le Moyen-Orient, il faudra attendre les conséquences de la Première Guerre mondiale pour assister à un changement.

Aperçu de l'histoire économique
de l'Empire ottoman
avant le XIXᵉ siècle

L'Empire ottoman a repris, en partie, le rôle commercial de l'Empire byzantin ; et Constantinople, rebaptisée Istanbul, retrouva une place dominante. Dès le milieu du XVIᵉ siècle, Istanbul redevient une métropole mondiale, avec une population de l'ordre de 600 000 à 700 000 habitants. Au milieu du XVIᵉ siècle, Istanbul devient la seconde ville du monde (après Peking) et sera pendant un siècle (à partir de 1610-1620) la plus grande ville du monde. Après sa prise par les Turcs, la ville fut systématiquement repeuplée par l'apport de populations de tout l'Empire.

Cette évolution positive de la population d'Istanbul contraste avec celle de villes de l'Empire. Si l'on prend la période allant de 1500 à 1700, pour laquelle les données sont plus nombreuses, on se trouve devant l'évolution suivante. Istanbul gagne environ 500 000 habitants, alors que les populations cumulées des 20 principales villes de l'Empire passent d'environ 1,1 à 0,8 million. C'est une confirmation du point de vue de ceux des historiens qui s'accordent à considérer que dans cette colonisation, comme dans pratiquement toutes les colonisations, la métropole bénéficia de sa position dominante au détriment des colonies. Nous

n'irons pas au-delà de cette appréciation globale
sur l'évolution de l'économie des territoires de
l'Empire, car non seulement les données disponibles sont très lacunaires, mais il est certain que
l'évolution n'a pas été identique dans chacun de
cette vingtaine de pays ou territoires qui composent cet Empire. Nous nous concentrerons sur la
métropole, la Turquie, qui vers 1600 devait avoir
une population de l'ordre de 8 millions, contre
environ 20 millions pour le reste de l'Empire.

LA PROSPÉRITÉ DU XVIᵉ SIÈCLE EN MÉTROPOLE

   Dans l'histoire économique et sociale de la Turquie entre 1500 et 1800 (une histoire qui est largement en chantier), il n'y a pas de doute que le
XVIᵉ siècle a non seulement été la période la plus
favorable sur le plan économique et social, mais
aussi une période très positive sur le plan politique et militaire. Premier indice du caractère
positif de ce siècle : la croissance rapide de la
population, la plus rapide des trois siècles. Le taux
annuel de progression a été de l'ordre de 0,23 à
0,27 pour 100, faisant passer la population de la
Turquie (définie dans ses frontières actuelles)
d'un peu plus de 6 millions vers 1500 à environ
8 millions vers 1600. Bien plus significatif encore
est le niveau d'urbanisation atteint par le pays
vers 1600. Non seulement Istanbul passa de
200 000 à 700 000 habitants, mais d'après nos calculs découlant d'une base de données (G. Eggiman, 1997), le taux d'urbanisation devait être de
l'ordre de 16 à 20 pour 100 (en définissant les
villes comme des agglomérations de 5 000 habitants et plus). Et il s'agissait de villes riches, sur-

tout Istanbul. Ce n'est pas pour rien que le surnom donné par les Européens à Süleyman est «le
Magnifique» (pour les Ottomans, «le Législa-
teur»). Pour les historiens qui s'appuient davantage sur l'aspect militaire et territorial, le règne
de Süleyman (1520-1566) constitue l'apogée de
l'Empire ottoman.

La prospérité de la Turquie au XVIᵉ siècle a non
seulement résulté de son rôle de métropole coloniale, mais aussi du rôle séculaire de cette région
dans le commerce entre l'Asie et l'Europe, assez
bien illustré par la fameuse «route de la soie» qui
véhiculait beaucoup plus que de la soie et dont
pratiquement tous les embranchements terrestres
aboutissaient à l'Empire ottoman. Car même si
dès la fin du XVᵉ siècle, l'Europe commença à
puiser de plus en plus directement en Asie, il
convient cependant de signaler que les recherches
récentes ont amené à nuancer l'impact négatif de
la voie directe Europe-Asie sur le déclin du commerce de transit à travers les mondes musulmans
à destination de l'Europe. Ce déclin serait plus
relatif qu'absolu, vu la forte augmentation du flux
direct.

Plus loin, nous reviendrons d'ailleurs sur ce
commerce. Ce fut un des facteurs explicatifs de la
période de difficultés économiques qui s'installa
certainement déjà au début du XVIIᵉ siècle. À quoi
s'ajoutèrent encore une inflation induite (comme
en Europe) par l'afflux de métaux précieux
d'Amérique et surtout la concurrence accrue de
produits manufacturés européens qui entraient
presque sans entraves en raison des capitulations
(voir plus loin). L'industrie locale, fortement
régulée par les règlements stricts des corpora-

tions, déclina fortement. En outre, il apparaît que, dès la fin du xvie siècle ou même un peu auparavant, la production alimentaire eut des difficultés à suivre la croissance démographique. À tout ceci s'ajouta encore une situation politique et sociale qui se dégradait. Reprenons le très bon indicateur que constitue la ville. Déjà le xviie siècle voit stagner ou diminuer la population de la plupart des cités, mais naturellement pas toutes, l'histoire urbaine étant faite d'évolutions individuelles. La tendance est à peu près la même au xviiie siècle ; de sorte que l'on peut estimer le taux d'urbanisation à environ 10 à 14 pour 100 vers 1800, soit 5 à 7 points de pourcentage de moins que vers 1600 (ou un recul de l'ordre d'un tiers).

Avant de passer à l'histoire économique et sociale du xixe siècle, nous allons présenter deux éléments apparus aux siècles précédents et qui ont façonné des aspects importants de la vie économique du xixe siècle, à savoir les capitulations et la régression de l'importance commerciale de l'Empire ottoman.

LES CAPITULATIONS

D'abord, il convient de dissiper le risque d'un malentendu : le mot « capitulation » ne vient pas du terme « capituler », mais du mot *chapitre* et donc n'implique pas, dans sa définition, un élément de faiblesse. En fait, les capitulations sont des traités donnés ou plutôt accordés par les États des civilisations musulmanes offrant un statut d'extra-territorialité à des sujets étrangers ou, plutôt, aux non-musulmans. En fait, cette pratique a commencé dès le ixe siècle ; c'était davantage l'expression d'une discrimination envers les étrangers qu'un privilège. Discrimination en ce sens que si les étrangers n'étaient pas soumis à toutes les règles qui régissaient les citoyens musulmans, ils étaient surtout exclus des nombreux droits civiques dont bénéficiaient les musulmans. Cependant, ces capitulations avaient l'avantage de permettre l'installation d'étrangers à l'intérieur des territoires régis politiquement par des puissances dépendant du droit musulman.

Les premières capitulations entre États proprement dits, plutôt qu'entre groupes de citoyens, ont été celles que l'Empire ottoman a octroyé à la France en 1536. D'ailleurs, d'une certaine façon, ces capitulations prirent progressivement la forme de véritables traités de commerce. Elles furent d'abord conclues pour la durée de vie du sultan ; mais, grâce au soutien que la France apporta à la Turquie en difficulté autour des années 1739 (un conflit avec l'Autriche et la Russie), la France reçut, en 1740, des capitulations d'une durée indéfinie, donc des capitulations à perpétuité. L'importance économique de ces capitulations provient du fait qu'elles furent progressivement transformées en moyens de pénétration commerciale. En fait, il s'agissait, en termes pratiques, à partir de 1740, de possibilités accrues de commercer avec l'Empire ottoman, car les droits de douane étaient très modérés. Empire ottoman au sens large du terme, à savoir non seulement la Turquie, mais les territoires dépendant de cet Empire. Cet élément, comme nous le verrons, va jouer un rôle important dans l'histoire économique de l'Égypte.

RÉGRESSION DE L'IMPORTANCE COMMERCIALE

On peut considérer que la régression de l'importance commerciale de l'Empire ottoman résulte essentiellement, comme nous l'avons vu, de la découverte de la route maritime directe vers l'Asie qui va réduire l'ampleur (et surtout l'ampleur relative) du trafic de l'ancienne route commerciale partie de la Chine et de l'Inde et aboutissant à l'Europe. Ce déclin va encore s'accentuer, à partir de la seconde moitié du XVIe siècle, avec l'intrusion de l'Amérique comme partenaire du commerce mondial et de l'Atlantique comme voie de communication. L'établissement des plantations de sucre en Amérique contribua directement au déclin des relations commerciales entre le Moyen-Orient et l'Europe, puisque l'essentiel du sucre consommé par l'Europe provenait du Moyen-Orient. Toutefois, les quantités de sucre importées par l'Europe étaient très faibles, sans commune mesure avec celles qui viendront dès le XVIIe siècle de l'Amérique. Mais il est vrai aussi que, comme nous l'avons vu, avant le XVIe siècle le prix du sucre était extrêmement élevé.

La régression de l'importance commerciale de l'Empire ottoman s'accélère au XVIIIe siècle, comme on peut le voir notamment dans les statistiques françaises, la France étant un des principaux partenaires commerciaux de l'Empire ottoman. Par exemple, au début du XVIIIe siècle, c'est-à-dire vers 1700, plus de la moitié du commerce de la France se faisait avec l'Empire ottoman. Vers 1790, ce sont seulement 6 pour 100 de ce commerce qui proviennent de cette région. En

revanche, la fameuse « route de la soie », qui, durant
des millénaires, a amené ce précieux produit en
Europe à travers l'immense étendue du continent
asiatique, n'a vraiment décliné (en termes absolus)
qu'à partir du début du XIXᵉ siècle. L'évolution en
sens opposé du potentiel économique et technique
de l'Empire ottoman et de l'Europe intervient également dans ce déclin probable de l'importance
commerciale de l'Empire ottoman, qui avait, surtout à partir du milieu du XVIIIᵉ siècle, de moins en
moins de produits intéressants à offrir à l'Europe.

Le XIXᵉ siècle dans l'Empire ottoman

Il faut garder en mémoire que, durant cette
période, les capitulations octroyées à l'Europe
étaient toujours en vigueur, ce qui faisait de
l'Empire ottoman une économie très ouverte,
très perméable aux importations. Par exemple,
les droits de douane étaient fixés à 3 pour 100
seulement, et ces droits touchaient aussi bien
les produits étrangers à l'importation que les
produits locaux à l'exportation. Il est vrai qu'il
existait un certain nombre de prohibitions concernant les importations, et surtout, ce qui était très
important, de nombreuses taxes intérieures assez
élevées mais qui cependant frappaient aussi bien
les produits importés que les produits locaux.
Malgré ces taxes intérieures, et grâce aux prix
compétitifs découlant des techniques nouvelles
issues de la révolution industrielle, l'Angleterre
commença dès le début du XIXᵉ siècle à exporter
vers l'Empire ottoman des quantités croissantes
de cotonnades.

LE TRAITÉ DE COMMERCE ANGLO-TURC
DE 1838 ET LA DÉSINDUSTRIALISATION

Cependant, les Britanniques considéraient, à juste titre, que ces taxes intérieures freinaient les possibilités de ventes de leurs produits manufacturés ; d'où leurs efforts afin d'obtenir leur suppression. Au cours des premières années du XIXe siècle, il y eut plusieurs tentatives de négociation en ce sens et en vue d'obtenir un véritable traité de commerce. Ces négociations aboutirent en 1838 au traité de commerce anglo-turc qui allait supprimer toutes les taxes de circulation et supprimer aussi certaines prohibitions d'importation, ainsi que certains monopoles de vente qui étaient aux mains des citoyens de l'Empire ottoman.

Le système qui va être mis en place sera en définitive très favorable aux importations. En effet, les droits de douane à l'importation étaient fixés autour de 5 pour 100, alors que les droits d'exportation étaient de 12 pour 100. Enfin, une taxe uniforme de transit, fixée à 3 pour 100, était établie. Ce système s'appliquait à l'ensemble de l'Empire ottoman, c'est-à-dire à tous les territoires qui dépendaient de cet Empire. Notons aussi, et cela est important, que la taxe de transit ne s'appliquait pas aux produits d'importation, mais uniquement aux produits locaux. La « logique » de cet avantage étant que les produits importés avaient déjà été taxés de 5 pour 100. Ce régime douanier entraîna une accélération des importations d'articles manufacturés britanniques, notamment de textiles. Ces importations accrues se traduisent par un recul des industries locales. Bref, un pro-

cessus de désindustrialisation semblable à celui
de l'Inde et de la Chine présenté dans le chapitre
précédent.

À propos de la désindustrialisation de la Turquie, il est d'ailleurs intéressant de rappeler ici le
témoignage du grand homme d'État et écrivain
britannique Benjamin Disraeli (1804-1881), qui
citait cet exemple lors de la discussion, en 1846,
sur l'introduction du libre-échange en Grande-
Bretagne. Un exemple, disait-il, des dégâts causés
par la «concurrence sans entraves (…). Il y avait
du libre-échange en Turquie, à quoi cela a-t-il
mené? Cela a détruit une des meilleures industries manufacturières du monde. Aussi tard que
1812 ces industries existaient, mais elles ont été
détruites.» Néanmoins, signalons qu'au moment
même où se signait ce traité de commerce, ouvrant
si largement l'Empire ottoman aux produits manufacturés occidentaux, on est en présence de ce qui
va être la principale tentative d'industrialisation
de la Turquie du XIXᵉ siècle.

Le sultan Abdül-Medjid Iᵉʳ arriva au pouvoir
en 1839, à l'âge de seize ans. D'emblée, il a été
secondé par un personnage très intéressant et
qui joua un rôle-clé : `Ali Pacha, diplomate che-
vronné qui connaissait très bien l'Occident où il
avait séjourné de nombreuses années, notamment
comme ambassadeur. Il était aussi un grand amateur de poésie. Dès son accession au trône et sur
le conseil d'`Ali Pacha, le sultan reprit les pro-
jets de réformes déjà entamées par son père Mahmut II. Signalons qu'en 1826 celui-ci avait éli-
miné les janissaires qui furent massacrés, et qu'il
envisageait des réformes encore plus profondes.
En novembre 1839, Abdül-Medjid promulgua une

charte impériale qui ouvrit ainsi la période des réformes profondes de l'Empire ottoman, appelées *tanzimats*[1]. Cette charte proclamait l'égalité de tous les sujets de l'Empire, sans distinction de religion et de nationalité ; elle entraîna une large réforme de la justice, de l'armée et des impôts : tout ceci dans le sens de la modernisation et de l'occidentalisation.

La période qualifiée de *Tanzimat*, qui commença avec la charte de novembre 1839 et s'acheva avec la proclamation en décembre 1876 de la Constitution introduisant le système parlementaire et des libertés individuelles accrues, marque une véritable rupture dans l'histoire de l'Empire ottoman. Cette période peut être considérée comme celle de l'occidentalisation partielle de cet Empire, bien que les *tanzimats* eussent été conçus comme un moyen de résistance face à l'Occident. Entre autres choses, l'enseignement fut complètement réorganisé. En 1860, fut établi un véritable système d'enseignement public, allant du primaire à l'université (celle-ci ne fut créée qu'en 1901), qui allait amener, en 1914, la présence de plus de 36 000 écoles primaires.

En 1923, année où prend place la réforme radicale de Mustafa Kemal qui, cette fois-ci, va entraîner une véritable occidentalisation de la Turquie (qui n'avait plus d'Empire), il y avait 340 000 enfants inscrits dans les écoles primaires, ce qui devait représenter quelque 40 pour 100 des garçons âgés de 6 à 12 ans. Le nombre d'élèves dans le secondaire était alors de 7 000,

1. Le terme est formé d'une double racine arabique signifiant, d'une part, organiser, mettre en ordre, et, d'autre part, régulation, réforme.

et celui des universitaires de 2 000. En 1939, ils étaient 905 000 dans le primaire ; et le nombre d'élèves dans le secondaire atteignait 108 000 et dans les universités 12 000. En termes de taux brut de scolarisation, il s'agit (pour 1939) de l'ordre de 10 pour 100 pour le secondaire et de 1 pour 100 pour le niveau universitaire ; c'est-à-dire des taux qui ne sont pas très éloignés de ceux de l'Europe à la même période.

LES *TANZIMATS* (1839-1876), LA TENTATIVE
D'INDUSTRIALISATION D'ABDÜL-MEDJID (1840-1850)
ET LES PRÉCÉDENTS

Avant d'aborder la tentative d'industrialisation d'Abdül-Medjid qui démarra en 1840, il convient de signaler que celle-ci avait déjà été précédée, comme le montre Jean Batou (1990), par trois tentatives plus partielles, dont la première débuta en 1773. Dans cette première tentative, il s'agissait seulement d'une fonderie de canons et d'une modernisation de la flotte. Plus importante est la tentative de Sélim III qui, à partir de 1792, étend les objectifs industriels de l'État au domaine du textile, de la papeterie et de l'imprimerie. Cette dernière activité visait à rendre plus accessible les livres, très chers à l'époque. Un secrétaire de l'ambassade anglaise à Istanbul rapporte que, vers 1779, un dictionnaire (imprimé) de 12 volumes valait 562 livres sterling, ce qui était (en Angleterre) l'équivalent de 20 à 25 ans de salaire d'un manœuvre urbain. À titre de comparaison, signalons que la première édition de l'*Encyclopaedia Britannica*, publiée en 1771 en trois volumes, fut d'abord diffusée en 100 fascicules hebdomadaires et revenait sous cette forme à moins de 3 livres sterling. L'irruption de forces conservatrices stoppa les efforts de Sélim III. Cependant, le père d'Abdül-Medjid, Mahmut II, fit lui aussi quelques réformes, axées essentiellement, il est vrai, sur l'industrie d'armement.

La tentative d'industrialisation d'Abdül-Medjid est plus large, et sera même la plus importante de tout le XIXe siècle en Turquie. L'État construisit trois centres industriels, deux polyvalents dans la région d'Istanbul, et un troisième uniquement consacré à l'industrie lainière à Izmit. L'effort d'industrialisation porta sur un large éventail de secteurs : les textiles (coton, laine et soie), le fer (y compris la sidérurgie et la construction de machines), le papier et la porcelaine. Dans l'un des centres industriels fut créée une école technique ; la plupart des entreprises utilisaient des machines venues d'Europe et les ouvriers étaient encadrés par des techniciens européens. La direction des principaux établissements était confiée à une famille arménienne, dont un des ancêtres avait travaillé aux projets de Sélim III.

Le manque d'intérêt du sultan et surtout la concurrence accrue des produits européens, que facilita encore le traité de commerce anglo-turc de 1838, conduisirent, à partir du début des années 1850, à un déclin de la plupart des usines. Seules subsistèrent quelques entreprises textiles peu importantes.

LES RÉFORMES ÉCONOMIQUES D'ABDÜL-AZIZ
(1861-1876)

La situation ne se modifie pas jusqu'à l'année 1861. Il est significatif de signaler que la valeur des exportations britanniques vers l'Empire ottoman fut multipliée par trois entre le milieu des années 1840 et la fin des années 1850. Vers 1860, ces exportations étaient plus importantes que celles destinées à l'Europe du Nord et du Nord-Est (Russie comprise). En 1861, le sultan Abdül-Aziz décida de procéder à un ensemble de mesures en vue de favoriser le développement économique du pays, notamment les quatre mesures suivantes : 1) modification des droits de douane : on passe d'un droit à l'importation de 5 à 8 pour 100 ; 2) organisation de foires afin d'encourager le commerce ; 3) ouverture d'écoles professionnelles ; 4) encouragement à l'association d'industriels et d'artisans.

En pratique, ces mesures eurent peu de résultats sur le processus d'industrialisation, car l'augmentation des tarifs était faible et, de ce fait, les produits restaient soumis à une forte concurrence des produits britanniques. D'autre part, le pays manquait de techniciens. En revanche, dans un domaine spécifique, celui des cultures d'exportation (tabac, coton brut, raisins secs), il y eut des progrès notables, qui eurent pour conséquence de fournir des recettes d'exportation substantielles. De ce fait, notamment, le déséquilibre de la balance commerciale avec le Royaume-Uni ne se dégrada pas, malgré le doublement, entre 1860-1862 et 1869-1871, des exportations britanniques vers l'Empire ottoman. Bref, cette évolution renforça le glissement vers une structure économique de pays sous-développé, caractérisée par l'exportation de produits bruts et l'importation d'articles manufacturés. Ainsi, parallèlement au recul de la puissance militaire, il y eut ce recul économique. Et, à la veille de la Première Guerre mondiale, dans le contexte européen, l'Empire ottoman n'était plus ni une puissance politique, ni une puissance économique ou industrielle, et même plus un débouché significatif pour les industries européennes ; car, en raison du développement économique, les marchés européens étaient devenus beaucoup plus importants.

L'ÉGYPTE : 1800-1914, DE L'ÉCHEC D'UNE TENTATIVE D'INDUSTRIALISATION À L'INTÉGRATION DANS L'ÉCONOMIE MONDIALE

Pourquoi étudier ici avec quelques détails le cas de l'Égypte ? La raison essentielle est, comme nous l'avons laissé entendre, que nous sommes en présence d'une des premières et des plus importantes tentatives de modernisation et d'industrialisation d'un futur pays du Tiers-Monde. En outre, et cela rend l'histoire économique de ce pays encore plus passionnante, ce fut une tentative qui déboucha, dans un premier temps, sur des réalisations assez importantes faisant de l'Égypte de la fin des années 1840 un pays relativement industrialisé, et ceci grâce à des politiques originales.

QUELQUES REPÈRES HISTORIQUES

Avant de passer au XIXe siècle où prend place cette tentative, rappelons que l'Égypte fait partie de l'Empire ottoman depuis 1517 et que la période qui va de 1517 au XIXe siècle est qualifiée de siècles obscurs, en raison probablement d'un recul économique de cette région, mais aussi en raison du peu d'informations dont on dispose. Les données sur la population des villes (indicateur assez valable), que nous avons déjà utilisées plus haut afin de mettre en évidence l'évolution négative de l'ensemble des colonies ottomanes, montrent que cette période en Égypte non plus n'a pas été une période d'expansion. Le Caire et Alexandrie, qui, au début du XVIe siècle, avaient respectivement une population de l'ordre de 400 000 à 450 000 et de 35 000 habitants, ont au début du XIXe siècle respectivement 160 000 à 200 000 et 4 000 à 6 000 habitants. L'essentiel du déclin du Caire se place au XVIe siècle. La dépendance politique à l'égard de l'Empire ottoman s'est un peu affaiblie au XVIIIe siècle, les autorités locales disposant d'une certaine marge de manœuvre par rapport à la métropole turque. Cependant, selon toute vraisemblance, cela n'entraîna pas de changements significatifs sur le plan économique.

En ce qui concerne le XIXe siècle, notons qu'au tournant de ce siècle, entre 1798 et 1801, se situe l'expédition de Napoléon et donc l'occupation française du pays. Le départ des Français permet à un général de l'armée ottomane d'origine albanaise, Muhammad-`Ali, de prendre le pouvoir, profitant du vide politique. En juin 1801, Le Caire, qui avait été abandonné par les troupes françaises, tombe aux mains d'une coalition anglo-turque. Les Anglais veulent restaurer le pouvoir des Mamelouks, alors que l'Empire ottoman voulait contrôler plus directement l'Égypte. Les Mamelouks étaient divisés, ce qui facilita la prise du pouvoir d'`Ali en 1805. Il assied définitivement son pouvoir en mars 1811, quand, ayant invité 500 des plus riches et puissants Mamelouks à un banquet (afin de fêter une expédition militaire), il les fit tous massacrer. Par la suite, il en fit encore massacrer 400 autres au Caire et expulsa tous les Mamelouks en 1812.

Le règne d'`Ali, qui va de 1805 à 1848, est, évidemment, l'élément essentiel que nous allons étudier. Car non seulement il est l'auteur d'une des plus importantes tentatives d'industrialisation, mais il a aussi réussi, pendant près de deux décennies et demie, à devenir la principale puissance du Moyen-Orient, ayant annexé le Soudan et la Syrie, et ayant favorisé la libération du joug ottoman de l'Arabie et de la Crète. Quand on parle du règne de Muhammad-`Ali, il ne faut pas, bien sûr, considérer que son indépendance politique et économique à l'égard de l'Empire ottoman était totale. De 1848 à 1882, quatre descendants d'`Ali règnent successivement. Parmi ceux-ci, deux ont joué un rôle important : `Abbas Ier (petit-fils de Muhammad-`Ali), qui régna de 1848 à 1854, et Isma'il (le plus jeune des fils de Muhammad-`Ali), qui a régné de 1863 à 1879. À l'intérieur de cette période, se situe, en 1869, l'ouverture du canal de Suez.

La construction du canal de Suez et aussi la mise en route d'un vaste programme de travaux publics (chemins de fer, irrigation, aménagements de ports, etc.) furent réalisés en grande partie grâce à des emprunts lancés sur les places financières européennes (notamment à Londres). L'année de l'ouverture du canal de Suez, l'Égypte disposait de 1 180 km de chemin de fer, ce qui, alors, était le plus long réseau du Moyen-Orient et de l'Afrique du Nord (Algérie, 200 km ; et Turquie, 180 km) ; et même le second du Tiers-Monde, après celui de l'Inde (6 850 km) et avant celui du Brésil (840 km). Ces emprunts avaient été facilités par les ressources entraînées par le boom des exportations de coton, qui suivit la fameuse «famine de coton» consécutive à la guerre de Sécession des États-Unis (1861-1865).

Les taux d'intérêt de ces emprunts étaient quasi usuraires. D'où une dette croissante et des difficultés de remboursement qui vont mener à l'intervention militaire britannique qui débuta par le bombardement d'Alexandrie de juin 1882 et aboutit à l'occupation de l'Égypte en septembre de la même année. En quelque sorte, le pays est placé sous le contrôle d'un gouverneur britannique, qui fait de ce pays une semi-colonie. De 1914 à 1922, se situe le protectorat britannique, et l'on peut considérer qu'à partir de 1922 et jusqu'en 1947 l'autonomie locale est un peu plus importante. 1947, enfin, est la date de l'indépendance. Mais comme le souverain en place était assez lié au monde occidental, ceci favorisa le coup d'État de 1952 qui, en définitive, allait amener au pouvoir Abdel Nasser. De ce fait, pour la majorité des Égyptiens, la date de l'indépendance est 1952.

Sur le plan économique, ce XIXᵉ siècle est marqué par deux phases très distinctes : la première est celle de la politique de développement de

Muhammad-`Ali et se place entre 1809 et 1848 ; la seconde période, qui va de 1848 jusqu'à la Première Guerre mondiale, peut être qualifiée comme étant celle de l'intégration de l'économie égyptienne dans un système économique mondial ; et, de ce fait, un glissement vers le sous-développement économique. Nous allons étudier chacune de ces phases séparément.

Politique
de développement économique
de Muhammad-`Ali (1809-1848)

Une fois son pouvoir assuré, Muhammad-`Ali prend, dès 1809, des mesures très importantes pour amener un développement économique du pays. Les motivations sont, bien sûr, économiques, mais aussi (et peut-être surtout) politiques, puisque `Ali rêve de constituer un grand Empire arabe autour de l'Égypte. Les mesures prises à partir de 1809 concernent tant l'agriculture que l'industrie. En fait, nous sommes en présence d'une tentative gouvernementale de modernisation économique totale. Il s'agit même d'une tentative personnelle de Muhammad-`Ali qui administra directement ces projets.

UNE LARGE RÉFORME AGRAIRE

Dans le domaine agricole, il s'agit d'une large réforme, comportant de nombreuses composantes. L'élimination des Mamelouks, qui possédaient de vastes étendues de terre, ainsi que la suppression de privilèges financiers aux Ulémas (cadres religieux) entraînèrent, sinon une véritable redistribution des terres, du moins une nette amélioration en ce domaine. Une réforme fut introduite dans le système des taxations : une taxe fixe — selon l'importance des terres — remplace une taxe qui était fonction de la production. D'autre part, le gouvernement instaure un monopole pour l'achat des produits agricoles qui sont généralement revendus sur le marché intérieur à un prix plus faible que sur le marché international. En moyenne, le prix de vente sur les marchés locaux était, *grosso modo*, deux fois supérieur au prix payé aux producteurs ; et sur les marchés extérieurs trois fois plus élevé.

À cette époque, l'Égypte était encore ce qu'elle avait été depuis de nombreux siècles : un des greniers à blé de cette région. Il s'agit donc d'un pays excédentaire en céréales, exportant celles-ci à l'ensemble du bassin méditerranéen. La fertilité des sols du bassin du Nil enrichis par les alluvions amènerait à des rendements extrêmement élevés : de l'ordre de 15 à 16 q/ha pour le blé, alors que la moyenne de l'Europe à l'époque était de 8 à 9 q. Enfin, sans être exhaustif, relevons que des mesures sont prises afin de favoriser les systèmes d'irrigation et l'introduction de nouvelles cultures. C'est d'ailleurs en 1821 que le coton à longues fibres — qui deviendra spécifique à l'Égypte — est «découvert» par l'ingénieur français Jumel dans un jardin du Caire. Et, comme nous l'avons vu, ce coton, venu des Amériques, et plus précisément du Pérou, fut considéré comme une curiosité botanique pendant des siècles. `Ali va favoriser la diffusion de cette culture qui, plus tard, jouera un si grand rôle, faisant la richesse, mais aussi le malheur, de l'Égypte.

Bref, une région déjà favorisée par de hauts rendements agricoles se trouve encore rendue plus productive, grâce notamment à l'améliora-tion de l'irrigation. Comme dans toute société traditionnelle, l'agriculture constitue, et de loin, l'activité dominante et la source primordiale des recettes du pouvoir central. Ce sont ces res-sources qui vont permettre à Muḥammad-ʿAlī de financer son industrialisation. Ressources qui, en sus du prélèvement direct, provenaient égale-ment de la commercialisation agricole et surtout des céréales devenues donc un monopole d'État. Bref, comme s'interroge Jean Batou[1] — un de ceux qui a le mieux appréhendé l'expérience de Muḥammad-ʿAlī (Méhémet-Ali) — « Le delta du Nil, lampe d'Aladin de Méhémet-Ali? » Lampe d'Aladin, oui et non; car la magie n'a pas été extrêmement efficace et a perdu toute action sous la contrainte de facteurs externes.

L'INDUSTRIALISATION:
LE RÔLE-CLÉ DE MUHAMMAD-ʿALI

Dans le domaine industriel, l'intervention de l'État, ou plutôt celle d'ʿAlī, est encore plus directe. En fait, c'est ʿAlī qui crée des entreprises indus-trielles faisant venir d'Europe des techniciens; entreprises qui restent sa propriété personnelle. Il s'agit de la création d'industries très diversi-fiées : verreries, sucreries, métallurgie, construction navale, construction de machines (et notamment

1. 1990.

de machines à vapeur). Bien entendu, le textile reste, comme dans toutes les sociétés du début du XIXe siècle, un domaine essentiel par sa grande importance relative. La première entreprise textile date de 1817. Et rien qu'entre 1818 et 1830, au moins 27 filatures de coton furent créées, comportant au total plus de 400 000 broches. Le développement d'une industrie métallurgique se heurta à la fois au manque de matières premières et aux faibles besoins civils. Donc, pratiquement pas de sidérurgie, mais en revanche des fabrications métalliques importantes où prédomine néanmoins le débouché militaire (armes et construction navale surtout), sans exclure pour autant le marché civil (clouteries, serrureries). La consommation annuelle de fer (importé) dans les années 1830 est de l'ordre de 10 000 tonnes, ce qui se traduit par 2 kg/hab. Ce n'est pas très élevé, mais implique néanmoins un secteur de transformation non négligeable dans la mesure où la consommation privée était très faible. Tout ceci est rendu possible grâce à la présence des techniciens européens qui, au milieu des années 1830, auraient été au nombre de 5 000.

Autre axe de développement : l'enseignement ; et essentiellement création d'écoles supérieures, tant dans le domaine général que surtout dans ceux des techniques et de la médecine. Dans les années 1830-1840, les institutions d'enseignement technique supérieur comptaient 6 000 à 9 000 élèves ; ce qui, pour l'époque, est très élevé (mais, parmi ceux-ci, 3 000 à 5 000 suivaient un enseignement de technologie militaire).

Pour contourner le problème causé par l'ouverture de l'Égypte aux importations, ouverture résultant du fait que l'Égypte dépendait de l'Empire ottoman et, par conséquent, que les systèmes des capitulations s'y appliquaient, `Ali jouera sur plusieurs éléments. D'abord, il instaure l'obligation pour les entreprises de s'approvisionner avec des matières semi-finies locales. Une propagande est faite en faveur des produits locaux. Enfin, et c'est là un élément essentiel, l'armée ; une armée qui devient assez importante, constitue le principal débouché pour cette industrie, soit pour les produits textiles, soit aussi, bien entendu, pour la construction navale, puisque l'on construit localement des navires de guerre.

L'ÉGYPTE DE LA FIN DES ANNÉES 1830 :
UN PAYS INDUSTRIALISÉ

On peut considérer que le projet d'industrialisation fut une réussite jusqu'aux années 1838-1841. L'Égypte, vers 1838, est un pays qui, en termes de production industrielle par habitant, se situe à un niveau plus élevé que des pays tels que la Russie ou même que l'Italie. Certes, une appréciation objective de la situation est difficile à réaliser car nous disposons de deux sources de renseignements contradictoires : ceux d'origine française et ceux d'origine britannique. `Ali s'étant appuyé, dans sa tentative de modernisation et aussi militairement, sur les Français, les sources françaises décrivent une situation de réussite presque totale. Les appréciations des Britanniques, qui non seulement étaient opposés à `Ali et dont les témoignages se situent beaucoup plus tard, décrivent l'expérience d'`Ali comme un échec presque total. Les points les plus négatifs mis en avant par les sources britanniques concernent les gaspillages, notamment en raison de l'inefficacité des entreprises industrielles. Soulignons le fait que les Anglais ont surtout visité le pays 15 à 20 ans après la fin de l'expérience d'`Ali ; ce qui explique en partie leur diagnostic, sinon erroné, en tout cas trop sévère.

Au milieu des années 1830, selon les estimations de Jean Batou, l'Égypte dispose d'environ 80 broches à filer le coton par habitant. Ce qui certes est bien moins élevé qu'au Royaume-Uni (590) ou qu'en Suisse (265), mais du même ordre de grandeur qu'en Espagne, qu'aux États-Unis, qu'en France (entre 80 et 100), et nettement au-dessus de pays tels que l'Allemagne, l'Autriche-Hongrie (de l'ordre de 25 à 30) et, bien sûr, que la Russie (12). En tout, dans l'industrie manufacturière moderne, travaillaient quelque 50 000 à 70 000 personnes, ce qui, vers le milieu des années 1830 et pour un pays dont la population active totale était de l'ordre de 2 millions, constitue une masse assez importante. Mais, à propos de cette masse, le débat reste ouvert quant à la productivité de ces ouvriers. En l'état actuel de la recherche, il est difficile de trancher. Cependant, globalement, nous sommes en présence d'un secteur industriel assez important et diversifié, car, comme nous l'avons noté, le textile, bien que prépondérant, n'était pas le seul secteur moderne.

LES DIFFICULTÉS : LES ENNEMIS ET LE CLIMAT

Ce qui est certain, c'est qu'à partir de 1838-1841 les choses dégénèrent. Trois facteurs concourent pour expliquer ce qui progressivement se traduira par un déclin certain de l'économie et par une véritable disparition de l'industrie égyptienne. Il y eut d'abord le traité de commerce anglo-turc de 1838, qui impliquait une ouverture plus grande de l'Égypte aux importations de produits britanniques. Puis, surtout, il y eut la défaite militaire de 1841, où l'Égypte se heurta au sultan de l'Empire ottoman et où l'Égypte fut vaincue, grâce en partie à l'appui accordé à l'Empire ottoman par ce qui était devenu le puissant Empire britannique. Cette défaite imposa à `Ali une réorganisation totale de son armée, c'est-à-dire l'interdiction de maintenir une flotte et la réduction de l'armée à 1 800 hommes, alors qu'elle en comptait auparavant plusieurs dizaines de milliers. D'autre part (et c'est là le troisième facteur explicatif), il apparaît que les années entre 1838-1839 et 1845-1846 sont plutôt des années de mauvaises conditions climatiques et des années de mauvaises récoltes. En quelque sorte, la phase négative de ce cycle de quatorze ans composé de sept ans de «vaches grasses» et de sept ans de «vaches maigres», cycle déjà décrit dans la Bible justement à propos de l'Égypte.

Phase d'intégration
de l'économie égyptienne
dans l'économie mondiale (1848-1914)

Muhammad-`Ali abdique en 1848 (il meurt d'ailleurs dix mois après). Son successeur et petit-fils, `Abbas Ier, va régner de 1848 à 1854, avant d'être étranglé par deux de ses serviteurs à l'âge de 41 ans. `Abbas Ier, opposé à l'européanisation de l'Égypte, change radicalement de politique éco-

nomique. Fermeture des usines considérées comme
trop coûteuses ; fermeture des écoles estimées
comme inutiles, et aussi suppression des monopoles. Mais, curieusement, `Abbas Ier s'oppose à la
construction du canal de Suez que l'ingénieur
français Ferdinand de Lesseps préconisait dès la
fin des années 1830 lors de son séjour comme
ambassadeur. En revanche, il accepta la construction par les Britanniques du chemin de fer reliant
Alexandrie au Caire (achevée en 1857). Il s'appuya
sur les Britanniques afin de s'opposer à l'introduction de la politique des *tanzimats* de l'Empire
ottoman, duquel il dépendait politiquement.

LE COTON ET LE CANAL DE SUEZ

Bien que d'autres successeurs d'`Ali aient par-
fois été un peu plus proches de sa politique, l'intégration de l'économie égyptienne dans le système
économique mondial s'est accélérée sous l'effet de
trois phénomènes que l'on peut considérer comme
largement exogènes. Le premier est la guerre
civile des États-Unis de 1861-1865 qui, sur le plan
mondial, va entraîner, comme on l'a signalé, une
forte pénurie de coton et va, de ce fait, amener un
bond des exportations de coton de l'Égypte. Déjà,
entre 1830 et 1860, ces exportations étaient passées de 7 000 à 29 000 tonnes, mais, dès 1870,
elles atteignaient 81 000 tonnes et 310 000 tonnes
à la veille de la Première Guerre mondiale.
La poursuite de l'expansion de la production
(presque totalement exportée), malgré le retour
des États-Unis sur les marchés internationaux,
s'explique, outre la progression de la demande
internationale, par la qualité du coton égyptien.

Le deuxième phénomène est l'ouverture du canal de Suez, en 1869 (l'histoire de la réalisation de celui-ci est pleine de péripéties, que nous résumerons plus loin), qui va amener des recettes financières, mais aussi un endettement important qui expliquera d'ailleurs les interventions britanniques. Le canal de Suez va également entraîner une réduction des coûts de transport vers l'Égypte, puisque ceux-ci dépendent aussi bien de la fréquence des transports que de la distance.

Enfin dernier élément ayant favorisé l'intégration dans le système économique mondial : l'occupation anglaise, qui se situe en 1882. Occupation qui est la conséquence assez directe des problèmes financiers de l'Égypte, eux-mêmes conséquence indirecte du canal de Suez. Et cette occupation anglaise va amener un régime semi-colonial qui favorise, d'une façon consciente, les exportations de coton brut au détriment de l'industrie locale qui, d'ailleurs, avait pratiquement disparu.

Outre ces éléments exogènes, comme dans tout régime non parlementaire, il ne faut pas oublier le rôle du souverain. En l'occurrence le rôle joué par le successeur d'`Abbas Ier : Sa'id qui régna entre 1854 et 1863. Bien que beaucoup plus favorable à la politique de son père Muhammad-`Ali, Sa'id, éduqué en France, n'adopta pas sa politique d'industrialisation. Il joua un rôle important dans la réforme du droit foncier qui, en pratique, amena le début de la disparition d'un quasi-esclavage, lot du paysan égyptien. Néanmoins, il ne réussit pas à supprimer l'importation des esclaves, notamment en provenance du Soudan. Autre mesure qui connut plus de succès à long terme : c'est lui qui accorda une concession pour les travaux du canal de Suez à une firme française que dirigeait son ami Lesseps.

Par la suite, il modifia son attitude et s'opposa, à partir de 1859, au percement du canal. C'est son successeur, son frère Isma`il (règne : 1863-1879) qui autorisa la poursuite officielle des travaux qui avaient continué partiellement et d'une façon semi-clandestine. Comme nous l'avons vu au début de cette section, il entreprit aussi un vaste programme de travaux publics et favorisa également le développement de l'enseignement primaire.

LE RÈGNE DU COTON BRUT ET LA POURSUITE DE LA DÉSINDUSTRIALISATION

Tout ceci favorise la poursuite de l'intégration de l'économie égyptienne dans l'économie mondiale, essentiellement par le biais d'exportations accrues de coton brut. Ces exportations, qui, comme nous l'avons vu, avaient déjà atteint 81 000 tonnes vers 1870, atteignirent 260 000 tonnes vers 1900 et 310 000 tonnes vers 1913, faisant de l'Égypte le troisième exportateur mondial, derrière les États-Unis et l'Inde. À la veille de la Première Guerre mondiale, les exportations de coton fournissent près de 90 pour 100 des exportations totales. Signalons que le sommet des exportations de coton sera atteint au début des années 1960 avec 450 000 tonnes ; et que pour 1990-1992 on est retombé même un peu au-dessous des 20 000 tonnes, alors que les importations s'élevaient à près de 50 000 tonnes. Donc une Égypte importatrice nette de coton ! C'est une illustration d'un phénomène plus général que nous aurons l'occasion d'examiner dans le chapitre XXXIII du tome III.

Dans le domaine industriel, malgré quelques tentatives, notamment celles d'Isma'il Pacha vers 1870-1880, et de tentatives très partielles à la fin du XIXe siècle, on peut considérer que, à la veille de la Première Guerre mondiale, l'Égypte est presque totalement dépourvue d'industries modernes. En 1910, seules sont présentes quelques petites filatures de coton totalisant ensemble 20 000 broches, ce qui représente moins de 0,02 pour 100 du total mondial, contre 2,0 à 2,5 pour 100 vers 1835, donc 150 fois moins.

MAIS UN COTON QUI APPORTE UN CERTAIN BIEN-ÊTRE

Si, structurellement, cette évolution (et notamment cette spécialisation dans les exportations de coton) va se révéler pour l'avenir très négative, à l'époque même elle comporta un aspect très positif. En effet, le prix à l'exportation du coton a subi une évolution très favorable, surtout par rapport aux céréales. Vers 1850, le coton (égyptien) valait 4,7 fois plus que le blé ; 10,7 fois plus vers 1913. Certes, les rendements de coton étaient (et sont) plus faibles que ceux du blé : en Égypte, vers 1913, ils atteignaient en moyenne 4,7 q/ha, comparé à 17,5 q/ha. pour le blé. Mais, traduit en termes de revenu brut par hectare, le coton l'emportait dans des proportions de près de 3 à 1. Donc des ressources accrues qui vont d'ailleurs permettre une croissance très rapide de la population. On estime que, vers 1850, l'Égypte comptait 5,5 millions d'habitants. Or, dès 1913, il s'agit de 12,1 millions d'habitants, ce qui constitue un rythme de crois-

sance extrêmement rapide, proche déjà d'une inflation démographique, puisque le taux annuel était
de l'ordre de 1,3 pour 100. Certes, par la suite, la
population va s'accroître encore plus rapidement,
puisque, en 1995, l'Égypte comptait 59 millions
d'habitants et que les prévisions à l'horizon de
l'an 2025 tournent autour des 97 millions d'habitants (si l'on retient l'hypothèse élevée, il s'agirait
de 127 millions). Mais, déjà, la croissance rapide
de la population durant la seconde moitié du
XIXe siècle, couplée au revenu plus élevé du coton,
va transformer, à partir des années 1880, ce qui
fut pendant des millénaires un grenier à blé en une
région déficitaire. Aujourd'hui, l'Égypte importe
près de la moitié de ses besoins en céréales, tout
en produisant moins de coton que vers 1860.

LA PERSE :
CETTE AUTRE PUISSANCE
DU MOYEN-ORIENT

En 1502 débute la période de la dynastie shi'ite
des Safavides. Le shi'isme est une doctrine
musulmane qui estime que la présence d'Abu
Bakr (beau-père de Mahomet) à la tête de tout
l'Empire arabe après la mort du Prophète était
illégale, et que ce rôle aurait dû revenir aux descendants d'`Ali, le gendre de Mahomet. `Ali est
considéré par les shi'ites comme le véritable
successeur de Mahomet qui lui aurait transmis
les connaissances, elles-mêmes transmises aux
imams qui sont les chefs religieux du shi'isme.

La dynastie des Safavides couvre pratiquement les XVIᵉ et XVIIᵉ siècles, puisqu'elle prend fin en 1794. La dynastie suivante (Qadjar) couvre en quelque sorte le XIXᵉ siècle, puisqu'elle prend fin en 1921 avec le coup d'État du général Riza Khan, qui, en 1925, se fait couronner et fonde ainsi la dynastie des Pahlavi. C'est à partir de cette période que l'on commence en Occident à utiliser le terme d'Iran pour désigner ce pays; terme que les Iraniens utilisaient depuis des siècles, pour ne pas dire des millénaires. «Officiellement», c'est en mars 1935 que la Perse est devenue l'Iran. La dynastie des Pahlavi durera à peu près un demi-siècle, c'est-à-dire jusqu'en 1979; elle marque la modernisation du pays, surtout sous le règne (entre 1941 et 1979) de Muhammad Riza, fils de Riza Khan. En 1979, le shah est obligé de quitter le pays; et ce fut l'arrivée de l'ayatollah Ruhollah Khomeiny qui allait rapidement aboutir à la création d'un État islamique intégriste (shi'ite) qui a survécu à sa mort, survenue en juin 1989. Examinons à présent cette histoire en privilégiant naturellement les aspects économiques et sociaux et en négligeant la période des Pahlavi, ce qui nous entraînerait hors du cadre historique de cette partie du livre.

Les Safavides: deux siècles
de faiblesse politique mais,
dans l'ensemble,
de prospérité économique (1501-1736)

La période de la dynastie des Safavides (1501-1736), se caractérise par une organisation poli-

tique extrêmement faible (surtout après 1722),
qui contraste — mais est-ce un paradoxe ? — avec
un niveau culturel extrêmement élevé. Comme
nous l'avons vu dans le chapitre XVII, à l'intérieur de cette relative faiblesse de la dynastie
Safavides se situe le long règne (1587-1629)
d'`Abbas Ier le Grand, qui marqua une période de
puissance politique et militaire, et peut-être aussi
économique et sociale. C'était un homme aux
idées larges, à forte volonté, mais aussi méfiant
et cruel (il fit massacrer son fils aîné et rendit
aveugles deux de ses autres fils). Cruauté et
méfiance qui s'inscrivent dans une époque elle-
même très dure, puisque son oncle, qui avait
régné avant lui, avait entrepris de faire périr tous
les membres de la famille.

Ayant constitué une armée moderne, `Abbas Ier
sut reprendre à l'Empire ottoman une partie de la
Perse «historique», et même élargir le Royaume.
Son règne marque le début des contacts accrus
avec l'Occident ; d'ailleurs deux Anglais figurent
parmi ses principaux conseillers. À partir de 1616,
la Compagnie des Indes orientales anglaises commença à commercer en Perse à partir de sa base à
Surat (Inde). Cela se fit malgré l'opposition des
Portugais ; d'ailleurs, en 1662, l'armée perse, avec
un soutien naval anglais, reprit aux Portugais la
base d'Ormuz qui permettait de contrôler le Golfe
persique, seule façade maritime de la Perse (mer
Caspienne non comprise).

`ABBAS Ier LE GRAND: LA RICHESSE D'ISPAHAN
ET L'ESPRIT D'OUVERTURE (1587-1629)

`Abbas Ier transféra (en 1598) la capitale à Ispa-
han qui redevint rapidement une très grande ville.
Trente ans plus tard, à la fin de son règne, elle
comptait 300 000 à 350 000 habitants, faisant
d'elle la 5e-7e ville la plus peuplée du monde. Mais
c'était surtout une ville très riche en monuments
qui faisaient l'admiration des voyageurs du
Moyen-Orient et de l'Europe. C'était alors aussi
une ville ouverte aux Occidentaux, d'abord bien
sûr aux marchands. D'ailleurs, comme l'écrit
Charles Issawi (1971): «Peut-être la caractéristique la plus marquante de l'Iran du XVIIe siècle
était le développement du commerce et particulièrement avec l'Europe.» Pays et ville ouverts
aux marchands mais aussi aux hommes d'Église,
puisque des couvents y furent fondés par divers
ordres catholiques.
  Mais cette richesse était-elle l'expression d'une
prospérité économique du pays? Ou le résultat d'une forte ponction fiscale dévolue à la
construction de beaux palais et d'allées aux
magnifiques pavages? La réponse n'est pas facile,
car l'on manque d'études suffisamment détaillées. Ce qui est certain c'est que les efforts
d'`Abbas en vue d'améliorer les techniques indus-
trielles furent très importants et diversifiés. De
nouvelles méthodes de fabrication du verre furent
introduites de l'Italie; 300 potiers chinois furent
invités afin d'instruire les artisans locaux, ce qui
fut une réussite. En revanche, les efforts des hor-
logers anglais et suisses n'aboutirent pas. Des

efforts furent également entrepris dans le domaine agricole.

Toujours est-il que, après `Abbas Ier le Grand, il est certain que parallèlement au déclin politique s'installa aussi une période peu favorable pour l'économie. Période qui voit aussi, à partir de 1664, le début des raids des Cosaques de Russie, pays avec lequel la Perse a la plus longue frontière (et seule frontière avec un pays d'Europe). En 1722, la Perse fut envahie par une coalition d'Otto- mans et d'Afghans ; et, profitant de la confusion, les Russes, alors gouvernés par Pierre le Grand, annexèrent certains territoires. Globalement, les dernières années du règne des Safavides sont une période de faiblesse qui amena encore d'autres pertes territoriales ; et il s'agit d'une période géné- ralement considérée comme de profonde crise économique et sociale.

LE SURSAUT DE NADIR SHAH (1736-1747)

Toutefois, le déclin territorial fut retardé par le formidable sursaut de Nadir Shah qui régna entre 1736 et 1747, et qui, sur le plan militaire, mena ses troupes jusqu'à l'intérieur de l'Inde et créa un Empire perse allant des montagnes du Caucase au fleuve Indus. Entre autres, il ramena de Dehli le plus célèbre des diamants, le Koh-i-Nor, devenu célèbre par sa taille (191 carats à l'origine) et sur- tout sa longue histoire dont on peut tracer les débuts en Inde vers 1304 et qui, en définitive, aboutit en 1947 en tant qu'ornement principal sur le diadème de la reine actuelle d'Angleterre : Eli- sabeth II. Nadir Shah, un Turc sunnite par ori- gine, chercha à réconcilier sunnites et shi'ites, mais sans y parvenir ; ce qui mena à des troubles, en partie responsables d'une situation économique défavorable, et à son assassinat en 1747, qui entraîna une période d'anarchie plus ou moins grande jusqu'au changement de dynastie. Malgré cette fin négative et tragique de son règne, il est considéré comme un des plus grands leaders perses, bien davantage il est vrai sous l'aspect militaire qu'économique et social. Il fut notamment le premier à percevoir la nécessité d'une flotte et acheta des navires aux capitaines britanniques ; mais c'est, bien sûr, l'armée de terre qui fut le plus développée. À la mort de Nadir Shah, son armée se dispersa et un des commandants créa même un royaume en Afghanistan.

KARIM KHAN : PROSPÉRITÉ COMMERCIALE
ET ÉCONOMIQUE (1747-1779)

Avant d'en venir à la période importante de la dynastie des Qadjar, le fait à mettre en exergue entre 1747 et 1794 est la prospérité économique et notamment commerciale sous le règne de Karim Khan (1747-1779). En fait, celui-ci ne se considérait que comme régent, ce qui met en évidence un trait de son caractère : un homme de bon sens et un dirigeant éclairé. Il réorganisa le système fiscal, allégeant notamment les impôts du monde rural, et favorisa les intellectuels et les artistes afin de les attirer notamment à la nouvelle capitale Chiraz, ville qui s'enrichit de nombreux et beaux bâtiments. En capturant (en 1776) le port ottoman de Basra, qui avait dévié une partie des échanges, il permit à la Perse d'accroître son commerce extérieur. Déjà auparavant (en 1763), il avait autorisé la Compagnie des Indes orientales anglaises à s'installer dans le pays où elle établit deux fabriques. Tout ceci contribua à la prospérité du pays, mais les trois décennies qui suivirent le décès de Karim Khan furent une période de guerres civiles et donc aussi de misère.

*La dynastie des Qadjar :
des tentatives d'industrialisation
au pétrole (1794-1921)*

Le siècle et quart de la dynastie Qadjar est une période importante de transition pour l'histoire de la Perse. Dès le second shah — Fath` Ali, qui régna entre 1797 et 1835 — on constate sur le plan économique une amélioration par rapport au siècle précédent, pourtant positif. En outre, c'est au cours de son règne que la première des deux tentatives de modernisation et d'industrialisation du pays s'est faite, à partir de 1805 (la seconde débuta près d'un demi-siècle plus tard en 1848). Cette période voit aussi une pression accrue de l'expansionnisme russe ; et, à partir de 1912, le début d'une expansion extrêmement rapide de la production de pétrole, qui fit, dès 1922, de l'Iran le deuxième producteur de l'or noir du Tiers-Monde (après le Mexique).

Globalement, sur le plan économique, et même par rapport aux siècles antérieurs, la période de la dynastie des Qadjar a été plutôt positive. De même, la population, qui, entre 1600 et 1800, avait pratiquement stagné (passant d'environ 5 à environ 6 millions), progressa sensiblement durant cette période, sans que l'on constate un emballement (en 1910, il s'agissait de 10,6 millions, donc un taux annuel de croissance de 0,5 pour 100). Sur le plan de la population urbaine, on assiste à la poursuite du déclin d'Ispahan, privée depuis 1794 de son rôle de capitale. Mais ce déclin est plus que compensé par une progression rapide non seulement de Téhéran (nouvelle capitale), mais de la grande majorité des villes, de sorte que le taux d'urbanisation progresse sensiblement au cours du XIXe siècle.

LES TENTATIVES DE MODERNISATION
ET D'INDUSTRIALISATION D''ABBAS MIRZA (1812-1833)
ET D'AMIR-KABIR (1848-1851)

À l'instar de la tentative égyptienne de Muhammad-`Ali et de pratiquement toutes les tentatives de modernisation et d'industrialisation du XIXe siècle des pays extra-européens (y compris le Japon) demeurés indépendants, les tentatives perses sont largement motivées par le désir de préservation de leur indépendance ; indépendance qu'un développement économique et, surtout, une industrialisation, facteur de puissance militaire, sont supposés garantir. `Abbas Mirza, fils du shah régnant, était chargé de l'administration de la Province d'Azerbaïdjan où il chercha à contenir l'expansion russe. Dès 1812, il envoya des jeunes en Angleterre pour qu'ils y acquièrent une formation technique. Dans les années 1820, une sidérurgie, destinée surtout à la production d'armements, fut mise en place. De même, des efforts ont été réalisés dans d'autres domaines, y compris l'agriculture ; mais tout ceci fut de faible ampleur et sans véritable suite. On peut consi-

dérer que cette tentative prit fin en 1833. En
revanche, comme le montre Jean Batou (1990),
la plupart des jeunes gens envoyés en Angleterre
ont joué par la suite un important rôle économique, culturel et politique.

La tentative de modernisation d'Amir-Kabir,
qui se situe entre 1848 et 1851, est plus importante et constitue en quelque sorte le prolongement de celle d'`Abbas Mirza, dans la mesure où,
étant d'origine modeste, il reçut sa formation au
sein de l'administration mise en place par Mirza
(il fit même deux séjours à l'étranger). Après
avoir assaini la situation financière et renforcé et
réorganisé l'armée (pour la première fois depuis
longtemps la troupe reçut une solde et ne vécut
donc plus du pillage), il mit en route un projet
global de développement dans lequel l'enseignement tenait une place-clé. Une école polytechnique de grande envergure fut ouverte en 1851
(notamment avec des enseignants autrichiens).
Un bureau officiel de traduction fut créé, qui édita
des livres allant de l'agronomie à la construction
navale, en passant par le prévention des épidémies. Un hebdomadaire fut lancé en 1851, dans
une optique de formation (il parut régulièrement
pendant 10 ans). Cet hebdomadaire reprit en
quelque sorte le rôle d'un mensuel lancé en 1837
par `Abbas Mirza.

Sur le plan de l'industrie, une première priorité
fut évidemment accordée à l'industrie d'armement
qui, apparemment, fut un succès : étant notamment capable de produire annuellement environ
16 000 fusils de bonne qualité. La sidérurgie ne
reçut qu'un développement modéré. En revanche,
l'industrie textile, comme dans le cas égyptien, se

développa grâce aux besoins de l'armée. Téhéran posséda notamment une filature de 30 000 broches, ce qui, pour l'époque, était une unité importante. Ce à quoi il faut ajouter des raffineries de sucre, des papeteries, une verrerie, et une unité de production d'acide sulfurique, etc.

En novembre 1851, la mise à l'écart de Amir-Kabir entraîna l'arrêt de cette tentative d'industrialisation. La seconde moitié du XIXe siècle ne vit pas d'autres tentatives d'industrialisation publiques ou privées de quelque envergure. En tout cas, à la veille de la Première Guerre mondiale, le niveau d'industrialisation était extrêmement faible : probablement pas plus de deux petites filatures de coton, comportant en tout 5 000 broches ; et une industrie du fer apparemment inexistante. En matière d'infrastructure, le pays était également peu développé : peu de routes modernes ; et le premier chemin de fer ne fut mis en service qu'en 1888. En 1913, la longueur du réseau ferré ne dépassait pas les 54 km, contre plus de 83 000 pour le reste de l'Asie (sans la Sibérie et le Japon). Ce qui constitue un exemple de plus de la liaison entre la colonisation et l'expansion des chemins de fer. Le reste du Moyen-Orient d'Asie ne comptait, vers 1913, que 5 500 km de voies ferrées.

LE PÉTROLE ET LES CONVOITISES

L'intérêt des Occidentaux pour les richesses minières de la Perse fut précoce, et allait attiser la rivalité entre Anglais et Russes. Dès 1872, le baron Julien de Reuter reçut le droit d'exploiter pendant 70 ans les ressources minières du pays (sous la pression de la Russie cette concession sera supprimée). C'est en 1908 que la production démarra réellement ; et, dès 1914, année où le gouvernement britannique, par l'intermédiaire de l'Amirauté, racheta l'Anglo-Persian Company, la production était déjà de 395 000 tonnes. Comme nous l'avons signalé au début de cette section, dès 1922, l'Iran devient le deuxième producteur d'or noir du Tiers-Monde. L'expansion continue après cette date : les 10 millions de tonnes étaient dépassés pour la première fois en 1937. L'attrait de l'or noir n'est certainement pas étranger aux conflits d'influence que se menèrent Anglais, Russes, et Allemands. Et l'anarchie qui s'installe dans le pays, surtout après la Première Guerre mondiale, n'est certainement pas étrangère à la chute, en 1921, de la dynastie des Qadjar. Le pétrole constitue aussi une bonne transition pour passer à la colonisation du Moyen-Orient, puisque nous avons déjà dépassé la borne historique de cette partie. Ce qui ne nous empêchera pas de la dépasser pour la section que nous abordons à présent.

LA COLONISATION EUROPÉENNE TARDIVE DU MOYEN-ORIENT : CAUSES ET ÉVOLUTIONS ULTÉRIEURES

En guise d'introduction à cette dernière section, relevons que si nous avons très peu parlé jusqu'ici de la colonisation européenne dans le Moyen-Orient, ce n'est pas par omission, mais parce que la colonisation n'y commença qu'entre les deux guerres. D'ailleurs, comme nous avons pu le voir, le Moyen-Orient est la seule région dont une partie importante des pays ne passe sous le joug colonial qu'après la Première Guerre mondiale. Les causes d'une telle spécificité sont assez évidentes ; elles sont de deux ordres. La première, somme toute, est accessoire vu l'importance de la seconde. Il s'agit de la présence de l'Empire ottoman qui, vu la proximité de sa métropole, pouvait plus facilement contrer l'intervention européenne qu'en Afrique du Nord. La seconde cause est le faible intérêt économique que représente cette région à l'époque pour l'Europe. À la fois faible intérêt en tant que débouché et que fournisseur de produits bruts. Faible débouché, car le Moyen-Orient, tel qu'il nous concerne ici (c'est-à-dire Moyen-Orient d'Asie, sans la Turquie et la Perse), n'avait, vers 1800, que 15 millions d'habitants. Faible intérêt en tant que fournisseur de produits bruts, car ce qui allait attirer l'Europe, à savoir le pétrole, n'allait être découvert que très tard.

Le pétrole : un aimant tardif de la colonisation

Pour commencer, il convient de noter que ce combustible fut d'abord, et pendant longtemps, un produit exploité surtout dans le futur monde développé (Russie et États-Unis). Entre le premier puits du célèbre Edwin Laurentine Drake, dit «le colonel» (États-Unis, 1859) et les premières exploitations commerciales dans les régions du Tiers-Monde, il s'est passé à peu près quarante années. Vers 1900, la production mondiale de pétrole n'était que de 21 millions de tonnes par an (soit 30 millions de tonnes d'équivalent-charbon) et le futur Tiers-Monde n'en assurait que le trentième. En outre, ces 21 millions de tonnes n'étaient qu'une goutte dans l'océan de la consommation totale d'énergie ; rien que pour le charbon, la consommation s'élevait à près de 800 millions de tonnes, et pour le bois et les déchets végétaux à une quantité encore beaucoup plus grande, probablement de l'ordre de 2 700 millions de tonnes (soit environ 900 millions de tonnes d'équivalent-charbon).

La rapide expansion de l'automobile, et aussi l'utilisation du pétrole pour chauffer les chaudières des navires, transformèrent rapidement cette huile sale en «or noir». Cependant, sur la scène géographique du pétrole, le Moyen-Orient demeura longtemps un acteur marginal. À la veille de la Première Guerre mondiale, le Moyen-Orient (grâce essentiellement à l'Iran) n'assurait que 4 pour 100 de la production du Tiers-Monde, elle-même ne représentant que 12 pour 100 de celle de l'ensemble du monde (donc le Moyen-Orient ne produisait alors que 0,5 pour 100 de la production mondiale).

Le seul autre pays du Moyen-Orient où le pétrole a commencé à être exploité en quantités significatives avant la Seconde Guerre mondiale fut l'Iraq. Dans ce cas, bien que des concessions aient été accordées dès 1903, la production ne démarra qu'en 1927, et resta très modeste jusqu'en 1933 (115 000 tonnes, soit moins de 2 pour 100 de celle de l'Iran). Et, même à la veille de la Seconde Guerre mondiale, avec ses 4 millions de tonnes l'Iraq ne produisait que 6 pour 100 du pétrole du Tiers-Monde (et 1 pour 100 du monde). Et quand, autour des années 1940, on mettra au jour des gisements très importants et facilement exploitables, l'ère du véritable colonialisme sera déjà passée. Cela n'exclut pas une influence importante des pays occidentaux sur cette région pendant les deux décennies qui suivirent la Seconde Guerre mondiale.

Les étapes et l'ampleur
de la colonisation
dans l'entre-deux-guerres

La défaite de l'Allemagne, lors de la Première Guerre mondiale, a aussi été la défaite de l'Empire ottoman qui, quelques jours après le commencement du conflit, s'était rangé au côté de l'Allemagne. En avril 1916, un accord entre l'Angleterre, la France et la Russie réalisa la partition de l'Empire ottoman ; plan de partage encore mieux défini, en mai de la même année, par l'accord franco-britannique dit de Sykes-Picot. En définitive, la Turquie fut totalement privée de colonies, et la superficie de la Turquie proprement dite réduite de près de 30 pour 100.

La répartition de l'ancien Empire ottoman existant avant la guerre se fit de la façon suivante. La Grande-Bretagne reçut sous mandat l'Iraq, la Palestine et la Transjordanie. La France reçut sous mandat la Syrie et le Liban. Quant à l'Arabie (y compris ce que l'on appela, après la Première Guerre mondiale, les États autonomes : Nadjd, Hedjaz, Yémen, Oman et Kuweit) elle devint un pays indépendant. En quelque sorte, ceci résultait des promesses faites par les Anglais durant la guerre afin de s'attirer le soutien des Arabes dans le conflit contre la Turquie (c'est dans ce cadre que prend place le célèbre Lawrence d'Arabie).

Sur le plan économique, cette colonisation n'eut pas de conséquences importantes dans l'entre-deux-guerres (ces pays deviendront indépendants presque immédiatement après la guerre). Certes, comme nous l'avons vu, en Iraq la production pétrolière a augmenté, mais est demeurée assez marginale sur le plan quantitatif. En revanche, sur le plan des stratégies des compagnies pétrolières, comme le note Bouda Etemad dans sa thèse (1983) : « La fondation de l'Iraq Petroleum Company marque la première tentative des grandes firmes pétrolières internationales d'exploiter en commun les richesses du sous-sol d'un pays du Moyen-Orient par l'intermédiaire de filiales à paternités multiples. » À ce propos, il est significatif de noter que les statistiques du commerce extérieur de l'Iraq entre les deux guerres n'incluent pas les exportations de pétrole qui, d'ailleurs, passaient par le pipe-line aboutissant à Haïfa, le principal acheteur de ce pétrole étant d'ailleurs la France.

À la veille de la Seconde Guerre mondiale, les échanges de la France avec la Syrie (y compris le Liban) représentaient moins de 2 pour 100 de ceux de l'ensemble de l'Empire colonial français ; échanges qui ne représentaient que 27 pour 100 des importations totales. De même, les échanges du Royaume-Uni avec l'Iraq, la Palestine et la Transjordanie ne représentaient même pas 1 pour 100 des échanges totaux de ce pays. Autre indication de l'importance restreinte de la colonisation : la présence d'Européens. Celle-ci était très limitée : environ 5 000 en Syrie-Liban, 2 000 en Transjordanie, et environ un millier de Britanniques en Iraq. Quant à la Palestine, malgré la promesse faite dans la déclaration de Balfour de 1917, les Anglais freinèrent l'immigration juive au cours de la période cruciale et tragique des dernières années du nazisme. La population juive comptait 85 000 personnes en 1914, et 475 000 en 1939. Mais, en termes de proportion de la population totale, la progression a été beaucoup plus faible (de 13 pour 100 environ en 1914 à 32 pour 100 en 1939), car on assiste en même temps à une immigration et à une croissance naturelle très fortes de la population non juive, laquelle est passée de moins de 600 000 en 1914 à 990 000 en 1939 (soit un taux annuel de croissance de 1,6 pour 100, comparé à environ 1,0 à 1,2 pour 100 pour le reste du Moyen-Orient d'Asie). Et puisque nous parlons de population, relevons que celle des principales villes du Moyen-Orient d'Asie a progressé très fortement entre 1920 et 1950. D'après nos calculs, pour les 56 villes dont il est possible de suivre valablement l'évolution, la population cumulée est passée de 4,4 à 8,2 millions.

BIBLIOGRAPHIE DU TOME II

Cette bibliographie, comme celles des autres tomes, comporte deux sections. La première est une liste d'ouvrages classés par sujets afin de permettre au lecteur de poursuivre sa lecture sur les aspects abordés dans ce tome. La seconde section est une liste alphabétique des références citées dans ce tome, ce qui n'implique pas qu'il s'agisse nécessairement des principaux ouvrages utilisés pour ce travail, ni, *a fortiori*, consultés pour celui-ci. Ce sont simplement des textes que, pour une raison ou une autre, nous avons cités.

BIBLIOGRAPHIE GÉNÉRALE

Ouvrages généraux pour l'ensemble de l'ouvrage

ALDCROFT, D.H. et CATTERALL, R.E. (eds), *Rich Nations-Poor Nations. The Long Run Perspective*, Londres 1996.

ARENDT, H.W., *Economic Development. The History of an Idea*, Chicago 1987.

AUSTRUY, J., *Le Prince et le patron ou l'économie du Pouvoir*, Paris 1972.

BAECHLER, J., *Le Capitalisme*, 2 volumes, Paris 1995.

BAIROCH, P., *Le Tiers-Monde dans l'impasse. Le démarrage économique du XVIIIᵉ au XXᵉ siècle*, Paris 1971, 3ᵉ édition revue et augmentée, Paris 1992.

BAIROCH, P., *De Jéricho à Mexico. Villes et économie dans l'histoire*, Paris 1985.

BAIROCH, P., *Mythes et paradoxes de l'histoire économique*, Paris 1994.

BEAUD, M., *Histoire du capitalisme de 1500 à nos jours*. Paris 1990.

BERNARD, P.J., *Histoire du développement économique*, Paris 1989.

BOSERUP, E., *Population and Technology*, Oxford 1981.

BRAUDEL, F., *Civilisation matérielle, économie et capitalisme*, 3 volumes, Paris 1979.

CAMERON, R., *Histoire économique du monde*, Paris 1991.

CARDWELL, D., *The Fontana History of Technology*, Londres 1994.

CHAUNU, P., *Trois millions d'années. Quatre-vingts milliards de destins*, Paris 1990.

CIPOLLA, C.M., *Histoire économique de la population mondiale*, Paris 1965.

CIPOLLA, C.M., *Guns, Sails, and Empires*, New York 1966.

CROSBY, A.W., *Ecological Imperialism. The Biological Expansion of Europe 900-1900*, Cambridge 1996.

DAUMAS, M. (ed), *Histoire générale des techniques*, 5 volumes, Paris 1962-1979.

DOCKES, P. et ROSIER, B., *L'Histoire ambiguë-croissance et développement en question*, Paris 1988.

FREEMAN, C. (ed), *The Long Waves in the World Economy*, Londres 1984.

GEREMEK, B., *La Potence ou la pitié. L'Europe et les pauvres, du Moyen Âge à nos jours*, Paris 1987.

GILLE, B. (sous la direction de), *Histoire des techniques*, Paris 1978.

GIRAUD, P.-N., *L'Inégalité du monde. Économie du monde contemporain*, Paris 1996.

KENWOOD, A.G. et LOUGHEED, A.L., *The Growth of the International Economy 1820-1990. An Introductory Text*, Londres 1992.

KINDLEBERGER, Ch., *World Economic Primacy: 1500 to 1990*, New York 1966.

KLATMANN, J., *Surpopulation, mythe ou menace?*, Paris 1996.

LÉON, P. (ed), *Histoire économique et sociale du monde*, 6 volumes, Paris 1977-1978.

LE ROY LADURIE, E., *Histoire du climat depuis l'an mil*, Paris 1967.

MADDISON, A., *L'Économie mondiale 1820-1992 : analyse et statistique*, Paris 1995.

MAURO, F., *Histoire de l'économie mondiale*, Paris 1971.

MOKYR, J., *The Lever of Riches : Technological Creativity and Economic Progress*, Oxford 1990.

PACEY, A., *Technology in World Civilization. A Thousand-Year History*, Oxford 1990.

PARKER, G., *La Révolution militaire. La guerre et l'essor de l'Occident 1500-1800*, Paris 1993.

REINHARD, M., ARMENGAUD, A. et DUPAQUIER, J., *Histoire générale de la population mondiale*, Paris 1968.

ROSENBERG, N., *Exploring the Black Box. Technology, Economics and History*, Cambridge 1994.

ROSTOW, W.W., *The World Economy. History and Prospect*, Austin 1978.

ROTBERG, R.I. et RABB, T.K. (eds), *Climate and History*, Princeton 1981.

SLICHER VAN BATH, B.H., *The Agrarian History of Western Europe : A.D. 500-1850*, Londres 1963.

VILAR, P., *Or et monnaie dans l'histoire, 1450-1920*, Paris 1974.

WOODRUFF, W., *Impact of the Western Man*, Londres 1966.

Les pays développés au XIXe siècle
(voir aussi la troisième section du tome I
et la deuxième section du tome III)

BAIROCH, P. *Commerce extérieur et développement économique de l'Europe au XIXe siècle*, Paris 1976.

BEREND, I.T. et RANKI, G., *Economic Development in East-Central Europe in the 19th and 20th Centuries*, New York et Londres 1974 et 1976.

BERGIER, J.F., *Histoire économique de la Suisse*, Lausanne 1984.

CHANDLER, A.D., *La Main invisible des managers : une analyse historique*, Paris 1988.

CIPOLLA, C.M. (ed), *The Fontana Economic History of Europe*, vol. 4 : *The Emergence of Industrial Societies*, tomes 1 et 2, Londres 1973.

Coates, D. (ed), *U.K. Economic Decline*, Londres 1995.

Farnetti, R., *Le Déclin de l'économie britannique : de Victoria à Thatcher*, Paris 1991.

Farnetti, R., *L'Économie britannique de 1873 à nos jours*, Paris 1994.

Faulkner, H., *Histoire économique des États-Unis d'Amérique des origines à nos jours*, Paris 1958.

Flamant, M. et Singer-Kerel, J., *Crises et récessions économiques*, Paris 1968.

Flora, P., *State Economy and Society in Western Europe, 1815-1975*, 2 volumes, Londres 1983-1987.

Foreman-Peck, J.A., *History of the World Economy : International Economic Relations since 1850*, Brighton 1983.

Harley, C.K. (ed), *The Integration of the World Economy, 1850-1914*, Londres 1996.

Harrison, J., *An Economic History of Modern Spain*, New York 1978.

Hatton, T.J. et Williamson, J.G. (eds), *Migration and the International Labor Market, 1850-1939*, Londres 1994.

Hau, M., *Histoire économique de l'Allemagne, XIXe-XXe siècle*, Paris 1994.

Hobsbawm, E.J., *L'Ère du capital (1848-1875)*, Paris 1978.

Hobsbawm, E.J., *L'Ère des Empires : 1875-1914*, Paris 1989.

Jeanneney, J.M. et Barbier-Jeanneney, E., *Les Économies occidentales du XIXe siècle à nos jours*, Paris 1985.

Kaelble, H., *Vers une société européenne. Une histoire sociale de l'Europe (1880-1990)*, Paris 1988.

Kirby, M.W., *The Decline of British Economic Power since 1870*, Londres 1981.

Laubier (de), P., *Le Phénomène syndical*, Paris 1979.

Lee, W. (ed), *German Industry and German Industrialization*, Londres 1991.

Lesourd, J.A. et Gérard, C., *Nouvelle Histoire économique*, tome I : *Le XIXe siècle*, Paris 1992.

Lévy-Leboyer, M., *Les Banques européennes et l'industrialisation internationale dans la première moitié du XIXe siècle*, Paris 1964.

Martin-Acena, P. et Simpson, J. (eds), *The Economic Development of Spain since 1870*, Londres 1995.

Mathias, P. et Pollard, S. (eds), *The Cambridge Economic*

History of Europe, vol. VIII : *The Industrial Economies : The Development of Economic and Social Policies*, Cambridge 1989.

MILWARD, A.S. et SAUL, S.B., *The Economic Development of Continental Europe 1780-1870*, Londres 1977.

MILWARD, A.S. et SAUL, S.B., *The Development of the Economies of Continental Europe 1850-1914*, Londres 1977.

MORRIS-SUZUKI, T., *The Technological Transformation of Japan from the Seventeenth to the Twentieth Century*, Cambridge 1996.

PERRIN, G., *Sécurité sociale*, Lausanne 1993.

POLLARD, S., *The Integration of the European Economy since 1815*, Londres 1981.

POLLARD, S., *Peaceful Conquest. The Industrialization of Europe, 1760-1970*, Oxford 1988.

ROSE, M.E., *The Relief of Poverty 1834-1914*, Londres 1972.

SENGHAAS, D., *The European Experience. A Historical Critique of Development Theory*, Leamington Spa 1985.

SIMPSON, J., *Spanish Agriculture : the Long Siesta, 1765-1965*, Cambridge 1996.

SYLLA, R. et TONIOLO, G. (eds), *Patterns of European Industrialization : The Nineteenth Century*, Londres 1991.

TYLECOTE, A., *The Long Wave in the World Economy*, Londres 1993.

VAN ZANDEN, L. (ed), *The Economic Development of the Netherlands since 1870*, Londres 1996.

VERLEY, P., *Nouvelle Histoire Économique de la France contemporaine*, vol. 2 : *L'industrialisation 1830-1914*, Paris 1989.

VIDAL, J.F., *Les fluctuations internationales de 1890 à nos jours*, Paris 1989.

WILLIAMSON, G., *Did British Capitalism Breed Inequality ?*, Londres 1985.

WOOLF, S., *The Poor in Western Europe in the Eighteenth and Nineteenth Centuries*, Londres 1986.

Les Tiers-Mondes face aux pays industrialisés,
XVe-XIXe siècle (voir aussi la troisième section
du tome III)

ALBERTINI (von) R. et WIRZ, A., *European Colonial Rule,*
1880-1940, Londres 1982.

AMIN, S., *L'Accumulation à l'échelle mondiale*, Paris 1970.

AUSTEN, R., *African Economic History*, Londres 1987.

BARAN, P.A., *L'Économie politique de la croissance*, Paris
1970.

BATOU, J., *Cent ans de résistance au sous-développement.*
L'industrialisation de l'Amérique latine et du Moyen-
Orient face au défi européen (1770-1870), Genève 1990.

BATOU, J. (ed), *Between Development and Underdevelop-*
ment, 1800-1870, Genève 1991.

BENNASSAR, B. et BENNASSAR, L., *1492. Un monde nou-*
veau?, Paris 1991.

BETHELL, L. (ed), *The Cambridge History of Latin America.*
Colonial Latin America, 2 volumes, Cambridge 1984.

BRAILLARD, P. et SENARCLENS, P., *L'Impérialisme*, Paris 1980.

BRUNSCHWIG, H., *Le Partage de l'Afrique noire*, Paris 1971.

CAIN, J. et HOPKINS, A.G., *British Imperialism*, 2 volumes,
Londres 1993.

CHAUDHURI, K.N., *Trade and Civilisation in the Indian*
Ocean : an Economic History from the Rise of Islam to
1750, Cambridge 1986.

CHAUNU, P., *Conquête et exploitation des nouveaux mondes*,
Paris 1969.

CHAUNU, P., *Histoire de l'Amérique latine*, Paris 1970.

CHESNEAUX, J., *L'Asie orientale aux XIXe et XXe siècles*, Paris
1966.

CLARENCE-SMITH, G., *The Third Portuguese Empire, 1825-*
1875, Manchester 1985.

COQUERY-VIDROVITCH, C. et MONIOT, H., *L'Afrique noire du*
XIXe siècle à nos jours, Paris 1984.

CURTIN, P.D., *Death by Migration. Europe's Encounter with*
the Tropical World in the Nineteenth Century, Cambridge
1989.

CURTIN, P.D., *The Rise and Fall of the Plantation Complex*,
Cambridge 1990.

DAGUET, S., *La Traite des Noirs : bastilles négrières et velléités abolitionnistes*, Paris 1990.

DEVEZE, M., *L'Europe et le monde à la fin du XVIIIᵉ siècle*, Paris 1970.

ETEMAD, B., *La Possession du monde. Une pesée de la colonisation (XVIIIᵉ-XXᵉ siècle)* (à paraître en 1997).

FERRO, M., *Histoire des colonisations. Des conquêtes aux indépendances, XIIIᵉ-XXᵉ siècle*, Paris 1994.

FIELDHOUSE, D.K., *Les Empires coloniaux*, Paris 1973.

FURTADO, C., *Economic Development of Latin America. A Survey from Colonial Times to the Cuban Revolution*, Cambridge (MA) 1970.

GANIAGE, J., *Histoire contemporaine du Maghreb de 1830 à nos jours*, Paris 1994.

GERNET, J., *Le Monde chinois*, Paris 1972.

HEADRICK, D., *Tools of Empire : Technology and European Imperialism in the Nineteenth Century*, New York 1981.

HEERS, J., *La Ruée vers l'Amérique. Le mirage et les fièvres*, Bruxelles 1992.

HOLLAND, R., NEWTON, A.P. et BENIAN, E.A. (eds), *The Cambridge History of the British Empire*, 9 volumes, Cambridge 1929-1962.

HOPKINS, A.G., *An Economic History of West Africa*, Londres 1988.

INALCIK, H. et QUATAERT, D. (eds), *An Economic and Social History of the Ottoman Empire*, Cambridge 1994.

ISSAWI, Ch., *An Economic History of the Middle East and North Africa*, Londres 1982.

KIERNAN, V.G., *Imperialism and its Contradictions*, Londres 1995.

LACOSTE, Y., *Géographie du sous-développement*, Paris 1981.

LÉON, P., *Économies et sociétés de l'Amérique latine. Essai sur les problèmes de développement à l'époque contemporaine 1815-1967*, Paris 1969.

LEWIS, W.A. (ed), *L'Ordre économique international. Fondements et évolution*, Paris 1980.

MANTRAN, R. (sous la direction de), *Histoire de l'Empire ottoman*, Paris 1989.

MARKOVITS, C. (sous la direction de), *Histoire de l'Inde moderne, 1480-1950*, Paris 1994.

MARSEILLE, J., *Empire colonial et capitalisme français. Histoire d'un divorce*, Paris 1984.

MARTINIÈRE, G. et VARELA, C. (coord.), *L'état du monde en 1492*, Paris 1991.

MAURO, F., *L'Expansion européenne 1600-1870*, Paris 1967.

MENDE, T., *De l'aide à la recolonisation*, Paris 1972.

MIÈGE, J.L., *Expansion européenne et décolonisation de 1810 à nos jours*, Paris 1986.

MORINEAU, M., *Les Grandes Compagnies des Indes orientales (XVIᵉ-XIXᵉ siècle)*, Paris 1994.

PAILLARD, Y.G., *Expansion occidentale et dépendance mondiale: la fin du XVIIIᵉ siècle-1914*, Paris 1994.

PANNIKAR, K.M., *L'Asie et la domination occidentale*, Paris 1956.

RAYCHAUDHURI, T. et HABIB, I. (eds), *Cambridge Economic History of India*, vol. 1: *1200-1700*, Cambridge 1982.

ROMANO, R., *Les Mécanismes de la conquête coloniale: les Conquistadores*, Paris 1972.

ROTHERMUND, D., *An Economic History of India*, Londres 1993.

STANNARD, D.E., *American Holocaust. The Conquest of the New World*, New York 1992.

VALENSI, L., *Le Maghreb avant la prise d'Alger 1790-1830*, Paris 1969.

WOLF, E.R., *Europe and the People without History*, Berkeley 1990.

LISTE DES RÉFÉRENCES CITÉES DANS LE TEXTE ET LES TABLEAUX

Rappelons que cette liste reprend les références citées dans le texte et les tableaux, ce qui n'implique pas du tout qu'il s'agisse des principaux ouvrages utilisés pour ce travail, ni, *a fortiori*, consultés pour celui-ci, dont beaucoup figurent dans la bibliographie présentée plus haut. Afin d'éviter toute équivoque, je signale que j'ai souvent privilégié les travaux de mes collègues (surtout les jeunes) et de mes amis, naturellement quand cela se justifiait sur le plan scientifique. Par la force des choses, j'ai utilisé pour ce travail, entrepris en fin de carrière, beaucoup de mes travaux personnels, ce qui explique le (trop) grand nombre de ceux-ci repris dans cette liste. Bon nombre de ces références ont été aussi citées afin de fournir au lecteur une piste de lecture sur un sujet spécifique.

Annuaire statistique de la France, Paris, diverses livraisons.

ASHBY, E. (1958), *Education for an Age of Technology*, in *A History of Technology*, vol. V, Oxford.

ASSEO, D. (1989), *La Filature de coton dans le monde en 1910: une analyse comparée (1908-1913)*, Centre d'Histoire Économique Internationale, Université de Genève, Genève.

AYMARD, M. (1992), *De l'Indus au Gange, l'un des grands pôles économiques du Monde*, in MARTINIÈRE, G. et VARELA, C. (sous la direction), *L'état du monde en 1492*, Paris, pp. 49-53.

BAIN, G.S. et PRICE, R. (1980), *Profiles of Union Growth. A Comparative Stastistical Portrait of Eight Countries*, Oxford.

BAIROCH, P. (1963), *Révolution industrielle et sous-développement*, Paris.

BAIROCH, P. (1971), «Structure de la population active mondiale de 1700 à 1970» dans *Annales*, *E.S.C.*, 26e année, n° 5, septembre-octobre 1971, pp. 960-976.

BAIROCH, P. (1973a), «European Foreign Trade in the 19th Century: The Development of the Value and Volume of Exports (Preliminary Results)», *Journal of European Economic History*, vol. 2, n° 1, Spring 1973, pp. 5-36.

BAIROCH, P. (1973b), «Commerce international et Genèse de la révolution industrielle anglaise», *Annales*, *E.S.C.*, vol. 28, n° 2, Paris, mars-avril 1973, pp. 541-571.

BAIROCH, P. (1976a), *Commerce extérieur et développement économique de l'Europe au XIXe siècle*, Paris.

BAIROCH, P. (1976b), «Europe's Gross National Product, 1800-1975», *Journal of European Economic History*, vol. 5, n° 2, Fall 1976, pp. 273-340.

BAIROCH, P. (1979b), *Industria*, in *Encyclopedia Einaudi*, vol. 7, Turin, pp. 313-352.

BAIROCH, P. (1985), *De Jéricho à Mexico. Villes et économie dans l'histoire*, Paris.

BAIROCH, P. (1987), « Strade e vita economica dallo sviluppo al sottosviluppo », in ROMANO, R. (ed), *L'uomo e la strada*, Milan 1987, pp. 170-201.

BAIROCH, P. (1989a), *European Trade Policy, 1815-1914*, in MATHIAS, P. et POLLARD, S. (eds), *The Cambridge Economic History of Europe*, (vol. VIII, The Industrial Economies: The Development of Economic and Social Policies), Cambridge, pp. 1-160.

BAIROCH, P. (1989b), « Les spécificités des chemins de fer suisses des origines à nos jours », *Revue Suisse d'Histoire*, vol. 39, Bâle 1989, pp. 35-57.

BAIROCH, P. (1996b), *L'Agriculture des pays développés: 1800-1990. Productivité, production, facteurs de production et rendements agricoles*, Centre d'histoire économique internationale, Université de Genève, Genève (à paraître).

BAIROCH, P. (1996c), *La croissance économique et le chômage de l'Europe: 1910-1939. Une analyse structurelle et comparative*, monographie du Centre d'histoire économique internationale, Université de Genève, Genève (à paraître).

BAIROCH, P. (1997a), « World's Gross National Product, 1750-1995 (Computations, Estimates and Guesses) », (à paraître).

BAIROCH, P. (1998), *L'Agriculture dans le monde vers 1910*, (à paraître).

BAIROCH, P. et ETEMAD, B. (1985), *Structure par produits des exportations du Tiers-Monde 1830-1937*, Centre d'histoire économique internationale, Université de Genève, Genève.

BAIROCH, P., BATOU, J. et CHÈVRE, P. (1988), *La Population des villes européennes 800-1850, Banque de données et analyse sommaire des résultats*, Centre d'histoire économique internationale, Université de Genève, Genève.

BATOU, J. (1990), *Cent ans de résistance au sous-développement. Étude comparée des tentatives d'industrialisation du Moyen-Orient et de l'Amérique latine (1770-1870)*, Genève.

BERTILLON, J. (1899), *Statistique internationale*, Paris.

BILLETER, J.-F. (1977), « Contribution à une sociologie historique du mandarinat », *Actes de la recherche en science sociale*, n° 15, juin 1977, pp. 4-29.

BIT (1996), *Estimates and Projections of the Economically Active Population, 1950-2010*, 3e édition, Genève.

BLANPAIN, R. (1995) (ed), *International Encyclopedia for Labour Law and Industrial Relations* (*Legislation*, 12 volumes), La Haye.

BOARD OF TRADE (1905), *British and Foreign Trade and Industrial Conditions*, Londres.

BOARD OF TRADE (1913), *Foreign Import Duties, 1913*, Londres.

BOORSTIN, D.J. (1983), *The Discoverers*, New York.

BRUNEL, S. (1987), *Une explication physique ou socioculturelle au sous-développement ?*, in BRUNEL, S. (sous la direction de), *Tiers-Mondes. Controverses et réalités*, pp. 73-115, Paris.

BUNCH, B. et HELLEMANS, A. (1993) (eds), *The Timetables of Technology. A Chronology of the Most Important People and Events in the History of Technology*, New York.

CAIN, P.J. et HOPKINS, A.G. (1993), *British Imperialism*, 2 volumes, Londres.

CAIRNCROSS, A.K. (1953), *Home and Foreign Investment, 1870-1913 : Studies in Capital Accumulation*, Cambridge.

CHANDLER, A.D. Jr (1977), *The Visible Hand: The Managerial Revolution in American Business*, Cambridge (MA).

CHAUNU, P. (1969), *Conquête et exploitation des nouveaux mondes (XVIe siècle)*, Paris.

CHLEPNER, B.S. (1956), *Cent ans d'Histoire sociale en Belgique*, Bruxelles.

CIPOLLA, C.M. (1966), *Guns, Sails, and Empires*, New York.

CLARK, C. (1940), *The Conditions of Economic Progress*, Londres.

COQUERY-VIDROVITCH, C. (1993), *Histoire des villes d'Afrique Noire. Des origines à la colonisation*, Paris.

CURTIN, P.D. (1969), *The Atlantic Slave Trade. A Census*, Madison.

DAUMAS, M. (1962-1979) (ed.), *Histoire générale des techniques*, 5 volumes, Paris.

DERRY, T.K. et WILLIAMS, T. (1960), *A Short History of Technology*, Oxford.

DESCHAMPS, H. (1968), *Madagascar*, Paris.

DIOP-MAES, L.-M. (1985), « Essai d'évalutation de la population de l'Afrique Noire aux XVe et XVIe siècles », *Population*, n° 6, 45e année, novembre-décembre 1985, pp. 855-889.

EASTERLIN, R.A. (1966), « Economic-demographic Interactions and Long Swings in Economic Growth », *American Economic Review*, vol. 56, n° 5, décembre 1966, pp. 1063-1104.

EBBINGHAUS, B. (1995), *The Siamese Twins: Citizenship Rights, Cleavage Formation, and Party-Union Relations in Western Europe*, in TILLY, Ch. (ed), « Citizenship, Identity and Social History », *International Review of Social History*, 40, Supplement 3, pp. 51-89. Et l'appendice (stencil) dans *CSSC Working Paper n° 3*.

EGGIMAN, G. (1997), *La population des villes des Tiers-Mondes de 1500 à 1950*, Centre d'histoire économique internationale, Université de Genève, Genève (à paraître).

Encyclopaedia Britannica (The), 11e édition, Londres 1910.

Encyclopaedia Britannica (The), 13e édition, Londres 1926.

Encyclopaedia Britannica (The), 14e édition, Chicago 1946.

Encyclopaedia Judaica (16 volumes), Jérusalem 1972.

ETEMAD, B. (1983), *Pétrole et développement*, Berne.

ETEMAD, B. (1990), « L'ampleur de la traite négrière (VIIe-XIXe siècle : un état de la question) », *Bulletin du Département d'Histoire Économique*. Université de Genève, n° 20, 1989-1990, pp. 43-46.

ETEMAD, B. (1997a), *La Possession du monde. Une pesée de la colonisation (XVIII-XXe siècle)*, (à paraître).

ETEMAD, B. (1997b), *Les Exportations du Tiers-Monde (1790-1937)*, (à paraître).

FAO (1961), *L'Économie sucrière mondiale exprimée en chiffres, 1880-1959*, Rome, sans date (probablement 1961).

FAO, *Annuaire de la production*, Rome, diverses livraisons.

FEIS, H. (1965), *Europe. The World's Banker, 1870-1914*, New York.

FERENCZI, I. (1929), *International Migrations*, vol. I, New York.

Ferro, M. (1981), *Comment on raconte l'histoire aux enfants*, Paris.

Ferro, M. (1994), *Histoire des colonisations. Des conquêtes aux indépendances, XIIIᵉ-XXᵉ siècle*, Paris.

Feuerwerker, A. (1958), *China's Early Industrialization: Sheng Hsuam-Huai (1814-1916) and Mandarin Entreprise*, Cambridge (MA).

Flora, P. (1983-1987), *State Economy and Society in Western Europe, 1815-1975*, 2 volumes, Londres.

Fogel, R.W. et Engerman, S.L. (1974), *Time on the Cross*, 2 volumes, Londres.

Fontette, F. de (1993), *Histoire de l'antisémitisme*, 4ᵉ édition, Paris.

Fourastié, J. (1949), *Le Grand Espoir du XXᵉ siècle*, Paris.

Friedmann, G. (1956), *Le Travail en miettes*, Paris.

Furth, R. (1970), *L'Anarchisme ou la révolution intégrale*, in Nataf, A. (sous la direction de), *Dictionnaire du mouvement ouvrier*, Paris, pp. 49-67.

Geremek, B. (1987), *La Potence ou la pitié. L'Europe et les pauvres, du Moyen Âge à nos jours*, Paris.

Gernet, J. (1972), *Le Monde chinois*, Paris.

Gille, B. (1965), *Le XVᵉ et le XVIᵉ siècle en Occident*, in Daumas, M. (ed), *Histoire générale des techniques*, tome II, Paris, pp. 2-139.

Gille, B. (1968), *L'Évolution de la métallurgie*, in Daumas, M. (ed), *Histoire générale des techniques*, tome III, Paris, pp. 585-615.

Gille, B. (1978) (sous la direction de), *Histoire des techniques*, Paris.

Goertz, G. (1990), *The World Chimical Industry around 1910*, Centre d'Histoire Économique Internationale, Université de Genève, Genève.

Gourou, P. (1983), *Terres de bonne espérance, le Monde tropical*, Paris.

Great Britain Committee on Industry and Trade (1925), *Survey of Overseas Markets*, Londres.

Grenier, L. et Wieser-Benedetti, H. (1979), *Lille 1830-1930: les châteaux de l'industrie. Recherches sur l'architecture de la région lilloise de 1830 à 1930*, tome II, Paris.

HAMILTON, E.J. (1934), *American Treasure and the Price Revolution in Spain, 1501-1650*, Cambridge (MA).

HATTON, T.J. et WILLIAMSON, J.G. (1995), *The Impact of Immigration on American Labor Markets Prior to the Quotas* (NBER, Working Paper n° 5185), Cambridge (MA), juillet 1995.

HOBSBAWM, E. (1988), *The Age of Revolution. Europe 1789-1848*, Harmondsworth.

ISSAWI, C. (1971) (ed), *The Economic History of Iran, 1800-1914*, Chicago.

JUGLAR, J.-C. (1860), *Des crises commerciales et leur retour périodique en France, en Angleterre et aux États-Unis*, Paris.

JULEFF, G. (1996), «An ancient wind-powered iron smelting technology in Sri Lanka», *Nature*, vol. 379, 4 janvier 1996, pp. 60-63.

KITCHIN, J. (1923), «Cycles and Trends in Economic Factors», *Review of Economics and Statistics*, 5 (1), pp. 10-17.

KONDRATIEV, N.D. (1926), «Die langen Wellen der Konjonktur», *Archiv für Sozialwissenschaft und Sozialpolitik*, vol. 56, fasc. n° 3, décembre 1926, pp. 573-609.

KURGAN-VAN HENTENRYK, G. (1991), *Les Banques européennes aux XIXe et XXe siècles*, in VAN DER WEE, H. (1991) (sous la direction de), *La banque en Occident*, Anvers, pp. 267-386.

KUZNETS, S.S. (1930), *Secular Movements in Production and Prices: their Nature and their Bearing upon Cyclical Fluctuations*, Boston et New York.

KUZNETS, S.S. (1958), «Long Swings in the Growth of Population and in related Economic Variables», *Proceedings of the American Philosophical Society*, 102 (1), pp. 25-52.

LAUBIER, P. (de) (1984), *La Politique sociale dans les sociétés industrielles. 1800 à nos jours*, Paris.

LAUBIER, P. (de) (1990), *Pour une civilisation de l'amour. Le message social chrétien*, Paris.

LEBOUTTE, R. (1989), *Passing through a Minefield: International Comparisons of 19th-century Wages*, in SCHOLLIERS, P. (ed), *Real Wages in 19th and 20th Century Europe*, Oxford, pp. 140-142.

LEWIS, W.A. (1981), *The Rate of Growth of World Trade, 1830-*

1973, in GRASSMAN, S. et LUNDBERG, E. (eds.), *The World Economic Order. Past and Prospects*, Londres, pp. 11-81.

LIEPMANN, H. (1938), *Tariff Levels and the Economic Unity of Europe*, Londres.

MACKIE, T.T. et ROSE, R. (1991), *The International Almanac of Electoral History*, Londres.

MADDISON, A. (1995), *Monitoring the World Economy, 1820-1992*, OCDE, Paris.

MARSEILLE, J. (1984), *Empire colonial et capitalisme français. Histoire d'un divorce*, Paris.

MARTINIÈRE, G. et VARELA, C. (1992) (sous la direction), *L'état du Monde en 1492*, Paris.

MATOS, R. (1996), « Les îles Canaries : relais pour l'invention et la conquête du Nouveau Monde », *Géographie et cultures*, n° 18, juin 1996, pp. 75-91.

MAURO, F. (1967), *L'Expansion européenne (1600-1870)*, Paris.

MIÈGE, J.-L. (1973), *Expansion européenne et décolonisation. De 1870 à nos jours*, Paris.

MITCHELL, B.R. (1992), *International Historical Statistics. Europe. 1750-1988*, 3e édition, Londres.

MITCHELL, B.R. (1993), *International Historical Statistics. The Americas. 1750-1988*, 2e édition, Londres.

MITCHELL, B.R. (1995), *International Historical Statistics. Africa, Asia and Oceania. 1750-1988*, 2e édition, Londres.

MITCHELL, B.R. et DEANE, P. (1962), *Abstract of British Historical Statistics*, Cambridge.

MORINEAU, M. (1985), *Incroyables Gazettes et fabuleux métaux. Les retours des trésors américains d'après les gazettes hollandaises (XVIe-XVIIIe siècle)*, Paris.

MORLEY, J. (1882), *The Life of Richard Cobden*, Londres.

NATIONS UNIES (1975), « International Migration Trends, 1950-1970 » dans *The Population Debate : Dimensions and Perspectives*, vol. I, New York.

NATIONS UNIES, *Bulletin mensuel de statistique*, New York, diverses livraisons.

NATIONS UNIES, *Population and Vital Statistics Report*, New York, diverses livraisons.

New Palgrave, The. A Dictionary of Economics (1981), édité par EATWELL, J., MILGATE, M. et NEWMAN, P., vol. 3.

O'BRIEN, P. (1981), « European Economic Development :

the Contribution of the Periphery», *Economic History Review*, vol. 35, n° 1, February 1981, pp. 1-18.

OCDE, *Statistiques de la population active*, Paris, diverses livraisons.

OCDE, *Statistiques trimestrielles de la population active*, Paris, diverses livraisons.

OFFICE PERMANENT DE L'INSTITUT INTERNATIONAL DE LA STATISTIQUE, *Annuaire international de la statistique*, vol. I: *État de la population*, La Haye 1916.

OLIVER, R. et FAGE, J.D. (1975), *A Short History of Africa* (nouvelle édition), Harmondsworth.

PACEY, A. (1990), *Technology in World Civilization. A Thousand-Year History*, Oxford.

PANIKKAR, K.M. (1953), *Asia and Western Dominance*, Londres.

PERKINS, D.H. (1969), *Agricultural Development in China, 1368-1968*, Édimbourg.

PIRATH, C. (1949), *Die Grundlagen der Verkehrswirtschaft*, 2e édition, Berlin.

PIUZ, A.-M. (1985), *À Genève et autour de Genève aux XVIIe et XVIIIe siècles. Études d'histoire économique*, Lausanne.

PIUZ, A.-M. (1992), «Pauvreté et assistance en Europe du XVIe au XIXe siècle», *Cahiers médico-sociaux*, 1992, 36, pp. 211-219.

PRICE, R. (1772), *Observations on Reversionary Payments; on Schemes for Providing Annuities for Widows and for Persons in Old Age*, etc., Londres.

RIMLINGER, G.V. (1989), *Labour and the state on the continent, 1800-1939*, in MATHIAS, P. et POLLARD, S. (eds), *The Cambridge Economic History of Europe*, vol. VIII: *The Industrial Economies: the Development of Economic and Social Policies*, Cambridge, pp. 549-606.

RIVOIRE, J. (1986), *Histoire de la monnaie*, Paris.

RIVOIRE, J. (1992), *Histoire de la banque*, Paris.

ROMANO, R. (1972), *Les Mécanismes de la conquête coloniale: les Conquistadores*, Paris.

ROMANO, R. (1992), *Conjonctures opposées. La «crise» du XVIIe siècle: en Europe et en Amérique ibérique*, Genève.

ROMER, C.D. (1992), *Remeasuring Business Cycles* (NBER, Working Paper n° 4150), Cambridge (MA), août 1992.

ROMEUF, J. (1956-1958) (sous la direction de), *Dictionnaire des sciences économiques*, Paris.

SAUVY, A. (1974), «Feu Tiers-Monde», *Actuel développement*, mai-juin 1974, pp. 5-7.

SCHUMPETER, J.A. (1934), *The Theory of Economic Development*, New York.

SCHUMPETER, J.A. (1942), *Capitalism, Socialism and Democraty*, Londres.

SMITH, A. (1776), *An Inquiry into the Wealth of Nations*.

SOCIÉTÉ DES NATIONS (1927), *Tariff Level Indices*, Genève.

Statistical Abstract for the Principal and Other Foreign Countries, Londres, diverses livraisons.

Statistical Abstract for the Principal and Other Possessions of the United Kingdom, Londres, diverses livraisons.

STRURDLER, G. (1872-1876), *Geschichte der Eiserbahnen*, 2 volumes, Bromberg.

TAYLOR, G.R et PAYEN, J. (1983) (sous la direction de), *Les Inventions qui ont changé le Monde*, Paris.

TOFFLER, A. (1991), *Les Nouveaux Pouvoirs*, Paris.

TOUTAIN, J.-C. (1963), «La population de la France de 1700 à 1959», *Cahiers de l'ISEA* (Histoire quantitative de l'économie française), Série AF 3, supplément n° 133, janvier 1963.

TOUTAIN, J.-C. (1992-1993), *La production agricole de la France de 1810 à 1990: départements et régions. Croissance, productivité, structures* (Économies et Sociétés. Histoire quantitative de l'économie française), vol. 11-12, Paris 1992, vol. 1-2 et 3-4, Paris 1993.

Universal Directory of Railways Officials and Railways Year Book, 1946-47, Londres 1946.

US BUREAU OF THE CENSUS (1975), *Historical Statistics of the United States. Colonial Times to 1970*, 2 volumes, Washington.

US BUREAU OF THE CENSUS, *Statistical Abstract of the United States*, Washington, diverses livraisons.

US DEPARTMENT OF AGRICULTURE, *Agricultural Statistics*, Washington, diverses livraisons.

US DEPARTMENT OF HEALTH AND HUMAN SERVICES (1994), *Social Security Programs Throughout the World-1993*, Research Report n° 63, Washington.

VAN DEN EECKHOUT, P. (1989), *The Formation of the Wage: Some Problems*, in SCHOLLIERS, P. (ed), *Real Wages in 19th and 20th Century Europe*, New York 1989, pp. 21-47.

VAN DER WEE, H. (1991) (sous la direction de), *La Banque en Occident*, Anvers.

VAN DER WEE, H. (1991), *La Banque européenne au Moyen Âge et pendant les temps modernes (476-1789)*, in VAN DER WEE, H. (sous la direction de), *La Banque en Occident*, Anvers, pp. 71-266.

VILLERME, M. (1840), *Tableau de l'état physique et moral des ouvriers employés dans les manufactures de coton, de laine et de soie*, 2 volumes, Paris.

VISSER, J. (1990), *European Trade Unions in Figures*, Deventer.

WESSELING, H.L. (1992), *Les Guerres coloniales et la paix armée, 1871-1914. Esquisse pour une étude comparative*, in INSTITUT D'HISTOIRE DES PAYS D'OUTRE-MER, *Histoires d'Outre-Mer. Mélanges en l'honneur de Jean-Louis Miège*, Tome I, Aix-en-Provence, pp. 106-126.

WIEDMER, L. (1993), *Pain quotidien et pain de disette. Meuniers, boulangers et État nourricier à Genève (XVIIe-XVIIIe siècle)*, Université de Genève, Genève.

WOODRUFF, W. (1966), *Impact of Western Man. A Study of Europe's Role in the World Economy, 1750-1960*, New York.

WOYTINSKY, W.S. et WOYTINSKY, E.S. (1955), *World Commerce and Governments*, New York.

WRIGLEY, E.A. (1969), *Société et population* (collection l'Univers des Connaissances), Paris.

ZAMAGNI, V. (1989), *An International Comparison of Real Industrial Wages, 1890-1913: Methodological Issues and Results*, in SCHOLLIERS, P. (ed), *Real Wages in 19th and 20th Century Europe*, New York 1989, pp. 107-140.

SOMMAIRE
DES DEUX AUTRES TOMES

TOME I

Introduction

Prologue : la révolution industrielle et les autres grandes ruptures ou un survol de dix mille ans d'histoire

TOME III

QUATRIÈME PARTIE

LE XXe SIÈCLE
CHEZ LES NANTIS : GUERRES,
CRISES, PROSPÉRITÉ,
SCHISMES ET INTÉGRATIONS

TOME II

TROISIÈME PARTIE

LES TIERS-MONDES FACE AUX PAYS INDUSTRIALISÉS (1492-1913)

DANS LA COLLECTION FOLIO/HISTOIRE

Composition Interligne
Impression Brodard et Taupin
à La Flèche (Sarthe), le 2 mars 2001.
Dépôt légal : mars 2001.
1er dépôt légal dans la collection : avril 1997.
Numéro d'imprimeur : 6383.

ISBN 2-07-032977-1 / Imprimé en France.